세상의 속도를
따라잡고 싶다면

Do it!

안드로이드 분야
1위 도서!

전면 개정
8판

앱 개발의 모든 것을 담았다!

안드로이드
앱 프로그래밍

실습 소스
제공

초급자도, 중급자도 찾는 이유 있는 책! 안드로이드 강사를 길러 내는 명강사!   정재곤 지음

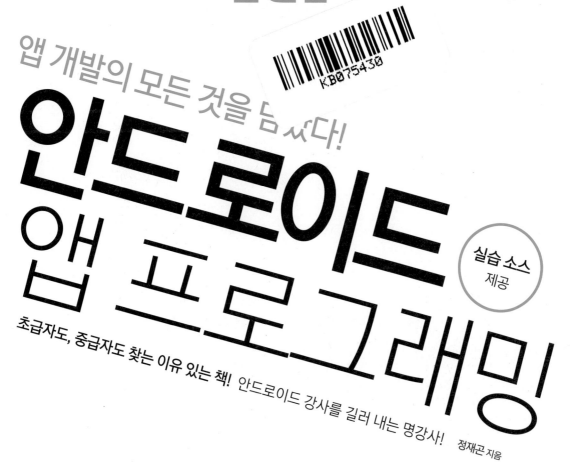

앱 개발 및 테스트 환경

안드로이드   안드로이드   Java
             스튜디오   자바 사용

이지스 퍼블리싱

세상의 속도를
따라잡고 싶다면

Do
it!

앱 개발의 모든 것을 담았다!

Do it! 안드로이드 앱 프로그래밍 - 개정 8판

개정 8판 1쇄 발행 • 2021년 06월 28일
개정 8판 5쇄 발행 • 2023년 12월 11일

개정 7판 5쇄 발행 • 2021년 01월 26일
개정 6판 3쇄 발행 • 2019년 09월 25일
개정 5판 4쇄 발행 • 2018년 11월 23일
개정 4판 4쇄 발행 • 2017년 10월 20일
개정 3판 5쇄 발행 • 2016년 12월 12일
개정 2판 5쇄 발행 • 2015년 09월 04일
개정 1판 6쇄 발행 • 2014년 07월 10일
초판 7쇄 발행 • 2013년 03월 11일

지은이 • 정재곤
펴낸이 • 이지연
펴낸곳 • 이지스퍼블리싱(주)
출판사 등록번호 • 제 313-2010-123호
주소 • 서울특별시 마포구 잔다리로 109 이지스빌딩 4층(우편번호 04003)
대표 전화 • 02-325-1722 | **팩스** • 02-326-1723
홈페이지 • www.easyspub.co.kr | **페이스북** • www.facebook.com/easyspub
Do it! 스터디룸 카페 • cafe.naver.com/doitstudyroom | **인스타그램** • Instagram.com/easyspub_it

기획 및 책임 편집 • 배호종 | **표지 디자인** • 트인글터 | **본문 전산편집** • 이승현
인쇄 • 보광문화사 | **마케팅** • 박정현, 한송이, 이나리 | **독자지원** • 박애림, 오경신
영업 및 교재 문의 • 이주동, 김요한(support@easyspub.co.kr)
베타 테스터 • 김대호, 김광례, 조승민, 이승섭, 김세준, 김현지, 곽진희, 김서영, 김호성, 조윤민, 김여진

ISBN 979-11-6303-262-5 13000
가격 40,000원

이 책이 여러분에게 기회가 되길 바라며

안드로이드 단말기가 세상에 처음 나올 때부터 《Do it! 안드로이드 앱 프로그래밍》은 안드로이드 앱을 가장 쉽고 빠르게 만들 수 있는 가이드를 제공해 왔습니다. 개정을 거듭하면서 많은 내용이 바뀌었어도 이 책이 지향하는 방향은 변하지 않았습니다. 안드로이드를 알려주는 기본서의 역할을 충실히 하면서도 실제 앱을 만들고 싶어 하는 사람들을 돕기 위해 만들었습니다. 그래서 내용을 하나씩 따라해 보면 앱을 만들 때 사용되는 최신 기술을 실습해 볼 수 있고 모바일 트렌드에도 빠르게 적응할 수 있을 것입니다.

개정 8판의 주요 변화에 대하여

개정 8판은 새롭게 출시된 안드로이드 OS와 안드로이드 스튜디오에 맞춰져 있습니다. 안드로이드 스튜디오는 자주 업데이트되며 어느 시점에는 여러 가지 기능이 한꺼번에 바뀌게 됩니다. 이번 개정판도 이런 변화에 맞춰 새 옷으로 갈아입었으며, 최신 기술과 관련된 내용을 몇 가지 조정하였습니다. 실무와 연관성이 적거나 쓸모없는 내용을 없애서 내용의 균형을 맞추는 데 주의를 기울였습니다. 바뀐 내용은 다음과 같습니다.

앱 위험 권한 부여 부분 수정
- 안드로이드 OS와 안드로이드 스튜디오의 업데이트로 동작하지 않는 기존 라이브러리를 변경했습니다.
- 위험 권한 부여 라이브러리가 수정되어 해당 소스 코드도 변경되었습니다.

파일 접근 방법 수정
- 사진 찍기에서 파일 접근 시 사용하는 FileProvider 사용 방식이 변경되었습니다.
- 이는 안드로이드 OS의 보안 업데이트에 따른 반영입니다.

화면 레이아웃을 디자인 화면에서 만들도록 수정
- 현재는 화면 레이아웃을 만들 때 디자인 화면에서도 어느 정도의 기본 화면을 구성할 수 있습니다.
- 이에 XML 원본 코드의 설명은 최소화했습니다.

구글의 권고 사항에 따라 네트워킹 부분에서 AsyncTask를 삭제했습니다.

프로젝트 소스의 호환성을 검증
- 둘째마당의 기능별 프로젝트 소스가 최신 안드로이드 OS에서 동작하도록 소스 호환성이 검증되었습니다.
- 셋째마당의 한 줄 일기장 프로젝트 소스가 최신 안드로이드 OS에서 동작하도록 소스 호환성이 검증되었습니다.

이 책은 동영상 강의나 오프라인 강의가 없어도 충분히 실습할 수 있으며, 출간 이후에 하나씩 만들어 올리는 유튜브 동영상 강의를 함께 보면 더욱 좋습니다. 동영상 강의를 지속적으로 업데이트해서 독자 여러분이 조금이라도 더 편리하게 공부할 수 있도록 노력하겠습니다.

이 책이 여러분의 안드로이드 입문부터 실무에서 앱을 만들 때까지 항상 함께할 수 있는 친구 같은 책이 되기를 바랍니다. 지금까지 모바일 분야의 독보적인 베스트셀러가 될 수 있도록 따뜻한 사랑과 관심을 가져주신 데 대해 깊이 감사 인사를 드립니다. 앞으로도 이 책의 변화를 지켜봐 주시고 많은 관심과 사랑을 부탁드립니다.

지은이 정재곤 드림
mike.jung.global@gmail.com

앱 개발 시간을 크게 단축시킬 수 있는 책!

최근에 스마트폰의 활성화와 함께 아이폰과 안드로이드가 가장 뜨거운 이슈로 된 이후로 많은 학생과 직장인들이 안드로이드 앱 프로그래밍을 배우게 되면서 스마트폰 앱을 만들어 Play 스토어에 올리는 것은 개발자로서 해봐야 할 기본 과정 중의 하나가 되었습니다. 더구나 앞으로 더 많은 안드로이드폰이 스마트폰 시장을 점유할 것이라 하니 프로그래밍에 관심이 있는 사람이라면 이제 안드로이드 앱 프로그래밍에 대해 한 번쯤은 관심을 가지고 배워야 하는 상황이 된 것 같기도 합니다. 심지어 대학의 컴퓨터 관련 학과에서도 스마트폰 프로그래밍을 정규과목으로 개설하고 있는 추세입니다.

기초적인 내용을 포함한 단계별 구성이 잘 짜여 있는 책입니다. 혼자 학습하기에도 무리가 없을 것이며 전체적인 안드로이드 기술을 이해하는 것은 물론이고 실제 앱을 만드는 데 더없이 좋은 역할을 해 줄 것이라 생각됩니다. 또한 실제 앱을 만들기 위한 기술들을 단계적으로 알아가게 되므로 책장을 넘겨갈수록 앱 개발 시간을 크게 단축시킬 수 있어 실무 활용서로서도 손색이 없다고 할 수 있습니다. 이 책을 통해 익힌 앱 개발 노하우를 통해 더 좋은 앱을 많이 만들고 궁극적으로는 국내 모바일 소프트웨어 산업 더 나아가 IT 산업이 더 커지고 발전하기를 바랍니다.

김형주 교수
서울대학교 컴퓨터공학과 교수

오랫동안 모바일에서 쌓은 실무와 강의 노하우를 한 권에

최근의 IT 관련 뉴스들을 보면 안드로이드가 전세계 스마트폰 시장의 절반을 차지할 정도로 스마트폰 시장의 대중화를 이끌고 있다는 것을 알 수 있습니다. 불과 몇 년 전만 하더라도 단말기는 물론 국내에 안드로이드 스마트폰의 전문가가 거의 없던 것을 돌이켜보면 정말 빨리 변화하는 시장과 기술을 개발자로서 따라가기가 버겁게 느껴질지도 모르겠습니다.

이 책은 이렇게 빠르게 변화하는 시장에서 점유율과 배포 단말 수를 계속 늘려가고 있는 안드로이드의 핵심을 짚어주는 책입니다. 저자는 오랫동안 모바일 분야에서 쌓아온 실무 경험과 T아카데미에서 진행해왔던 강의 노하우를 통해서 스마트폰 앱 개발이 이렇게 쉽고 간단하게 만들어질 수 있을까 하는 생각이 들 정도로 명쾌하고 쉬운 설명들을 글로 풀어냈습니다.

아무쪼록 이 책을 통해서 국내에 실력 있는 안드로이드 개발자들이 많아지고 그만큼 좋은 앱들이 풍부해졌으면 합니다.

이강혁 팀장
인크로스 주식회사 교육사업팀 T아카데미 운영

기능의 나열에서 벗어난 과제 중심의 스토리텔링 기법에 박수를!

아이폰과 안드로이드가 물꼬를 튼 스마트폰 시대. 그 엄연한 흐름 앞에 민망하게 발가벗겨진 우리나라 소프트웨어 역량의 현 주소. 새롭게 바뀐 정보기술의 생태계에서 벌어지는 새로운 뜀박질. 정부와 업계가 적지 않게 당황했습니다. 우리는 리드하거나, 숨 가쁘게 따라 붙거나, 아니면 길을 비켜주는 굴욕을 선택해야 합니다. 소프트웨어 산업의 글로벌 경쟁력을 한 목소리로 걱정하고 있는 즈음, 우리나라에도 이만한 책이 나온 것에 안도하며 기쁜 마음으로 추천합니다. 스마트폰 앱을 스마트하게 마스터하는 것은 안드로이드와의 소통이 모국어처럼 자연스러울 때 가능합니다. 이 책은 안드로이드를 처음 배우는 사람들의 눈높이에서 시작하여 유료 앱 수준에 이르는 개발 요소를 흥미롭게 또 속도감 있게 풀어냅니다. 저자는 오랜 실무와 강의를 통해 초중급 프로그래머의 학습곡선과 배움의 요처를 이해하고 있습니다. 이러한 과정에서 발굴한 학습과제들이 교재의 형태로 엮였습니다. "What you have to learn to do, you learn by doing it." 이것은 앱 개발 능력에도 예외가 없습니다. 말하는 것은 말을 함으로서 비로소 배우게 되는 것입니다. 안드로이드 앱 개발에 관한 기존 서적들은 기능의 나열 혹은 매뉴얼 해설에서 크게 벗어나지 못했습니다. 한 권의 책이 담아내는 범위나 상세함에는 한계가 있습니다. 하지만 이 책이 가지는 스토리텔링 기법에 박수를 보냅니다. 이 책이 가진 장점의 절반입니다. 주저함 없이 추천합니다. 한편 이 책이 제시한 학습 과제를 다른 사람의 문제로 흘려듣지 않기를 바랍니다. 지금 여기 내 커리어의 가장 중요한 미션으로 설정해야 합니다. 진검승부로 몰입합니다. 제시된 답안을 서둘러 확인하기 전에 궁리해보고 또 궁리해 보기. 서툴더라도 작문해 보기. 이것이 이 책이 가진 장점의 나머지 절반이고 이것은 독자의 몫입니다. 세상에 새로 나온 이 책을 이렇게 온전히 귀한 책과 귀한 책 읽기로 만드시길 추천합니다. 향후 무궁무진 다양하고 세련된 앱 개발에 쓸모 있는 필수 디자인 패턴들을 머릿속에 문신처럼 남기는 것. 이것이 저자가 주목한 승부처입니다. 우리는 죽을힘을 다해 새로운 생태계의 리더 그룹에 속해야 합니다. 애당초 다른 선택은 없었던 겁니다. 길거리에서 월드컵 응원하던 그 때 그 리듬으로 이 시대의 젊은 인재들에게 무조건 일독을 권합니다.

박기호 교수
서울대학교 지리학과 (지리정보시스템) 교수 & 컴퓨터공학과 겸임교수, 전산학 박사

최신판을 반영, 안드로이드 개발을 처음 접하는 분에게 강력 추천

안드로이드가 벌써 4.0을 넘어 14 버전까지 출시되었습니다. 첫 안드로이드가 세상에 나온 이후 지금에 이르기까지 많은 기능이 추가되고 일부는 변화되기도 하였지만 이러한 것들을 모두 담아낸 책이 많이 없었던 게 사실입니다. 이 책은 안드로이드에 관한 전반적인 내용을 알차게 다루고 있으며 새로운 버전의 기능들까지 담아내고 있습니다.

이 책은 안드로이드 개발을 처음 접하는 분들에게 강력 추천합니다.

김양희 매니저
SK텔레콤, T아카데미 담당

이 책으로 안드로이드 강의를 미리 접한 SK텔레콤 T아카데미 졸업생들의 한마디

이해하기 쉬운 설명은 물론 간단한 예제를 단계별로 확장해 나가는 방식으로 구성되어 있어서 앱의 실행 원리와 패턴을 새로운 앱 개발에 응용할 수 있어요.

강유경 _ 안드로이드 프로그래밍 강사 연수 과정 1기
_ 컴퓨터공학과 연구교수

책을 보며 단순히 따라만 하는 공부를 했던 제게 T아카데미의 강의는 한층 더 심도 있게 안드로이드를 공부할 수 있는 최고의 기회였습니다. 이 책을 통해 그 기회를 다시 한 번 활용할 수 있을 것 같습니다.

양동석 _ 안드로이드 프로그래밍 강사 연수 과정 1기

기초부터 중, 고급 스킬을 깔끔한 설명과 함께 예제를 통해 확실히 다져나갈 수 있는 책입니다. 책의 마지막 장을 덮는 순간 안드로이드 전문가로 한걸음 더 다가갈 수 있을 것입니다.

강경구 _ 중기청 프로젝트 과정 1기

탄탄한 내용과 저자만의 노하우가 요소요소마다 녹아 있는 이 책을 보고 나면 이런 말이 나올 겁니다. "정말 쉽죠?"

차병환 _ 중기청 프로젝트 과정 1기

안드로이드 앱 개발 지침서!
안드로이드 앱을 개발한다면 반드시 읽어야 할 필독서입니다.

이주형 _ 안드로이드 프로그래밍 전문가과정 5기

기존에 봐왔던 서적에 비해 기초와 핵심을 잘 짚어주고 있어서 많은 도움이 되는 책입니다. 내 책상에도 항상 펴져 있을 책!

김준수 _ 안드로이드 프로그래밍 전문가과정 5기

흐름을 잡기 힘든 개발자들을 위한 좋은 길잡이!
예제를 통해 프로젝트를 진행하다 보면 앱 개발의 방향을 잡을 수 있을 것입니다.

곽윤도 _ 안드로이드 프로그래밍 전문가과정 1기

T아카데미에서만 들을 수 있던 특별한 강의를 이제 책을 통해서 배울 수 있다니! 보다 많은 분들에게 도움이 될 수 있었으면 좋겠습니다.

천은진 _ 안드로이드 프로그래밍 전문가과정 1기

주요 업데이트 & 변경 사항 완벽 대응!

안드로이드 스튜디오와 관련 API는 자주 업데이트됩니다. 독자 여러분의 실습 편의를 위해 안드로이드 주요 업데이트, 변경 사항에 대응한 구글 문서를 지속적으로 관리하여 배포하겠습니다.

▶ 주요 업데이트 & 변경 사항 문서 링크: https://vo.la/3vBvg

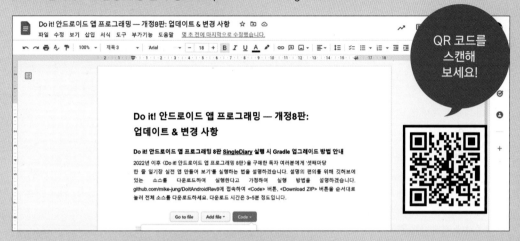

질문 & 답변 — 네이버 카페 'Do it! 스터디룸'에 질문을 올려보세요

《DO IT! 안드로이드 앱 프로그래밍》을 공부하다 질문이 생기면 이지스퍼블리싱에서 운영하는 네이버 카페 'DO IT! 스터디룸'에 질문을 올려보세요. 이 책을 먼저 공부한 선배들의 조언을 구할 수 있습니다.

▶ Do it! 스터디룸: https://cafe.naver.com/doitstudyroom

Do it! 스터디룸에서 스터디 노트 쓰고 책 선물도 받고!

Do it! 스터디룸에서 운영하는 공부단에 지원해 보세요.

스터디 노트를 쓰며 책을 완독하면 책 1권을 선물로 드립니다.

카페 회원 가입도 잊지 마세요!

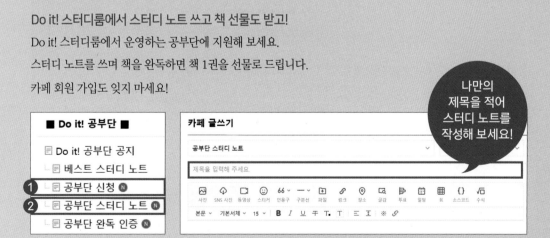

❶ [공부단 신청]에서 공부단 지원하기

❷ [공부단 스터디 노트]에 스터디 노트 올리기

전체 소스를 보면서 공부해 보세요

본문에서 생략된 소스 코드는 '중략…'으로 표시되어 있습니다. 만약 전체 소스 코드가 궁금하다면 www.easyspub. co.kr에 접속한 다음 [자료실]에 '안드로이드'를 검색하여 전체 소스 코드를 다운받아 **비주얼 스튜디오 코드와 같은 편집기로 열어 자신이 입력한 코드와 비교하며 공부해 보세요.**

1. www.easyspub.co.kr에 접속한 다음 [자료실]을 누르세요. '검색어를 입력하세요'에 '안드로이드'를 입력하고 돋보기 모양 버튼을 누르세요. 그러면 소스 코드 저장 링크가 나타납니다. 깃허브, 구글 드라이브 링크 중 접속이 잘 되는 곳을 골라 소스 코드를 다운로드하세요.

2. 깃허브에 접속하는 경우 [Code] 버튼을 누른 다음 [Download ZIP]을 누르면 다운로드가 진행됩니다. 구글 드라이브에 접속하는 경우 파일을 선택하고 마우스 오른쪽 버튼을 눌러 [다운로드]를 선택하세요.

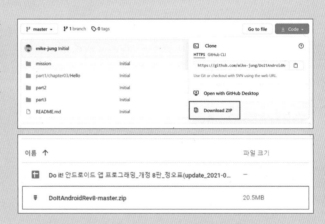

3. 다운로드한 소스 코드의 압축을 해제하면 Part라는 제목으로 마당이 구분되어 있고 그 안에 chapter라는 제목으로 장이 구분되어 있습니다. 만약 책을 그대로 따라 해도 잘 되지 않으면 비주얼 스튜디오 코드와 같은 편집기로 해당 파일을 열어 비교하며 공부해 보세요.

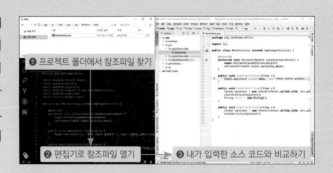

❶ 프로젝트 폴더에서 참조파일 찾기
❷ 편집기로 참조파일 열기
❸ 내가 입력한 소스 코드와 비교하기

초급자 코스 10주 50일

《Do it! 안드로이드 앱 프로그래밍》 50일 완성

《Do it! 안드로이드 앱 프로그래밍》도서를 하루에 2~3시간씩 학습 일정에 맞춰 꾸준히 학습하면 10주(초급자) 또는 5주(중급자)에 걸쳐서 이 책을 볼 수 있습니다. 각 장에서 주의 깊게 학습할 학습 목표는 체크 포인트에 설명해 놓았습니다.

학습 목표	진행 일정 및 학습 소요 시간		체크 포인트
첫째 마당 04장	Day 01~Day 03	09시간/ 3일	첫 번째 앱을 중심으로 학습하세요.
둘째 마당 01장	Day 04~Day 07	12시간/ 4일	뷰가 무엇인지 이해하고 레이아웃을 중심으로 학습하세요.
둘째 마당 02장	Day 08~Day 11	12시간/ 4일	리니어 레이아웃, 프레임 레이아웃을 중심으로 학습하세요.
둘째 마당 03장	Day 12~Day 14	09시간/ 3일	기본 위젯과 드로어블을 중심으로 학습하세요.
둘째 마당 04장	Day 15~Day 18	12시간/ 4일	화면 구성과 화면 간 이동, 수명주기를 중심으로 학습하세요.
둘째 마당 05장	Day 19~Day 22	12시간/ 4일	프래그먼트와 액션바, 탭을 중심으로 학습하세요.
둘째 마당 06장	Day 23~Day 26	12시간/ 4일	서비스와 수신자를 중심으로 학습하세요.
둘째 마당 07장	Day 27~Day 30	12시간/ 4일	리싸이클러뷰를 중심으로 학습하세요.
둘째 마당 08장	Day 31~Day 33	09시간/ 3일	애니메이션을 중심으로 학습하세요.
둘째 마당 09장	Day 34~Day 35	06시간/ 2일	핸들러를 중심으로 학습하세요.
둘째 마당 10장	Day 36~Day 37	06시간/ 2일	Volley를 이용한 웹 요청을 중심으로 학습하세요.
둘째 마당 11장	Day 38~Day 40	09시간/ 3일	데이터베이스에 데이터를 저장했다가 조회하는 내용을 중심으로 학습하세요.
둘째 마당 12장	Day 41~Day 42	06시간/ 2일	뷰에 그래픽을 그리는 방법을 중심으로 학습하세요.
둘째 마당 13장	Day 43~Day 44	06시간/ 2일	사진 찍기와 유튜브 영상 재생하기를 중심으로 학습하세요.
둘째 마당 14장	Day 45~Day 46	06시간/ 2일	내 위치 확인 방법과 지도로 보여주는 방법을 중심으로 학습하세요.
둘째 마당 15장	Day 47~Day 48	06시간/ 2일	푸시 서비스를 보내고 상단 알림을 표시하는 방법을 중심으로 학습하세요.
셋째 마당 01장	Day 49~Day 50	06시간/ 2일	앱을 만드는 단계별 코드 완성 과정을 중심으로 학습하세요.

중급자 코스 5주 25일

《Do it! 안드로이드 앱 프로그래밍》 25일 완성

프로그래밍 경험이 있는 분들이라면 총 25일로 단계를 나눈 권장 스케줄 표를 이용하여 더 빠르게 학습해 보십시오.

학습 목표	진행 일정 및 학습 소요 시간		체크 포인트
둘째 마당 02장	Day 01~Day 05	15시간/ 5일	뷰와 레이아웃의 특성에 대해 이해하고 대표적인 레이아웃을 중심으로 학습하세요.
둘째 마당 04장	Day 06~Day 09	12시간/ 4일	기본 위젯과 드로어블 그리고 화면을 만들어 전환하는 방법을 중심으로 학습하세요.
둘째 마당 06장	Day 10~Day 13	12시간/ 4일	프래그먼트와 서비스 그리고 수신자를 중심으로 학습하세요.
둘째 마당 08장	Day 14~Day 16	09시간/ 3일	리싸이클러뷰와 애니메이션을 중심으로 학습하세요.
둘째 마당 10장	Day 17~Day 18	06시간/ 2일	핸들러에 대해 이해하고 Volley를 이용한 웹 요청을 중심으로 학습하세요.
둘째 마당 11장	Day 19~Day 20	06시간/ 2일	데이터베이스를 다루는 방법을 중심으로 학습하세요.
둘째 마당 12장	Day 21~Day 21	03시간/ 1일	뷰에 그래픽을 그리는 방법을 중심으로 학습하세요.
둘째 마당 14장	Day 22~Day 23	06시간/ 2일	내 위치를 지도로 보여주는 방법을 중심으로 학습하세요.
둘째 마당 15장	Day 24~Day 24	03시간/ 1일	푸시 서비스를 보내고 상단 알림을 표시하는 방법을 중심으로 학습하세요.
셋째 마당 01장	Day 25~Day 25	03시간/ 1일	앱을 만드는 단계별 코드 완성 과정을 중심으로 학습하세요.

이 책은 단계별로 구성되어 있어 좀 더 쉽게 이해할 수 있으며,
기초적인 부분부터 활용까지 이 책 한 권이면 Play 스토어에 올릴 수 있는
완성도 높은 앱을 만들 수 있습니다.

셋째 마당
한 줄 일기장 실전 앱 만들어 보기

Hello! 안드로이드

사람들은 이동하면서 스마트폰으로 전화를 하거나 카카오
톡 메시지를 보내고 유튜브 영상을 봅니다. 이때 사용하는
스마트폰 중에는 안드로이드 OS로 만들어진 것이 가장
많습니다. 그렇다면 과연 안드로이드는 어떤 점이 좋아서
이렇게 많은 사람들이 사용하게 되었을까요? 스마트폰의
대중화를 이끈 안드로이드폰은 개발 OS가 무료인데다가
다양하고 강력한 기능들을 지원합니다. 안드로이드로
앱을 만드는 과정을 본격적으로 진행하기 전에 안드로
이드가 무엇인지 살펴보고 그 특징과 장점 등을 먼저
알아보겠습니다. 안드로이드 단말기에 설치할 수 있는 앱을
만들기 위해 개발 도구를 설치한 다음 전문적인 지식이
없어도 따라할 수 있는 첫 번째 앱을 만들어볼 것입니다.
이제 곧 안드로이드 개발이 그리 어렵지 않다는 것을 알게
될 것입니다. 기대해도 좋습니다.

Hello!

01 안드로이드란?

안드로이드란 무엇일까요? 이 장에서는 안드로이드를 간단하게 소개하고 어떤 배경에서 만들어졌는지를 알아보겠습니다. 그리고 어떤 특징 때문에 사람들의 관심을 독차지하고 있는지 살펴보게 됩니다.

 그림으로 정리하기

안드로이드 이해하기	안드로이드의 흐름 살펴보기
스마트폰 대중화 • 안드로이드폰의 운영체제: 안드로이드 • 아이폰의 운영체제: iOS	대규모 시장 점유  • 안드로이드 점유율: 71% • iOS 점유율: 27% • 2021년 3월 기준 전세계 점유율 (출처: statcounter)

01-1
안드로이드 이해하기

안드로이드는 구글(Google)에서 만든 스마트폰용 운영체제(OS)입니다. 휴대용 단말기(이하 '단말'로 약칭)를 위해 만들어진 것일 뿐만 아니라 다양한 앱을 만들어 설치하면 실행될 수 있도록 구성된 앱 플랫폼(Platform)이기도 합니다.

안드로이드폰은 손으로 터치할 수 있는 스마트폰입니다. 아이폰을 좋아하는 사람들도 많지만 안드로이드 단말기가 훨씬 많이 팔립니다. 이처럼 안드로이드 운영체제가 널리 확산된 이유는 무엇일까요?

첫째, '오픈 소스'라는 특징 덕분에 안드로이드 플랫폼의 단점을 빠르게 개선하고 전 세계의 많은 개발자를 끌어들이는 효과를 발휘하게 되었습니다.

둘째, 안드로이드에서 앱을 개발할 때 자바 언어를 사용한다는 것입니다. 자바는 전 세계 많은 대학의 학생들이 배우는 기본 언어이기도 하고 동시에 수많은 앱 개발자들이 사용하고 있어 안드로이드 앱 개발에 손쉽게 접근할 수 있었습니다. 이 책도 자바를 사용하여 실습합니다.

> **정박사의 조 언** **코틀린 언어로도 안드로이드 앱을 만들 수 있어요**
>
> 자바 가상 머신(VM, Virtual Machine) 위에서 동작할 수 있게 만든 코틀린 언어는 자바 언어보다 단순하고 최신 언어의 특징을 가지고 있습니다. 또한 코틀린을 안드로이드 스튜디오에서 사용할 수 있게 되면서 코틀린 언어로도 안드로이드 앱을 만들 수 있습니다. 이 책은 자바 언어를 기준으로 설명합니다.

셋째, 개발자들은 미리 제공된 컴포넌트들을 사용할 수 있어, 플랫폼까지 신경 쓰지 않고 그 위에 올라가는 앱만 잘 만들어 배포하면 됩니다. 따라서 오픈 소스가 가지고 있던 취약점(기본 라이브러리가 별로 없다는 취약점)은 거의 없는 셈입니다.

넷째, 다른 사람이 만든 앱을 쉽게 연동할 수 있습니다. 예를 들어, 사진 찍기 기능을 포함하는 앱이라면 카메라 미리 보기 기능이 들어간 화면을 직접 만들지 않고 단말의 카메라 앱을 실행시켜 사진을 찍을 수 있습니다.

다섯째, 안드로이드 플랫폼에서 다양한 기능을 지원한다는 점입니다. 안드로이드 OS는 빠르게 업그레이드되고 있고 다양한 기능을 지속적으로 제공합니다. 또한 리눅스 기반으로 되어 있기 때문에 새로운 하드웨어(Hardware)가 나왔을 때 안드로이드에 탑재하는 것이 어렵지 않아 신기술을 쉽게 접목할 수 있습니다.

마지막으로 안드로이드에는 ART라는 런타임(Runtime)이 탑재되어 있는데 이 런타임의 성능은 매우 뛰어납니다. 런타임은 프로그램을 실행시키는 엔진과 같은 것인데 프로그램의 성능에 영향을 미치는 가장 중요한 요소 중 하나입니다. 안드로이드에서 사용하는 자바는 예전부터 성능이 느리다는 고질적인 문제를 안고 있었습니다. 이 때문에 옛날에는 표준 자바를 휴대 단말에서 사용할 때 가상 머신(Virtual Machine)의 속도가 느려 성능 문제가 계속 제기되었지만 안드로이드는 빠른 속도의 런타임을 만들고 성능을 지속적으로 개선했기 때문에 현재는 성능 문제가 거의 없습니다.

앱
애플리케이션 프레임워크

라이브러리

Surface Manager	Media Framework	SQLite
OpenGL ES	Webkit	libc

안드로이드 런타임

Core Libraries	ART Runtime

런타임

리눅스 커널

◀ 안드로이드 OS의 주요 특징

지금까지 설명한 몇 가지 특징만으로 안드로이드의 모든 특징을 설명할 수는 없겠지만 이것만 보더라도 아주 좋은 플랫폼이라는 것을 알 수 있습니다.

안드로이드는 뛰어난 멀티미디어, 3D 그리고 웹을 위한 풀 브라우징(Full browsing) 지원 등 다양한 특징들을 가지고 있습니다. 그리고 이런 특징을 기반으로 지금은 스마트폰뿐만 아니라 시계(Watch), TV, 자동차 등에도 사용되고 있습니다.

물론 이러한 일반적 특징들은 최근의 다른 스마트폰들에서도 찾아볼 수 있습니다. 하지만 안드로이드만의 차별화된 특징들도 적지 않습니다. 이러한 특징들은 이 책을 통해 하나씩 알아갈 수 있습니다. 안드로이드의 특징을 하나씩 알아가다 보면 안드로이드를 전체적으로 이해할 수 있게 될 것입니다.

01-2
안드로이드의 흐름 살펴보기

안드로이드의 흐름을 한 번 살펴보겠습니다. 손으로 터치하는 스마트폰은 아이폰으로부터 시작되었으며 안드로이드로 대중화되면서 점점 더 많은 개발자들을 앱 개발 쪽으로 유도했습니다. 개인 개발자가 창업하여 와츠앱(WhatsApp)이나 우버(Uber)와 같은 앱을 만들어 엄청난 수익을 올리기도 했고, 웹으로 업무용 시스템을 개발하던 많은 기업이 모바일 단말에서 동작하는 앱을 만들기도 합니다. 이제 안드로이드 앱은 일상생활과 회사의 업무에서 빼놓을 수 없는 중요한 요소가 되었습니다.

안드로이드는 구글에서 만들지만 안드로이드를 단말(스마트폰과 태블릿 등의 기기를 단말로 통칭)로 만들고 이를 배포하는 것은 제조사와 이동통신사입니다. 안드로이드가 오픈 소스이기 때문에 모든 제조사가 단말을 만들어 안드로이드를 이식할 수 있는 거죠.

어떻게 현재의 안드로이드가 만들어졌는지는 그 역사를 보면 알 수 있습니다. 구글은 2005년 안드로이드를 인수한 이후 2007년 안드로이드 SDK를 처음 출시하였으며 이후 빠르게 SDK를 업데이트해 왔습니다. 짧은 역사에 비해 굉장히 빠른 속도로 업데이트되고 있으며 매년 수십 종의 단말이 출시되고 있습니다. 안드로이드는 버전별로 디저트 이름을 별명으로 사용해 왔었고 지금은 버전 숫자를 사용합니다.

안드로이드 단말이 시장 점유율을 높일 수 있었던 주요 요인들 중 하나는 앞에서 설명한 오픈 소스라는 점과 함께 '에코 시스템(Eco System)'을 잘 구성했기 때문입니다. 에코 시스템은 단말 OS, 단말 제조사, 이동통신사 그리고 앱 개발자 등 하나의 단말이 시장에 나와 사용자들이 사용하는 과정에서 각 역할을 담당하는 주요 참여자들을 하나로 묶어주는 생태계라 할 수 있습니다. 제조사에게는 저비용으로도 완벽한 휴대전화를 만들 수 있다는 장점이 있고, 이동통신사에게는 자사의 이동통신망을 사용할 때 발생하는 수익과 함께 앱을 판매하는 수익의 일부를 가져가도록 할 수 있습니다. 또한 점점 늘어나는 사용자들로 인해 앱 개발자는 광고를 앱에 포함하여 개인적인 수익을 얻을 수도 있습니다. 이런 여러 가지 조건이 서로 잘 맞아 떨어진 결과 안드로이드의 에코 시스템이 성공적으로 만들어질 수 있었습니다.

이 책을 보고 있는 여러분은 에코 시스템에서 앱 개발자의 역할을 하게 되겠네요. 그러면 앞으로 안드로이드의 미래는 어떨까요? 안드로이드폰과 아이폰 이외에도 새로운 여러 가지 스마트폰 OS가 나오고 있지만 앞으로 상당 기간 동안은 안드로이드를 사용하는 사람들이 많을 것으로 보입니다. 이 과정에서 중요한 것은 개발자로서 여러분이 목표하는 좋은 앱을 개발하는 것, 이것을 Play 스토어에 올려 수익을 얻는 것 그리고 이 목적을 얼마나 빨리 그리고 잘 실현할 수 있는가입니다. 이 책은

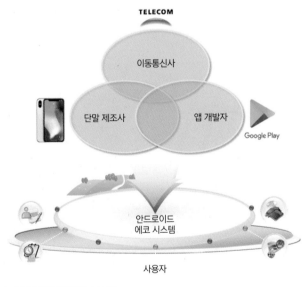

▲ 안드로이드의 에코 시스템

Play 스토어에 올려서 상용화할 수 있을 정도의 좋은 앱을 개발하는 데 필요한 가장 중요한 부분들을 알려주려고 합니다. 이제부터 그 여행을 시작해 볼까요?

02 개발 도구 설치하기

안드로이드 앱을 만들려면 안드로이드 스튜디오라는 개발 도구를 먼저 설치해야 합니다. 안드로이드 스튜디오를 설치하는 과정은 설치 마법사를 사용하기 때문에 어렵지 않을 것입니다. 하지만 안드로이드 스튜디오를 설치한 다음 추가로 설치해야 하는 내용이 있습니다. 설치 진행 과정이 잘못되면 실습에 큰 어려움을 겪을 수도 있으니 잘 보고 따라 설치하세요. 그러면 지금부터 안드로이드 앱 개발 도구인 안드로이드 스튜디오의 설치 방법에 대해 알아보겠습니다.

 그림으로 정리하기

안드로이드 스튜디오 설치하기	첫 실행 후 추가 설치하기

02-1
안드로이드 스튜디오 설치하기

다음 안내에 따라 개발 도구인 안드로이드 스튜디오를 설치하겠습니다. 안드로이드 스튜디오를 설치하려면 먼저 설치 프로그램을 다운로드해야 합니다.

안드로이드 스튜디오는 자바(Java)로 만들어진 개발 도구입니다. 안드로이드 스튜디오를 설치하면 이를 위해 필요한 자바도 함께 설치됩니다.

① 안드로이드 개발자 사이트(https://developer.android.com/studio)에 접속하세요. 화면 아래쪽에 있는 [Download Android Studio Giraffe] 버튼을 눌러 안드로이드 스튜디오 설치 프로그램을 다운로드합니다.

익스플로러에서 [다운로드] 버튼이 작동하지 않을 수 있습니다. 그럴 때는 크롬 등 다른 브라우저에서 다운받으세요.

정박사의 조언 시험 버전의 안드로이드 스튜디오 사용하기

안드로이드 스튜디오는 빠른 속도로 업데이트됩니다. 만약 아직 출시되지 않은 시험 버전의 안드로이드 스튜디오를 체험해 보고 싶다면 다운로드 페이지에서 [미리보기] 탭을 눌러 설치 파일을 다운로드하면 됩니다. 시험 버전의 안드로이드 스튜디오는 다운로드한 압축 파일을 해제한 다음 bin 폴더에 있는 studio64.exe나 studio.exe를 실행하면 사용할 수 있습니다.

---

② [Download Android Studio Giraffe] 버튼을 누르면 이용 약관이 나타납니다. 동의하는 체크 박스를 클릭한 다음 [Download Android Studio Giraffe | ...] 버튼을 눌러 설치 파일을 다운로드합니다.

③ 다운로드한 실행 파일을 더블클릭하여 설치를 시작합니다. 안드로이드 스튜디오 설치 화면이 나타나면 [Next>] 버튼을 눌러서 다음 화면으로 넘어갑니다.

④ 컴포넌트 선택, 설치 위치 등을 선택하는 과정은 [Next>] 버튼을 눌러 넘어가세요. 시작 메뉴 폴더를 선택하는 화면이 나타나면 [Install] 버튼을 눌러 설치를 진행합니다.

⑤ 설치 시간은 보통 몇 분 정도 걸리며 10분 이상이 소요되기도 합니다. 설치가 완료되면 'Completed'라는 글자가 표시됩니다. [Next>] 버튼을 누르면 완료 화면이 보이고 [Finish] 버튼을 누르면 안드로이드 스튜디오 프로그램이 실행됩니다.

⑥ 안드로이드 스튜디오가 실행될 때 Import Android Studio Settings 창이 나타난다면 이전에 안드로이드 스튜디오를 설치한 적이 있는 것입니다. 그래서 이전에 안드로이드 스튜디오에서 사용하던 설정을 가져올 것인지 묻는 것이죠. 처음 설치하는 것이므로 [Do not import settings] 라디오 버튼을 선택한 다음 [OK] 버튼을 누르세요. 그러면 안드로이드 스튜디오가 실행되면서 초기 설정 화면이 나타납니다. Help improve Android Studio라는 팝업 창이 보이면 [Don't send] 버튼을 누르세요.

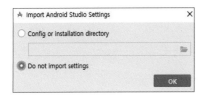

정박사의 조언 안드로이드 스튜디오의 초기 설정 화면이 나타나지 않나요?

안드로이드 스튜디오의 초기 설정 화면이 나타나지 않고 오류 메시지가 나타난다면 다음 두 가지 원인을 의심해 보세요.

(1) 윈도우 사용자 계정이 한글은 아닌가요?

윈도우 사용자 계정이 '홍길동'과 같이 한글로 되어 있다면 사용자 폴더의 경로에 'C: / Users/홍길동'과 같이 한글이 포함됩니다. 이 경우에는 프로그램이 제대로 실행되지 않을 수 있습니다. 윈도우에서 새로운 영문 계정을 만든 후 그 계정으로 로그인하여 새로 설치하기 바랍니다.

(2) 실행할 수 있는 메모리 용량이 적은 것은 아닌가요?

안드로이드 스튜디오가 실행될 때 메모리 용량이 적어서 실행할 수 없다는 오류 메시지가 표시되기도 합니다. 이때는 안드로이드 스튜디오에서 사용할 수 있는 최대 메모리의 크기를 늘려야 합니다. 파일 탐색기를 열고 안드로이드 스튜디오가 설치된 폴더(일반적으로는, C: / Program Files / Android / Android Studio) 아래에 있는 bin 폴더를 찾습니다. 이 폴더 아래에 studio64.exe.vmoptions 파일이 있으면 그 파일을 메모장에서 엽니다. 그리고 -Xmx로 시작하는 줄의 숫자를 더 큰 값으로 수정합니다.

```
-Xmx2048m
```

수정한 파일을 저장한 후 다시 안드로이드 스튜디오를 실행해 보기 바랍니다.

⑦ 안드로이드 스튜디오가 처음으로 실행되면 초기 설정 화면이 나타납니다.

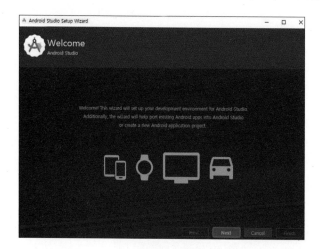

⑧ [Next] 버튼을 누르면 Install Type을 묻는 화면이 보입니다. Standard 라디오 버튼이 선택된 상태 그대로 두고 [Next] 버튼을 누릅니다.

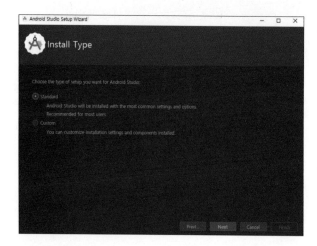

⑨ 다음 화면에서는 UI 테마를 선택할 수 있습니다. 원하는 스타일의 테마를 선택하고 [Next] 버튼을 누릅니다.

⑩ 설정 내용을 확인하는 Verify Settings 창이 나타나면 [Finish] 버튼을 누릅니다.

정박사의
조 언   **여러 번 삭제 및 설치를 반복할 때 나타날 수 있는 Components Setup 창!**

SDK 폴더(C:₩Users₩사용자폴더₩AppData₩Local₩Android₩Sdk)까지 지운 후 다시 설치했을 때 다음과 같이
SDK Components Setup 창이 나타날 수 있습니다. Android Virtual Device - (881 MB) 설치를 권장하고 있으니 해
당 항목도 체크한 후 [Next] 버튼을 누릅니다.

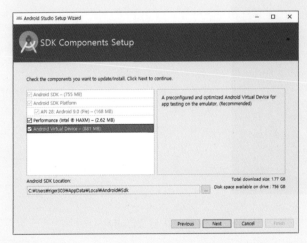

⑪ 라이선스 동의 화면이 나타나면 왼쪽에 보이는 항목을 선택한 후 오른쪽 아래의 [Accept]를 체크합니다. 그리고 [Fin-ish] 버튼을 누르면 Downloading Components 창이 표시되면서 추가 설치 과정이 진행됩니다.

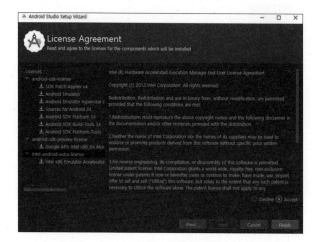

⑫ 이 과정 역시 몇 분 이상이 걸릴 수 있으며 설치 과정이 완료되면 어떤 것들이 설치되었는지 표시됩니다. [Finish] 버튼을 누르면 안드로이드 스튜디오가 실행됩니다.

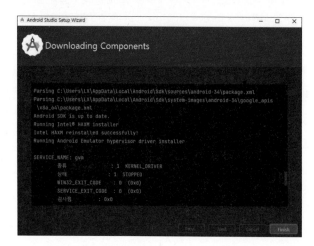

Welcome to Android Studio 화면이 보이면 안드로이드 스튜디오가 제대로 설치된 것입니다.

새로운 버전의 안드로이드 스튜디오나 최신 플랫폼이 나왔다면 어떻게 업데이트해야 할까요?

• 안드로이드 스튜디오 업데이트

안드로이드 스튜디오 설치 프로그램은 항상 가장 최신 버전의 안드로이드 개발 도구를 설치합니다. 그러나 이미 이전 버전의 안드로이드 스튜디오를 설치한 상태라면 새로 설치하는 것이 아니라 새 버전으로 업데이트해야 합니다. 안드로이드 스튜디오를 새 버전으로 업데이트하고 싶다면 안드로이드 스튜디오를 실행했을 때 보이는 시작 화면의 아래쪽에 있는 [Configure]를 누릅니다. 드롭다운 메뉴 중에서 [Check for Updates] 메뉴를 클릭하면 안드로이드 스튜디오의 최신 버전을 확인할 수 있습니다.

• 최신 플랫폼 추가 설치

최신 플랫폼을 추가로 설치하려면 [Configure] 메뉴 중에서 [SDK Manager] 메뉴를 눌러 SDK 매니저를 실행한 후 최신 버전의 플랫폼을 선택하고 설치하여야 합니다.

축하합니다. 설치를 완료하고 SDK 매니저에서 필요한 모듈도 추가로 설치했으니 이제 안드로이드 앱 개발 도구인 안드로이드 스튜디오의 설치가 모두 끝났습니다.

03 첫 번째 앱 만들기

안드로이드 단말에서 동작하는 간단한 앱(Application)을 만드는 과정은 쉽습니다. 이제부터 설명하는 내용을 따라하면서 약간의 코딩만 하면 직접 만든 첫 번째 앱을 실행해 볼 수 있습니다. 안드로이드 스튜디오는 다른 프로그래밍 언어에서도 제공되는 일반적인 개발 도구(IDE)와 비슷합니다. 첫 번째 앱을 만들고 변형하다 보면 앱의 기본 구조를 빠르게 익힐 수 있습니다. 이번 장에서는 안드로이드의 구조를 이해하지 못해도 따라할 수 있는 간단한 앱 제작 과정을 설명합니다.

그림으로 정리하기

03-1
첫 프로젝트 만들기

2장에서 설명한 대로 안드로이드 스튜디오를 설치했다면 이제 첫 번째 앱을 만들기 위한 과정을 시작할 수 있습니다. 안드로이드 스튜디오를 실행하면 다음과 같은 시작 화면이 나타납니다.

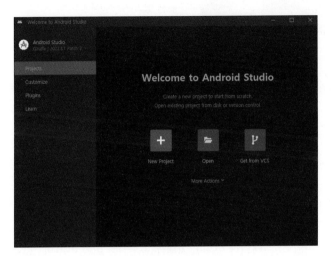

▲ 첫 단계를 시작할 수 있는 시작 화면

정박사의
조 언
윈도우 사용자 계정이 한글이면 실행 오류가 생겨요

윈도우 사용자 계정이 한글로 되어 있다면 오류가 발생할 수 있습니다. 윈도우11의 [제어판 → 사용자 계정 → 계정 유형 변경]에서 영문으로 수정한 후 실행해 보세요. 만약 표준 계정인 경우에는 변경되지 않을 수 있으므로 영문으로 된 새로운 계정을 만들고 해당 계정으로 로그인하여 진행해야 합니다. 자세한 내용은 2장을 참고하세요.

정박사의
조 언
안드로이드 스튜디오를 실행했는데 이전 프로젝트 창이 뜨나요?

안드로이드 스튜디오 시작 화면에 나타나는 버전은 프로그램 설치 시점에 따라 다르니 최신 버전을 사용하면 됩니다. 그리고 안드로이드 스튜디오에서 새로운 프로젝트를 한 번이라도 만들었다면 시작 화면은 나타나지 않으며, 새로 만든 프로젝트 창이 첫 화면으로 나타납니다. 만약 프로젝트 창에서 시작 화면으로 돌아가고 싶다면 [File → Close Project] 메뉴를 선택하세요.

[New Project]를 선택하면 새로운 안드로이드 프로젝트를 만들기 위한 대화상자가 순서대로 표시됩니다. 처음 나타난 대화상자에서는 앱 안에 만들어질 첫 화면의 모양을 선택합니다. Empty Activity가 자동으로 선택되어 있는데 아래쪽에 있는 Empty Views Activity로 바꾸어 선택하고 [Next] 버튼을 클릭하면 앱의 기본 정보를 입력하는 대화상자가 나타납니다.

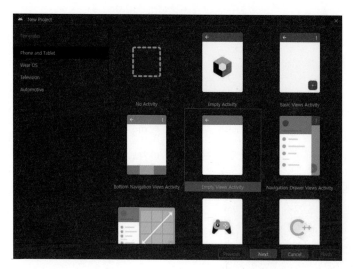

▲ 앱의 첫 화면 모양 선택

Name에 'Hello'를 입력합니다. 그러면 Package name의 글자가 'com.example.hello'로 자동 변경됩니다. Name과 Package name은 여러분 마음대로 입력해도 됩니다. 단, Name에 입력하는 글자는 영문 대문자로 시작하도록 하고 Package name은 영문 소문자로 시작하도록 합니다. Save location에는 프로젝트를 저장할 위치가 자동으로 표시됩니다. Language는 Java로 선택합니다. 안드로이드 스튜디오에서 첫 프로젝트를 만들 때는 코틀린(Kotlin)이 선택되어 있지만 자바(Java)로 한 번만 바꾸면 그 이후에는 자바 언어를 기본으로 사용할 수 있습니다. 이 책에서는 자바(Java) 언어를 기본으로 사용할 것입니다. 나머지는 그대로 두고 [Finish] 버튼을 누릅니다.

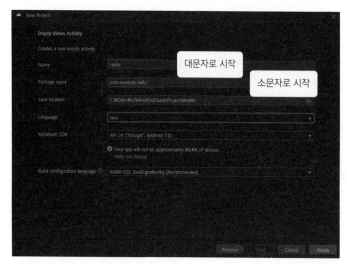

▲ 앱의 기본 정보와 이름 입력

패키지 이름이란 무엇일까요?

패키지 이름(Package Name)은 앱을 구분하는 고유한 값입니다. 즉, 여러분이 만든 앱이 단말에 설치되었을 때 다른 앱과 구분될 수 있는 역할을 합니다. 따라서 패키지 이름은 다른 패키지 이름과 충돌하지 않게 지어주는 것이 좋습니다. 실무에서는 패키지 이름을 인터넷 사이트 주소(도메인)처럼 짓는 경우가 많습니다.

안드로이드 스튜디오 창이 열릴 때까지 몇 분 정도 걸립니다. 특히 처음 창이 열릴 때는 더 많은 시간이 걸릴 수 있습니다. 창이 열리는 동안 창 오른쪽 아래에 있는 상태 바에는 진행 중인 내용이 간략히 표시됩니다. 상태 바가 없어질 때까지 기다리세요. 그리고 오른쪽에 나타나는 안내 글은 [−](숨김) 버튼을 눌러 감춰주세요.

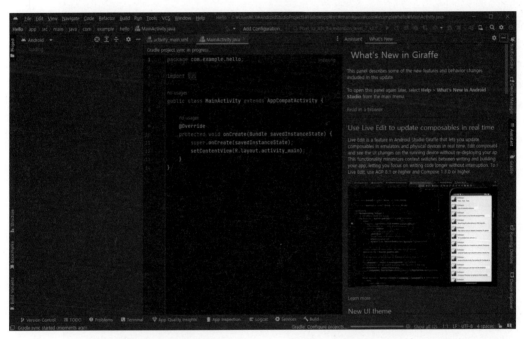

▲ 새로 열린 안드로이드 스튜디오 창에 표시된 안내 글

안드로이드 스튜디오 창이 보이기 전에 'Windows 보안 경고' 창이 뜨나요?

안드로이드 스튜디오는 자바라는 프로그램을 사용해 실행되는데, 이 자바 프로그램이 내부적으로 인터넷을 사용하면서 'Windows 보안 경고' 창이 뜰 수 있습니다. 경고 창이 나타나면 [액세스 허용] 버튼을 눌러서 인터넷에 접속할 수 있게 하세요.

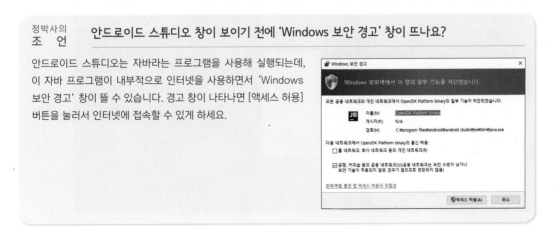

MainActivity.java 탭 살펴보기

전체 창은 왼쪽과 가운데, 그리고 오른쪽 부분으로 구분되어 있습니다. 그중 가운데 부분에는 두 개의 탭이 열려 있습니다. [MainActivity.java]는 자바 소스 파일입니다. 여러분이 만든 새로운 안드로이드 프로젝트에서는 자바 언어를 사용하기 때문에 java라는 확장자를 가진 파일이 만들어지며 표준 자바 의 문법으로 작성되어 있습니다. 그래서 자바 언어로 프로그램을 만들어 본 경험이 있다면 이 파일이 많이 익숙할 것입니다. 하지만 조금만 더 자세히 코드를 살펴보면 평범한 자바 프로그램과 형태가 조금 다르다는 것을 알 수 있습니다.

▲ 자바 소스 파일

activity_main.xml 탭 살펴보기

이제 [MainActivity.java] 탭 옆에 있는 [activity_main.xml] 탭을 선택하세요. 그러면 스마트폰 화면처 럼 생긴 화면이 나타납니다. 스마트폰 모양의 화면 외에도 이것저것 많이 들어 있어서 상당히 복잡하게 보이죠? 아직은 생소하겠지만 앞으로 익숙해질 것입니다. 또 왼쪽의 [Project] 영역과 [activity_main. xml] 영역의 경계선을 왼쪽으로 끌어당겨 스마트폰 화면이 보이는 영역을 크게 만들어 보세요..

이 부분을 드래그해서
작업 공간을 넓게 만드세요.

▲ 스마트폰 화면 모양을 보여주는 [activity_main.xml] 탭

가운데 부분에는 스마트폰 화면처럼 보이는 두 개의 직사각형 화면이 있습니다. 왼쪽의 하얀 화면은 실제 스마트폰 화면에 나타날 디자인 화면(Design)이고 오른쪽의 남색 화면은 화면의 구성 요소만을 보여주는 청사진 화면(Blue Print)입니다.

사각형 화면이 보이는 영역 위쪽에 여러 아이콘들이 있는데 그중에서 왼쪽에 있는 시루떡 모양 아이콘(◈▾)은 스마트폰 화면을 어떻게 표시할 것인지 결정하는 아이콘입니다. 이 아이콘을 눌러 [Design] 항목을 선택해 보세요. 그러면 왼쪽에 있던 디자인(하얀색) 화면만 남을 것입니다.

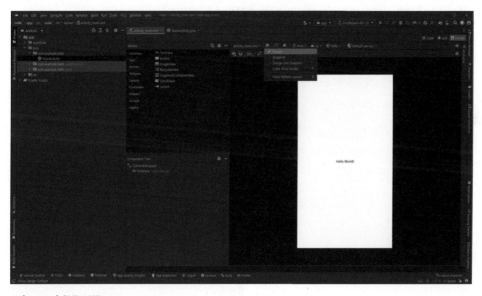

▲ [Design] 항목 선택

이번에는 같은 방법으로 [Blueprint] 항목을 선택해 보겠습니다. 그러면 오른쪽에 있던 청사진(남색) 화면만 나타날 것입니다. 그런데 왜 청사진 화면이 필요할까요? 청사진 화면은 화면 안의 요소가 서로 겹쳐 있을 때 요소를 투명하게 보여주어 어떤 것들이 어떤 모양으로 들어 있는지 알 수 있습니다.

예를 들어, 버튼과 글자 요소가 서로 겹쳐져 있으면 디자인 화면에서는 가장 위에 있는 요소만 보입니다. 하지만 청사진 화면에서는 겹친 두 요소가 모두 보입니다. 다음은 글자 요소 위에 버튼 요소를 올려놓고 디자인 화면과 청사진 화면을 비교한 것입니다. 디자인 화면에서는 글자 요소가 보이지 않지만 청사진 화면에서는 글자 요소가 희미하게 보입니다.

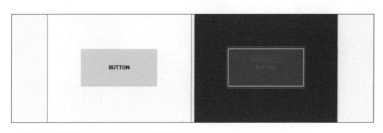

이 화면은 예를 들기 위하여 임의로 만든 것입니다. 눈으로만 읽어 보고 넘어가도 좋습니다.

▲ 청사진 화면에는 가려진 요소가 투명하게 보임

디자인 화면과 청사진 화면을 모두 살펴보았습니다. 이제 다시 [Design] 항목을 선택하세요. 두 화면은 필요에 따라 선택하여 사용하면 됩니다.

03-2
에뮬레이터로 Hello World 앱 실행하기

이번에는 자동으로 만들어진 Hello World 앱을 실행해 보겠습니다. 그런데 앱을 실행하려면 안드로이드 기기가 필요합니다. 만약 안드로이드 기기가 없다면 어떻게 해야 할까요? 다행히 안드로이드 기기가 없어도 컴퓨터에서 에뮬레이터와 가상 단말을 이용하여 앱을 실행할 수 있습니다. 에뮬레이터는 가상 단말을 실행하기 위한 프로그램인데 이 프로그램은 안드로이드 스튜디오를 설치할 때 이미 설치되었습니다. 그리고 가상 단말도 자동으로 하나 만들어져 있습니다. 만들어진 가상 단말을 사용하여 앱을 실행해봅니다.

가상 단말을 사용하여 앱 실행하기

안드로이드 스튜디오 창의 오른쪽 상단에 있는 아이콘(▶)을 누르거나 Shift + F10 을 눌러 앱을 실행하세요. 앱이 실행될 때까지는 시간이 조금 걸릴 수 있습니다.

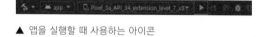

▲ 앱을 실행할 때 사용하는 아이콘

잠시 기다리면 가상 단말 화면이 창의 오른쪽에 보이고 안드로이드 스튜디오 안에서 보았던 화면이 그대로 나타납니다.

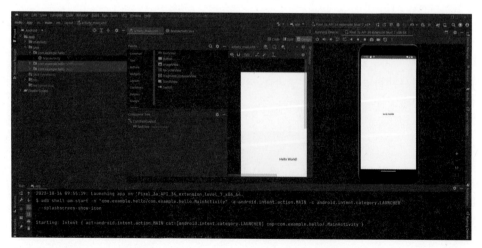

▲ 가상 단말 안에서 앱이 실행된 화면

앱이 잘 실행되었나요? 앱이 실행되면 프로젝트 창 아래에 있는 [Logcat] 탭에 로그가 출력됩니다. 로그는 가상 단말에서 출력하는 글자들을 말합니다. 자, 이제 앱이 실행되었네요.

가상 단말 직접 만들어보기

자동으로 만들어진 가상 단말 외에 새로운 가상 단말을 만들 수도 있습니다. 지금부터 가상 단말을 만들어 보겠습니다. 가상 단말을 만드는 것은 필수 작업이 아닙니다. 따라서 이 단락은 가상 단말을 직접 만들어보고 싶은 분들만 보면 됩니다.

안드로이드 스튜디오 오른쪽 상단에 있는 아이콘 중 [AVD Manager] 아이콘(🖳)을 클릭하면 창의 오른쪽에 가상 단말 관리 화면(Device Manager)이 나타납니다.

▲ 툴바에 들어있는 [AVD Manager] 아이콘

가상 단말 관리 화면에는 자동으로 만들어진 단말이 하나 있습니다. [Create Device] 버튼을 눌러 새로운 가상 단말을 만들어 봅시다.

▲ 가상 단말 관리 화면

그러면 Select Hardware 창이 나타납니다. 여기에서 새로운 가상 단말의 하드웨어를 선택할 수 있습니다. 기본 값인 Pixel 2를 그대로 두고 [Next] 버튼을 누르세요.

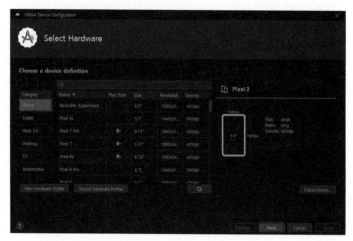

▲ 새로운 가상 단말을 만들 때 사용할 하드웨어 선택 화면

정박사의
조 언
가상 단말의 하드웨어는 어떤 것으로 선택해야 할까요?

보통 휴대하기 편한 스마트폰의 크기는 4~6인치로 알려져 있습니다. 4~6인치 크기의 스마트폰의 해상도는 보통 480X800, 720X1280, 1080X1920, 1440X2560 중 하나입니다. 이 책은 1080X1920인 해상도로 테스트하는 것을 권장합니다. 그래서 기본값으로 지정된 Pixel 2를 사용한 것입니다. 만약 다른 해상도로 테스트하려면 Pixel 2가 아닌 다른 항목(Nexus 6, Nexus 6P, ...)을 선택하거나 [New Hardware Profile] 버튼을 클릭하여 새 하드웨어를 만드세요.

가상 단말의 하드웨어를 골랐나요? 그러면 System Image 창이 나타납니다. System Image 창에서는 가상 단말을 실행할 때 필요한 이미지를 선택할 수 있습니다. 이미지란 단말기 하드웨어의 종류에 따라 달라지는 것으로 하드웨어를 실행하기 위한 정보를 담고 있는 하나의 파일이라고 생각하면 됩니다. 우선 [x86 Images] 탭을 누르세요. x86보다는 x86_64가 더 빠르게 동작하므로 가장 위에 있는 버전 중에서 ABI 항목이 x86_64로 되어 있고 Target 항목에 (Google APIs)가 포함되어 있는 것을 사용하겠습니다. 다운로드가 된 상태라면 그대로 사용하면 되고 다운로드가 되지 않은 상태라면 다운로드 아이콘을 클릭하여 다운로드하세요.

위쪽에 보이는 항목은 여러분이 이 화면을 보고 있는 시점에 따라 달라지므로 해당 시점에서 가장 최신의 것을 사용하면 됩니다.

◀ 가상 단말을 실행할 이미지를 선택하는 화면

다운로드를 할 때는 라이선스 동의 화면이 나타납니다. Accept를 체크한 다음 [Next]를 누르면 다운로드가 진행됩니다. 다운로드가 끝나고 설치가 완료되면 [Finish] 버튼을 눌러 화면을 닫으세요. 이제 다운로드한 항목을 선택할 수 있을 것입니다. 이미 다운로드되었거나 또는 새로 다운로드한 항목 중 하나를 선택하고 [Next] 버튼을 클릭하세요.

정박사의
조 언　　**각 항목에 표시된 ABI가 무엇인지 궁금한가요?**

ABI는 Application Binary Interface의 약자이며 안드로이드 CPU 칩과 시스템 사이의 상호 작용 방법을 기술한 인터페이스를 의미합니다. 안드로이드 단말의 CPU 칩이 제조사마다 다르기 때문에 제조사에 맞는 ABI를 선택해야 합니다. 가장 대표적인 것은 ARM, MIPS, x86이며 이 책에서 사용하는 ABI는 x86입니다.

정박사의
조 언　　**ABI를 x86로 지정하면 PC의 가상화 기술을 허용해야 합니다**

ABI 값을 x86으로 선택하여 가상 단말을 실행하면 가상화 기술(Virtualization Technology)을 사용할 수 없다는 오류 메시지가 나타나는 경우가 있습니다. 이 메시지는 x86로 만들어진 가상 단말이 실행될 때 가상 단말을 실행하는 PC에서 가상화 기술을 허용하지 않아 발생한 것입니다.

이 문제를 해결하려면 PC의 바이오스(BIOS)에서 Virtualization Technology라는 항목의 값을 Enable로 바꿔주어야 합니다. PC의 바이오스로 들어가는 방법은 각 PC나 노트북의 제조사마다 다르지만 보통은 PC가 켜질 때 [F8]이나 [Esc] 키를 누르면 됩니다. 더 자세한 방법은 인터넷을 검색하거나 제조사의 홈페이지를 참조하기 바랍니다. 만약 자신의 PC가 가상화 기술을 지원하지 않는다면 [Other Images] 탭에서 ABI의 값을 x86가 아닌 값(ARM, MIPS)을 선택해야 합니다.

지금까지 선택한 정보가 맞는지 확인하는 화면이 나타납니다. AVD Name 항목에는 우리가 만든 가상 단말(Pixel 2)에 새로운 이름이 자동으로 들어 있습니다. AVD라고 부르는 이 화면에서 가상 단말의 정보를 확인하거나 수정할 수 있습니다. 기본 값을 그대로 두고 [Finish] 버튼을 누르세요.

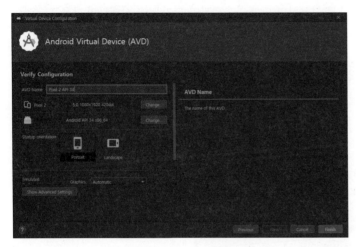

▲ 가상 단말에 입력한 정보를 확인하는 화면

조금만 기다리면 가상 단말 목록이 표시되고 앞에서 새로 만든 에뮬레이터가 나타납니다. 방금 전에 만든 가상 단말을 선택한 다음 Actions 항목에서 [Launch this AVD in the emulator] 아이콘(▶)을 누르세요. 잠시 기다리면 창의 오른쪽에 Running Devices라는 화면이 표시되고 가상 단말이 실행됩니다. 가상 단말은 실제 단말과 거의 같아서 단말이 켜지면 홈 화면이 나타납니다. 이제 앞에서 만든 앱을 이 가상 단말에서 실행할 수 있게 되었습니다.

▲ 새로 추가된 가상 단말이 보이는 가상 단말 관리 화면

▲ 가상 단말의 홈 화면

03-3
Hello 프로젝트 하나씩 바꾸어보기

앞에서 만든 앱은 Hello World!라는 메시지를 출력하는 앱입니다. 이 앱은 비록 형태는 단순하지만 실제 안드로이드 기기에서도 실행되는 진짜 앱입니다. 그런데 특별한 노력을 기울이지 않았는데도 앱이 만들어지고 실행되었습니다. 심지어 앱을 실행하면 나타나는 메시지(Hello World!)는 입력한 적도 없는데 화면에 나타났습니다. 어떻게 이 메시지가 나타난 것일까요?

지금부터 Hello 앱은 어떻게 실행된 것인지, 메시지는 어떤 원리로 나타나게 된 것인지 알아보겠습니다. 그런 다음 버튼과 같은 화면 구성 요소도 하나씩 추가해 보겠습니다.

MainActivity.java 자세히 살펴보기

다시 안드로이드 스튜디오로 돌아와 [MainActivity.java] 탭을 열어 MainActivity.java에 입력된 코드를 확인해 보겠습니다.

▲ [MainActivity.java] 탭을 열었을 때 보이는 코드

MainActivity.java에 입력된 코드를 보면 표준 자바나 다른 언어에서 프로그램의 시작점 역할을 하는 main 함수가 없습니다. 이것으로 안드로이드에서는 'main 함수가 아닌 다른 함수가 시작점의 역할을 한다.'고 추측할 수 있습니다. 그렇다면 'MainActivity.java에 하나밖에 없는 함수인 onCreate 함수가

시작점의 역할을 한다.'고 생각해 볼 수 있습니다.

그러면 onCreate 함수를 살펴보겠습니다. onCreate 함수 안의 첫 번째 줄에서는 super라는 키워드를 사용하여 onCreate 함수를 호출합니다. super 키워드는 상속을 받은 클래스에서 부모 클래스를 가리킬 때 사용하죠. 즉, 이 코드는 부모 클래스에 있는 onCreate 함수를 호출하는 것이고 부모 클래스의 onCreate 함수는 이 클래스의 기능과 직접적인 관련은 없으므로 화면의 메시지를 보여주는 기능과는 상관없습니다. 이제 두 번째 줄의 코드만 남았습니다. 다음은 onCreate 함수 안의 두 번째 줄의 코드를 나타낸 것입니다.

참조파일 Hello>/app/src/main/java/com.example.hello/MainActivity.java

```
중략…

setContentView(R.layout.activity_main);

중략…
```

Hello World!라는 메시지는 바로 setContentView 함수와 이 함수의 소괄호 안에 들어 있는 R.layout.activity_main에 의해 나타난 것입니다. 지금 당장 모든 것을 이해할 필요는 없습니다. setContentView 함수는 화면에 무엇을 보여줄 것인지를 설정해주는 역할을 하고 R.layout.activity_main은 사용자가 보게 될 화면 모양의 정보라는 것만 이해하고 넘어가도 좋습니다.

> **정박사의 조언** **초보자를 위한 초간단 안드로이드 스튜디오 사용법!**
>
> **1. 실수로 왼쪽의 트리 모양의 창이 없어졌다면 어떻게 해야 하나요?**
>
> 왼쪽에 보이던 트리 모양 창은 프로젝트 창입니다. 이 창이 없어졌더라도 다시 보이도록 할 수 있습니다. 왼쪽 끝의 세로 줄을 보면 프로젝트 창을 위한 작은 버튼이 세로로 배치되어 있습니다. 이 버튼을 클릭하면 보이지 않던 창이 다시 보이게 됩니다. 만약 이 버튼도 없어진 상태라면 안드로이드 스튜디오 상단의 메뉴 중에서 [View → Tool Windows → Project] 메뉴를 선택하면 됩니다.
>
>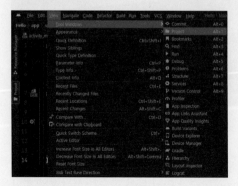
>
> ▲ 없어진 창을 다시 보여주기 위한 메뉴

activity_main.xml 자세히 살펴보기

이번에는 activity_main.xml 파일을 살펴보겠습니다. [res] 폴더를 열어보면 여러 개의 폴더 중에서 [layout] 폴더를 찾을 수 있습니다. 그리고 그 밑에는 activity_main.xml이라는 이름의 파일이 들어 있습니다.

◀ 프로젝트의 [res] 폴더 내용과 XML 파일

정박사의
조 언

안드로이드 스튜디오의 왼쪽 프로젝트 영역

왼쪽 창의 상단에는 프로젝트 구조를 보여주는 프로젝트 영역이 표시됩니다. 이 영역의 위쪽에 [Android] 탭이 보이는데, 이 탭에는 app 폴더와 Gradle Scripts 폴더 밑에 여러 개의 파일과 폴더들이 들어 있습니다. 그런데 이 [Android] 탭에서 보여주는 것은 프로젝트에 들어있는 파일들을 잘 정리해서 보여주는 것이라 파일 탐색기에서 확인할 수 있는 구조와는 약간 다릅니다. 만약 파일 탐색기에서 보는 것처럼 실제 파일들의 경로를 그대로 보고 싶다면 [Android] 탭을 클릭해서 [Project]로 바꿔줍니다. 그러면 파일들의 전체 경로가 보이게 됩니다.

▲ [Android] 탭을 선택한 화면   ▲ [Project] 탭으로 변경한 화면

그런데 눈썰미가 좋은 독자라면 MainActivity.java에서 보았던 R.layout.activity_main이라는 이름과 /res/layout 폴더 안에 들어 있는 activity_main.xml 파일의 이름이 비슷하다는 것을 알아챘을 것입니다. 실제로 MainActivity.java에서 보았던 R.layout.activity_main은 /res/layout/activity_main.xml 파일을 가리킵니다. 즉, MainActivity.java와 activity_main.xml이 연결되어 하나의 화면을 보여주는 것이죠.

정말 그럴까요? activity_main.xml 파일을 더블클릭하여 열어보세요. 그러면 디자인 화면이나 청사진 화면을 확인할 수 있던 [activity_main.xml] 탭이 나타날 것입니다. 아하, 이제야 알겠습니다. activity_main.xml 파일은 앱을 실행했을 때 나타나는 첫 화면의 모든 정보(구성 요소, 모양)를 담고 있었던 것입니다. 다시 말해 activity_main.xml은 앱의 첫 화면이 보여줄 모양을 의미합니다.

이제 activity_main.xml 화면의 오른쪽 위에 있는 [Code] 아이콘과 [Design] 아이콘을 번갈아 눌러보세요. 그러면 XML을 고칠 수 있는 텍스트 화면과 화면 구성 요소를 마우스로 넣을 수 있는 디자인 화면이 나타날 것입니다.

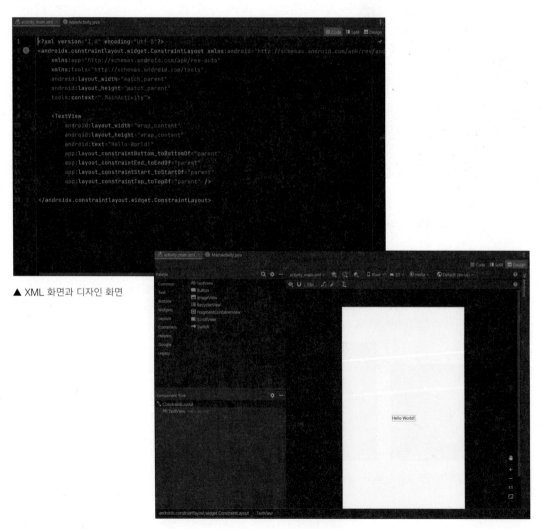

▲ XML 화면과 디자인 화면

실제로 텍스트 화면이나 디자인 화면을 이용하면 앱의 화면 모양을 바꿀 수 있습니다. 이 방법에 대해서는 바로 다음 실습을 통해 자세히 알아보겠습니다.

화면 중앙에 있는 글자 변경하기

이제 화면에 보이는 Hello World!라는 글자를 수정해 보겠습니다. 우선 마우스로 Hello World! 글자가 있는 곳을 클릭하세요. 그러면 오른쪽의 Attributes 창에 선택한 글자에 대한 여러 가지 정보가 표시됩니다. 이렇게 글자를 화면에 보여주는 것을 텍스트뷰(TextView)라고 부릅니다. 그리고 텍스트뷰를 선택하면 이 텍스트뷰가 가지는 다양한 속성이 오른쪽 창에 나타납니다. text라는 이름의 속성을 찾아 그 값을 'Hello World!'에서 '안녕, 안드로이드!'로 변경해 보세요.

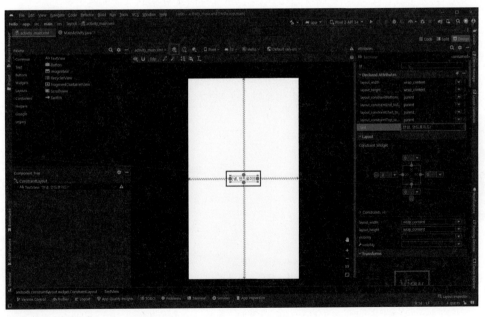

▲ [activity_main.xml] 탭을 선택하여 보이는 화면에서 글자를 바꾼 경우

글자를 잘 바꿨나요? 이제 안드로이드 스튜디오 상단의 [Run] 아이콘(▶)을 눌러 실행하세요. 만약 이전에 실행한 앱이 있을 경우 빨간색의 [Stop] 아이콘을 눌러 중지한 다음 다시 [Run] 아이콘을 눌러 실행하세요. 잠시 기다리면 다음과 같이 글자가 바뀐 에뮬레이터 화면을 볼 수 있습니다.

단축키 Shift + F10 을 눌러 앱을 다시 실행할 수도 있습니다.

안녕, 안드로이드

▲ 글자를 바꾼 후 에뮬레이터에서 다시 실행한 화면

지금까지 프로젝트 창에 보이는 기본적인 것들을 살펴보고 글자를 수정하는 작업을 간단하게 진행해 보았습니다. 안드로이드 앱을 만드는 과정이 어떻게 진행되는지 조금 알 것 같나요? 앞으로 실습을 진행하며 이 방법을 계속 사용할 것입니다. 이 과정을 꼭 이해하고 다음으로 넘어가세요.

정박사의
조 언   **소스 코드를 좀 더 잘 볼 수 있게 글자 크기를 키워볼까요?**

안드로이드 스튜디오 화면에 보이는 소스 코드의 글자 크기가 너무 작다면 글자 크기를 크게 바꿀 수 있습니다. 안드로이드 스튜디오 상단의 메뉴 중에서 [File → Settings]를 선택하면 설정 화면이 나타납니다.

▲ 설정 화면을 띄우는 메뉴

설정 화면의 왼쪽 창에서 [Editor → Font]를 선택합니다. 오른쪽에 폰트 설정 화면이 보이면 'Size:' 항목의 값을 '22'로 입력한 후 아래쪽의 [OK] 버튼을 클릭합니다.

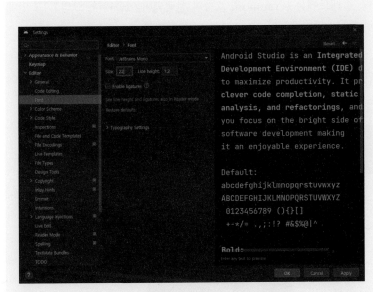

▲ 폰트 크기를 바꿀 수 있는 설정 화면

글자 크기가 적당하게 바뀌었다면 [OK] 버튼이나 [Apply] 버튼을 눌러 적용합니다. 이렇게 설정하면 자바 소스 파일이나 XML 원본 코드를 열 때 글자 크기가 크게 표시됩니다.

화면에 버튼 추가하기

이번에는 글자를 바꾸는 것보다 좀 더 흥미로운 화면 요소를 추가해 보겠습니다. 우리가 평소에 사용하는 대부분의 앱은 많은 버튼이 있습니다. 이 버튼을 통해 앱을 사용하는 사람이 무언가를 실행할 수 있도록 해 주죠. 이번에는 화면에 버튼을 하나 추가하고 이 버튼을 눌렀을 때 메시지가 나타나도록 해보겠습니다. 일단 버튼을 추가하기 전에 화면 중앙에 있던 글자를 삭제하겠습니다. 디자인 화면에서 가운데 있는 글자를 선택한 다음 키보드의 (Delete)를 누르세요. 그러면 글자를 보여주던 텍스트뷰가 삭제됩니다.

디자인 화면의 왼쪽에는 팔레트(Palette)가 있습니다. 팔레트에는 여러분이 화면에 추가할 요소(버튼, 메시지)가 들어 있습니다. 이 요소를 마우스로 끌어 화면에 추가할 수 있습니다. 화면에 버튼을 끌어다 놓기 전에 디자인 화면 위쪽에 있는 자석 모양 아이콘(Turn On Autoconnect)을 클릭하여 금지 모양을 없애주세요. 이렇게 해야 화면 요소를 쉽게 배치할 수 있습니다.

▲ 자석모양 아이콘과 아이콘의 금지 모양을 없앤 경우

이제 버튼을 추가해 보겠습니다. 팔레트에는 [Common] 그룹이 선택되어 있습니다. 그리고 그 안에 TextView, Button 등이 표시되어 있습니다. [Button]을 선택한 상태로 화면의 가운데에 끌어다 놓으세요. 화면의 정 가운데로 버튼을 끌고 가면 가로와 세로 방향으로 회색 점선으로 안내선이 표시됩니다. 안내선을 이용하여 버튼을 화면 중앙에 놓아주세요. 그런 다음 오른쪽의 속성 창에서 text 항목을 찾아 '확인 1'이라고 입력하세요. 그러면 버튼에 표시된 글자가 '확인 1'로 바뀝니다.

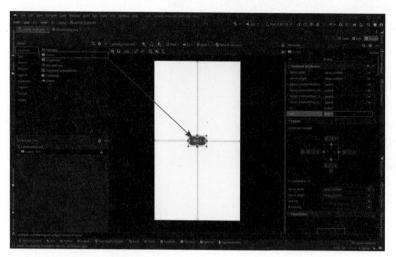

▲ 버튼을 화면 한가운데 끌어다 놓고 글자를 바꾼 경우

이제 상단의 [Run] 버튼을 눌러 앱을 다시 실행하세요. 여러분이 한 일은 디자인 화면에 버튼을 끌어다 놓고 글자를 바꾼 것입니다. 그런데 앱을 실행하면 실행 화면에 여러분이 만든 버튼이 나타났습니다. 이 과정이 어려웠나요? 어렵지 않았죠? 안드로이드 스튜디오는 이렇게 프로그램을 간단하게 수정할 수 있도록 만들어졌습니다. 이제 버튼을 누르면 메시지가 나타나도록 수정해 보겠습니다.

▲ 새로운 버튼을 화면에 넣고 다시 실행한 결과

버튼 눌렀을 때 메시지가 나타나게 하기

버튼까지 만들었으니 이제 버튼을 눌렀을 때 메시지가 나타나게 해보겠습니다. 지금부터 여러분이 새로 알아야 할 개념은 이벤트를 처리한다는 개념입니다. 쉽게 말하면 버튼을 누르는 행위를 '클릭 이벤트'라고 부릅니다. 이렇게 이벤트가 발생하면 직접 코드를 입력하여 어떻게 동작할지 결정해 줍니다.

그런데 우리가 만든 버튼은 activity_main.xml 파일 안에 들어 있습니다. 이 버튼과 소스 파일(Main-Activity.java)은 분리되어 있습니다. 그래서 activity_main.xml에 추가한 버튼을 MainActivity.java에 연결해야 합니다. 그래야 버튼에서 발생한 클릭 이벤트를 자바 소스에서 처리할 수 있죠. 다음은 버튼에서 발생한 클릭 이벤트를 처리하기 위한 과정입니다. 이 과정이 잘 이해되지 않아도 일단 한 번 읽어 보세요.

❶ 소스 파일에 이벤트 처리 함수 추가하기
MainActivity.java 파일을 열고 onButton1Clicked라는 이름의 함수를 추가합니다.

❷ XML 파일의 버튼을 선택하고 onClick 속성 값으로 선택하기
activity_main.xml 파일에 들어 있는 버튼에 onClick 속성 값을 onButton1Clicked로 선택합니다.
이때 함수 이름은 소스 코드(MainActivity.java)에 입력했던 함수 이름과 같습니다.

이제 소스 코드에 onButton1Clicked라는 이름의 함수를 추가해 보겠습니다. 그런데 소스 코드를 수정하기 전에 먼저 해야 할 일이 있습니다. 자바에서는 어떤 클래스를 사용할 때 import 구문을 추가해야 하는데 이것을 일일이 입력하는 것은 상당히 귀찮은 일입니다. 안드로이드 스튜디오에서는 코드가 입력되었을 때 필요한 import 구문을 자동으로 넣을 수 있는 기능을 제공합니다. 이 기능이 동작하도록 설정하겠습니다.

안드로이드 스튜디오 메뉴에서 [File → Settings]를 선택합니다. [Settings] 대화상자가 나타나면 [Editor → General → Auto Import]를 선택합니다. 오른쪽 설정 화면에서 Add unambiguous imports on the fly와 Optimize imports on the fly 항목을 체크한 후 아래쪽에 있는 [OK] 버튼을 클릭합니다. 이제 자동으로 import 구문이 입력될 것입니다.

◀ 코드를 입력했을 때 자동으로 import되
도록 설정하는 화면

이제 자바 소스를 입력해 보겠습니다. [MainActivity.java] 탭을 누른 다음 아래의 소스 코드를 onCreate 함수 아래쪽에 추가하세요.

띄어쓰기나 대/소문자 구분에 유의하여 입력하세요.

참조파일 Hello〉/app/src/main/java/com.example.hello/MainActivity.java

```
중략…
public class MainActivity extends AppCompatActivity {

    @Override
    protected void onCreate(Bundle savedInstanceState) {
        super.onCreate(savedInstanceState);
        setContentView(R.layout.activity_main);        여기에 소스 코드 입력
    }

    public void onButton1Clicked(View v) {
        Toast.makeText(this, "확인1 버튼이 눌렸어요.", Toast.LENGTH_LONG).show();
    }
}
```

코드 입력이 익숙하지 않겠지만 띄어쓰기나 대/소문자 구분에 유의하여 입력합니다. 안드로이드에서 Toast(토스트)는 작고 간단한 메시지를 잠깐 보여주는 역할을 합니다. 아직 코드가 익숙하지 않더라도 그냥 따라서 입력합니다.

> **정박사의 조언** **자동으로 추가되는 context:와 text:는 입력하면 안 됩니다**
>
> 코드를 입력하면 소괄호 안에 들어가는 this와 "확인1 버튼이 눌렸어요!"라는 글자 앞에 context:와 text:라는 회색 글자가 표시됩니다. 이것은 안드로이드 스튜디오가 자동으로 보여주는 글자입니다. 그러니 이 값을 입력하지 않도록 주의하세요.

Toast 클래스의 makeText 함수와 show 함수를 사용하면 화면에 잠깐 보였다 없어지는 메시지를 표시할 수 있습니다. 여기서는 버튼을 눌렀을 때 '확인1 버튼이 눌렸어요.'라는 메시지를 나타나게 하였습니다.

소스 파일에 함수를 추가했으니 이제 XML 파일에서 이 함수를 버튼의 onClick 속성으로 지정해보겠습니다.

[activity_main.xml] 탭에서 '확인 1' 버튼을 선택한 상태로 속성 창에서 onClick이라는 속성을 찾아보세요. 속성 창의 스크롤을 아래로 내려야 보일 수도 있으므로 잘 찾아보기 바랍니다. onClick 속성 값으로 onButton1Clicked를 선택하세요. 이렇게 값을 선택하면 이 버튼이 클릭되었을 때 onButton-1Clicked 함수(또는 메서드)를 찾아 실행하라는 의미가 됩니다.

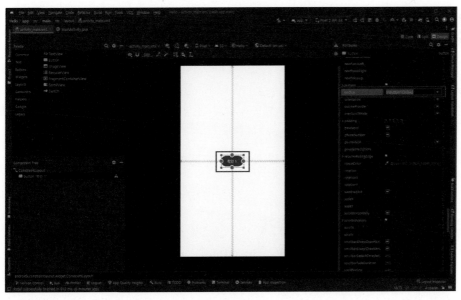

▲ 버튼의 onClick 속성 값을 onButton1Clicked로 선택한 상태

이제 이 버튼을 누르면 자바 소스에서 onButton1Clicked 함수를 찾아 실행하게 됩니다. 앱을 실행한 후 화면에 보이는 버튼을 클릭해 보세요.

▲ 글자를 바꾼 후 에뮬레이터에서 다시 실행한 화면

[확인 1] 버튼을 누르면 화면 아래에 여러분이 입력한 메시지가 보였다가 사라지는 것을 확인할 수 있을 것입니다. 지금까지 버튼을 추가하고 버튼에서 발생한 클릭 이벤트를 처리하는 방법을 익혀 보았습니다. 축하합니다! 이제 여러분은 안드로이드 앱 개발자가 되기 위한 첫 걸음을 시작했습니다.

03-4
여러 개의 버튼 추가하기

이제 화면에 여러 개의 버튼을 추가하고 필요한 몇 가지 속성을 넣어 보겠습니다.

디자인 화면에서 새 버튼 추가하고 자리 잡기

앞에서 했던 내용을 복습해 볼까요? 다시 한 번 디자인 화면에서 버튼을 추가해 보겠습니다. [activity_main.xml] 탭을 눌러 스마트폰 화면 모양이 보이도록 하세요. 그런 다음 팔레트(Palette)에서 앞서 만든 '확인 1' 버튼 아래에 새 버튼을 추가하세요. 그러면 추가한 버튼의 왼쪽, 오른쪽, 위, 아래 테두리에 작은 동그라미가 표시됩니다. 버튼을 화면의 가로 방향으로 가운데에 추가하면 왼쪽, 오른쪽 동그라미는 파란색으로 채워지고 위, 아래쪽 테두리의 동그라미는 비어 있게 됩니다.

새 버튼 테두리 위쪽에 있는 빈 동그라미를 마우스 왼쪽 버튼으로 누르고 '확인 1' 버튼의 아래쪽 테두리로 끌어다 놓아 볼까요? 그러면 새 버튼과 [확인 1] 버튼 사이에 연결선이 표시되며 자동으로 새 버튼이 [확인 1] 버튼에 달라붙습니다. 새 버튼 테두리 아래쪽에 있는 빈 동그라미도 같은 방법으로 화면의 아래쪽 경계선에 연결해 보세요. 그러면 새 버튼의 위치가 '확인 1' 버튼과 화면 아래쪽 경계선 사이의 가운데에 위치합니다.

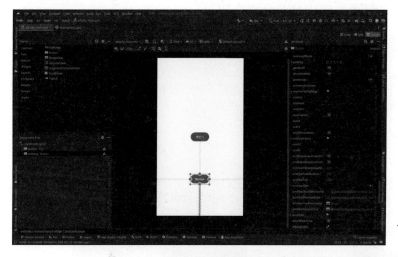

◀ 디자인 화면에서 버튼을 하나
더 추가한 상태

새로 추가한 버튼을 선택하세요. 그런 다음 오른쪽 속성(Attributes) 영역에서 text 속성 값을 '네이버 접속하기'로 수정합니다.

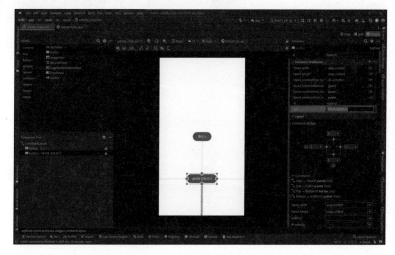

▲ 버튼의 글자를 수정하고 onClick 속성 값을 넣은 상태

정박사의
조 언
버튼을 새로 추가한 다음 앱을 실행했는데 오류가 발생되었나요?

화면에 버튼을 추가한 다음 앱을 실행했는데 오류가 발생하면 새로운 버튼에 제약(Constraint)이 온전하게 만들어지지 않았는지 확인해 보세요. 새 버튼의 테두리에는 빈 동그라미가 생깁니다. 이 빈 동그라미를 끌어 화면의 경계선이나 다른 요소(버튼)의 테두리에 가져다 놓으면 연결선이 만들어지는데 이것을 버튼의 위치를 결정하는 제약이라고 부릅니다. 제약이 없으면 버튼의 위치를 결정할 수 없기 때문에 오류가 발생합니다. 이 내용은 둘째 마당에서 자세하게 살펴봅니다. 새 버튼에 제약이 만들어지지 않은 것은 아닌지 확인해 보고 오류가 발생하지 않도록 제약을 만들어 보세요.

계속해서 버튼을 하나 더 추가해 보겠습니다. [네이버 접속하기] 버튼 아래에 똑같은 방식으로 새 버튼을 하나 더 추가합니다. 새로 추가한 버튼도 버튼의 위쪽 테두리에 있는 빈 동그라미를 두 번째 버튼의 아래쪽 테두리에 있는 동그라미와 연결합니다. 그리고 새로 추가한 버튼의 아래쪽 테두리에 있는 빈 동그라미는 폰 화면의 아래쪽 경계선으로 연결합니다. 오른쪽 속성 창에서 새로 추가한 버튼의 text 속성 값을 '전화 걸기'로 입력합니다.

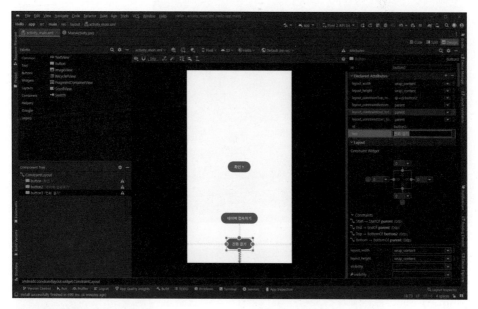

▲ 세 번째 버튼을 추가한 상태

디자인 화면에서 추가한 버튼의 id 속성 값은 자동으로 입력됩니다

디자인 화면에서 새 버튼을 추가하면 자동으로 id 속성 값이 입력됩니다. id 속성은 오른쪽 속성 창의 가장 윗부분에 표시됩니다. 그런데 id를 입력하는 순서는 안드로이드 스튜디오가 정합니다. 그래서 두 번째로 추가된 버튼이 먼저 id를 부여받고 첫 번째로 추가된 버튼이 나중에 id를 부여받을 수도 있습니다. 즉, 첫 번째 버튼이 'button'이 아닌 'button2'라는 id를 가지게 될 수도 있습니다.

디자인 화면에서 단말 변경하기

디자인 화면은 XML로 된 원본 코드를 미리보기 화면으로 보여줍니다. 이번에는 화면의 크기와 화면의 가로/세로 방향을 바꿔 보겠습니다. 디자인 화면 위쪽에 있는 메뉴 중 단말 변경 콤보 박스(Device for Preview)를 눌러 Tablets 안에 있는 'Nexus 10'을 선택해 보세요. 그러면 다음과 같은 화면이 나타납니다. 만약 'Nexus 10' 항목이 보이지 않는다면 다른 단말을 선택해 보세요.

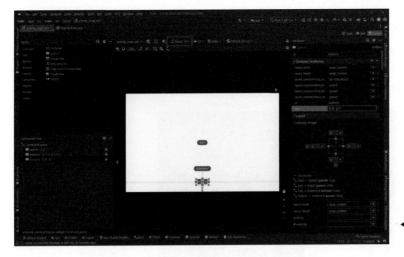

◀ 다른 종류의 단말을 선택했을
때 보이는 화면

어떤가요? 3개의 버튼의 위치는 유지한 상태로 스마트폰 화면의 전체 크기와 가로 세로 비율이 바뀌었죠? 디자인 화면을 잘만 이용하면 화면 레이아웃도 아주 쉽게 만들 수 있습니다. 그러나 실제 앱은 지금보다 더 복잡한 화면을 만들 때가 많습니다. 따라서 실무에서는 XML 코드를 직접 수정하는 경우가 자주 생깁니다.

새 버튼에 네이버 접속하기 기능과 전화 걸기 기능 추가하기

다시 버튼 이야기로 돌아오겠습니다. 단말 변경 콤보 박스를 눌러 단말을 다시 원래대로 바꾸세요. 이제 소스 파일을 수정하여 [네이버 접속하기] 버튼을 누르면 네이버 웹페이지에 접속하고 [전화 걸기] 버튼을 누르면 특정 전화번호로 전화를 걸도록 만들어 보겠습니다. [MainActivity.java] 탭을 눌러 소스 코드 화면으로 이동하여 다음 코드를 입력하세요. 소스 코드는 onButton1Clicked 함수 아래에 입력하세요.

참조파일 Hello>/app/java/com.example.hello/MainActivity.java

```
중략…

    public void onButton2Clicked(View v) {
        Intent myIntent = new Intent(Intent.ACTION_VIEW, Uri.parse("https://m.naver.com"));      ❶
        startActivity(myIntent);
    }


    public void onButton3Clicked(View v) {
        Intent myIntent = new Intent(Intent.ACTION_VIEW, Uri.parse("tel:010-1000-1000"));       ❷
        startActivity(myIntent);
    }
```

❶ 두 번째 버튼을 눌렀을 때 실행될 코드 추가   ❷ 세 번째 버튼을 눌렀을 때 실행될 코드 추가

코드를 잘 입력했나요? onButton2Clicked 메서드는 [네이버 접속하기] 버튼을 클릭했을 때 호출되는 함수이고 onButton3Clicked 메서드는 [전화 걸기] 버튼을 클릭했을 때 호출되는 함수입니다. 코드를 잘 입력했다면 activity_main.xml을 열고 두 번째 버튼의 onClick 속성 값으로 onButton2Clicked를 선택합니다. 그리고 세 번째 버튼의 onClick 속성 값으로 onButton3Clicked를 선택합니다.

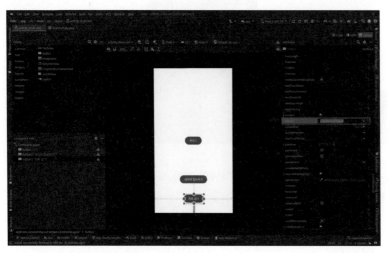

▲ 두 번째와 세 번째 버튼의 onClick 속성 값 설정

이제 [Run] 아이콘을 눌러 앱을 실행해 보세요. [네이버 접속하기] 버튼을 클릭하면 웹브라우저를 통해 네이버로 이동합니다.

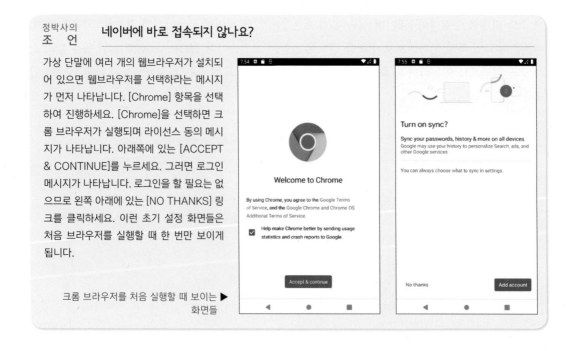

정박사의 **조 언**   **네이버에 바로 접속되지 않나요?**

가상 단말에 여러 개의 웹브라우저가 설치되어 있으면 웹브라우저를 선택하라는 메시지가 먼저 나타납니다. [Chrome] 항목을 선택하여 진행하세요. [Chrome]을 선택하면 크롬 브라우저가 실행되며 라이선스 동의 메시지가 나타납니다. 아래쪽에 있는 [ACCEPT & CONTINUE]를 누르세요. 그러면 로그인 메시지가 나타납니다. 로그인을 할 필요는 없으므로 왼쪽 아래에 있는 [NO THANKS] 링크를 클릭하세요. 이런 초기 설정 화면들은 처음 브라우저를 실행할 때 한 번만 보이게 됩니다.

크롬 브라우저를 처음 실행할 때 보이는 ▶
화면들

이제 다시 [네이버 접속하기] 버튼을 눌러 네이버에 접속하는지 확인해 보세요. 브라우저가 네이버 사이트에 접속되면 [네이버 접속하기] 버튼이 정상적으로 동작한 것입니다.

◀ 두 번째 버튼을 클릭해서 띄운 사이트

이제 다시 원래 화면으로 돌아가겠습니다. 아래쪽에 있는 시스템 [BACK] 버튼(◀)을 눌러 원래의 화면으로 돌아가세요. [전화 걸기] 버튼을 클릭하면 화면이 바뀌면서 전화 걸기 화면이 나타납니다.

◀ 세 번째 버튼을 클릭해서 띄운 전화 걸기 화면

단 몇 줄의 코드를 입력하여 버튼에 여러 기능(네이버 사이트 접속, 전화 걸기)을 추가했습니다. 기존 언어에서는 보기 드문 기능이죠. 이것을 가능하게 하는 것이 바로 '인텐트(Intent)'입니다. 인텐트는 내가 하고자 하는 행위를 의미합니다. 쉽게 말해 인텐트를 사용하면 앱을 구성하는 화면을 새로 띄우거나 화면 간에 데이터를 전달할 수 있습니다. 이런 기능들을 안드로이드 시스템이 인텐트를 해석하면서 처리해주는 거죠. 인텐트에 대한 내용은 나중에 더 자세하게 설명합니다.

인텐트라는 말이 생소한가요?

인텐트는 간단하게 말해 안드로이드 플랫폼에게 원하는 것을 말할 때 전달하는 우편물 같은 것입니다. 웹브라우저는 안드로이드 단말에 기본으로 제공되는 앱이죠? 여러분들이 직접 만든 앱에서 안드로이드 단말에 '웹페이지를 띄워보고 싶어요.'라고 편지를 쓰면 안드로이드 단말은 그 편지를 웹브라우저에 전달합니다. 그러면 웹브라우저가 그 편지를 보고 그 내용에 맞는 웹페이지를 띄우는 것입니다. 인텐트에 대한 내용은 앞으로 계속 반복하여 설명하겠습니다. 지금은 어색해도 점점 인텐트에 익숙해질 것입니다.

지금까지 화면에 3개의 버튼을 추가하고 각 버튼에 서로 다른 기능을 만들어 보았습니다. 여러분이 지금까지 실습한 내용은 앞으로 공부할 내용을 이해하는 데 큰 도움이 될 것입니다. 앞에서 설명한 내용이나 코드가 잘 이해되지 않아도 괜찮습니다. 다음 장에서 설명하는 내용들을 하나씩 익히다 보면 이 내용이 자연스럽게 떠오르며 이해될 것입니다. 이제 모든 작업이 끝났으니 프로젝트 창을 종료하겠습니다. 안드로이드 스튜디오 메뉴에서 [File → Close Project]를 선택하여 프로젝트 창을 빠져 나오세요.

프로젝트에서 수정한 내용은 자동으로 저장됩니다

텍스트 화면에서 수정한 XML이나 자바 소스 코드는 자동으로 저장됩니다. 조금 불안하면 Ctrl + S 를 눌러 수동으로 저장하세요.

첫 번째 앱의 자바 소스 코드가 잘 이해되지 않나요?

이 장에서 만든 앱은 안드로이드 스튜디오를 다루는 방법과 앱의 구조를 이해하기 위한 것입니다. 따라서 자바 소스 코드를 이해하는 것보다 안드로이드 스튜디오를 사용하여 앱을 개발하는 과정을 이해하는 것이 더 중요합니다. 다음은 이 장에서 진행했던 내용 중에서 반드시 기억해야 할 것을 정리한 표입니다.

알아둘 내용	설명
프로젝트 만들기	안드로이드 스튜디오에서 안드로이드 프로젝트를 만들 수 있습니다.
setContentView	화면에 무엇을 보여줄지 결정하는 함수(메서드)입니다.
R.layout.activity_main	화면이 사용자에게 어떻게 보일지 결정하는 XML 파일의 위치를 지정합니다.
/app/res/layout/ activity_main.xml	자바 소스에서 R.layout.activity_main이라고 입력하여 가져올 수 있는 프로젝트 안의 파일이며, 화면을 구성할 때 사용합니다.
text 속성	화면에 보이는 글자를 변경할 때 사용하는 속성입니다.
onClick 속성	버튼을 클릭했을 때 어떤 함수를 실행할 것인지 간단하게 지정할 수 있는 속성입니다.
Intent	어떤 기능을 실행할 것인지 지정할 때 사용합니다.
Toast	화면에 잠깐 보였다 없어지는 메시지를 간단하게 보여주고 싶을 때 사용합니다.

▲ 반드시 기억해 두면 좋은 내용들

04 실제 단말 연결하기

앱을 테스트하기 위해 사용하는 에뮬레이터는 실제 단말의 기능을 그대로 가지고 있습니다. 하지만 에뮬레이터와 실제 단말은 완전히 같지 않습니다. 그래서 같은 앱을 실행해도 다르게 동작할 수 있습니다. 예를 들어, 단말에 포함되어 있는 코덱을 이용하여 실행되는 멀티미디어 기능을 개발했다고 생각해 봅시다. 만약 에뮬레이터와 실제 단말의 코덱이 다르면 에뮬레이터에서는 실행이 되고 실제 단말에서는 실행이 되지 않을 수도 있습니다. 그래서 실제 단말을 이용하여 테스트하는 방법도 알아두면 좋습니다. 이번에는 실제 단말을 연결하는 방법을 간단하게 살펴보겠습니다.

 그림으로 정리하기

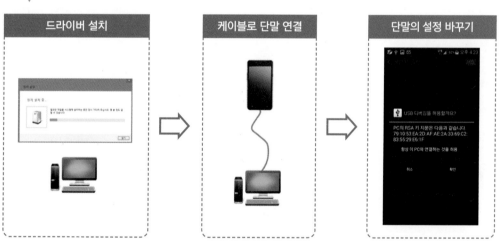

04-1
PC에 드라이버 설치하기

단말기의 연결 방법은 단말기마다 다릅니다. 이 책에서는 국내에서 가장 많이 사용되는 삼성전자의 단말기를 연결하는 방법을 설명합니다. 아래의 설명을 따라 단말을 연결해 보세요.

> 다른 단말기도 이번에 설명하는 단말기 연결 방법과 비슷한 방법으로 연결할 수 있습니다.

단말기는 PC의 외부 장치로 연결되는 것이기 때문에 단말기에 맞는 드라이버를 설치해야 합니다. 드라이버를 다운로드할 수 있는 사이트는 다음과 같습니다.

- **삼성 단말기** https://www.samsungsvc.co.kr/download

사이트에 접속하면 '유용한 소프트웨어'라는 제목이 보입니다. [통합 USB 드라이버] 버튼을 누르면 설치 파일이 다운로드됩니다.

▲ 삼성 단말기의 드라이버 다운로드 사이트

❶ 다운로드한 드라이버 설치 파일을 더블클릭해서 설치를 시작합니다.

SAMSUNG_USB_
Driver_for_Mobil
e_Phones

❷ 삼성전자 통합 드라이버 설치 화면이 나타나면 [다음>]을 눌러 설치를 진행하세요. 사용 언어와 지역은 한국어와 대한민국으로 선택하고 [다음>]을 누르세요.

▲ 삼성전자 통합 드라이버의 설치 화면

❸ 설치할 위치를 확인한 후 [설치]를 누르면 설치가 진행되는 상태를 확인할 수 있습니다.

 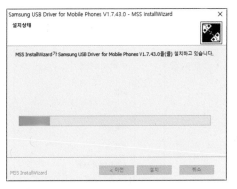

▲ 설치 위치를 확인하는 화면

❹ 설치 완료 화면이 표시되면 [마침]을 눌러서 완료합니다.

▲ 설치 완료 화면

04-2
단말의 개발자 모드 설정하기

이번에는 단말 쪽에서 필요한 설정을 진행합니다. 여러분은 앞으로 앱을 만들어 단말기에 설치해야 하는데 Play 스토어에 배포된 앱이 아니라면 단말기의 개발자 모드 설정이 있어야 설치하고 실행해볼 수 있습니다. 다음은 삼성 단말에서 개발자 모드를 설정하는 방법입니다. 단말의 기종에 따라 메뉴 이름 등이 일부 다를 수 있습니다.

삼성 단말에서 개발자 모드 설정하기

먼저 설정 앱을 실행하고 아래쪽으로 스크롤하여 [휴대전화 정보 → 소프트웨어 정보]를 선택합니다. 소프트웨어 정보에서 빌드 번호가 보이면 손가락으로 7번 터치하세요. 그러면 토스트 메시지로 '개발자 모드를 켰습니다.'라는 메시지가 나옵니다.

▲ 갤럭시 단말에서 개발자 모드 켜기

메시지가 정상적으로 표시되었다면 뒤로가기 버튼을 2번 눌러 처음 화면으로 돌아옵니다. 이제 '휴대전화 정보' 메뉴 아래 '개발자 옵션'이라는 메뉴가 생긴 것을 확인할 수 있습니다. 이 메뉴를 선택하고 'USB 디버깅' 항목을 찾아서 체크합니다. 그러면 허용 여부를 묻는 창이 나타나는데 여기서 [확인]을 누르면 단말의 개발자 모드 설정이 완료됩니다.

▲ 개발자 옵션에서 USB 디버깅 허용하기

04-3
PC와 단말 연결하기

이제 PC쪽으로 돌아옵니다. 드라이버를 설치하고 단말에서 개발자 모드로 설정도 했으니 USB 케이블을 이용해 단말과 PC를 연결합니다. 단말기가 USB 케이블로 연결되면 PC는 드라이버를 이용해 장치를 인식하게 되는데 그 과정에서 다음과 같은 화면을 볼 수도 있습니다.

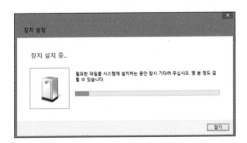

▲ 윈도우의 장치 설치 메시지

PC에서 장치 설치가 끝났다고 알려 주면 안드로이드 스튜디오를 실행한 후 프로젝트 창을 엽니다. 안드로이드 스튜디오를 실행하면 처음에 시작 화면이 보일 수 있습니다. 만약 시작 화면이 보인다면 이 시작 화면에서 프로젝트 창으로 이동하기 위해 먼저 새로운 프로젝트를 만들어야 합니다. 만약 기존에 만들어둔 프로젝트가 있다면 그 프로젝트를 열어도 됩니다. 프로젝트를 새로 만드는 과정은 이전 장의 '첫 번째 앱 만들기' 부분을 참조하세요.

프로젝트 창이 열리면 창의 오른쪽 벽에 붙어 있는 [Device File Explorer] 메뉴를 눌러 단말 파일 탐색기 창이 보이도록 합니다. 그러면 오른쪽에 단말기의 내부 파일들을 볼 수 있는 창이 열리고 상단에 USB 케이블로 연결된 단말이 표시됩니다. 그런데 [UNAUTHORIZED]라는 메시지가 표시되어 있네요.

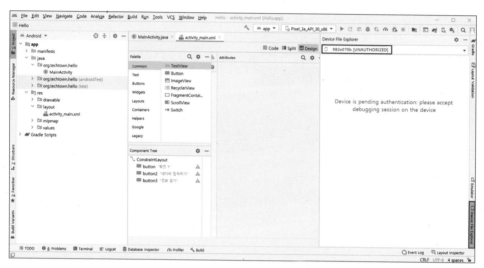

▲ 오른쪽에 보이는 단말 파일 탐색기 창

그리고 연결되어 있는 단말에는 다음과 같이 USB 디버깅 허용을 요청하는 창이 나타납니다.

▲ 단말에 보이는 USB 디버깅 허용 요청 창

[이 컴퓨터에서 항상 허용] 체크박스를 체크한 후 [확인] 버튼을 누릅니다. 그러면 단말 파일 탐색기에 단말의 내부 파일들이 보이게 됩니다. 이제 안드로이드 스튜디오에서 단말을 인식하게 되었습니다. 앞으로는 실제 단말기에서 앱을 실행해 볼 수 있습니다.

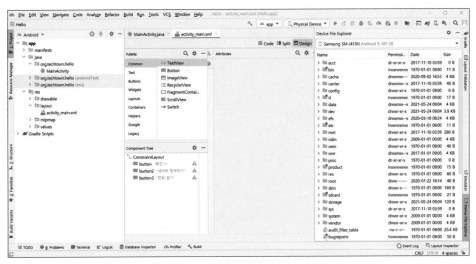

▲ 단말을 인식한 후 보이는 단말 내부 파일들

상단에 있는 Run 'app' 아이콘(▶)을 누르면 USB로 연결된 단말에서 앱이 실행되는 것을 확인할 수 있습니다.

▲ USB로 연결한 단말에서 실행된 앱 화면

안드로이드 완벽 가이드

안드로이드 앱을 쉽게 만드는 가장 빠른 길은 무엇일까요?
그리고 어떤 내용들을 어떻게 이해해야 실제 앱을 만들
때 헷갈리지 않을까요? 이번 마당에서는 안드로이드를
이해하는 데 필요한 가장 기본적인 구조를 살펴본 후
화면을 만드는 과정에서 사용되는 레이아웃과 위젯 등을
모두 실습하며 알아보겠습니다. 이번 마당은 기본적인
기능들은 물론 푸시 서비스 내용까지 총 15개의 장으로
구성되어 있습니다. 이번 마당에서 다루는 내용은 모두
중요한 내용이고 코드의 양도 대단히 많을 것입니다.
힘들더라도 잘 따라와 보세요. 그리고 코드보다 실제
앱을 만드는 과정과 개념 이해가 더 중요하다는 것을 잊지
마세요. 그러면 둘째 마당을 시작해 볼까요?

01 안드로이드 스튜디오와 친숙해지기

안드로이드에서는 하나의 화면을 액티비티(Activity)라고 부릅니다. 그리고 화면의 모양을 만들기 위해 화면 안에 뷰(View)를 추가할 수 있습니다. 이 뷰가 화면을 구성하는 화면 구성 요소입니다. 그리고 화면 안에 뷰들을 배치할 수 있도록 도와주는 것을 레이아웃(Layout)이라고 합니다. 다시 말해 안드로이드 앱의 화면을 만들기 위해서는 액티비티 안에 뷰를 추가하는 방법을 알아야 하며 이 뷰들을 어느 곳에 어떻게 배치할 것인지 결정하는 레이아웃도 알아야 합니다.

첫째 마당에서는 안드로이드 스튜디오를 설치하고 안드로이드 앱 개발의 전체 과정을 경험하는 기분으로 버튼이 3개인 간단한 앱을 만들어 보았습니다. 그래서 안드로이드 스튜디오의 모든 기능을 이야기하지는 않았습니다. 이번 마당부터는 본격적으로 앱을 만들면서 첫째 마당에서 다루지 못한 안드로이드 스튜디오의 상세 기능을 자세히 알아볼 것입니다. 그런 다음 액티비티 안에 뷰를 배치하며 안드로이드 앱의 기초 레이아웃도 알아보겠습니다. 만약 안드로이드 스튜디오의 기능을 잘 안다면 이번 장의 앞부분은 넘어가세요.

 그림으로 정리하기

안드로이드 스튜디오에 대해 먼저 알고 싶나요?	• 안드로이드 스튜디오 살펴보기
뷰란 무엇일까요?	• 뷰와 뷰의 크기 속성 이해하기
처음 보이는 레이아웃으로 화면 배치를 해볼까요?	• 제약 레이아웃 익히기

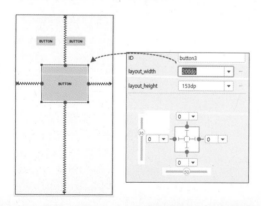

01-1
안드로이드 스튜디오 제대로 익히기

안드로이드 스튜디오는 앱 개발에 필요한 다양한 기능을 편리하게 사용하도록 만든 개발 도구인데, 인텔리제이(IntelliJ)라는 개발 도구를 확장하여 만들었습니다. 따라서 인텔리제이의 기본 기능을 그대로 사용할 수 있습니다. 이번 장에서는 첫째 마당에서 공부한 내용을 포함하여 안드로이드 스튜디오의 주요 기능을 자세히 공부할 것입니다. 만약 첫째 마당에서 공부한 내용이 잘 기억나지 않는다면 복습하는 기분으로 이번 장을 공부해도 좋습니다.

안드로이드 스튜디오가 최신 버전인지 확인하기

안드로이드 스튜디오를 실행하면 다음과 같은 시작 화면(Quick Start)이 나타납니다. 이 화면에서 새 프로젝트를 만들거나 이전에 만들었던 프로젝트를 열 수 있습니다.

▲ 안드로이드 스튜디오의 시작 화면

정박사의
조 언　　**프로젝트 창에서 안드로이드 스튜디오의 시작 화면으로 돌아가려면?**

이미 프로젝트를 만들어 사용하다가 프로젝트 창을 그대로 닫았다면 안드로이드 스튜디오를 시작했을 때 이전에 닫았던 프로젝트 창이 다시 보이게 됩니다. 그때는 안드로이드 스튜디오의 메뉴에서 [File → Close Project]를 누릅니다. 그러면 화면에 보이던 프로젝트 창이 닫히고 시작 화면이 다시 나타납니다.

▲ [Close Project] 메뉴를 눌러 프로젝트 창 닫기

시작 화면에 표시되는 버전 정보는 안드로이드 스튜디오를 설치한 날짜에 따라 달라집니다. 이 책은 최신 버전의 안드로이드 스튜디오 사용을 권장합니다. 만약 최신 버전이 새로 나왔다면 새 버전으로 업데이트하세요. 왼쪽 아래에 있는 Options Menu(⚙️)를 누른 다음 [Check for Updates] 메뉴를 클릭하면 업데이트가 필요한 최신

버전이 있는지 확인합니다. 만약 최신 버전이 있다면 업데이트를 진행할 수 있으며 최신 버전이 없다면 현재 사용하고 있는 버전이 최신 버전이라고 알려줍니다.

새 프로젝트 만들기

이제 새 프로젝트를 만들어 보겠습니다. 첫째 마당에서 새 프로젝트를 만들어 보았지만 복습하는 기분으로 한 번 더 실습을 따라해 보세요.

시작 화면에서 [New Project]를 누르면 새로 만들 앱의 첫 화면을 선택하는 대화상자가 나타납니다. 새로운 프로젝트를 만들면 앱 제작에 필요한 파일들을 안드로이드 스튜디오가 자동으로 만들어 주는데 그 안에는 앱의 첫 화면도 들어 있습니다. 이 대화상자에서는 자동으로 만들어질 첫 화면의 모양을 결정합니다.

프로젝트의 탭을 선택해 볼까요? 프로젝트 탭을 선택하면 스마트폰이나 태블릿(Phone and Tablet) 뿐만 아니라 스마트워치(Wear OS), TV(TV), 자동차(Android Auto)에서 사용되는 화면과 OS를 선택할 수 있습니다. 디폴트는 [Phone and Tablet] 탭의 Empty Activity가 선택되어 있는데, 이것을 그 아래에 있는 Empty Views Activity로 바꿉니다. 그러면 스마트폰용으로 사용되는 앱 중에서 빈 화면을 만들겠다는 의미가 됩니다. 디폴트 선택 상태 그대로 두고 [Next] 버튼을 눌러 다음으로 진행하세요.

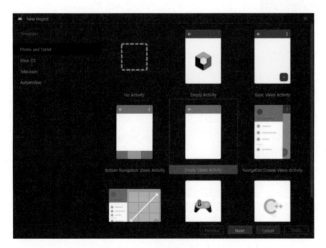

▲ 새로 만들 앱의 유형을 선택할 수 있는 대화상자

그다음 과정은 앱의 이름과 패키지 이름 등을 지정할 수 있습니다. Name에 'Test'를 입력하세요. 그러
면 Package name에 com.example.test가 자동으로 입력됩니다.

▲ 새로운 프로젝트의 정보를 입력할 수 있는 대화상자

첫째 마당에서 패키지 이름은 앱을 구분하는 고유한 값이라고 설명했습니다. 즉, 새로운 프로젝트를 만
들 때 입력하는 패키지 이름은 전 세계에서 만들어지는 앱과 중복되지 않는 유일한 이름이어야 합니다.
인터넷 주소는 중복되지 않죠? 그래서 패키지 이름은 인터넷 주소의 형태로 정하는 경우가 많습니다.

첫째 마당에서 패키지 이름을 수정한 적이 없다면 패키지 이름이 com.example.test라고 지정되어 있
을 것입니다. 그리고 Language는 Java로 지정되어 있을 것입니다. 이 상태로 계속 진행하겠습니다. 나
머지 주요 항목도 자세히 설명하겠습니다. Minimum API Level 항목은 어느 OS 버전의 단말까지 지원
할 것인가를 지정하기 위한 것입니다. 물론 OS 버전이 높을수록 최신 단말입니다. 하지만 여러분이 만
든 앱을 최대한 많은 사람들이 사용하게 하려면 낮은 버전까지 지원하게 만드는 것이 좋습니다. 따라서
이 값은 그대로 두고 [Finish] 버튼을 눌러 새로운 프로젝트를 만들겠습니다.

이제 새 프로젝트와 함께 안드로이드 스튜디오의 새 창이 열렸을 것입니다. 새로운 창이 표시되면 안드
로이드 스튜디오의 시작 화면은 사라집니다.

안드로이드 스튜디오 창의 구성과 기능 알아보기

안드로이드 스튜디오는 프로젝트마다 서로 다른 프로
젝트 창이 만들어집니다. 따라서 여러 프로젝트를 진행
하는 경우에는 여러 개의 프로젝트 창을 동시에 띄워놓

> 프로젝트 창의 아래쪽 상태 바에 진행 중임을 알려주는
> 문장이 없어질 때까지 기다리세요. 컴퓨터 환경에 따라
> 5분 이상 걸릴 수도 있습니다.

고 작업하기도 합니다. 새 프로젝트를 만들면 프로젝트 창이 나타납니다. 가운데 작업 영역에 [activi-
ty_main.xml], [MainActivity.java] 탭이 나타나면 정상적으로 프로젝트가 준비된 것입니다.

프로젝트 창 위쪽은 메뉴와 아이콘들이 있는 영역이고 왼쪽은 프로젝트 영역, 가운데는 작업 영역입니다. 첫째 마당을 진행하면서 이미 글자 크기를 키웠기 때문에 작업 영역 화면의 글자가 크게 표시되어 있을 것입니다. 작업 영역의 탭을 닫았다가 다시 열어볼까요? 가운데 작업 영역의 탭에 있는 [X] 표시를 눌러 탭을 닫을 수 있습니다. 그런 다음 왼쪽 프로젝트 영역에서 MainActivity.java, activity_main.xml 파일을 찾아 더블클릭해 보세요. 그러면 작업 영역에 더블클릭한 파일이 탭으로 다시 열릴 것입니다.

▲ 새로 생성된 프로젝트 창에서 [X] 표시를 누르면 탭을 닫을 수 있습니다.

안드로이드 스튜디오의 나머지 영역도 살펴보겠습니다. 안드로이드 스튜디오의 가장자리를 보면 메뉴가 많이 있습니다. 아래쪽의 [Logcat] 메뉴를 클릭해 보세요. 그러면 Logcat 창이 나타납니다. 이 창을 축소하려면 숨김 버튼(─)을 클릭하세요. Logcat 창이 다시 나타나게 하려면 가장자리의 [Logcat] 메뉴를 다시 클릭하면 됩니다.

▲ 아래쪽의 [Logcat] 항목을 클릭해서 확장한 경우

마찬가지 방법으로 왼쪽의 프로젝트 창도 축소 아이콘을 클릭하여 축소할 수 있습니다. 프로젝트 창은 왼쪽 가장자리의 [Project] 메뉴를 클릭하면 다시 나타납니다. 그런데 프로젝트 창은 다양한 방법으로 볼 수 있습니다. 예를 들어, 윈도우 탐색기에서 보는 것처럼 프로젝트 창을 보려면 프로젝트 창 위쪽의 [Android] 탭을 누르고 [Project Files] 탭을 선택하면 됩니다. 하지만 프로젝트 창을 [Project Files] 탭으로 설정하면 MainActivity.java 파일을 보기 위해 다음 경로까지 폴더를 찾아서 열어야 하기 때문에 불편할 수도 있습니다.

app/src/main/java/com/example/test/MainActivity.java

그래서 보통은 프로젝트 창을 [Android] 탭으로 설정하고 작업하는 경우가 많습니다. [Android] 탭은 필요한 파일을 중심으로 정리해서 보여줍니다. 이제 프로젝트 창을 다시 [Android] 탭으로 설정하세요.

> [Project Files] 탭으로 설정하면 윈도우 파일 탐색기처럼 프로젝트를 볼 수 있습니다.
>
> [Android] 탭으로 설정하면 프로젝트 안에 들어있는 파일을 보기 쉽게 정리해 줍니다.

안드로이드 스튜디오의 가장 자리에 있는 메뉴를 일일이 찾아 누르는 것이 불편하다면 빠른 메뉴(Quick Access Menu)를 사용하면 됩니다. 창의 왼쪽 아래에 있는 작은 아이콘(▣) 또는 (▣)을 찾아 보세요. 아이콘에 마우스 커서를 가져가면 가장 자리 메뉴를 선택할 수 있도록 빠른 메뉴가 표시됩니다. 예를 들어, 빠른 메뉴에서 [Logcat] 메뉴를 누르면 안드로이드 스튜디오 창의 아래쪽 가장자리에 있는 [Logcat] 메뉴를 눌렀을 때와 같은 화면이 나타납니다.

▲ 창의 왼쪽 하단에 표시된 빠른 메뉴

이번에는 스위처(Switcher) 기능에 대해 알아보겠습니다. 스위처 기능은 윈도우에서 [Alt] + [Tap]을 눌러 현재 열려 있는 창을 빠르게 이동할 수 있는 것과 같은 기능입니다. 안드로이드 스튜디오에서 [Ctrl] + [Tap]을 눌러 볼까요? 그러면 현재 열려 있는 파일 중 하나를 빠르게 선택하여 열 수 있습니다.

▲ [Ctrl] + [Tap]을 누르면 나타나는 스위처 화면

안드로이드 스튜디오의 테마를 밝게 바꿔볼까요? [File → Settings...] 메뉴를 누르면 [Settings] 설정 창이 나타납니다. 왼쪽 메뉴에서 [Appearance & Behavior] 메뉴를 누르고 [Appearance] 메뉴를 누르세요. 그런 다음 Theme 항목을 IntelliJ Light로 바꾸고 [OK] 버튼을 누르면 테마가 밝게 변합니다.

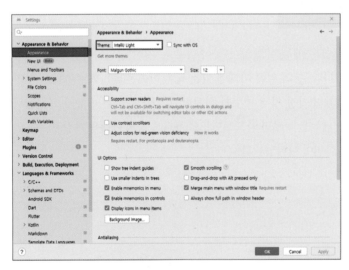

▲ 테마를 변경할 수 있는 [Settings] 설정 창

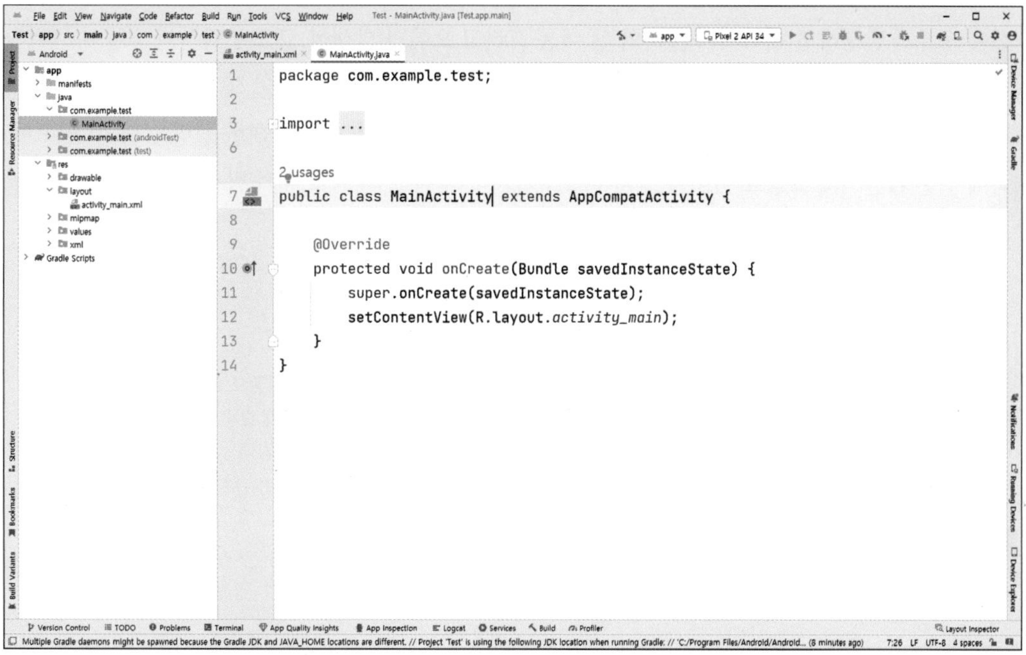

▲ 밝게 변한 테마

코드 편집기 자세히 살펴보기

가운데 작업 영역의 탭 내용이 자바 소스 파일이거나 XML 파일이면 코드 편집기(Code Editor)가 동
작합니다. [MainActivity.java] 탭을 눌러 코드 편집기를 열어보겠습니다. 왼쪽에는 줄번호 등이 표시
되는 거터 영역(Gutter Area)이 있고 아래쪽에는 인코딩 정보 등이 표시되는 상태 바 영역(Status bar
Area)이 있습니다.

소스 코드를 수정하거나 입력할 때 오류가 생기면 코드 편집기와 코드 편집기 위에 있는 내비게이션 바
(Navigation Bar)에 오류가 표시됩니다. MainActivity.java 파일의 코드에서 public class 부분의 앞
글자 'p'를 지워보세요.

◀ 코드 편집기에 오류를 표시

코드에 오류가 발생하면 내비게이션 바와 탭 이름 그리고 오류가 발생한 코드에 빨간색 밑줄이 그어집니다. 특히 오류가 발생한 코드의 오른쪽 끝부분에 빨간색 선이 그어지고 선이 생긴 위쪽에는 빨간색의 느낌표 아이콘이 표시됩니다. 빨간색 선 위에 마우스를 올려놓으면 오류에 대한 설명을 볼 수 있으며, 위쪽에 있는 빨간색의 느낌표 아이콘에 마우스를 가져다 대면 몇 개의 오류가 발생했는지 정리해서 볼 수 있습니다. 이제 지웠던 p를 다시 입력하여 코드를 원래대로 만드세요.

정박사의
조 언   **코드를 수정했는데 오류가 그대로면 Gradle 파일을 동기화하세요!**

파일 내용을 변경하면 안드로이드 스튜디오는 자동으로 변경 사항을 반영합니다. 하지만 자동으로 모든 파일의 내용을 반영하지는 않습니다. 따라서 이미지 파일을 새로 가져다 놓거나 또는 XML 파일을 수정했을 때 오류가 발생했다면 코드를 수정한 후에도 오류가 그대로 있다고 표시될 수 있습니다. 이런 경우 화면 위쪽 툴바에서 [Sync Project with Gradle Files] 아이콘을 클릭합니다. 또는 위쪽 [File] 메뉴에서 [Sync Project with Gradle Files] 메뉴를 클릭합니다.

▲ [Sync Project with Gradle Files] 아이콘

▲ [Sync Project with Gradle Files] 메뉴

[Sync Project with Gradle Files] 아이콘을 클릭하면 빌드 기능을 담당하는 그래들(gradle)이 새로 프로젝트를 빌드하면서 변경된 파일의 내용들을 모두 반영합니다. 그런데 이 메뉴는 아주 중요합니다. 왜냐하면 화면 레이아웃을 수정하거나 소스 코드를 수정해도 앱에 오류가 있다고 표시하는 경우에 그 원인으로 안드로이드 스튜디오가 변경된 부분을 제대로 처리하지 못할 때가 있기 때문입니다. 따라서 오류가 없는데도 빌드가 제대로 안 될 때는 이 메뉴를 한 번씩 눌러주는 것이 필요합니다.

소스 코드에서 세 번째 줄에 있는 'import ...' 부분의 왼쪽 거터 영역에 (🖽) 기호가 있습니다. 이 기호를 클릭하면 숨겨져 있던 코드들이 펼쳐집니다. import 구문으로 추가되는 코드가 많으면 주요 코드를 보기 어렵기 때문에 숨긴 것입니다. 다시 (🖃) 기호를 눌러 코드를 접으세요.

'protected void onCreate ...' 부분의 왼쪽에도 (🖃) 기호가 표시되어 있습니다. 함수 또는 메서드라고 불리는 것들의 코드도 숨겨놓을 수 있다는 의미가 됩니다. 이 기호를 클릭하면 다음과 같이 코드가 줄어들고 오른쪽 끝 부분은 {...}가 표시됩니다. 왼쪽의 줄번호도 줄어든 코드와 함께 줄어듭니다.

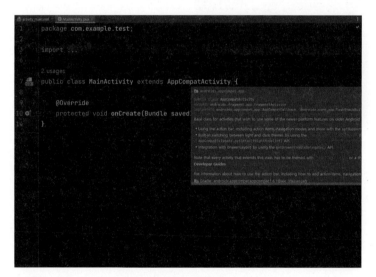

```
1    package com.example.test;
3    import ...
     2 usages
7    public class MainActivity extends AppCompatActivity {
9        @Override
10       protected void onCreate(Bundle savedInstanceState) {...}
14   }
```

▲ (▢) 기호를 클릭하여 메서드의 코드를 숨긴 경우

코드 안에서 사용되고 있는 클래스가 어떤 클래스인지 보고 싶다면 API 문서를 확인하면 됩니다. 7번째 줄의 'public class …'로 시작하는 코드에서 AppCompatActivity에 마우스를 클릭하여 커서를 위치시키면 AppCompatActivity 클래스 이름이 회색으로 변경됩니다. 그런 다음 Ctrl + Q 를 눌러 보세요. 그러면 AppCompatActivity 클래스에 대한 API 문서가 표시됩니다. 이 기능은 클래스의 정보를 빨리 확인하고 싶을 때 유용합니다.

▲ Ctrl + Q 단축키를 눌러 API 문서를 표시한 경우

코드 자동 완성 기능을 사용하면 손쉽게 코드를 입력할 수 있습니다. onCreate 메서드에서 중괄호가 끝난 아래쪽에 Enter 를 눌러서 빈 줄을 넣은 다음 'Str'까지만 입력해보면 Str로 시작하는 코드 후보들이 표시됩니다. 이 중에서 하나를 선택한 후 Enter 를 누르면 자동으로 코드가 입력됩니다. 이 기능을 이용하여 다음과 같이 코드를 작성하세요.

▲ 'Str' 까지만 입력해도 보이는 입력 가능한 코드 후보들

▲ 입력할 수 있는 파라미터 후보들이 표시된 경우

그러면 소괄호 안에 들어갈 수 있는 파라미터(Parameter, 매개변수)가 어떤 것들이 있는지 궁금할 수 있겠죠? 이 경우에는 소괄호 안을 클릭해서 커서를 두고 단축키 Ctrl + P 를 누릅니다. 소괄호 안에 여러 가지 파라미터가 들어갈 수 있다면 그 파라미터들에 대한 후보들이 표시됩니다. 지금은 기능만 확인해 보겠습니다. String hello = new String()을 지워 다시 원래 상태로 만들어 주세요.

코드를 하나씩 입력하지 않고 메서드를 통째로 입력하고 싶을 때는 코드 생성(Code Generation) 기능을 사용하면 됩니다. 예를 들어, 새로운 클래스를 만들고 생성자(Constructor)를 입력할 때 생성자의 이름과 형태는 이미 정해져 있으므로 자동으로 생성자 메서드가 만들어지도록 할 수 있습니다. 또한 클래스를 상속해서 만든 경우 부모 클래스(Parent Class)에 정의된 메서드를 재정의(Overriding)하는 코드를 자동으로 만들 수도 있습니다.

MainActivity 클래스는 AppCompatActivity 클래스를 상속하여 만들어진 것이므로 부모 클래스인 AppCompatActivity 클래스의 메서드 하나를 재정의하는 코드를 자동으로 만들어보겠습니다. on-Create 메서드가 끝나는 부분인 중괄호 아래쪽에 Enter 를 눌러서 빈 줄을 넣은 다음 마우스 오른쪽 버튼을 누르면 여러 가지 메뉴가 나타납니다. 그중에서 [Generate...] 메뉴를 선택하면 코드 생성을 위

한 메뉴가 표시됩니다.

```
package com.example.test;

import ...

2 usages
public class MainActivity extends AppCompatActivity {

    @Override
    protected void onCreate(Bundle savedInstanceState) {
        super.onCreate(savedInstanceState);
        setContentView(R.layout.activity_main);
    }

}
```

▲ 마우스 오른쪽 버튼을 눌렀을 때 보이는 메뉴

▲ 코드 생성 메뉴

코드 생성 메뉴에서 [Override Methods...] 메뉴를 선택합니다. 그러면 부모 클래스인 AppCompatActivity 클래스에 포함된 메서드들이 나타납니다.

부모 클래스의 메서드들을 보여주는 대화상자 ▶

onDestroy를 선택한 후 [OK] 버튼을 클릭하세요. 그러면 다음과 같이 재정의한 onDestroy 메서드를 자동으로 만들어 줍니다.

```
package com.example.test;

import ...

2 usages
public class MainActivity extends AppCompatActivity {

    @Override
    protected void onCreate(Bundle savedInstanceState) {
        super.onCreate(savedInstanceState);
        setContentView(R.layout.activity_main);
    }

    @Override
    protected void onDestroy() {
        super.onDestroy();
    }
}
```

▲ 자동으로 생성된 onDestroy 메서드

> 안드로이드 스튜디오에서는 표준 자바의 클래스를 동일하게 지원합니다. 만약 앞에서 언급한 클래스나 상속이 무엇인지 잘 알지 못한다면 《Do it! 자바 프로그래밍 입문》 도서를 같이 참조하기 바랍니다.

소스 파일도 많아지고 입력한 코드도 많아지면 코드를 검색하는 기능이 필요하게 됩니다. 만약 프로젝트에 들어 있는 내용 중에서 어떤 글자를 검색하고 싶다면 상단의 메뉴에서 [Edit → Find → Find in Files...] 메뉴를 선택합니다. 그러면 파일을 검색할 수 있는 [Find in Files] 대화상자가 나타납니다. 이 대화상자는 Ctrl + Shift + F 를 눌러도 불러올 수 있습니다.

입력상자에 onCreate를 입력하면 프로젝트 파일 전체를 검색한 후 결과를 보여줍니다. 상단을 보면 [In Project] 탭이 디폴트로 선택되어 있는데 탭 중에서 [Directory] 탭을 누르면 특정 폴더 안에 있는 파일을 검색하게 할 수도 있습니다.

▲ 파일 내용을 검색할 수 있는 [Find in Path] 대화상자

코드 편집기의 기능은 이외에도 많지만 지금까지 살펴본 주요 기능들만 알아도 코드를 입력하는 데 큰 불편함은 없습니다. 또한 코드 편집기의 기능을 다 몰라도 이 책의 내용을 하나하나 따라 하다 보면 자연스럽게 익숙해지므로 굳이 외우지 말고 필요할 때 찾아보면서 사용하기 바랍니다.

디자이너 도구 자세히 살펴보기

가운데 작업 영역에 열린 파일 탭이 XML 레이아웃 파일이면 XML 코드 편집기나 디자인 화면이 보이게 됩니다. XML 레이아웃 파일이란 app/res/layout 폴더에 들어 있는 XML 파일들을 말합니다. 해당 폴더 안에 있는 activity_main.xml 파일을 더블클릭해서 열어보세요. 그런 다음 오른쪽 위에 있는 [Split]

아이콘을 누르면 다음과 같이 XML 코드와 화면 미리보기(Preview) 창을 함께 볼 수 있습니다. 화면 미리보기 창은 XML 코드를 수정하면 결과가 바로 반영되어 화면을 미리 확인할 수 있게 도와줍니다.

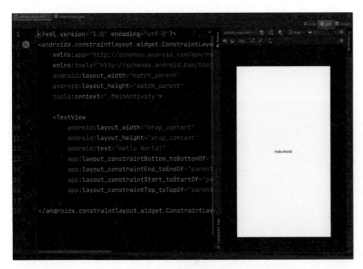

▲ XML 레이아웃 파일을 Split 모드로 연 경우

안드로이드 스튜디오에서는 화면을 좀 더 쉽게 구성할 수 있도록 디자이너 도구(Designer Tool)를 제공합니다. 디자이너 도구는 [Code], [Split], [Design] 아이콘으로 나뉘는데 그중에 [Design] 아이콘을 눌러보면 디자인 화면이 나타납니다.

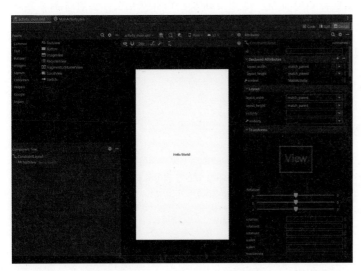

▲ 디자이너 도구의 [Design] 아이콘을 선택하면 나타나는 화면

디자인 화면은 XML 코드를 해석하여 실제 화면으로 출력한 것입니다. 그래서 실제 앱의 실행 화면을 미리 확인해 볼 수 있습니다. 하지만 복잡한 XML 코드는 디자인 화면에 제대로 표현되지 않을 수도 있

습니다. 또 실제 단말의 해상도나 종류에 따라 화면 요소의 배치가 디자인 화면과 달라질 수도 있으니 주의하세요.

디자이너 도구 위쪽에 있는 시루떡 모양의 아이콘(■·)을 눌러 'Blueprint'를 선택해 보세요. 그러면 청사진 모드로 변경됩니다. 청사진 모드에서는 겹치는 부분이나 보이지 않는 구성 요소가 있는지 확인할 수 있습니다.

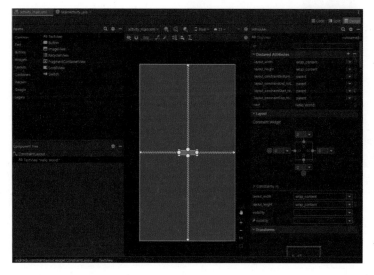

◀ 디자인 화면을 청사진(Blueprint) 모드로 변경한 화면

이번에는 'Design'을 눌러 디자인 화면을 디자인 모드로 변경하세요. 디자인 모드는 화면의 최종 형태를 확인할 수 있습니다. 'Design + Blueprint'를 누르면 두 모드를 한 화면에서 확인할 수 있습니다. 보통은 디자인 모드로 작업하고 겹치거나 가려진 요소가 없는지 확인할 때 청사진(Blueprint) 모드로 전환하여 사용하는 경우가 많습니다.

> **정박사의 조언** **청사진 모드로 보면 좋은 경우도 있어요**
>
> 청사진 모드는 왜 필요한 걸까요? 디자인 화면에 들어 있는 버튼이나 텍스트가 서로 겹쳐진 상태면 눈으로 보는 것과 달리 화면 배치가 더 복잡할 수 있습니다. 실제로 앱을 만들다 보면 화면 구성 요소가 많아져 디자인 화면에서 확인한 화면과 실제 화면이 다른 경우가 많습니다. 이때 청사진 모드로 보면 화면에 들어있는 요소들이 겹쳐있어도 그 모양을 확인할 수 있습니다.

> **정박사의 조언** **갑자기 왼쪽 벽면에 최소화해두었던 아이콘이 보이지 않아요?**
>
> 디자인(Design) 모드의 단말 화면이 작아서 잘 보이지 않을 때는 왼쪽에 있는 프로젝트 창을 없앴다가 필요할 때 다시 불러오면 됩니다. 그런데 가끔 왼쪽 벽면에 최소화해두었던 아이콘이 보이지 않는 경우가 있습니다. 이때는 상단 메뉴에서 [View → Tool Windows → Project] 메뉴를 선택하면 다시 나타납니다.

디자인 화면의 왼쪽에 있는 팔레트(Palette)에서 필요한 위젯(Widget)을 선택해 화면에 끌어넣을 수 있습니다. 원래 화면에 있던 텍스트 요소를 클릭하여 지우세요. 그런 다음 팔레트에서 [Button] 항목을 디자인 화면 왼쪽 상단에 끌어넣어 버튼을 추가하세요.

◀ 팔레트에서 버튼을 끌어다 놓았을 때 표시되는 화면

추가한 버튼을 클릭해 보세요. 그러면 오른쪽에 있는 속성 창에 버튼의 속성들이 나타납니다. 속성 창에서는 화면에 나타난 위젯의 속성 값을 입력하거나 수정할 수 있습니다. 버튼을 화면에 배치하는 방법은 다음 장에서 자세하게 살펴보겠습니다.

지금까지 안드로이드 스튜디오의 주요 기능들을 살펴보았습니다. 이번에 다루지 못한 안드로이드 스튜디오의 기능들은 앞으로 실습을 진행하며 천천히 알아보겠습니다.

01-2
뷰와 뷰의 크기 속성 이해하기

지금부터는 화면에 어떤 것들이 들어갈 수 있는지 살펴보겠습니다.

뷰의 속성

뷰(View)는 화면 안에 들어가는 각각의 요소를 말하며 일반적으로 컨트롤이나 위젯이라고 불립니다. 즉, 사용자의 눈에 보이는 화면의 구성 요소들이 바로 뷰입니다. 이러한 뷰를 여러 개 포함하고 있는 것을 뷰그룹(ViewGroup)이라고 하며, 이 뷰그룹 안에서 뷰의 위치를 지정할 수 있습니다. 뷰그룹은 여러 개의 뷰를 담고 있는 그릇과 같아서 뷰와는 약간 다르지만 뷰그룹 안에는 뷰뿐만 아니라 또 다른 뷰그룹도 넣을 수 있습니다. 이것은 뷰그룹이 뷰를 상속하여 만들어졌기 때문인데 상속의 개념은 자바 기초에서 이미 배웠을 것입니다. 만약 배운 적이 없다고 하더라도 뷰그룹이 뷰의 특징을 그대로 가지고 있다고 생각하면 쉽습니다.

> **정박사의
> 조 언 상속이란 무엇일까요?**
>
> 상속(Inheritance)이란 부모님이 자식에게 재산을 상속하는 모습을 상상하면 됩니다. 예를 들어 뷰그룹이 뷰를 상속했다는 말은 뷰그룹이 뷰의 속성을 모두 물려받았다는 뜻입니다. 그리고 뷰그룹은 뷰의 모든 속성을 물려받아 몇 가지 속성을 추가, 삭제, 수정한 것이기 때문에 뷰라고 말할 수 있습니다.

여러 개의 뷰를 담고 있는 뷰그룹 역시 하나의 뷰라고 했을 때 또 다른 뷰그룹이 이 뷰그룹을 뷰처럼 다룰 수 있습니다. 이러한 뷰와 뷰그룹의 관계는 여러 가지 디자인 패턴 중에 컴포지트 패턴(Composite Pattern)을 사용하여 만들어진 것입니다. 컴포지트 패턴으로 만들어진 뷰그룹은 뛰어난 확장성을 가집니다. 다음은 컴포지트 패턴으로 정의된 뷰와 뷰그룹의 관계를 표현하고 있습니다.

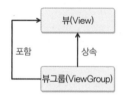

▲ 뷰와 뷰그룹의 관계

뷰가 뷰그룹을 상속하게 되면 뷰그룹도 뷰가 되므로 뷰그룹 안에 또 다른 뷰그룹을 가지고 있을 수 있습니다. 왜냐하면 뷰그룹은 뷰를 담을 수 있는데 담고 있는 뷰 중 하나가 뷰그룹이면 그 안에 다른 뷰들이 또 들어갈 수 있기 때문입니다. 이런 뷰와 뷰그룹의 관계는 안드로이드의 UI를 매우 자연스럽게 구성할 수 있게 합니다.

이외에도 뷰는 다른 뷰의 속성을 상속하여 상속받은 뷰의 특성을 그대로 가질 수도 있습니다. 예를 들어, 버튼은 텍스트뷰를 상속해서 만들었기 때문에 텍스트뷰의 속성을 그대로 갖고 있습니다.

위젯과 레이아웃으로 구별되는 뷰

안드로이드는 화면을 구성하는 것들을 크게 뷰와 뷰그룹으로 나눌 수 있다고 했는데, 각각의 역할을 구분하기 위해 뷰의 종류에 따라 다른 이름으로 부르기도 합니다. 뷰 중에서 화면에 보이면서 일반적인 컨트롤의 역할을 하는 것을 위젯(Widget)이라고 부르며, 뷰그룹 중에서 내부에 뷰들을 포함하고 있으면서 그것들을 배치하는 역할을 하는 것을 레이아웃(Layout)이라고 부릅니다.

뷰가 화면을 구성하는 기본 요소이므로 뷰로 정의된 클래스의 수는 굉장히 많습니다. 또한 뷰로 정의된 각각의 클래스에 정의된 속성과 메서드도 아주 많습니다. 그래서 클래스를 사용하기 위해 클래스에 정의된 속성과 메서드를 다 외우기보다는 뷰로 정의된 클래스의 기초 속성이나 메서드를 기억했다가 그것들을 중심으로 활용하는 것이 좋습니다. 예를 들어, 가장 기초적인 클래스인 텍스트뷰(TextView)와 버튼(Button)의 속성을 먼저 살펴보는 것이 좋습니다. 이들의 속성을 알고 나면 다른 뷰나 위젯의 속성도 쉽게 이해할 수 있을 것입니다.

뷰그룹도 마찬가지입니다. 뷰그룹 중에서 뷰들의 배치에 사용되는 대표적인 레이아웃들을 살펴보면 화면 배치에 필요한 내용들은 대부분 쉽게 사용할 수 있습니다.

다음은 버튼과 리니어 레이아웃의 계층도를 보여주고 있습니다. 버튼은 위젯 중에서 자주 사용되며 리니어 레이아웃은 레이아웃 중에서 자주 사용되는 것입니다.

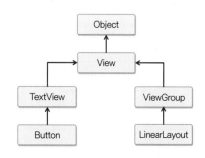

▲ 버튼과 리니어 레이아웃의 계층도

계층도를 보면 뷰를 배치하는 레이아웃도 뷰를 상속받은 것입니다. 즉, 뷰가 가지는 속성은 레이아웃에도 있습니다. 따라서 레이아웃(#1) 안에 다른 레이아웃(#1-1, #1-2)이 들어갈 수 있습니다.

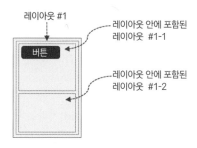

▲ 레이아웃 안에 레이아웃이 들어간 모양

레이아웃은 레이아웃이 담고 있는 위젯이 어디에 배치되어야 할지 정해줍니다. 따라서 레이아웃 안에 레이아웃을 넣으면 각각의 레이아웃 안에서 버튼과 같은 위젯의 위치를 잡을 수 있습니다.

뷰의 크기 속성

화면에 추가할 수 있는 모든 것을 뷰라고 한다면 뷰는 다시 위젯과 레이아웃으로 구분할 수 있습니다. 뷰는 화면의 일정 영역을 차지하기 때문에 모든 뷰는 반드시 크기 속성을 가지고 있어야 합니다. 만약 뷰의 가로, 세로 크기 속성이 없으면 안드로이드는 XML 레이아웃이 잘못되었다고 판단하고 오류를 출력합니다.

앞 단락에서 만들었던 XML 레이아웃을 다시 살펴보겠습니다. 디자이너 도구 오른쪽 위에 있는 [Code] 아이콘을 눌러 XML 원본을 살펴보면 태그와 속성으로 구성되어 있습니다. 태그는 꺾쇠 모양의 기호 안에 글자가 들어간 형태이며 시작 태그와 끝 태그로 구성됩니다. 끝 태그는 꺾쇠 안에 / 기호가 추가로 붙어 있습니다. 시작 태그 안에는 공백을 구분으로 하는 속성이 들어있을 수 있습니다.

▲ XML 레이아웃의 구성 예시

화면에 글자를 보여주는 텍스트뷰는 XML 레이아웃에서 어떤 모양으로 들어가 있을까요? 텍스트뷰는 〈TextView〉라는 태그를 사용합니다. 그리고 〈TextView까지 입력해서 시작 태그임을 알려주며 그 아래에 여러 개의 속성을 넣은 후 /〉 기호를 사용해 끝났음을 알려줍니다. 시작 태그와 끝 태그는 분리해서 사용할 수 있지만 이렇게 /〉 기호만 붙여서 하나의 태그로 정의할 수도 있습니다. 하지만 가장 바깥에 있는 〈ConstraintLayout〉 태그를 보면 조금 다릅니다. 이 태그는 다른 뷰들을 담고 있는 레이아웃인데 그 안에 뷰를 위한 태그들이 들어가야 하므로 시작 태그와 끝 태그를 분리해서 사용할 수밖에 없습니다.

태그 안에 들어간 속성들은 모두 공백이나 줄 바꿈으로 구별됩니다. 그리고 대부분 android:이라는 단어가 앞에 붙어 있습니다. android:은 안드로이드의 기본 API에서 정의한 속성이라는 의미입니다. 만약 여러분이 직접 정의했거나 또는 외부 라이브러리(Third-party Library)를 사용했을 때 그 안에 정의된 속성이라면 android:가 아닌 다른 단어(예를 들어, app:)가 속성 앞에 붙을 수도 있습니다.

속성Prefix : 속성명1="속성값1"

```
android:layout_width="wrap_content"
app:layout_constraintLeft_toLeftOf="parent"
```

▲ 태그 안에 추가하는 속성의 형태

따라서 속성을 구분할 때는 android:처럼 속성 이름 앞에 붙어 있는 접두어(Prefix)는 생략하고 생각해도 됩니다. 그런데 이 속성들 중에서 공통된 속성이 보입니다. 바로 다음과 같은 두 가지 속성입니다.

layout_width와 layout_height → 뷰의 폭과 높이를 설정합니다.

이 속성은 뷰가 가질 수 있는 내부 속성 중에서 필수 속성입니다. 뷰가 화면 안에 들어있으려면 먼저 뷰의 크기와 위치가 결정되어야 하므로 필수 속성입니다.

▲ 뷰의 가로 크기와 세로 크기 속성

XML 레이아웃에 추가된 뷰의 속성 중에 위의 두 가지 속성(layout_width와 layout_height)이 들어 있지 않았을 때 오류가 발생하는지 확인하기 위해 다음과 같이 〈Button〉 태그 안에 들어 있는 layout_width 속성을 삭제해봅니다. 그러면 〈Button〉 태그에 빨간색 밑줄이 생기면서 오류가 표시됩니다.

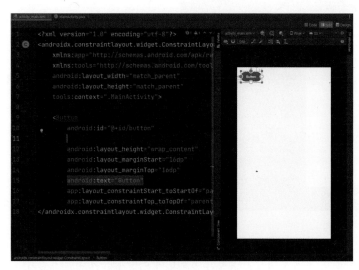

▲ 〈Button〉 태그의 속성 중에서 layout_width 속성을 제거한 경우

가로와 세로 크기의 값으로는 다음과 같은 세 가지 값 중의 하나가 들어갈 수 있습니다.

구분	설명
wrap_content	뷰에 들어 있는 내용물의 크기에 자동으로 맞춥니다.
match_parent	뷰를 담고 있는 뷰그룹의 여유 공간을 꽉 채웁니다.
숫자로 크기 지정	숫자를 사용해 크기를 지정합니다. 크기는 dp나 px와 같은 단위가 꼭 있어야 합니다.

단어의 의미 그대로 wrap_content는 뷰에 들어 있는 내용물의 크기에 따라 뷰의 크기를 결정하고 match_parent는 뷰를 담고 있는 뷰그룹에 남아 있는 여유 공간을 채웁니다. 그리고 숫자 값은 뷰의 크기를 고정된 값으로 만들고 싶을 때 사용합니다.

버튼의 크기 속성 바꿔보기

그럼 화면에 추가한 버튼의 layout_width, layout_height 속성을 바꿔보겠습니다. 먼저 앞서 지웠던 layout_width 속성을 되살리기 위해 Ctrl + Z를 누릅니다. 그런 다음 [Design] 아이콘을 눌러 디자인 화면으로 전환한 후 화면에 추가한 버튼을 선택하고 오른쪽 속성 창에서 layout_width와 layout_height 속성 값을 확인합니다. 두 개의 속성 값 모두 wrap_content로 되어 있는데, 이 값으로 설정하면 버튼의 내용물에 맞게 크기가 자동으로 결정됩니다. 버튼의 내용물은 글자, 즉 텍스트(Text)이므로 TextView에 있는 text 속성을 찾아 '안녕하세요, 반갑습니다!'로 변경합니다. 그러면 버튼의 가로 크기가 자동으로 늘어나는 것을 확인할 수 있습니다.

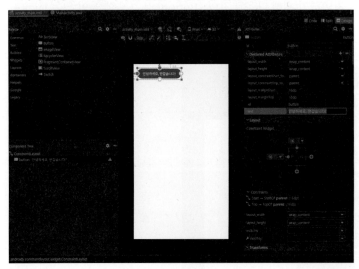

▲ 글자를 바꾸면 버튼의 가로 크기가 자동으로 변경

왼쪽 아래의 Component Tree 창을 보면 눈에 보이지는 않지만 이 화면에 어떤 뷰들이 어떤 계층 구조로 만들어져 있는지 알 수 있습니다. 버튼이 ConstraintLayout 안에 들어 있으니 보이지 않는 레이아웃이 화면 전체를 차지하고 있다는 것도 알 수 있습니다. 그럼 이번에는 layout_width 속성 값에 '240dp'

를 입력해서 바꿔봅니다. 버튼의 크기가 입력한 값으로 변경되는 것을 확인할 수 있습니다.

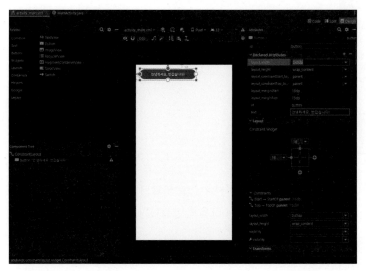

▲ 버튼의 layout_width 속성 값을 240dp로 변경한 경우

그렇다면 layout_height 속성의 값을 변경해도 마찬가지 결과를 확인할 수 있을까요? 버튼의 layout_height 속성 값을 match_constraint로 변경하면 약간의 변화는 있지만 크기는 그대로입니다. 이것은 버튼을 담고 있는 레이아웃이 제약 레이아웃(ConstraintLayout)이기 때문입니다. 만약 이 레이아웃을 리니어 레이아웃(LinearLayout)이나 상대 레이아웃(RelativeLayout)으로 변경하면 다음 그림처럼 wrap_content와 match_parent라는 값을 설정했을 때의 차이를 확실하게 이해할 수 있습니다.

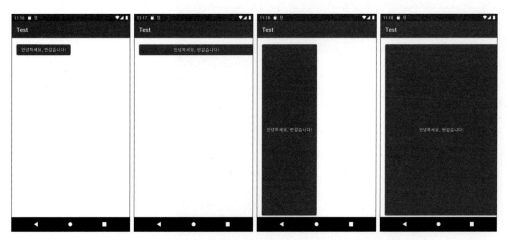

▲ 리니어 레이아웃에서 wrap_content와 match_parent 값을 가로와 세로 크기로 적용했을 때 화면 예시

이번에는 레이아웃을 리니어 레이아웃으로 바꾸면 어떻게 되는지 살펴보겠습니다. 왼쪽 아래의 Component Tree 창에서 가장 위에 있는 ConstraintLayout 항목을 선택한 후 마우스 오른쪽 버튼을 누릅니다. 나타난 메뉴에서 [Convert view...] 메뉴를 선택합니다.

◀ [Convert view...] 메뉴

작은 대화상자가 나타나면 LinearLayout을 선택하고 [Apply] 버튼을 누릅니다. 그러면 화면 전체를 차지하고 있는 레이아웃이 ConstraintLayout에서 LinearLayout으로 바뀝니다.

▲ [Convert view...] 메뉴를 눌렀을 때 보이는 대화상자

리니어 레이아웃이 화면 전체를 차지하게 되었으니 리니어 레이아웃 안에 버튼이 들어간 모양이 되고 버튼은 화면의 왼쪽 상단에 위치하게 됩니다.

▲ 화면을 차지하는 레이아웃을 리니어 레이아웃(LinearLayout)으로 바꾼 경우

이제 버튼을 다시 선택한 다음 layout_height 속성과 layout_width 속성 값을 모두 match_parent로 바꿉니다. 그러면 버튼이 화면을 꽉 채우게 됩니다.

▲ 버튼의 layout_width, layout_height 속성 값을 모두 match_parent로 변경

동일한 속성이라도 뷰(버튼)를 담고 있는 레이아웃이 어떤 것인지에 따라서 뷰에 적용되는 방식이 달라집니다. 또한 각각의 레이아웃마다 필수 속성도 약간씩 다를 수 있습니다. 예를 들어, 리니어 레이아웃은 orientation 속성이 필수 속성이지만 제약 레이아웃은 orientation 속성을 해석하지 않습니다. 지금까지 다룬 내용만으로도 레이아웃이 어떤 역할을 하는지는 이해할 수 있을 것입니다. 그리고 레이아웃이 화면 배치에 아주 중요한 역할을 한다는 것도 짐작할 수 있을 것입니다.

01-3
레이아웃 기초 익히기

이번 단락은 화면에 들어가는 뷰를 배치할 때 사용하는 레이아웃에 대해 살펴봅니다. 안드로이드 스튜디오에서는 기본적인 레이아웃을 제약 레이아웃(Constraint Layout)으로 자동 설정합니다.

> **정박사의 조언 제약 레이아웃이 상대 레이아웃보다 장점이 많나요?**
>
> 아이폰 앱을 개발할 때는 맥북에서 엑스코드(Xcode)라는 개발 도구를 사용하는데, 제약 레이아웃은 엑스코드에서 화면 배치를 할 때 사용하는 방식과 비슷하게 만들어졌습니다. 상대 레이아웃은 제약 레이아웃 이전에 사용하던 것인데 제약 레이아웃은 상대 레이아웃과 비슷하면서도 장점이 더 많습니다. 그래서 제약 레이아웃을 권장합니다. 다만 제약 조건이 충분히 만들어지지 않으면 오류가 발생하거나 화면 레이아웃이 원하는 대로 만들어지지 않을 수 있다는 점 때문에 아직도 상대 레이아웃을 사용하는 경우가 있습니다.

제약 조건 이해하기

제약 레이아웃의 가장 큰 특징은 뷰의 위치를 결정할 때 제약 조건(Constraint)을 사용한다는 것입니다. 제약 조건이란 뷰가 레이아웃 안의 다른 요소와 어떻게 연결되는지 알려주는 것으로, 뷰의 연결점(Anchor Point)과 대상(Target)을 연결합니다. 다음 그림을 보면 제약 레이아웃 안에 버튼이 하나 있습니다. 이때 버튼의 입장에서 자신을 감싸고 있는 레이아웃을 부모 레이아웃(Parent Layout)이라고 부를 수 있습니다. 그리고 버튼은 위, 아래, 왼쪽, 오른쪽에 각각 연결점을 가지고 있으며 작은 동그라미로 표시됩니다.

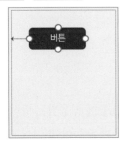

▲ 버튼의 왼쪽 연결점을 부모 레이아웃과 연결하는 제약 조건

핸들(Side Constraint Handle)이라고도 부르는 연결점은 마우스 커서로 잡아서 조절할 수 있습니다. 이 연결점으로 무엇을 어떻게 할 수 있는지가 중요합니다. 여기서 적용하고 싶은 제약 조건은 '버튼의 왼쪽을 부모 레이아웃과 연결해 주세요.'입니다. 이 경우에 버튼의 왼쪽 연결점을 부모 레이아웃의 왼쪽 벽면과 연결합니다. 그러면 부모 레이아웃이 타깃(Target)이 되어 연결점과 해당 타깃이 연결됩니다. 이렇게 연결점과 타깃이 연결되면 연결선이 만들어지고 연결점은 파랗게 표시됩니다.

버튼이 레이아웃 안에서 어디에 위치하고 있는지 결정하려면 적어도 왼쪽과 위쪽에 연결되어 있어야 합니다. 따라서 버튼의 위쪽 연결점과 부모 레이아웃의 위쪽 벽면을 연결하는 것까지 진행하면 버튼의 제약 조건은 완성됩니다. 물론 오른쪽 연결점과 아래쪽 연결점도 타깃과 연결할 수 있지만 꼭 필요한 제약 조건은 두 개면 됩니다.

연결선을 만들 때는 뷰의 연결점과 타깃이 필요하다고 했는데, 다음과 같은 것들이 타깃이 될 수 있습니다.

❶ 같은 부모 레이아웃 안에 들어 있는 다른 뷰의 연결점
❷ 부모 레이아웃의 연결점
❸ 가이드라인(Guideline)

그리고 대상 뷰와 타깃의 연결점으로는 다음과 같은 것들이 될 수 있습니다.

여기서 왼쪽과 오른쪽은 각각 Left, Right라는 단어로 표현하기도 하고 Start, End라는 단어로 표현하기도 합니다. 이런 단어들은 나중에 XML 코드를 직접 변경할 때 필요하므로 기억하면 좋습니다. 가운데에도 넓적한 표시의 베이스라인 연결점이 있는데, 이것은 텍스트가 있을 경우 다른 뷰의 텍스트와 높이를 맞춰주는 역할을 합니다.

제약 조건이 무엇인지 이해했다면 새로운 프로젝트를 만들고 디자인 화면에서 레이아웃을 바꿔보겠습니다. 먼저 열려있는 안드로이드 스튜디오 창의 위쪽 메뉴 중에서 [File → Close Project] 메뉴를 선택하면 시작 화면으로 돌아갑니다. 시작 화면에서 [New Project] 메뉴를 눌러 새로운 프로젝트를 만드는 대화상자를 띄웁니다. 화면은 Empty Views Activity로 선택하고 [Next] 버튼을 누른 후 새로운 프로젝트의 이름은 SampleConstraintLayout으로 입력합니다. 패키지 이름이나 프로젝트가 저장될 폴더는 이전에 설정했던 정보를 사용하기 때문에 자동으로 입력됩니다. [Finish] 버튼을 눌러서 새로운 프로젝트를 만들어 줍니다.

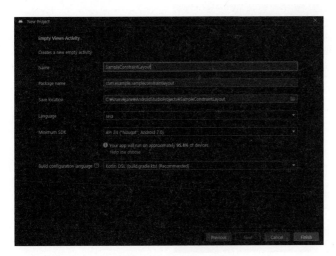

▲ 새로운 SampleConstraintLayout 프로젝트 만들기

새로운 프로젝트가 만들어지면 프로젝트 창의 가운데 작업 영역에서 [activity_main.xml] 탭을 눌러 XML 레이아웃 파일을 엽니다. 디자인 화면이 표시되면 사각형의 폰 모양 안에 글자가 하나 들어 있습니다. 먼저 화면 가운데에 있는 글자를 선택하고 ⌐Delete⌐를 눌러 삭제합니다. 그리고 왼쪽의 팔레트(Palette)에서 버튼을 가져다 화면의 왼쪽 윗부분에 배치합니다. 이때 왼쪽 윗부분에 딱 맞게 붙이지 말고 약간 떨어뜨립니다.

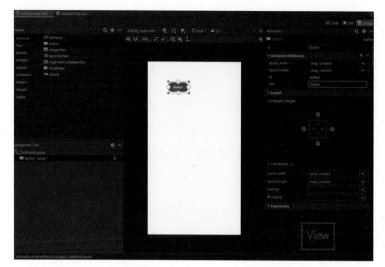

▲ 화면의 왼쪽 윗부분에 추가한 버튼

버튼의 왼쪽 연결점을 끌어다가 부모 레이아웃의 왼쪽 벽면에 갖다 놓으면 새로운 제약 조건이 생성되면서 연결선이 표시됩니다. 오른쪽 속성 창의 가운데 부근에는 뷰의 제약 조건을 표시하는 그림이 있는데 그 그림에도 왼쪽 연결선이 표시됩니다.

▲ 버튼의 왼쪽 연결점을 부모 레이아 웃과 연결한 결과

이렇게 속성 창의 그림에서는 설정된 제약 조건(Constraint)이 표시됩니다. 오른쪽 속성 창에 보이는 연결선에는 0이라는 숫자가 적혀 있습니다. 이 숫자는 여러분이 버튼을 어느 위치에 놓았는지에 따라 달라질 수 있습니다. 이 숫자는 보통 마진(Margin)이라고 부르며 연결점과 타깃과의 거리를 나타냅니다. 즉, 버튼이 왼쪽 벽면과 얼마나 떨어졌는지 나타내는 값입니다. 화면에서 버튼을 끌어당기면 이 값을 조절할 수 있습니다. 또는 직접 숫자를 입력하여 얼마나 떨어뜨릴지 거리를 지정할 수도 있습니다. 이 숫자를 클릭한 후 마진(Left Margin)을 80으로 수정하고 [Enter]를 누릅니다. 그러면 버튼과 왼쪽 벽면 사이의 간격이 입력한 수치만큼 넓어집니다. 이어서 버튼의 위쪽 연결점과 위쪽 벽면도 연결한 후 연결선에 표시된 마진(Top Margin) 값을 80으로 수정합니다.

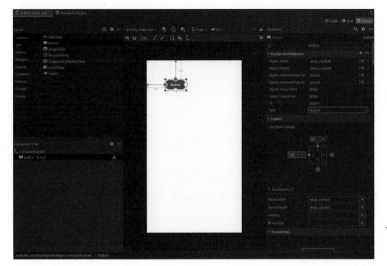

◀ 왼쪽과 위쪽 연결점을 모두 연결하
고 마진 값을 변경한 결과

왼쪽과 위쪽에서 어느 정도 떨어진 위치에 배치되었습니다. 이번에는 왼쪽 팔레트에서 버튼 하나를 더 끌어다 화면에 배치되어 있는 버튼 오른쪽에 놓습니다. 새로운 버튼을 추가할 때 기존에 있던 버튼의 세로 위치를 맞출 수 있도록 점선이 표시되기 때문에 버튼 오른쪽에 손쉽게 배치할 수 있습니다.

이제 새로 추가한 버튼의 왼쪽 연결점을 끌어다 기존 버튼의 오른쪽 연결점과 연결합니다. 그리고 위쪽 연결점을 끌어다 화면의 위쪽 벽면과 연결합니다. 오른쪽 속성 창에서 위쪽 연결선의 마진(Top Margin) 값은 80으로 변경하고 왼쪽 연결선의 마진(Left Margin) 값은 40으로 변경합니다.

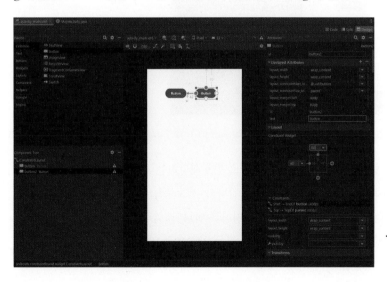

◀ 새로 추가한 버튼의 왼쪽을 기존 버
튼과 연결한 경우

새로 추가한 버튼의 왼쪽 연결점을 기존 버튼과 연결하면 기존 버튼이 타깃이 되면서 새로운 연결선이 만들어집니다. 그리고 마진을 조절하면 두 개의 버튼이 적절한 위치에 배치되도록 만들 수 있습니다. 어떤가요? 그리 어렵지 않죠? 제약 조건이라는 것이 처음에는 매우 복잡하게 느껴질 수도 있지만 원리만 이해하면 아주 쉽게 사용할 수 있습니다.

화면 가운데에 뷰 배치하기

화면에 뷰를 넣고 배치할 때는 왼쪽 윗부분부터 차례대로 추가하는 것이 일반적이지만 가운데나 아래
쪽부터 추가할 때도 있습니다. 그중에서 가운데 또는 가운데에서 약간 아래쪽이나 위쪽에 뷰를 추가하
는 경우도 생깁니다. 예를 들어, 로그인 화면을 만들 때 아이디나 비밀번호를 입력하는 입력상자와 로
그인 버튼은 가운데 부분에 모아둡니다. 이런 경우에는 입력상자와 버튼이 함께 모여 있으니 이것들을
담아둘 레이아웃을 하나 만든 후 최상위 레이아웃의 가운데 부분에 넣는 것이 좋습니다.

먼저 왼쪽 팔레트에서 버튼을 화면 가운데 부분에 끌어다 놓습니다. 그러면 버튼의 위, 아래, 왼쪽, 오
른쪽 연결점이 자동으로 연결되면서 화면 가운데에 버튼이 배치됩니다. 만약 디자인 화면 상단에 있는
자석 모양의 아이콘(Autoconnect)이 활성화된 상태가 아니면 각각의 연결점을 직접 연결해야 합니다.
즉, 버튼의 위, 아래, 왼쪽, 오른쪽 연결점을 각각 화면의 네 벽면에 직접 드래그해서 끌어다 놓아야만
버튼의 연결점이 연결됩니다.

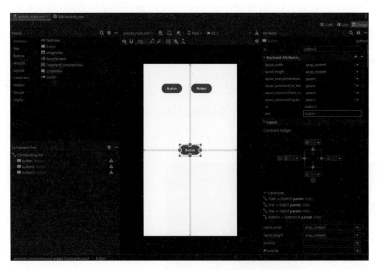

▲ 버튼을 화면의 가운데 부분에 배치한 경우

뷰는 가로축과 세로축을 기준으로 배치됩니다. 그런데 가로축에 해당하는 왼쪽과 오른쪽에 모두 연결
선이 만들어지는 경우에는 양쪽의 타깃 중간에 위치하게 됩니다. 세로축도 마찬가지여서 위쪽과 아래
쪽에 모두 연결선이 만들어지는 경우라도 타깃 중간에 위치하게 됩니다. 결국 화면 전체를 차지하고 있
는 최상위 레이아웃 안에 추가된 버튼에 가로축과 세로축 모두 양쪽으로 연결선을 만들어주면 버튼을
화면 가운데 부분에 위치시킬 수 있습니다.

그런데 정확히 한 가운데가 아니라 약간 위쪽으로 치우치거나 왼쪽으로 치우치게 만들고 싶다면 어떻
게 해야 할까요? 오른쪽의 속성 창에 보이는 레이아웃 속성에서 왼쪽 끝에 있는 줄이 세로 방향 바이어
스(Vertical Bias)입니다. 그리고 아래쪽 끝에 있는 줄이 가로 방향 바이어스(Horizontal Bias)입니다.

바이어스는 한쪽으로 얼마나 치우쳐 있는지를 나타내는 것으로 기본 값은 50입니다. 즉, 앞에서 설명한 대로 양쪽 타깃의 중간에 위치하도록 설정되어 있습니다. 왼쪽에 있는 세로 방향 바이어스의 가운데 원 모양을 잡아서 위쪽으로 잡아끌면 그 값이 변경되면서 버튼이 위쪽으로 올라갑니다. 세로 방향 바이어스의 값이 35가 될 때까지 올린 후 놓으면 버튼은 위쪽으로부터 35%되는 지점에 위치하게 됩니다.

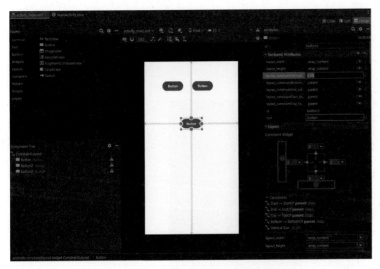

▲ 바이어스로 버튼을 화면 가운데에서 약간 위쪽으로 이동시킨 결과

결국 바이어스는 화면을 비율로 나눈 후 어느 곳에 위치시킬지를 결정하는 값입니다. 바이어스의 값은 0부터 1사이의 값이 되므로 35% 지점은 0.35로 설정할 수 있습니다. 다만 XML 원본 파일에서는 0.35 값으로 설정한다고 하더라도 디자인 화면에서 표시될 때는 % 단위로 표시됩니다.

뷰의 크기를 더 크게 하고 싶다면 버튼을 선택한 후 각 모서리에 표시된 작은 사각형 점을 끌어당기면 됩니다. 가운데에 추가한 버튼을 선택한 후 오른쪽 아래의 모서리를 끌어당겨 좀 더 크게 만듭니다.

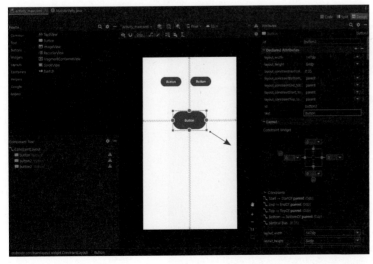

▲ 버튼의 모서리를 끌어당겨 크기를 더 크게 만든 경우

그런데 오른쪽 속성 창의 제약 조건이 표시되는 그림을 보면 뷰의 안쪽에 있는 선들이 방향을 나타내던 꺾은선(⌵)에서 직선(▯)으로 바뀐 것을 확인할 수 있습니다. 사각형 안쪽에 있는 선은 뷰의 layout_width와 layout_height가 어떻게 설정되었는지 표시합니다. 사각형 안쪽의 선을 마우스로 클릭하면 layout_width와 layout_height의 값을 손쉽게 바꿀 수도 있습니다. 사각형 안쪽의 선을 클릭하면 속성이 어떻게 변경되는지 다음 세 가지 경우를 비교하면서 살펴보세요.

❶ 부모 여유 공간 채우기: 연결선이 구불구불한 선(⊢⊣⊣)으로 표시됨
  → layout_width의 값은 match_constraint나 0dp로 설정됨

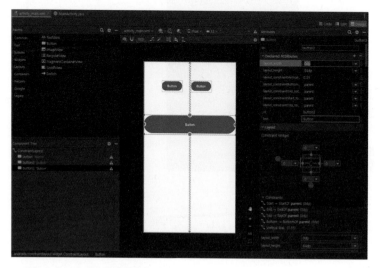

▲ 제약 조건 표시 그림에 구불구불한 선으로 표시된 경우

❷ 뷰의 내용물 채우기: 사각형 안쪽의 선이 중앙을 향하는 화살표(≫)로 표시됨
  → layout_width의 값은 wrap_content로 설정됨

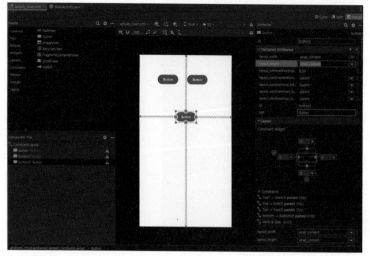

◀ 제약 조건 표시 그림에 중앙을 향하는 화살표로 표시된 경우

❸ 고정 크기: 사각형 안쪽의 선이 직선(⊞)으로 표시됨
→layout_width와 layout_height의 값은 지정한 값으로 설정됨

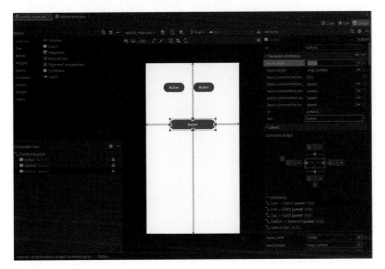

▲ 제약 조건 표시 그림에 직선으로 표시된 경우

안쪽에 있는 가로 방향 선을 클릭하면 구불구불한 선이나 중앙으로 향하는 화살표가 표시되거나 또는 직선이 표시됩니다. 이 각각의 선 모양이 의미하는 것이 무엇인지 이해하면 설정되어 있는 제약 조건을 쉽게 파악할 수 있습니다. 예를 들어, 부모 레이아웃의 여유 공간을 꽉 채워주는 구불구불한 선은 크기를 match_constraint나 0dp로 설정하고, 제약 조건(Constraint)을 이용해 부모 레이아웃의 여유 공간을 채우는 방식으로 적용됩니다. 여기에서 여유 공간(Available Space)이란 해당 뷰가 차지할 수 있는 공간을 의미합니다.

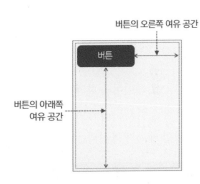

▲ 뷰가 차지할 수 있는 부모 레이아웃의 여유 공간

만약 화면의 왼쪽 상단에 버튼을 하나 추가했다면 버튼의 오른쪽과 아래쪽에 공간이 많이 남아있을 것입니다. 이 여유 공간은 부모 레이아웃이 어떤 것인가에 따라 달라집니다. 예를 들어, 나중에 배우게 될 리니어 레이아웃(LinearLayout)의 경우에는 한쪽 방향으로만 뷰를 추가하는 레이아웃이므로 하나의 버튼을 세로 방향으로 추가했다면 그 버튼의 좌우에 공간이 남아있어도 버튼을 추가할 수 없습니다. 하지만 지금 사용하고 있는 제약 레이아웃의 경우에는 뷰를 담고 있는 부모 레이아웃 안에서 크기나 위치를 마음대로 조절할 수 있습니다.

가이드라인 사용하기

가이드라인(Guideline)은 여러 개의 뷰를 일정한 기준 선에 정렬할 때 사용합니다. 예를 들어, 여러 개의 버튼을 화면의 왼쪽 벽면으로부터 약간 떨어진 상태로 정렬하고 싶다면 가이드라인을 추가한 후 그 가이드라인에 맞추어 배치하면 됩니다. 가이드라인은 뷰처럼 화면에 추가할 수 있지만 그 크기가 0이고 화면에 보이지 않기 때문에 레이아웃에서 없는 것으로 간주됩니다. 따라서 화면 배치를 위해 추가되었지만 실제 화면의 구성 요소는 아닌 것으로 생각하면 됩니다.

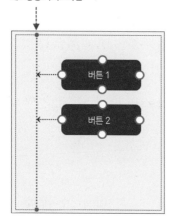

세로방향 가이드라인

▲ 일정한 기준선으로 정렬을 도와주는 가이드라인

새로운 XML 레이아웃 파일을 추가한 후 가이드라인을 사용해 보겠습니다. 왼쪽 가장자리에 숨겨둔 프로젝트 창을 열고 app 폴더 안에 있는 res/layout 폴더를 선택합니다. 그리고 마우스 오른쪽 버튼을 누르면 팝업 메뉴가 표시되는데 여기에서 [New → Layout resource file] 메뉴를 선택합니다.

▲ 새로운 XML 레이아웃 파일을 만들기 위한 팝업 메뉴

> **정박사의 조언 　왼쪽 프로젝트 창을 열 수 있는 방법을 모르나요?**
>
> 왼쪽 프로젝트 창이 보이지 않고 왼쪽 가장자리에 숨겨진 프로젝트 창도 보이지 않을 때가 있습니다. 이때는 상단 메뉴에서 [View → Tool Windows → Project] 메뉴를 선택하면 됩니다.

[New Resource File] 대화상자가 나타나면 XML 레이아웃 파일 이름을 입력합니다. File name: 입력 상자에는 activity_menu.xml을 입력합니다. [OK] 버튼을 누르면 새로운 activity_menu.xml 파일이 생성됩니다.

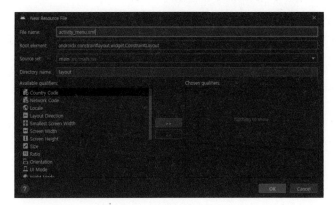

▲ 새로운 XML 레이아웃 파일을 만들기 위한 대화상자

왼쪽의 프로젝트 창을 보면 이 파일이 만들어진 위치가 app 폴더 아래에 있는 res/layout 폴더라는 것을 알 수 있습니다. 저장 위치를 확인했으면 디자인 화면이 크게 보이도록 [-] 모양의 [Hide] 버튼을 눌러서 프로젝트 창을 숨깁니다. 디자인 화면의 위쪽에 있는 아이콘 중에서 [Guidelines] 아이콘을 클릭합니다. 그러면 가로 방향으로 추가할 것인지, 세로 방향으로 추가할 것인지 묻는 메뉴가 나타납니다.

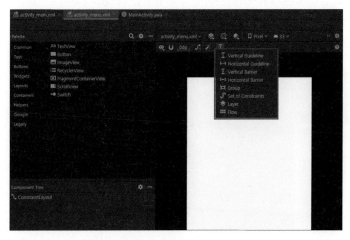

▲ 가이드라인을 추가하는 메뉴

[Vertical Guideline] 메뉴를 선택하면 세로 줄이 추가되고 [Horizontal Guideline] 메뉴를 선택하면 가로 줄이 추가됩니다. [Vertical Guideline] 메뉴를 선택하여 세로 줄을 추가합니다. 왼쪽 하단의 Component Tree 창을 보면 화면에 추가된 뷰의 계층도를 볼 수 있는데, ConstraintLayout 안에 guideline이 추가된 것을 확인할 수 있습니다. 추가된 가이드라인을 오른쪽으로 끌어당기면 점선의 위치를 조절할 수 있습니다.

▲ 세로 방향 가이드라인이 추가된 모양

위치를 수정한 가이드라인을 기준으로 버튼 세 개를 추가해 보겠습니다. 왼쪽 팔레트 창에서 버튼을 끌어다 가이드라인의 오른쪽에 놓은 후 버튼의 왼쪽 연결점을 가이드라인과 연결합니다. 그리고 버튼의 위쪽 연결점을 화면의 위쪽 벽면과 연결합니다. 그러면 버튼이 가이드라인에 붙어있는 모양이 됩니다. 첫 번째 버튼은 속성 창에서 위쪽 마진(Top Margin) 값을 '16', 왼쪽 마진(Left Margin) 값은 '0'으로 설정합니다. 두 번째와 세 번째 버튼도 동일한 방식으로 추가한 후 왼쪽 연결점은 가이드라인과 연결하고 위쪽 연결점은 이전 버튼의 아래쪽 연결점과 연결합니다. 추가한 버튼도 왼쪽 마진(Left Margin) 값을 '0'으로 설정해서 가이드라인에 완전히 붙게 만듭니다.

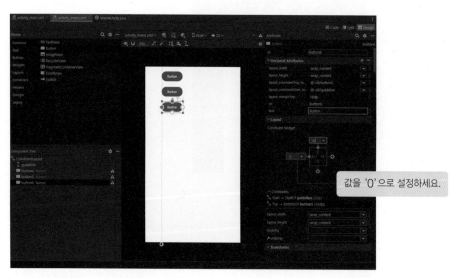

값을 '0'으로 설정하세요.

▲ 가이드라인에 맞춰 버튼 세 개를 추가한 모양

세 개의 버튼을 모두 연결했다면 가이드라인이 어떤 역할을 하는지 잘 이해되었을 것입니다. 가로 방향의 가이드라인은 여러분이 직접 추가해서 사용해보기 바랍니다.

XML 원본에 추가된 속성 확인하기

실제 앱을 만들 때는 모든 것을 디자이너 도구의 화면에서 해결할 수 없는 경우가 많습니다. 화면에 들어가는 뷰가 복잡하게 배치되기도 하고 뷰들을 서로 중첩하여 쌓아두어야 할 수도 있으므로 앞으로 XML 원본 코드를 수정할 때가 점점 많아질 것입니다. 따라서 XML 원본 코드가 어떻게 구성되어 있는지 살펴보고 수정해보는 것이 필요합니다. 디자이너 도구의 [Code] 아이콘을 눌러 원본 XML을 보면 자동으로 입력된 속성이 들어 있습니다.

참조파일 SampleConstraintLayout>/app/res/layout/activity_menu.xml

```xml
<?xml version="1.0" encoding="utf-8"?>
<androidx.constraintlayout.widget.ConstraintLayout
    xmlns:android="http://schemas.android.com/apk/res/android"
    xmlns:app="http://schemas.android.com/apk/res-auto"
    xmlns:tools="http://schemas.android.com/tools"
    android:layout_width="match_parent"
    android:layout_height="match_parent">
```

가장 위쪽에 있는 줄은 XML 파일에 일반적으로 추가하는 정보이며, 이 파일이 XML 형식으로 된 것임을 알려줍니다.

```xml
<?xml version="1.0" encoding="utf-8"?>
```

그 다음에 입력되어 있는 태그가 화면 전체를 감싸고 있는 레이아웃이며, Component Tree 창의 계층도에서 가장 위쪽에 있으므로 최상위 레이아웃이라고 부를 수 있습니다. 여기에서는 ConstraintLayout이 태그의 이름으로 사용되었습니다. 그런데 그 앞에는 패키지 이름(androidx.constraintlayout.widget)이 같이 붙어 있습니다. 만약 위젯이나 레이아웃이 안드로이드 기본 API에 포함되어 있다면 그 위젯이나 레이아웃의 이름만 입력하면 됩니다. 하지만 외부 라이브러리에서 불러온 것이라면 패키지 이름까지 같이 입력해야 합니다. ConstraintLayout은 안드로이드 SDK에 나중에 추가되면서 외부 라이브러리로 분류되어 있습니다. 따라서 그 앞에 패키지 이름까지 함께 기록한 것입니다.

```
androidx.constraintlayout.widget.ConstraintLayout
```

이 태그의 속성을 살펴보면 xmlns:로 시작하는 속성들이 있습니다. 그중에서 xmlns:android 속성은 XML 레이아웃 파일이라면 한 번씩 넣어주어야 하는 속성입니다. 그리고 하나의 파일에 한 번만 사용되면 됩니다. 이 xmlns 뒤에 있는 android라는 이름이 나머지 속성의 접두어(Prefix)로 사용됩니다. 예를 들어, android:layout_width 속성에서 앞에 있는 android:는 xmlns:android로 지정된 정보를 참조하여 사용한다는 의미입니다. xmlns 뒤에 있는 접두어 각각의 의미는 다음과 같습니다.

접두어	의미
xmlns:android	안드로이드 기본 SDK에 포함되어 있는 속성을 사용합니다.
xmlns:app	프로젝트에서 사용하는 외부 라이브러리에 포함되어 있는 속성을 사용합니다. app라는 단어는 다른 것으로 바꿀 수 있습니다.
xmlns:tools	안드로이드 스튜디오의 디자이너 도구 등에서 화면에 보여줄 때 사용합니다. 이 속성은 앱이 실행될 때는 적용되지 않고 안드로이드 스튜디오에서만 적용됩니다.

이제 android:layout_width와 android:layout_height 속성이 실제로는 안드로이드 기본 SDK에 들어 있는 layout_width와 layout_height 속성을 사용한다는 의미임을 이해했을 것입니다. 이 두 개 속성은 화면에 추가되는 모든 뷰의 기본 속성이라고 하였으므로 이 태그 안에 포함된 다른 태그들도 모두 갖고 있는 속성입니다.

ConstraintLayout 태그 안에 들어 있는 태그 속성 중에는 android:id 속성이 있습니다. 이 id 속성은 뷰를 구분하는 구분자 역할을 합니다. id 속성이 사용되는 용도는 크게 두 가지로 나눌 수 있습니다.

❶ XML 레이아웃 파일 안에서 뷰를 구분할 때
❷ XML 레이아웃 파일에서 정의한 뷰를 자바 소스 파일에서 찾을 때

XML 레이아웃 파일 안에는 여러 개의 뷰를 추가할 수 있고, 추가한 각각의 뷰는 다른 뷰의 왼쪽이나 오른쪽 등에 연결될 수 있습니다. 이때 다른 뷰가 어떤 것인지 지정할 필요가 있는데 그 목적으로 id 속성 값이 사용됩니다.

제약 레이아웃에서 하나의 뷰를 다른 뷰와 연결할 때 사용하는 XML 속성의 이름은 다음과 같은 규칙을 갖습니다.

layout_constraint[소스 뷰의 연결점]_[타깃 뷰의 연결점]="[타깃 뷰의 id]"

예를 들어, 두 개의 버튼이 각각 button과 button2라는 id 값을 가지고 있을 때 두 번째 버튼의 위쪽 연결점으로부터 첫 번째 버튼의 아래쪽 연결점까지 연결하려고 한다면 두 번째 버튼이 소스 뷰(Source View)가 되고 첫 번째 버튼이 타깃 뷰(Target View)가 됩니다. 따라서 layout_constraint 뒤에 Top과 _ 기호, 그리고 toBottomOf라

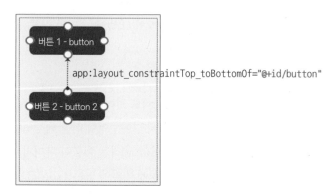

▲ 연결점이 어떻게 연결되었는지 속성을 설정하는 경우

는 속성 이름이 사용됩니다. 속성 값으로는 첫 번째 뷰의 id 값이 사용됩니다.

여기에서 id 속성 값은 다음과 같은 형식으로 정의하고 사용됩니다.

@+id/아이디 값

디자이너 도구 화면의 오른쪽 속성 창을 살펴보면 첫 번째 뷰의 id 값으로 button이라는 단어만 들어 간 것을 확인할 수 있습니다. 하지만 XML 레이아웃 파일의 원본 XML에는 위의 형식으로 id를 지정해야 합니다.

정박사의
조 언

@+id 형식으로 입력되어야 해요

안드로이드 초기 버전에서는 @+id의 형식이 XML 레이아웃 파일에 id 값을 추가한다는 의미로 만들어졌습니다. 따라서 이렇게 만들어진 id 값을 사용할 때는 @id 형식과 @+id 형식을 혼용하여 사용했습니다. 하지만 지금은 @+id 형식을 주로 사용하고 @id 형식은 거의 사용하지 않습니다.

다음과 같이 여러 개의 속성들을 사용할 수 있습니다.

layout_constraintTop_toTopOf	layout_constraintLeft_toLeftOf
layout_constraintTop_toBottomOf	layout_constraintLeft_toRightOf
layout_constraintBottom_toTopOf	layout_constraintRight_toTopOf
layout_constraintBottom_toBottomOf	layout_constraintRight_toBottomOf
layout_constraintLeft_toTopOf	layout_constraintRight_toLeftOf
layout_constraintLeft_toBottomOf	layout_constraintRight_toRightOf

이 외에도 Left 대신 Start를 사용할 수 있고, Right 대신 End를 사용할 수 있으니 사용할 수 있는 속성은 더 많아집니다. 그러면 가이드라인을 추가해서 생긴 태그를 살펴보겠습니다.

참조파일 SampleConstraintLayout>/res/layout/activity_menu.xml

```
중략…
<androidx.constraintlayout.widget.Guideline
    android:id="@+id/guideline"
    android:layout_width="wrap_content"
    android:layout_height="wrap_content"
    android:orientation="vertical"
    app:layout_constraintGuide_begin="70dp" />
중략…
```

Guideline 클래스는 외부 라이브러리에 들어 있어 패키지 이름인 androidx.constraintlayout.widget을 함께 붙여줍니다. 태그에는 필수 속성인 layout_width와 layout_height 속성과 값이 들어 있습니다. 그리고 id 값으로 @+id/guideline이 설정되어 있습니다. 그다음 속성으로는 android:orientation

이 있는데 가이드라인은 가로 또는 세로 방향 중에서 어느 방향인지를 지정해야 하므로 orientation도 필수 속성입니다.

Guideline의 필수 속성 --> android:orientation

그 아래에는 layout_constraintGuide_begin 속성이 보입니다. 이 속성은 부모 레이아웃의 벽면에서 얼마나 떨어뜨려 배치할지 지정하는 속성 중의 하나입니다. 부모 레이아웃의 벽면에서 얼마나 떨어뜨릴 건지 지정하려면 다음과 같이 세 가지 속성 중의 하나를 사용합니다.

속성	설명
layout_constraintGuide_begin	세로 방향인 경우 왼쪽부터, 가로 방향인 경우 위쪽부터의 거리 지정
layout_constraintGuide_end	세로 방향인 경우 오른쪽부터, 가로 방향인 경우 아래쪽부터의 거리 지정
layout_constraintGuide_percent	layout_constraintGuide_begin 속성 대신 지정하되 % 단위로 거리 지정

제약 조건을 설정하는 속성은 외부 라이브러리의 속성이므로 속성 이름 앞에 모두 app: 접두어가 붙어 있습니다. 그리고 여기에는 layout_constraintGuide_begin 속성 값이 100dp이므로 왼쪽에서부터 100dp 떨어진 곳에 배치됩니다.

크기를 표시하는 단위와 마진

XML 레이아웃 파일의 코드를 살펴보면 길이 단위에 dp를 자주 사용하는 것을 알 수 있습니다. 이런 길이 단위는 dp뿐만 아니라 sp, px 등 여러 가지가 있습니다.

뷰의 폭과 높이는 일반적으로 match_parent와 wrap_content 값을 지정하는 방식으로 사용하는데 그 이유는 단말마다 해상도나 화면의 크기가 달라도 전체 화면을 기준으로 뷰를 배치할 수 있기 때문입니다. 뷰의 크기를 픽셀 값으로 지정하면 해상도에 따라 그 크기가 다르게 보이지만 match_parent나 wrap_content를 사용하면 아주 쉽게 여러 단말의 해상도를 지원할 수 있습니다.

뷰의 폭과 높이를 정수 값으로 지정하면서도 픽셀 단위인 px가 아니라 dp나 sp와 같은 단위를 사용하면 해상도가 다른 단말에서도 뷰의 크기를 비슷하게 보이도록 만들 수 있습니다. 사용 가능한 단위와 그 의미는 다음과 같습니다.

단위	단위 표현	설명
px	픽셀	화면 픽셀의 수
dp 또는 dip	밀도 독립적 픽셀 (density independent pixel)	160dpi 화면을 기준으로 한 픽셀 예) 1인치 당 160개의 점이 있는 디스플레이 화면에서 1dp는 1px와 같음. 1인치 당 320개의 점이 있는 디스플레이 화면에서 1dp는 2px와 같음.

sp 또는 sip	축척 독립적 픽셀 (scale independent pixel)	텍스트 크기를 지정할 때 사용하는 단위. 가변 글꼴을 기준으로 한 픽셀로 dp와 유사하나 글꼴의 설정에 따라 1sp당 픽셀 수가 달라짐.
in	인치	1인치로 된 물리적 길이
mm	밀리미터	1밀리미터로 된 물리적 길이
em	텍스트 크기	글꼴과 상관없이 동일한 텍스트 크기 표시

dp나 dip는 해상도에 비례하는 비슷한 크기로 보이게 할 때 사용합니다. 이 단위를 사용하면 해상도가 160dpi인 작은 화면에서는 20픽셀이던 버튼 크기를 320dpi인 약간 큰 화면에서는 40픽셀의 크기로 보이게 합니다. 따라서 해상도별로 일일이 크기를 다시 지정하지 않아도 됩니다. 이 단위들은 뷰의 크기뿐만 아니라 텍스트의 크기를 지정하는 데도 사용됩니다. sp 또는 sip는 글꼴을 기준으로 한 텍스트 크기를 나타내므로 뷰의 크기에는 사용되지 않습니다. 글자를 표시하는 텍스트뷰나 버튼의 텍스트 크기는 sp 단위 사용을 권장합니다. 왜냐하면 사용자가 단말기의 설정에서 글꼴이나 폰트 크기를 바꾸는 경우가 있는데 sp 단위를 사용해야 설정에 맞추어 글자 크기가 바뀌기 때문입니다.

> **정박사의 조언** **뷰에는 dp, 글자 크기에는 sp 단위를 사용하는 것이 좋아요**
>
> 실제로 앱 화면을 만들 때는 dp 단위를 주로 사용합니다. 안드로이드 단말은 다양한 화면 크기와 해상도를 가지고 있는데 dp 단위를 사용하면 단말의 해상도에 따라 비율로 픽셀 값이 계산되므로 대부분의 화면에서 비슷한 크기로 보이게 만들 수 있습니다. 텍스트의 크기를 지정할 때는 sp를 권장합니다. 텍스트 크기에 dp를 지정한다고 해서 문제가 생기지는 않지만 sp 단위를 사용해야 단말의 글꼴 설정에 맞추어 표시되는 글자 크기가 바뀔 수 있습니다.

예를 들어, 일반적인 스마트폰 크기(3~4인치)의 단말과 태블릿 크기(7~10인치)의 단말은 화면 크기와 해상도가 다르지만 이 화면의 중앙에 버튼을 배치하고 화면의 절반 크기 정도로 보여주고 싶을 때, dp 단위를 쓰면 두 개 단말에서 비슷한 크기로 보이도록 자동으로 맞춰줍니다.

길이의 단위까지 알아보았으니 XML 코드의 나머지 부분도 살펴보겠습니다.

참조파일 SampleConstraintLayout>/res/layout/activity_menu.xml

```
중략…

<Button
    android:id="@+id/button4"
    android:layout_width="wrap_content"
    android:layout_height="wrap_content"
    android:layout_marginTop="16dp"
    android:text="Button"
    app:layout_constraintStart_toStartOf="@+id/guideline"
    app:layout_constraintTop_toTopOf="parent" />
```

```
<Button
    android:id="@+id/button5"
    android:layout_width="wrap_content"
    android:layout_height="wrap_content"
    android:layout_marginTop="16dp"
    android:text="Button"
    app:layout_constraintStart_toStartOf="@+id/guideline"
    app:layout_constraintTop_toBottomOf="@+id/button4" />

<Button
    android:id="@+id/button6"
    android:layout_width="wrap_content"
    android:layout_height="wrap_content"
    android:layout_marginTop="16dp"
    android:text="Button"
    app:layout_constraintStart_toStartOf="@+id/guideline"
    app:layout_constraintTop_toBottomOf="@+id/button5" />

중략…
```

디자이너 도구에서 버튼을 추가하면 버튼의 id가 자동으로 만들어집니다. 코드에서는 첫 번째와 두 번째 그리고 세 번째 버튼의 id가 각각 button4, button5, button6으로 붙어있지만 여러분이 이 파일 안에서 고유한 다른 값으로 바꿔도 상관없습니다. 예를 들어, button, button2, button3로 바꿔도 됩니다. 다만 이 id 값은 같은 파일 안에서 중복되면 안 됩니다. 또한 하나의 뷰에 설정한 id 값은 다른 뷰에서 참조하여 사용할 수 있으므로 이 id 값도 함께 변경되어야 합니다.

첫 번째 버튼을 보면 필수 속성인 layout_width와 layout_height 그리고 id 속성 외에 text 속성이 있습니다. 이 속성은 버튼에 글자를 넣을 때 사용됩니다. 그리고 그 아래에는 app:layout_constraint-Start_toStartOf 속성이 있습니다. 이 속성을 해석하면 다음과 같습니다.

• app:layout_constraintStart_toStartOf 속성
  → 이 버튼의 왼쪽의 연결점과 타깃 뷰의 왼쪽 연결점을 연결하여 제약 조건을 만듭니다.

이 속성 값으로는 타깃 뷰의 id가 설정되어야 하는데 그 위에 있는 가이드라인을 타깃 뷰로 하므로 @+id/guideline이 설정됩니다. 또 다른 속성으로 layout_marginTop이 보입니다. 이 속성은 버튼의 위쪽을 얼마나 띄울 것인가를 지정합니다.

속성 이름	설 명
layout_marginTop	뷰의 위쪽을 얼마나 띄울지 지정함
layout_marginBottom	뷰의 아래쪽을 얼마나 띄울지 지정함
layout_marginLeft	뷰의 왼쪽을 얼마나 띄울지 지정함
layout_marginRight	뷰의 오른쪽을 얼마나 띄울지 지정함
layout_margin	뷰의 위, 아래, 왼쪽, 오른쪽을 얼마나 띄울지 한꺼번에 지정함

두 번째와 세 번째 버튼의 속성들도 차근차근 해석해보면 왜 이런 속성이 들어 있는지 어렵지 않게 이해할 수 있을 것입니다.

정박사의
조 언 **파일이 저장되는 위치는 정해져 있어요!**

프로젝트를 만들면 필요한 파일들이 자동으로 만들어집니다. 프로젝트가 만들어지는 기본 위치는 윈도우 사용자 계정 폴더 아래에 AndroidStudioProjects 폴더입니다. 프로젝트를 만들 때 다른 위치에 저장되도록 바꿀 수도 있지만 별도로 지정하지 않으면 이 폴더가 사용됩니다.

안드로이드 스튜디오의 프로젝트 창에는 실제 파일 경로를 보여주지 않고 중요한 파일의 위치만 정리해서 보여주는 [Android]가 기본으로 설정되어 있습니다. 따라서 파일 탐색기를 열고 파일을 찾을 때는 그 경로가 다르게 보일 수 있으니 주의하세요. 프로젝트 안에 만들어지는 소스 파일과 XML 레이아웃 파일, 그리고 이미지 파일 등의 위치는 다음과 같습니다.

구분	저장 위치
소스 파일	프로젝트 창 : /app/java/〈패키지이름〉/〈파일이름〉 파일 탐색기 : /app/src/main/java/〈패키지이름〉/〈파일이름〉
XML 레이아웃 파일	프로젝트 창 : /app/res/layout/〈파일이름〉 파일 탐색기 : /app/src/main/res/layout/〈파일이름〉
이미지 파일	프로젝트 창 : /app/res/drawable/〈파일이름〉 파일 탐색기 : /app/src/main/res/drawable/〈파일이름〉

▲ 몇 가지 유형의 파일들이 저장되는 위치

만약 이미지 파일을 프로젝트 안에 추가하고 싶다면 파일 탐색기를 열고 프로젝트 폴더를 찾은 후 그 안에 있는 /app/src/main/res/drawable 폴더에 넣으면 됩니다. 다만 res 폴더 아래에 있는 폴더에 파일을 추가할 경우 파일의 이름에는 소문자와 숫자, 그리고 _ 기호만 들어갈 수 있다는 점도 주의해야 합니다. 또한 첫 글자는 숫자가 될 수 없습니다. 예를 들어, 이미지를 저장할 때 첫 글자를 대문자로 하면 앱이 빌드되거나 실행되는 과정에서 에러가 발생할 수 있습니다.

지금까지 새로운 프로젝트를 만들었을 때 자동으로 만들어지는 첫 화면의 XML 레이아웃에 대해 알아보았습니다. 자동으로 만들어진 레이아웃이 제약 레이아웃으로 되어 있으니 이 장에서는 제약 레이아웃에 대해 살펴본 것이라고 생각할 수 있습니다. 다음 장에서는 안드로이드에서 자주 사용되는 다른 레이아웃들을 살펴보겠습니다.

도전! 01
안드로이드 미션

화면 아래쪽에
두 개의 버튼 추가하기

새로운 프로젝트를 만들고 화면의 아래쪽에 두 개의 버튼이 보이도록 만들어 보세요.

• **프로젝트 소스** DoitMission-01

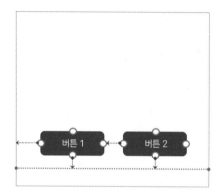

❶ 제약 레이아웃을 사용해 화면을 구성합니다.

❷ 화면의 아래쪽에 가이드라인을 배치합니다.

❸ 가이드라인의 위쪽에 버튼을 추가한 후 가이드라인과 연결합니다. 그리고 적절한 간격으로 띄워줍니다.

❹ 가이드라인의 위쪽에 버튼을 하나 더 추가한 후 이전에 추가했던 버튼 및 가이드라인과 연결합니다. 그리고 적절하게 띄워줍니다.

참고할 점

연결선은 부모 레이아웃의 벽면이나 다른 뷰의 연결점과 연결하여 만들 수 있습니다.

가이드라인을 만들면 가이드라인과 연결하여 연결선을 만들 수 있습니다.

도전! 02
안드로이드 미션

위, 아래, 중앙의 공간을 차지하는 전형적인 화면 구성하기

화면의 위쪽과 아래쪽에 가로로 긴 모양의 버튼을 배치하고 비어있는 가운데 공간에 또 다른 버튼을 배치해 보세요.

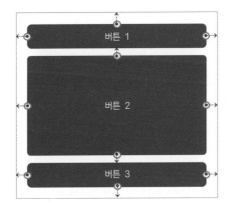

• **프로젝트 소스** DoitMission-02

❶ 제약 레이아웃을 사용해 화면을 구성합니다.

❷ 화면의 위쪽에 버튼을 추가하고 가로 방향으로 꽉 차도록 만듭니다.

❸ 화면의 아래쪽에 버튼을 추가하고 가로 방향으로 꽉 차도록 만듭니다.

❹ 화면의 가운데에 버튼을 추가하고 위쪽 버튼과 아래쪽 버튼 사이의 중앙 공간을 꽉 채우도록 만듭니다.

참고할 점

상단 버튼은 위쪽과 좌, 우의 연결점을 부모 레이아웃과 연결합니다.

하단 버튼은 아래쪽과 좌, 우의 연결점을 부모 레이아웃과 연결합니다.

가운데 버튼의 위쪽 연결점은 상단 버튼의 아래쪽 연결점과 연결합니다.

가운데 버튼의 아래쪽 연결점은 하단 버튼의 위쪽 연결점과 연결합니다.

02 레이아웃 익히기

뷰의 크기와 위치를 정하는 과정을 화면 배치 과정이라고 하죠. 그럼 화면 배치를 도와주는 레이아웃은 어떤 것들이 있을까요? 안드로이드에서 기본으로 제공하는 레이아웃은 앞 장에서 살펴보았던 제약 레이아웃 이외에도 여러 가지가 있습니다. 이 장에서는 뷰의 배치를 도와주는 레이아웃의 종류를 알아보고 각각의 레이아웃이 어떻게 사용되는지 살펴보겠습니다.

 그림으로 정리하기

| 레아아웃에는 어떤 것들이 있는지 알아볼까요? | • 대표적인 레이아웃 살펴보기 |

▼

| 대표적인 레이아웃을 사용해 볼까요? | • 리니어 레이아웃 사용하기
• 상대 레이아웃 사용하기
• 테이블 레이아웃 사용하기
• 프레임 레이아웃 사용하기 |

▼

| 스크롤을 만들어 볼까요? | • 스크롤 사용하기 |

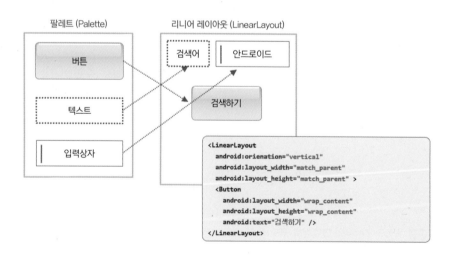

02-1
안드로이드에 포함된 대표적인 레이아웃 살펴보기

먼저 안드로이드에서 제공하는 레이아웃들에 대해 살펴보겠습니다. 이 레이아웃만으로도 대부분의 화면을 만들 수 있습니다. 다음은 안드로이드에서 제공하는 5가지의 대표적인 레이아웃입니다.

레이아웃 이름	설 명
제약 레이아웃 (ConstraintLayout)	제약 조건(Constraint) 기반 모델 연결선을 제약 조건으로 하여 화면을 구성하는 방법 안드로이드 스튜디오에서 자동으로 설정하는 디폴트 레이아웃
리니어 레이아웃 (LinearLayout)	박스(Box) 모델 한 쪽 방향으로 차례대로 뷰를 추가하며 화면을 구성하는 방법 뷰가 차지할 수 있는 사각형 영역을 할당
상대 레이아웃 (RelativeLayout)	규칙(Rule) 기반 모델 부모 컨테이너나 다른 뷰와의 상대적 위치로 화면을 구성하는 방법 제약 레이아웃을 사용하게 되면서 상대 레이아웃은 권장하지 않음
프레임 레이아웃 (FrameLayout)	싱글(Single) 모델 가장 상위에 있는 하나의 뷰 또는 뷰그룹만 보여주는 방법 여러 개의 뷰가 들어가면 중첩하여 쌓게 됨. 가장 단순하지만 여러 개의 뷰를 중첩한 후 각 뷰를 전환하여 보여주는 방식으로 자주 사용함
테이블 레이아웃 (TableLayout)	격자(Grid) 모델 격자 모양의 배열을 사용하여 화면을 구성하는 방법 HTML에서 많이 사용하는 정렬 방식과 유사하지만 많이 사용하지는 않음

▲ 안드로이드에서 제공하는 대표적인 레이아웃

제약 레이아웃(ConstraintLayout)은 바로 앞 장에서 공부했습니다. 제약 레이아웃은 제약 조건(Constraint)을 사용해 그 안에 들어 있는 뷰를 배치합니다. 안드로이드 스튜디오에서 새로운 프로젝트를 만들 때마다 첫 화면에 자동으로 설정되는 디폴트 레이아웃이므로 잘 알아두는 것이 좋습니다.

리니어 레이아웃(LinearLayout)은 박스(Box) 모델을 사용하는 레이아웃입니다. 창고 안에 박스를 쌓을 때 아래에서 위로 쌓는 것처럼 뷰가 차지하는 영역을 박스라고 보고 한 쪽 방향으로 쌓게 됩니다. 가로 방향은 Horizontal, 세로 방향은 Vertical로 지정하는데 단순히 쌓기만 하면 되므로 아주 쉬운 레이아웃입니다. 처음에는 단순해 보이지만 리니어 레이아웃 안에 다시 리니어 레이아웃을 사용하면 아주 복잡한 화면도 만들 수 있습니다. 다음은 리니어 레이아웃을 설명하기 위해 넣은 그림입니다.

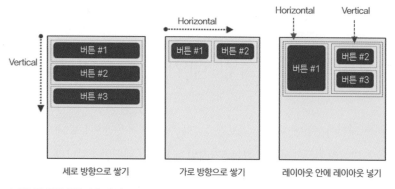

▲ 리니어 레이아웃 사용 방식

리니어 레이아웃의 방향을 세로 방향(Vertical)으로 설정하면 버튼을 추가할 때마다 위쪽에서 아래쪽으로 쌓입니다. 만약 가로 방향(Horizontal)으로 설정하면 버튼을 추가할 때마다 왼쪽에서 오른쪽으로 쌓입니다. 그런데 마지막 그림을 보면 가로 방향으로 설정된 레이아웃 안에 뷰를 넣을 때 또 다른 레이아웃을 추가하여 그 레이아웃 안에 뷰를 추가했습니다. 바깥 레이아웃은 가로 방향으로 설정되었지만 안쪽 레이아웃은 세로 방향으로 설정했습니다. 그래서 첫 번째 버튼(#1)은 가로 방향으로 쌓이지만 두 번째(#2), 세 번째(#3) 버튼은 세로 방향으로 쌓입니다. 이렇게 하면 로그인 화면도 쉽게 만들 수 있겠죠?

상대 레이아웃(RelativeLayout)은 제약 레이아웃이 안드로이드 스튜디오에서 사용되기 전까지는 디폴트 레이아웃으로 사용되었습니다. 하지만 지금은 상대 레이아웃 대신 제약 레이아웃을 권장합니다. 왜냐하면 제약 레이아웃은 상대 레이아웃의 특성은 그대로 가지고 있으면서 더 많은 기능을 제공하기 때문입니다. 그러면 상대 레이아웃은 많이 사용하지 않을까요? 아닙니다. 실제 앱을 개발할 때는 상대 레이아웃이 단순하고 이해하기 쉬운 레이아웃이라 아직도 사용하는 경우가 있습니다.

상대 레이아웃은 부모 컨테이너(Container), 즉 부모 레이아웃과의 상대적 위치 또는 같은 레이아웃 안에 들어 있는 다른 뷰와의 상대적 위치를 이용해 화면을 배치하는 레이아웃입니다. 다음은 상대 레이아웃을 설명하기 위해 넣은 그림입니다.

▲ 상대 레이아웃 사용 방식

왼쪽의 그림을 보면 버튼이 부모 컨테이너의 위쪽에 붙어 있습니다. 이것은 버튼의 상대 레이아웃 속성으로 부모 컨테이너의 위쪽(Top)에 붙인 것입니다. 오른쪽 그림은 상대 레이아웃의 속성(Right)으로 첫 번째 버튼(#1) 오른쪽에 두 번째 버튼(#2)을 붙인 것입니다.

프레임 레이아웃(FrameLayout)은 가장 위에 있는 하나의 뷰만 화면에 보여줍니다. 만약 그 안에 여러 개의 뷰나 뷰그룹을 추가했다면 나머지는 그 아래에 중첩되어 쌓입니다. 사용 방법이 아주 간단하니 자주 사용되지 않을 것 같지만 생각하는 것과 반대로 상당히 많이 사용됩니다. 왜냐하면 한 번에 하나의 뷰만 보여주면서 나머지는 보이지 않게 그 아래에 중첩시켜 숨겨두었다가 그중에 특정 뷰를 보이거나 보이지 않도록 하면 손쉽게 뷰를 바꾸면서 보여줄 수 있기 때문입니다. 다음은 프레임 레이아웃으로 3개의 버튼을 중첩한 것입니다.

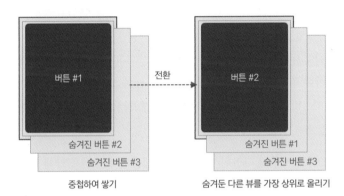

▲ 프레임 레이아웃 사용 방식

프레임 레이아웃 안에 세 개의 버튼을 추가하면 가장 상위에 있는 버튼만 보입니다. 물론 버튼의 크기는 화면 전체를 차지하도록 만들어야 합니다. 만약 가장 상위에 있는 버튼이 화면 전체를 차지하지 않으면 그 아래에 있는 뷰의 일부분이 보일 수 있습니다. 처음에는 첫 번째 버튼(#1)이 보였지만 두 번째 버튼(#2)을 가장 위로 올리거나 첫 번째 버튼(#1)을 보이지 않게 만들면 두 번째 버튼(#2)이 보이게 됩니다. 이렇게 하면 사용자는 첫 번째 버튼이 두 번째 버튼으로 전환되는 것으로 인식하게 됩니다.

테이블 레이아웃(TableLayout)은 그 안에 들어가는 뷰들을 격자 형태로 만들어 주는 레이아웃입니다. 테이블 레이아웃은 HTML에서 사용하는 방식과 유사하여 실용적이지만 제약 레이아웃과 리니어 레이아웃만으로도 화면 배치를 할 수 있어 자주 사용하지는 않습니다. 다만 직관적으로 격자 형태를 만들고 싶을 때 테이블 레이아웃을 사용하는 경우도 있으니 사용 방법을 알아두는 것도 나쁘지 않습니다.

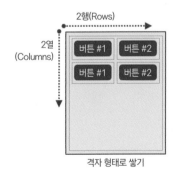

▲ 테이블 레이아웃 사용 방식

스크롤뷰(ScrollView)는 하나의 뷰나 뷰그룹을 넣을 수 있고 어떤 뷰의 내용물이 넘치면 스크롤을 만들 수 있게 도와줍니다. 예를 들어 스크롤뷰에 넣은 뷰 안에 글자를 넣었을 때 그 글자가 많아서 화면을 벗어나면 자동으로 스크롤이 만들어집니다. 따라서 뷰를 배치하는 목적을 가진 레이아웃이라기보다는 단순히 뷰를 담고 있는 뷰그룹의 역할을 한다고 할 수 있습니다.

정박사의
조 언   **어떤 뷰건 쉽게 스크롤을 붙여줄 수 있어요**

다른 언어에서는 스크롤을 만들기 위해 스크롤을 담당하는 컨트롤을 별도로 붙인 후 이것을 원래의 컨트롤과 연결하는 작업을 일일이 해야 할 때가 많았습니다. 하지만 안드로이드에서는 화면 영역을 벗어날 수 있는 뷰를 스크롤뷰 안에 넣는 것만으로도 스크롤이 생성됩니다.

지금까지 공부한 레이아웃은 모두 뷰입니다. 그래서 뷰의 필수 속성인 layout_width, layout_height를 꼭 입력해야 합니다. 또, 각각의 레이아웃마다 추가되는 필수 속성도 있습니다. 예를 들어, 리니어 레이아웃은 한 쪽 방향으로만 뷰가 쌓이므로 어느 방향으로 배치할 것인지를 지정하는 orientation 속성이 필수입니다. 따라서 이 속성을 추가하지 않으면 오류가 발생합니다.

앞 장에서 알아보았던 제약 레이아웃 이외에도 이렇게 다양한 레이아웃이 제공된다는 것을 알게 되었습니다. 이 레이아웃들을 사용하는 방법들만 알아도 원하는 화면을 마음대로 만들 수 있습니다.

뷰 영역 알아보기

레이아웃을 하나씩 다뤄보려면 뷰가 갖고 있는 공통 특성을 간단하게라도 알아보아야 합니다. 먼저 뷰가 레이아웃에 추가될 때는 보이지 않는 뷰의 테두리(Border, 또는 경계선으로도 부름)가 있다는 것을 생각해야 합니다. 이것을 흔히 뷰의 영역(Box)이라고 하는데 뷰는 테두리를 기준으로 바깥쪽과 안쪽 공간을 띄웁니다.

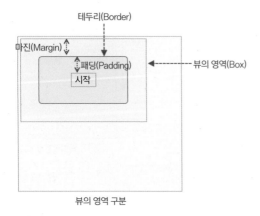

뷰의 영역 구분

▲ 뷰의 영역 구분

레이아웃 안에 추가된 뷰는 레이아웃에 의해 위치와 크기가 결정되지만 이렇게 뷰 자체가 가지는 고유한 영역도 있는 것이죠. 사용자가 화면에서 볼 때는 뷰의 테두리선이 보이지만 테두리선의 바깥쪽과 안쪽에는 보이지 않는 공간이 있습니다. 이때 테두리 바깥쪽 공간을 마진(Margin), 테두리 안쪽 공간을 패딩(Padding)이라고 부릅니다.

예를 들어, 버튼의 오른쪽에 새 버튼을 붙이면 오른쪽 테두리선에 딱 맞게 붙지 않고 약간의 공간을 띄운 상태로 붙게 됩니다. 이렇게 되는 이유는 버튼에 마진이 있기 때문입니다. 그리고 버튼에 글자가 있다면 이 글자와 버튼 테두리 사이에 공간이 생깁니다. 이렇게 되는 이유는 버튼과 글자 사이에 패딩이 있기 때문입니다. 이때 버튼의 글자를 내용물(Content)이라고 부릅니다. 만약 이미지를 넣었다면 이미지가 내용물이 됩니다.

만약 버튼과 버튼 사이의 공간을 더 떨어뜨리려면 마진 값을 더 크게 조절하면 되고 테두리 선과 글자 사이의 공간을 더 떨어뜨리려면 패딩 값을 더 크게 조절하면 됩니다. 다음은 뷰와 패딩의 값을 조절할 수 있는 속성을 정리한 것입니다. layout_margin, padding 속성을 이용하면 네 방향의 마진과 패딩 값을 한꺼번에 조절할 수도 있습니다.

layout_margin	padding
layout_marginTop	paddingTop
layout_marginBottom	paddingBottom
layout_marginLeft	paddingLeft
layout_marginRight	paddingRight

뷰의 배경색

레이아웃을 사용하다 보면 그 안에 있는 뷰들을 확실하게 구분해서 표시하고 싶을 때가 많습니다. 이때 가장 쉽게 사용할 수 있는 방법이 배경색을 설정하는 것입니다. 뷰는 기본적으로 배경을 먼저 그리고 그 위에 각 뷰마다 필요한 정보들을 그리게 됩니다. 배경을 어떻게 그릴지 지정하는 속성이 background인데 이 속성을 설정하면 뷰가 화면에 보일 때 배경을 먼저 그립니다. 이 속성을 설정하지 않으면 디폴트 값으로 배경을 그리게 되는데 이때 버튼인지 텍스트인지에 따라 디폴트 배경은 자동으로 달라집니다. 배경은 여러 가지 형태로 지정할 수 있는데 가장 쉬운 방법이 색상입니다. XML 레이아웃에서 색상을 지정할 때는 # 기호를 앞에 붙인 후 ARGB(A: Alpha, R: Red, G: Green, B: Blue)의 순서대로 색상의 값을 기록합니다. 16진수 값을 지정할 때는 여러 가지 포맷을 사용할 수 있는데 색상을 기록하는 방법은 다음과 같습니다.

[Format]

#RGB
#ARGB
#RRGGBB
#AARRGGBB

이 방식은 다른 언어나 웹에서도 사용하는 일반적인 방식이므로 어렵게 느껴지지는 않을 것입니다. #ff0000 값은 빨간색이며, #00ff00 값은 녹색, #0000ff는 파란색입니다. 여기에 알파 값을 지정하면 투명도를 조절할 수 있는데, 알파 값으로 ff를 추가하여 색상을 #ffff0000으로 지정하면 그대로 빨간색으로 보이지만 88을 추가해서 #88ff0000으로 지정하면 빨간색이 반투명하게 표현됩니다. 물론 #00ff0000이 되면 투명해지므로 아무것도 보이지 않게 됩니다. 배경으로 이미지를 지정하거나 배경을 그릴 수 있는 다른 객체를 지정할 수도 있습니다.

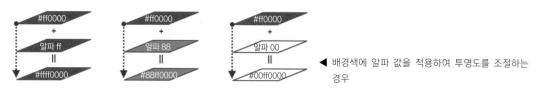

◀ 배경색에 알파 값을 적용하여 투명도를 조절하는 경우

정박사의 조 언

배경으로 이미지를 지정할 수도 있어요

이미지를 배경으로 지정하려면 background 속성에 이미지가 있는 위치를 지정하면 됩니다. 이미지는 /res/drawable 폴더에 넣는 것이 일반적입니다. 만약 house.png라는 이미지 파일이 있다면 파일 탐색기에서 프로젝트 폴더 밑에 있는 /app/src/main/res/drawable 폴더를 찾은 다음 해당 폴더에 이미지 파일을 저장합니다. 이때 이미지 파일의 이름은 영문자나 숫자 또는 _ 기호가 들어갈 수 있고 첫 글자는 영문자로 시작하도록 만들어야 합니다. 그리고 영문자는 반드시 소문자여야 한다는 점을 꼭 기억해야 합니다. 흔히 이미지 파일의 확장자를 .PNG처럼 대문자로 저장하는 경우가 있는데 이 경우에도 오류가 발생할 수 있습니다.

drawable 폴더 안에 이미지를 저장했다면 XML 레이아웃 파일에 들어 있는 뷰의 background 속성은 다음과 같이 설정할 수 있습니다. 여기에서는 house.png라는 이름으로 저장한 경우에 이미지를 지정하는 방법을 보여주고 있습니다.

```
android:background="@drawable/house"
```

이미지를 지정할 때는 확장자를 제외한 파일 이름만 넣어줍니다. 따라서 house.png가 아니라 house라고만 입력하는데 이미지가 저장된 폴더의 위치는 @drawable이 되므로 @drawable/house로 지정합니다.

이 방법은 뒷부분에서 자주 보게 됩니다.

지금까지 대표적인 레이아웃을 소개했습니다. 지금부터 본격적으로 레이아웃을 하나씩 사용해 보겠습니다.

02-2
리니어 레이아웃 사용하기

앞서 설명한 다섯 가지의 대표적인 레이아웃 중에서 가장 쉬운 레이아웃은 리니어 레이아웃입니다. 그리고 리니어 레이아웃을 이해하면 다른 레이아웃도 쉽게 이해할 수 있기 때문에 리니어 레이아웃을 잘 공부해두길 권합니다. 특히 리니어 레이아웃에 리니어 레이아웃을 포함시키는 방식을 공부하고 나면 대부분의 레이아웃은 문제없이 구성할 수 있을 것입니다. 또 다른 사람이 만든 레이아웃도 금방 이해할 수 있을 것입니다.

리니어 레이아웃의 방향 설정하기

한 방향으로만 뷰를 쌓는 리니어 레이아웃의 필수 속성은 방향입니다. 방향을 설정할 때는 orientation 속성을 사용하며 가로 방향은 horizontal, 세로 방향은 vertical이라는 값으로 설정합니다.

> **정박사의 조언** **최상위 레이아웃을 LinearLayout으로 바꿔서 사용해도 돼요**
>
> 새로운 프로젝트를 만들면 첫 화면에 필요한 XML 레이아웃 파일이 생깁니다. 그리고 그 안에 최상위 레이아웃으로 ConstraintLayout이 자동으로 들어갑니다. 이것을 LinearLayout으로 바꾸려면 좌측 하단의 Component Tree 창에서 ConstraintLayout을 선택한 후 마우스 오른쪽 버튼을 누릅니다. 메뉴가 보이면 [Convert view...] 메뉴를 눌러서 변경하면 됩니다.

새 SampleLinearLayout 프로젝트를 만듭니다. 첫 화면의 유형은 Empty Views Activity를 사용하고 그다음 화면에서는 프로젝트의 이름으로 SampleLinearLayout을 입력합니다. [Finish] 버튼을 누르면 새로운 프로젝트 창이 열립니다.

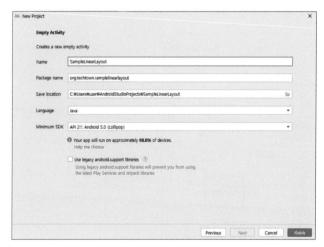

▲ 새 프로젝트의 이름을 SampleLinearLayout으로 입력

가운데 작업 영역의 [activity_main.xml] 탭을 선택한 다음 디자인 화면 가운데에 있는 'Hello World' 글자를 삭제합니다. 그리고 좌측 하단의 Component Tree 창에서 최상위 레이아웃인 ConstraintLayout을 선택합니다. 마우스 오른쪽 버튼을 눌러서 [Convert view...] 메뉴를 누르세요. 대화상자가 표시되면 LinearLayout을 선택한 후 [Apply] 버튼을 누릅니다. 그러면 화면 전체를 채우는 최상위 레이아

웃이 리니어 레이아웃으로 변경됩니다. 리니어 레이아웃은 방향 속성에 따라 뷰를 채워나가는 방향이 결정되므로 orientation 속성의 값을 선택해야 합니다. LinearLayout이 선택된 상태에서 오른쪽 속성 창을 보면 orientation 속성이 보입니다. 이 속성 값을 vertical로 선택합니다.

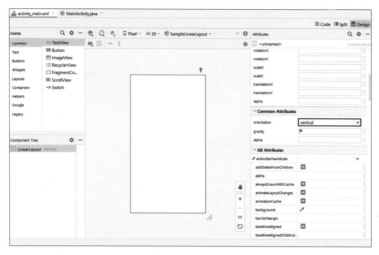

▲ 리니어 레이아웃의 orientation 속성을 설정한 경우

이제 리니어 레이아웃 안에 버튼 세 개를 순서대로 추가합니다. 좌측 상단의 팔레트에서 버튼을 끌어다 차례대로 놓습니다. 버튼을 끌어다 놓으면 각 버튼의 layout_width 속성 값은 match_parent, layout_height 속성 값은 wrap_content로 설정됩니다.

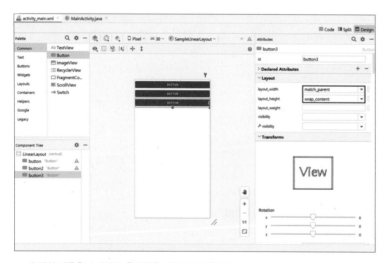

▲ 세 개의 버튼을 순서대로 추가했을 때의 디자인 화면

차례대로 추가한 버튼의 id는 자동으로 button, button2, button3이 부여됩니다. 그리고 버튼 위에 Button이라는 글자가 표시되도록 text 속성 값으로 Button이 입력되어 있습니다.

LinearLayout의 필수 속성은 layout_width, layout_height 그리고 ori-
entation 속성입니다. 앱을 에뮬레이터로 실행하면 디자인 화면에서 보
이는 모양 그대로 앱 화면에 세 개의 버튼이 나타납니다.

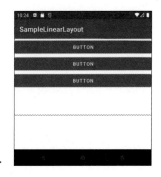

앱을 에뮬레이터에 실행한 결과 ▶

가로 방향으로 버튼이 쌓이게 만들고 싶다면 어떻게 하면 될까요? 간단히 리니어 레이아웃의 orienta-
tion 속성 값만 horizontal로 바꾸면 됩니다. 디자인 화면에서 화면 전체를 나타내고 있는 LinearLay-
out을 선택하고 오른쪽 속성 창에서 orientation 속성을 찾아 horizontal로 값을 바꿔줍니다. 또는 오
른쪽 위에 있는 [Code] 아이콘을 눌러 XML 원본 코드가 보이도록 한 후 다음 코드처럼 android:orien-
tation 속성 값을 "horizontal"로 수정해도 됩니다.

참조파일 SampleLinearLayout>/app/res/layout/activity_main.xml

```
<LinearLayout xmlns:android="http://schemas.android.com/apk/res/android"
  android:layout_width="match_parent"
  android:layout_height="match_parent"
  android:orientation="horizontal"  ———→ 레이아웃 방향을 'horizontal'로 설정하여 버튼을 가로로 정렬
  tools:context=".MainActivity" />
```

orientation 속성을 바꾼 후에 실행해보면 다음과 같은 화면을 볼 수
있습니다. 버튼이 하나만 나타난 이유는 바로 다음에 설명하겠습니다.

방향 속성 값을 horizontal로 변경한 경우 ▶

정박사의
조 언   **책과 함께 제공되는 샘플 소스에서는 XML 파일이 분리된 경우가 있어요**

책과 함께 제공되는 샘플 소스는 독자들이 좀 더 쉽게 구분할 수 있도록 activity_main.xml, activity_main2.xml처럼 다
른 파일로 분리해 놓은 경우가 있습니다. 만약 각각의 XML 파일을 앱의 시작 화면에 띄워보고 싶다면 MainActivity.java
파일을 열고 setContentView() 메서드 안에 들어가는 파라미터의 값을 바꿔주면 됩니다. 예를 들어, activity_main2.
xml 파일의 화면 구성을 보고 싶다면 MainActivity.java 파일을 열고 setContentView() 메서드의 소괄호 안에 들어 있
는 값을 R.layout.activity_main2로 바꾼 후 실행하면 됩니다.

에뮬레이터로 실행한 앱 화면을 보면 세 개의 버튼 중에 첫 번째 버튼만 보입니다. 왜 그렇게 되었을까요? 앞 장에서 layout_width나 layout_height 속성 값을 match_parent로 하면 부모 레이아웃에 남아 있는 여유 공간을 모두 채운다고 했습니다. 첫 번째 버튼이 갖는 layout_width 속성 값이 match_parent로 되어있으므로 첫 번째 버튼이 가로 공간을 모두 차지한 것입니다. 이 때문에 가로 방향으로 버튼을 쌓아가는 경우에는 첫 번째 버튼이 부모 컨테이너의 공간을 모두 차지하게 되고 나머지 두 개 버튼을 추가할 수 있는 공간은 없게 된 것입니다. 결과적으로 버튼은 세 개가 추가되었지만 나머지 버튼은 화면에서 보이지 않게 되어버린 것이죠.

처음 레이아웃을 접할 때는 왜 이렇게 되는지 이해하지 못하는 경우가 많습니다. 따라서 리니어 레이아웃의 방향 속성과 함께 layout_width, layout_height 속성을 이해하는 것이 매우 중요합니다. 그러면 리니어 레이아웃의 방향 속성을 horizontal로 설정했을 때도 세 개의 버튼이 모두 보이게 하려면 어떻게 하면 될까요? 버튼 세 개의 layout_width 속성 값을 모두 wrap_content로 바꾼 후 다시 실행하면 버튼의 폭이 그 안에 들어 있는 글자의 크기에 맞춰지므로 다음 그림처럼 버튼 세 개가 모두 나타납니다. 각각의 버튼을 Component Tree 창에서 선택한 다음 속성 창에서 layout_width 속성 값을 wrap_content로 바꿔보세요.

버튼들의 layout_width 속성을 wrap_content로 바꾼 경우 ▶

> **정박사의 조언 텍스트뷰 안에 들어 있는 내용물은 무엇으로 정의되는지 다시 한 번 기억하세요**
>
> wrap_content는 뷰 안에 들어 있는 내용물의 크기에 맞게 뷰의 크기를 정해준다고 했던 것 기억하세요? 텍스트뷰나 버튼의 경우에는 내용물이 텍스트(글자)가 되고 이미지를 보여주는 뷰의 경우에는 내용물이 이미지가 됩니다. 물론 패딩 값을 조절하면 테두리선과 내용물과의 간격을 띄울 수 있다는 것도 잊지 마세요.

자바 코드에서 화면 구성하기

지금까지 디자인 화면에서 리니어 레이아웃을 만들고 리니어 레이아웃에 3개의 버튼을 추가했습니다. 그러면 XML 파일이 만들어지죠. 이렇게 만들어진 XML 파일은 화면을 위해 만들어진 소스 파일과 연결됩니다. [MainActivity.java] 탭을 눌러서 자바 파일을 열어보면 setContentView 메서드를 호출하는 부분이 있습니다. 이 메서드를 호출하면서 activity_main.xml 파일을 파라미터로 전달하면 이 레이아웃 파일이 액티비티라 불리는 소스 파일과 연결됩니다. 이 두 개의 파일이 서로 연결되어 하나의 화면을 만들게 되는 것이죠.

즉, 화면에 보이는 레이아웃 소스 코드와 자바 소스 코드는 서로 분리되어 있습니다. 화면 모양을 결정하는 파일과 화면에 기능을 부여하는 소스 파일이 분리되어 있으면 여러 가지 장점이 생깁니다. 특히 화면의 모양을 바꿀 때 자바 소스 코드는 그대로 두고 레이아웃 소스 코드만 수정할 수 있게 됩니다.

그러나 화면 레이아웃을 미리 만들 수 없는 경우 또는 필요할 때마다 바로바로 레이아웃을 만들어야 하는 경우에는 자바 소스 코드에서 화면 레이아웃을 구성해야 할 수도 있습니다. 예를 들어, 사용자가 입력한 데이터나 파일에서 읽어 들인 데이터 또는 인터넷을 통해 다른 곳에서 받아온 데이터의 유형에 따라 화면의 구성을 바꾸고 싶다면 XML로 정의하는 것보다 자바 코드에서 화면을 구성하는 것이 훨씬 더 효율적입니다.

XML로 만든 화면을 자바 코드로 직접 만들기 위해 MainActivity.java 파일을 복사해서 LayoutCode-Activity.java 파일을 만든 후 수정해 보겠습니다. MainActivity.java 파일을 복사할 때는 프로젝트 안에 들어 있는 src 폴더를 열고 org.techtown.samplelinearlayout 패키지 안에 들어 있는 MainActivity라는 java 파일을 선택한 후 [Ctrl] + [C]를 눌러 복사했다가 [Ctrl] + [V]를 눌러 붙여넣기를 합니다. 붙여넣기를 할 때 같은 이름의 파일이 이미 있으므로 이름을 바꾸라는 대화상자가 나타나면 LayoutCode-Activity를 입력한 후 [OK]를 누릅니다.

▲ Project 목록에서 확인한 폴더 경로

▲ Project Files 목록에서 확인한 폴더 경로

▲ Android 목록에서 확인한 폴더 경로

▲ 중복된 파일 이름 변경하기

다음은 앞에서 만든 레이아웃을 자바 코드로 구성한 것입니다. 이 코드를 LayoutCodeActivity.java 파일 안에 입력합니다.

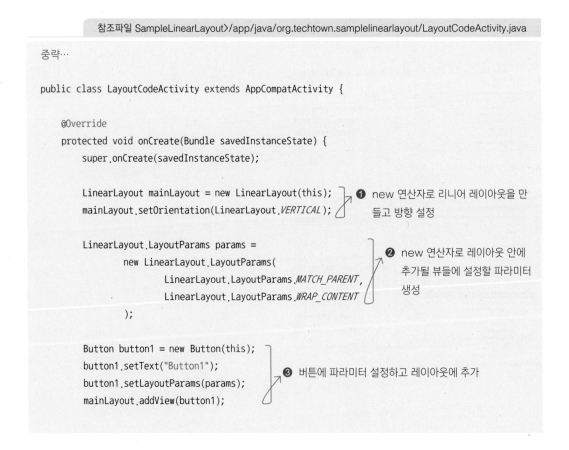

참조파일 SampleLinearLayout>/app/java/org.techtown.samplelinearlayout/LayoutCodeActivity.java

```
중략…

public class LayoutCodeActivity extends AppCompatActivity {

    @Override
    protected void onCreate(Bundle savedInstanceState) {
        super.onCreate(savedInstanceState);

        LinearLayout mainLayout = new LinearLayout(this);        ❶ new 연산자로 리니어 레이아웃을 만
        mainLayout.setOrientation(LinearLayout.VERTICAL);            들고 방향 설정

        LinearLayout.LayoutParams params =
                new LinearLayout.LayoutParams(                    ❷ new 연산자로 레이아웃 안에
                        LinearLayout.LayoutParams.MATCH_PARENT,      추가될 뷰들에 설정할 파라미터
                        LinearLayout.LayoutParams.WRAP_CONTENT       생성
                );

        Button button1 = new Button(this);
        button1.setText("Button1");                              ❸ 버튼에 파라미터 설정하고 레이아웃에 추가
        button1.setLayoutParams(params);
        mainLayout.addView(button1);
```

```
        setContentView(mainLayout);  ──────→ ❹ 새로 만든 레이아웃을 화면에 설정
    }
}
```

하나의 화면은 액티비티라고 부른다고 설명했죠? 앱을 실행했을 때 처음 보이는 화면은 메인 액티비티
라고 부릅니다. 즉, 프로젝트를 처음 만들면 자동으로 메인 액티비티가 만들어지고 그 액티비티를 위한
자바 소스 파일의 이름은 MainActivity.java가 됩니다. 그리고 이 메인 액티비티는 AndroidManifest.
xml 파일 안에 자동으로 등록됩니다. 이 메인 액티비티를 여러분이 새로 추가한 LayoutCodeActivity
로 변경하면 앱을 실행했을 때 새로 만든 액티비티가 나타나는 것이죠.

그러면 AndroidManifest.xml 파일을 열고 내용을 수정해 보겠습니다. 프로젝트 창의 app 폴더 안에
있는 manifests 폴더를 열면 AndroidManifest.xml 파일이 보입니다. 이 파일을 더블클릭해서 열고 다
음과 같은 코드 부분을 찾아 수정한 후 실행합니다.

이 부분을 수정하세요.

참조파일 SampleLinearLayout〉app〉manifests〉AndroidManifest.xml

```
<activity android:name=".LayoutCodeActivity" >  ──────→ 이 부분을 수정하세요.
  <intent-filter>
    <action android:name="android.intent.action.MAIN" />

    <category android:name="android.intent.category.LAUNCHER" />
  </intent-filter>
</activity>
```

> **정박사의 조언**
>
> **책과 함께 제공되는 샘플 소스에서는 SampleLinearLayout 프로젝트 안에**
> **LayoutCodeActivity가 약간 다르게 추가되어 있을 수 있어요**
>
> AndroidManifest.xml 파일 안에서 원래의 〈activity〉 태그에 들어 있는 android:name 속성 값을 원하는 액티비티의 이
> 름으로 변경하면 앱을 실행했을 때 처음 보이는 화면을 바꿀 수 있습니다. 그런데 제공된 샘플 프로젝트 파일에서는 메인
> 액티비티를 바꾸지 않고 처음 보이는 화면에서 가장 아래쪽의 버튼을 누르면 새로 만든 LayoutCodeActivity를 띄우는 방
> 식으로 만들어져 있을 수도 있습니다. 이 부분을 참고해서 소스를 보기 바랍니다.

〈activity〉 태그 안에 있는 android:name 속성 값을 ".MainActivity"에서 ".LayoutCodeActivity"로 변
경했습니다. 이렇게 바꾼 후 실행하면 버튼 하나가 들어간 화면을 볼 수 있습니다. 이때 버튼의 글자를
소문자로 입력했다면 자동으로 대문자로 바뀌어 표시됩니다.

▲ 자바 소스 코드에서 만들어 보여준 화면 레이아웃

화면 생성 과정 분석하기

어떤 과정을 거쳐 화면이 만들어졌을까요? LayoutCodeActivity.java 소스 코드를 보면 onCreate 메서드 안에 setContentView 메서드를 호출하는 부분이 들어 있습니다. 그런데 setContentView 메서드의 소괄호 안에 R.layout.activity_main과 같이 레이아웃 파일을 가리키도록 설정하지 않고 자바 코드에서 만든 레이아웃 객체를 가리키도록 수정했습니다. 이렇게 레이아웃으로 만든 객체를 setContentView 메서드의 파라미터로 전달하면 그 레이아웃이 화면에 표시됩니다.

XML 레이아웃 파일에서 정의할 수 있는 대부분의 속성은 자바 소스 코드에서도 사용할 수 있도록 메서드로 제공됩니다. 예를 들어, 리니어 레이아웃은 new LinearLayout()을 통해 리니어 레이아웃 객체를 만든 다음 setOrientation() 메서드에 방향 값 LinearLayout.VERTICAL을 파라미터로 전달하면 세로 방향(또는 가로 방향)으로 뷰를 추가할 수 있습니다.

그런데 앞에서 입력한 코드를 보면 this라는 키워드가 눈에 띕니다. 이것은 Context 객체가 전달된 것인데요, new 연산자를 사용해서 뷰 객체를 만들 때는 항상 Context 객체가 전달되어야 합니다. 이것은 표준 자바에서는 없고 안드로이드에만 있는 특징입니다. 다시 말해 안드로이드의 모든 UI 객체들은 Context 객체를 전달받도록 되어 있는 거죠. AppCompatActivity 클래스는 Context를 상속하므로 이 클래스 안에서는 this를 Context 객체로 사용할 수 있습니다. 만약 Context를 상속받지 않은 클래스에서 Context 객체를 전달해야 한다면 getApplicationContext라는 메서드를 호출하여 앱에서 참조 가능한 Context 객체를 사용할 수도 있습니다.

정박사의
조 언

안드로이드에서 Context 객체는 어떤 역할을 하고 있을까요?

컨텍스트(Context)란 일반적으로 어떤 일이 발생한 상황을 의미하는 말인데, 프로그래밍 언어에서는 객체의 정보를 담고 있는 객체를 의미하는 경우가 많습니다. 안드로이드는 UI 구성 요소인 뷰에 대한 정보를 손쉽게 확인하거나 설정할 수 있도록 뷰의 생성자에 Context 객체를 전달하도록 합니다.

자바 소스 코드에서 뷰를 만들어 뷰그룹에 추가할 때는 뷰 배치를 위한 속성을 설정할 수 있는 Lay-outParams 객체를 사용합니다. 이 객체는 레이아웃에 추가되는 뷰의 속성 중에서 레이아웃과 관련된 속성을 담고 있습니다. LayoutParams 객체를 새로 만들 경우에는 반드시 뷰의 가로와 세로 속성을 지정해야 하며, 이때 사용하는 두 가지 상수인 LayoutParams.MATCH_PARENT와 LayoutParams.WRAP_CONTENT 중 하나를 사용할 수 있습니다. 필요한 경우에는 이 두 가지 상수가 아닌 가로와 세로의 크기 값을 직접 숫자로 설정할 수도 있습니다.

소스 코드에서 레이아웃에 뷰를 추가하려면 addView 메서드를 사용하면 됩니다. 앞에서 실습한 예제는 addView 메서드로 버튼을 추가하고 레이아웃 설정을 위해 버튼 객체의 setLayoutParams 메서드를 사용했습니다. 물론 addView 메서드의 두 번째 파라미터로 LayoutParams 객체를 전달해도 레이아웃을 설정할 수 있습니다. 자바 소스 코드에서 뷰 객체를 만들고 레이아웃에 추가하는 방법은 잘 알아두는 것이 좋습니다. 왜냐하면 화면 레이아웃을 만들 때 대부분 XML 레이아웃 파일을 사용하지만 가끔 소스 코드에서 만드는 경우도 있기 때문입니다.

뷰 정렬하기

지금까지 실습한 예제는 리니어 레이아웃 안에 버튼을 추가한 것입니다. 그런데 리니어 레이아웃 안에 들어 있는 뷰는 왼쪽, 가운데, 오른쪽 등의 방향을 지정하여 정렬할 수 있습니다. 이때 사용하는 정렬 속성의 이름은 일반적인 용어와 약간 다릅니다. 일반적인 정렬(align)은 순서대로 놓인다는 의미로 이해할 수 있는데 안드로이드에서는 gravity라는 속성 이름을 사용합니다. 이 속성은 어느 쪽에 무게 중심을 놓을 것인가의 의미로 이해할 수 있습니다. 하지만 똑같이 정렬이라고 생각해도 상관없습니다. 레이아웃에서 정렬 기능이 필요한 경우는 다음과 같이 두 가지로 나눌 수 있습니다.

정렬 속성	설 명
layout_gravity	부모의 여유 공간에 뷰가 모두 채워지지 않아 여유 공간이 생겼을 때 여유 공간 안에서 뷰를 정렬함
gravity	뷰 안에 표시하는 내용물을 정렬함 (텍스트뷰의 경우 내용물은 글자가 되고, 이미지뷰의 경우 내용물은 이미지가 됨)

▲ 두 가지 정렬 속성

먼저 뷰를 담고 있는 부모의 여유 공간에 뷰가 모두 채워지지 않았을 때 사용하는 layout_gravity는 뷰의 layout_width나 layout_height 속성을 wrap_content로 만든 후에 같이 사용할 수 있습니다. 예를들어, 세로 방향으로 설정된 리니어 레이아웃에 추가된 버튼들의 layout_width 속성을 wrap_content로 하면 각각의 버튼들은 한 줄에 한 개씩 추가되면서 글자가 보이는 만큼만 가로 공간을 차지하므로 나머지 가로 공간은 여유 공간으로 남게 됩니다. 이 여유 공간은 다른 뷰가 들어올 수도 없어서 해당 버튼에게 할당된 여유 공간이 됩니다. 안드로이드는 이렇게 여유 공간이 있을 때는 일반적으로 왼쪽 정렬을 하게 되는데 layout_gravity 속성을 직접 설정하면 왼쪽, 중앙 또는 오른쪽 정렬도 할 수 있습니다.

layout_gravity 속성이 뷰가 어디에 위치할 것인지를 결정하는 것이라면 gravity 속성은 뷰의 위치가 아니라 뷰 안에 들어 있는 내용물의 위치를 결정하는 것입니다. 이 속성은 뷰가 화면에서 차지하는 영역이 충분히 큰 경우 뷰 안에 여유 공간이 생기므로 이 여유 공간 안에서 내용물을 어떻게 정렬할 것인지를 결정합니다. gravity가 적용될 수 있는 대표적인 내용물로는 텍스트뷰 안에 표시되는 텍스트나 이미지뷰에 표시되는 이미지를 들 수 있습니다.

▲ 버튼(뷰) 안의 텍스트(내용물)가 정렬됨

뷰 정렬 속성 layout_gravity 자세히 알아보기

그러면 두 속성의 차이를 자세히 알아보겠습니다. 먼저 layout_gravity 속성이 어떻게 적용되는지 알아보기 위한 코드를 살펴보겠습니다. 왼쪽 프로젝트 창에서 /app/res/layout 폴더를 선택한 후 마우스 오른쪽 버튼을 누릅니다. 나타난 메뉴에서 [New → Layout resource file] 메뉴를 선택합니다. 새로운 레이아웃 파일을 만드는 대화상자가 보이면, File name: 입력상자에 파일 이름으로 gravity.xml을 입력합니다. Root element: 입력상자에는 LinearLayout을 입력합니다. 이 항목은 최상위 레이아웃이 어떤 것인지를 지정합니다. 나머지는 그대로 두고 [OK] 버튼을 누르면 새로운 레이아웃 파일이 만들어집니다.

▲ 새로운 XML 레이아웃 파일을 만드는 대화상자

gravity.xml 파일이 열리면 버튼 세 개를 추가합니다. 그리고 각 버튼의 가로(layout_width) 속성을 모두 wrap_content로 바꿔줍니다. 버튼의 text 속성을 찾아 각각 left, center, right로 수정합니다. 마지막으로 layout_gravity 속성 값을 각각 left, center, right로 설정합니다. 그런데 layout_gravity 속성이 보이지 않습니다. 속성 창 하단에 있는 All Attributes의 화살표(▶)를 누르세요. 그러면 모든 속성이 나타납니다. 만약 원래대로 몇 개의 대표적인 속성만 보고 싶다면 다시 한 번 아이콘을 누르면 됩니다. 스크롤바를 조금 내리면 layout_gravity가 있습니다. layout_gravity의 목록을 열어 각 버튼의 속성을 left, center, right로 체크하세요.

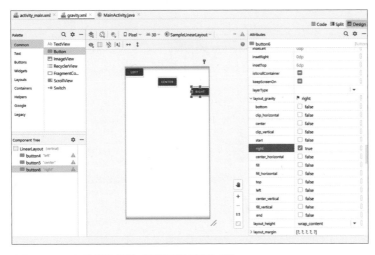

▲ layout_gravity로 왼쪽, 중앙, 오른쪽으로 정렬한 경우

디자인 화면을 보면 앱을 실행한 화면을 미리 알 수 있으므로 여기서는 굳이 앱을 실행하지 않아도 됩니다. 다만 앱을 실행했을 때 레이아웃이 다르게 보이는 경우도 있으니 필요하다면 앱을 실행하여 레이아웃을 확인하기 바랍니다.

내용물 정렬 속성 gravity 살펴보기

이번에는 gravity 속성을 적용해 보겠습니다. gravity 속성에 넣을 수 있는 값들은 layout_gravity와 같으며, 필요한 경우에는 | 연산자를 사용해서 여러 개의 값을 같이 설정할 수도 있습니다. 이때 주의할 점은 | 연산자 양쪽에 공백이 없어야 한다는 점입니다.

디자인 화면에서 세 개의 텍스트뷰를 버튼 아래쪽에 추가합니다. 텍스트뷰를 추가하면 layout_width 속성의 초기 값이 match_parent이므로 가로 방향으로 꽉 채우게 됩니다. 이 상태에서 글자를 정렬해 보겠습니다.

첫 번째와 두 번째는 텍스트뷰는 그대로 두고 세 번째 텍스트뷰의 layout_height 속성을 match_parent로 변경합니다. 이렇게 하면 세 번째 텍스트뷰는 화면의 아래쪽 공간을 모두 차지하게 됩니다. 이렇게 하는 이유는 세 번째 텍스트뷰를 넓게 만들어 여유 공간을 확보하기 위함입니다. 이제 각각의 텍스트뷰 gravity 속성에 "left", "right", "center_horizontal|center_vertical" 값을 설정합니다. textColor 속성 값으로는 #ffff0000을 설정하여 글자가 빨강색으로 보이게 합니다. textSize 속성은 글자의 크기를 설정하는데 32sp로 값을 지정하여 약간 크기 보이게 합니다. 그리고 text 속성 값은 각각 "left", "right", "center"가 글자로 표시되도록 설정합니다. 텍스트의 굵은 정도도 바꿔보세요. textStyle 속성을 "bold" 값으로 지정하면 텍스트가 굵게 표현됩니다. 이 레이아웃을 적용하면 다음과 같은 화면을 볼 수 있습니다.

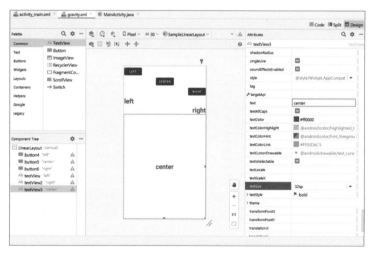

▲ gravity 속성으로 텍스트뷰 안의 글자를 정렬한 화면

gravity 속성으로 지정할 수 있는 값으로는 위와 같이 대표적인 경우 이외에도 여러 가지가 있으며 각각의 값이 갖는 의미는 다음과 같습니다.

정렬 속성 값	설 명
top	대상 객체를 위쪽 끝에 배치하기
bottom	대상 객체를 아래쪽 끝에 배치하기
left	대상 객체를 왼쪽 끝에 배치하기
right	대상 객체를 오른쪽 끝에 배치하기
center_vertical	대상 객체를 수직 방향의 중앙에 배치하기
center_horizontal	대상 객체를 수평 방향의 중앙에 배치하기
fill_vertical	대상 객체를 수직 방향으로 여유 공간만큼 확대하여 채우기
fill_horizontal	대상 객체를 수평 방향으로 여유 공간만큼 확대하여 채우기
center	대상 객체를 수직 방향과 수평 방향의 중앙에 배치하기
fill	대상 객체를 수직 방향과 수평 방향으로 여유 공간만큼 확대하여 채우기
clip_vertical	대상 객체의 상하 길이가 여유 공간보다 클 경우에 남는 부분을 잘라내기 top|clip_vertical로 설정한 경우 아래쪽에 남는 부분 잘라내기 bottom|clip_vertical로 설정한 경우 위쪽에 남는 부분 잘라내기 center_vertical|clip_vertical로 설정한 경우 위쪽과 아래쪽에 남는 부분 잘라내기
clip_horizontal	대상 객체의 좌우 길이가 여유 공간보다 클 경우에 남는 부분을 잘라내기 right|clip_horizontal로 설정한 경우 왼쪽에 남는 부분 잘라내기 left|clip_horizontal로 설정한 경우 오른쪽에 남는 부분 잘라내기 center_horizontal|clip_horizontal로 설정한 경우 왼쪽과 오른쪽에 남는 부분 잘라내기

▲ 정렬을 위해 gravity 속성에 지정할 수 있도록 정의된 값

그런데 텍스트뷰로 화면을 구성하다 보면 텍스트가 옆의 텍스트뷰나 버튼에 들어 있는 텍스트와 높이가 맞지 않는 경우를 종종 볼 수 있습니다. 이런 경우에는 단순히 layout_gravity나 gravity 속성 값을 설정하는 것만으로 정렬을 맞추기 어렵습니다. 이런 경우에는 baselineAligned 속성을 사용할 수 있습니다.

> **정박사의 조 언** **제약 레이아웃에서는 화면에 연결선을 만들어 텍스트 높이를 맞출 수 있어요**
>
> 앞 장에서 살펴본 제약 레이아웃은 버튼이나 텍스트뷰에 표시된 글자를 다른 뷰의 글자와 맞추기 위해 뷰의 가운데 있는 연결점을 서로 연결합니다. 이렇게 연결하면 두 개의 뷰에 들어 있는 텍스트의 높이를 간단하게 맞출 수 있습니다.

다음은 폰트 크기를 다르게 하여 뷰가 차지하는 영역이 달라진 세 개의 뷰를 만든 후 각각의 뷰 안에 표시된 텍스트의 아랫줄을 서로 일렬로 맞추는 XML 레이아웃입니다. /app/res/layout 폴더 안에 새로운 baseline.xml 파일을 새로 만듭니다.

새로운 레이아웃 파일을 만들 때는 /app/res/layout 폴더를 선택한 후 마우스 오른쪽 버튼을 눌러서 [New → Layout resource file] 메뉴를 선택합니다. 대화상자가 보이면 File name: 입력상자에 baseline.xml을 입력하고 Root element: 입력상자에는 LinearLayout을 입력합니다.

> 앞으로 새로운 레이아웃은 모두 이런 방법으로 만드니 꼭 기억하고 넘어가세요.

디자인 화면이 열리면 전체 화면을 클릭해서 최상위 레이아웃의 orientation 속성 값을 horizontal로 변경합니다. 그리고 텍스트뷰 두 개와 버튼 한 개를 추가합니다. 그런데 디자인 화면에 텍스트뷰나 버튼을 추가할 때 layout_weight의 속성 값에 자동으로 1이 설정됩니다. 이 값이 설정되면 화면에 보이는 뷰가 차지하는 영역이 달라지는데 그 이유는 조금 후에 다시 설명하겠습니다. 일단 여기서는 텍스트뷰나 버튼에 설정된 layout_weight의 값을 지우세요.

텍스트뷰와 버튼이 갖는 layout_width와 layout_height의 속성 값은 모두 wrap_content로 설정됩니다. 만약 wrap_content 값이 아니라면 wrap_content 값으로 변경하세요. 두 개의 텍스트뷰와 한 개의 버튼이 수평 방향으로 나란히 추가되었으며 각각의 뷰들은 뷰 안에 들어 있는 텍스트의 크기만큼 가로의 크기가 정해집니다. 텍스트뷰와 버튼의 크기를 textSize 속성에서 각각 40sp, 20sp, 14sp로 수정합니다. text 속성 값에는 각각 '큰 글씨', '중간 글씨', '작은 글씨'를 입력하고 textColor의 속성 값은 각각 #ff0000, #00ff00, #0000ff로 입력합니다.

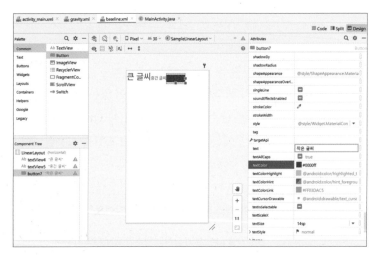

▲ 텍스트뷰와 버튼의 크기를 다르게 한 경우

이렇게 속성을 수정하면 각각의 뷰에 들어 있는 텍스트의 아래쪽 바닥면이 똑같이 맞춰집니다. 이것은 baselineAligned 속성의 디폴트 값이 true이기 때문입니다. 이번에는 최상위 레이아웃인 리니어 레이아웃을 선택하고 baselineAligned 속성 값을 false로 설정합니다.

디자인 화면에서 최상위 레이아웃을 선택할 때는 왼쪽 아래쪽의 Component Tree 창에서 가장 위에 있는 LinearLayout을 선택하면 됩니다. 그런 다음 오른쪽 속성 창에서 [View all attributes] 아이콘을 누르고 baselineAligned 속성을 찾아서 체크 박스를 해제합니다. 그러면 다음 그림처럼 글자의 높이가 서로 달라집니다.

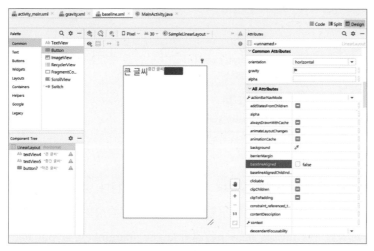

▲ baselineAligned 속성 값을 false로 변경한 경우

baselineAligned 속성으로 정렬을 맞춘 경우 텍스트의 정렬이 우선이기 때문에 뷰의 배치가 이상하게 될 수도 있습니다. 따라서 어떤 정렬을 우선 적용할 것인가에 따라 선택적으로 지정해야 합니다.

뷰의 마진과 패딩 설정하기

뷰를 담고 있는 부모 레이아웃이 차지하는 공간 중에서 남아 있는 공간에 새로운 뷰를 추가하면 그 뷰의 크기를 늘려 나머지 공간을 모두 채우거나 정렬 속성으로 위치를 지정할 수 있습니다. 그런데 뷰가 부모 레이아웃의 여유 공간을 꽉 채울 경우, 뷰가 서로 붙거나 그 안에 표시된 텍스트가 너무 꽉 차 보여서 화면 구성이 복잡하고 답답해 보이게 됩니다. 아래 한글과 같은 문서 편집기의 경우에도 여백이나 줄 간격이라는 것이 있어 글자가 너무 붙지 않도록 조절할 수 있습니다. XML 레이아웃을 만들 때도 아래 한글처럼 뷰의 내부 공간을 띄울 수 있는 속성이 있습니다.

뷰의 영역은 테두리선으로 표시할 수 있는데 보이게 할 수도 있고 보이지 않게 할 수도 있습니다. 뷰는 테두리선을 기준으로 바깥 공간과 안쪽 공간이 있으며, 이 모든 공간을 포함한 뷰의 공간을 셀(Cell)

이라고 합니다. 버튼이나 텍스트뷰를 위젯이라고 부르기 때문에 이 공간을 위젯 셀(Widget Cell)이라고 부르기도 합니다. 테두리선을 기준으로 테두리선의 바깥쪽 공간을 마진(Margin)이라 하고 layout_margin 속성으로 얼마나 간격을 벌릴 것인지 지정할 수 있습니다. 그리고 테두리선 안쪽의 공간을 패딩(Padding)이라고 합니다. 즉, 뷰 안의 내용물인 텍스트나 이미지가 테두리선과 얼마나 떨어지게 할 것인지를 지정할 수 있으며 padding 속성을 이용합니다.

마진이나 패딩은 상하좌우의 간격을 한꺼번에 조절하거나 각각 조절할 수도 있습니다. 예를 들어, padding 속성에 따라 안쪽 내용물과의 거리가 결정되는데 paddingTop, paddingBottom, paddingLeft, paddingRight 속성으로 지정할 수 있습니다.

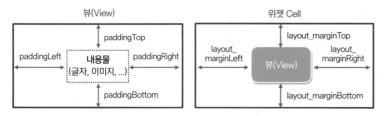

▲ 뷰의 테두리선 안쪽 공간인 패딩과 테두리선 바깥 공간인 마진

layout_margin은 padding 속성과 달리 테두리 바깥 부분에 여백을 주는 것입니다. 부모 컨테이너의 여유 공간에서 위젯 셀이 차지하는 공간을 결정하는 역할을 합니다. 이 두 가지 속성은 모두 상하좌우 각 면에 여백을 지정하는 방법을 제공합니다. layout_margin은 각각 layout_marginLeft, layout_marginRight, layout_marginTop, layout_marginBottom 속성을 사용합니다.

다음은 세 개의 텍스트뷰를 리니어 레이아웃 안에 넣고 layout_margin과 padding 속성으로 뷰가 차지하는 공간을 조절한 XML 레이아웃입니다. 각각의 텍스트뷰가 차지하는 영역을 확실히 구별하려고 background 속성 값으로 배경색을 설정했습니다. 이렇게 하면 뷰의 테두리 부분까지 배경색이 보이게 됩니다. 부모 컨테이너인 리니어 레이아웃의 배경색이 흰색이므로 마진을 주면 마진을 준 부분은 흰색으로 나타납니다.

/app/res/layout 폴더 안에 padding.xml 파일을 만듭니다. 새로운 레이아웃 파일을 만들 때 Root element: 입력상자에 LinearLayout을 입력하여 만듭니다. 파일이 열리면 먼저 최상위 레이아웃인 리니어 레이아웃의 orientation 속성을 horizontal로 설정합니다. 그런 다음 텍스트뷰 세 개를 추가하고 layout_width 속성 값을 wrap_content로 설정합니다. textSize 속성 값은 모두 24sp로 설정하고 textColor 속성의 값은 모두 #ff0000으로 설정합니다. background 속성의 값은 각각 #ffff00, #00ffff, #ff00ff로 설정합니다.

이제 패딩과 마진에 대해 설명해 보겠습니다. 첫 번째와 세 번째 텍스트뷰는 padding 속성의 all 항목에 20dp를 입력해 글자와 뷰의 테두리 선을 약간 떨어뜨립니다. 두 번째 텍스트뷰는 layout_margin 속성의 all 항목에 10dp를 입력하여 테두리와 다른 뷰와의 거리를 약간 떨어뜨립니다. 두 번째 텍스트뷰를 다른 뷰들과 떨어뜨려 부모 레이아웃의 배경색인 하얀색이 나타나게 되었습니다.

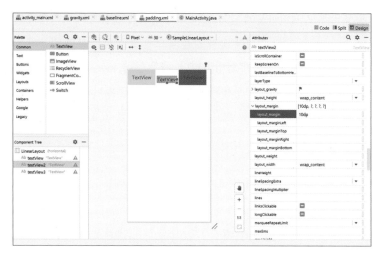

▲ 세 개의 텍스트뷰에 layout_margin과 padding 속성을 설정한 경우

그런데 이 XML 레이아웃에 들어 있는 텍스트뷰들의 layout_margin과 padding 속성 값을 50dp로 늘리면 다음과 같은 이상한 모양이 됩니다.

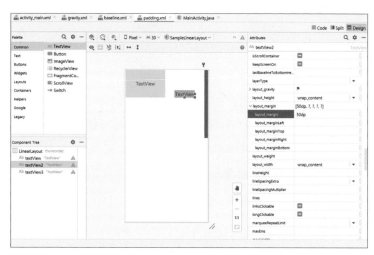

▲ layout_margin과 padding의 값을 크게 늘린 경우

이것은 수평 방향으로 추가된 세 개의 텍스트뷰 중에서 마지막 뷰(세 번째 텍스트뷰)에 할당될 수 있는 부모 레이아웃의 여유 공간이 부족하기 때문입니다. 세 번째 텍스트뷰는 공간이 없다보니 아래쪽으로 밀리는 현상이 발생한 것입니다. 이런 문제는 실제 앱을 구성할 때도 발생할 수 있으므로 padding이나 layout_margin 속성을 지정할 때 부모 레이아웃에 남아 있는 공간이 충분한지를 고려해야 레이아웃의 형태가 이상해지지 않습니다. 이제 뷰가 차지하는 영역의 크기가 어떻게 결정되는지 좀 더 잘 이해되었을 것입니다.

여유 공간을 분할하는 layout_weight 속성

부모 레이아웃에 추가한 뷰들의 공간을 제외한 여유 공간은 layout_weight 속성으로 분할할 수 있습니다. 다시 말해 layout_weight 속성은 부모 레이아웃에 남아 있는 여유 공간을 분할하여 기존에 추가했던 뷰들에게 할당할 수 있습니다. layout_weight 속성에 숫자 값을 넣으면 그 숫자는 분할 비율이 되며, 그 값의 비율만큼 여유 공간을 분할한 후 해당 뷰에게 할당합니다. 예를 들어, layout_weight 속성에 각각 '1'의 값을 지정하면 두 개의 뷰는 1:1의 비율이 적용되어 반씩 여유 공간을 나눠 갖게 됩니다. 같은 방법으로 두 개의 뷰에 각각 '1'과 '2'의 값을 지정하면, 각각 1/3과 2/3만큼 여유 공간을 분할한 후 나눠 갖게 됩니다.

> **정박사의 조언 | layout_weight에서 할당하는 크기는 원래의 뷰 크기에 추가되는 크기예요**
>
> layout_weight 속성으로 각 뷰에 할당하는 크기는 추가적인 값입니다. 즉, 뷰에 layout_width나 layout_height로 지정한 크기에 추가되는 값입니다. 예를 들어, 가로 방향으로 두 개의 버튼을 추가했을 때 두 개의 버튼을 제외한 나머지 여유 공간이 있다면 그 여유 공간을 분할한 후 이 두 개의 버튼에 각각 할당하게 됩니다.

여기에서 주의할 점은 layout_width나 layout_height로 지정하는 뷰의 크기는 wrap_content나 숫자 값으로 지정되어야 한다는 것입니다. 만약 match_parent로 지정하면 예상하지 못한 결과가 발생할 수 있습니다.

layout_weight 속성이 갖고 있는 특징을 알아보기 위해 /app/res/layout 폴더 안에 weight.xml 파일을 만들고 코드를 입력해 보겠습니다.

이번에는 레이아웃을 구성하는 것에 익숙해질 때가 되었으므로 여러분이 직접 리니어 레이아웃 안에 다시 리니어 레이아웃을 추가하는 방식으로 구성합니다. 리니어 레이아웃은 수직 방향과 수평 방향을 지정할 수 있으므로 격자 모양으로 구성하기 위해 최상위 레이아웃은 수직 방향으로 하고 그 안에 추가하는 리니어 레이아웃은 수평 방향으로 지정합니다. 이렇게 하면 한 줄씩 뷰가 추가되도록 만들 수 있습니다. 최상위 레이아웃 안에 리니어 레이아웃을 추가한 후 그 안에 두 개의 텍스트뷰를 추가합니다.

첫 번째 줄에 추가한 두 개의 뷰들은 layout_weight 속성 값을 똑같이 '1'로 설정하고 text 속성 값은 '텍스트'로 입력합니다. 두 개의 텍스트뷰는 layout_width 속성 값이 wrap_content로 되어 있습니다. 그리고 layout_weight 속성 값이 1로 설정되어 있습니다. 이렇게 하면 오른쪽에 남아 있던 여유 공간은 반반씩 분할되어 두 개의 뷰에 할당됩니다. 디자인 화면에서 결과 화면을 확인하면 다음과 같습니다.

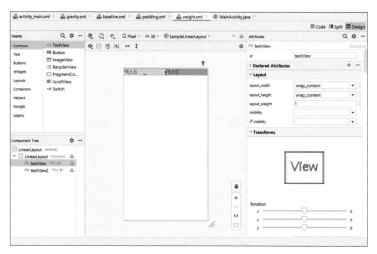

▲ 두 개의 텍스트뷰를 추가하고 layout_weight 속성 값을 1로 설정한 경우

두 개의 텍스트뷰는 layout_width 속성을 wrap_content로 지정해서 가로 길이가 같습니다. 그래서 여기에 같은 크기의 여유 공간을 더해도 두 개의 텍스트뷰는 똑같은 가로 길이를 갖게 됩니다. 이번에는 리니어 레이아웃 안에 다시 리니어 레이아웃을 하나 더 추가해서 한 줄을 더 만들겠습니다. 추가한 리니어 레이아웃 안에 두 개의 텍스트뷰를 추가한 후 layout_weight 속성 값을 1과 2로 지정해봅니다.

이렇게 하면 오른쪽에 남아 있던 여유 공간은 1/3, 2/3씩 분할되어 두 개의 뷰에 할당됩니다. 디자인 화면에서 결과 화면을 확인하면 다음과 같습니다.

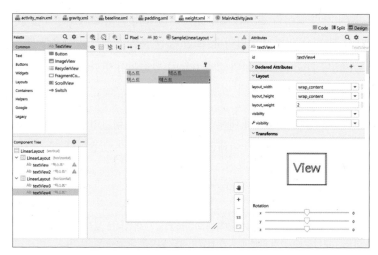

▲ layout_weight 속성 값을 1과 2로 설정한 경우

두 번째 줄에 추가한 두 개의 텍스트뷰는 가로 길이가 서로 다르게 보입니다. 이것은 두 개의 뷰가 남아 있던 여유 공간을 분할하여 가졌기 때문입니다. 그런데 만약 부모 레이아웃의 가로 공간을 1:2의 비율

로 나눠 갖도록 하고 싶다면 다음과 같이 layout_width 속성 값을 0dp로 설정해야 합니다. 방향 속성 (orientation 속성) 값이 horizontal인 리니어 레이아웃을 하나 더 추가하고 두 개의 텍스트뷰를 추가합니다. 텍스트뷰 두 개의 가로 길이를 모두 0dp로 설정합니다.

이렇게 하면 부모 컨테이너의 가로 공간이 모두 남아있게 되고 layout_weight로 분할하면 그 값 그대로 두 개의 뷰가 갖는 가로 길이를 결정하게 됩니다. 디자인 화면에서 결과 화면을 확인하면 다음과 같습니다.

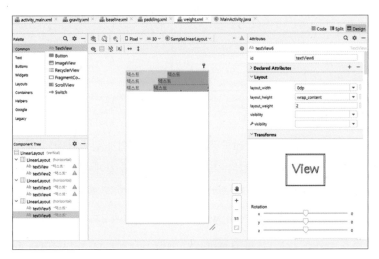

▲ layout_width 속성 값을 0dp, layout_weight 속성 값을 1과 2로 설정

이렇게 layout_weight 속성으로 뷰의 가로 길이를 결정한 경우 layout_width 속성 값에 match_parent를 설정하면 안 된다는 점을 다시 한 번 유의하기 바랍니다. 또한 공간 분할 목적으로 사용할 때는 분할하려는 방향에 따라 layout_width나 layout_height의 값을 0dp로 만들어야 한다는 점도 기억하는 것이 좋습니다.

지금까지 리니어 레이아웃으로 화면을 구성하는 방법에 대해 알아보았습니다. 리니어 레이아웃은 한 방향으로만 뷰를 추가하기 때문에 추가되는 모양을 쉽게 이해할 수 있다는 장점이 있습니다.

> 정박사의
> 조 언 **레이아웃 안에 레이아웃을 넣을 수 있어요**
>
> 리니어 레이아웃은 한 방향으로만 뷰를 넣을 수 있기 때문에 처음에는 원하는 화면을 만들기 어렵다는 생각이 들 수도 있습니다. 그러나 레이아웃 안에 다시 레이아웃을 추가할 수 있기 때문에 어떤 모양이라도 대부분 만들 수 있습니다.

그리고 여기서 알아본 정렬 속성, 마진 속성, 패딩 속성 등은 리니어 레이아웃이 아닌 다른 레이아웃에도 적용될 수 있습니다. 따라서 리니어 레이아웃을 사용하면서 익힌 속성은 잘 기억해 두세요.

02-3
상대 레이아웃 사용하기

상대 레이아웃으로 만들 수 있는 화면 레이아웃은 대부분 제약 레이아웃으로 만들 수 있습니다. 따라서 상대 레이아웃을 사용하는 것은 권장하지 않습니다. 다만 예전에 만든 레이아웃이 상대 레이아웃을 사용한 경우가 있기 때문에 상대 레이아웃에 대해 이해하는 것은 필요합니다.

상대 레이아웃은 부모 컨테이너나 다른 뷰와의 상대적인 위치를 이용해 뷰의 위치를 결정할 수 있도록 합니다. 예를 들어, 버튼의 아래쪽에 또 다른 버튼을 배치하고 싶을 때 이미 추가되어 있는 버튼의 아래쪽에 붙여달라는 속성을 XML 레이아웃에서 설정할 수 있습니다. 이 경우에 이미 추가되

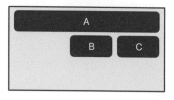

A : 부모 뷰의 위쪽
C : 뷰 A의 오른쪽 아래
B : 뷰 A의 아래,
    뷰 C의 왼쪽

▲ 상대 레이아웃을 이용한 뷰의 배치 방법

어 있는 버튼이 어떤 것인지 지정해야 하는데 그 버튼의 id 속성 값이 사용됩니다.

상대 레이아웃이 언제 유용하게 사용될지 알고 싶다면 위와 같은 화면 레이아웃을 만들어 보면 알 수 있습니다.

> 위와 같은 화면이란 상단에 타이틀, 가운데 내용, 하단에 버튼들이 배치된 화면 레이아웃을 말합니다.

안드로이드 스튜디오의 시작 화면에서 [New Project] 메뉴를 눌러 새로운 프로젝트를 만듭니다. 프로젝트 첫 화면의 유형은 Empty Views Activity를 선택하고 [Next] 버튼을 누른 다음 프로젝트의 이름에는 SampleRelativeLayout을 입력합니다. [Finish] 버튼을 눌러 새로운 프로젝트를 만듭니다.

프로젝트 창이 보이면 activity_main.xml 파일을 열고 가운데에 있는 'Hello World!' 글자를 삭제합니다. 그리고 좌측 하단의 Component Tree 창에서 최상위 레이아웃인 ConstraintLayout을 선택합니다. 마우스 오른쪽 버튼을 눌러 [Convert view...] 메뉴를 선택하고 대화상자가 표시되면 RelativeLayout을 선택하고 [Apply] 버튼을 누릅니다.

이제 좌측 상단의 팔레트 창에서 버튼을 두 개 끌어다 화면에 추가합니다. 첫 번째 버튼은 부모 레이아웃의 좌측 상단에 붙인 후 layout_width와 layout_height 속성을 모두 match_parent로 설정하여 화면을 꽉 채우도록 만듭니다. 두 번째 버튼은 부모 레이아웃의 좌측 하단에 붙인 후 layout_width 속성은 match_parent, layout_height 속성은 wrap_content로 설정합니다. 버튼을 끌어다 놓는 과정에서 layout_margin 값이 자동으로 설정되는 경우가 있는데 자동으로 설정되었다면 layout_margin의 값은 Delete 를 눌러 모두 삭제하고 layout_alignParentBottom의 값이 true로 되어있는지 확인하세요.

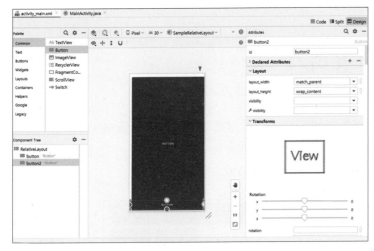

첫 번째 버튼은 화면 좌측 상단에 붙인 후 전체를 차지하도록 하고, 두 번째 버튼은 화면 좌측 하단에 붙이고 부모 레이아웃의 아래쪽을 차지하도록 만드세요.

▲ 첫 번째 버튼은 화면 전체, 두 번째 버튼은 부모 레이아웃의 아래쪽에 붙인 경우

이렇게 상대 레이아웃 안에 들어가는 뷰는 부모 레이아웃의 가운데에 위치시킬 수도 있고, 상하좌우로 드래그해서 붙일 수도 있습니다. 그런데 부모 레이아웃의 아래쪽에 붙여놓은 버튼이 화면 전체를 채우는 첫 번째 버튼의 위에 올라와 있습니다. 따라서 첫 번째 버튼의 일부를 가리게 됩니다. 만약 가운데 보이는 버튼의 영역이 아래쪽에 있는 버튼 위쪽까지만 차지하게 만들려면 어떻게 해야 할까요? 버튼 색상을 눈에 잘 띄는 색으로 바꾸기 위해 첫 번째 버튼의 background 속성 값은 #0088ff, backgroundTint 속성 값은 #00000000, backgroundTintMode 속성 값은 Add로 설정합니다.

그리고 첫 번째 버튼에 layout_above 속성을 찾아 두 번째 버튼의 id를 지정합니다. 이렇게 하면 첫 번째 버튼은 두 번째 버튼의 바로 윗부분까지만 공간을 차지합니다. 마찬가지로 layout_margin의 속성 값이 아직 남아 있다면 Delete 를 눌러 모두 삭제합니다.

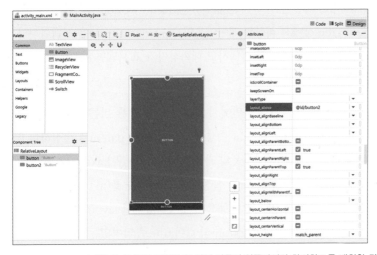

▲ layout_above 속성으로 첫 번째 버튼이 두 번째 버튼의 위쪽까지만 차지하도록 배치한 경우

이번에는 제목이 표시되는 위쪽 공간에도 버튼을 배치해 보겠습니다. 디자이너 도구 화면에 보이는 레이아웃에 버튼을 하나 더 추가합니다. 그리고 화면의 위쪽으로 끌어다 붙인 후 layout_width의 속성 값은 match_parent, layout_height 속성의 값은 wrap_content로 설정합니다. 첫 번째 버튼(파란색)이 차지하는 영역이 위쪽에 붙여놓은 버튼의 아래쪽까지만 차지하도록 하려면 우선 첫 번째 버튼(파란색)에 layout_below 속성 값으로 세 번째 버튼의 id 값을 지정합니다. 그런 다음 layout_alignParentTop 속성 값을 없앱니다.

이렇게 만든 레이아웃을 화면이 어떻게 보이는지 확인해 보면 위와 아래의 일부 공간을 뺀 나머지 부분을 첫 번째 버튼이 꽉 채운 모양입니다.

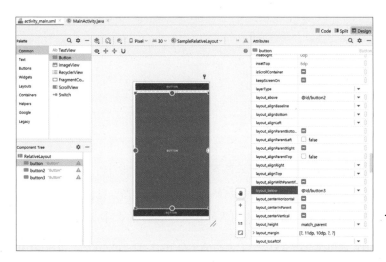

◀ 첫 번째 버튼이 위와 아래에 있는 버튼을 제외한 영역만 차지하도록 배치한 경우

이런 모양은 화면 레이아웃을 만들 때 가장 많이 사용되는 형태입니다. 가운데 부분에 리스트나 이미지 등을 보여주고 위와 아래에 필요한 정보나 위젯들을 표시하게 됩니다.

상대 레이아웃에서 부모 레이아웃과의 상대적 위치를 이용해 뷰를 배치할 수 있는 속성들은 다음과 같습니다.

속성	설명
layout_alignParentTop	부모 컨테이너의 위쪽과 뷰의 위쪽을 맞춤
layout_alignParentBottom	부모 컨테이너의 아래쪽과 뷰의 아래쪽을 맞춤
layout_alignParentLeft	부모 컨테이너의 왼쪽 끝과 뷰의 왼쪽 끝을 맞춤
layout_alignParentRight	부모 컨테이너의 오른쪽 끝과 뷰의 오른쪽 끝을 맞춤
layout_centerHorizontal	부모 컨테이너의 수평 방향 중앙에 배치함
layout_centerVertical	부모 컨테이너의 수직 방향 중앙에 배치함
layout_centerInParent	부모 컨테이너의 수평과 수직 방향 중앙에 배치함

▲ 상대 레이아웃에서 부모 레이아웃과의 상대적 위치를 이용하는 속성

부모 레이아웃이 아니라 다른 뷰와의 상대적 위치를 이용해 뷰를 배치할 수 있는 속성들은 다음과 같습니다.

속성	설명
layout_above	지정한 뷰의 위쪽에 배치함
layout_below	지정한 뷰의 아래쪽에 배치함
layout_toLeftOf	지정한 뷰의 왼쪽에 배치함
layout_toRightOf	지정한 뷰의 오른쪽에 배치함
layout_alignTop	지정한 뷰의 위쪽과 맞춤
layout_alignBottom	지정한 뷰의 아래쪽과 맞춤
layout_alignLeft	지정한 뷰의 왼쪽과 맞춤
layout_alignRight	지정한 뷰의 오른쪽과 맞춤
layout_alignBaseline	지정한 뷰와 내용물의 아래쪽 기준선(baseline)을 맞춤

▲ 상대 레이아웃에서 다른 뷰와의 상대적 위치를 이용하는 속성

안드로이드 스튜디오에서 XML 레이아웃 파일을 열고 코드를 직접 편집할 때는 각각의 태그가 갖는 속성을 미리 보여주므로 이런 속성들을 모두 외워둘 필요는 없습니다. 다만 실제 앱을 만들 때는 짧은 시간 안에 화면을 구성해야 하므로 자주 사용되는 속성들은 기억하고 있는 것이 좋습니다.

상대 레이아웃을 사용할 때도 상대 레이아웃만으로 화면 레이아웃을 만들지는 않습니다. 상대 레이아웃과 리니어 레이아웃 또는 다른 레이아웃을 함께 사용하면 화면을 좀 더 쉽게 구성할 수 있습니다.

02-4
테이블 레이아웃

테이블 레이아웃은 단어 뜻에서 유추할 수 있듯이 표나 엑셀 시트와 같은 형태로 화면을 구성하는 레이아웃입니다. 표나 엑셀 시트는 행과 열로 구성된 격자 형태로 되어있습니다. 테이블 레이아웃도 각각의 행과 그 안에 여러 개의 열을 넣어 레이아웃을 구성합니다. 구체적으로 테이블 레이아웃의 안에는 TableRow라는 태그가 여러 개 들어가는데 이 태그는 한 행을 의미합니다. TableRow 안에는 여러 개의 뷰가 들어가며 이 뷰들은 각각 하나의 열이 됩니다. 결과적으로 레이아웃에 추가된 TableRow의 개수가 행의 개수가 되고, 각 TableRow마다 추가된 뷰의 개수가 열의 개수가 됩니다.

테이블 레이아웃을 사용해보기 위해 새로운 SampleTableLayout 프로젝트를 만듭니다. 새로운 프로젝트 창이 열리면 activity_main.xml 파일을 열고 Component Tree 창에서 최상위 레이아웃으로 보이는 ConstraintLayout을 LinearLayout으로 변경합니다. 최상위 레이아웃을 마우스 오른쪽 버튼으로 클릭해서 [Convert view...] 메뉴를 사용하는 방법도 여러 번 해보았으니 여러분이 직접 해보기 바랍니다.

최상위 레이아웃을 LinearLayout으로 변경한 이유는 [Convert view...] 메뉴를 눌렀을 때 보이는 대화상자에서 TableLayout을 선택할 수 없기 때문입니다. 이제 화면 안에 있는 TextView 태그는 삭제하고 팔레트 창에서 Layouts 폴더 안에 있는 TableLayout을 찾아 화면에 끌어다 놓습니다. 그리고 TableRow 뷰를 찾아 추가합니다. TableRow 뷰는 한 번에 다섯 개가 한꺼번에 추가되므로 두 개만 남기고 나머지 세 개는 삭제합니다.

TableRow를 추가하면 layout_width와 layout_height 속성 값이 모두 match_parent로 설정됩니다. 그런데 layout_height 값이 match_parent로 설정되어 있어도 테이블 레이아웃의 아래쪽 여유 공간을 차지하지 않습니다. 결국 테이블 레이아웃 안에 포함된 TableRow의 높이 값은 내부적으로 항상 wrap_content로 설정되어 있어 화면을 꽉 채울 수 없으며, 반대로 폭은 내부적으로 항상 match_parent로 설정되어 있어 가로 공간을 꽉 채우게 됩니다. 이것은 하나의 행으로 표시될 수 있도록 만들기 위함입니다.

첫 번째 TableRow 안에 세 개의 버튼을 추가하세요. 이번에는 디자인 화면에 추가하는 것이 아니라 Component Tree를 이용하여 버튼을 추가하세요. 두 번째 TableRow 안에도 세 개의 버튼을 추가합니다. 만약 버튼을 추가했는데 layout_weight 속성 값이 자동으로 생겼으면 삭제하세요. 그러면 다음과 같이 격자 모양으로 버튼들이 정렬됩니다.

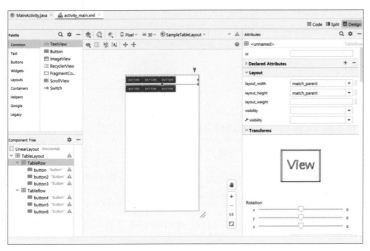

▲ 두 줄에 각각 세 개의 버튼들을 추가하여 격자 형태로 만든 결과

그런데 테이블 모양으로 레이아웃을 만들 때, 세 개의 버튼을 추가한 후에 오른쪽에 남는 공간이 없도록 만들고 싶은 경우가 생깁니다. 이때는 TableLayout의 stretchColumns 속성 값을 설정하면 됩니다. 이 속성은 가로 방향으로 여유 공간이 있다면 그 여유 공간까지 모두 채워서 칼럼을 설정할 수 있습니다. 예를 들어, "0"이라고 지정하면 첫 번째 버튼이 나머지 여유 공간을 모두 차지하므로 세 개의 버튼이 가로 방향을 꽉 채우게 됩니다. "0"이라는 값은 칼럼의 인덱스를 가리키며 첫 번째 칼럼은 0부터 시작합니다. 만약 첫 번째와 두 번째 칼럼이 여유 공간을 추가로 차지하도록 만들고 싶다면 "0,1"을 값으로 지정합니다. 각각의 인덱스 값은 콤마(,)로 구분하면서 넣어줍니다. 여기에서는 세 개의 버튼이 모두 여유 공간을 나누어 가지면서 가로 공간을 채우도록 stretchColumns 속성 값을 "0,1,2"로 설정합니다.

이렇게 stretchColumns 속성을 추가한 결과 화면은 다음과 같습니다.

▲ stretchColumns 속성을 추가한 결과

세 개의 버튼이 가로 방향으로 꽉 채워졌습니다. 이렇게 테이블 레이아웃에 설정할 수 있는 대표적인 속성으로 shrinkColumns와 stretchColumns가 있는데 이 속성들은 각각 특정 열을 자동으로 축소하거나 확장할 수 있도록 만들어줍니다. 자동 축소가 가능하도록 shrinkColumns 속성을 지정하면 부모 컨테이너의 폭에 맞추도록 각 열의 폭을 강제로 축소하며, 자동 확장이 가능하도록 stretchColumns 속성을 지정하면 부모 컨테이너의 여유 공간을 모두 채우기 위해 각 열의 폭을 강제로 늘립니다.

각각의 칼럼으로 추가하는 뷰에는 layout_column이나 layout_span 속성을 지정할 수도 있습니다. 〈TableRow〉 태그 안에 추가하는 뷰는 순서대로 0, 1, 2와 같은 칼럼 인덱스 값을 자동으로 부여받는데 layout_column 속성으로 칼럼 인덱스를 지정하면 그 순서를 설정할 수 있습니다. layout_span은 뷰가 여러 칼럼에 걸쳐 있도록 만들기 위한 속성이며 뷰가 몇 개의 칼럼을 차지하게 할 것인지 숫자로 지정합니다.

테이블 레이아웃 안에 TableRow를 하나 더 추가한 후 입력상자와 버튼을 추가합니다. 입력상자는 팔레트의 Text 폴더 안에 있는 두 번째 항목(Plain Text)입니다. 두 개의 뷰가 추가되었으니 각각의 뷰가 갖는 칼럼 인덱스는 0과 1이 됩니다. 그런데 첫 번째 입력상자의 layout_span 속성 값을 2로 지정하면 이 입력상자가 두 개의 칼럼 영역을 차지하게 됩니다. 이렇게 만든 레이아웃의 결과는 다음과 같습니다.

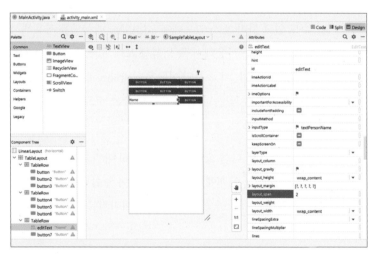

▲ layout_span 속성을 적용한 예

테이블 레이아웃은 자주 사용되지 않지만 격자 형태로 레이아웃을 만들 때는 유용하게 사용할 수 있습니다.

02-5
프레임 레이아웃과 뷰의 전환

프레임 레이아웃은 가장 기본적이고 단순한 레이아웃입니다. 프레임 레이아웃에 뷰를 넣으면 그중에서 하나의 뷰만 화면에 표시합니다. 아주 단순하죠? 그런데 의외로 이 레이아웃이 자주 사용됩니다. 그러면 언제, 왜 사용될까요?

일반적으로 생각하면 한 번에 하나의 뷰만 보여주기 때문에 너무 단순해서 레이아웃이라고 부르기조차 힘든 것 아닌가하고 생각할 수도 있습니다. 하지만 프레임 레이아웃이 갖고 있는 중첩(Overlay) 기능을 알고 나면 조금 달라집니다. 프레임 레이아웃은 뷰를 하나 이상 추가할 경우 추가된 순서로 차곡차곡 쌓입니다. 가장 먼저 추가한 뷰가 가장 아래쪽에 쌓이고 그다음에 추가한 뷰는 그 위에 쌓여서 가장 나중에 쌓인 뷰만 보이게 됩니다. 이때 가장 위에 있는 뷰를 보이지 않게 하면 그다음 뷰가 보입니다. 이렇게 보이거나 보이지 않게 하는 속성이 가시성(Visibility) 속성입니다. 이런 특성은 여러 개의 뷰를 서로 전환할 때 사용할 수 있습니다.

뷰를 추가할 때는 디자인 화면에서 추가할 수도 있고 자바 소스 코드에서 addView 메서드를 사용해서 추가할 수도 있습니다. 그리고 가시성(Visibility) 속성을 사용해서 특정 뷰를 보이거나 보이지 않게 하면 화면에 보이는 뷰가 전환되는 효과도 만들 수 있습니다. 이 속성의 이름은 visibility로 되어있으며 그 값은 visible, invisible 또는 gone 중의 하나로 설정할 수 있습니다. 만약 자바 소스 코드에서 설정하고 싶다면 setVisibility 메서드를 사용하면 됩니다.

SampleFrameLayout 프로젝트를 새로 만듭니다. 그런 다음 activity_main.xml 파일을 열고 화면 레이아웃을 구성합니다. 화면 위쪽에 버튼을 하나 두고 그 아래에는 이미지가 보이게 합니다. 그런데 이미지는 버튼을 누를 때마다 전환되어야 하므로 프레임 레이아웃 안에 두 개의 이미지뷰를 중첩하여 넣어줍니다.

정박사의
조언 **프로젝트 폴더에 이미지 추가하기**

이미지뷰에 이미지를 설정하려면 먼저 이 책에서 제공하는 샘플 이미지인 dream01.png와 dream02.png 파일을 프로젝트 폴더 안의 /app/res/drawable 폴더에 복사해야 합니다. 여러분이 직접 다른 이미지를 넣어줄 수도 있는데 이때 이미지의 이름에는 영문 소문자, 숫자 또는 _ 기호만 들어가야 한다는 점에 주의해야 합니다. 만약 영문 대문자가 들어가거나 이미지의 이름이 숫자로 시작하면 오류가 발생할 수 있습니다. 파일 탐색기에서 이미지 파일을 추가할 때는 프로젝트 폴더 안에서 /app/src/main/res/drawable 폴더를 찾은 후 그 안에 넣어야 합니다.

먼저 최상위 레이아웃을 LinearLayout으로 바꾼 후 위쪽에 버튼 하나를 추가하고 그 아래쪽에는 Fra-meLayout을 추가합니다. FrameLayout의 layout_width와 layout_height 속성 값은 모두 match_parent로 설정해서 아래쪽 영역을 꽉 채우도록 만듭니다. 그리고 두 개의 이미지뷰를 추가합니다. 이미지뷰는 이미지를 보여줄 때 사용하는 것으로 팔레트에서 ImageView를 끌어다 추가하면 됩니다. 이미지뷰를 끌어다 놓으면 처음 보일 기본 이미지를 설정하는 대화상자가 표시됩니다. 대화상자에서 /app/res/drawable 폴더에 들어 있는 이미지를 지정합니다.

두 개의 이미지뷰에는 모두 visibility라는 속성이 정의되어 있는데 먼저 추가한 이미지뷰에는 "invisible", 나중에 추가한 이미지뷰에는 "visible" 값을 설정합니다. 이렇게 하면 나중에 추가한 이미지만 화면에 보입니다. 물론 이 속성 값을 설정하지 않아도 프레임 레이아웃이 갖는 특성 때문에 두 번째 이미지뷰만 보입니다. 왜냐하면 프레임 레이아웃은 먼저 추가한 뷰 위에 나중에 추가한 뷰가 쌓이기 때문입니다.

이제 자바 소스 코드에서 버튼을 누를 때마다 두 개의 이미지뷰가 가지는 visibility 속성을 바꿔주면 두 개의 이미지가 서로 전환되는 효과를 만들 수 있습니다. MainActivity.java 소스 파일을 열고 다음 코드를 입력합니다.

참조파일 SampleFrameLayout>/app/java/org.techtown.sampleframelayout/MainActivity.java

```
중략…
public class MainActivity extends AppCompatActivity {
    ImageView imageView;
    ImageView imageView2;

    int imageIndex = 0;

    @Override
    protected void onCreate(Bundle savedInstanceState) {
        super.onCreate(savedInstanceState);
        setContentView(R.layout.activity_main);

        imageView = findViewById(R.id.imageView);
        imageView2 = findViewById(R.id.imageView2);
    }

    public void onButton1Clicked(View v) {
        changeImage();
    }
```

```
    private void changeImage() {
        if (imageIndex == 0) {
            imageView.setVisibility(View.VISIBLE);
            imageView2.setVisibility(View.INVISIBLE);

            imageIndex = 1;
        } else if (imageIndex == 1) {
            imageView.setVisibility(View.INVISIBLE);
            imageView2.setVisibility(View.VISIBLE);

            imageIndex = 0;
        }
    }
}
```

❶ 첫 번째 이미지뷰가 보이게 설정

❷ 두 번째 이미지뷰가 보이게 설정

갑자기 소스 코드를 입력하기 시작하니 조금 어렵게 느껴질 수도 있습니다. 그러나 소스 코드의 양이 그렇게 많지 않으니 대소문자 구분이나 공백 또는 소괄호, 중괄호를 잘 구분하면서 입력해보기 바랍니다. MainActivity.java 파일 안에서는 XML 레이아웃에 들어 있는 두 개의 이미지뷰를 findViewById 메서드로 찾은 후 변수에 할당합니다.

정박사의
조 언   **XML 레이아웃에서 설정한 id를 소스 코드에서 참조할 수 있어요**

XML 레이아웃 파일에서 id 값으로 "@+id/imageView"를 부여했다면 자바 소스 코드에서는 R.id.imageView라는 값으로 id를 참조할 수 있습니다. 즉, 다음과 같은 형식입니다.

• XML 레이아웃 파일에서 id 지정할 때 → @+id/아이디
• 자바 소스 코드에서 참조할 때 → R.id.아이디

정박사의
조 언   **findViewById 메서드의 의미를 생각해 보세요**

하나의 화면은 XML 파일과 소스 파일로 나누어져 있습니다. 그리고 이 두 개의 파일이 쌍을 이루면서 하나의 화면을 만들게 됩니다. 어떤 XML 파일과 어떤 소스 파일이 하나의 쌍을 이루는지에 대한 정보는 소스 파일에 들어가 있습니다. 액티비티 소스 파일에는 setContentView 라는 메서드가 있어서 파라미터로 XML 파일을 넘겨줄 수 있는데, 이 파라미터를 이용해 소스 파일과 XML 파일이 연결됩니다.

이렇게 두 개의 파일이 쌍으로 연결되게 되면 소스 파일에서는 XML 파일에 들어 있는 뷰를 찾아 사용할 수 있습니다. findViewById 라는 메서드 이름을 잘 살펴보면 ID를 이용해 뷰를 찾는다는 의미라는 것을 알 수 있습니다. XML 파일에 추가한 뷰에는 ID 값을 할당할 수 있는데 소스 파일에서는 그 ID를 이용해 메모리에 만들어진 뷰 객체를 찾을 수 있는 것이죠. 이 내용에 대해서는 나중에 다시 구체적으로 설명합니다.

그리고 버튼을 눌렀을 때 호출되는 changeImage 메서드 안에서는 두 개의 이미지뷰가 갖는 가시성 속성을 변경해 줍니다. View.VISIBLE 또는 View.INVISIBLE 상수로 설정하면 이 값은 XML 레이아웃에서 "visible"과 "invisible"로 설정한 것과 같습니다. imageIndex 변수는 어떤 이미지뷰가 프레임 레이아웃에 보이고 있는지 알 수 있도록 선언한 것으로, 첫 번째 이미지뷰가 화면에 보일 때는 값을 0으로 설정하고, 두 번째 이미지뷰가 화면에 보일 때는 값을 1로 설정했습니다. 앱을 실행하고 버튼을 눌러보면 다음과 같이 이미지가 변경되는 것을 확인할 수 있습니다.

▲ 프레임 레이아웃을 이용해 두 개의 이미지뷰를 전환하는 경우

화면에서는 이미지가 바뀌는 것처럼 보이지만 실제로는 두 개의 이미지뷰가 중첩되어 있는 상태에서 하나를 보이게 하거나 또는 보이지 않게 하는 것입니다. 이해되죠? 이제 하나의 화면 안에서 일부분이 전환되도록 만드는 방법도 익혔습니다. 이 프레임 레이아웃이 좀 더 익숙해지도록 몇 번 연습하다 보면 조금 더 복잡한 화면도 구성할 수 있는 자신감이 생길 것입니다.

> **정박사의 조언** **뷰페이저를 사용하면 한 화면에서의 뷰 전환이 굉장히 쉬워집니다**
>
> 프레임 레이아웃으로 뷰를 전환하는 방법은 그렇게 복잡하지 않지만 안드로이드에서는 이 과정을 더 단순하고 편하게 사용할 수 있는 위젯들을 제공합니다. 뷰페이저(ViewPager)가 그것인데 이 위젯을 사용하는 방법은 뒷부분에서 설명합니다.

02-6
스크롤뷰 사용하기

스크롤뷰는 추가된 뷰의 영역이 한눈에 다 보이지 않을 때 사용됩니다. 이때 단순히 스크롤뷰를 추가하고 그 안에 뷰를 넣으면 스크롤이 생기게 됩니다.

스크롤뷰 안에 이미지를 넣고 이미지에 스크롤이 나타나는지 알아보기 위해 SampleScrollView 프로젝트를 새로 만듭니다. 새 프로젝트 창이 열리면 왼쪽 프로젝트 영역에서 /app/res/drawable 폴더를 찾은 후 그 안에 두 개의 이미지를 넣어줍니다. 이미지는 여러분이 원하는 것으로 넣어도 되고 책에서 제공되는 이미지를 넣어도 됩니다. res/drawable 폴더 안에 이미지를 넣으면 XML 레이아웃 파일에서 사용할 수 있습니다.

> **정박사의 조언 이미지의 파일 이름에는 대문자를 사용할 수 없다는 점을 다시 한 번 기억하세요**
>
> 앞에서도 설명했지만, /app/res/drawable 폴더 안에 이미지를 넣을 때 이미지의 이름에 대문자가 포함되어 있으면 오류가 발생합니다. 또한 특수 문자는 _ 기호 정도만 넣을 수 있으니 다른 특수 문자는 사용하지 않도록 합니다. 그리고 이미지 파일 이름의 첫 글자는 숫자가 아닌 알파벳이어야 합니다.

이제 activity_main.xml 파일을 열고 스크롤뷰를 추가합니다.

스크롤뷰는 기본적으로 수직 방향의 스크롤을 지원합니다. 만약 수평 방향의 스크롤을 사용하려면 HorizontalScrollView를 사용하면 됩니다. 이 레이아웃에서는 이미지뷰에 설정된 이미지가 큰 경우, 수평과 수직 스크롤을 모두 나타나도록 HorizontalScrollView 안에 ScrollView을 추가한 후 다시 그 안에 이미지뷰를 추가했습니다. 이때 이미지뷰에 보이는 이미지가 화면 영역을 벗어날 경우에는 스크롤이 나타납니다. 이미지뷰 위쪽 버튼에는 onClick 속성을 추가하고 그 값으로 onButton1Clicked를 입력했습니다. 이렇게 하면 버튼을 클릭했을 때 XML 레이아웃 파일과 매칭되는 소스 파일에서 onButton1Clicked라는 이름의 메서드를 찾아 자동으로 실행합니다.

이제 자바 소스 코드를 수정합니다. 여러분이 만든 XML 레이아웃은 액티비티라는 화면을 위한 것이며, 이 액티비티라는 화면은 소스 코드가 있어야 동작합니다. 따라서 소스 코드에서 어떤 XML 레이아웃을 화면에 보여줄 것인지를 setContentView 메서드로 지정합니다. MainActivity.java 파일을 열고 다음 코드를 입력합니다.

중략…

```java
public class MainActivity extends AppCompatActivity {
  ScrollView scrollView;
  ImageView imageView;
  BitmapDrawable bitmap;

  @Override
  protected void onCreate(Bundle savedInstanceState) {
    super.onCreate(savedInstanceState);
    setContentView(R.layout.activity_main);

    scrollView = findViewById(R.id.scrollView);
    imageView = findViewById(R.id.imageView);
    scrollView.setHorizontalScrollBarEnabled(true);

    Resources res = getResources();
    bitmap = (BitmapDrawable) res.getDrawable(R.drawable.image01);
    int bitmapWidth = bitmap.getIntrinsicWidth();
    int bitmapHeight = bitmap.getIntrinsicHeight();

    imageView.setImageDrawable(bitmap);
    imageView.getLayoutParams().width = bitmapWidth;
    imageView.getLayoutParams().height = bitmapHeight;
  }

  public void onButton1Clicked(View v) {
    changeImage();
  }

  private void changeImage() {
    Resources res = getResources();
    bitmap = (BitmapDrawable) res.getDrawable(R.drawable.image02);
    int bitmapWidth = bitmap.getIntrinsicWidth();
    int bitmapHeight = bitmap.getIntrinsicHeight();

    imageView.setImageDrawable(bitmap);
    imageView.getLayoutParams().width = bitmapWidth;
    imageView.getLayoutParams().height = bitmapHeight;
  }
중략…
}
```

❶ 레이아웃에 정의된 뷰 객체 참조

❷ 수평 스크롤바 사용 기능 설정

❸ 리소스의 이미지 참조

❹ 이미지 리소스와 이미지 크기 설정

❺ 다른 이미지 리소스로 변경

XML 레이아웃을 만들 때 스크롤뷰와 이미지뷰에 id 값으로 scrollView와 imageView를 지정했으므로 먼저 코드에서 그 id 값으로 객체를 찾아야 사용할 수 있습니다. findViewById 메서드를 호출하면서 R.id.scrollView와 R.id.imageView라는 id 값을 파라미터로 전달하여 두 객체를 참조합니다.

이 프로젝트에는 두 개의 큰 이미지를 사용합니다. 책에서 제공하는 이미지를 찾아 탐색기에서 프로젝트 폴더 안에 있는 app/src/main/res/drawable 폴더에 복사합니다. 이 이미지들은 안드로이드 스튜디오의 프로젝트 창에서는 /res/drawable 폴더 아래에 표시됩니다. 프로젝트에 추가된 이미지들은 getDrawable 메서드를 이용해 코드에서 BitmapDrawable 객체로 만들어집니다. 이 getDrawable 메서드는 Resources 객체에 정의되어 있으며 액티비티에 정의된 getResources 메서드를 이용하면 Resources 객체를 참조할 수 있습니다. 지금까지는 이미지뷰에 보일 이미지를 설정할 때 XML 레이아웃에서 속성 값으로 이미지를 지정했었습니다. 갑자기 소스 코드에서 getDrawable 메서드로 이미지를 설정하려니 어렵게 느껴질 수 있습니다. 하지만 앞으로도 소스 코드에 이미지를 설정하는 경우가 더 있으므로 차차 익숙해질 것입니다.

이 책에서 제공하는 두 개의 이미지는 그 크기가 화면보다 커서 스크롤뷰 안에 들어가면 스크롤이 생깁니다. BitmapDrawable 객체의 getIntrinsicWidth와 getIntrinsicHeight 메서드를 사용하면 원본 이미지의 가로와 세로 크기를 알 수 있으며, 이렇게 알아낸 가로와 세로 크기 값은 이미지뷰에 설정된 LayoutParams 객체의 width와 height 속성으로 설정할 수 있습니다.

정박사의 조언 **이미지뷰의 크기는 직접 설정해야 원본 이미지를 볼 수 있어요**

이미지뷰에 이미지를 설정하는 가장 간단한 방법은 소스 코드에서 setImageResource 메서드를 사용하는 것입니다. 이것은 XML 레이아웃 파일에서 <ImageView> 태그의 속성으로 src 속성을 추가하면서 그 값으로 R.drawable.image01 처럼 이미지 파일을 지정하는 것과 같은 결과를 보여줍니다. 그런데 이미지뷰에 이미지를 설정하는 방법은 여러 가지가 있습니다. 대표적인 것이 setImageDrawable 메서드입니다. 이 메서드는 이미지 파일을 Drawable 객체로 만든 후 이미지뷰에 설정할 때 사용합니다. 그런데 이 메서드를 사용하면 이미지뷰가 이미지의 크기를 화면 크기에 맞게 자동으로 줄입니다. 따라서 원본 이미지의 크기 그대로 이미지뷰에 보일 수 있게 이미지의 가로와 세로 크기를 직접 설정해야 스크롤뷰 안에서 스크롤을 사용해 원본 이미지를 볼 수 있습니다.

---

changeImage 메서드는 화면 위쪽에 추가된 버튼을 눌렀을 때 이미지뷰에 들어갈 이미지를 바꿔주는 역할을 하는데 메인 액티비티를 초기화하는 onCreate 메서드 안의 코드와 유사한 코드가 들어가 있는 것을 알 수 있습니다.

이렇게 만든 메인 액티비티를 실행하면 다음과 같은 화면을 볼 수 있습니다.

▲ 큰 이미지를 스크롤하여 보는 경우

첫 번째 화면은 앱을 실행했을 때 보이는 것으로 이미지의 일부분만 보입니다. 두 번째는 이미지의 오른쪽 아래 끝부분으로 스크롤하여 이동한 화면인데 이동할 때마다 수평과 수직 스크롤이 생기는 것을 볼 수 있습니다. 위쪽에 있는 [이미지 바꾸어 보여주기] 버튼을 누르면 이미지뷰에 보이는 이미지가 바뀌게 됩니다.

지금까지 대표적인 레이아웃에 대해 알아보았습니다. 앞으로 새로운 프로젝트를 만들고 화면을 구성할 때는 항상 레이아웃을 사용하게 되므로 이번 장의 내용을 반복 연습하여 익숙해지는 것이 필요합니다.

 난이도 ★ ★ ★

도전! 03
안드로이드 미션

두 개의 이미지뷰에
이미지 번갈아 보여주기

두 개의 이미지뷰를 한 화면에 보여주고 하나의 이미지를 두 개의 이미지뷰에서 번갈아 보여주도록 만들어 보세요.

• **프로젝트 소스** DoitMission-03

❶ 화면을 위와 아래 두 영역으로 나누고 그 영역에 각각 이미지뷰를 배치합니다.

❷ 각각의 이미지뷰는 스크롤이 생길 수 있도록 합니다.

❸ 상단의 이미지뷰에 하나의 이미지를 보이도록 합니다.

❹ 두 개의 이미지뷰 사이에 버튼을 하나 만들고 그 버튼을 누르면 상단의 이미지가 하단으로 옮겨져 보이고 다시 누르면 상단으로 다시 옮겨지는 기능을 추가합니다.

참고할 점

이미지를 화면에 보여주기 위해서는 이미지뷰를 사용하며, 태그는 〈ImageView〉를 사용합니다.

스크롤을 만들고 싶다면 뷰를 〈ScrollView〉로 감싸줍니다.

도전! 04
안드로이드 미션

SMS 입력 화면 만들고
글자의 수 표시하기

화면 위쪽에 텍스트 입력상자, 아래쪽에 [전송]과 [닫기] 버튼을 수평으로 배치해 보세요.

• **프로젝트 소스** DoitMission-04

① MS로 문자를 전송하는 화면은 위쪽에 텍스트 입력상자, 아래쪽에 [전송]과 [닫기] 버튼을 수평으로 배치하도록 구성합니다.

② 텍스트 입력상자 바로 아래에 입력되는 글자의 바이트 수를 '10/80 바이트'와 같은 포맷으로 표시하되 우측 정렬로 하도록 하고 색상을 눈에 잘 띄는 다른 색으로 설정합니다.

③ 텍스트 입력상자에 입력되는 글자의 크기와 줄 간격을 조정하여 한 줄에 한글 8글자가 들어가도록 만들어 봅니다.

④ [전송] 버튼을 누르면 입력된 글자를 화면에 토스트로 표시하여 내용을 확인할 수 있도록 합니다.

참고할 점

화면에서 '10/80 바이트'로 된 글자 부분을 가장 위쪽으로 배치합니다.

입력상자에 글자가 입력될 때마다 자동으로 호출되는 메서드를 사용합니다.

---

03 기본 위젯과 드로어블 사용하기

레이아웃 안에 버튼이나 텍스트뷰를 넣어 앱 화면을 구성해 보았으니 이제 좀 더 자신감 있게 화면을 만들 수 있겠죠? 레이아웃 안에 추가했던 버튼, 텍스트뷰, 에디트텍스트, 이미지뷰 정도가 가장 많이 사용하는 뷰입니다. 이렇듯 가장 많이 사용되는 뷰들을 기본 위젯이라고 할 수 있으며, 기본 위젯만으로도 실제로 앱을 구성할 수 있습니다. 이번 장에서는 기본 위젯의 사용 방법을 좀 더 자세히 살펴볼 것입니다. 그리고 사용자에게 간단한 정보를 전달할 수 있는 토스트, 대화상자, 프로그레스바에 대해서도 알아보겠습니다.

 그림으로 정리하기

| 버튼이나 텍스트뷰를 다루는 방법을 좀 더 알고 싶어요 | • 기본 위젯들 살펴보기 |

▼

| 드로어블은 어떻게 만들 수 있나요? | • 배경 설정하기
• 드로어블 만들기 |

▼

| 사용자에게 간단한 정보를 보여주고 싶어요 | • 이벤트 이해하기
• 토스트, 스낵바 그리고 대화상자 사용하기
• 프로그레스바 사용하기 |

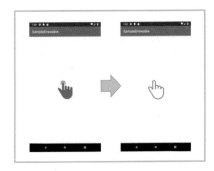

03-1
기본 위젯 다시 한 번 자세히 공부하기

2장에서 화면 레이아웃을 만들며 텍스트뷰, 버튼을 많이 사용했던 것이 기억나나요? 하지만 이들의 속성은 아주 조금만 사용했습니다. 이번에는 이러한 기본 위젯이 가지고 있는 여러 속성을 알아보겠습니다.

SampleWidget이라는 이름으로 새로운 프로젝트를 만드세요. 프로젝트 창이 열리면 [activity_main.xml] 탭을 선택하세요. Component Tree의 최상위 레이아웃을 LinearLayout으로 변경하고 orientation 속성을 vertical로 바꿉니다. 그리고 화면 가운데 있는 Hello World! 텍스트뷰는 삭제하세요. 이제 기본 위젯을 하나씩 추가하며 기본 위젯의 특징과 여러 속성을 실습해 보겠습니다.

텍스트뷰 자세히 살펴보기

텍스트뷰는 화면을 구성할 때 가장 많이 사용되는 기본 위젯입니다. 텍스트뷰는 화면에서 글자를 보여주는 역할을 합니다. 텍스트뷰에는 여러 속성을 설정할 수 있는데 지금부터 각각의 속성에 대해 하나씩 알아보겠습니다.

텍스트뷰의 text 속성

text 속성은 텍스트뷰의 문자열을 설정할 수 있습니다. 이때 text 속성은 반드시 지정해야 합니다. 텍스트뷰에 문자열이 없으면 텍스트뷰가 차지하는 영역도 알 수 없기 때문입니다. text 속성을 추가하는 방법은 text 속성 값으로 직접 문자열을 넣는 방법과 /app/res/values 폴더에서 strings.xml 파일에 작성한 문자열을 지정하는 방법이 있습니다.

지금까지는 디자인 화면에서 텍스트뷰를 선택한 후에 text 속성 값으로 문자열을 입력했습니다. 하지만 strings.xml 파일에 문자열을 미리 작성한 다음 이 값을 text 속성에 지정하는 방법을 더 권장합니다. 왜냐하면 XML 레이아웃 파일에서는 화면 모양을 정의하도록 하고 그 안에 들어가는 글자는 다른 파일에 저장하는 것이 더 좋기 때문입니다. text 속성에 지정할 문자열을 strings.xml 파일로 분리하면 여러 가지 장점이 생깁니다. 예를 들어, 다국어 지원이 필요할 때 한국어, 영어, 일본어, 중국어 버전의 XML 레이아웃 파일을 만드는 것보다 strings.xml 파일을 언어별로 만드는 것이 훨씬 효율적입니다. 그래서 글자들만 따로 strings.xml 파일로 분리한 후 XML 레이아웃 파일에서는 strings.xml 파일 안에 있는 글자 중 하나를 참조하도록 만들게 됩니다.

안드로이드 스튜디오의 왼쪽 프로젝트 창에서 /app/res/values 폴더 안에 들어 있는 strings.xml 파일을 여세요. 그런 다음 ⟨resources⟩ 태그 안에 ⟨string⟩ 태그를 이용하여 원하는 문자열을 넣으세요.

참조파일 SampleWidget⟩/app/res/values/strings.xml

```
<resources>
    <string name="app_name">SampleWidget</string>
    <string name="person_name">김진수</string>
</resources>
```

이제 화면 레이아웃을 만들면서 새로 추가한 ⟨string⟩ 태그 안의 문자열을 텍스트뷰에 표시되도록 만들어 보겠습니다. [activity_main.xml] 탭을 누른 후 디자인 화면에서 텍스트뷰를 하나 추가하세요. 오른쪽 텍스트뷰의 속성 창에서 text 속성을 찾아 @string/person_name이라고 입력하세요. 그러면 strings.xml 파일에 입력한 ⟨string⟩ 태그의 문자열이 텍스트뷰에 나타납니다.

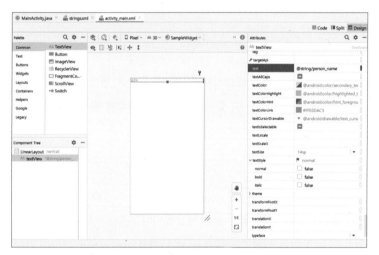

▲ strings.xml 파일에 넣어둔 글자를 텍스트뷰에 설정한 결과

정박사의
조 언 안드로이드에서 다국어를 지원하는 방식을 아세요?

안드로이드에서 다국어를 지원할 때는 리소스에 공통으로 적용되는 병렬 리소스 로딩(Parallel Resource Loading) 방식을 사용합니다. 예를 들어, 영어와 한국어를 지원하는 앱을 만들고 싶다면 다음과 같이 /app/res 폴더 안에 두 개의 폴더를 만든 후 그 안에 strings.xml 파일을 넣어둡니다. 이때 안드로이드 스튜디오의 왼쪽 프로젝트 영역에서는 여러 개의 파일을 하나로 정리하여 보여

주므로 폴더 구조가 제대로 표시되지 않을 수 있습니다. 파일 탐색기를 열어 보거나 또는 왼쪽 프로젝트 영역의 상단에서 [Android]를 [Project Files]로 변경하면 원래의 폴더 구조를 그대로 볼 수 있습니다.

이때 strings.xml 파일이 저장될 폴더의 이름은 반드시 'values-'와 함께 'en', 'ko'와 같은 로케일 이름을 붙여 지어주어야 합니다.

이런 구조로 만들었다면 단말의 설정(Settings) 언어(Language)가 한국어면 /app/res/values-ko/strings.xml의 문자열이, 영어면 /app/res/values-en/strings.xml의 문자열이 화면에 표시됩니다. 만약 단말에 설정된 언어에 해당하는 파일을 찾을 수 없다면 기본 폴더인 values 폴더 안에 들어 있는 strings.xml 파일이 사용됩니다.

정박사의 조언   로케일 이름은 무엇이고 설정 방법은 어떻게 되나요?

여기에서의 로케일은 언어를 가리키는 것으로, 일반적인 /app/res/values 폴더가 아니라 각각의 언어에 맞는 이름의 폴더를 만든 후 그 안에 strings.xml을 정의합니다. 물론 각각의 strings.xml 파일 안에는 해당 언어로 된 글자를 넣을 수 있습니다. 예를 들어, /app/res/values 폴더가 한국어 로케일을 사용하는 것으로 하려면 /app/res/values-ko 폴더로 만들고 그 안에 들어 있는 strings.xml 파일 안에는 한국어로 된 글자를 입력합니다. 그리고 영문 로케일을 사용하는 것으로 하려면 /app/res/values-en 폴더로 만들고 그 안에 들어 있는 strings.xml 파일 안에는 영어로 된 글자를 입력합니다.

/app/res/values/strings.xml 파일에 정의된 문자열은 text 속성에서 @string/...와 같은 형식으로 참조해야 합니다. 잊지 마세요.

텍스트뷰의 textColor 속성

textColor 속성은 텍스트뷰에서 표시하는 문자열의 색상을 설정합니다. 색상 설정은 일반적으로 '#AARRGGBB' 포맷을 사용하며 # 뒤에 나오는 4종류의 2자리 값은 각각 Alpha, Red, Green, Blue를 의미합니다. 이때 투명도를 나타내는 Alpha 값은 투명하지 않음(FF), 투명함(00), 반투명(88)을 설정할 수 있습니다. 예를 들어, 투명하지 않은 빨간색은 textColor의 속성 값을 #FFFF0000으로 입력하면 됩니다.

Alpha 값	적용 화면
"FF"(불투명)	
"00"(투명)	
"88"(반투명)	

텍스트뷰의 textSize 속성

textSize 속성은 텍스트뷰에서 표시하는 문자열의 크기(폰트 크기)를 설정합니다. 이때 크기의 단위는
"dp"나 "sp" 또는 "px" 등을 사용할 수 있습니다. 이 책은 "sp" 단위를 권장합니다. "sp" 단위는 단말의 해
상도에 따라 글자의 크기를 일정한 크기로 보일 수 있게 하며 폰트를 변경했을 때 해당 폰트도 반영되
도록 해 줍니다. 다음은 앞에서 "김진수"라고 입력한 텍스트뷰의 문자열 크기를 40sp로 바꾼 것입니다.

문자열 크기	사이즈	적용 화면
"dp"	40dp	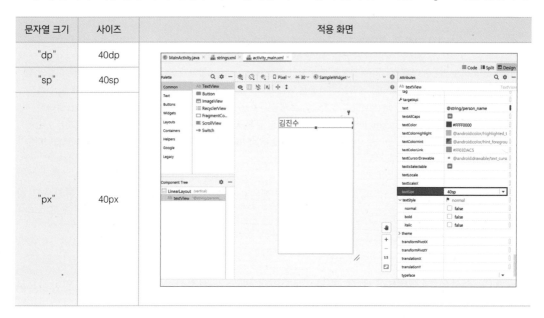
"sp"	40sp	
"px"	40px	

textStyle

textStyle 속성은 텍스트뷰에서 표시하는 문자열의 스타일 속성을 설정합니다. "normal", "bold", "ital-
ic" 등의 값을 지정할 수 있으며, | 기호를 사용하면 여러 개의 속성 값을 함께 지정할 수 있습니다. 이때
| 기호의 앞뒤에 공백이 있어서는 안 됩니다. 예를 들어, 화면 레이아웃에 들어 있는 텍스트뷰의 스타일
을 바꾸려면 textStyle 속성 값 중 bold를 선택하면 됩니다.

문자열 스타일	적용 화면
"normal"	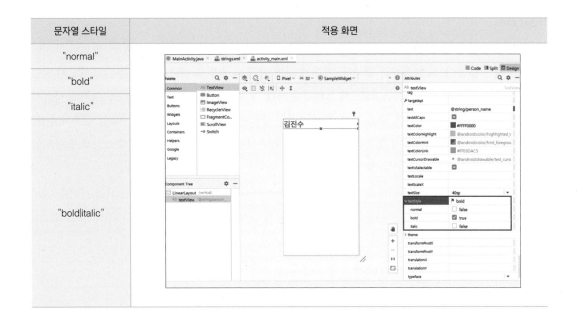
"bold"	
"italic"	
"bold|italic"	

typeFace

typeFace 속성은 텍스트뷰에서 표시하는 문자열의 폰트를 설정합니다. 기본적으로 제공되는 폰트는 사용할 수 있는 개수가 많지는 않지만 그중 하나를 설정할 수 있습니다. 일반적으로는 "normal", "sans", "serif", "monospace" 중에서 하나를 지정합니다. 다른 폰트가 필요하다면 폰트를 앱에 추가하고 그 폰트를 설정할 수도 있습니다. 'serif'를 선택하고 결과를 확인해 보세요.

문자열 스타일	적용 화면
"normal"	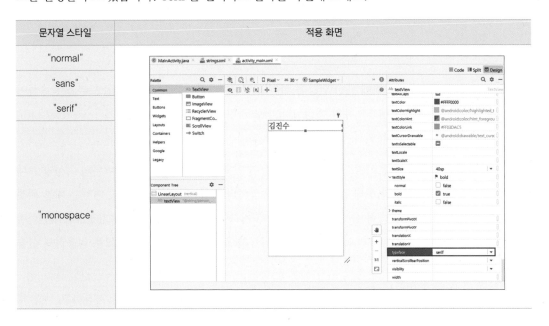
"sans"	
"serif"	
"monospace"	

maxLines

maxLines 속성은 텍스트뷰에서 표시하는 문자열의 최대 줄 수를 설정합니다. 특히 한 줄로만 표시하고 싶을 때는 값을 "1"로 설정하면 됩니다. 이렇게 하면 한 줄의 영역을 넘어가는 부분은 표시되지 않습니다. 정말 그렇게 되는지 알아볼까요? 텍스트뷰를 하나 더 추가한 후 text 속성 값으로 '여기에 사용자 이름을 입력하세요. 이름은 한 줄로 표시됩니다.'라는 글자를 입력합니다. textSize 속성 값은 40sp로 설정하고 textStyle 속성 값은 bold, maxLines 속성 값은 1로 설정합니다. 그러면 텍스트뷰에 입력한 글자가 모두 보이지 않는 것을 알 수 있습니다.

▲ 텍스트뷰에 maxLines 속성을 설정한 결과

버튼

버튼은 사용자가 클릭하면 클릭에 대한 반응을 하는 위젯입니다. 그런데 버튼은 텍스트뷰를 상속하여 정의되어 있습니다. 그래서 텍스트뷰의 속성도 그대로 가지고 있습니다. 예를 들어, text, textColor, textSize 등의 속성은 텍스트뷰의 속성과 동일합니다.

또 버튼의 유형이 다양해서 체크 박스, 라디오 버튼 등이 있으며 이 버튼들도 모두 버튼의 속성을 그대로 가집니다. 사용자가 설정한 상태 값을 저장하도록 정의되어 있다는 점만 다르죠. 어쨌든 버튼 위젯에 발생한 이벤트(사용자의 클릭 등)를 가장 간단하게 처리할 수 있는 방법은 OnClickListener를 정의하여 버튼에 설정하는 것입니다. 이번에는 기본 버튼, 체크 박스, 라디오 버튼을 모두 이용하여 실습해 보겠습니다.

체크 박스와 라디오 버튼은 단순히 클릭 이벤트만 처리하는 것이 아니라 상태 값을 저장하고 선택/해제 상태를 표시할 수 있습니다. 이런 작업이 가능하도록 CompoundButton 클래스가 정의되어 있는데 이 클래스는 다음과 같은 메서드를 포함하고 있습니다.

체크 박스, 라디오 버튼이 선택되어 있는지 확인하는 메서드는 isChecked이고 체크 상태를 지정하는 메서드는 setChecked입니다. 만약 버튼의 상태가 바뀌는 것을 알고 싶다면 다음 메서드를 재정의하여 사용합니다.

라디오 버튼은 하나의 버튼이 선택되면 다른 버튼의 선택이 해제되어야 합니다. 이런 기능을 구현하기 위하여 RadioGroup을 이용해 라디오 버튼을 하나의 그룹으로 묶어줍니다.

이제 본격적으로 실습을 진행해 보겠습니다. 기본 버튼과 라디오 버튼 그리고 체크 박스를 적용하기 위해 /app/res/layout 폴더 안에 button.xml 파일을 만드세요. File name:은 button.xml, Root element:는 LinearLayout으로 입력합니다.

파일을 새로 만들었으면 기본 버튼 아래에 RadioGroup을 추가하고 그 안에 두 개의 RadioButton을 추가하여 그룹화합니다. 그 아래에는 새 LinearLayout으로 텍스트뷰와 CheckBox를 추가합니다. 디자인 화면에서 추가할 수도 있는데 RadioGroup을 먼저 추가하고 그 안에 RadioButton을 넣는다는 점에 주의해야 합니다. 글자나 글자 색상은 다음 화면을 보면서 똑같이 만들어보세요.

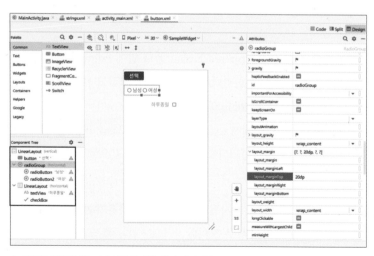

▲ 라디오 버튼과 체크 박스를 추가한 화면 레이아웃

button.xml을 앱의 첫 화면으로 등록하려면 MainActivity.java 파일을 열고 setContentView 메서드에 전달되는 파라미터의 값을 R.layout.button으로 변경하면 됩니다. 앱을 실행해 보세요. 그러면 button.xml 파일에서 만든 화면 레이아웃이 그대로 나타납니다.

이 화면에서 라디오 버튼이 어떻게 동작하는지 확인해 보세요. 라디오 버튼(2개)은 RadioGroup 태그 안에 들어있어 "남성"이나 "여성"을 선택하면 선택하지 않은 라디오 버튼은 자동으로 해제됩니다. '하루 종일'이라는 체크 박스는 누를 때마다 체크 상태가 변합니다.

버튼에 아이콘을 넣고 싶나요? 그러면 아이콘을 설정하는 속성을 추가하면 됩니다. 그러나 텍스트가 없는 버튼을 사용하고 싶다면 ImageButton 태그를 적용할 수 있습니다. ImageButton은 이미지만을 보여주며 사용자의 클릭 이벤트를 버튼과 동일하게 처리할 수 있도록 정의되어 있습니다.

에디트텍스트

입력상자의 역할을 하는 에디트텍스트(EditText)는 사용자에게 값을 입력받을 때 사용합니다. 이 위젯은 글자를 입력하려고 커서를 옮기면 키패드가 화면에 나타납니다. 그리고 한글, 영문, 숫자 등 입력하는 문자의 유형도 다양합니다. 그래서 조심해서 사용해야 하는 위젯입니다.

> **정박사의 조언   입력하는 문자의 유형을 지정할 수 있을까요?**
>
> 에디트텍스트는 입력하는 문자의 유형을 지정할 수 있는 inputType 속성을 제공합니다. 예를 들어, 숫자만 입력되도록 하거나 이메일을 편리하게 입력할 수 있는 키패드를 띄우고 싶다면 inputType 속성 값을 설정합니다. 이 내용은 다음 장에서 설명하겠습니다.

button.xml 파일을 만들었던 것과 동일한 방법으로 /app/res/layout 폴더 안에 edittext.xml 파일을 만드세요. Root element: 입력상자에는 LinearLayout을 입력하여 만듭니다. 그리고 디자인 화면에서 에디트텍스트를 추가합니다. 팔레트에 있는 [Text → Plain Text]를 Component Tree 창의 Linear-Layout 아래로 끌어다 놓습니다. 입력상자의 속성 중에서 textSize 속성 값은 24sp, inputType 속성 값은 text, hint 속성 값은 '이름을 입력하세요.'로 설정합니다. 그리고 text 속성 값으로 들어 있던 글자는 삭제합니다.

hint 속성을 적용하니 에디트텍스트에 간단한 안내글이 표시됩니다. 안내글은 사용자의 입력이 진행되면 사라집니다. inputType 속성은 입력되는 글자의 유형을 정의할 수 있습니다. 즉, 글자를 입력할 때 보이는 키패드의 유형을 정할 수 있습니다. 여기에서는 inputType을 "text" 값으로 지정하여 글자 키패드가 보이도록 했습니다. 다음은 레이아웃을 만든 결과 화면입니다.

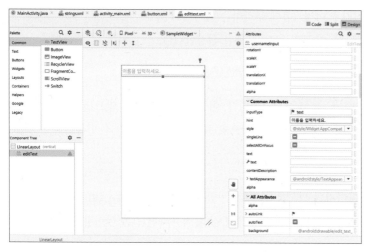

▲ 에디트텍스트를 추가한 화면 레이아웃

에디트텍스트에 들어 있는 글자를 복사하거나 붙여 넣으려면 안드로이드에서 지원하는 기본 기능(글자 위를 길게 누르기)을 그대로 사용하면 됩니다.

이미지뷰와 이미지 버튼

이미지뷰와 이미지 버튼은 이미지를 화면에 표시할 때 사용하는 가장 간단한 위젯입니다. 두 위젯의 차이점은 버튼처럼 사용할 수 있다는 점 이외에는 없으므로 이미

> 만약 윈도우 파일 탐색기에서 이미지 파일을 복사해서 넣으려면 /app/src/main/res/drawable 폴더에 넣으세요.

지뷰를 기준으로 설명하겠습니다. 이미지뷰에 이미지를 보여주려면 먼저 /app/res/drawable 폴더에 이미지 파일을 넣은 후 app:srcCompat 속성 값을 다음과 같은 방법으로 지정하면 됩니다.

@drawable/이미지 파일명

이때 이미지 파일명은 확장자를 제외하고 작성해야 합니다. 이렇게 이미지 파일을 지정하는 방식을 '이미지 리소스를 지정 방식'이라고 합니다. 왜냐하면 이미지 파일은 res 폴더 안에 들어 있는 리소스 중의 하나이기 때문입니다. 이 방식 이외에도 이미지 파일을 소스 코드에서 직접 로딩하여 비트맵으로 만든 후 설정하는 방법도 있습니다. 이미지뷰의 대표적인 속성은 다음과 같습니다.

android:src 또는 app:srcCompat

android:src 속성이나 app:srcCompat 속성은 원본 이미지를 설정합니다. 텍스트뷰에서는 text 속성을 설정하지 않으면 뷰의 내용물이 설정되지 못해 뷰의 크기를 확인할 수 없습니다. 이와 마찬가지로 이미지뷰는 내용물(이미지)이 지정되지 않으면 이미지뷰의 크기를 확인할 수 없습니다. 따라서 이 속

성은 반드시 설정해야 합니다. 그리고 이미지뷰에 추가하는 이미지의 확장자는 JPG 또는 PNG 확장자입니다. 이 책은 PNG 포맷을 권장합니다.

maxWidth, maxHeight

두 속성은 이미지가 표시되는 최대 폭, 높이를 설정합니다. 이 속성을 설정하지 않으면 원본 이미지가 그대로 나타납니다. 이미지의 원본이 너무 크면 이 속성으로 최대 크기를 제한할 수 있습니다.

tint

tint 속성은 이미지뷰에 보이는 이미지의 색상을 설정할 수 있습니다. 색상은 "#AARRGGBB" 포맷으로 적용하면 됩니다. 예를 들어, 반투명으로 이미지의 색상 값을 적용하면 원본 이미지의 느낌과 다른 느낌을 연출할 수 있습니다.

scaleType

scaleType 속성은 이미지뷰의 크기에 맞게 원본 이미지의 크기를 자동으로 늘리거나 줄여서 보여줄 때 사용합니다. 이때 원본 이미지를 무조건 늘리거나 줄이는 것이 아니라 원하는 형태로 확대하거나 축소할 수 있습니다. scaleType 속성에는 fitXY, centerCrop, centerInside 등의 이미지 변환 알고리즘이 적용된 미리 정의된 값을 사용할 수 있으며, 필요에 따라 적절하게 적용하면 됩니다. 이미지뷰에 추가될 이미지는 보통 JPG나 PNG 확장자를 가진 이미지가 사용됩니다. 일반적으로는 PNG 포맷을 권장하지만 필요에 따라 여러 가지 이미지 포맷 중에서 선택해서 사용할 수 있습니다.

정박사의
조 언
drawable 폴더를 제대로 사용하기!

안드로이드는 화면의 해상도에 따라 서로 다른 크기의(모양의) 이미지를 로딩할 수 있습니다. 이 방법도 strings.xml 파일을 나라별로 사용했던 것과 같은 병렬 리소스 로딩 방식을 사용합니다. 즉, /app/res/drawable 폴더에 이미지를 그냥 넣으면 일반적으로 사용되는 이미지로 인식합니다. 하지만 /app/res/drawable-hdpi에 넣은 이미지는 고해상도 화면, /app/res/drawable-mdpi에 넣은 이미지는 중간 해상도 화면으로 자동 적용됩니다. 물론 각각의 폴더는 여러분이 직접 만들어야 합니다. 프로젝트를 처음 만들면 /app/res/drawable 폴더만 있습니다. 다음은 해상도에 맞는 폴더 이름입니다.

해상도	폴더 이름
초고해상도	/app/res/drawable-xhdpi, /app/res/drawable-xxhdpi, /app/res/drawable-xxxhdpi
고해상도	/app/res/drawable-hdpi
중간 해상도	/app/res/drawable-mdpi
저해상도	/app/res/drawable-ldpi

이제 이미지뷰를 실습해 보겠습니다. /app/res/layout 폴더 안에 image.xml 파일을 만듭니다. 파일을 만들기 위한 대화상자에서 Root element: 항목에 LinearLayout을 입력합니다. 파일이 만들어지면 먼저 사용할 이미지 파일을 /app/res/drawable 폴더에 넣어줍니다. 책에서 참조 파일로 제공된 이미지 파일을 복사하여 사용해도 됩니다. 팔레트에서 ImageButton과 ImageView를 하나씩 끌어다 놓습니

다. 이미지 버튼과 이미지뷰를 화면에 추가할 때는 대화상자가 보이면서 이미지를 선택하도록 합니다. 이때 선택한 이미지는 src 속성이나 srcCompat 속성 값으로 설정됩니다.

▲ 이미지 버튼이나 이미지뷰를 추가했을 때 보이는 이미지 선택 대화상자

화면에 추가한 이미지 버튼과 이미지뷰의 layout_margin 값을 적당히 설정하여 간격을 띄웁니다. 다음은 디자이너 화면에서 볼 수 있는 결과 화면입니다.

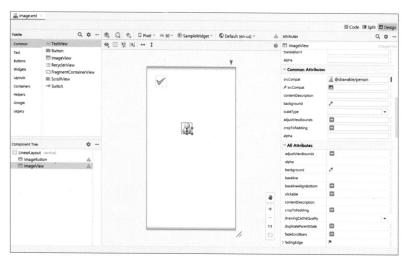

▲ 이미지 버튼과 이미지뷰를 추가한 화면 레이아웃

이미지를 화면에 보여주기 위하여 이미지뷰와 이미지 버튼을 사용했습니다. 이미지 버튼은 이미지를 버튼처럼 만들고 싶을 때 사용합니다. 하지만 이미지 버튼은 일반적인 버튼과는 다르게 눌린 상태와 눌리지 않은 상태가 표시되지 않습니다. 이 문제를 해결하려면 셀렉터(Selector)를 만들어 사용해야 합니다. 셀렉터는 뒷부분에서 자세하게 설명합니다.

텍스트뷰와 에디트텍스트의 다른 기능들

텍스트뷰, 에디트텍스트 등은 모두 뷰를 상속받아 만들어진 것이므로 뷰의 속성들을 그대로 가지고 있습니다. 뷰가 갖고 있는 속성은 상당히 많은데 그중 몇 가지 속성들을 좀 더 자세히 살펴보겠습니다.

커서 관련 속성

에디트텍스트에는 문자나 숫자를 입력하는 역할을 하며 커서가 깜박이는 동작이 있습니다. 그리고 에디트텍스트의 커서 위치는 입력된 문자열의 마지막 지점으로 이동하도록 되어 있습니다. 그런데 사용자가 에디트텍스트를 선택할 때마다 전체 내용을 수정할 수 있도록 편의를 제공할 수도 있습니다. 예를 들어 에디트텍스트의 selectAllOnFocus 속성을 true로 설정하면 포커스를 받을 때 문자열 전체가 선택됩니다. 이렇게 문자열 전체가 선택되면 새로운 문자를 입력했을 때 입력되어 있던 문자열을 한꺼번에 대체하므로 손쉽게 글자를 바꿀 수 있습니다. 이렇게 문자열 전체가 선택되어 있는 상태에서 문자열을 대체하지 않고 추가하고 싶다면 왼쪽이나 오른쪽 방향키를 한 번 누르고 입력할 수도 있습니다. 또 커서를 보이지 않게 설정하려면 cursorVisible 속성을 "false" 값으로 설정하면 됩니다.

이렇게 커서에도 다양한 설정을 할 수 있으니 꼭 알아두는 것을 권합니다. 다음은 커서를 이용하여 사용자가 문자열을 선택하거나 복사, 잘라내기 등의 기능을 만들 때 사용하는 메서드입니다. 보통 에디트텍스트를 길게 눌러 복사, 잘라내기 등의 작업을 할 수 있는데 바로 그 기능을 만들 때 다음 메서드를 사용합니다.

```
[Reference]
public int getSelectionStart()
public int getSelectionEnd()
public void setSelection(int start, int stop)
public void setSelection(int index)
public void selectAll()
publc void extendSelection(int index)
```

getSelectionStart 메서드는 선택된 영역의 시작 위치를 알려줍니다. 그리고 getSelectionEnd 메서드는 끝 위치를 알려주는데 두 메서드는 모두 선택 영역이 없으면 커서가 있는 현재 위치를 알려줍니다. setSelection 메서드는 선택 영역을 지정하는 데 사용하고 extendSelection은 선택 영역을 확장하는 데 사용합니다. selectAll 메서드를 호출하면 전체 문자열이 선택됩니다.

자동 링크 관련 속성

autoLink 속성을 true로 설정하면 문서에 포함된 웹페이지 주소나 이메일 주소를 링크 색상으로 표시하고 링크를 누르면 웹페이지에 바로 접속하거나 메일 편집기를 띄워주는 기능을 간단하게 넣을 수 있습니다.

줄 간격 조정 관련 속성

줄 간격 조정 관련 속성을 이용하면 텍스트뷰의 줄 간격을 조절하여 가독성을 높일 수도 있습니다. 줄 간격은 lineSpacingMultiplier와 lineSpacingExtra로 설정할 수 있습니다. lineSpacingMultiplier는 줄 간격을 기본 줄 간격의 배수로 설정할 때 사용하고 lineSpacingExtra는 여유 값으로 설정할 때 사용합니다. 배수로 설정할 때는 기본 값을 1.0으로 놓고 값을 조절하면 됩니다. 예를 들어 1.0보다 작은 값으로 설정하면 기본 줄 간격보다 더 좁게 보입니다.

> **정박사의 조언** **텍스트의 줄 간격 조정은 사용자를 위한 배려입니다**
>
> 실제로 텍스트가 많은 화면은 글자가 너무 빼곡해서 사용자가 읽기 어렵습니다. 이럴 때 줄 간격을 조정하는 속성을 사용할 수 있습니다.

대소문자 표시 관련 속성

capitalize 속성을 이용하면 글자, 단어, 문장 단위로 대소문자를 조절할 수 있습니다. 속성 값으로는 "characters", "words", "sentences" 등을 지정할 수 있는데 각각의 값으로 설정하면 글자, 단어, 문장 단위로 맨 앞 글자를 대문자로 표시할 수 있습니다.

줄임 표시 관련 속성

텍스트뷰는 한 줄로 되어 있죠? 텍스트뷰에 많은 문자를 입력하면 입력한 내용의 뒷부분은 잘리고 말줄임표(...)로 표시됩니다. 이때 ellipsize 속성을 사용하면 입력한 내용의 생략 부분을 설정할 수 있습니다. 디폴트 값인 "none"은 뒷부분을 자르고 "start", "middle", "end" 값들은 각각 앞부분, 중간부분, 뒷부분을 잘라서 보여줍니다. 텍스트뷰를 한 줄로 표시할 때는 maxLines 속성을 사용합니다.

힌트 표시 관련 속성

에디트텍스트에 어떤 내용을 입력하라고 안내문으로 알려주고 싶을 때는 hint 속성을 사용하면 됩니다. 이 속성은 앞에서 실습한 적이 있으므로 자세한 설명은 생략하겠습니다. 만약 hint 속성으로 나타낸 글자의 색상을 바꾸고 싶다면 textColorHint 속성에서 색상을 지정하면 됩니다.

편집 가능 관련 속성

에디트텍스트에 입력되어 있는 문자열을 편집하지 못하게 하고 싶다면 editable 속성 값을 "false"로 설정하면 됩니다. 기본 값은 문자열을 편집할 수 있는 "true"입니다.

문자열 변경 처리 관련 속성

에디트텍스트에 입력된 문자를 확인하거나 입력된 문자가 필요한 포맷과 맞는지 확인할 때 getText 메서드를 사용합니다. 이 메서드가 리턴하는 것은 Editable 객체인데 이 객체의 toString 메서드를 이용하면 일반 String 타입의 문자열을 확인할 수 있습니다.

만약 문자열이 사용자의 입력에 의해 바뀔 때마다 확인하는 기능을 넣고 싶다면 TextChangedListener를 사용할 수 있습니다.

[Reference]
public void addTextChangedListener(TextWatcher watcher)

addTextChangedListener 메서드를 사용하면 TextWatcher 객체를 설정할 수 있습니다. 이 객체는 텍스트가 변경될 때마다 발생하는 이벤트를 처리합니다. TextWatcher 인터페이스에는 다음과 같은 메서드들이 정의되어 있습니다.

[Reference]
public void beforeTextChanged (CharSequence s, int start, int count, int after)
public void afterTextChanged (Editable s)
public void onTextChanged (CharSequence s, int start, int before, int count)

문자열이 편집되기 전과 후, 그리고 편집된 정보를 확인할 수 있도록 하므로 이 안에 필요한 기능을 추가합니다. 만약 입력된 문자열의 길이 값을 확인할 때는 setFilters 메서드를 사용해서 InputFilter 객체를 파라미터로 전달하고 이 객체의 LengthFilter 메서드를 호출하면 입력될 문자열의 길이 값을 설정할 수 있습니다.

이 TextWatcher 인터페이스를 활용하는 전형적인 예로 문자를 SMS로 전송하는 경우를 들 수 있습니다. SMS는 80바이트까지만 전송할 수 있으므로 사용자가 몇 글자를 입력했는지 바로바로 표시하고 싶을 때 이 클래스를 사용합니다.

03-2
드로어블 만들기

뷰의 배경 이미지

뷰의 background 속성은 배경색을 설정하거나 이미지 파일을 설정할 때 사용합니다. 그런데 이미지를 배경으로 설정하면 그 이미지는 아무런 변화가 없습니다. 예를 들어 버튼의 배경으로 이미지를 설정하면 버튼이 눌리거나 눌리지 않았을 때를 구분할 수 있어야 하는데 동일한 이미지가 보여 구분이 되지 않는 문제가 생깁니다. 만약 버튼이 눌렸을 때 눌린 이미지가 보이게 하고 싶다면 어떻게 할까요? 드로어블(Drawable)을 사용하면 됩니다. 드로어블은 상태에 따라 그래픽이나 이미지가 선택적으로 보이게 할 수 있게 해줍니다.

본격적인 실습을 진행해 보겠습니다. SampleDrawable이라는 이름의 새로운 프로젝트를 만듭니다. 그런 다음 activity_main.xml 파일을 열어 화면에서 가운데 있는 텍스트뷰를 삭제하고 새 버튼을 화면 한가운데에 추가하세요. 이미지 파일은 책에서 제공되는 두 개의 이미지 파일을 사용합니다. 하나는 finger.png이고 다른 하나는 finger_pressed.png입니다. 여러분이 직접 다른 이미지 파일 두 개를 만들어 사용해도 됩니다. 두 이미지 파일을 /app/res/ drawable 폴더에 복사하세요.

> 만약 윈도우 파일 탐색기에서 복사한다면 /app/src/ main/res/drawable 폴더에 복사해야 합니다.

이제 복사한 이미지를 화면 중앙에 추가한 버튼의 배경으로 설정하겠습니다. 버튼이 선택된 상태에서 오른쪽 속성 창을 보면 background 속성을 찾습니다. 속성 입력창 오른쪽 끝에 있는 [...] 버튼(Pick a Resource)을 누르면 이미지를 선택할 수 있는 [Resource] 대화상자가 나타납니다.

대화상자 왼쪽의 탭 항목 중에서 가장 위쪽에 있는 [Drawable] 탭이 선택되어 있습니다. [Drawable] 탭은 이미지나 드로어블을 선택할 때 사용되는 탭으로 오른쪽에는 Project, android 폴더 등으로 나누어져 있습니다. Project 폴더는 여러분이 만든 프로젝트에 포함된 이미지나 드로어블을 가리키며, android 폴더는 안드로이드 기본 API에 포함된 이미지나 드로어블을 가리킵니다. Project 폴더 안에 넣은 finger 이미지를 선택한 후 [OK] 버튼을 누르면 버튼의 배경 이미지로 설정됩니다.

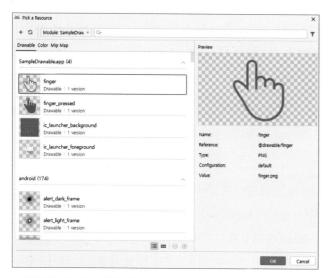

▲ 이미지를 선택할 수 있는 대화상자

그런 다음 버튼의 text 속성 창에서 Button이라는 글자를 삭제하세요. 그래야 이미지만 보이는 버튼이 됩니다. text 속성의 값을 삭제한 후 에뮬레이터로 실행하면 다음과 같은 화면이 나타납니다.

▲ 버튼의 배경으로 이미지가 설정된 결과

앱이 실행되면 이미지 버튼이 나타납니다. 하지만 버튼을 눌러도 모양은 그대로 유지됩니다. 그래서 버튼이 아니라 이미지뷰처럼 느껴지죠. 이제 드로어블을 사용해서 버튼이 눌렸을 때 다른 이미지가 보이도록 만들겠습니다.

드로어블

드로어블은 뷰에 설정할 수 있는 객체이며 그 위에 그래픽을 그릴 수 있습니다. 그래픽은 흔히 원이나 선을 그리는 것을 말하죠. 이런 작업은 보통 소스 코드에서 작성하게 됩니다. 하지만 소스 코드가 아닌 XML로 그래픽을 그릴 수 있다면 좀 더 편리할 겁니다.

드로어블 XML 파일은 이미지를 버튼 배경으로 설정한 것처럼 /app/res/drawable 폴더 안에 넣어 버튼(뷰)의 배경으로 설정할 수 있습니다. 즉, drawable 폴더 안에 이미지가 아닌 XML 파일이 들어가 이미지처럼 설정되는 것이죠.

드로어블에는 이미지 파일을 보여줄 때 사용하는 비트맵 드로어블(BitmapDrawable), 상태별로 다른 그래픽을 참조할 수 있는 상태 드로어블(StateListDrawable), 두 개의 드로어블이 서로 바뀌도록 만들 수 있는 전환 드로어블(TransitionDrawable), 색상과 그러데이션을 포함하여 도형 모양을 정의할 수 있는 셰이프 드로어블(ShapeDrawable) 등이 있습니다. 지정한 거리만큼 안쪽으로 들어오도록 만들 수 있는 인셋 드로어블(InsetDrawable)이나 다른 드로어블을 클리핑하는 클립 드로어블(ClipDrawable), 다른 드로어블의 크기를 바꿀 수 있는 스케일 드로어블(ScaleDrawable)도 있죠.

드로어블	설명
비트맵 드로어블(BitmapDrawable)	이미지 파일을 보여줄 때 사용함 비트맵 그래픽 파일(png, jpg, gif 등)을 사용해서 생성함
상태 드로어블(StateListDrawable)	상태별로 다른 비트맵 그래픽을 참조함
전환 드로어블(TransitionDrawable)	두 개의 드로어블을 서로 전환할 수 있음
셰이프 드로어블(ShapeDrawable)	색상과 그러데이션을 포함하여 도형 모양을 정의할 수 있음
인셋 드로어블(InsetDrawable)	지정된 거리만큼 다른 드로어블을 들어서 보여줄 수 있음
클립 드로어블(ClipDrawable)	레벨 값을 기준으로 다른 드로어블을 클리핑할 수 있음
스케일 드로어블(ScaleDrawable)	레벨 값을 기준으로 다른 드로어블의 크기를 변경할 수 있음

다양한 기능의 드로어블이 있지만 앱을 만들 때 가장 많이 사용하는 드로어블은 상태 드로어블과 셰이프 드로어블입니다.

상태 드로어블 만들기

상태 드로어블은 뷰의 상태에 따라 뷰에 보여줄 그래픽을 다르게 지정할 수 있습니다. 왼쪽 프로젝트 창에서 /app/res/drawable 폴더를 선택한 후 마우스 오른쪽 버튼을 누릅니다. 메뉴가 보이면 [New → Drawable resource file]을 선택합니다. 이 메뉴는 새로운 드로어블 XML 파일을 만들 수 있게 도와줍니다. [New Resource File] 대화상자의 File name:에 finger_drawable.xml을 입력하고 [OK] 버튼을 누릅니다.

▲ 새로운 드로어블 XML을 만들기 위한 대화상자

finger_drawable.xml 파일 안에서 〈selector〉 태그를 확인할 수 있습니다. 최상위 태그인 〈selector〉 태그 안에는 〈item〉 태그를 넣을 수 있으며 〈item〉 태그의 drawable 속성에는 이미지나 다른 그래픽을 설정하여 화면에 보여줄 수 있습니다. state_로 시작하는 속성은 상태를 나타내는데 간단한 예로 state_pressed 속성은 눌린 상태를 의미하고 state_focused는 포커스를 받은 상태를 의미합니다.

finger_drawable.xml 파일 안의 소스 코드를 다음과 같이 수정합니다.

참조파일 SampleDrawable〉/app/res/drawable/finger_drawable.xml

```xml
<?xml version="1.0" encoding="utf-8"?>
<selector xmlns:android="http://schemas.android.com/apk/res/android">

  <item android:state_pressed="true"
        android:drawable="@drawable/finger_pressed" />

  <item android:drawable="@drawable/finger" />

</selector>
```

상태 속성이 설정되지 않은 〈item〉 태그에는 drawable 속성 값으로 @drawable/finger를 입력했습니다. 이렇게 하면 finger.png 이미지가 보이게 됩니다. state_pressed라는 상태 속성이 설정된 〈item〉 태그에는 drawable 속성 값으로 @drawable/finger_pressed를 입력했습니다. 이 이미지는 뷰가 눌렸을 때 보이게 됩니다.

이렇게 만든 XML 파일은 뷰의 background 속성으로 설정할 수 있습니다. activity_main.xml 파일에서 버튼을 선택한 후 background 속성의 값을 @drawable/finger_drawable로 변경합니다.

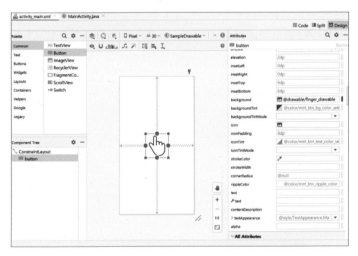

▲ background 속성의 값을 @drawable/finger_drawable로 변경한 경우

이제 앱을 실행하여 버튼을 눌러보세요. 그러면 배경 이미지가 바뀌는 것을 확인할 수 있습니다.

▲ 버튼이 눌린 경우와 버튼에서 손을 뗀 경우

셰이프 드로어블 만들기

이번에는 XML로 도형을 그릴 수 있게 해주는 셰이프 드로어블을 만들어 보겠습니다. 왼쪽 프로젝트 창에서 /app/res/drawable 폴더를 선택한 후 마우스 오른쪽 버튼을 눌러 [New → Drawable resource file] 메뉴를 누릅니다. 대화상자가 보이면 File name:에 rect_drawable.xml을 입력하고 [OK] 버튼을 눌러 새로운 파일을 만듭니다. rect_drawable.xml 파일이 열리면 다음과 같이 소스 코드를 수정합니다.

참조파일 SampleDrawable>/app/res/drawable/rect_drawable.xml

```xml
<?xml version="1.0" encoding="utf-8"?>
<shape xmlns:android="http://schemas.android.com/apk/res/android"
    android:shape="rectangle">

    <size android:width="200dp" android:height="120dp"/>
    <stroke android:width="1dp" android:color="#0000ff"/>
    <solid android:color="#aaddff" />
    <padding android:bottom="1dp" />

</shape>
```

이때 최상위 태그는 ⟨selector⟩ 태그에서 ⟨shape⟩ 태그로 변경했으며 shape라는 속성을 추가하여 속성 값으로 rectangle을 입력했습니다. 이렇게 하면 사각형을 그릴 수 있습니다. 만약 shape 속성에 oval을 입력하면 타원을 그릴 수 있습니다. ⟨shape⟩ 속성 안에 있는 ⟨size⟩ 태그는 도형의 크기를 지정하는 태그로 여기서는 가로가 200dp, 세로가 120dp로 설정되었습니다. ⟨stroke⟩ 태그는 테두리 선의 속성을 지정할 수 있으며 width는 선의 굵기, color는 선의 색상을 설정할 때 사용됩니다. ⟨solid⟩ 태그는 도형의 안쪽을 채울 때 사용합니다. ⟨padding⟩ 태그는 테두리 안쪽 공간을 띄우고 싶을 때 사용합니다. 여기서는 bottom 속성을 사용해 아래쪽에만 padding 속성을 부여했습니다.

이제 rect_drawable.xml 파일을 이용하여 도형을 화면에 표시할 차례입니다. activity_main.xml 파일을 열고 디자인 화면에서 새 버튼을 가운데 있는 버튼의 아래쪽에 배치하세요. 이때 버튼의 background 속성을 @drawable/rect_drawable로 설정하고 backgroundTint 속성 값은 #00000000, backgroundTintMode 속성 값은 Add로 설정하면 버튼의 모양이 바뀌는 것을 확인할 수 있습니다.

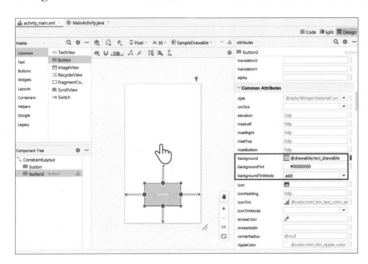

▲ 새로 추가한 버튼의 background 속성
값을 @drawable/rect_drawable로 변
경한 경우

이번에는 앱의 배경색을 바꿔볼까요? 앱의 배경색에 그러데이션 효과를 주고 싶다면 ⟨gradient⟩ 태그를 사용하면 됩니다. /app/res/drawable 폴더 안에 back_drawable.xml 파일을 만들고 다음과 같이 입력해 보세요.

참조파일 SampleDrawable⟩/app/res/drawable/back_drawable.xml

```xml
<?xml version="1.0" encoding="utf-8"?>
<shape xmlns:android="http://schemas.android.com/apk/res/android">

    <gradient
        android:startColor="#7288DB"
        android:centerColor="#3250B4"
        android:endColor="#254095"
        android:angle="90"
        android:centerY="0.5"
    />

    <corners android:radius="2dp" />

</shape>
```

〈shape〉 태그 안에 〈gradient〉 태그를 넣으면 그러데이션이 만들어집니다. startColor에는 시작 부분의 색상, centerColor에는 가운데 부분의 색상, endColor에는 끝 부분의 색상을 지정할 수 있습니다. 이렇게 하면 위쪽에서부터 아래쪽으로 색상이 바뀌는 그러데이션 모양이 생깁니다.

activity_main.xml 파일을 열고 디자인 화면의 좌측 하단에 있는 Component Tree 창에서 최상위 레이아웃인 ConstraintLayout을 선택합니다. 그리고 오른쪽 속성 창에서 background 속성 값을 @drawable/back_drawable로 설정합니다.

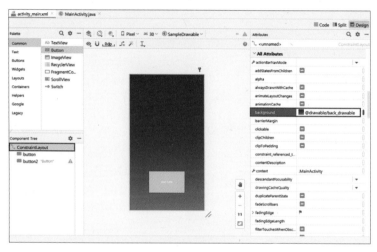

▲ 최상위 태그의 background 속성 값을 @drawable/rect_drawable로 변경한 경우

최상위 태그의 background 속성을 설정하면 화면 전체의 배경이 바뀌게 됩니다. 화면 전체의 배경이 그러데이션으로 바뀌니 앱의 분위기가 많이 달라진 것을 느낄 수 있습니다.

이번에는 버튼의 배경을 투명하게 만들어 테두리만 있는 버튼을 만들어 보겠습니다. 앱 화면을 좀 더 간결하게 보이도록 만들 때는 버튼 테두리만 보이게 만드는 방법을 많이 사용합니다. 이때는 드로어블을 만들어 배경으로 설정하면 됩니다. 만약 버튼의 테두리만 보이는 드로어블을 만들고 싶다면 도형 안쪽은 투명하게 채우고 테두리 선에만 색상을 지정하면 됩니다.

〈layer-list〉 태그를 사용하면 여러 개의 그래픽을 하나의 XML 파일에 넣을 수도 있습니다. 하나의 그래픽으로 정의할 것인지 아니면 여러 개의 그래픽으로 정의할 것인지는 선택의 문제입니다. 하지만 여러 개의 그래픽으로 나누어서 중첩시키면 좀 더 예쁜 배경을 만들 수 있습니다.

이제 테두리만 있는 버튼을 만들어 보겠습니다. /app/res/drawable 폴더에 border_drawable.xml이라는 새로운 XML 파일을 만들어 다음을 입력해 보세요.

```xml
<?xml version="1.0" encoding="utf-8"?>
<layer-list xmlns:android="http://schemas.android.com/apk/res/android">

  <item>
    <shape android:shape="rectangle">
      <stroke android:width="1dp" android:color="#BE55DA" />
      <solid android:color="#00000000" />
      <size android:width="200dp" android:height="100dp" />
    </shape>
  </item>

  <item android:top="1dp" android:bottom="1dp"
        android:right="1dp" android:left="1dp">
    <shape android:shape="rectangle">
      <stroke android:width="1dp" android:color="#FF55DA" />
      <solid android:color="#00000000" />
    </shape>
  </item>

</layer-list>
```

〈layer-list〉 태그 안에는 두 개의 〈item〉 태그가 있습니다. 첫 번째 〈item〉 태그는 〈shape〉 태그를 포함하고 있고 〈shape〉 태그 속성 값으로 rectangle을 지정하여 사각형을 그렸습니다. 두 번째 〈item〉 태그에는 top, bottom, right, left 속성을 지정했습니다. 이 값은 뷰의 테두리 선으로부터 바깥으로 얼마만큼 공간을 띄울 것인지 정합니다. 〈shape〉 태그 안에 있는 〈stroke〉 태그는 테두리 선과 관련 있는 태그입니다. 이 태그의 color 속성 값을 각각 다르게 넣어 테두리 색상을 서로 다르게 표시했습니다. 마지막으로 〈solid〉 태그의 color 속성 값으로 #0000000을 설정해 뷰의 안쪽 공간을 투명하게 만들었습니다.

드로어블을 만들었으니 이제 화면에 추가할 차례입니다. activity_main.xml 파일을 연 다음 디자인 화면에서 가운데 버튼의 위쪽에 새로운 버튼을 추가하세요. 그런 다음 버튼의 background 속성 값을 @drawable/border_drawable로 설정하고 backgroundTint 속성 값은 #00000000, backgroundTint-Mode 속성 값은 Add로 설정하세요. 그러면 다음과 같은 디자인 화면을 볼 수 있습니다.

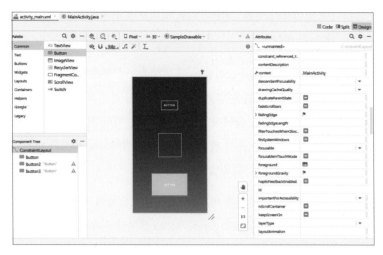

▲ 새로 추가한 버튼의 background 속성 값을 @drawable/border_drawable로 설정한 경우

이렇게 드로어블은 이미지나 그래픽을 사용해서 좀 더 다양한 효과를 줄 수 있어 실제 앱을 만들 때도 자주 사용합니다.

03-3
이벤트 처리 이해하기

윈도우 화면에서 마우스로 왼쪽 버튼으로 폴더를 더블 클릭하면 폴더가 열리고 바탕화면에서 마우스 오른쪽 버튼을 누르면 메뉴가 펼쳐지는 등의 기능은 마우스 클릭에 대한 이벤트를 처리해야 구현할 수 있습니다. 안드로이드도 마찬가지입니다. 사용자의 화면 터치에 대한 이벤트를 처리해야 여러 기능을 구현할 수 있습니다.

이벤트 처리 방식

안드로이드의 이벤트는 윈도우의 이벤트와 조금 다릅니다. 윈도우는 주로 마우스, 키보드로 조작하지만 안드로이드는 손가락 터치 방식으로 조작하기 때문입니다. 그리고 손가락으로 화면을 터치하면 '터치 이벤트(Touch Event)'가 발생합니다. 이 밖의 안드로이드 폰의 주요 이벤트로는 실제 버튼이나 소프트 키패드를 누르면 발생하는 '키 이벤트(Key Event)'도 있습니다.

아무튼 터치 이벤트는 가장 많이 사용되는 이벤트이기 때문에 어떻게 처리하는지 정확하게 이해하는 것이 중요합니다. 그런데 터치 이벤트는 생각보다 복잡합니다. 손가락으로 누를 때, 누른 상태에서 움직일 때, 누른 상태에서 뗄 때 모두 다르게 처리해야 하죠. 그래서 터치 이벤트를 쉽게 처리할 수 있도록 '클릭 이벤트(Click Event)'를 별도로 제공합니다.

예를 들어, 버튼 태그에 onClick 속성을 추가하면 버튼을 클릭했을 때 발생하는 이벤트를 처리할 수 있습니다. 이 속성 값에 소스 코드에서 정의할 메서드 이름을 넣으면 되죠. 이렇게 하면 버튼에 발생하는 클릭 이벤트를 속성 값에 지정한 메서드로 전달할 수 있습니다. 사실 이 방식은 이미 여러분이 첫째 마당에서 사용했던 방식입니다. XML이 아니라 소스 코드에서 클릭 이벤트를 처리하도록 하려면 버튼의 setOnClickListener 메서드를 이용해 리스너를 설정할 수 있습니다.

이와 같은 이벤트 처리 방식은 화면에서 발생하는 이벤트를 버튼과 같은 위젯 객체에 전달한 후 그 이후의 처리 과정을 버튼에 위임한다고 해서 '위임 모델(Delegation Model)'이라고 부릅니다. 코드를 만들 때 사용하는 이 패턴은 각각의 뷰마다 하나의 이벤트 처리 루틴을 할당해 줍니다. 이렇게 하면 이벤트를 이벤트 루프에서 받아 처리할 때처럼 코드가 복잡해지지 않고 이벤트를 위젯마다 개별적으로 처리하는 객체 지향 코드를 만들 수 있습니다. 위임 모델은 각각의 이벤트를 처리할 수 있는 리스너(Listener) 인터페이스를 등록할 수 있도록 합니다. OnClickListener는 이벤트가 발생하면 즉시 동작할 수 있도록 만들어주는 리스너 중 하나입니다. 다음은 OnClickListener 사용 방식을 다이어그램으로 표현한 것입니다.

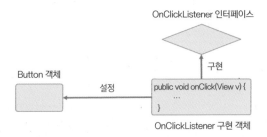

▲ 버튼에 OnClickListener를 설정할 때의 패턴

이 패턴처럼 다른 이벤트도 리스너 객체를 하나 만들어 설정하면 손쉽게 처리할 수 있습니다. 다음은 대표적인 이벤트 처리 메서드입니다. 이벤트가 전달되면 이 메서드들이 자동으로 호출되므로 이 메서드의 파라미터로 전달되는 이벤트 객체를 이용하면 필요한 작업을 수행할 수 있습니다.

[Code]

```
boolean onTouchEvent (MotionEvent event)
boolean onKeyDown (int keyCode, KeyEvent event)
boolean onKeyUp (int keyCode, KeyEvent event)
```

사용자가 화면을 터치하거나 키패드의 키를 하나 누르면 앞서 살펴보았던 이벤트가 발생하고 파라미터로 필요한 정보들이 전달됩니다. 터치했을 때 발생하는 이벤트는 MotionEvent라 불리며 키를 입력했을 때는 KeyEvent가 전달됩니다. 따라서 위와 같은 이벤트 처리 메서드들을 정의하면 이벤트가 전달될 때마다 처리할 수 있습니다.

그런데 이 메서드들은 뷰를 상속하여 새로운 클래스를 정의할 때 재정의할 수 있습니다. 예를 들어, Button 클래스를 상속하여 MyButton과 같은 새로운 클래스를 만들면 이 메서드들을 재정의할 수 있습니다. 만약 새로운 뷰를 정의하지 않고 기존의 뷰 객체에서 이벤트를 처리하려면 리스너를 설정하는 메서드를 호출해야 합니다. 다음은 기존의 뷰 클래스를 그대로 사용하면서 그 객체에 설정하여 사용하는 메서드들을 정의한 것이며, 모두 리스너 인터페이스를 구현하도록 만들어져 있습니다.

[Code]

```
View.OnTouchListener : boolean onTouch (View v, MotionEvent event)
View.OnKeyListener : boolean onKey (View v, int keyCode, KeyEvent event)
View.OnClickListener : void onClick (View v)
View.OnFocusChangeListener : void onFocusChange (View v, boolean hasFocus)
```

OnClickListener의 경우에는 버튼과 같은 객체에 자주 사용되지만 OnTouchListener는 버튼뿐만 아니라 일반적인 뷰 객체에도 사용할 수 있습니다. 따라서 사용자와의 상호작용이 필요한 경우 훨씬 더 많이 사용됩니다. OnTouchListener에 정의된 onTouch 메서드는 사용자가 손가락으로 터치할 때마다 발생되는 이벤트를 받아 처리할 수 있으며, OnKeyListener에 정의된 onKey 메서드는 키 입력이 발생할 때마다 발생되는 이벤트를 받아 처리합니다. 뷰에 포커스가 주어지거나 없어질 경우에 발생하는 FocusChange 이벤트는 OnFocusChangeListener를 사용해 처리합니다. 대표적인 이벤트를 유형대로 정리하면 다음과 같습니다.

속성	설명
터치 이벤트	화면을 손가락으로 누를 때 발생하는 이벤트
키 이벤트	키패드나 하드웨어 버튼을 누를 때 발생하는 이벤트
제스처 이벤트	터치 이벤트 중에서 스크롤과 같이 일정 패턴으로 구분되는 이벤트
포커스	뷰마다 순서대로 주어지는 포커스
화면 방향 변경	화면의 방향이 가로와 세로로 바뀜에 따라 발생하는 이벤트

터치 이벤트는 사용자가 손가락으로 화면을 터치할 때마다 발생하는 이벤트인데 이 중에서 일정한 패턴, 즉 손가락으로 좌우로 스크롤할 때와 같은 패턴을 '제스처(Gesture)'라고 합니다. 이러한 제스처 이벤트는 터치 이벤트를 받은 후에 추가적인 확인을 거쳐 만들어지므로 일반적인 터치 이벤트보다 더 간단하게 처리할 수 있습니다. 다시 말해, 손으로 눌러 움직이는 스크롤도 하나의 이벤트로 만들어져 하나의 메서드에서 처리되므로 복잡한 이벤트를 좀 더 쉽게 처리할 수 있습니다. 다음은 제스처 이벤트를 통해 처리할 수 있는 이벤트입니다.

메서드	이벤트 유형
onDown()	화면이 눌렸을 경우
onShowPress()	화면이 눌렸다 떼어지는 경우
onSingleTapUp()	화면이 한 손가락으로 눌렸다 떼어지는 경우
onSingleTapConfirmed()	화면이 한 손가락으로 눌려지는 경우
onDoubleTap()	화면이 두 손가락으로 눌려지는 경우
onDoubleTapEvent()	화면이 두 손가락으로 눌려진 상태에서 떼거나 이동하는 등 세부적인 액션을 취하는 경우
onScroll()	화면이 눌린 채 일정한 속도와 방향으로 움직였다 떼는 경우
onFling()	화면이 눌린 채 가속도를 붙여 손가락을 움직였다 떼는 경우
onLongPress()	화면을 손가락으로 오래 누르는 경우

▲ 제스처 이벤트를 통해 처리할 수 있는 이벤트 유형

제스처 이벤트로 처리할 수 있는 유형을 보면 단순히 터치 이벤트를 처리할 때보다 좀 더 복잡한 기능을 쉽게 처리할 수 있습니다.

터치 이벤트 처리하기

터치 이벤트가 어떻게 동작하는지 살펴보기 위해 새로운 SampleEvent 프로젝트를 만듭니다. 그리고 activity_main.xml 파일을 열고 디자인 화면에서 최상위 레이아웃을 LinearLayout으로 변경합니다. LinearLayout이 세로 방향으로 뷰를 쌓도록 orientation 속성 값을 vertical로 설정합니다.

화면 안에 있던 텍스트뷰는 삭제하고 팔레트의 widgets에서 두 개의 View를, containers에서 한 개의 ScrollView를 추가하세요. 세 개의 뷰가 순서대로 공간을 차지하도록 추가하면 됩니다. 그런 다음 ScrollView 안에 들어 있는 LinearLayout 안에 TextView를 넣어 글자가 보이게 만듭니다. 세 개의 뷰를 추가했다면 layout_height 속성 값을 모두 0dp로 설정하고 layout_weight 속성 값은 1로 설정합니다. 그러면 세 개의 뷰가 세로 방향으로 공간을 3분할하여 나눠 갖게 됩니다.

> 정박사의 조 언 **ScrollView 안에 LinearLayout이 보이지 않나요?**
>
> 왼쪽 팔레트에서 ScrollView를 끌어다 놓았을 때 왼쪽 아래의 Component Tree에 ScrollView만 표시되고 그 안에 있는 LinearLayout은 표시되지 않는 경우가 있습니다. 이 경우에는 팔레트와 Component Tree 창 사이에 있는 구분선을 약간 끌어당기면 Component Tree가 새로 고침이 되면서 제대로 표시되기도 합니다.

이어서 뷰 각각의 배경색을 설정하기 위해 오른쪽 속성 창에서 background 속성을 찾은 후 속성의 왼쪽에 있는 버튼을 눌러 대화상자를 띄웁니다. 대화상자의 위쪽에 보이는 탭 중에서 [Custom] 탭을 누르면 색상을 선택할 수 있습니다. 연속된 색상이 보이는 위쪽에서는 색상을 지정할 수 있고 아래쪽에는 자주 사용하는 색상을 표시합니다.

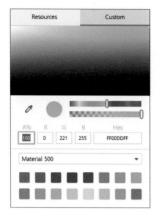

▲ 색상 선택 대화상자

위쪽의 뷰에는 연한 파란색, 그 아래에 있는 뷰에는 연한 주황색, 그리고 마지막 뷰에는 흰색을 배경색으로 설정합니다. 이렇게 세 개의 뷰에 모두 색상을 설정하면 다음과 같은 화면이 됩니다.

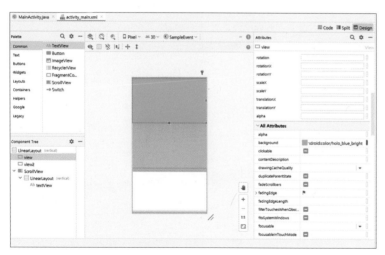

▲ 터치 이벤트를 확인하려고 만든 화면 레이아웃

TextView의 text 속성 값은 삭제하여 가장 아래쪽에 보이는 글자는 없애줍니다. 첫 번째 뷰의 id 속성 값으로는 view, 두 번째 뷰의 id 속성 값으로는 view2가 설정되어 있는지 확인합니다. XML 레이아웃을 완성했다면 MainActivity.java 파일을 열고 다음 코드를 차근차근 입력합니다.

```java
public class MainActivity extends AppCompatActivity {
    TextView textView;

    @Override
    protected void onCreate(Bundle savedInstanceState) {
        super.onCreate(savedInstanceState);
        setContentView(R.layout.activity_main);

        textView = findViewById(R.id.textView);

        View view = findViewById(R.id.view);
        view.setOnTouchListener(new View.OnTouchListener() {
            @Override
            public boolean onTouch(View view, MotionEvent motionEvent) {
                int action = motionEvent.getAction();

                float curX = motionEvent.getX();
                float curY = motionEvent.getY();

                if (action == MotionEvent.ACTION_DOWN) {
                    println("손가락 눌림 : " + curX + ", " + curY);
                } else if (action == MotionEvent.ACTION_MOVE) {
                    println("손가락 움직임 : " + curX + ", " + curY);
                } else if (action == MotionEvent.ACTION_UP) {
                    println("손가락 뗌 : " + curX + ", " + curY);
                }

                return true;
            }
        });
    }

    public void println(String data) {
        textView.append(data + "\n");
    }
}
```

화면 위쪽에 배치한 뷰(view)를 findViewById 메서드로 찾아 참조한 후 setOnTouchListener 메서드를 호출하여 리스너를 등록합니다. 이 메서드를 호출할 때 파라미터로 리스너 객체를 전달하는데, new 연산자를 이용해 OnTouchListener 객체를 생성하면서 전달합니다. 그러면 뷰가 터치되었을 때 이 리스너 객체의 onTouch 메서드가 자동으로 호출됩니다.

onTouch 메서드로는 MotionEvent 객체가 파라미터로 전달됩니다. 이 객체에는 액션 정보나 터치한 곳의 좌표 등이 들어 있습니다. 액션 정보는 getAction 메서드로 확인할 수 있으며 손가락이 눌렸는지 눌린 상태로 움직이는지, 또는 손가락이 떼졌는지를 알 수 있도록 합니다. getAction 메서드를 호출하면 정수 자료형의 값이 반환되는데 그 값과 MotionEvent 클래스에 정의된 상수 값을 비교하면 손가락이 눌렸거나 눌린 상태로 움직이거나 또는 떼졌을 때의 상태를 알 수 있습니다.

```
MotionEvent.ACTION_DOWN  →  손가락이 눌렸을 때
MotionEvent.ACTION_MOVE  →  손가락이 눌린 상태로 움직일 때
MotionEvent.ACTION_UP  →  손가락이 떼졌을 때
```

이 값은 if ~ else if ~ else 구문으로 비교할 수 있고 switch ~ case 구문으로 비교할 수도 있습니다. 여기서는 텍스트뷰에 한 줄씩 터치한 좌표를 출력하도록 하고 있습니다. 화면의 가장 아래쪽에 추가한 텍스트뷰에 글자를 추가하면서 보여주도록 하는 기능은 println이라는 이름의 함수로 만들어 두었습니다. 따라서 이 함수를 호출하기만 하면 파라미터로 전달된 글자를 텍스트뷰에 추가하여 보여줄 수 있습니다.

앱을 실행한 후 가장 위쪽에 있는 뷰를 터치한 채로 움직여보면 가장 아래쪽에 있는 텍스트뷰에 글자가 찍히는 것을 볼 수 있습니다.

▲ 가장 위쪽에 있는 뷰를 터치했을 때 보이는 결과

이 예제를 통해 손가락의 상태를 구별할 수 있고 손가락이 어느 위치에 있는지를 확인할 수 있다는 것을 알았습니다. 이 예제를 사용하면 손가락이 움직일 때 사진이 따라서 움직이도록 만들 수도 있으며, 손가락의 움직임에 따라 선을 그리도록 만들 수도 있습니다. 이런 내용에 대해서는 나중에 다시 살펴볼 것입니다.

제스처 이벤트 처리하기

제스처 이벤트는 터치 이벤트 중에서 스크롤 등을 구별한 후 알려주는 이벤트입니다. 제스처 이벤트를 처리해주는 클래스는 GestureDetector이며, 이 객체를 만들고 터치 이벤트를 전달하면 GestureDe-tector 객체에서 각 상황에 맞는 메서드를 호출합니다. 화면에 추가했던 두 번째 뷰를 터치했을 때 제스처 이벤트로 처리하도록 onCreate 메서드 안에 다음 코드를 추가합니다.

참조파일 SampleEvent>/app/java/org.techtown.sampleevent/MainActivity.java

```
public class MainActivity extends AppCompatActivity {
    TextView textView;

    GestureDetector detector;        ❶ 제스처 디텍터 객체 선언
    중략...
                } else if (action == MotionEvent.ACTION_UP) {
                    println("손가락 뗌 : " + curX + ", " + curY);
                }

                return true;
            }
        });

    detector = new GestureDetector(this, new GestureDetector.OnGestureListener() {

        @Override
        public boolean onDown(MotionEvent motionEvent) {
            println("onDown() 호출됨.");

            return true;
        }

        @Override
        public void onShowPress(MotionEvent motionEvent) {
            println("onShowPress() 호출됨.");
        }

        @Override
        public boolean onSingleTapUp(MotionEvent motionEvent) {
            println("onSingleTapUp() 호출됨.");

            return true;
        }

        @Override
        public boolean onScroll(MotionEvent motionEvent, MotionEvent motionEvent1,
```

앞에서 작성한 코드입니다. 위와 아래에 코드를 추가 하세요!

```
                              float v, float v1) {
            println("onScroll() 호출됨 : " + v + ", " + v1);

            return true;
        }

        @Override
        public void onLongPress(MotionEvent motionEvent) {
            println("onLongPress() 호출됨.");
        }

        @Override
        public boolean onFling(MotionEvent motionEvent, MotionEvent motionEvent1,
                              float v, float v1) {
            println("onFling() 호출됨 : " + v + ", " + v1);

            return true;
        }
    });

    View view2 = findViewById(R.id.view2);
    view2.setOnTouchListener(new View.OnTouchListener() {  ──→ ❷ 뷰를 터치했을 때 발생하는 터치
        @Override                                                이벤트를 제스처 디텍터로 전달
        public boolean onTouch(View view, MotionEvent motionEvent) {
            detector.onTouchEvent(motionEvent);
            return true;
        }
    });
```

중략…

두 번째 뷰(view2)에는 OnTouchListener 객체를 설정하고 있습니다. 따라서 두 번째 뷰 객체를 터치했을 때는 자동으로 onTouch 메서드가 호출됩니다. 그리고 onTouch 메서드 안에서는 GestureDe-tector 객체의 onTouchEvent 메서드를 호출하면서 MotionEvent 객체를 전달합니다. 이렇게 하면 GestureDetector 객체가 터치 이벤트를 처리한 후 GestureDetector 객체에 정의된 메서드를 호출합니다. 제스처 이벤트 중에서 대표적인 것이 스크롤(Scroll)과 플링(Fling)인데 스크롤은 손가락으로 드

래그하는 경우를 말하고 플링은 빠른 속도로 스크롤을 하는 것을 말합니다. 따라서 스크롤은 이동한 거리 값이 중요하게 처리되며, 플링은 이동한 속도 값이 중요하게 처리됩니다.

여러분이 마우스 포인터의 위치 변화를 일일이 계산하기는 쉽지 않습니다. 그래서 GestureDetector 객체는 이런 이벤트를 간단하게 처리할 수 있도록 거리나 속도의 값을 파라미터로 전달합니다. 그 외에도 오랫동안 손가락으로 누르고 있을 때 호출되는 onLongPress를 확인할 수 있습니다. 이 앱을 실행한 후 두 번째 뷰 위에서 빠른 속도로 드래그하거나 한 부분을 오랫동안 누르고 있다가 떼면 다음과 같은 화면을 볼 수 있습니다.

▲ 터치 이벤트를 제스처로 처리하는 화면

키 이벤트 처리하기

키 입력은 onKeyDown 메서드를 재정의하여 처리할 수 있습니다. onKeyDown 메서드로 전달되는 파라미터는 두 개이며, KeyCode는 어떤 키가 사용되는지 구별할 때 사용되고 KeyEvent는 키 입력 이벤트에 대한 정보를 알고 싶을 때 사용됩니다. 이러한 키 입력 이벤트는 하드웨어 키보드나 소프트 키패드에 상관없이 동일한 이벤트로 전달되며 시스템 버튼 중의 하나인 [BACK] 버튼도 이 이벤트로 처리할 수 있습니다. 시스템 버튼은 단말 아래쪽에 보이는 버튼으로 앱과 관계없이 단말에 의해 동작하며 그중에서 이전 화면으로 돌아가거나 작업을 취소하는 목적으로 쓰이는 버튼이 [BACK] 버튼입니다. 나머지 두 개의 버튼은 [HOME] 버튼과 [Recent Apps] 버튼으로, 하나는 홈 화면으로 이동하는 데 사용되고 다른 하나는 최근에 실행된 앱 목록을 보여주는 데 사용됩니다. 이 두 개의 시스템 버튼은 앱에서 직접 제어는 안 되며 키가 입력되었는지 정보만 전달받을 수 있습니다.

[Reference]

boolean onKeyDown (int keyCode, KeyEvent event)
boolean onKey (View v, int keyCode, KeyEvent event)

두 번째 onKey 메서드는 뷰의 OnKeyListener 인터페이스를 구현할 때 사용됩니다. 다음은 keyCode 정수 값으로 구분할 수 있는 대표적인 키 값을 설명하고 있습니다.

키 코드	설 명
KEYCODE_DPAD_LEFT	왼쪽 화살표
KEYCODE_DPAD_RIGHT	오른쪽 화살표
KEYCODE_DPAD_UP	위쪽 화살표
KEYCODE_DPAD_DOWN	아래쪽 화살표
KEYCODE_DPAD_CENTER	[중앙] 버튼
KEYCODE_CALL	[통화] 버튼
KEYCODE_ENDCALL	[통화 종료] 버튼
KEYCODE_BACK	[뒤로 가기] 버튼
KEYCODE_VOLUME_UP	[소리 크기 증가] 버튼
KEYCODE_VOLUME_DOWN	[소리 크기 감소] 버튼
KEYCODE_0 ~ KEYCODE_9	숫자 0부터 9까지의 키 값
KEYCODE_A ~ KEYCODE_Z	알파벳 A부터 Z까지의 키 값

▲ 키를 눌렀을 때 전달되는 대표적인 키 값

실제 앱을 구성하면서 사용하는 키 입력의 대표적인 예는 카메라 미리보기를 하면서 사용하는 [카메라] 버튼과 시스템 [BACK] 버튼이 있습니다. 이 버튼들은 각각 KEYCODE_CAMERA와 KEYCODE_BACK으로 구분되는 코드 값을 가지고 있습니다. 시스템 [BACK] 버튼 이벤트는 onKeyDown 메서드를 사용하면 간단히 처리할 수 있습니다.

정박사의 조언 **시스템 [BACK] 키가 눌렸을 때의 간단하게 처리하는 방법이 뭘까요?**

시스템 [BACK] 키를 누르는 경우는 자주 사용되므로 onBackPressed 메서드만 다시 정의하면 간단하게 이벤트를 처리할 수도 있습니다.

[Reference]

void onBackPressed()

MainActivity.java 파일을 연 상태에서 MainActivity 클래스를 클릭한 후 마우스 오른쪽 버튼을 누릅니다. 팝업 메뉴가 보이면 [Generate... → Override Methods...] 메뉴를 선택합니다. 그리고 메서드를 재정의하는 대화상자가 보이면 onKeyDown 메서드를 선택한 후 [OK]를 누릅니다. onKeyDown 메서드가 MainActivity 클래스 안에 추가되면 다음과 같이 코드를 입력합니다.

참조파일 SampleEvent>/app/java/org.techtown.sampleevent/MainActivity.java

```
중략…

@Override
public boolean onKeyDown(int keyCode, KeyEvent event) {

    if(keyCode == KeyEvent.KEYCODE_BACK) {
        Toast.makeText(this, "시스템 [BACK] 버튼이 눌렸습니다.",
                    Toast.LENGTH_LONG).show();

        return true;
    }

    return false;
}

중략…
```

onKeyDown 메서드로 KEYCODE_BACK 이벤트를 확인하면 토스트 메시지가 표시되게 합니다. 앱을 실행하고 시스템 [BACK] 버튼을 누르면 토스트 메시지를 볼 수 있습니다.

▲ 시스템 [BACK] 버튼을 눌렀을 때 표시되는 토스트 메시지

단말 방향을 전환했을 때 이벤트 처리하기

앱을 만들면서 자주 마주하는 문제 중 하나가 단말을 세로/가로 방향으로 바꿨을 때 발생하는 방향 (Orientation) 전환 문제입니다. 단말의 방향이 바뀌었을 때는 가로와 세로 화면의 비율에 따라 화면이 다시 보이게 됩니다. 다시 말하면 XML 레이아웃이 다르게 보여야 하는 거죠. 이 때문에 액티비티는 메모리에서 없어졌다가 다시 만들어집니다.

보통 사용자는 세로 방향으로 보던 내용을 가로 방향으로 바꾸면 내용을 좀 더 크게 보거나 또는 왼쪽과 오른쪽에 좀 더 다양한 내용이 나타나길 바랍니다. 따라서 단말의 방향이 바뀌었을 때 세로 방향의 XML 레이아웃과 가로 방향의 XML 레이아웃을 따로 만들어 둘 필요가 있습니다. 어차피 방향 전환을 할 때 액티비티가 없어졌다가 다시 보이게 되니까 말이죠.

단말 방향을 바꿨을 때 서로 다른 XML 레이아웃을 보여주는 방법을 알아보기 위해 SampleOrientation이라는 이름의 새로운 프로젝트를 만듭니다. 그리고 왼쪽 프로젝트 창에서 res 폴더 아래에 새로운 폴더를 만듭니다. 새로운 폴더를 만들려면 res 폴더를 선택한 후 마우스 오른쪽 버튼을 누르고 [New → Android Resource Directory] 메뉴를 선택합니다. Directory name:에 layout-land를 입력하고 Resource type:은 layout을 선택합니다. [OK] 버튼을 누르면 새로운 리소스 폴더가 만들어집니다.

▲ res 폴더 안에 layout-land 리소스 폴더를 추가하기

그런데 새로 만든 폴더는 프로젝트 창에는 보이지 않습니다. 그 이유는 왼쪽 프로젝트 창은 실제 폴더나 파일을 보여주는 것이 아니라 필요한 정보만 정리해서 보여주기 때문입니다. 왼쪽 프로젝트 창 상단에서 [Project] 탭을 선택하면 프로젝트 안의 모든 파일을 원래대로 보여주기 때문에 다음과 같이 새로 만든 폴더를 확인할 수 있습니다. SampleOrientation/app/src/main/res 경로로 들어가면 layout-land 리소스 폴더가 추가되어 있습니다.

▲ 프로젝트 창에서 [Project] 탭을 선택한 경우

layout-land 폴더는 layout 폴더와 같은 역할을 하지만 단말이 가로 방향으로 보일 때는 layout-land 폴더 안에 들어 있는 XML 레이아웃 파일이 사용됩니다. 즉, layout 폴더의 activity_main.xml 파일은 단말이 세로 방향일 때 사용되고, layout-land 폴더의 activity_main.xml 파일은 단말이 가로 방향일 때 사용됩니다. 지금까지는 layout-land 폴더가 없었기 때문에 단말이 가로 방향이든 세로 방향이든 상관없이 layout 폴더의 XML 레이아웃 파일이 디폴트로 사용되었던 것입니다. layout-land 폴더의 이름은 미리 지정된 것입니다. 이 이름으로 된 폴더는 앱을 실행했을 때 단말에 의해 자동으로 확인된 후 단말을 가로 방향으로 돌리면 이 폴더 안에 들어 있는 레이아웃 파일을 우선적으로 적용합니다.

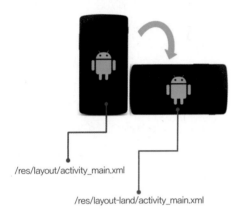

/res/layout/activity_main.xml

/res/layout-land/activity_main.xml

▲ 단말이 가로 방향일 때와 세로 방향일 때 다르게 로딩되는 XML 레이아웃 파일

layout 폴더 안에 있는 activity_main.xml 파일을 열고 가운데 들어 있는 TextView의 글자를 '세로 방향'으로 변경합니다. 글자 크기도 더 크게 바꾸기 위해 textSize 속성 값을 50sp로 설정합니다. 그리고 activity_main.xml 파일을 복사하여 layout-land 폴더에 넣은 후 글자는 '가로 방향'으로 변경합니다. 파일을 복사할 때는 프로젝트 창에서 activity_main.xml 파일을 선택한 후 Ctrl + C 버튼을 누릅니다. 그리고 layout 폴더가 선택된 상태에서 Ctrl + V 버튼을 누릅니다. 그러면 layout 또는 layout-land 폴더 중에서 선택하여 저장할 수 있습니다.

그런데 단말의 방향이 바뀔 때 액티비티를 메모리에서 없앴다가 다시 만든다고 했으니 그것도 함께 확인해 보겠습니다. MainActivity.java 파일을 열고 MainActivity 클래스 안에 커서를 둔 상태에서 마우스 오른쪽 버튼을 누릅니다. 팝업 메뉴가 보이면 [Generate... → Override Methods...] 메뉴를 눌러 메서드를 재정의하는 대화상자를 띄웁니다. 재정의할 메서드로 onStart, onStop, onDestroy를 모두 선택한 후 [OK] 버튼을 누릅니다. 이 메서드들이 추가되면 그 메서드가 호출되었을 때 토스트 메시지가 보이게 다음 소스 코드처럼 showToast 메서드를 각각 추가합니다. 이렇게 여러분이 직접 호출하는 것이 아니라 화면의 상태에 따라 시스템이 자동으로 호출해주는 메서드를 '수명 주기(Life Cycle)' 또는 '생명 주기 메서드'라고 부릅니다. 이 내용은 나중에 좀 더 자세하게 알아볼 것이므로 여기에서는 화면 상태에 따라 자동으로 호출된다고만 알아두면 됩니다.

```
중략...

public class MainActivity extends AppCompatActivity {

    @Override
    protected void onCreate(Bundle savedInstanceState) {
        super.onCreate(savedInstanceState);
        setContentView(R.layout.activity_main);
        showToast("onCreate 호출됨.");
    }

    @Override
    protected void onStart() {
        super.onStart();

        showToast("onStart 호출됨.");
    }

    @Override
    protected void onStop() {
        super.onStop();

        showToast("onStop 호출됨.");
    }

    @Override
    protected void onDestroy() {
        super.onDestroy();
        showToast("onDestroy 호출됨.");
    }

    public void showToast(String data) {
        Toast.makeText(this, data, Toast.LENGTH_LONG).show();
    }
}
```

토스트 메시지를 띄우는 코드가 반복해서 사용되므로 showToast 메서드를 새로 만들었습니다. 그리고 onCreate, onStart, onStop, onDestroy 메서드 안에서 showToast 메서드를 호출하여 토스트 메시지가 표시되도록 했습니다. 앱을 실행한 후 단말의 방향을 바꾸면 XML 레이아웃이 달라집니다. 그리고 액티비티도 없어졌다가 새로 만들어지는 것을 토스트 메시지로 확인할 수 있습니다. 액티비티는 화면에 보이기 전에 메모리에 만들어져야 하는데 그 시점에 onCreate 메서드가 호출됩니다. 그리고 화면에 보이기 전에 onStart 메서드가 호출됩니다. 화면이 보이다가 없어지면 onStop이 호출될 수 있으며, 메모리에서 없어지는 경우에는 onDestroy 메서드가 호출됩니다.

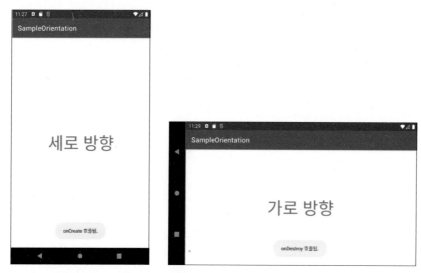

▲ 단말의 방향을 바꿨을 때 XML 레이아웃이 달라지고 액티비티가 새로 만들어짐

단말의 방향을 바꾸려면 에뮬레이터의 오른쪽에 보이는 아이콘 중에서 [Rotate left](◎)나 [Rotate right](◎) 아이콘을 사용합니다. 아이콘을 눌렀는데도 단말 방향이 바뀌지 않는다면 단말의 시스템 버튼들이 있는 곳을 자세히 보기 바랍니다. 시스템 버튼들 옆에 작은 회전 모양 아이콘이 보일 것입니다. 그 버튼까지 눌러주어야 단말 방향이 회전됩니다.

단말의 방향을 바꿨을 때 다른 화면이 보이게 하는 방법을 알아보았습니다. 그런데 한 가지 문제가 있습니다. 단말의 방향이 바뀔 때 액티비티가 메모리에서 없어졌다가 새로 만들어진다는 점입니다. 이 경우에 액티비티 안에 선언해 두었던 변수 값이 사라지므로 변수의 값을 저장했다가 다시 복원하는 방법이 있어야 합니다. 이런 문제를 해결할 수 있도록 onSaveInstanceState 콜백 메서드가 제공됩니다. 이 메서드는 액티비티가 종료되기 전의 상태를 저장합니다. 그리고 이때 저장한 상태는 onCreate 메서드가 호출될 때 전달되는 번들 객체로 복원할 수 있습니다.

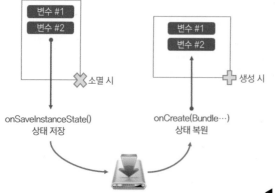

◀ 액티비티가 소멸되었다가 생성될 때의 상태 저장과 복원

상태를 저장했다가 복원하는 기능을 확인하기 위해 XML 레이아웃 파일에 에디트텍스트와 버튼을 추가합니다. 이 에디트텍스트에 글자를 넣고 버튼을 누르면

에디트텍스트는 팔레트의 Text 메뉴에서 Plain Text를 이용하여 만들면 됩니다.

MainActivity 클래스 안에 정의한 변수에 해당 글자를 할당할 것입니다. 그리고 단말의 방향을 돌리면 액티비티가 없어졌다가 새로 생성되므로 이때 변수의 값을 저장했다가 복원하게 합니다. XML 레이아웃 파일은 layout 폴더와 layout-land 폴더 안에 각각 들어 있으므로 두 폴더 안에 들어 있는 activity_main.xml 파일을 열고 에디트텍스트와 버튼을 각각 추가합니다.

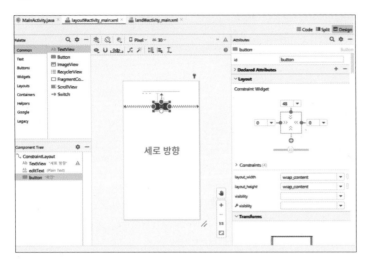

▲ activity_main.xml 파일에 에디트텍스트와 버튼을 추가한 모양

에디트텍스트에 들어 있는 'Name'이라는 글자는 text 속성을 찾아 삭제합니다. 그리고 버튼에는 '확인'이라는 글자가 보이도록 text 속성 값으로 '확인'을 입력합니다. layout 폴더 안에 있는 activity_main.xml 파일의 가운데 텍스트뷰 글자는 '세로 방향'으로 설정하고 layout-land 폴더 안에 있는 activity_main.xml 파일의 가운데 텍스트뷰 글자는 '가로 방향'으로 설정합니다. layout 폴더와 layout-land 폴더 안에 있는 activity_main.xml 파일을 모두 수정했다면 MainActivity.java 파일을 열고 onSaveInstanceState 메서드를 재정의합니다. 커서를 MainActivity 클래스 안에 둔 상태에서 마우스 오른쪽 버튼을 누르고 팝업 메뉴가 보이면 [Generate... → Override Methods...] 메뉴를 선택합니다. 대화상자가 보이면 onSaveInstanceState 메서드를 선택한 후 [OK] 버튼을 누릅니다. 이제 액티비티가 메모리에서 없어지기 전에 onSaveInstanceState 메서드 안에서 변수의 값을 저장하도록 만들 수 있습니다. 다음 소스 코드를 참조해서 수정합니다.

```
중략…

public class MainActivity extends AppCompatActivity {
    String name;

    EditText editText;

    @Override
    protected void onCreate(Bundle savedInstanceState) {
        super.onCreate(savedInstanceState);
        setContentView(R.layout.activity_main);

        showToast("onCreate 호출됨.");

        editText = findViewById(R.id.editText);

        Button button = findViewById(R.id.button);
        button.setOnClickListener(new View.OnClickListener() {
            @Override
            public void onClick(View view) {
                name = editText.getText().toString();
                showToast("입력된 값을 변수에 저장했습니다 : " + name);
            }
        });

        if (savedInstanceState != null) {
            name = savedInstanceState.getString("name");
            showToast("값을 복원했습니다 : " + name);

        }
    }

    중략…

    @Override
    protected void onSaveInstanceState(Bundle outState) {
        super.onSaveInstanceState(outState);

        outState.putString("name", name);
    }

    중략…
```

❶ 버튼을 클릭했을 때 사용자가 입력한 값을 name 변수에 할당

❷ 이 화면이 초기화될 때 name 변수의 값 복원

❸ name 변수의 값 저장

MainActivity 클래스 안에 name 변수를 선언했습니다. 사용자가 에디트텍스트에 글자를 입력하고 [확인] 버튼을 누르면 에디트텍스트에 입력한 글자를 가져와 이 변수에 할당합니다. setOnClickListener 메서드는 버튼에 리스너 객체를 설정할 때 사용되는데 파라미터로 전달되는 객체는 new 연산자를 이용해 생성됩니다. 이렇게 OnClickListener 객체를 설정하면 버튼을 클릭했을 때 그 안에 있는 onClick 메서드가 호출됩니다.

단말 방향을 바꾸어 액티비티가 소멸되었다가 다시 만들어질 때는 onSaveInstanceState 메서드 안에서 name 변수의 값을 파라미터로 전달받은 Bundle 객체에 넣어줍니다. 이 Bundle 객체에 데이터를 넣으면 그 데이터는 단말에 저장되고 onCreate 메서드가 호출될 때 파라미터로 전달됩니다. onCreate 메서드의 파라미터는 savedInstanceState라는 이름으로 되어있으며, 이 객체에서 데이터를 가져와 name 변수에 다시 할당하면 데이터를 복구하게 됩니다.

앱을 실행하고 에디트텍스트에 사람 이름을 입력한 후 버튼을 누릅니다. 그러면 입력된 값을 변수에 저장했다는 토스트 메시지가 출력됩니다. 그다음 단말 방향을 바꾸면 액티비티가 메모리에 다시 만들어지면서 값을 복원했다는 토스트 메시지가 출력됩니다. 다만 에디트텍스트에 표시되는 값은 여러분이 직접 복원하여 설정하지 않아도 그대로 유지된다는 점에 주의하세요.

▲ 단말의 방향이 바뀌었을 때 데이터를 저장했다가 복원한 결과

토스트 메시지를 여러 개 보이도록 한 경우에는 이전 토스트 메시지 때문에 그다음 토스트 메시지가 보이지 않을 수 있습니다. 따라서 onStart 메서드 안에서 토스트 메시지를 띄우는 코드는 주석으로 막아놓고 실행해보면 가로 방향으로 단말을 돌렸을 때 토스트 메시지가 보이도록 만들 수 있습니다.

지금까지 단말 방향이 바뀌어 액티비티가 새로 만들어질 때 변수의 값을 저장했다가 복원하는 방법을 알아보았습니다. 그런데 이렇게 시스템이 액티비티를 없앴다가 다시 만들어주는 이유는 가로 방향일 때의 액티비티와 세로 방향일 때의 액티비티가 서로 다를 수 있기 때문입니다. 하지만 액티비티는 바뀌지 않고 단순히 화면에 보이는 레이아웃만 바꾸고 싶다면 액티비티를 굳이 없앴다가 다시 만들 필요가 없습니다. 이 때문에 액티비티를 유지할 수 있는 방법을 따로 제공합니다. 기본적으로 단말의 방향 전환은 내부 센서에 의해 방향이 바뀌는 시점을 알 수 있습니다. 따라서 방향이 바뀌는 이벤트를 앱에 전달한 다음 추가적인 기능이 동작하도록 만들 수 있습니다. 단말의 방향이 바뀌는 것을 앱에서 이벤트로 전달받도록 하고 액티비티는 그대로 유지하는 방법을 사용하려면 먼저 매니페스트에 액티비티를 등록할 때 configChanges 속성을 설정해야 합니다.

단말 방향이 바뀔 때 액티비티를 유지하는 방법을 사용해 보기 위해 새로운 SampleOrientation2 프로젝트를 만듭니다. activity_main.xml 파일 안에 들어 있는 텍스트뷰의 글자는 '단말의 방향을 바꾸어보세요.'로 변경하고 글자 크기는 30sp로 설정합니다. 그리고 왼쪽 프로젝트 창에서 /app/manifests 폴더 안에 들어 있는 AndroidManifest.xml 파일을 엽니다. 그 안에는 여러 개의 태그가 들어 있습니다. 그 중에서 〈activity〉 태그가 액티비티를 등록할 때 사용하는 태그인데, MainActivity를 위해 등록된 〈activity〉 태그에 configChanges 속성을 추가합니다.

참조파일 SampleOrientation2>/app/manifests/AndroidManifest.xml

```
중략…
<activity android:name=".MainActivity"
        android:configChanges="orientation|screenSize|keyboardHidden"
        >
  <intent-filter>                                    방향 전환을 알 수 있도록
    <action android:name="android.intent.action.MAIN" />    configChanges 속성 설정

    <category android:name="android.intent.category.LAUNCHER" />
  </intent-filter>
</activity>
중략…
```

configChanges 속성 값이 설정되면 시스템은 액티비티의 상태 변화를 액티비티 쪽으로 알려주기만 합니다. 따라서 개발자가 직접 각 상태 변화에 따른 대응 코드를 넣어야 합니다. configChanges 속성 값으로 "orientation|screenSize|keyboardHidden"을 설정하면 단말의 방향이 바뀔 때마다 액티비티에서 인식할 수 있으며, 단말의 방향이 바뀌는 시점에 configurationChanged 메서드가 자동으로 호출됩니다. 여기에서 keyboardHidden 값은 단말의 방향 전환과는 관련이 없지만 자주 사용되는 값 중의 하나입니다. 이 값을 함께 설정하면 액티비티가 보일 때 키패드가 자동으로 나타나지 않도록 하고 키패드가 보여야 할 시점을 액티비티 쪽에 알려주기만 합니다. MainActivity.java 파일을 열고 onConfigurationChanged 메서드를 재정의합니다.

```java
public class MainActivity extends AppCompatActivity {

    중략…

    public void onConfigurationChanged(Configuration newConfig) {
        super.onConfigurationChanged(newConfig);

        if (newConfig.orientation == Configuration.ORIENTATION_LANDSCAPE) {
            showToast("방향 : ORIENTATION_LANDSCAPE");            ❶

        } else if (newConfig.orientation == Configuration.ORIENTATION_PORTRAIT) {
            showToast("방향 : ORIENTATION_PORTRAIT");             ❷
        }
    }

    public void showToast(String data) {
        Toast.makeText(this, data, Toast.LENGTH_LONG).show();
    }
}
```

❶ 가로 방향으로 전환할 때 처리 　　　　　　　　　　❷ 세로 방향으로 전환할 때 처리

정박사의 조언　　**메서드 재정의하는 방법과 단축키를 알고 있나요?**

메서드를 재정의하는 방법을 잊지는 않았겠죠? MainActivity를 마우스 오른쪽 버튼으로 클릭한 뒤 Generate를 누릅니다. 그런 다음 Override Methods를 눌러 onConfigurationChanged 메서드를 찾아서 선택하면 됩니다. 단축키를 사용해도 [Select Methods to Override/Implement] 대화상자를 불러올 수 있습니다. MainActivity를 클릭해서 선택한 상태로 [Ctrl] + [O]를 누르면 됩니다.

---

onConfigurationChanged 메서드가 호출될 때 전달되는 Configuration 객체에는 orientation 속성이 들어 있어 단말의 방향이 가로로 바뀌었는지 아니면 세로로 바뀌었는지 알 수 있습니다. 이 값을 if 문에서 비교한 후 토스트 메시지를 띄우도록 합니다. onCreate 메서드 외에 onStart, onStop, onDestroy 메서드도 재정의한 후 각각의 메서드가 호출될 때 토스트 메시지가 보이게 합니다. 이렇게 하면 단말 방향이 바뀔 때 액티비티가 다시 만들어지는지 확인할 수 있습니다.

앱을 실행한 후 단말의 방향을 바꾸면 다음과 같은 결과를 볼 수 있습니다.

▲ 단말의 방향이 바뀌었을 때 onConfigurationChanged 메서드가 호출되면서 표시되는 토스트 메시지

방향을 세로 또는 가로로 고정시키고 싶다면 매니페스트 파일에서 액티비티의 screenOrientation 속성 값을 지정하면 됩니다. 예를 들어, 사진을 보는 뷰어를 만들 때 액티비티에 사진이 잘 보이도록 화면을 항상 가로 방향으로 고정해 두겠다면 매니페스트에 다음처럼 설정할 수 있습니다. 매니페스트를 설정한 다음 앱을 다시 실행해 보세요.

[Code]

```
<activity
  android:name=".ImageViewerActivity"
  android:screenOrientation="landscape"
  android:configChanges="orientation|screenSize|keyboardHidden"
  >
</activity>
```

03-4
토스트, 스낵바 그리고 대화상자 사용하기

코드를 만들어서 실행하다 보면 중간 중간 디버깅 메시지를 확인해 보거나 사용자에게 간단한 메시지를 보여줘야 하는 경우가 생깁니다. 디버깅을 위해서는 일반적으로 Log 클래스를 사용해서 로그를 출력할 수 있습니다. 이 로그는 안드로이드 스튜디오 하단에 보이는 Logcat 창에서 확인할 수 있습니다. 그리고 화면에 간단히 뿌려지는 정보를 보고 싶은 경우에는 앞에서 자주 보았던 토스트 메시지를 사용합니다.

토스트는 간단한 메시지를 잠깐 보여주었다가 없어지는 뷰로 앱 위에 떠 있는 뷰라고 할 수 있습니다. 이것은 대화상자와 함께 사용자에게 필요한 정보를 알려주는 역할을 하는 대표적인 위젯입니다. 토스트는 포커스를 받지 않으므로 대화상자보다 더 쉽고 간단하게 사용할 수 있으며 디버깅 등의 목적으로도 사용할 수 있습니다. 특히, 앱이 화면에서 사라지더라도 필요한 메시지가 그대로 표시되므로 앱의 상태와 관계없이 보여줄 수 있다는 장점이 있습니다.

토스트 메시지를 만들어서 보여주는 전형적인 방법은 다음과 같습니다.

[Code]
```
Toast.makeText(Context context, String message, int duration).show();
```

Context 객체는 일반적으로 Context 클래스를 상속한 액티비티를 사용할 수 있으며 액티비티를 참조할 수 없는 경우에는 getApplicationContext 메서드를 호출하면 Context 객체가 반환됩니다. 토스트를 보여주고 싶다면 보여주려는 메시지와 디스플레이 시간을 파라미터로 전달하여 객체를 생성한 후에 show 메서드를 호출하면 됩니다. 토스트는 그 위치나 모양을 바꿀 수 있는데 다음의 두 메서드는 토스트의 위치와 여백을 지정할 수 있도록 합니다.

[Code]
```
public void setGravity(int gravity, int xOffset, int yOffset)
public void setMargin(float horizontalMargin, float verticalMargin)
```

setGravity 메서드는 토스트 뷰가 보이는 위치를 지정하는 데 사용됩니다. 첫 번째 파라미터인 gravity 값은 Gravity.CENTER와 같이 정렬 위치를 지정합니다. setMargin 메서드는 외부 여백을 지정하는 것으로 이 값을 이용해 토스트를 중앙이나 우측 하단에 배치할 수 있습니다.

글자만 들어 있는 토스트의 위치가 바뀌지 않나요?

API 30 이상부터 글자만 들어 있는 토스트의 위치는 바꿀 수 없습니다. 항상 화면의 아래쪽 가운데에 보이게 됩니다. 토스트의 모양을 바꾼 경우에만 토스트가 보이는 위치를 바꿀 수 있으니 참고하세요.

토스트 모양과 위치 바꿔 보여주기

이번에는 토스트의 모양을 바꾼 후 위치를 바꿔보겠습니다. 새로운 SampleToast 프로젝트를 만듭니다. activity_main.xml 파일을 열고 화면에 버튼을 하나 추가하고 '모양 바꿔 띄우기'라는 글자가 보이도록 text 속성 값을 설정합니다. 그리고 버튼이 눌렸을 때 onButton1Clicked 메서드가 호출되도록 버튼의 onClick 속성 값을 설정합니다. 그다음 MainActivity.java 파일을 열고 다음과 같이 onButton-1Clicked 메서드를 추가합니다.

참조파일 SampleToast>/app/java/org.techtown.sampletoast/MainActivity.java

```
중략…
public void onButton2Clicked(View v) {
    LayoutInflater inflater = getLayoutInflater(); ──────▶ ❶ 레이아웃 인플레이터 객체 참조

    View layout = inflater.inflate( ──────▶ ❷ 토스트를 위한 레이아웃 인플레이션
                R.layout.toastborder,
                (ViewGroup) findViewById(R.id.toast_layout_root));

    TextView text = layout.findViewById(R.id.text);

    Toast toast = new Toast(this); ──────▶ ❸ 토스트 객체 생성
    text.setText("모양 바꾼 토스트");
    toast.setGravity(Gravity.CENTER, 0, -100);
    toast.setDuration(Toast.LENGTH_SHORT);
    toast.setView(layout); ──────▶ ❹ 토스트가 보이는 뷰 설정
    toast.show();

}
중략…
```

버튼을 눌렀을 때 처리되는 부분을 보면 LayoutInflater 객체를 사용해 XML로 정의된 레이아웃(toast-border.xml)을 메모리에 객체화하고 있습니다. 이것은 XML 레이아웃을 메모리에 로딩하는 데 사용됩니다. 액티비티를 위해 만든 XML 레이아웃 파일은 setContentView 메서드를 사용해 액티비티에 설정되지만 토스트만을 위한 레이아웃을 정의한다면 이 레이아웃은 액티비티를 위한 것이 아니기 때문에 LayoutInflater 객체를 사용해 직접 메모리에 객체화해야 합니다. 이에 대해서는 나중에 다시 자세

하게 살펴봅니다.

여기서는 XML 레이아웃을 메모리에 로딩한다고 생각하면 됩니다. 앞서 살펴본 코드에는 그 대상이 되는 레이아웃의 이름이 R.layout.toastborder로 되어 있습니다. 그러면 /app/res/layout 폴더에 toast-border.xml이라는 이름의 새로운 레이아웃 파일을 만들고 다음 코드를 입력합니다.

```xml
<LinearLayout xmlns:android="http://schemas.android.com/apk/res/android"
  android:id="@+id/toast_layout_root"
  android:orientation="horizontal"
  android:layout_width="match_parent"
  android:layout_height="match_parent"
  android:padding="10dp"
  >
  <TextView
    android:id="@+id/text"
    android:layout_width="wrap_content"
    android:layout_height="wrap_content"
    android:padding="20dp"
    android:textSize="32sp"
    android:background="@drawable/toast"
    />
</LinearLayout>
```

이 XML 레이아웃은 새롭게 만들 토스트의 형태를 정의한 것으로 이 레이아웃을 이용해 토스트 메시지가 보이게 됩니다. 이 레이아웃 안에는 텍스트뷰 태그가 하나 정의되어 있고 그 ID는 text로 되어있는데 토스트 뷰를 위한 레이아웃은 항상 이 형태로 정의되어야 합니다. 배경으로 지정된 그리기 객체는 @drawable/toast이므로 /app/res/drawable 폴더 안에는 toast라는 이름을 가진 이미지가 있어야 합니다. 하지만 이 toast라는 이름의 파일은 이미지가 아니라 XML 파일입니다. toast.xml이라는 파일을 /app/res/drawable 폴더에 만든 후 드로어블 객체를 정의합니다. toast.xml 파일은 토스트의 색상 등을 지정할 수 있게 다음 코드처럼 셰이프 드로어블로 수정합니다.

```xml
<?xml version="1.0" encoding="UTF-8" ?>
<shape xmlns:android="http://schemas.android.com/apk/res/android"
  android:shape="rectangle"
  >
  <stroke
    android:width="4dp"
    android:color="#ffffff00"
```

```
      />
    <solid
      android:color="#ff883300"
      />
    <padding
      android:left="20dp"
      android:top="20dp"
      android:right="20dp"
      android:bottom="20dp"
      />
    <corners
      android:radius="15dp"
      />
  </shape>
```

이렇게 정의한 XML 정보는 자바 코드의 setView 메서드를 이용해 토스
트 객체에 설정됩니다. 이 앱을 실행하고 [모양 바꿔 띄우기] 버튼을 누
르면 다음과 같은 화면을 볼 수 있습니다.

토스트가 보이는 모양을 변경한 결과 ▶

이제 앱에서 토스트 메시지를 자주 사용하는 경우 필요한 모양과 색상으로 변경하여 사용할 수 있을
것입니다.

스낵바 보여주기

간단한 메시지를 보여줄 때 토스트 대신 스낵바(Snackbar)를 사용하는 경우도 많습니다. activity_
main.xml 파일에 새로운 버튼을 하나 더 추가하고 '스낵바 띄우기'라는 글자가 보이도록 코드를 수정
합니다. 버튼을 클릭했을 때는 onButton2Clicked 메서드가 호출되도록 onClick 속성을 추가합니다.
그다음 MainActivity.java 파일을 열고 MainActivity 클래스 안에 onButton2Clicked 메서드를 추가
합니다.

```
중략…

public void onButton2Clicked(View v) {
    Snackbar.make(v, "스낵바입니다.", Snackbar.LENGTH_LONG).show();
}

중략…
```

앱을 실행하고 [스낵바 띄우기] 버튼을 누르면 화면 아래쪽에서 메시지가 올라왔다가 사라집니다.

스낵바를 띄운 결과 ▶

스낵바는 화면 아래쪽에서 올라오기 때문에 아래쪽의 화면 일부분을 가리지만 토스트와는 다른 방식으로 메시지를 보여줄 수 있다는 장점이 있습니다.

알림 대화상자 보여주기

토스트와 함께 많이 사용되는 알림 대화상자는 사용자에게 확인을 받거나 선택하게 할 때 사용합니다. 보통 알림 대화상자는 사용자의 입력을 받기보다는 일방적으로 메시지를 전달하는 역할을 주로 하며 '예', '아니오'와 같은 전형적인 응답을 처리합니다.

새로운 SampleDialog 프로젝트를 만들고 activity_main.xml 파일에 텍스트뷰 하나와 버튼 하나를 추가합니다. 텍스트뷰에는 '버튼을 누르면 대화상자가 뜹니다.'라는 글자가 보이게 하고, 버튼에는 '띄우기'라는 글자가 보이도록 합니다. 텍스트뷰의 글자 크기는 25sp로 설정합니다. 그리고 버튼의 id는 button, 텍스트뷰의 id는 textView로 자동 부여되었는지 다시 한 번 확인합니다. 그다음 MainActivity.java 파일을 열어 다음 코드를 추가합니다. 이 코드는 버튼을 눌렀을 때 대화상자를 보여주는 코드입니다.

```java
public class MainActivity extends AppCompatActivity {
    TextView textView;

    @Override
    protected void onCreate(Bundle savedInstanceState) {
        super.onCreate(savedInstanceState);
        setContentView(R.layout.activity_main);

        textView = findViewById(R.id.textView);

        Button button = findViewById(R.id.button);
        button.setOnClickListener(new View.OnClickListener() {
            @Override
            public void onClick(View view) {
                showMessage();
            }
        });
    }

    private void showMessage() {
        AlertDialog.Builder builder = new AlertDialog.Builder(this);  ──────→ ❶
        builder.setTitle("안내");
        builder.setMessage("종료하시겠습니까?");
        builder.setIcon(android.R.drawable.ic_dialog_alert);

        builder.setPositiveButton("예", new DialogInterface.OnClickListener() {  ──────→ ❷
            public void onClick(DialogInterface dialog, int which) {
                String message = "예 버튼이 눌렸습니다. ";
                textView.setText(message);
            }
        });

        builder.setNeutralButton("취소", new DialogInterface.OnClickListener() {  ──────→ ❸
            public void onClick(DialogInterface dialog, int which) {
                String message = "취소 버튼이 눌렸습니다. ";
                textView.setText(message);
            }
        });

        builder.setNegativeButton("아니오", new DialogInterface.OnClickListener() {  ──────→ ❹
            public void onClick(DialogInterface dialog, int which) {
                String message = "아니오 버튼이 눌렸습니다. ";
                textView.setText(message);
            }
```

```
        });
        AlertDialog dialog = builder.create();──────▶ ❺
        dialog.show();
    }
}
```

❶ 대화상자를 만들기 위한 빌더 객체 생성   ❹ 아니오 버튼 추가
❷ 예 버튼 추가   ❺ 대화상자 객체 생성 후 보여주기
❸ 취소 버튼 추가

AlertDialog 클래스를 입력하면 글자가 빨간색으로 표시되면서 [Alt] + [Enter]를 입력하라는 작은 팝업 메시지가 표시됩니다. 이것은 AlertDialog 클래스를 찾을 수 없을 때나 AlertDialog 클래스가 여러 개 있을 때 표시됩니다. [Alt] + [Enter]를 누르면 두 개의 AlertDialog 클래스가 있으니 그중에 하나를 고르라는 팝업이 표시됩니다.

▲ 두 개의 AlertDialog 클래스 중 하나를 선택하기 위한 팝업

AlertDialog는 기본 API에 포함된 것 외에 appcompat 패키지에 포함된 것도 있습니다. appcompat 패키지는 예전 버전의 OS에서도 사용할 수 있도록 제공되는 것이므로 여기에서는 androidx.appcompat.app 패키지 안에 있는 것으로 선택합니다.

AlertDialog 클래스는 알림 대화상자를 보여주는 가장 단순한 방법을 제공합니다. 알림 대화상자의 타이틀은 setTitle 메서드로 설정하고 내용은 setMessage 메서드를 사용해 설정합니다. 아이콘은 setIcon 메서드로 설정할 수 있습니다. 만약 안드로이드 기본 API에 포함된 여러 개의 아이콘 중 하나를 사용하고 싶다면 android.R.drawable을 코드에 입력합니다. 그러면 그 안에 들어 있는 여러 아이콘 중 하나를 선택할 수 있습니다. '예', '아니오'와 같은 버튼의 설정은 setPositiveButton과 setNegativeButton 메서드를 사용합니다. 이 메서드에는 OnClickListener를 설정할 수 있으며 이 버튼이 눌릴 때 텍스트뷰에 어떤 버튼이 선택되었는지 표시합니다.

이 앱을 실행하고 버튼을 누르면 다음과 같은 대화상자가 표시되며, 각각의 버튼을 누르면 대화상자가 닫히면서 텍스트 뷰에 결과를 표시합니다.

▲ 알림 대화상자를 띄우고 [예] 버튼을 누른 결과

이제 토스트나 스낵바를 사용해 간단한 메시지를 보여주거나 알림 대화상자를 사용해 사용자에게 선택할 수 있는 기회를 주는 방법을 알아보았습니다. 앱을 개발하는 중간 중간 필요한 메시지를 보여주고 싶다면 이 뷰들을 사용하기 바랍니다. 앞으로 복잡한 위젯들을 사용할 때도 토스트 메시지나 알림 대화상자로 필요한 상태나 알림 정보를 표시할 필요가 자주 생기게 될 것입니다.

> **정박사의 조언 — 대화상자의 모양의 바꾸려면 어떻게 해야 할까요?**
>
> 실제 앱에서는 대화상자의 모양을 바꿔서 보여주어야 할 때가 종종 있습니다. 예를 들어, 대화상자 안에 에디트텍스트가 들어가야 하는 경우, 프래그먼트를 사용해 원하는 형태의 대화상자 화면을 만들어야 합니다. 따라서 이 장의 뒷부분에서 설명하는 프래그먼트를 먼저 이해하는 것이 필요합니다.

03-5
프로그레스바 사용하기

프로그레스바

어떤 일의 진행 상태를 중간 중간 보여줄 수 있는 가장 좋은 방법 중 하나가 프로그레스바입니다. 프로그레스바는 작업의 진행 정도를 표시하거나 작업이 진행 중임을 사용자에게 알려줍니다. 다음은 대표적인 두 가지 형태의 프로그레스바를 표로 정리한 것입니다.

속성	설 명
막대 모양	작업의 진행 정도를 알려줄 수 있도록 막대 모양으로 표시합니다. style 속성 값을 '?android:attr/progressBarStyleHorizontal'로 설정합니다.
원 모양	작업이 진행 중임을 알려줍니다. 원 모양으로 된 프로그레스바가 반복적으로 표시됩니다.

XML 레이아웃에 프로그레스바를 추가할 때는 〈ProgressBar〉 태그가 사용되는데, 프로그레스바가 갖는 값의 최대 범위는 max 속성으로 설정하고 현재 값은 progress 속성으로 설정합니다. 예를 들어, 값의 최대 범위가 100이면 max 값을 100으로 설정하고 현재 진행률이 50%라면 max 값이 100이므로 progress 값을 50으로 설정하면 됩니다. 진행률이 변경되면 progress 속성으로 설정되었던 값을 바꾸면 됩니다. 자바 코드에서 프로그레스바의 현재 값을 바꿀 때 사용하는 대표적인 메서드들은 다음과 같습니다.

[Code]

```
void setProgress (int progress)
void incrementProgressBy (int diff)
```

setProgress 메서드는 정수 값을 받아 프로그레스바의 현재 값으로 설정합니다. incrementProgress-By 메서드는 현재 설정되어 있는 값을 기준으로 값을 더하거나 뺄 때 사용합니다. 프로그레스바는 항상 보일 필요가 없으므로 화면에서 차지하는 공간을 줄일 수 있도록 타이틀바에 프로그레스바를 표시할 수도 있습니다. 이 기능은 윈도우 속성으로 정의되어 있으므로 다음과 같은 메서드를 사용해야 합니다.

[Code]

```
requestWindowFeature(Window.FEATURE_PROGRESS);
```

타이틀 부분에 표시되는 프로그레스바는 범위를 따로 지정할 수 없으며 디폴트 값으로는 0부터 10000 사이의 값을 가질 수 있습니다. 따라서 진행률이 50%인 경우에는 프로그레스바의 현재 값을 5000으로 설정해야 합니다. 타이틀바에 프로그레스바를 보여주는 방식은 화면의 공간을 절약하는 매우 직관적인 방식이긴 하지만 앱을 만들 때는 타이틀 부분을 보이지 않게 설정하는 경우가 많으므로 사용할 수 없는 경우도 생긴다는 점에 주의해야 합니다.

프로그레스바를 사용해 보기 위해 새로운 SampleProgress 프로젝트를 만듭니다. 그리고 activity_main.xml 파일을 연 후 디자인 화면의 Component Tree에서 최상위 레이아웃을 LinearLayout으로 변경합니다. LinearLayout의 orientation 속성은 vertical로 변경하고 텍스트뷰는 삭제합니다.

좌측 상단의 팔레트에서 Widgets 폴더 안에 들어 있는 ProgressBar (Horizontal)를 찾아 화면에 끌어다 놓습니다. 그리고 max 속성의 값은 100으로 설정합니다. 그런 다음 프로그레스바 아래에 두 개의 버튼을 나란히 추가하기 위해서 LinearLayout(horizontal)을 추가한 후 버튼은 각각 '보여주기'와 '닫기' 글자가 보이도록 text 속성을 설정합니다. 이렇게 하면 다음과 같은 XML 레이아웃이 만들어집니다.

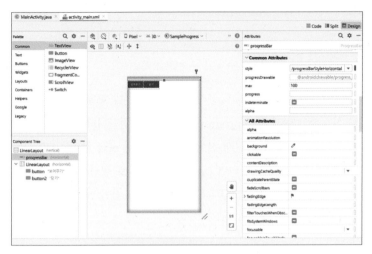

◀ 프로그레스바를 위해 만든 화면 레이아웃

첫 번째 버튼은 프로그레스바를 대화상자로 보여주고 두 번째 버튼은 그 대화상자를 없애주는 역할을 하도록 만들 것입니다. 프로그레스바를 XML 레이아웃에 추가하려면 단순히 태그를 〈ProgressBar〉로 만들어 주면 됩니다. XML 레이아웃의 [Code] 아이콘을 눌러서 〈ProgressBar〉 태그에 사용된 style 속성을 보면 막대 모양의 프로그레스바로 설정하고 있습니다. 그 값이 ?android:attr/progressBarStyleHorizontal로 되어 있어 조금 복잡하게 보이지만 팔레트에서 끌어다 놓을 때는 자동으로 생성됩니다. max 값은 프로그레스바의 최댓값을 설정하는 데 사용됩니다. 이 XML 레이아웃을 사용하는 메인 액티비티의 코드는 MainActivity.java 파일을 열고 다음과 같이 입력합니다.

참조파일 SampleProgress〉/app/java/org.techtown.sampleprogress/MainActivity.java

```java
public class MainActivity extends AppCompatActivity {
    ProgressDialog dialog;

    @Override
    protected void onCreate(Bundle savedInstanceState) {
        super.onCreate(savedInstanceState);
        setContentView(R.layout.activity_main);

        ProgressBar progressBar = findViewById(R.id.progressBar);   ──→ ❶ 프로그레스바 객체 참조
        progressBar.setIndeterminate(false);                              하여 설정하기
        progressBar.setProgress(80);
        Button button = findViewById(R.id.button);
        button.setOnClickListener(new View.OnClickListener() {

            @Override
            public void onClick(View view) {
```

```
            dialog = new ProgressDialog(MainActivity.this);————▶ ❷ 프로그레스 대화상자 객
                dialog.setProgressStyle(ProgressDialog.STYLE_SPINNER);      체 만들고 설정하기
            dialog.setMessage("데이터를 확인하는 중입니다.");

            dialog.show();
        }
    });


    Button button2 = findViewById(R.id.button2);
    button2.setOnClickListener(new View.OnClickListener() {

        @Override
        public void onClick(View view) {
            if (dialog != null) { ————▶ ❸ 프로그레스 대화상자 없애기
                dialog.dismiss();
            }
        }
    });
  }
}
```

이 코드에서는 XML 레이아웃에 들어 있
는 프로그레스바를 findViewById 메서
드로 찾은 후 그 값을 80으로 설정합니
다. 버튼을 클릭했을 때는 프로그레스바
대화상자가 표시되도록 합니다. 멈추지
않는 프로그레스바를 대화상자 안에서
보여주려면 ProgressDialog 객체를 하
나 만들고 그 스타일을 ProgressDialog.
STYLE_SPINNER로 설정합니다. 이렇
게 만든 ProgressDialog 객체는 show

▲ 화면에 추가된 막대형 프로그레스바와 대화상자로 띄운 원형 프로그레스바

메서드를 호출하면 화면에 표시됩니다. ProgressDialog 객체를 생성할 때는 Context 객체가 파라미터
로 전달되어야 하는데 액티비티인 MainActivity 객체를 전달하기 위해 파라미터를 MainActivity.this
로 지정했습니다. 프로그레스 대화상자가 보이는 영역 밖을 터치하면 프로그레스바는 없어집니다. 그
러나 어떤 이벤트가 발생했을 때 대화상자를 보이지 않게 하고 싶다면 dismiss 메서드를 호출하면 됩니
다. [닫기] 버튼은 화면에 표시된 ProgressDialog를 닫는 dismiss 메서드를 호출합니다. 다음은 이 앱
을 실행한 화면을 보여주고 있습니다.

표시되면 [닫기] 버튼을 누를 수 없으므로 대화상자 이외의 화면 영역 또는 시스템 [BACK] 버튼을 눌
러야 이전 화면으로 돌아갈 수 있습니다.

도전! 05
안드로이드 미션

두 종류의
버튼 모양 만들기

두 개의 버튼을 화면에 추가하고 버튼 모양을 각각 다르게 보이도록 만들어 보세요.

- **프로젝트 소스** DoitMission-05

❶ 화면에 두 개의 버튼을 배치합니다.

❷ 첫 번째 버튼의 모양은 가장자리에 경계선만 보이도록 하고 경계선과 글자색이 동일하도록 만듭니다.

❸ 두 번째 버튼의 모양은 배경색이 있고 모서리는 약간 둥글며 글자가 하얀색이 되도록 만듭니다.

참고할 점

드로어블 객체를 만들어 버튼의 배경으로 설정하면 버튼의 모양을 만들 수 있습니다.

드로어블을 XML로 정의할 때 버튼의 모양이 결정됩니다.

도전! 06

안드로이드 미션

시크바와 프로그레스바 보여주기

시크바와 프로그레스바를 표시하고 시크바의 값을 바꾸었을 때 프로그레스바의 값도 바뀌도록 만들어 보세요.

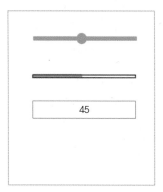

• **프로젝트 소스** DoitMission-06

❶ 화면에 시크바와 프로그레스바, 그리고 입력상자를 배치합니다.

❷ 시크바의 값을 바꾸면 프로그레스바의 값도 바뀌도록 합니다.

❸ 시크바의 값을 바꾸었을 때 그 값이 입력상자에 표시되도록 합니다.

❹ 프로그레스바는 막대형을 사용합니다.

참고할 점

시크바의 값이 바뀔 때 그 값을 알려주는 콜백 메서드를 사용합니다.

시크바의 값이 바뀔 때 그 값을 프로그레스바와 입력상자에 설정합니다.

04 여러 화면 간 전환하기

앱은 화면을 중심으로 흘러간다고 볼 수 있습니다. 즉, 로그인 화면에서 로그인을 하면 메뉴 화면으로 이동하고 메뉴 화면에서 메뉴를 하나 선택하면 해당 화면으로 이동하게 됩니다. 이렇게 화면은 가장 기본적인 앱 구성 요소라고 할 수 있으며, 안드로이드에서는 액티비티 라고 불립니다. 액티비티의 화면 모양은 XML 파일로 작성한 레이아웃으로 결정되고 소스 코드를 이용하여 이벤트를 처리합니다. 지금까지는 앱을 실행했을 때 첫 화면에 보이는 레 이아웃과 몇 가지 기본 위젯과 이벤트 처리만으로 간단한 화면을 만들었습니다. 이번 장에 서는 여러 화면을 만들고 화면 간에 전환하는 방법을 살펴봅니다.

그림으로 정리하기

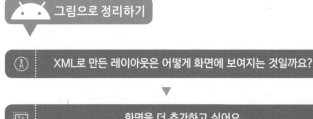

| XML로 만든 레이아웃은 어떻게 화면에 보여지는 것일까요? | • 레이아웃 인플레이션 이해하기 |

| 화면을 더 추가하고 싶어요 | • 화면 구성과 화면 간 전환
• 인텐트 살펴보기 |

| 다른 화면으로 데이터를 전달할 수 있나요?
태스크라는 것은 뭔가요? | • 액티비티를 위한 플래그와 부가 데이터
• 태스크 관리 이해하기 |

| 수명주기에 대해 알고 싶어요 | • 액티비티의 수명주기 |

| 간단한 데이터를 저장했다가 가져오려면 어떻게 하나요? | • SharedPreferences 사용하기 |

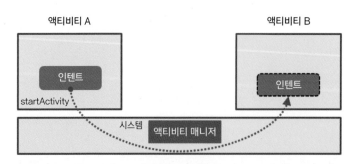

액티비티 A   액티비티 B

인텐트   인텐트

startActivity

시스템   액티비티 매니저

04-1
레이아웃 인플레이션 이해하기

지금까지는 하나의 화면에 대하여 화면을 어떻게 보여줄지 결정하는 XML 레이아웃을 정의했습니다. 그런데 XML 레이아웃은 단순히 XML로 정의된 파일입니다. 즉, 화면을 어떻게 배치하고 구성하는지만 정의할 뿐입니다. 따라서 XML 레이아웃만 만들었다고 화면을 띄우고 앱을 실행할 수는 없습니다. 화면의 기능을 담당하는 소스 코드 파일이 필요하죠. 그래서 지금까지 XML 파일과 소스 코드 파일을 모두 작성하여 실행했던 것입니다.

안드로이드 앱은 화면 배치를 알려주는 XML 레이아웃 파일과 화면의 기능을 담당하는 소스 코드 파일로 분리하여 개발해야 합니다. 화면 배치를 담당하는 XML 파일을 별도의 파일로 분리하여 화면의 모양을 따로 만들고 화면의 기능은 소스 코드 파일로 작성하면 관리가 수월해지기 때문입니다. 지금까지는 본문에서 지시하는 대로 XML 파일과 소스 코드 파일을 작성하여 안드로이드 앱을 실행했습니다. 이제는 안드로이드 앱을 실행할 때 XML 레이아웃 파일과 소스 코드 파일이 모두 필요하다는 사실을 꼭 알아두길 바랍니다.

그런데 두 개의 XML 레이아웃 파일과 하나의 소스 코드 파일만 있다면 어떤 XML 레이아웃 파일이 소스 파일과 연결되는 것인지 어떻게 알 수 있을까요? 다시 말해, 새로 만든 XML 레이아웃 파일을 화면 기능을 담당하는 소스 코드에 어떻게 설정하는지 궁금해집니다. 다음은 새 프로젝트를 만들 때 만들어지는 소스 파일(MainActivity.java)에 자동으로 입력된 소스입니다.

XML 레이아웃 파일　　　　　　　　　자바 소스 코드 파일
activity_main.xml　　　　　　　　　　MainActivity.java

▲ XML 레이아웃 파일과 자바 소스 코드 파일 매칭하기

onCreate 메서드 안에 있는 코드를 살펴보세요. super.onCreate 메서드는 부모 클래스의 동일한 메서드를 호출하는 것이니 사실상 setContentView 메서드가 소스 코드의 전부인 셈입니다. 즉, setContentView 메서드가 XML 레이아웃 파일을 연결한다고 추측할 수 있습니다.

조금만 더 자세히 설명해 보겠습니다. 화면의 기능을 담당하는 소스 파일에는 AppCompatActivity를 상속하는 MainActivity 클래스가 자동으로 만들어집니다. 그런데 MainActivity 클래스가 상속하는 AppCompatActivity에는 화면에 필요한 기능(메서드)들이 들어있습니다. 그 기능 중 하나인 setContentView 메서드에 XML 레이아웃 파일 이름을 파라미터로 전달하여 XML 레이아웃과 소스 코드를 연결한 것이죠. 이런 방식으로 앱을 실행했을 때 화면이 나타나게 되는 것입니다. 이때 setContentView 메서드에 전달하는 XML 레이아웃 파일의 이름은 R.layout.activity_main과 같은 방법으로 확장자 없이 지정해야 합니다.

R.layout.레이아웃파일명

여기서 대문자 R은 프로젝트 창에 보이는 res 폴더를 의미합니다. 그리고 layout은 res 폴더의 layout 폴더를 의미합니다. 따라서 /app/res/layout 폴더 안에 들어 있는 activity_main.xml 파일은 R.layout.activity_main로 표현할 수 있습니다.

실제로 앱을 실행하면 XML 레이아웃(화면 배치 정보)을 소스 코드에서 사용합니다. 즉, 앱이 실행될 때 XML 레이아웃의 내용이 메모리에 객체화되고 객체화된 XML 레이아웃을 소스 파일에서 사용합니다. 이렇게 XML 레이아웃의 내용이 메모리에 객체화되는 과정을 '인플레이션(Inflation)'이라고 합니다. 이 용어를 꼭 기억해 두길 바랍니다.

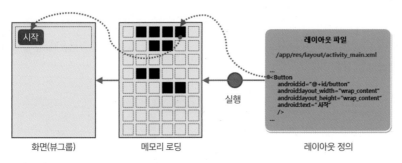

▲ [시작] 버튼의 레이아웃 인플레이션 과정

XML 레이아웃은 앱이 실행되는 시점에 메모리에 객체화됩니다. 즉, XML 레이아웃 파일에 〈Button〉 태그를 정의해도 앱은 자신이 실행되기 전까지 버튼이 있는지 모릅니다. 정말 그럴까요? 이 내용을 확인해 보기 위해 소스 파일에서 setContentView 메서드가 호출되기 전에 XML 레이아웃에 정의된 버튼을 찾아 참조해 보겠습니다.

새로운 SampleLayoutInflater 프로젝트를 만들고 activity_main.xml 파일에 들어 있는 텍스트뷰를 삭제한 후 버튼 하나를 새로 추가합니다. 그런 다음 MainActivity.java에서 setContentView 메서드를 호출하는 코드 위에 버튼을 찾아 변수에 할당하고 setOnClickListener 메서드를 호출하는 코드를 입력합니다.

```
중략...

public class MainActivity extends AppCompatActivity {

    @Override
    protected void onCreate(Bundle savedInstanceState) {
        super.onCreate(savedInstanceState);

        Button button = findViewById(R.id.button);
        button.setOnClickListener(new View.OnClickListener() {
            @Override
            public void onClick(View v) {
                Toast.makeText(getApplicationContext(), "버튼이 눌렸어요.",
                        Toast.LENGTH_LONG).show();
            }
        });

        setContentView(R.layout.activity_main);
    }
}
```

앱을 실행해 볼까요? 그러면 다음과 같이 앱이 중지되며 오류 메시지가
보입니다. 이 오류 메시지는 심각한 오류로 앱 자체를 멈추게 만드는데
그 이유가 바로 메모리에 객체화되지 않은 버튼 객체를 참조하려고 했
기 때문입니다.

setContentView 메서드가 호출되기 전에 버튼을 참조한 경우 ▶

이렇게 오류가 발생하면 안드로이드 스튜디오의 Logcat 창에 빨간색 오류 로그가 출력됩니다. 만약 앱
을 실행했을 때 오류가 발생하면 오류 로그를 먼저 확인해야 합니다. 오류 로그가 많이 나타났지만 지
금은 다음과 같은 오류 로그에만 집중하면 됩니다. 이 오류 로그는 소스 코드에서 레이아웃을 객체화하
기 전에 레이아웃의 버튼을 참조했기 때문에 발생한 문제(널 포인터 예외)입니다.

Caused by: java.lang.NullPointerException: Attempt to invoke virtual method

이 결과를 통해 액티비티에서 사용하는 setContentView 메서드가 매우 중요하다는 것을 알 수 있습니다. 앞에서도 말했듯이 이 메서드는 화면에 표시할 XML 레이아웃을 지정하거나 화면에 표시할 뷰 객체를 지정하는 역할을 합니다. 즉, 이 메서드로 전달할 수 있는 파라미터는 뷰 객체 또는 XML 레이아웃이 정의된 리소스가 될 수 있습니다. 예를 들어, 자동으로 만들어진 setContentView(R.layout.activity_main) 코드의 경우에도 activity_main.xml 파일을 파라미터로 전달하여 그 XML 레이아웃에 들어 있는 뷰들이 메모리에 객체화될 수 있도록 합니다. 지금은 setContentView 메서드를 activity_main.xml 파일을 객체화하기 위해 사용했지만 사실 setContentView 메서드는 화면에 나타낼 뷰를 지정하거나 레이아웃 내용을 메모리에 객체화하는 두 가지 역할을 수행합니다. 다음은 setContentView 메서드가 정의된 형태를 보여줍니다.

[Reference]

public void setContentView (int layoutResID)
public void setContentView (View view [, ViewGroup.LayoutParams params])

그렇다면 화면 전체에 보여줄 XML 레이아웃이 아니라 별도의 XML 레이아웃 파일로 만든 부분 레이아웃을 소스 파일에 로딩하여 보여줄 수는 없을까요? 화면의 일부분을 차지하는 것을 부분 화면이라고 부를 수 있는데 전체 화면이 아닌 부분 화면도 별도의 XML 레이아웃 파일에 정의한 후 불러와 보여줄 수 있습니다.

하지만 setContentView 메서드는 액티비티의 화면 전체(메인 레이아웃)를 설정하는 역할만을 수행합니다. 즉, setContentView 메서드로는 부분 화면(부분 레이아웃)을 메모리에 객체화할 수는 없습니다. 부분 화면을 메모리에 객체화하려면 인플레이터를 사용해야 합니다. 안드로이드는 이를 위해 시스템 서비스로 LayoutInflater라는 클래스를 제공합니다. 그런데 LayoutInflater 클래스는 시스템 서비스로 제공하는 클래스이므로 다음 getSystemService 메서드를 이용하여 LayoutInflater 객체를 참조한 후 사용해야 합니다.

> 시스템 서비스는 단말이 시작되면서 항상 실행되는 서비스입니다. 시스템 서비스에 대해서는 나중에 다시 자세하게 살펴볼 것입니다.

[Reference]

getSystemService(Context.LAYOUT_INFLATER_SERVICE)

다음은 일부 화면을 XML 레이아웃으로 정의한 후 인플레이터를 이용하여 메인 레이아웃에 추가하는 과정을 정리한 그림입니다.

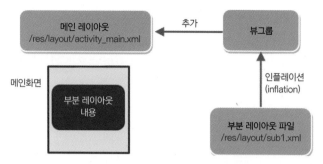

▲ 화면의 일부분을 XML 레이아웃 파일의 내용으로 적용하는 과정

앞에서 설명한 내용을 다시 정리해 볼까요? 메인 레이아웃에 부분 레이아웃이 포함되어 있다면 메인 레이아웃(activity_main.xml)은 소스 코드에서 setContentView(R.layout.activity_main)와 같은 방법으로 객체화하여 화면에 나타냅니다. 그중 일부 화면을 분리한 부분 화면(button.xml)은 LayoutInflater 객체를 사용해 뷰그룹 객체로 객체화(인플레이션)한 후 메인 레이아웃에 추가해야 합니다.

그러면 앞에서 설명한 내용을 실습을 통해 알아보겠습니다. SampleLayoutInflater 프로젝트 안에 새로운 화면을 하나 더 추가해 보겠습니다. 왼쪽 프로젝트 창에서 app 폴더를 선택한 후 마우스 오른쪽 버튼을 누르고 [New → Activity → Empty Views Activity]를 선택합니다. 새로운 화면을 만들 수 있는 대화상자가 나타나면 Activity Name:에 MenuActivity를 입력하고 [Finish] 버튼을 누릅니다. 그러면 res/layout 폴더에 새로운 XML 레이아웃 파일 하나와 app/java 폴더에 새로운 자바 소스 코드 파일 하나가 만들어집니다.

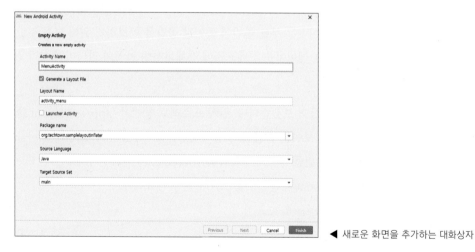

◀ 새로운 화면을 추가하는 대화상자

하나의 화면을 띄우려면 XML 레이아웃 파일 하나와 소스 코드 파일 하나가 쌍으로 만들어져야 한다고 했던 내용이 이제 이해되었을 것입니다. 새로 추가한 activity_menu.xml 파일을 엽니다.

최상위 레이아웃을 LinearLayout으로 바꾸고 orientation 속성을 vertical로 설정합니다. 그 안에는 텍스트뷰 하나와 버튼 하나를 추가하고 그 아래에 리니어 레이아웃을 추가합니다. 가장 아래쪽에 추가한 리니어 레이아웃은 orientation 속성이 vertical이 되도록 설정하고 id 속성의 값은 container로 설정합니다. 리니어 레이아웃의 layout_width와 layout_height 속성 값은 match_parent로 설정하여 아래쪽 화면을 꽉 채우도록 합니다. 코드를 입력한 다음에 디자인 화면을 확인해 보면 다음과 같은 결과화면을 볼 수 있습니다.

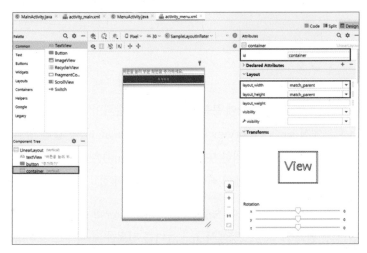

▲ 디자인 화면에서 만든 activity_menu.xml 레이아웃

어떤 방식으로 만들었든 글자와 버튼 하나 그리고 리니어 레이아웃이 추가된 화면 레이아웃을 만들면 됩니다. 여기에서 텍스트뷰와 버튼의 id 값이 어떻게 설정되었는지 확인해보기 바랍니다. 자동으로 부여되기 때문에 버튼의 id가 button이 아니라 button2가 될 수도 있다는 점에 주의하세요.

리니어 레이아웃 안에 추가한 리니어 레이아웃은 부분 화면이 들어갈 공간을 확보하기 위해 넣은 것입니다. 이제 버튼을 클릭했을 때 새로운 XML 레이아웃을 메모리에 객체화하여 안쪽의 리니어 레이아웃에 나타나도록 만들어 보겠습니다.

부분 화면으로 추가할 XML 레이아웃도 만들어 보겠습니다. 왼쪽 프로젝트 창에서 /app/res/layout 폴더를 선택한 후 마우스 오른쪽 버튼을 눌러 보이는 팝업 메뉴 중에서 [New → Layout resource file]를 선택합니다. 새로운 XML 레이아웃 파일을 만들 수 있는 [New Resource File] 대화상자가 보이면 File name:에 sub1.xml을 입력하고 Root element:에는 LinearLayout을 입력합니다.

◀ sub1.xml 파일을 만드는 대화상자

[OK] 버튼을 클릭하면 sub1.xml이라는 새로운 파일이 만들어집니다. 이 파일 안에 다음 코드를 입력합니다.

참조파일 SampleLayoutInflater>/app/res/layout/sub1.xml

```xml
<?xml version="1.0" encoding="utf-8"?>
<LinearLayout xmlns:android="http://schemas.android.com/apk/res/android"
    android:layout_width="match_parent"
    android:layout_height="match_parent"
    android:orientation="vertical">

    <TextView
        android:id="@+id/textView"
        android:layout_width="match_parent"
        android:layout_height="wrap_content"
        android:text="부분 화면 1"
        android:textSize="30sp"/>

    <CheckBox
        android:id="@+id/checkBox"
        android:layout_width="match_parent"
        android:layout_height="wrap_content"
        android:text="동의합니다" />

</LinearLayout>
```

부분 레이아웃의 결과 화면을 디자인 화면에서 살펴보면 텍스트뷰, 체크박스가 각각 1개씩 들어있다는 것을 알 수 있습니다. 들어간 레이아웃이므로 이 XML 레이아웃도 디자인 화면에서 손쉽게 만들 수 있습니다. 디자인 화면의 왼쪽 팔레트에서 텍스트뷰와 체크박스를 끌어다 놓습니다. 텍스트뷰의 text 속성에는 '부분 화면 1'이라는 글자를 입력하

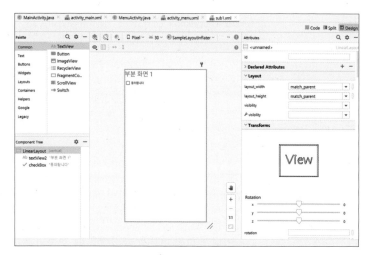

▲ 부분 화면을 위해 만든 XML 레이아웃

고 textSize 속성에는 30sp를 입력합니다. 체크박스의 text 속성에는 '동의합니다'라는 글자를 입력합니다.

이렇게 만든 부분 레이아웃(sub1.xml)은 전체 레이아 웃(activity_menu.xml)의 [추가하기] 버튼을 클릭하여 안쪽 리니어 레이아웃에 추가하기 위해 만든 것입니다.

소스 코드를 입력하기 전에 전체 레이아웃, 부분 레이아 웃 요소들의 id 값을 반드시 확인하세요.

이제 소스 코드를 입력하여 전체 레이아웃에 부분 레이아웃을 추가해 보겠습니다. activity_menu.xml 파일의 짝인 MenuActivity.java 파일을 수정하겠습니다.

참조파일 SampleLayoutInflater>/app/java/org.techtown.samplelayoutinflater/MenuActivity.java

```
중략...
public class MenuActivity extends AppCompatActivity {
    LinearLayout container;

    @Override
    protected void onCreate(Bundle savedInstanceState) {
        super.onCreate(savedInstanceState);
        setContentView(R.layout.activity_menu);

        container = findViewById(R.id.container);

        Button button = findViewById(R.id.button);
        button.setOnClickListener(new View.OnClickListener() {
            @Override
            public void onClick(View view) {
                LayoutInflater inflater = (LayoutInflater)
                            getSystemService(Context.LAYOUT_INFLATER_SERVICE);
                inflater.inflate(R.layout.sub1, container, true);
                CheckBox checkBox = container.findViewById(R.id.checkBox);
                checkBox.setText("로딩되었어요.");
            }
        });
    }
}

중략...
```

전체 레이아웃(activity_menu.xml)의 안쪽 리니어 레이아웃의 id는 container입니다. 안쪽 리니어 레이아웃을 참조하기 위하여 findViewById(R.id.container)라고 입력했습니다. 그런 다음 container라는 변수에 할당했습니다. 이렇게 하면 버튼을 클릭했을 때 호출되는 onClick 메서드 안에서 container 변수를 참조할 수 있습니다.

이제 부분 레이아웃(sub1.xml)의 내용을 메모리에 객체화하면 됩니다. 위에서 작성한 코드를 보면 getSystemService 메서드를 사용해 LayoutInflater 객체를 참조합니다. 그리고 참조한 인플레이터의

inflate 메서드의 파라미터로 R.layout.sub1, container 객체를 전달합니다. 바로 이것이 container를 id로 갖는 리니어 레이아웃 객체에 sub1.xml 파일의 레이아웃을 설정하는 것입니다. 이 과정을 통해 부분 레이아웃(sub1.xml)에 정의된 뷰들이 메모리에 로딩되며 객체화 과정을 거치게 됩니다.

이제 부분 레이아웃 파일(sub1.xml)이 객체화되었으므로 부분 레이아웃에 들어있던 텍스트뷰와 체크박스를 findViewById 메서드로 참조할 수 있습니다. 단, 부분 레이아웃은 container 객체에 설정되었으므로 container 객체의 findViewById 메서드를 사용해야 합니다. 즉, 부분 레이아웃의 체크박스는 container.findViewById(...)와 같은 방법으로 참조해야 합니다.

마지막으로 앱이 실행되었을 때 MainActivity 화면이 아니라 프로젝트에 새로 추가한 MenuActivity 화면이 나타나도록 매니페스트 파일을 수정해야 합니다. 왼쪽 프로젝트 창에서 /app/manifests 폴더 안에 있는 AndroidManifest.xml 파일을 열고 다음과 같이 〈activity〉 태그 안에 들어 있는 android:name 속성 값을 모두 수정합니다.

참조파일 SampleLayoutInflater〉/app/manifests/AndroidManifest.xml

```
중략...

<activity android:name=".MainActivity"></activity>
<activity android:name=".MenuActivity">
    <intent-filter>
        <action android:name="android.intent.action.MAIN" />
        <category android:name="android.intent.category.LAUNCHER" />
    </intent-filter>
</activity>

중략...
```

이제 앱을 실행해 보세요. 그러면 다음과 같은 화면을 볼 수 있습니다.

부분 화면을 위해 만든 XML 레이아웃 ▶

왼쪽의 화면은 부분 레이아웃(sub1.xml)을 로딩하기 전이고 오른쪽 화면은 인플레이션을 통해 부분 레이아웃(sub1.xml)을 로딩한 이후의 화면입니다. 이렇게 XML 레이아웃으로 화면 형태를 만드는 것이 일반적입니다. 하지만 XML 레이아웃을 만들지 않고 코드에서 직접 new Button(this)과 같은 코드를 부모 컨테이너에 추가할 수도 있습니다. 그러나 코드에서 직접 추가하면 소스 코드의 양이 많아지고 복잡해지는 문제가 있으므로 되도록 XML 레이아웃을 사용하는 것이 좋습니다.

다시 예제로 돌아와 LayoutInflater 객체의 inflate 메서드에 대해 다시 한 번 살펴보겠습니다.

[Reference]

View inflate (int resource, ViewGroup root)

inflate 메서드는 첫 번째 파라미터로 XML 레이아웃 리소스를, 두 번째 파라미터로 부모 컨테이너를 지정합니다.

LayoutInflater 객체도 살펴볼까요? LayoutInflater 객체는 시스템 서비스로 제공되므로 getSystem-Service 메서드를 호출하는 방법을 사용하거나 LayoutInflater 클래스의 from 메서드를 호출하여 참조할 수도 있습니다.

[Reference]

static LayoutInflater LayoutInflater.from (Context context)

지금까지 레이아웃을 객체화하는 방법에 대해 알아보았습니다. 레이아웃 객체화 과정은 앱이 실행될 때(런타임) 레이아웃 XML 파일에 정의된 내용들이 메모리에 객체화되기 때문에 매우 중요합니다. 그리고 이 과정을 인플레이션이라고 부른다고 했습니다. 인플레이션 과정은 앞으로 자주 등장하기 때문에 앞에서 실습한 내용을 명확히 이해하고 기억하기를 바랍니다.

04-2
여러 화면 만들고 화면 간 전환하기

대부분의 앱은 여러 화면으로 구성되어 있고 화면을 전환하며 실행됩니다. 그리고 화면은 액티비티로 구현합니다. 즉, 화면을 필요에 따라 띄우거나 닫는 과정은 액티비티를 전환하는 것과 같습니다. 따라서 좋은 앱을 만들기 위해서는 액티비티를 꼭 공부해야 합니다.

그러면 액티비티만 알면 안드로이드 앱을 잘 구현할 수 있을까요? 아닙니다. 액티비티는 안드로이드 앱의 네 가지 기본 구성 요소 중 하나입니다. 그렇다면 안드로이드의 앱을 구성하는 네 가지 기본 구성 요소는 무엇이 있을까요? 다음은 안드로이드 앱의 기본 구성 요소를 나타낸 그림입니다.

▲ 안드로이드 앱을 구성하는 네 가지 구성 요소

안드로이드 앱의 네 가지 구성 요소로는 '액티비티(Activity)', '서비스(Service)', '브로드캐스트 수신자(Broadcast Receiver)', '내용 제공자(Content Provider)'가 있습니다. 왜 이것들이 중요할까요? 그 이유는 앱을 만들어 단말에 설치했을 때 안드로이드 시스템이 이 요소에 대한 정보를 요구하기 때문입니다. 그러면 이 정보들은 어디에 있을까요? 새로 프로젝트를 만들면 자동으로 만들어지는 AndroidManifest.xml 파일이 바로 그 정보들을 담고 있습니다. 이 파일 안에는 위의 네 가지 구성 요소 외의 앱에 대한 다양한 정보가 들어갑니다. 앞의 실습을 진행하며 〈activity〉라는 태그를 본적이 있을 것입니다. 이 태그는 우리가 만든 액티비티에 대한 정보를 포함하고 있으며, 만약 새로운 액티비티를 만들어 앱에 추가한다면 이 매니페스트 파일에 새 액티비티 정보를 추가해야 합니다. 그래야 시스템이 새 액티비티에 대한 정보를 알 수 있습니다. 나머지 구성 요소도 마찬가지입니다.

> 새 액티비티에 대한 〈activity〉 태그를 매니페스트에 추가하지 않으면 새 액티비티를 화면에 보여줄 수 없습니다.

다시 액티비티 이야기로 돌아오겠습니다. 액티비티를 소스 코드에서 띄울 때는 startActivity 메서드를 사용하면 됩니다. 이 메서드는 단순히 액티비티를 띄워 화면에 보이도록 만듭니다. 하지만 실제로 앱을 만들다 보면 메인 액티비티에서 띄워야 할 화면이 많아져 띄웠던 화면을 닫고 원래의 메인 화면으로 돌아올 때 데이터를 새로 적용해야 하는 경우가 자주 생깁니다. 즉, 단순히 액티비티를 띄워주는 것이 아니라 어떤 액티비티를 띄운 것인지 그리고 띄웠던 액티비티로부터 다시 원래의 액티비티로 돌아오면서 응답을 받아 처리하는 코드가 필요하게 됩니다. 이런 기능은 액티비티를 소스 코드에서 띄울 때 startActivity 메서드가 아닌 startActivityForResult 메서드를 사용해야 해결할 수 있습니다.

[Reference]

startActivityForResult(Intent intent, int requestCode)

startActivityForResult 메서드에 대해 조금 더 이야기해 볼까요? startActivityForResult 메서드에 전달되는 파라미터는 인텐트(intent)와 정수로 된 코드 값(requestCode)인데 코드 값은 일반적으로 각각의 액티비티를 구별하기 위해 사용됩니다. 예를 들어 액티비티에서 새 액티비티를 띄우기만 하는 것은 startActivity 메서드로 구현해도 상관없습니다. 하지만 새 액티비티에서 원래의 액티비티로 돌아오면서 새 액티비티의 응답을 받아 처리해야 하는 경우에는 어떤 액티비티로부터 돌아온 응답인지 구분해야 이 응답을 처리할 수 있습니다. 이런 경우를 처리하기 위하여 새 액티비티를 startActivity 메서드로 만들지 않고 startActivityForResult 메서드로 만듭니다.

그러면 실습으로 이 과정을 확인해 보겠습니다. 새로운 프로젝트를 만들 때 자동으로 만들어지는 액티비티 외에 또 다른 액티비티를 추가하고 두 개의 액티비티 간에 전환하는 기능을 만들어 보겠습니다.

SampleIntent라는 이름의 새로운 프로젝트를 만듭니다. 그런 다음 왼쪽 프로젝트 창에서 [app]를 선택한 후 마우스 오른쪽 버튼을 누릅니다. 팝업 메뉴가 보이면 [New → Activity → Empty Views Activity] 메뉴를 눌러 새로운 액티비티를 추가하기 위한 대화상자를 띄웁니다. Activity name:에 입력되어 있는 글자를 MenuActivity로 바꾼 후 [Finish] 버튼을 누르면 새로운 MenuActivity 액티비티가 추가됩니다.

왼쪽의 프로젝트 창에서 /app/manifests 폴더 안에 있는 AndroidManifest.xml 파일을 열어볼까요? 그러면 새로운 〈activity〉 태그가 추가되어 있고 그 태그의 android:name 속성 값으로 .MenuActivity 가 설정된 것을 알 수 있습니다. 이것은 안드로이드 스튜디오가 자동으로 추가한 것입니다. 다음 화면을 참고하여 이 〈activity〉 태그에 android:label과 android:theme 속성을 더 추가하세요.

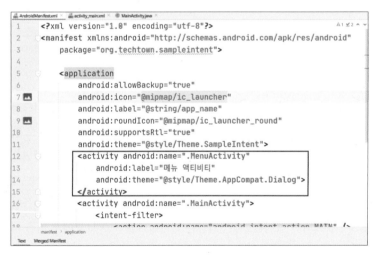

▲ 매니페스트 파일을 수정한 결과

android:label 속성은 화면의 제목을 설정할 때 사용하고 android:theme 속성은 테마를 설정할 때 사용합니다. android:theme 속성 값을 @style/Theme.AppCompat.Dialog로 설정하면 액티비티가 대화상자 형태로 나타납니다.

새 액티비티를 추가했으니 activity_menu.xml 파일을 열어 버튼 하나를 화면 가운데에 추가하고 text 속성을 '돌아가기'라고 수정하세요. 이 화면은 새 액티비티의 화면인 것을 잊지 마세요. 이 화면으로 새 액티비티를 띄운 다음 [돌아가기] 버튼을 클릭하면 원래의 메인 액티비티 화면으로 돌아가도록 앱을 만들 것입니다.

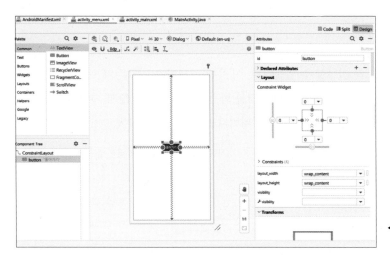

◀ activity_menu.xml에 버튼을 하나 추가한 모양

이제 MenuActivity.java 파일을 열어 버튼을 클릭했을 때 원래 액티비티로 돌아가도록 코드를 입력하겠습니다.

참조파일 SampleIntent>/app/java/org.techtown.sampleintent/MenuActivity.java

```java
중략…

public class MenuActivity extends AppCompatActivity {

    @Override
    protected void onCreate(Bundle savedInstanceState) {
        super.onCreate(savedInstanceState);
        setContentView(R.layout.activity_menu);

        Button button = findViewById(R.id.button);  ──→ ❶ 버튼 객체 참조
        button.setOnClickListener(new View.OnClickListener() {
            public void onClick(View v) {
                Intent intent = new Intent();            ❷ 인텐트 객체 생성하고 name의 값을 부가 데이
                intent.putExtra("name", "mike");            터로 넣기
                setResult(RESULT_OK, intent);  ──→ ❸ 응답 보내기
                finish();  ──→ ❹ 현재 액티비티 없애기
            }
        });
    }
}
```

버튼을 클릭했을 때 호출되는 onClick 메서드 안에서는 Intent 클래스를 사용해 객체를 하나 만든 후 setResult 메서드를 호출하고 있습니다. 바로 이 setResult 메서드를 호출할 때 인텐트 객체가 파라미터로 전달됩니다. setResult 메서드는 새로 띄운 액티비티에서 이전 액티비티로 인텐트를 전달하고 싶을 때 사용하는 메서드로 호출할 때의 형식은 다음과 같습니다.

setResult(응답 코드, 인텐트)

첫 번째 파라미터로는 응답 코드를 전달할 수 있습니다. 이 응답 코드와 인텐트는 새 액티비티를 띄운 원래 액티비티에 전달됩니다. finish 메서드는 액티비티를 화면에서 없애고 싶을 때 사용합니다. 메뉴 액티비티를 만들었으니 이제 메인 액티비티에서 이 액티비티를 띄울 차례입니다. activity_main.xml 파일을 열어 텍스트뷰를 삭제하고 버튼을 추가합니다. text 속성은 '메뉴 화면 띄우기'로 설정하세요. 버튼의 id는 button으로 설정하세요.

> 자동으로 id가 button2와 같은 값으로 바뀔 수 있습니다. 버튼의 id가 button인지 꼭 확인하세요.

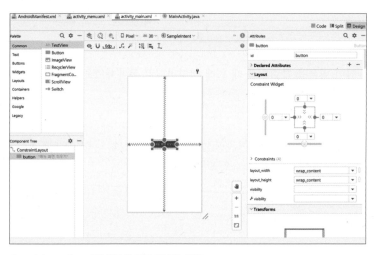

▲ activity_main.xml에 버튼을 하나 추가한 모양

MainActivity.java 파일에는 버튼을 클릭했을 때 메뉴 화면을 띄우는 코드를 입력합니다.

참조파일 SampleIntent>/app/src/org.techtown.sampleintent/MainActivity.java

```java
public class MainActivity extends AppCompatActivity {
    public static final int REQUEST_CODE_MENU = 101;

    @Override
    protected void onCreate(Bundle savedInstanceState) {
        super.onCreate(savedInstanceState);
        setContentView(R.layout.activity_main);
```

```
    Button button = findViewById(R.id.button);
    button.setOnClickListener(new View.OnClickListener() {
        @Override
        public void onClick(View v) {
            Intent intent = new Intent(getApplicationContext(), MenuActivity.class);
            startActivityForResult(intent, REQUEST_CODE_MENU);
        }
    });
    }
}
```

새로운 액티비티를 띄울 때 startActivityForResult 메서드를 호출한 점에 주목하세요. 이 메서드는 startActivity 메서드처럼 새 액티비티를 띄우지만 새 액티비티로부터 응답을 받을 수 있습니다.

액티비티에 선언된 상수인 REQUEST_CODE_MENU는 새 액티비티를 띄울 때 보낼 요청 코드입니다. 코드의 값(101)은 여러분 마음대로 지정해도 됩니다. 하지만 앱에 들어갈 액티비티가 여러 개라면 중복되지 않는 값으로 정해야 합니다. 이 값은 나중에 새 액티비티로부터 응답을 받을 때 다시 전달받을 값입니다. 이런 방식으로 어떤 액티비티로부터 온 응답인지 구분할 수 있는 것이죠.

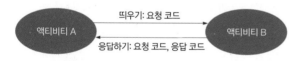

▲ 액티비티를 띄울 때 사용되는 요청 코드와 응답 코드

버튼이 눌렸을 때 호출되는 onClick 메서드 안에서 인텐트 객체를 하나 만들고 startActivityForResult 메서드를 호출했습니다. 인텐트 객체는 액티비티를 띄울 목적으로 사용되며 액티비티 간에 데이터를 전달하는 데에도 사용될 수 있습니다. 인텐트 객체를 만들 때 두 번째 파라미터로는 메뉴 액티비티의 클래스 인스턴스인 MenuActivity.class를 전달합니다. 첫 번째 파라미터로는 컨텍스트(Context) 객체가 전달되는데, 액티비티 객체는 컨텍스트가 될 수 있기 때문에 일반적으로 this 변수를 사용할 수도 있습니다. 다만 여기서는 이벤트 처리 메서드 안에서 this 변수로 MainActivity 객체를 참조할 수 없으므로 getApplicationContext 메서드를 사용해 이 앱의 Context 객체를 참조한 후 전달합니다.

이번에는 새로 띄운 MenuActivity로부터 받은 응답을 처리하는 메서드를 추가합니다. MainActivity 클래스 안에 커서를 둔 상태에서 마우스 오른쪽 버튼을 누르면 팝업 메뉴가 보입니다. 그중에 [Generate → Override Methods] 메뉴를 누릅니다. 또는 단축키 [Ctrl] + [O]를 누릅니다. 부모 클래스인 AppCompatActivity 또는 그 외의 상속받은 클래스들이 가지고 있는 메서드들이 보입니다. 스크롤을 내려 onActivityResult 메서드를 찾아 선택한 후 [OK] 버튼을 누릅니다.

▲ 부모 클래스의 onActivityResult 메서드를 재정의하는 대화상자

그러면 onActivityResult 메서드가 자동으로 추가됩니다. 이 메서드는 부모 클래스에 정의된 onActivityResult 메서드를 재정의한 것이 됩니다. 메서드 안에는 다음 코드를 추가합니다.

참조파일 SampleIntent>/app/src/org.techtown.sampleintent/MainActivity.java

```java
중략...

@Override
protected void onActivityResult(int requestCode, int resultCode, Intent data) {
    super.onActivityResult(requestCode, resultCode, data);

    if (requestCode == REQUEST_CODE_MENU) {
        Toast.makeText(getApplicationContext(),
            "onActivityResult 메서드 호출됨. 요청 코드 : " + requestCode +
            ", 결과 코드 : " + resultCode, Toast.LENGTH_LONG).show();

        if (resultCode == RESULT_OK) {
            String name = data.getStringExtra("name");
            Toast.makeText(getApplicationContext(), "응답으로 전달된 name : " + name,
                Toast.LENGTH_LONG).show();
        }
    }
}

중략...
```

onActivityResult 메서드는 새로 띄웠던 메뉴 액티비티가 응답을 보내오면 그 응답을 처리하는 역할을 합니다.

이 메서드의 첫 번째 파라미터는 액티비티를 띄울 때 전달했던 요청 코드와 같습니다. 이 값으로 어떤 액티비티로부터 응답을 받은 것인지 구분할 수 있습니다. 두 번째 파라미터는 새 액티비티로부터 전달된 응답 코드입니다. 응답 코드는 새 액티비티에서 처리한 결과가 정상인지 아닌지를 구분하는 데 사용됩니다. 보통 Activity.RESULT_OK 상수를 전달하는 방법으로 정상 처리임을 알립니다. 물론 여러분이 임의로 만든 코드를 전달할 수도 있습니다. 예를 들어, 성공인 경우 200, 실패인 경우 400 코드를 전달하도록 만들 수도 있습니다. 세 번째 파라미터는 새 액티비티로부터 전달 받은 인텐트입니다. 이 인텐트 안에 새 액티비티의 데이터를 전달할 수 있습니다. 인텐트 객체는 주로 새 액티비티로부터 원래의 액티비티로 데이터를 전달할 때 사용합니다. 그러면 인텐트 객체에 데이터를 넣는 방법은 무엇일까요? 가장 간단한 방법은 putExtra 메서드를 사용하는 것입니다. 이 메서드를 이용할 때는 키(Key)와 데이터 값(Value)을 쌍으로 넣어야 합니다. 물론 이 값을 다시 확인할 경우에는 키(Key)를 사용해 데이터 값을 가져올 수 있습니다.

설명이 잘 이해되었나요? 앱을 실행해 보세요. 여러분이 작성한 실습 코드는 원래 액티비티에서 요청한 코드와 새 액티비티에서 응답한 코드를 비교하여 응답 결과를 토스트로 표시하도록 구현했습니다.

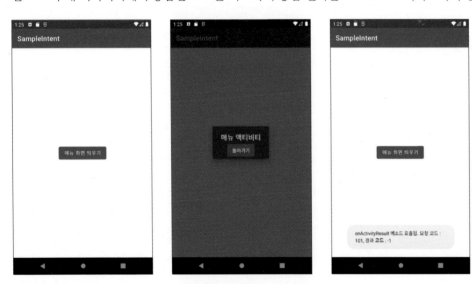

▲ startActivityForResult와 onActivityResult 메서드를 사용하는 앱의 실행 결과

메인 액티비티 안에 들어 있는 버튼을 누르면 새 메뉴 액티비티가 뜨고 그 화면의 버튼을 누르면 다시 메인 액티비티로 돌아갑니다. 그리고 그 각각의 상태는 토스트 메시지로 보여줍니다. 토스트 메시지를 보면 어떤 값이 액티비티 간에 전달되었는지도 알 수 있습니다.

지금까지 새로운 액티비티를 만들어 추가하고 서로 간에 상태 코드나 데이터를 주고받는 방법에 대해 살펴보았습니다. 이 과정을 정리하면 다음과 같습니다.

❶ 새로운 액티비티 만들기

새로운 액티비티를 추가하면 XML 레이아웃 파일 하나와 자바 소스 파일 하나가 만들어지고 매니페스트 파일에 액티비티 태그가 추가됩니다.

❷ 새로운 액티비티의 XML 레이아웃 정의하기

새로 만들어진 XML 레이아웃을 수정하여 새로운 액티비티의 화면이 어떻게 배치될지를 작성합니다.

❸ 메인 액티비티에서 새로운 액티비티 띄우기

메인 액티비티의 버튼을 클릭하면 startActivityForResult 메서드로 새로운 액티비티를 띄웁니다.

❹ 새로운 액티비티에서 응답 보내기

새로운 액티비티가 보이고 그 안에 들어 있는 버튼을 클릭하면 setResult 메서드로 응답을 보냅니다.

❺ 응답 처리하기

메인 액티비티에서 onActivityResult 메서드를 재정의하여 새로 띄웠던 액티비티에서 보내오는 응답을 처리합니다.

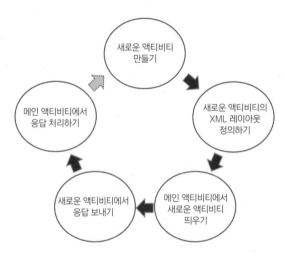

▲ 액티비티 추가와 요청 그리고 응답 과정

이 과정은 앱에 새로운 액티비티를 추가하기 위해 필요한 것이므로 실제 앱을 만들 때도 잘 이해하고 있어야 합니다. 특히, 실제 앱을 구성할 때에는 여러 개의 화면이 사용되고 복잡한 앱의 경우에는 수십 개의 화면이 사용되기도 하므로 액티비티 간의 요청과 응답 구조에 대해 명확하게 알고 있어야 코드를 쉽게 이해할 수 있습니다.

04-3
인텐트 살펴보기

여러분이 지금까지 실습했던 내용을 다시 떠올려 보세요. ①새로운 화면에 필요한 XML 레이아웃을 만들고 ② 소스 코드를 만든 후 ③그 화면을 띄우는 과정을 여러 번

첫째 마당에서 첫 번째 앱을 만들 때 인텐트 안에 웹페이지 주소나 전화번호를 URI 객체로 만들어 넣어 웹 브라우저나 전화 걸기 화면을 띄우기도 했습니다.

실습했습니다. 바로 앞의 실습에서는 새로운 화면을 띄우며 인텐트를 만들고 인텐트의 파라미터로 액티비티 클래스의 객체를 전달해 액티비티를 화면에 띄웠습니다.

바로 앞 실습에서 인텐트는 다른 액티비티를 띄우거나 기능을 동작시키기 위한 수단으로 사용했습니다. 즉, 무언가 작업을 수행하기 위해 사용되는 일종의 명령 또는 데이터를 전달하는데 사용했습니다. 이 과정을 조금 더 자세히 설명하면 인텐트를 만든 후 startActivity나 startActivityForResult 메서드를 호출하면서 전달하는 방법으로 인텐트를 시스템에 전달했습니다. 그러면 시스템은 그 인텐트 안에 들어 있는 명령을 확인하고 여러분이 만든 액티비티 또는 이미 단말에 설치되어 있는 다른 앱들의 액티비티를 띄운 것이죠. 이렇게 인텐트는 여러분이 만든 앱 구성 요소가 해야 할 일을 지정합니다.

인텐트의 역할과 사용 방식

인텐트에 대해 조금 더 자세히 알아보겠습니다. android.content 패키지 안에 정의되어 있는 인텐트는 앱 구성 요소 간에 작업 수행을 위한 정보를 전달하는 역할을 합니다. 다른 앱 구성 요소에 인텐트를 전달할 수 있는 대표적인 메서드는 다음과 같습니다.

[Reference]

startActivity() 또는 startActivityForResult()
startService() 또는 bindService()
broadcastIntent()

startActivity 메서드는 액티비티를 화면에 띄울 때 사용되며, startService 메서드는 서비스를 시작할 때 그리고 broadcastIntent 메서드는 인텐트 객체를 브로드캐스팅 방식으로 전송할 때 사용됩니다. 이 메서드들에 대해서는 나중에 좀 더 접하게 될 것입니다. 이 메서드들을 호출할 때 인텐트가 파라미터로 전달되며 이렇게 전달된 파라미터는 앱 구성요소인 액티비티, 서비스, 브로드캐스트 수신자로 전달될 수 있습니다.

인텐트의 기본 구성 요소는 '액션(Action)'과 '데이터(Data)'입니다. 액션은 수행할 기능이고 데이터는 액션이 수행될 대상의 데이터를 의미합니다. 대표적인 액션으로는 ACTION_VIEW, ACTION_EDIT 등을 들 수 있습니다. 예를 들어, 인텐트 객체를 만들 때 ACTION_VIEW와 함께 웹페이지 주소를 전달하면 단말 안에 설치되어 있던 웹브라우저의 화면이 뜨면서 해당 웹페이지를 보여줍니다.

액션과 데이터를 이용해 인텐트를 만들고 필요한 액티비티를 띄워주는 대표적인 경우는 다음과 같습니다.

속성	설명
ACTION_DIAL tel:01077881234	주어진 전화번호를 이용해 전화걸기 화면을 보여줌.
ACTION_VIEW tel:01077881234	주어진 전화번호를 이용해 전화걸기 화면을 보여줌. URI 값의 유형에 따라 VIEW 액션이 다른 기능을 수행함.
ACTION_EDIT content://contacts/people/2	전화번호부 데이터베이스에 있는 정보 중에서 ID 값이 2인 정보를 편집하기 위한 화면을 보여줌.
ACTION_VIEW content://contacts/people	전화번호부 데이터베이스의 내용을 보여줌.

▲ 액션과 데이터를 사용하는 대표적인 예

인텐트에 포함되어 있는 데이터는 그 포맷이 어떤 것인가를 시스템이 확인한 후 적절한 액티비티를 자동으로 찾아 띄워주기도 합니다. 만약 http처럼 특정 포맷을 사용하면 그 포맷은 등록된 MIME 타입으로 구분합니다. MIME 타입은 일반적으로 웹 서버에서 사용하는 MIME 타입과 같습니다. 예를 들어, "http://"로 시작하는 문자열의 경우에는 웹페이지 주소를 나타내는 URL이라고 인식하는 것과 같습니다. 결국, 인텐트 전달 메커니즘도 이렇게 MIME 타입을 구분한 후 설치된 앱들 중에 적절한 것을 찾아 액티비티를 띄워주는 것입니다.

다음은 인텐트의 생성자들입니다. 이들을 살펴보면 인텐트 객체는 액션과 데이터를 인수로 하여 만들 수도 있지만 다른 인텐트나 클래스 객체를 인수로 하여 만들기도 한다는 것을 알 수 있습니다.

```
[Reference]
Intent()
Intent(Intent o)
Intent(String action [,Uri uri])
Intent(Context packageContext, Class<?> cls)
Intent(String action, Uri uri, Context packageContext, Class<?> cls)
```

인텐트에 클래스 객체나 컴포넌트 이름을 지정하여 호출할 대상을 확실히 알 수 있는 경우에는 '명시적 인텐트(Explicit Intent)'라고 하며, 액션과 데이터를 지정하긴 했지만 호출할 대상이 달라질 수 있는 경우에는 '암시적 인텐트(Implicit Intent)'라고 부릅니다. 암시적 인텐트는 MIME 타입에 따라 시스템에서 적절한 다른 앱의 액티비티를 찾은 후 띄우는 방식을 사용하게 됩니다. 즉, 설치된 앱 정보를 알고 있는 시스템이 인텐트를 이용해 요청한 정보를 처리할 수 있는 적절한 컴포넌트를 찾아본 다음 사용자에게 그 대상과 처리 결과를 보여주는 과정을 거치게 됩니다. 여기에서 컴포넌트(Component)는 액티비티와 같은 독립적인 구성 요소라고 생각하면 쉽습니다.

암시적 인텐트는 액션과 데이터로 구성되지만 그 외에도 여러 가지 속성을 가지고 있습니다. 대표적인 것으로 '범주(Category)', '타입(Type)', '컴포넌트(Component)' 그리고 '부가 데이터(Extras)'를 들 수 있으며 그 각각에 대한 설명은 다음과 같습니다.

범주(Category)

액션이 실행되는 데 필요한 추가적인 정보를 제공합니다. 예를 들어, CATEGORY_LAUNCHER는 최상위 앱으로 설치된 앱들의 목록을 보여주는 애플리케이션 런처(Launcher) 화면에 이 앱을 보여주어야 한다는 것을 의미합니다.

타입(Type)

인텐트에 들어가는 데이터의 MIME 타입을 명시적으로 지정합니다. 보통 MIME 타입은 데이터만으로도 구별이 가능하지만 명시적으로 지정할 필요가 있는 경우도 있습니다.

컴포넌트(Component)

인텐트에 사용될 컴포넌트 클래스 이름을 명시적으로 지정합니다. 보통 이 정보는 인텐트의 다른 정보를 통해 결정됩니다. 이 속성이 지정될 경우에는 지정된 컴포넌트가 실행되도록 합니다. 새로운 액티비티를 정의하고 그 액티비티의 클래스 객체를 인텐트에 전달하여 실행하는 방법도 컴포넌트를 지정하는 방식과 같습니다.

부가 데이터(Extra Data)

인텐트는 추가적인 정보를 넣을 수 있도록 번들(Bundle) 객체를 담고 있습니다. 이 객체를 통해 인텐트 안에 더 많은 정보를 넣어 다른 앱 구성 요소에 전달할 수 있습니다. 예를 들어, 이메일을 보내는 액션이 있다면 이메일에 들어갈 제목, 내용 등을 부가 데이터로 넣어 전달해야 이메일 앱이 그 데이터를 받아 처리할 수 있습니다.

그럼 인텐트를 이용하는 대표적인 두 가지 경우, 즉, 인텐트에 액션과 데이터를 넣어 다른 앱의 액티비티를 띄우는 경우와 컴포넌트 이름을 이용해 새로운 액티비티를 띄우는 경우를 다시 확인해 보겠습니다.

새로운 SampleCallIntent 프로젝트를 만들고 activity_main.xml 파일에 들어있던 텍스트뷰를 삭제한 후 최상위 레이아웃을 LinearLayout으로 변경합니다. LinearLayout의 orientation 속성 값은 vertical로 설정하고 입력상자 하나와 버튼 하나를 추가합니다. 입력상자의 text 속성 값으로 'tel:010-1000-1000'을 입력하고 textSize 속성 값은 24sp로 설정합니다. 버튼의 text 속성 값은 '전화걸기'로 입력합니다.

이제 MainActivity.java 파일을 열고 버튼을 눌렀을 때 입력상자에 입력한 전화번호로 전화를 걸도록 다음 코드를 입력합니다.

참조파일 SampleCallIntent>/app/java/org.techtown.samplecallintent/MainActivity.java

```java
중략…

public class MainActivity extends AppCompatActivity {
    EditText editText;

    @Override
    protected void onCreate(Bundle savedInstanceState) {
        super.onCreate(savedInstanceState);
        setContentView(R.layout.activity_main); ⟶ ❶ 뷰 객체 참조

        editText = findViewById(R.id.editText);

        Button button = findViewById(R.id.button);
        button.setOnClickListener(new View.OnClickListener() {
            @Override
            public void onClick(View view) {
                String data = editText.getText().toString(); ⟶ ❷ 입력상자에 입력된 전화번호 확인

                Intent intent = new Intent(Intent.ACTION_VIEW, Uri.parse(data)); ⟶ ❸ 전화걸기 화
                startActivity(intent); ⟶ ❹ 액티비티 띄우기                              면을 보여줄
            }                                                                          인텐트 객체
        });                                                                            생성
    }
}
```

앱을 실행하면 다음과 같은 화면을 볼 수 있으며 버튼을 누르면 전화걸기 화면으로 이동합니다.

▲ 인텐트의 액션을 이용한 전화걸기

버튼을 누르면 입력상자에 입력된 값을 가져와 인텐트의 파라미터로 전달하므로 입력상자에 입력된 전화번호를 바꾸면 다른 번호로 전화를 걸도록 만들 수 있습니다.

이제 인텐트를 사용하여 액티비티를 띄워주는 두 번째 경우를 살펴보도록 하겠습니다. activity_main. xml 파일에 새로운 버튼을 하나 더 추가하고 '메뉴 화면 띄우기' 글자가 표시되도록 합니다. 메뉴 화면은 왼쪽 프로젝트 창에서 app 항목을 선택한 후 마우스 오른쪽 버튼을 눌러 보이는 메뉴에서 [New → Activity → Empty Views Activity]를 선택해서 만듭니다. 새로 추가하는 액티비티의 이름은 Menu-Activity로 합니다. 다시 MainActivity.java 파일로 돌아와 [메뉴 화면 띄우기] 버튼을 누르면 Menu-Activity가 나타나도록 코드를 입력하겠습니다.

참조파일 SampleCallIntent>/app/java/org.techtown.samplecallintent/MainActivity.java

```
중략…
        Button button = findViewById(R.id.button);
        button.setOnClickListener(new View.OnClickListener() {
            @Override
            public void onClick(View view) {
                String data = editText.getText().toString();

                Intent intent = new Intent(Intent.ACTION_VIEW, Uri.parse(data));
                startActivity(intent);
            }
        });
```

```
        Button button2 = findViewById(R.id.button2);
        button2.setOnClickListener(new View.OnClickListener() {
            @Override
            public void onClick(View view) {
                Intent intent = new Intent();
                ComponentName name = new ComponentName("org.techtown.samplecallintent", ─────→ ❶
                        "org.techtown.samplecallintent.MenuActivity");
                intent.setComponent(name); ─────→ ❷ 인텐트 객체에 컴포넌트 지정
                startActivityForResult(intent, 101); ─────→ ❸ 액티비티 띄우기
            }
        });

중략…
```

❶ 컴포넌트 이름을 지정할 수 있는 객체 생성

컴포넌트 이름은 ComponentName 객체를 만들어 인텐트에 설정하는데 두 개의 파라미터는 각각 패키지 이름과 클래스 이름이 됩니다. 앱을 실행해 보면 기존에 새로운 액티비티의 클래스 객체를 전달하여 액티비티를 띄울 때와 동일한 결과를 볼 수 있습니다. 이렇게 인텐트를 이용해 다른 화면을 띄워줄 수 있는데 이 화면은 여러분들이 직접 만든 화면이 될 수도 있고 다른 사람이 만든 앱의 화면이 될 수도 있습니다.

> 정박사의
> 조 언
> **컴포넌트 이름을 지정할 때 유의할 점이 있어요!**
>
> ComponentName 객체를 만들어 대상 액티비티의 이름을 지정할 때도 패키지 이름까지 함께 사용합니다.

다음은 인텐트(Intent) 클래스에 정의된 다양한 액션 정보를 보여줍니다.

[Reference]

ACTION_MAIN	ACTION_VIEW
ACTION_ATTACH_DATA	ACTION_ANSWER
ACTION_EDIT	ACTION_INSERT
ACTION_PICK	ACTION_DELETE
ACTION_CHOOSER	ACTION_RUN
ACTION_GET_CONTENT	ACTION_SYNC
ACTION_DIAL	ACTION_PICK_ACTIVITY
ACTION_CALL	ACTION_SEARCH
ACTION_SEND	ACTION_ACTION_WEB_SEARCH
ACTION_SENDTO	ACTION_FACTORY_TEST

액션들 중에서 ACTION_MAIN과 ACTION_EDIT가 가장 많이 사용되는 액션 중의 하나입니다.

04-4
플래그와 부가 데이터 사용하기

지금까지 새 액티비티를 띄우는 방법을 알아보았습니다. 그런데 액티비티로 만든 화면이 한 번 메모리에 만들어졌는데도 계속 startActivity나 startActivityForResult 메서드를 여러 번 호출하면 동일한 액티비티가 메모리에 여러 개 만들어질 것입니다. 왜냐하면 시스템이 인텐트별로 새 액티비티를 띄워주기 때문입니다. 만약 같은 액티비티에 대해 인텐트를 두 번 보내면 중복된 액티비티가 뜨게 됩니다. 그래서 시스템의 [BACK] 버튼을 누르면 아래에 있던 액티비티가 나타납니다. 중복된 액티비티를 띄우지 않으려면 어떻게 해야 할까요? 이런 문제는 플래그(Flag)를 사용하면 조정할 수 있습니다.

플래그

플래그를 이해하려면 액티비티가 처리되는 방식을 이해해야 합니다. 액티비티는 액티비티 매니저(ActivityManager)라는 객체에 의해 '액티비티 스택(Activity Stack)'이라는 것으로 관리됩니다. 그리고 이 스택은 액티비티를 차곡차곡 쌓아두었다가 가장 상위에 있던 액티비티가 없어지면 이전의 액티비티가 다시 화면에 보이게 합니다. 다음 그림은 액티비티 스택의 처리 과정을 나타낸 것입니다.

▲ 액티비티 스택

새로운 액티비티를 만들어 매니페스트 파일에 등록하면 그 액티비티는 startActivity 또는 startActivityForResult 메서드를 사용해 실행됩니다. 이렇게 실행된 액티비티는 화면에 띄워지는데 새로운 액티비티가 화면에 띄워지면 이전에 있던 액티비티는 액티비티 스택에 저장되고 새로운 액티비티가 화면에 보이는 구조입니다. 화면에 보이던 액티비티가 없어지면 액티비티 스택의 가장 위에 있던 액티비티가 화면에 보이면서 화면 기능이 다시 동작합니다. 결국, 새로운 화면이 보이면 이전의 화면들은 그 화면의 뒤에 차곡차곡 가려져 있다고 생각할 수도 있습니다.

이렇게 일반적인 스택 구조를 이용해 액티비티가 관리되기는 하지만 만약 여러분이 동일한 액티비티를 여러 번 실행한다면 동일한 액티비티가 여러 개 스택에 들어가게 되고 동시에 데이터를 여러 번 접근하거나 리소스를 여러 번 사용하는 문제가 발생할 수 있습니다. 이러한 문제들을 해결할 수 있도록 도와주는 것이 바로 플래그인데 대표적인 플래그들은 다음과 같습니다.

[Reference]

FLAG_ACTIVITY_SINGLE_TOP
FLAG_ACTIVITY_NO_HISTORY
FLAG_ACTIVITY_CLEAR_TOP

첫 번째, FLAG_ACTIVITY_SINGLE_TOP 플래그는 액티비티를 생성할 때 이미 생성된 액티비티가 있으면 그 액티비티를 그대로 사용하라는 플래그입니다. 다음은 플래그를 사용하지 않을 때와 FLAG_ACTIVITY_SINGLE_TOP 플래그를 사용할 때를 비교한 것으로 두 번째 액티비티가 두 번 실행되었지만 액티비티는 한 개만 만들어져 있고 이전에 사용된 두 번째 액티비티가 그대로 사용된 것을 알 수 있습니다.

NO_FLAG

FLAG_ACTIVITY_SINGLE_TOP

▲ FLAG_ACTIVITY_SINGLE_TOP 플래그를 사용한 경우

결국 FLAG_ACTIVITY_SINGLE_TOP 플래그를 사용하면 기존에 만든 동일한 액티비티를 그대로 사용하게 됩니다. 그런데 화면에 보이는 액티비티가 새로 만들어지지 않고 기존에 있는 것이 보인다면 시스템에서 전달하는 인텐트 객체는 어떻게 전달받을 수 있을까요?

새로운 액티비티를 띄워주는 액티비티를 부모 액티비티라고 부른다면, 부모 액티비티로부터 전달하는 인텐트는 새로 만들어진 인텐트의 onCreate 메서드 안에서 getIntent 메서드로 참조할 수 있습니다.

그런데 액티비티가 새로 만들어지지 않고 재사용된다면 액티비티의 onCreate 메서드가 호출되지 않습니다. 이 경우에는 새로 띄워지는 액티비티에서 인텐트를 전달 받아 처리하는 방법이 따로 있어야 합니다. 그것이 바로 onNewIntent 메서드입니다. onNewIntent 메서드를 재정의하면 액티비티가 새로 만들어지지 않았을 때 인텐트 객체만 전달 받을 수 있습니다.

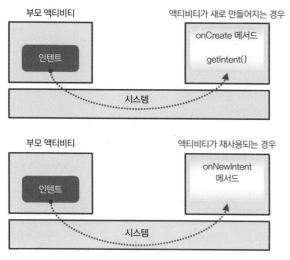

▲ 액티비티에서 인텐트를 전달 받는 두 가지 경우

[Reference]

public void onNewIntent(Intent intent)

새로운 액티비티를 띄울 때 FLAG_ACTIVITY_SINGLE_TOP 플래그를 어떻게 사용하는지는 브로드 캐스트 수신자에서 액티비티를 띄우거나 또는 서비스에서 액티비티를 띄우는 코드를 보면 쉽게 이해할 수 있습니다. 이 내용은 서비스나 브로드캐스트 수신자 부분에서 설명할 것입니다.

두 번째로 플래그를 FLAG_ACTIVITY_NO_HISTORY로 설정하는 경우가 있습니다. 이 플래그로 설정하면 처음 이후에 실행된 액티비티는 액티비티 스택에 추가되지 않습니다. 즉, 플래그가 설정되지 않은 경우에는 이전에 실행되었던 액티비티가 스택에 추가되므로 시스템 [Back] 키를 누르면 이전의 액티비티가 보입니다. 하지만 이 플래그를 사용하면 항상 맨 처음에 실행되었던 액티비티가 바로 보이게 됩니다. 이 플래그는 알람 이벤트가 발생하여 사용자에게 한 번 알림 화면을 보여주고 싶을 때 유용하게 사용할 수 있습니다. 이 알림 화면은 한 번만 보여주면 되므로 여러 번 알람 이벤트가 발생하더라도 그 화면만 한 번 보여주는 형태로 만들 수 있습니다. 다음은 FLAG_ACTIVITY_NO_HISTORY로 플래그를 설정한 경우 화면에서 어떻게 처리되는지를 보여줍니다.

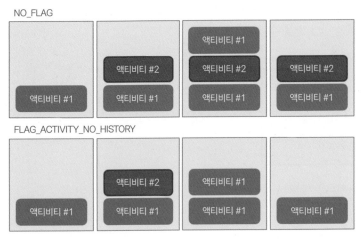

▲ FLAG_ACTIVITY_NO_HISTORY 플래그를 사용한 경우

세 번째로 플래그를 FLAG_ACTIVITY_CLEAR_TOP으로 설정하면 이 액티비티 위에 있는 다른 액티비티를 모두 종료시키게 됩니다. 이 플래그는 홈 화면과 같이 다른 액티비티보다 항상 우선하는 액티비티를 만들 때 유용하게 사용할 수 있습니다. 만약 홈 화면이 여러 개 있는 것이 아니라 하나만 만들어지는 것으로 하고 싶을 때 FLAG_ACTIVITY_SINGLE_TOP 플래그와 함께 설정하면 항상 하나의 객체가 메모리에 존재하면서 그 상위의 액티비티를 모두 종료시킬 수 있습니다. 다음은 FLAG_ACTIVITY_CLEAR_TOP으로 설정했을 때 화면에서 액티비티가 어떻게 바뀌는지 보여줍니다.

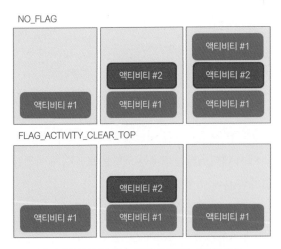

▲ FLAG_ACTIVITY_CLEAR_TOP 플래그를 사용한 경우

플래그가 무엇인지 알 것 같나요? 이 외에도 여러 가지 플래그가 있지만 실제 앱을 만들 때 주로 사용하는 것은 위의 세 가지 정도입니다. 플래그를 사용하는 방법은 뒤에서 다룰 것입니다.

부가 데이터

한 액티비티에서 다른 액티비티를 띄울 때 데이터를 전달해야 하는 경우도 있습니다. 예를 들어, 로그인 화면에서 로그인 버튼을 눌러 로그인을 성공하면 메뉴 화면으로 아이디(또는 이름)를 전달하여 표시해야 할 수도 있습니다. 어떻게 하면 로그인 화면에서 메뉴 화면으로 아이디를 전달할 수 있을까요? 가장 간단한 방법은 별도의 클래스를 만든 다음 그 안에 클래스 변수(static 키워드를 이용해 선언한 변수)를 만들어 두 개의 화면에서 모두 그 변수를 참조하게 하는 방법입니다. 즉, 로그인 화면에서 값을 설정하고 메뉴 화면에서 로그인 화면의 변수 값을 참조하면 됩니다.

하지만 안드로이드는 다른 앱에서 여러분이 만든 화면을 띄울 수도 있기 때문에 변수를 공유하는 방식으로 데이터를 전달하는 것이 불가능할 수도 있습니다. 따라서 기본적으로는 액티비티를 띄울 때 전달되는 인텐트 안에 부가 데이터(Extra data)를 넣어 전달하는 방법을 권장합니다.

인텐트 안에는 번들(Bundle) 객체가 들어 있는데, 번들 객체는 해시테이블과 유사해서 putExtra와 getOOOExtra 메서드로 데이터를 넣거나 빼낼 수 있습니다(여기에서 OOO은 기본 자료형의 이름). 예를 들어, 문자열을 넣고 싶다면 putExtra 메서드를 호출하고 문자열을 다시 빼내고 싶다면 getStringExtra 메서드를 사용하면 됩니다.

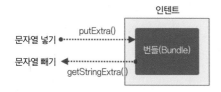

▲ 인텐트 안의 번들 객체에 문자열을 넣었다 빼기

기본적으로 기본 자료형(Primitive Data Type)을 넣었다 뺄 수 있지만 바이트 배열이나 Serializable 객체도 넣었다 뺄 수 있습니다.

이렇게 번들 객체 안에 넣은 데이터를 부가 데이터라고 하며 시스템에서는 건드리지 않고 다른 앱 구성 요소로 전달합니다. 번들 안에 문자열이나 정수와 같은 부가 데이터를 넣을 때는 키(Key)와 값(Value)을 쌍으로 만들어 넣습니다. 문자열과 정수 그리고 이진 값을 넣거나 뺄 때 사용하는 대표적인 메서드는 다음과 같습니다.

[Reference]

```
Intent putExtra(String name, String value)
Intent putExtra(String name, int value)
Intent putExtra(String name, boolean value)

String getStringExtra(String name)
int getIntExtra(String name, int defaultValue)
boolean getBooleanExtra(String name, boolean defaultValue)
```

getOOO() 형태를 가진 메서드는 데이터 값이 없으면 디폴트로 설정한 defaultValue 값이 반환됩니다. 또, 전달하고 싶은 데이터가 기본 자료형이 아니라 객체(Object) 자료형인 경우에는 객체 자체를 전달할 수 없습니다. 객체 데이터는 바이트 배열로 변환하거나 Serializable 인터페이스를 구현하는 객체를 만들어 직렬화한 다음 전달해야 합니다.

> 직렬화 방법은 표준 자바를 접해 보았다면 쉽게 이해할 수 있을 것입니다.

그러나 안드로이드는 객체를 전달할 때 Serializable 인터페이스와 유사한 Parcelable 인터페이스를 권장합니다. Parcelable 인터페이스는 Serializable과 유사하지만 직렬화했을 때 크기가 작아 안드로이드 내부의 데이터 전달에 자주 사용됩니다. 이 인터페이스를 사용하면 객체를 직접 번들에 추가하여 데이터를 전송할 때 사용할 수 있습니다. 단, 다음의 두 가지 메서드를 모두 구현해야 합니다.

[Reference]
public abstract int describeContents()
public abstract void writeToParcel(Parcel dest, int flags)

describeContents 메서드는 직렬화하려는 객체의 유형을 구분할 때 사용합니다. 여기에서는 단순히 0을 반환하도록 합니다. writeToParcel 메서드는 객체가 가지고 있는 데이터를 Parcel 객체로 만들어 주는 역할을 합니다. 이 Parcel 객체는 Bundle 객체처럼 readOOO()와 writeOOO() 형태를 가진 메서드를 제공하므로 기본 데이터 타입을 넣고 확인할 수 있도록 합니다. 위의 두 가지 메서드를 모두 구현한 다음에는 CREATOR라는 상수를 만들어야 하는데 이 상수는 Parcel 객체로부터 데이터를 읽어 들여 객체를 생성하는 역할을 합니다. 이 객체는 상수로 정의되고 반드시 static final로 선언되어야 합니다.

앞의 설명들이 모두 잘 이해되었나요? 이제 Parcelable 인터페이스를 구현하는 새로운 객체를 정의하고 그 객체를 인텐트에 넣어 전달해 보겠습니다. 새로운 SampleParcelable 프로젝트를 만들고 activity_main.xml 파일을 연 후 기존에 있던 텍스트뷰는 삭제하고 버튼을 하나 추가합니다. 버튼에 보이는 글자는 '메뉴 화면 띄우기'로 설정합니다. 이 버튼을 클릭하면 Parcelable 자료형으로 된 객체를 인텐트에 넣어 메뉴 화면에 전달하는 코드를 넣을 예정입니다.

새 액티비티를 하나 더 추가하겠습니다. 왼쪽 프로젝트 창에서 app을 선택한 상태에서 마우스 오른쪽 버튼을 누릅니다. 팝업 메뉴가 보이면 [New → Activity → Empty Views Activity]를 눌러 새로운 액티비티를 추가할 수 있는 대화상자를 띄웁니다. 새 액티비티의 이름을 MenuActivity로 수정하고 [Finish]를 누르면 MenuActivity.java 파일과 activity_menu.xml 파일이 프로젝트에 추가됩니다.

메인 화면의 [메뉴 화면 띄우기] 버튼을 클릭하여 Parcelable 자료형으로 된 객체를 메뉴 화면에 전달하려면 먼저 클래스를 정의해야 합니다. 왼쪽 프로젝트 창의 app 폴더 안에 있는 [java → org.techtown. sampleparcelable] 폴더를 선택한 후 마우스 오른쪽 버튼을 누릅니다. 팝업 메뉴가 보이면 [New → Java Class]를 눌러 새로운 클래스를 만들 수 있는 [New Java Class] 대화상자를 띄웁니다. 입력상자에

SimpleData를 입력하고 [OK] 버튼을 클릭하면 새로운 클래스 파일이 만들어집니다.

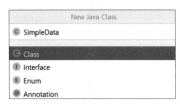

▲ 새로운 SimpleData 클래스를 만들기 위한 대화상자

이제 SimpleData 클래스에 Parcelable 인터페이스를 구현하겠습니다. 다음 소스 코드를 입력하세요.

참조파일 SampleParcelable>/app/src/org.techtown.sampleparcelable/SimpleData.java

```java
package org.techtown.simpleparcelable;

import android.os.Parcel;
import android.os.Parcelable;

public class SimpleData implements Parcelable {

  int number;
  String message;

  public SimpleData(int num, String msg) {
    number = num;
    message = msg;
  }

  public SimpleData(Parcel src) {
    number = src.readInt();              ❶ Parcel 객체에서 읽기
    message = src.readString();
  }

  public static final Parcelable.Creator CREATOR = new Parcelable.Creator() {
                                                                        ❷ CREATOR
                                                                        상수 정의
    public SimpleData createFromParcel(Parcel in) {
      return new SimpleData(in);   ⟶ ❸ SimpleData 생성자를 호출해
    }                                  Parcel 객체에서 읽기

    public SimpleData[] newArray(int size) {
      return new SimpleData[size];
    }

  };
```

```
    public int describeContents() {
      return 0;
    }


    public void writeToParcel(Parcel dest, int flags) {
      dest.writeInt(number);
      dest.writeString(message);
    }
  }
```

❹ Parcel 객체로 쓰기

SimpleData 클래스는 Parcelable 인터페이스를 구현하므로 implements Parcelable 코드가 추가되어 있습니다. 클래스 안에 정의된 인스턴스 변수는 두 개이며, 하나는 문자열이고 하나는 정수입니다. SimpleData 객체는 이 두 개의 변수로 구성된 객체입니다. writeToParcel 메서드는 이 SimpleData 객체 안에 들어 있는 데이터를 Parcel 객체로 만드는 역할을 합니다. 그래서 이 메서드 안에는 writeInt와 writeString 메서드가 있습니다. 또한, SimpleData 클래스의 생성자를 보면 Parcel 객체를 파라미터로 받게 되는데 이 경우에는 readInt와 readString 메서드를 이용해 데이터를 읽어 들입니다.

CREATOR 객체는 상수로 정의되어 있으며 새로운 객체가 만들어지는 코드가 들어가므로 new SimpleData()와 같이 SimpleData 객체를 만드는 부분을 볼 수 있습니다. 결과적으로 SimpleData 클래스 안에 Parcel 객체의 데이터를 읽는 부분과 Parcel 객체로 쓰는 부분을 정의하게 됩니다.

이제 메인 액티비티의 소스 코드를 수정합니다. MainActivity.java 파일을 열고 버튼을 클릭했을 때 메뉴 액티비티를 띄우는 코드를 추가합니다. 메뉴 액티비티를 띄우기 위해 만드는 인텐트 객체에는 SimpleData 객체를 부가 데이터로 넣어 전달할 것입니다. MainActivity 클래스 안에 다음 코드를 입력합니다.

참조파일 SampleParcelable>/app/src/org.techtown.simpleparcelable/MainActivity.java

```
public class MainActivity extends AppCompatActivity {
  public static final int REQUEST_CODE_MENU = 101;
  public static final String KEY_SIMPLE_DATA = "data";

  @Override
  protected void onCreate(Bundle savedInstanceState) {
    super.onCreate(savedInstanceState);
    setContentView(R.layout.activity_main);
    Button button = findViewById(R.id.button);
    button.setOnClickListener(new View.OnClickListener() {
      @Override
      public void onClick(View v) {
        Intent intent = new Intent(getApplicationContext(), MenuActivity.class);
```

```
        SimpleData data = new SimpleData(100, "Hello Android!");━━→❶ SimpleData 객체 생성
        intent.putExtra(KEY_SIMPLE_DATA, data);━━→❷ 인텐트에 부가 데이터로 넣기
        startActivityForResult(intent, REQUEST_CODE_MENU);
      }
    });
  }
}
```

앞에서 정의한 SimpleData 클래스로 객체를 만드는 부분을 보면 new SimpleData(100, "Hello An-droid!")로 되어 있습니다. 따라서 정수는 100, 문자열은 "Hello Android!"인 데이터가 Parcel 객체로 만들어집니다. 인텐트 객체의 putExtra 메서드를 사용해 SimpleData 객체를 부가 데이터로 추가했다면 이 SimpleData 객체는 메뉴 액티비티에서 꺼내어 사용할 수 있습니다.

마지막으로 메뉴 화면을 수정할 차례입니다. 메뉴 액티비티의 XML 레이아웃 파일인 activity_menu.xml 파일을 열고 텍스트뷰 하나와 버튼 하나를 추가합니다. 텍스트뷰에는 '전달 받은 데이터'라는 글자가 보이도록 text 속성을 설정합니다. 텍스트뷰에는 메인 액티비티로부터 전달 받은 데이터를 보여줄 것입니다. 버튼에는 '돌아가기'라는 글자가 표시되도록 text 속성을 설정합니다.

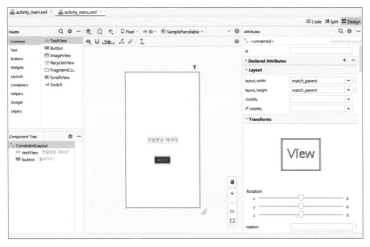

▲ 메뉴 액티비티의 화면 레이아웃

XML 레이아웃 파일을 완성했다면 MenuActivity.java 파일을 열고 전달 받은 인텐트를 처리하는 코드를 입력합니다.

```java
public class MenuActivity extends AppCompatActivity {
    TextView textView;

    public static final String KEY_SIMPLE_DATA = "data";


    @Override
    protected void onCreate(Bundle savedInstanceState) {
        super.onCreate(savedInstanceState);
        setContentView(R.layout.activity_menu);


        textView = findViewById(R.id.textView);
        Button button = findViewById(R.id.button);
        button.setOnClickListener(new View.OnClickListener() {
            public void onClick(View v) {
                Intent intent = new Intent();
                intent.putExtra("name", "mike");
                setResult(RESULT_OK, intent);

                finish();
            }
        });

        Intent intent = getIntent();
        processIntent(intent);
    }

    private void processIntent(Intent intent) {
        if (intent != null) {
            Bundle bundle = intent.getExtras();
            SimpleData data = bundle.getParcelable(KEY_SIMPLE_DATA);
            if (intent != null) {
              textView.setText("전달 받은 데이터\nNumber : " + data.number
                        + "\nMessage : " + data.message);
            }
        }
    }
}
```

메인 액티비티로부터 전달 받은 인텐트 객체를 참조하기 위해 onCreate 메서드 안에서 getIntent 메서드를 호출했습니다. getIntent 메서드를 호출하면 인텐트 객체가 반환되므로 이 객체 안의 번들 객체를 참조할 수 있습니다. getExtras 메서드를 호출하면 Bundle 자료형의 객체가 반환됩니다. 이렇게 번들 객체를 참조한 후 getOOO() 형태의 메서드를 사용해도 되고, 번들 객체를 참조하지 않고 인텐트 객체에 정의되어 있는 getOOOExtra() 형태의 메서드를 사용해도 됩니다. 번들 객체 안에 SimpleData 객체가 들어 있으므로 getParcelable 메서드로 객체를 참조한 후 화면의 텍스트뷰에 전달 받은 데이터를 보여줍니다. 번들 객체에 데이터를 저장하기 위한 키(Key)는 메인 액티비티와 또 다른 액티비티 모두 KEY_SIMPLE_DATA라는 같은 이름의 상수로 정의되어 있습니다.

이 앱을 실행하면 다음과 같은 화면을 볼 수 있습니다.

▲ Parcel 객체를 이용한 액티비티 간 데이터 전달

메인 액티비티의 [메뉴화면 띄우기] 버튼을 누르면 새로 추가한 메뉴 화면이 뜹니다. 그리고 화면에는 인텐트 안의 번들 객체에 넣어 전달한 SimpleData 객체의 정보가 나타납니다. Parcelable 인터페이스를 구현하는 방법이 처음에는 약간 어려워 보일 수 있지만 한두 번 사용해보면 그리 복잡하지는 않습니다. Parcelable 인터페이스를 사용하면 객체를 정의해 데이터를 전달할 수 있으므로 코드가 좀 더 단순해지고 재사용성이 높아지는 장점이 생기게 됩니다. 하지만 데이터를 담아둘 새로운 객체를 일일이 정의하는 것이 번거롭다는 단점도 있습니다.

04-5
태스크 관리 이해하기

여러분이 만든 앱을 실행하면 그 앱은 하나의 프로세스 위에서 동작합니다. 다시 말해, 프로세스가 하나 실행되고 그 위에는 VM(Virtual Machine, 가상 머신)이 만들어지며, 또다시 가상 머신(VM) 위에서 앱이 실행됩니다. 그런데 여러분이 만든 앱에서 시스템으로 인텐트를 보내는 방법으로 안드로이드의 기본 앱 중 하나인 전화 앱을 띄울 수 있습니다. 이렇게 하면 전화 앱은 별도의 프로세스로 동작하게 됩니다.

그런데 전화 앱의 화면에서 시스템 [BACK] 키를 누르면 자연스럽게 여러분의 앱 화면으로 돌아올 수 있어야 합니다. 그런데 프로세스는 독립적인 상자와 같아서 프로세스 간의 정보 공유는 어렵습니다. 그래서 앱에는 태스크(Task)라는 것이 만들어집니다. 태스크는 앱이 어떻게 동작할지 결정하는 데 사용됩니다. 즉, 태스크를 이용하면 프로세스처럼 독립적인 실행 단위와 상관없이 어떤 화면들이 같이 동작해야 하는지 흐름을 관리할 수 있습니다.

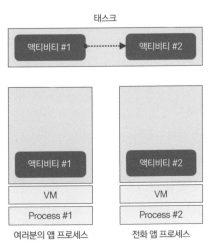

▲ 태스크의 흐름 관리

프로세스와 태스크

앞에서 프로세스는 독립적인 하나의 상자와 같아서 다른 프로세스와 어떤 정보를 공유할 수 없다고 설명했습니다. 따라서 하나의 프로세스에서 다른 프로세스의 화면을 띄우려면 시스템의 도움이 필요합니다. 시스템에서 이런 액티비티의 각종 정보를 저장해두기 위해 태스크라는 것을 만들게 됩니다. 만약 여러분의 앱에서 전화 앱의 화면을 띄우지 않고 전화 앱을 따로 실행시키면 전화 앱의 태스크는 여러분 앱의 태스크와 별도로 만들어지게 됩니다.

시스템은 알아서 태스크를 관리하지만 여러분이 직접 제어해야 하는 경우도 생깁니다. 이를 위해 매니페스트 파일(AndroidManifest.xml)에 액티비티를 등록할 때 태스크도 함께 설정할 수 있습니다.

태스크를 설정해보기 위해 새로운 SampleTask 프로젝트를 만듭니다. activity_main.xml 파일 안에 있는 텍스트뷰의 글자는 '첫 번째 화면'으로 바꾸고 글자 크기는 30sp로 설정합니다. 텍스트뷰의 아래쪽에 버튼을 하나 추가하고 '나 자신 띄우기'라는 글자가 보이게 수정합니다. MainActivity.java 파일에는 버튼을 눌렀을 때 인텐트를 사용해 MainActivity 화면을 띄울 수 있도록 다음 코드를 입력합니다.

참조파일 SampleTask>/app/src/org.techtown.sampletask/MainActivity.java

```java
public class MainActivity extends AppCompatActivity {

    @Override
    protected void onCreate(Bundle savedInstanceState) {
        super.onCreate(savedInstanceState);
        setContentView(R.layout.activity_main);

        Button button = findViewById(R.id.button);
        button.setOnClickListener(new View.OnClickListener() {
            @Override
            public void onClick(View v) {
                Intent intent = new Intent(getApplicationContext(), MainActivity.class);
                startActivity(intent);
            }
        });
    }
}
```

버튼을 클릭했을 때 onClick 메서드가 호출된다는 점과 화면을 띄울 때는 Intent 객체와 startActivity 메서드를 사용한다는 점을 잘 알고 있으므로 코드는 크게 어렵지 않습니다. 앱을 실행하고 버튼을 누를 때마다 첫 화면이 반복해서 뜨게 됩니다. 그다음 시스템 [BACK] 버튼을 누르면 동일한 화면이 여러 개 중첩되어 떠 있다는 것을 확인할 수 있습니다.

앱을 실행한 화면 ▶

이것은 AndroidManifest.xml 파일에서 MainActivity를 등록하는 〈activity〉 태그에 launchMode 속성을 추가하고 그 값을 standard로 한 것과 같습니다. 다시 말해, 태스크는 앞에서 설명한 것처럼 새로 뜨는 화면을 차례대로 스택에 넣어서 관리합니다.

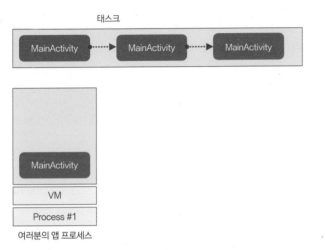

▲ launchMode가 standard일 때의 태스크

이번에는 /app/manifests 폴더 안에 있는 AndroidManifest.xml 파일을 열고 〈activity〉 태그 안에 launchMode 속성을 추가합니다. 그 값을 singleTop으로 설정하면 태스크의 가장 위쪽에 있는 액티비티는 더 이상 새로 만들지 않게 됩니다. 앞에서 인텐트의 플래그를 설정할 때 FLAG_ACTIVITY_SIN-GLE_TOP으로 설정했던 것과 같은 효과입니다.

참조파일 SampleTask〉/app/manifests/AndroidManifest.xml

```
중략…

<activity android:name=".MainActivity"
        android:launchMode="singleTop">
    <intent-filter>
        <action android:name="android.intent.action.MAIN" />
        <category android:name="android.intent.category.LAUNCHER" />
    </intent-filter>
</activity>

중략…
```

앱을 실행하고 버튼을 여러 번 누른 후 시스템 [BACK] 키를 누릅니다. 그러면 시스템 [BACK] 키를 한 번만 눌러도 앱의 화면이 사라지는 것을 볼 수 있습니다. 결국 MainActivity 화면은 한 번만 생성됩니다. 앞에서도 설명했던 것처럼 이 경우 MainActivity 쪽으로 전달되는 인텐트는 onNewIntent 메서드로 전달받아야 합니다.

AndroidManifest.xml 파일에서 〈activity〉 태그에 launchMode 속성 값을 singleTask로 설정하면 이 액티비티가 실행되는 시점에 새로운 태스크를 만들게 되고 singleInstance로 설정하면 이 액티비티가 실행되는 시점에 새로운 태스크를 만들면서 그 이후에 실행되는 액티비티들은 이 태스크를 공유하지 않도록 합니다. 태스크에 대해 어느 정도 이해가 되었다면 경우에 따라 액티비티를 띄우면서 태스크를 새로 만들도록 설정해야 한다는 점을 기억하면 됩니다. 이에 대해서는 나중에 서비스 관련 내용을 다룰 때 다시 확인할 수 있습니다.

04-6
액티비티의 수명주기와 SharedPreferences 이해하기

안드로이드 시스템은 실행되는 앱의 상태를 직접 관리합니다. 이는 대부분의 모바일 OS에서 사용하는 방법인데 독립적인 앱이 시스템에 의해 관리되지 않으면, 실행된 앱이 메모리를 과도하게 점유하거나 화면을 보여주는 권한을 과도하게 갖기 때문에 전화기의 원래 기능인 전화 수신 또는 발신 기능을 사용하지 못할 수도 있습니다. 특히, 안드로이드가 지원하는 멀티태스킹처럼 음악을 들으면서도 웹사이트를 검색하는 등 여러 개의 앱이 동시에 실행되는 기능은 앱이 실행되는 환경을 시스템이 계속 모니터링해야 할 필요가 있게 만듭니다.

앞에서 이전에 실행한 액티비티는 액티비티 스택에 보관하다가 현재 화면에 보이는 액티비티가 사라지면 다시 이전 액티비티가 동작하는 과정을 거친다고 했습니다. 이 때문에 하나의 액티비티가 화면에 보이거나 보이지 않게 되었을 때 다른 액티비티의 상태에 영향을 미칠 수 있습니다. 예를 들어, 여러분이 만든 앱이 실행되는 도중에 전화가 오면 단말의 통화 앱이 화면에 나타나기 때문에 여러분의 앱 화면은 다른 화면 뒤로 들어가 중지될 수 있습니다.

이처럼 액티비티는 처음 실행될 때 메모리에 만들어지는 과정부터 시작해서 실행과 중지, 그리고 메모리에서 해제되는 여러 과정의 상태 정보로 갖고 있으며, 이런 상태 정보는 시스템이 관리하면서 각각의 상태에 해당하는 메서드를 자동으로 호출하게 됩니다. 예를 들어, 액티비티에 기본으로 만들어져 있는 onCreate() 메서드는 액티비티가 만들어질 때 시스템이 자동으로 호출하는 메서드입니다. 이러한 상태는 여러 가지가 있는데 대표적인 상태 정보는 다음과 같습니다.

상 태	설 명
실행(Running)	화면상에 액티비티가 보이면서 실행되어 있는 상태. 액티비티 스택의 최상위에 있으며 포커스를 가지고 있음
일시 정지(Paused)	사용자에게 보이지만 다른 액티비티가 위에 있어 포커스를 받지 못하는 상태 대화상자가 위에 있어 일부가 가려진 경우에 해당함
중지(Stopped)	다른 액티비티에 의해 완전히 가려져 보이지 않는 상태

▲ 액티비티의 대표적인 상태 정보

이렇게 액티비티의 상태 정보가 변화하는 것을 액티비티의 '수명주기(Life Cycle)' 또는 생명주기라 하며 액티비티가 처음 만들어진 후 없어질 때까지 상태가 변화하면서 각각에 해당하는 메서드가 자동으로 호출됩니다. 다음은 액티비티의 수명주기를 다이어그램으로 보여줍니다.

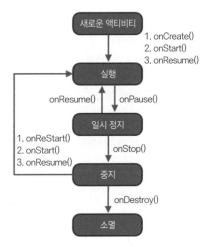

▲ 액티비티 수명주기

다이어그램만으로도 액티비티의 상태가 변할 때 어떤 메서드들이 호출되는지 쉽게 알 수 있습니다. 만약 새로운 액티비티가 만들어진다면 onCreate, onStart, onResume 메서드가 차례대로 호출되며 그런 다음 화면에 보이게 됩니다. 이렇게 실행된 액티비티는 다른 액티비티가 그 위에 새로 실행되어 보이면 onPause 메서드가 호출되면서 일시 정지나 중지 상태로 변하게 됩니다. onStop 메서드는 중지 상태로 변경될 때 자동으로 호출되는 메서드입니다. 일시 정지나 중지 상태로 갈 때 호출되는 onPause 메서드처럼 액티비티가 다시 실행될 때는 onResume 메서드가 호출되게 됩니다. 만약 액티비티가 메모리에서 없어질 경우에는 onDestroy 메서드가 호출됩니다. 다음은 이 각각의 상태 메서드들에 대해 자세하게 설명한 표입니다.

상태 메서드	설 명
onCreate	액티비티가 처음에 만들어졌을 때 호출됨
	화면에 보이는 뷰들의 일반적인 상태를 설정하는 부분
	이전 상태가 저장되어 있는 경우에는 번들 객체를 참조하여 이전 상태 복원 가능
	이 메서드 다음에는 항상 onStart 메서드가 호출됨
onStart	액티비티가 화면에 보이기 바로 전에 호출됨
	액티비티가 화면 상에 보이면 이 메서드 다음에 onResume 메서드가 호출됨
	액티비티가 화면에서 가려지게 되면 이 메서드 다음에 onStop 메서드가 호출됨
onResume	액티비티가 사용자와 상호작용하기 바로 전에 호출됨
onRestart	액티비티가 중지된 이후에 호출되는 메서드로 다시 시작되기 바로 전에 호출됨
	이 메서드 다음에는 항상 onStart 메서드가 호출됨
onPause	또 다른 액티비티를 시작하려고 할 때 호출됨
	저장되지 않은 데이터를 저장소에 저장하거나 애니메이션 작업을 중지하는 등의 기능을 수행하는 메서드임
	이 메서드가 리턴하기 전에는 다음 액티비티가 시작될 수 없으므로 이 작업은 매우 빨리 수행된 후 리턴되어야 함
	액티비티가 이 상태에 들어가면 시스템은 액티비티를 강제 종료할 수 있음
onStop	액티비티가 사용자에게 더 이상 보이지 않을 때 호출됨
	액티비티가 소멸되거나 또 다른 액티비티가 화면을 가릴 때 호출됨
	액티비티가 이 상태에 들어가면 시스템은 액티비티를 강제 종료할 수 있음
onDestroy	액티비티가 소멸되어 없어지기 전에 호출됨
	이 메서드는 액티비티가 받는 마지막 호출이 됨
	액티비티가 앱에 의해 종료되거나(finish 메서드 호출) 시스템이 강제로 종료시키는 경우에 호출될 수 있음

▲ 액티비티의 상태 메서드

게임과 같은 실제 앱을 구성할 때는 중간에 전화가 오거나 갑자기 전화기가 종료된 이후에도 게임 진행 중이던 상태로 다시 돌아갈 수 있어야 합니다. 예를 들어, 사용자가 게임의 2단계를 진행하고 있는 상태였다면 그 정보를 저장해 두었다가 앱이 다시 실행되었을 때 그 상태부터 다시 시작할 수 있도록 만들어주어야 합니다. 이런 경우에 사용되는 액티비티의 수명주기 메서드는 onPause와 onResume입니다. 이 두 가지 메서드는 앱이 멈추거나 없어질 때, 그리고 앱이 다시 보이거나 새로 실행될 때 호출되므로 이 두 가지 메서드를 구현하여 앱의 상태를 저장하거나 복원해야 합니다.

이러한 방법 이외에도 액티비티를 중지시키기 전에 호출되는 onSaveInstanceState 메서드를 이용해 데이터를 임시로 저장할 수도 있습니다. onSaveInstanceState 메서드의 파라미터로 전달되는 번들 객체를 이용해 데이터를 저장하면 onCreate 메서드나 onRestoreInstanceState 메서드로 저장했던 데이터가 전달됩니다. 이 방식을 사용하면 앱이 강제 종료되거나 비정상 종료된 이후에 앱이 재실행되었을 때도 그 상태 그대로 보일 수 있도록 만들어줍니다.

액티비티 수명주기를 확인하기 위해 액티비티에 들어있는 몇 가지 메서드에 토스트 메시지를 넣어 보겠습니다. 새로운 SampleLifeCycle 프로젝트를 만듭니다. 그리고 activity_main.xml 파일을 열어서 중앙에 있는 텍스트뷰는 삭제한 후 버튼 하나와 텍스트뷰 하나를 추가합니다. 버튼에는 '메뉴 화면 띄우기'라는 글자가 보이도록 합니다. 이전에 만들었던 프로젝트에서처럼 메뉴 액티비티를 새로 추가하고 메인 액티비티의 버튼을 눌렀을 때 메뉴 액티비티를 띄우도록 소스 코드를 직접 수정합니다. 메뉴 액티비티에는 '돌아가기'라는 글자가 보이는 버튼을 하나 추가하고 이 버튼을 눌렀을 때 이전 화면으로 돌아가게 합니다. 이 과정은 지금까지 몇 번 해보았던 작업이니 여러분이 직접 만들 수 있을 것입니다.

> **정박사의 조언** **익숙하지 않은 코드 입력 과정은 제공된 소스 코드를 참조하세요!**
>
> 아직 코드 입력이 익숙하지 않을 수도 있습니다. 이런 과정은 책에서 제공된 소스 코드의 xml 파일과 java 파일을 메모장으로 열어 비교하면서 작성하면 좀 더 쉽게 익힐 수 있습니다. 앞에서 진행되는 과정을 예로 들면 다음과 같습니다.
>
> ① activity_main.xml 파일을 열어서 확인 → 버튼과 에디트텍스트 추가 → id 확인 → onClick 속성 추가
> ② MainActivity.java 파일을 열어서 확인 → EditText nameInput 추가 → onButton1Clicked(View v) 추가

버튼을 눌렀을 때 메뉴 액티비티를 띄우면 메인 액티비티는 액티비티 스택에 들어가므로 수명주기의 상태 변화가 일어납니다. 상태 변화를 확인하기 위해 MainActivity.java 파일을 열고 MainActivity 클래스 안에 몇 개의 메서드를 재정의합니다. MainActivity 클래스에 마우스 커서를 둔 후 마우스 오른쪽 버튼을 눌러 팝업 메뉴가 보이도록 합니다. [Generate → Override Methods...] 메뉴를 누르면 재정의하고 싶은 부모 클래스의 메서드를 선택할 수 있습니다.

▲ 부모 클래스의 메서드를 재정의하기 위한 대화상자

Ctrl 을 누른 상태에서 메서드를 선택하면 여러 개를 한꺼번에 선택할 수 있습니다. 다음 메서드들을 선택합니다.

onStart, onStop, onResume, onPause, onDestroy

[OK] 버튼을 누르면 MainActivity 클래스 안에 선택한 메서드의 코드가 자동으로 추가됩니다. 이 메서드들은 액티비티의 상태에 따라 호출됩니다. 메서드가 호출될 때 호출 여부를 알 수 있도록 토스트 메

시지를 각각의 메서드 안에 추가합니다. onCreate 메서드 안에도 토스트 메시지가 보이도록 다음처럼 코드 한 줄을 추가합니다.

참조파일 SampleLifeCycle>/app/src/org.techtown.samplelifecycle/MainActivity.java

```java
public class MainActivity extends AppCompatActivity {

    @Override
    protected void onCreate(Bundle savedInstanceState) {
        super.onCreate(savedInstanceState);
        setContentView(R.layout.activity_main);
        Toast.makeText(this, "onCreate 호출됨", Toast.LENGTH_LONG).show();
    }

    @Override
    protected void onStart() {
        super.onStart();
        Toast.makeText(this, "onStart 호출됨", Toast.LENGTH_LONG).show();
    }

    @Override
    protected void onStop() {
        super.onStop();
        Toast.makeText(this, "onStop 호출됨", Toast.LENGTH_LONG).show();
    }

    @Override
    protected void onDestroy() {
        super.onDestroy();
        Toast.makeText(this, "onDestroy 호출됨", Toast.LENGTH_LONG).show();
    }

    @Override
    protected void onPause() {
        super.onPause();
        Toast.makeText(this, "onPause 호출됨", Toast.LENGTH_LONG).show();
    }

    @Override
    protected void onResume() {
        super.onResume();
        Toast.makeText(this, "onResume 호출됨", Toast.LENGTH_LONG).show();
    }
}
```

이 앱을 실행해 보면 화면이 나타난 후부터 차례대로 토스트 메시지가 보이게 됩니다. 그런데 토스트 메시지는 여러 번 실행될 경우 이전 메시지가 보이지 않을 수도 있습니다. 따라서 디버깅 목적으로 사용할 때는 Logcat 창에 메시지를 출력하는 것이 좋습니다. 다음과 같이 println이라는 이름의 함수를 정의한 후 각 수명주기 메서드 안에서 이 println() 메서드를 호출하도록 모두 수정합니다.

참조파일 SampleLifeCycle>/app/src/org.techtown.samplelifecycle/MainActivity.java

```java
public class MainActivity extends AppCompatActivity {
중략…

    @Override
    protected void onResume() {
        super.onResume();

        println("onResume 호출됨");    ──→ 각각의 Toast 메서드를 모두 println 메서드로 수정
    }

    public void println(String data) {
        Toast.makeText(this, data, Toast.LENGTH_LONG).show();
        Log.d("Main", data);
    }
}
```

앱을 실행한 후 Logcat 창을 보면 메서드가 순서대로 실행됩니다.

Logcat 창 화면:

```
Logcat
Emulator Nexus_5X_API_28 Andi ▼   org.techtown.samplelifecycle (257: ▼   Verbose ▼   Q-                                    ☑ Regex   Unnamed-0 ▼
  2018-11-28 15:41:21.671 25739-25739/org.techtown.samplelifecycle D/Main: onPause 호출됨
  2018-11-28 15:41:22.921 25739-25739/org.techtown.samplelifecycle D/Main: onStop 호출됨
  2018-11-28 15:41:22.935 25739-25739/org.techtown.samplelifecycle D/Main: onDestroy 호출됨

TODO  Terminal  Build  Logcat  Profiler  Run                                                                            Event Log
```

▲ 액티비티 수명주기를 보여주는 앱 실행 화면

만약 너무 많은 메시지가 출력된다면 코드에서 입력한 "Main"이라는 태그로 검색할 수 있습니다. Logcat 창의 오른쪽 위에 있는 콤보박스를 눌러보면 Edit Filter Configuration 항목을 선택할 수 있습니다. 그러면 로그에 필터를 걸어 검색할 수 있는 창이 보입니다.

Log Tag:에 Main이라는 글자를 입력하면 소스 코드에서 Log.d 메서드를 호출할 때 첫 번째 파라미터로 넣었던 Main 글자로 검색할 수 있습니다. 이렇게 필터에 사용되는 글자를 태그(Tag)라고 부릅니다.

▲ 필터 설정 화면

이렇게 출력되는 메시지들은 앞에서 설명한 다이어그램처럼 액티비티 생성부터 실행까지 자동으로 메서드가 호출되기 때문에 보인 것입니다. 이렇게 시스템에서 자동으로 호출하는 메서드를 '콜백 메서드(Callback Method)'라고 합니다.

▲ 액티비티 수명주기를 보여주는 앱 실행 화면

앱을 실행하면 화면처럼 가운데에 버튼이 나타납니다. 그리고 Logcat 창에 onCreate…, onStart…, onResume…처럼 수명주기 메서드가 호출될 때 표시되는 메시지가 출력됩니다. 몇 번 반복하면서 앱을 실행시켜보면 액티비티의 상태가 어떻게 변하는지 쉽게 알 수 있을 것입니다. 그 순서를 정리하면 다음과 같습니다.

onCreate → onStart → onResume → onPause → onStop → onDestroy

화면이 보일 때는 onCreate, onStart, onResume 순서로 호출되고, 시스템 [BACK] 버튼을 눌러 화면을 없앨 때는 onPause, onStop, onDestroy 순서로 호출됩니다. MenuActivity 클래스 안에도 수명주기 메서드를 넣으면 메인 액티비티에서 메뉴 액티비티로 화면이 전환될 때 어떻게 호출되는지 알 수 있습니다.

화면이 전환될 때는 메인 액티비티의 onDestroy 메서드가 호출되지 않습니다. 즉, 메뉴 액티비티가 화면에 보이는 시점에 메인 액티비티는 화면 뒤쪽에 숨어있는 것과 같은 상태가 되고(실제로는 액티비티 스택으로 들어감) 앞에 있던 메뉴 액티비티가 사라지면 다시 onResume 메서드가 호출되면서 화면에 보이게 됩니다.

이렇게 상태에 따라서 호출되는 콜백 메서드가 바로 수명주기 메서드입니다. 그런데 화면이 보일 때와 화면이 보이지 않을 때 항상 호출되는 메서드가 있습니다. 바로 onResume과 onPause 메서드입

니다. 이 두 개의 메서드는 아주 중요합니다. 왜냐하면 앱이 갑자기 중지되거나 또는 다시 화면에 나타
날 때 앱 데이터의 저장과 복원이 필요하기 때문입니다. 예를 들어, 게임을 할 때 사용자의 점수가 갑자
기 사라지지 않도록 하려면 onPause 메서드 안에서 데이터를 저장하고 onResume 메서드 안에서 복
원해야 합니다.

앱 안에서 간단한 데이터를 저장하거나 복원할 때는 SharedPreferences를 사용할 수 있습니다. 이것은
앱 내부에 파일을 하나 만드는데 이 파일 안에서 데이터를 저장하거나 읽어올 수 있게 합니다. 개발자는
실제로 파일을 만들 필요 없이 SharedPreferences의 저장, 복원 메서드를 호출하면 됩니다.

activity_main.xml 파일을 열고 버튼 아래쪽에 입력상자를 하나 추가합니다. 그리고 입력상자에 입력
되어 있는 글자를 삭제한 후 입력상자의 id를 nameInput으로 설정합니다. 앱을 실행했을 때 이 입력상
자에는 사람 이름을 입력할 것입니다. 그리고 앱을 종료한 후 다시 실행했을 때 사람 이름이 그대로 보
이도록 만들 것입니다. MainActivity.java 파일을 열고 다음의 코드를 추가합니다. onPause 메서드 안
에서는 데이터를 저장하고, onResume 메서드 안에서 복원하는 코드입니다.

참조파일 SampleLifeCycle>/app/src/org.techtown.samplelifecycle/MainActivity.java

```java
public class MainActivity extends AppCompatActivity {
  EditText nameInput;

중략…

  @Override
  protected void onPause() {
    super.onPause();

    Toast.makeText(this, "onPause 호출됨", Toast.LENGTH_LONG).show();
    saveState(); ──────▶ ❶ 현재 입력상자에 입력된 데이터를 저장
  }

  @Override
  protected void onResume() {
    super.onResume();

    Toast.makeText(this, "onResume 호출됨", Toast.LENGTH_LONG).show();
    restoreState(); ──────▶ ❷ 설정 정보에 저장된 데이터를 복원
  }

중략…

  protected void restoreState() {
      SharedPreferences pref = getSharedPreferences("pref", Activity.MODE_PRIVATE);
      if ((pref != null) && (pref.contains("name")) ){
```

```
            String name = pref.getString("name", "");
            nameInput.setText(name);
        }
    }

    protected void saveState() {
        SharedPreferences pref = getSharedPreferences("pref", Activity.MODE_PRIVATE);
        SharedPreferences.Editor editor = pref.edit();
        editor.putString( "name", nameInput.getText().toString() );
        editor.commit();
    }

    protected void clearState() {
        SharedPreferences pref = getSharedPreferences("pref", Activity.MODE_PRIVATE);
        SharedPreferences.Editor editor = pref.edit();
        editor.clear();
        editor.commit();
    }
}
```

saveState 메서드는 현재 입력상자에 입력된 데이터를 저장합니다. 데이터를 저장할 때는 SharedPreferences를 사용하며 pref 문자열을 저장소의 이름으로 사용합니다. SharedPreferences 객체를 사용하려면 getSharedPreferences 메서드로 참조합니다. SharedPreferences.Editor 객체는 데이터를 저장할 수 있도록 edit 메서드를 제공하는데 edit 메서드를 호출한 후 putOOO 메서드로 저장하려는 데이터를 설정할 수 있습니다. 데이터를 저장한 후에는 commit 메서드를 호출해야 실제로 저장됩니다.

restoreState 메서드는 설정 정보에 저장된 데이터를 가져와서 토스트 메시지로 보여줍니다. 이렇게 상태 정보를 담고 있는 데이터를 저장하고 다시 복원하기 위해 만든 saveState와 restoreState 메서드는 onPause와 onResume 메서드에 들어가야 합니다. 그래야 액티비티가 화면에서 사라지거나 또는 다시 화면이 복원될 때 그 상태 그대로 사용자에게 보여줄 수 있습니다.

앱을 실행하고 화면이 없어졌다가 다시 보일 때 어떻게 보이는지 확인해보기 바랍니다. onSaveInstanceState 메서드와 onRestoreInstanceState 메서드도 액티비티의 상태와 관련하여 호출되므로 앞에서 살펴본 코드 대신 사용할 수 있습니다.

도전! 07

안드로이드 미션

로그인 화면과 메뉴 화면 전환하기

대부분의 업무용 앱에서 필요한 로그인 화면과 메뉴 화면을 간단하게 만들고 두 화면 간을 전환하면서 토스트로 메시지를 띄워주도록 만들어 보세요.

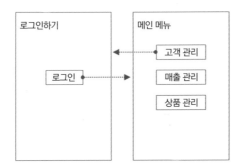

• **프로젝트 소스** DoitMission-07

❶ 로그인 화면과 메뉴 화면 각각을 액티비티로 만듭니다.

❷ 로그인 화면에는 하나의 버튼이 들어가도록 합니다.

❸ 메뉴 화면에는 세 개의 버튼이 들어가도록 하고 각각 '고객 관리', '매출 관리', '상품 관리'라는 이름으로 표시합니다.

❹ 로그인 화면의 버튼을 누르면 메뉴 화면으로 이동합니다.

❺ 메뉴 화면의 버튼 중에서 하나를 누르면 로그인 화면으로 돌아온 후 선택된 메뉴의 이름을 토스트 메시지로 보여줍니다.

참고할 점

각 화면은 액티비트로 만들고 화면 간 전환 시에는 startActivityForResult 메서드를 사용합니다.

도전! 08
안드로이드 미션

세 개 이상의 화면 만들어 전환하기

앱에서 사용될 수 있는 여러 화면을 구성하고 각 화면을 전환하면서 토스트로 메시지를 띄워주도록 만들어 보세요.

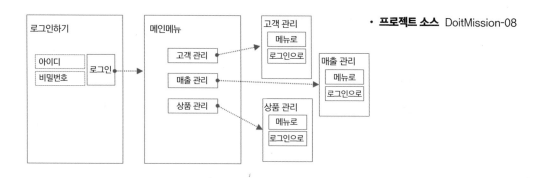

• 프로젝트 소스 DoitMission-08

❶ 로그인 화면과 메뉴 화면 그리고 세 개의 서브 화면(고객 관리 화면, 매출 관리 화면, 상품 관리 화면)을 각각 액티비티로 만듭니다.

❷ 로그인 화면에는 두 개의 입력상자와 하나의 버튼이 들어가도록 합니다.

❸ 메뉴 화면에는 세 개의 버튼이 들어가도록 하고 각각 '고객 관리', '매출 관리', '상품 관리'라는 이름으로 표시합니다.

❹ 로그인 화면의 [로그인] 버튼을 누르면 메뉴 화면으로 이동합니다. 만약 사용자 이름이나 비밀번호가 입력되어 있지 않은 상태에서 [로그인] 버튼을 누르면 토스트로 입력하라는 메시지를 보여주고 대기합니다.

❺ 메뉴 화면의 버튼 중에서 하나를 누르면 해당 서브 화면으로 이동합니다. 메뉴 화면에 있는 [로그인] 버튼을 누르면 로그인 화면으로 이동하고 각 서브 화면에 있는 [메뉴] 버튼을 누르면 메뉴 화면으로 이동합니다.

참고할 점

각 화면은 액티비티로 만들고 startActivityForResult 메서드로 새로 띄우거나

finish 메서드를 사용해서 원래의 화면으로 돌아올 수 있게 합니다.

그리고 어떤 화면으로부터 보내온 응답인지 모두 확인하여 토스트 메시지로 보여줍니다.

05 프래그먼트 이해하기

4장에서 여러 개의 화면을 만들어 전환하는 실습을 했었습니다. 그런데 화면 일부분을 레이아웃으로 구성할 때 그 레이아웃이 다른 화면에서도 사용된다면 어떻게 해야 할까요? 같은 레이아웃을 여러 화면에 사용한다면 화면을 구성하는 XML 레이아웃 파일의 코드와 기능을 동작시키는 소스 코드가 중복될 수밖에 없습니다. 이렇게 화면 안에 들어가는 레이아웃이 중복되는 문제를 해결하기 위해 부분 화면을 위한 레이아웃이나 소스 코드를 한 번만 정의하고 재사용할 수 있도록 만든 것이 '프래그먼트'입니다. 이번 장에서는 프래그먼트가 무엇인지 살펴보고 프래그먼트로 부분 화면을 만드는 방법을 알아봅니다. 그리고 프래그먼트로 구성된 대표적인 위젯으로 뷰페이저와 바로가기 메뉴도 알아보겠습니다.

 그림으로 정리하기

| 프래그먼트가 뭔가요? | • 프래그먼트란? |

| 프래그먼트로 화면을 만들어보고 싶어요 | • 프래그먼트로 화면 만들기 |

| 상단의 타이틀 부분을 바꾸고 탭도 만들고 싶어요 | • 액션바와 탭 사용하기 |

| 손가락으로 좌우 스크롤해서 화면을 넘길 수 있나요? | • 뷰페이저 만들기 |

| 바로가기 메뉴는 어떻게 만드나요? | • 바로가기 메뉴 만들기 |

탭

바로가기 메뉴

뷰페이저

아이템 #0

05-1
프래그먼트란?

여러 개의 화면을 구성할 때는 보통 각각의 화면을 액티비티로 만든 후 액티비티를 전환하는 방법을 사용합니다. 이 방법은 매우 중요하기 때문에 여러분이 꼭 기억해야 할 내용입니다. 그런데 화면의 일부분을 다른 화면으로 구성하고 싶을 때는 어떻게 해야 할까요? 예를 들어, 화면의 아래쪽 일부분에 독립적인 레이아웃을 만들고 그 안에서 동영상을 재생하고 싶다면 어떻게 구성해야 할까요? 다른 예를 들어볼까요? 화면 전체를 차지하는 메뉴 화면이 있다고 생각해 보겠습니다. 화면이 비교적 작은 스마트폰을 사용할 때는 괜찮지만 화면이 큰 태블릿에서는 이런 메뉴 화면은 상당히 불편하겠죠. 이런 경우에는 태블릿의 큰 화면을 이용하여 화면 왼쪽에는 메뉴 화면을, 오른쪽에는 선택한 메뉴의 상세 화면이 나타나면 훨씬 편리합니다. 즉, 전체 화면 안에 부분 화면을 만들어 넣으면 화면을 전환하지 않아도 되니 불편하지도 않고 넓은 화면을 잘 활용할 수 있어 좋습니다.

프래그먼트에 대해 이해하기

하나의 화면을 구성하는 XML 레이아웃을 만들 때는 리니어 레이아웃 안에 또 다른 리니어 레이아웃을 넣을 수 있습니다. 즉, 부분 화면은 전체 화면으로 만든 레이아웃 안에 들어있는 또 다른 레이아웃입니다. 예를 들어, 다음과 같은 레이아웃을 만들 수 있습니다.

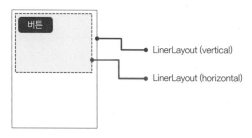

▲ 레이아웃 안에 레이아웃을 넣는 방식

이렇게 만든 레이아웃을 이용하면 리니어 레이아웃 안에 다른 레이아웃을 추가하거나 각각의 레이아웃 안에 필요한 뷰를 넣어 화면을 만들 수 있습니다. 하지만 이렇게 하면 코드가 많이 복잡해집니다. 하나만 예를 들어 볼까요? 화면의 위쪽에 표시된 글 리스트를 보다가 글을 쓰고 싶다면 글 리스트가 보이던 부분을 글쓰기 레이아웃으로 바뀌게 만들 수 있습니다. 이런 작업이 가능하려면 프레임 레이아웃 안에 여러 개의 레이아웃을 넣어 중첩시킨 후 가시성 속성으로 필요한 레이아웃만 보이게 만들면 됩니다. 이때 각각의 레이아웃이 동시에 보이는 상태인지 아닌지에 대한 정보도 알 수 있어야 합니다. 그리고 그 안에 들어 있는 객체들이 메모리에 만들어져 있는지 아닌지에 대한 정보도 관리해야 합니다. 특히 지금 보고 있는 액티비티가 아니라 다른 액티비티에서도 여기에서 사용하는 글쓰기 부분을 보여주고 싶다면 다른 액티비티에서도 동일한 레이아웃을 중복해서 만들어야 하는 문제가 생깁니다. 즉, 하나의 화면 안에 들어가는 부분 화면을 만들어 넣는 것은 자연스러운 일이지만 각각의 부분 화면을 다루는 것이 쉽지만은 않습니다.

그렇다면 하나의 액티비티 안에 여러 개의 액티비티를 부분 화면으로 올려서 보여주는 방법은 어떨까요? 트위터를 위한 액티비티와 동영상을 위한 액티비티를 만든 후에 하나의 레이아웃에 같이 보이도록 하는 것이 가능할까요? 구체적으로 Activity 클래스와 ActivityGroup 클래스를 사용하면 구현할 수 있습니다. 하지만 액티비티는 하나의 화면을 독립적으로 구성할 때 필요한 여러 가지 속성들을 사용하게 되며, 안드로이드 시스템에서 관리하는 앱 구성 요소이기 때문에 액티비티 안에 다른 액티비티를 넣는 것은 단말의 리소스를 많이 사용하는 비효율적인 방법입니다.

또 다른 예를 하나 더 들어보겠습니다. 다음 그림의 왼쪽 부분은 기존 스마트폰에서 전화번호부 화면이 전환되는 방식을 보여주는데 두 개의 액티비티를 만든 후 필요할 때마다 액티비티가 서로 전환됩니다. 이와 다르게 오른쪽 부분은 하나의 액티비티를 만든 후 그 안에 두 개의 화면인 전화번호부의 리스트와 전화번호부의 상세 정보를 하나의 액티비티 안에 넣어 두었습니다.

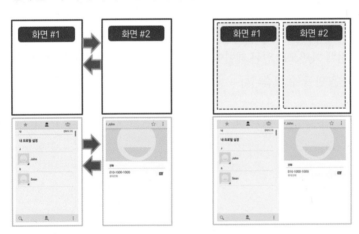

▲ 두 개의 화면이 전환되는 경우 / 하나의 화면에 전화번호부의 리스트와 상세 정보가 같이 보이는 경우

오른쪽 그림처럼 하나의 화면을 여러 부분으로 나눠서 보여주거나 각각의 부분 화면 단위로 바꿔서 보여주고 싶을 때 사용하는 것이 프래그먼트(Fragment)입니다. 프래그먼트는 태블릿처럼 큰 화면의 단말을 지원하려고 시작했는데 지금은 단말의 크기와 상관없이 화면 UI를 만들 때 많이 사용됩니다. 프래그먼트는 하나의 화면 안에 들어가는 부분 화면과 같아서 하나의 레이아웃처럼 보입니다. 하지만 액티비티처럼 독립적으로 동작하는 부분 화면을 만들 때 사용됩니다.

프래그먼트가 좋은 것이라면 이 책에서도 자주 사용하나요?

프래그먼트를 사용하면 코드를 독립적으로 구성하기 때문에 코드를 더 많이 입력해야 할 수도 있습니다. 또한 프래그먼트를 완벽하게 이해하지 않으면 프래그먼트 자체가 어렵게 느껴질 수도 있습니다. 따라서 이 책에서는 주로 액티비티를 하나의 화면 단위로 구성하여 사용합니다.

프래그먼트를 알아보기 전에 가장 먼저 생각해야 할 것이 프래그먼트가 만들어진 목적입니다. 코드가 복잡해지는 문제를 해결하기 위해 각 부분 화면의 코드를 분리시킨 것이므로 프래그먼트를 사용하는 가장 큰 목적은 분할된 화면들을 독립적으로 구성하고 그 상태를 관리하는 데 있습니다.

프래그먼트 사용 목적

- 분할된 화면들을 독립적으로 구성하기 위해 사용함
- 분할된 화면들의 상태를 관리하기 위해 사용함

프래그먼트가 화면 분할을 위한 것이라면, 액티비티의 화면과 구별할 수 있어야 해요!

프래그먼트가 화면 분할을 위한 것이라고 얘기할 때 사용하는 '화면'이라는 말과 액티비티에서 사용하는 '화면'이라는 말은 서로 다른 것을 가리킵니다. 똑같이 XML 레이아웃으로 만들지만 액티비티에 사용되면 시스템에서 관리하는 화면이고, 프래그먼트에서 사용되면 단순히 액티비티 위에 올라가는 화면의 일부, 즉 '부분 화면'이 됩니다.

또 한 가지 기억해야 할 내용은 프래그먼트는 항상 액티비티 위에 올라가 있어야 한다는 점입니다. 액티비티로 만든 화면을 분할한 뒤 각각의 부분 화면을 프래그먼트로 만들고 그 프래그먼트를 독립적으로 관리하는 것이 목표이기 때문에 프래그먼트는 액티비티 위에 올라가 있어야 프래그먼트로서의 역할을 할 수 있습니다. 따라서 프래그먼트가 제대로 동작하는 시점은 프래그먼트가 메모리에 만들어진 시점이 아니라 액티비티에 올라가는 시점입니다.

프래그먼트를 처음 기획한 개발자는 프래그먼트를 독립적으로 다룰 수 있는 가장 좋은 방법이 무엇인지 고민했습니다. 그리고 프래그먼트가 동작하는 방식을 하나의 화면을 독립적으로 다루는 액티비티와 유사한 방식으로 만들기로 결정했습니다. 따라서 프래그먼트는 다음과 같은 형태로 동작합니다.

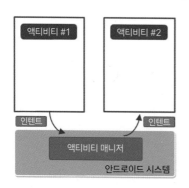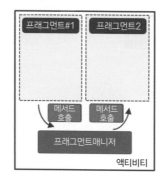

▲ 액티비티가 독립적으로 동작하는 방식을 본떠 만든 프래그먼트

왼쪽 그림은 액티비티가 동작하는 방식입니다. 액티비티는 앱 구성 요소이므로 안드로이드 시스템에서 관리합니다. 좀 더 구체적으로는 액티비티 매니저가 액티비티의 동작 순서나 처리 방식을 결정합니다. 또한 액티비티가 시스템에서 관리되기 때문에 시스템이 이해하는 형식으로 명령이나 데이터를 만들어 보내야 하는데, 인텐트가 그 역할을 합니다. 다시 말해, 액티비티를 관리하는 시스템 객체는 액티비티 매니저이며, 이 액티비티 매니저에 의해 액티비티가 독립적으로 동작할 수 있습니다.

오른쪽 그림을 보면 프래그먼트가 동작하는 방식이 왼쪽의 것과 상당히 유사합니다. 즉, 액티비티가 동작하는 왼쪽 방식을 그대로 본떠 만들었다는 것을 알 수 있습니다. 왼쪽 그림에서 안드로이드 시스템이 하던 역할을 오른쪽 그림에서는 액티비티가 합니다. 왼쪽 그림에서 액티비티 매니저가 액티비티들을 관리했다면 오른쪽 그림에서는 프래그먼트 매니저라는 것을 만들어 프래그먼트들을 관리하도록 했습니다. 여기에서 보면 액티비티가 시스템 역할을 하게 되므로 액티비티 위에 올라가 있지 않은 프래그먼트는 정상적으로 동작할 수 없다는 것을 짐작할 수 있습니다.

그런데 왼쪽 그림에서 인텐트가 하던 역할은 오른쪽에서는 사용할 수 없습니다. 왜냐하면 인텐트는 시스템에서 이해하는 객체인데 그것을 프래그먼트와 액티비티 사이에서 전달하게 만드는 것은 바람직하지 않기 때문입니다. 이 때문에 액티비티와 프래그먼트 간에 데이터를 전달할 때는 단순히 메서드를 만들고 메서드를 호출하는 방식을 사용합니다.

그렇다면 프래그먼트는 액티비티 위에 항상 두 개 이상이 올라가 있어야 할까요? 그렇지 않습니다. 하나의 프래그먼트만 액티비티에 올려놓아도 상관없습니다. 그리고 그 프래그먼트가 화면 전체를 채우도록 할 수 있어 사용자는 프래그먼트가 하나의 전체 화면처럼 느끼게 됩니다. 이런 방식을 사용하면 원하는 시점에 하나의 프래그먼트를 올려놓았다가 다른 프래그먼트로 바꿔서 보여줄 수도 있으므로 액티비티를 전환하지 않아도 화면 전환 효과를 낼 수 있습니다.

액티비티는 시스템에서 관리하지만 프래그먼트는 액티비티 위에 올라가 있어 액티비티를 전환하지 않고도 훨씬 가볍게 화면 전환 효과를 만들 수 있게 됩니다. 특히 탭 모양으로 화면을 구성할 때 각각의 [탭] 버튼을 클릭할 때마다 다른 화면이 보이는 효과를 내고 싶다면 액티비티가 아닌 프래그먼트를 사용하는 것이 좋습니다.

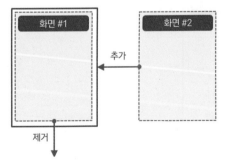

▲ 하나의 액티비티 안에서 프래그먼트만 전환하기

프래그먼트를 화면에 추가하는 방법 이해하기

어떤 방법으로 프래그먼트를 사용할 수 있을까요? 앞서 프래그먼트 사용 목적은 부분 화면을 독립적으로 사용하기 위해서이고 액티비티를 본떠 만든 것이라고 했습니다. 이 때문에 프래그먼트를 만들 때도 액티비티를 만들 때의 과정과 비슷하게 진행합니다. 즉, 액티비티라는 것이 하나의 XML 레이아웃과 하나의 자바 소스 파일로 동작하는 것처럼 프래그먼트도 하나의 XML 레이아웃과 하나의 자바 소스 파일로 동작하게 만듭니다.

다음 그림은 새로운 프래그먼트를 만들기 위해 하나의 자바 파일과 하나의 XML 레이아웃 파일을 만들어 화면에 보일 때까지의 과정을 간단하게 보여줍니다.

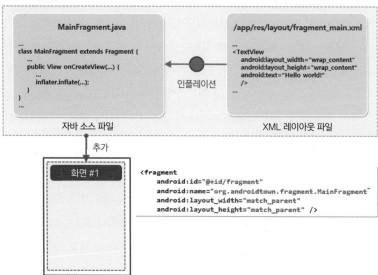

▲ 하나의 프래그먼트를 만들어 액티비티에 추가할 때까지 과정

본격적인 실습을 진행하기 전에 위 과정에 대해 설명해 보겠습니다. 프래그먼트도 부분 화면이므로 화면에 뷰들을 배치할 때는 XML 레이아웃으로 만듭니다. 그다음에는 프래그먼트를 위한 자바 소스를 만듭니다. 프래그먼트를 위한 자바 소스는 Fragment 클래스를 상속하여 만들 수 있습니다. 다음은 프래그먼트 클래스에 있는 주요 메서드들입니다.

[Code] Fragment

public final Activity getActivity ()
→ 이 프래그먼트를 포함하는 액티비티를 반환함.

public final FragmentManager getFragmentManager ()
→ 이 프래그먼트를 포함하는 액티비티에서 프래그먼트 객체들과 의사소통하는 프래그먼트 매니저를 반환함.

public final Fragment getParentFragment ()
→ 이 프래그먼트를 포함하는 부모가 프래그먼트일 경우 리턴함. 액티비티이면 null을 반환함.

public final int getId ()
→ 이 프래그먼트의 ID를 반환함.

프래그먼트를 위한 클래스까지 만들었다면 XML 레이아웃 파일의 내용을 소스 파일과 매칭하는 과정이 필요합니다. 그런데 프래그먼트에는 setContentView 메서드가 없습니다. 그래서 인플레이션 객체인 LayoutInflater를 사용해 인플레이션을 진행해야 합니다. XML 레이아웃 파일의 내용을 인플레이션한 후 클래스에서 사용하도록 하는 코드는 onCreateView 메서드 안에 들어갑니다. onCreateView 메서드는 콜백 메서드로 인플레이션이 필요한 시점에 자동으로 호출됩니다. 따라서 이 메서드 안에서 인플레이션을 위한 inflate 메서드를 호출하면 되고 인플레이션 과정이 끝나면 프래그먼트가 하나의 뷰처럼 동작할 수 있는 상태가 됩니다.

프래그먼트는 버튼이나 레이아웃처럼 화면의 일정 공간을 할당받을 수 있으므로 새로 만든 프래그먼트를 메인 액티비티에 추가하는 방법은 뷰와 마찬가지로 XML 레이아웃에 추가하거나 또는 소스 코드에서 new 연산자로 객체를 만든 후 프래그먼트 매니저로 추가할 수 있습니다. 좀 더 구체적으로 말하면, 메인 화면을 위해 만든 activity_main.xml 파일에 직접 〈fragment〉 태그를 사용해 프래그먼트를 추가할 수도 있고, 새로 정의한 프래그먼트 클래스의 인스턴스 객체를 new 연산자로 만든 후 Fragment-Manager 객체의 add 메서드를 사용해 액티비티에 추가할 수도 있습니다.

메인 액티비티의 레이아웃 파일인 activity_main.xml 파일에 프래그먼트를 추가하면 프래그먼트 화면이 액티비티에 추가됩니다. 만약 코드에서 프래그먼트를 추가하고 싶다면 프래그먼트 관리를 담당하는 프래그먼트 매니저를 사용해야 합니다. 프래그먼트 매니저(FragmentManager) 클래스에 들어 있는 주요 메서드들은 다음과 같습니다.

FragmentManager 객체는 프래그먼트를 액티비티에 추가(add), 다른 프래그먼트로 바꾸거나(replace) 또는 삭제(remove)할 때 주로 사용할 수 있으며 getFragmentManager 메서드를 호출하면 참조할 수 있습니다.

정박사의
조 언

getSupportFragmentManager 메서드가 getFragmentManage 메서드와 같은 기능을 한다는 것을 알고 있나요?

프래그먼트 매니저 객체를 참조하려면 getFragmentManager 메서드를 호출할 수도 있고 getSupportFragmentManager 메서드를 호출할 수도 있습니다. 이것은 이전 버전의 단말에서도 동작할 수 있도록 appcompat 라이브러리(Android Compatibility Library)의 기능을 사용하기 때문입니다. 일반적인 경우에는 예전 버전까지 호환되도록 만드는 것이 좋으므로 getSupportFragmentManager 메서드를 사용하는 것을 권장합니다.

프래그먼트는 다음처럼 뷰와 액티비티의 특성을 모두 가지고 있으며, 큰 화면과 해상도를 가진 태블릿의 경우에 더욱 유용하게 사용될 수 있습니다

특성	설명
뷰 특성 .	뷰그룹에 추가되거나 레이아웃의 일부가 될 수 있음 (뷰에서 상속받은 것은 아니며 뷰를 담고 있는 일종의 틀임)
액티비티 특성	액티비티처럼 수명주기(Lifecycle)를 가지고 있음 (컨텍스트 객체는 아니며 수명주기는 액티비티에 종속됨)

▲ 프래그먼트의 대표적인 특성

프래그먼트 클래스는 보통 Fragment 클래스를 상속하도록 만들지만 프래그먼트 중에는 미리 정의된 몇 가지 프래그먼트 클래스들이 있어 그 클래스를 그대로 사용할 때도 있습니다. 그중에서 DialogFragment는 액티비티의 수명주기에 의해 관리되는 대화상자를 보여줄 수 있도록 합니다. 이 프래그먼트는 액티비티의 기본 대화상자 대신 사용할 수 있습니다.

프래그먼트 만들어 화면에 추가하기

이제 새로운 프로젝트를 만들고 프래그먼트를 액티비티 화면에 추가해 보겠습니다. 먼저 프래그먼트를 만들고 프래그먼트를 위한 XML 레이아웃 안에 텍스트뷰와 버튼을 추가할 것입니다. 안드로이드 스튜디오의 시작화면에서 [New Project]를 눌러서 Empty Views Activity 화면을 선택한 후 프로젝트 이름을 SampleFragment로 입력하고 패키지 이름을 org.techtown.fragment라고 입력하여 프로젝트를 만드세요. 그런 다음 왼쪽 프로젝트 영역에서 app을 선택한 후 마우스 오른쪽 버튼을 클릭하고 [New → Fragment → Fragment (Blank)]를 선택해서 새로운 프래그먼트를 추가합니다.

> **정박사의 조 언** **왜 패키지 이름을 새로 입력하나요?**
>
> 지금까지는 프로젝트 이름을 입력했을 때 자동으로 입력되는 패키지 이름을 사용했습니다. 하지만 이렇게 하면 패키지 이름이 너무 길어질 수 있습니다. 따라서 지금부터는 패키지 이름을 새로 입력하도록 하겠습니다.

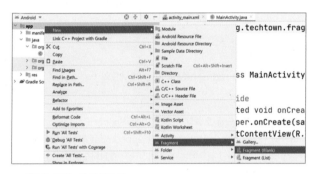

▲ 새로운 프래그먼트 만들기

새로운 프래그먼트를 만들 수 있는 대화상자가 보이면 Fragment Name:에 입력된 글자를 MainFragment로 변경한 후 [Finish] 버튼을 누릅니다.

▲ 새로운 프래그먼트를 만드는 대화상자

fragment_main.xml 파일과 MainFragment.java 파일이 새로 추가됩니다. 프래그먼트도 화면에 표시되는 구성 요소이기 때문에 화면 레이아웃을 구성하는 XML 파일과 기능을 담당하는 소스 파일이 한 쌍으로 만들어진 것입니다. fragment_main.xml 파일을 살펴보면 최상위 레이아웃이 FrameLayout으로 만들어진다는 것을 확인할 수 있습니다. 디자인 화면의 Component Tree에서 최상위 레이아웃인 FrameLayout을 LinearLayout으로 바꾸고 그 안에 있던 텍스트뷰는 삭제합니다. LinearLayout의 orientation 속성은 vertical로 설정하고 텍스트뷰와 버튼을 하나씩 추가합니다. 텍스트뷰의 text 속성 값은 '메인 프래그먼트'로 바꾸고 textSize 속성 값은 30sp로 설정합니다. 버튼의 text 속성 값으로 '메뉴 화면으로'라는 글자를 입력합니다.

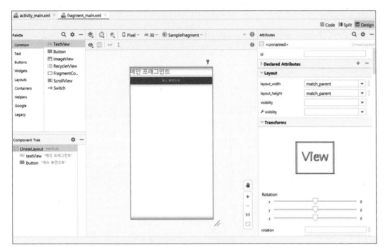

◀ 프래그먼트 화면 구성

프래그먼트를 구성할 XML 레이아웃 파일을 만들었으니 이제 소스 코드를 확인합니다. MainFragment.java 파일을 열어보면 아주 복잡하고 많은 코드가 들어가 있습니다. 우리는 아주 간단한 코드만 사용할 것이므로 클래스 안에서 onCreateView 메서드를 제외한 나머지 코드는 모두 삭제합니다.

참조파일 SampleFragment>/app/java/org.techtown.fragment/MainFragment.java

```java
public class MainFragment extends Fragment {
  @Override
  public View onCreateView(LayoutInflater inflater, ViewGroup container, Bundle savedInstanceState) {
    return inflater.inflate(R.layout.fragment_main, container, false);
  }
}
```

onCreateView 메서드의 파라미터로 LayoutInflater 객체가 전달되므로 이 객체의 inflate 메서드를 바로 호출할 수 있습니다. inflate 메서드로 전달되는 첫 번째 파라미터는 XML 레이아웃 파일이 되므로 R.layout.fragment_main이 입력되어 있습니다. 두 번째 파라미터는 이 XML 레이아웃이 설정될 뷰그룹 객체가 되는데 onCreateView 메서드로 전달되는 두 번째 파라미터가 이 프래그먼트의 가장 상위 레이아웃입니다. 따라서 container 객체를 전달하면 됩니다. inflate 메서드를 호출하면 인플레이션이 진행되고 그 결과로 ViewGroup 객체가 반환됩니다. 이 객체를 return 키워드를 사용하여 반환합니다.

이제 새로운 프래그먼트가 만들어졌습니다. 앞서 언급했지만 이 프래그먼트를 메인 액티비티에 추가하는 방법은 두 가지입니다. 하나는 메인 액티비티의 XML 레이아웃에 태그로 추가하는 방법이고, 다른 하나는 메인 액티비티의 소스 코드에서 추가하는 방법입니다. 여기서는 태그로 추가해 보겠습니다. activity_main.xml 파일을 열고 다음과 같이 코드를 수정합니다.

참조파일 SampleFragment>/app/res/layout/activity_main.xml

```xml
<?xml version="1.0" encoding="utf-8"?>
<FrameLayout xmlns:android="http://schemas.android.com/apk/res/android"
    android:id="@+id/container"
    android:layout_width="match_parent"
    android:layout_height="match_parent">

    <fragment
        android:id="@+id/mainFragment"
        android:name="org.techtown.fragment.MainFragment"
        android:layout_width="match_parent"
        android:layout_height="match_parent" />

</FrameLayout>
```

최상위 레이아웃을 FrameLayout로 변경했으며 id 속성을 추가했습니다. id 속성 값은 container로 하고 <FrameLayout> 태그 안에 <fragment> 태그를 추가합니다. 프래그먼트는 뷰와 달라서 뷰를 담고 있는 공간만 확보합니다. 따라서 태그 이름으로 프래그먼트의 이름을 사용할 수 없으며, name 속성에 새로 만든 MainFragment의 이름을 설정합니다. 프래그먼트의 이름을 설정할 때는 패키지 이름을 포함한 이름으로 설정하고 프래그먼트의 id 값은 mainFragment로 합니다.

<View 클래스 추가 시 태그 추가 방법 예시>

```xml
<org.techtown.ui.view.MyView
    android:layout_width="match_parent"
    android:layout_height="match_parent" />
```

<Fragment 클래스 추가 시 태그 추가 방법 예시>

```xml
<fragment
    android:name="org.techtown.ui.fragment.MyFragment"
    android:layout_width="match_parent"
    android:layout_height="match_parent" />
```

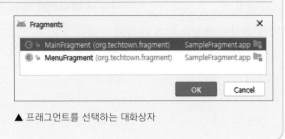
이제 앱을 실행하면 다음 그림처럼 프래그먼트가 액티비티 화면 위에 보이게 됩니다.

▲ 액티비티 화면을 채우면서 올라가 있는 프래그먼트 화면

다음 그림을 보면 액티비티 위에 프래그먼트가 어떻게 올라가 있는지 쉽게 이해될 것입니다.

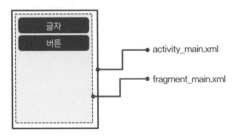

▲ 액티비티를 위한 XML 레이아웃 위에 프래그먼트를 위한 XML 레이아웃이 올라가 있는 구성

액티비티를 위한 XML 레이아웃 위에 프래그먼트를 위한 XML 레이아웃이 올라가 있기 때문에 앱을 실
행했을 때 여러분은 fragment_main.xml 파일 안에 만들어진 내용만 화면에서 볼 수 있습니다.

버튼 클릭했을 때 코드에서 프래그먼트 추가하기

지금까지 새로운 프래그먼트를 만들어 액티비티 화면 위에 올리는 과정을 함께 진행해 보았습니다. 프래그먼트를 만들어 사용하는 과정을 간단하게 정리하면 다음과 같습니다.

❶ 프래그먼트를 위한 XML 레이아웃 만들기
❷ 프래그먼트 클래스 만들기
❸ 프래그먼트를 액티비티의 XML 레이아웃에 추가하기

그런데 화면은 XML과 소스 코드가 분리되어 있습니다. 따라서 화면에 뷰를 추가하는 방법도 XML 레이아웃에 추가하는 방법과 소스 코드를 사용해 추가하는 방법으로 나뉩니다.

[화면에 뷰를 추가하는 방법 2가지]
❶ XML 레이아웃에 추가하는 방법
❷ 자바 소스 코드로 추가하는 방법

프래그먼트도 새로 만든 프래그먼트를 액티비티의 XML 레이아웃에 넣어 화면에 추가하는 것뿐만 아니라 코드에서 직접 추가하는 것도 가능합니다. 코드에서 프래그먼트를 추가할 때는 프래그먼트 매니저에게 요청해야 한다는 것은 이미 앞에서 설명했습니다. 그러면 이번에는 MenuFragment라는 이름의 새로운 프래그먼트를 하나 더 만든 후 MainFragment 안에 있는 버튼을 클릭했을 때 이 MenuFragment 화면으로 바뀌도록 해 보겠습니다.

이번에는 app에서 마우스 오른쪽 버튼을 눌러 프래그먼트를 만들어주는 메뉴를 사용하지 않고 XML 레이아웃과 소스 파일을 각각 만드는 방법으로 프래그먼트를 추가해 보겠습니다. 먼저 /app/res/layout 폴더 안에 있는 fragment_main.xml 파일을 복사하여 fragment_menu.xml 파일로 만든 후 화면에 있는 텍스트뷰의 글자를 '메뉴 프래그먼트'로 바꿉니다. 버튼의 글자도 '메인 화면으로'로 변경하고 배경색도 디자인 화면에서 주황색 계열로 설정합니다.

파일을 복사하기 위해서는 파일(fragment_main.xml)을 선택한 다음 Ctrl + C 를 누르고 Ctrl + V 를 누릅니다. 파일을 복사하면 동일한 이름의 파일이 있으니 파일 이름을 수정하라는 대화상자가 나타나는데 파일 이름(fragment_menu)을 입력하고 [OK] 버튼을 누르면 됩니다.

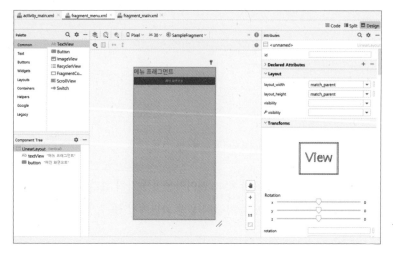

◀ fragment_menu.xml 파일의 구성

이제 /app/java/org.techtown.fragment 폴더 안에 들어 있는 MainFragment.java 파일을 복사하여 MenuFragment.java 파일로 만든 후 코드를 다음과 같이 변경합니다.

참조파일 SampleFragment>/app/java/org.techtown.fragment/MenuFragment.java

```java
public class MenuFragment extends Fragment {

  @Override
  public View onCreateView(LayoutInflater inflater, ViewGroup container, Bundle savedInstanceState) {
    return inflater.inflate(R.layout.fragment_menu, container, false);
  }
}
```

inflate 메서드로 전달되는 첫 번째 파라미터의 값이 R.layout.fragment_menu로 바뀌었으므로 이 MenuFragment 클래스에는 fragment_menu.xml 파일의 내용이 인플레이션되어 설정됩니다. 메뉴 화면을 위한 프래그먼트를 만들었으므로 이제 메인 프래그먼트에 안에 들어 있는 버튼을 클릭했을 때 메뉴 프래그먼트로 전환되도록 만들어야 합니다.

다음을 참고하여 메인 프래그먼트의 onCreateView 메서드를 수정하세요.

참조파일 SampleFragment>/app/java/org.techtown.fragment/MainFragment.java

```java
public class MainFragment extends Fragment {

  public View onCreateView(LayoutInflater inflater, @Nullable ViewGroup container,
                          @Nullable Bundle savedInstanceState) {
    ViewGroup rootView = (ViewGroup) inflater.inflate(R.layout.fragment_main,
                          container, false);

    Button button = rootView.findViewById(R.id.button);
    button.setOnClickListener(new View.OnClickListener() {
      @Override
      public void onClick(View v) {
        MainActivity activity = (MainActivity) getActivity();
        activity.onFragmentChanged(0);
      }
    });
    return rootView;
  }
}
```

코드를 작성하면 getActivity 메서드와 onFragmentChanged 메서드가 빨간색으로 표시될 것입니다. 이 메서드들은 추가로 작성할 것이므로 걱정하지 않아도 됩니다. 일단 지금까지 입력한 코드에 대해 먼저 설명하겠습니다.

메인 프래그먼트 안에 표시되는 최상위 레이아웃은 인플레이션을 통해 참조한 rootView 객체입니다. 이 관계를 조금 쉽게 설명하면 최상위 레이아웃(rootView)은 메인 프래그먼트 안에 들어 있는 것이고 메인 프래그먼트는 이 레이아웃을 화면에 보여주기 위한 틀이라고 생각할 수 있습니다. 그래서 rootView 의 findViewById 메서드를 사용하여 레이아웃에 들어 있는 버튼 객체를 찾아낼 수 있죠. 그리고 이 객체의 setOnClickListener 메서드를 호출하여 리스너를 등록하면 버튼이 클릭되었을 때 이벤트를 처리할 수 있습니다. onClick 메서드 안에서는 MainActivity 객체를 참조한 후 onFragmentChanged 메서드를 호출하도록 합니다. onFragmentChanged 메서드는 메인 액티비티에 새로 추가할 메서드로 프래그먼트 매니저를 이용해 프래그먼트를 전환하는 메서드입니다. 이렇게 코드를 입력한 이유는 프래그먼트가 액티비티를 본떠 만들었고 액티비티 관리를 시스템에서 하는 것처럼 프래그먼트 관리를 액티비티가 하기 때문에 액티비티에서 프래그먼트를 전환하도록 만들어야 하기 때문입니다. 다시 말해, 하나의 프래그먼트에서 다른 프래그먼트를 직접 띄우는 것이 아니라 액티비티를 통해 띄워야 합니다.

프래그먼트에서는 getActivity 메서드를 호출하면 프래그먼트가 올라가 있는 액티비티가 어떤 것인지 확인할 수 있습니다. 이제 액티비티에 onFragmentChanged 메서드를 포함한 나머지 필요한 코드를 MainActivity.java 파일에 추가합니다.

참조파일 SampleFragment>/app/java/org.techtown.fragment/MainActivity.java

```java
public class MainActivity extends AppCompatActivity {
    MainFragment mainFragment;
    MenuFragment menuFragment;

    @Override
    protected void onCreate(Bundle savedInstanceState) {
        super.onCreate(savedInstanceState);
        setContentView(R.layout.activity_main);

        mainFragment = (MainFragment) getSupportFragmentManager().findFragmentById(R.id.mainFragment);
        menuFragment = new MenuFragment();
    }

    public void onFragmentChanged(int index) {
        if (index == 0) {
            getSupportFragmentManager().beginTransaction().replace(R.id.container,
                                                    menuFragment).commit();
        } else if (index == 1) {
            getSupportFragmentManager().beginTransaction().replace(R.id.container,
                                                    mainFragment).commit();
        }
    }
}
```

메인 프래그먼트는 액티비티를 위한 activity_main.xml 파일에 추가되어 있으므로 id를 사용해서 찾아야 합니다. 그런데 프래그먼트는 뷰가 아니라서 Activity 클래스에 있는 findViewById 메서드로 찾을 수 없습니다. 대신 프래그먼트를 관리하는 FragmentManager 객체의 findFragmentById 메서드를 사용해서 찾을 수 있습니다. 메인 프래그먼트는 findFragmentById 메서드를 사용해 찾은 후 변수에 할당하고 메뉴 프래그먼트는 new 연산자를 사용해 새로운 객체로 만들어 변수에 할당합니다.

onFragmentChanged 메서드는 프래그먼트에서 호출할 수 있도록 정의한 것으로 파라미터로 전달된 정수의 값이 0이면 메인 프래그먼트가 보이게 하고, 1이면 메뉴 프래그먼트가 보이게 할 수 있습니다. 이 메서드 안에서는 FragmentManager 객체의 replace 메서드를 사용해 프래그먼트를 바꾸도록 입력합니다. replace 메서드로 전달되는 첫 번째 파라미터는 프래그먼트를 담고 있는 레이아웃의 id가 되어야 하므로 R.id.container를 전달합니다.

그런데 이 코드에서 볼 수 있는 것처럼 프래그먼트 매니저 객체를 사용할 때는 트랜잭션이 사용됩니다. 다음 그림은 액티비티와 프래그먼트가 의사소통하는 방식을 보여줍니다.

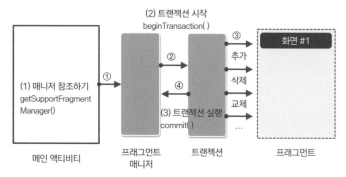

▲ 액티비티와 프래그먼트가 의사소통하는 방식

메인 액티비티에서 프래그먼트를 다루기 위해서는 먼저 getSupportFragmentManager 메서드를 호출하여 매니저 객체를 참조합니다.

[Reference]

public FragmentManager getSupportFragmentManager()

프래그먼트 매니저는 프래그먼트를 다루는 작업을 해 주는 객체로 프래그먼트 추가, 삭제 또는 교체 등의 작업을 할 수 있게 합니다. 그런데 이런 작업들은 프래그먼트를 변경할 때 오류가 생기면 다시 원래 상태로 돌릴 수 있어야 하므로 트랜잭션 객체를 만들어 실행합니다. 트랜잭션 객체는 beginTransaction 메서드를 호출하면 시작되고 commit 메서드를 호출하면 실행됩니다.

이제 앱을 실행하고 처음 보이는 메인 프래그먼트 화면에서 버튼을 누르면 메뉴 프래그먼트 화면으로 전환되는 것을 확인할 수 있습니다.

▲ 메뉴 프래그먼트로 전환되었을 때의 화면

프래그먼트를 두 개 만들고 하나의 프래그먼트에서 다른 프래그먼트로 전환하는 과정을 알아보았습니다. 코드가 조금 더 복잡해지긴 했지만 프래그먼트가 어떤 방식으로 처리되는지 이해한다면 그리 어렵지 않을 것입니다.

프래그먼트의 수명주기

프래그먼트 간에 전환하는 기능까지 살펴보았으니 프래그먼트가 무엇이고 어떻게 사용하는지 어느 정도 이해했을 것입니다. 그런데 프래그먼트 클래스를 정의할 때 XML 레이아웃의 내용을 인플레이션하는 코드가 들어 있는 메서드의 이름이 onCreateView라고 했습니다. 이 이름은 액티비티의 onCreate와 비슷한 이름입니다. 짐작했겠지만 이 메서드는 onCreate 메서드처럼 어떤 상태가 되면 자동으로 호출되는 메서드입니다.

프래그먼트는 액티비티를 본떠 만들면서 액티비티처럼 독립적으로 동작하도록 수명주기(Life Cycle) 메서드를 추가했습니다. 따라서 상태에 따라 API에서 미리 정해둔 콜백 함수가 호출되므로 그 안에 필요한 기능을 넣을 수 있습니다. 프래그먼트를 사용하는 목적 중의 하나가 분할된 화면들의 상태를 관리하는 것인데 이것을 가능하게 하는 것이 수명주기 메서드들입니다. 즉, 액티비티 안에 들어 있는 프래그먼트도 필요할 때 화면에 보이거나 보이지 않게 되므로 액티비티처럼 각각의 상태가 관리되는 것이 필요합니다.

프래그먼트는 액티비티 위에 올라가는 것이므로 프래그먼트의 수명주기도 액티비티의 수명주기에 종속적이지만 프래그먼트만 가질 수 있는 독립적인 상태 정보들이 더 추가되었습니다. 특히 프래그먼트가 화면에 보이기 전이나 중지 상태가 되었을 때 액티비티처럼 onResume 메서드와 onPause 메서드

가 호출되는데 프래그먼트는 액티비티에 종속되어 있으므로 이 상태 메서드 이외에도 세분화된 상태
메서드들이 더 있습니다.

프래그먼트가 화면에 보이기 전까지 호출될 수 있는 수명주기 메서드들은 다음과 같습니다.

메서드	설 명
onAttach(Activity)	프래그먼트가 액티비티와 연결될 때 호출됨.
onCreate(Bundle)	프래그먼트가 초기화될 때 호출됨. (new 연산자를 이용해 새로운 프래그먼트 객체를 만드는 시점이 아니라는 점에 주의해야 함)
onCreateView(LayoutInflator, ViewGroup, Bundle)	프래그먼트와 관련되는 뷰 계층을 만들어서 리턴함.
onActivityCreated(Bundle)	프래그먼트와 연결된 액티비티가 onCreate 메서드의 작업을 완료했을 때 호출됨.
onStart()	프래그먼트와 연결된 액티비티가 onStart되어 사용자에게 프래그먼트가 보일 때 호출됨.
onResume()	프래그먼트와 연결된 액티비티가 onResume되어 사용자와 상호작용할 수 있을 때 호출됨.

▲ 화면에 보이기 전에 호출되는 상태 메서드

표에서 확인한 메서드들은 프래그먼트가 처음 만들어지고 화면에 나타나기 전에 호출되는 메서드들입
니다. 액티비티가 메모리에 처음 만들어질 때는 onCreate 메서드가 호출된다는 것은 잘 알고 있습니
다. 이와 마찬가지로 프래그먼트도 초기화될 때 onCreate 메서드가 호출됩니다.

그런데 한 가지 주의할 점이 있습니다. 프래그먼트는 액티비티 안에 추가되어 사용되면서 동시에 액티
비티에 종속되어 있어 프래그먼트와 액티비티가 연결되어야 초기화될 수 있습니다. 즉, 프래그먼트는
액티비티 위에 올라가야 제대로 동작합니다. 이 때문에 new 연산자를 사용해 프래그먼트 객체를 만드
는 시점과 onCreate 메서드가 호출되는 시점이 달라집니다. 이 과정을 순서대로 보면 먼저 onAttach
메서드가 호출되며 액티비티에 프래그먼트가 추가되고 그 다음에 onCreate 메서드가 호출됩니다. 다
시 말해 onAttach 메서드가 호출될 때 파라미터로 전달되는 액티비티 객체 위에 프래그먼트가 올라
가 있게 됩니다. 그러므로 액티비티를 위해 설정해야 하는 정보들은 이 onAttatch 메서드에서 처리해
야 합니다.

프래그먼트가 새로 만들어질 때 그 안에 뷰들을 포함하게 되면 뷰그룹처럼 뷰들의 레이아웃을 결정해
주어야 합니다. onCreateView 메서드는 프래그먼트와 관련되는 뷰들의 계층도를 구성하는 과정에서
호출됩니다.

액티비티가 메모리에 처음 만들어질 때는 액티비티의 onCreate 메서드가 호출되지만 프래그먼트의 경
우에는 onActivityCreated 메서드가 호출됩니다. 이 메서드는 프래그먼트에서 액티비티가 만들어지는
상태를 알 수 있도록 해주는데 프래그먼트에서 다시 정의해 둔 onCreate 메서드와 구별해야 합니다.

다음은 프래그먼트가 화면에서 보이지 않게 되면서 호출되는 상태 메서드들입니다.

메서드	설명
onPause()	프래그먼트와 연결된 액티비티가 onPause되어 사용자와 상호작용을 중지할 때 호출됨.
onStop()	프래그먼트와 연결된 액티비티가 onStop되어 화면에서 더 이상 보이지 않을 때나 프래그먼트의 기능이 중지되었을 때 호출됨.
onDestroyView()	프래그먼트와 관련된 뷰 리소스를 해제할 수 있도록 호출됨.
onDestroy()	프래그먼트의 상태를 마지막으로 정리할 수 있도록 호출됨.
onDetach()	프래그먼트가 액티비티와 연결을 끊기 바로 전에 호출됨.

▲ 중지되면서 호출되는 상태 메서드

onPause와 onStop 메서드는 액티비티의 onPause와 onStop 메서드가 호출될 때와 같은 상태 메서드입니다. onDestroyView 메서드는 프래그먼트 안에 들어 있는 뷰들의 리소스를 해제할 때 재정의하여 사용하며, onDetach 메서드는 onAttach와 반대로 프래그먼트가 액티비티와 연결을 끊기 바로 전에 호출됩니다.

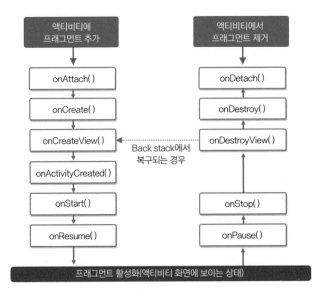

▲ 프래그먼트 수명주기

프래그먼트의 수명주기 메서드 중에서 눈에 띄는 것이 onAttach와 onDetach입니다. 이 메서드는 프래그먼트가 액티비티 위에 올라갈 때와 액티비티에서 떨어져 나올 때 호출됩니다. 이 메서드가 수명주기의 시작과 끝이 되는 이유는 프래그먼트는 액티비티 위에 올라가지 않고서는 프래그먼트로서 동작하지 않기 때문이라는 점을 다시 한 번 기억하세요. 그리고 프래그먼트 객체가 new 연산자로 만들어졌더라도 액티비티 위에 올라가기 전까지는 프래그먼트로 동작하지 않는다는 점도 기억해야 합니다.

```
MyFragment fragment = new MyFragment();
→ 프래그먼트 객체는 만들어졌지만 프래그먼트로 동작하지는 않음.

getSupportFragmentManager().beginTransaction().add(fragment).commit();
→ 액티비티에 추가된 후 프래그먼트로 동작함.
```

프래그먼트의 수명주기 메서드가 호출되는 것을 확인해 보고 싶다면 프래그먼트 안에서 각각의 메서드를 재정의한 후 그 안에서 로그를 출력하도록 하거나 또는 토스트 메시지를 띄우게 하면 됩니다. 이 과정은 여러분이 직접 진행해 보기 바랍니다.

05-2
프래그먼트로 화면 만들기

이번에는 한 화면에 두 개의 프래그먼트가 들어가도록 만들어 보겠습니다. 화면의 위쪽과 아래쪽을 나눈 후 위쪽에는 이미지 선택이 가능한 리스트가 보이는 프래그먼트를 만들어 넣고 아래쪽에는 선택된 이미지가 보이는 프래그먼트를 만들어 넣을 것입니다. 그러면 위쪽 프래그먼트에서 선택한 이미지가 어떤 것인지를 액티비티에 알려준 후 액티비티에서 아래쪽 프래그먼트에 해당 이미지가 보이게 만들어야 합니다.

새로운 SampleFragment2 프로젝트를 만듭니다. 프로젝트를 만들 때 패키지 이름은 org.techtown.fragment로 지정합니다. 그리고 새로운 프로젝트 창이 만들어지면 이 책에서 제공하는 세 개의 이미지 (dream01.png, dream02.png, dream03.png)를 /app/res/drawable 폴더 안에 복사합니다.

▲ 새로 만든 SampleFragment2 프로젝트에 추가한 세 개의 이미지

먼저 /app/res/layout 폴더 안에 첫 번째 프래그먼트를 위한 XML 레이아웃을 fragment_list.xml라는 이름으로 만듭니다. 최상위 레이아웃은 LinearLayout으로 설정하면 orientation 속성 값은 vertical로

설정되어 만들어집니다. 그 안에 세 개의 버튼을 추가합니다. 각 버튼의 text 속성에는 '첫 번째 이미지', '두 번째 이미지', '세 번째 이미지'로 글을 수정합니다.

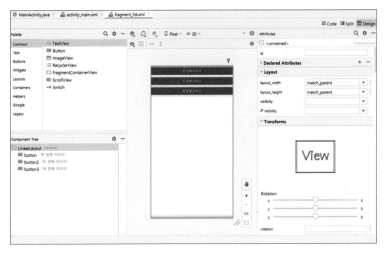

▲ fragment_list.xml의 화면 레이아웃

그런 다음 MainActivity 파일을 복사해서 소스 파일인 ListFragment.java을 추가합니다. 추가한 파일은 다음과 같이 Fragment 클래스를 상속하도록 한 후 onCreateView 메서드 안에서 fragment_list.xml 파일을 인플레이션합니다.

참조파일 SampleFragment2>/app/java/org.techtown.fragment/ListFragment.java

```java
public class ListFragment extends Fragment {

  public static interface ImageSelectionCallback {
    public void onImageSelected(int position);
  }

  public ImageSelectionCallback callback;

  @Override
  public void onAttach(Context context) {
    super.onAttach(context);

    if (context instanceof ImageSelectionCallback) {
      callback = (ImageSelectionCallback) context;
    }
  }

  @Nullable
  @Override
```

```java
public View onCreateView(@NonNull LayoutInflater inflater, @Nullable ViewGroup container,
                         @Nullable Bundle savedInstanceState) {
    ViewGroup rootView = (ViewGroup) inflater.inflate(R.layout.fragment_list, container, false);
    Button button = rootView.findViewById(R.id.button);
    button.setOnClickListener(new View.OnClickListener() {
        @Override
        public void onClick(View v) {
            if (callback != null) {
                callback.onImageSelected(0);
            }
        }
    });

    Button button2 = rootView.findViewById(R.id.button2);
    button2.setOnClickListener(new View.OnClickListener() {
        @Override
        public void onClick(View v) {
            if (callback != null) {
                callback.onImageSelected(1);
            }
        }
    });

    Button button3 = rootView.findViewById(R.id.button3);
    button3.setOnClickListener(new View.OnClickListener() {
        @Override
        public void onClick(View v) {
            if (callback != null) {
                callback.onImageSelected(2);
            }
        }
    });

    return rootView;
}
}
```

각각의 버튼을 클릭했을 때는 callback 객체의 onImageSelected 메서드를 호출합니다. onAttach 메서드는 프래그먼트가 액티비티 위에 올라오는 시점에 호출됩니다. 그래서 프래그먼트에서 해당 액티비티를 참조하고 싶다면 onAttach 메서드로 전달되는 파라미터를 참조하거나 getActivity 메서드를 호출하여 반환되는 객체를 참조할 수 있습니다. 그리고 그 객체를 변수에 할당하면 프래그먼트 클래스 안에서 자유롭게 액티비티 객체를 참조할 수 있게 됩니다.

여기서는 onAttach 메서드가 호출될 때 callback 변수에 객체가 할당되었는데 그 자료형이 Activity

가 아니라 ImageSelectionCallback입니다. 왜 callback 변수의 자료형을 ImageSelectionCallback으로 선언한 것일까요?

화면에서 선택된 버튼에 따라 다른 프래그먼트의 이미지를 바꿔주려면 액티비티 쪽으로 데이터를 전달해야 하므로 액티비티에 onImageSelected 메서드를 정의한 후 그 메서드를 호출하도록 합니다. 그런데 매번 액티비티마다 다른 이름의 메서드를 만들면 프래그먼트가 올라간 액티비티가 다른 액티비티로 변경되었을 때 해당 액티비티가 무엇인지 매번 확인해야 하는 번거로움이 있습니다. 이 때문에 인터페이스를 하나 정의한 후 액티비티가 이 인터페이스를 구현하도록 하는 것이 좋습니다. 여기에서는 ImageSelectionCallback 인터페이스를 정의했으며 onImageSelected 메서드는 이 인터페이스 안에 정의했습니다.

만약 MainActivity가 이 인터페이스를 구현하도록 했다면 이 프래그먼트에서는 액티비티 객체를 참조할 때 인터페이스 타입으로 참조한 후 onImageSelected 메서드를 호출할 수 있습니다. onAttach 메서드 안에서는 MainActivity 객체를 참조한 후 ImageSelectionCallback 타입으로 된 callback 변수에 할당합니다. 그러면 버튼이 클릭되었을 때 callback 변수에 할당된 액티비티 객체의 onImageSelected 메서드를 호출할 수 있습니다.

이제 이미지를 보여줄 뷰어 프래그먼트를 만듭니다. XML 레이아웃 파일의 이름은 fragment_viewer.xml로 하여 /app/res/layout 폴더 안에 추가합니다. 최상위 레이아웃은 LinearLayout으로 설정하면 orientation 속성 값은 vertical로 설정한 후 그 파일 안에 ImageView를 추가합니다. 팔레트에서 ImageView를 화면에 끌어다 넣으면 [Resources] 대화상자가 나타납니다. Drawable 폴더에 추가했던 dream01 이미지를 Project 항목에서 찾아서 넣으면 됩니다. ImageView 태그는 이미지를 화면에 보여주는 역할을 하며, layout_width 속성은 match_parent로 설정하고 layout_height 속성은 wrap_content로 설정하면 이미지가 화면 상단을 차지하게 됩니다. ImageView 객체의 src 속성에는 @drawable/dream01을 설정하여 첫 번째 이미지가 기본으로 보이도록 합니다.

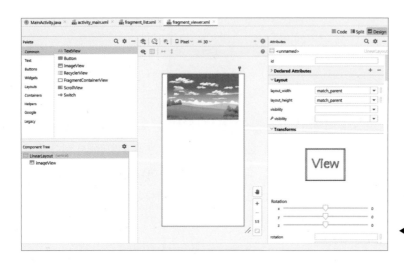

◀ fragment_viewer.xml의 화면 레이아웃

자바 소스 파일의 이름을 ViewerFragment.java로 작성하여 /app/java/org.techtown.fragment 폴더 안에 만들고 다음과 같이 코드를 입력합니다.

참조파일 SampleFragment2>/app/java/org.techtown.fragment/ViewerFragment.java

```java
public class ViewerFragment extends Fragment {
  ImageView imageView;

  @Nullable
  @Override
  public View onCreateView(LayoutInflater inflater, @Nullable ViewGroup container,
                          @Nullable Bundle savedInstanceState) {
    ViewGroup rootView = (ViewGroup) inflater.inflate(R.layout.fragment_viewer,
                                        container, false);

    imageView = rootView.findViewById(R.id.imageView);
    return rootView;
  }

  public void setImage(int resId) {
    imageView.setImageResource(resId);
  }
}
```

ViewerFragment.java 파일의 코드는 그리 복잡하지 않습니다. onCreateView 메서드 안에서 인플레이션을 진행하고 나면 이미지뷰 객체를 찾아 imageView라는 이름의 변수에 할당하도록 합니다. 그리고 setImage 메서드를 만들어 액티비티에서 이 프래그먼트에 있는 이미지뷰에 이미지를 설정할 수 있도록 합니다.

이제 두 개의 프래그먼트를 만들었습니다. 프래그먼트가 두 개이니 새로 만들어진 XML 레이아웃 파일도 두 개이고 소스 파일도 두 개라는 것을 이해했을 것입니다. 그러면 이 프래그먼트들을 메인 액티비티의 XML 레이아웃에 추가합니다. activity_main.xml 파일을 열고 두 개의 프래그먼트를 추가합니다.

참조파일 SampleFragment2>/app/res/layout/activity_main.xml

```xml
<?xml version="1.0" encoding="utf-8"?>
<LinearLayout xmlns:android="http://schemas.android.com/apk/res/android"
  android:layout_width="match_parent"
  android:layout_height="match_parent"
  android:orientation="vertical"
  >
```

```
    <fragment
      android:layout_width="match_parent"
      android:layout_height="0dp"
      android:layout_weight="1"
      android:name="org.techtown.fragment.ListFragment"
      android:id="@+id/listFragment"
      />

    <fragment
      android:layout_width="match_parent"
      android:layout_height="0dp"
      android:layout_weight="1"
      android:name="org.techtown.fragment.ViewerFragment"
      android:id="@+id/viewerFragment"
      />

</LinearLayout>
```

리니어 레이아웃 안에 두 개의 프래그먼트를 추가한 후 layout_weight 속성으로 화면을 절반씩 나눠 갖도록 만들었습니다. 이제 마지막으로 MainActivity.java 파일의 내용을 수정합니다.

참조파일 SampleFragment2>/app/java/org.techtown.fragment/MainActivity.java

```java
public class MainActivity extends AppCompatActivity
                            implements ListFragment.ImageSelectionCallback {
  ListFragment listFragment;
  ViewerFragment viewerFragment;

  int[] images = {R.drawable.dream01, R.drawable.dream02, R.drawable.dream03};

  @Override
  protected void onCreate(Bundle savedInstanceState) {
    super.onCreate(savedInstanceState);
    setContentView(R.layout.activity_main);

    FragmentManager manager = getSupportFragmentManager();
    listFragment = (ListFragment) manager.findFragmentById(R.id.listFragment);
    viewerFragment = (ViewerFragment) manager.findFragmentById(R.id.viewerFragment);
  }

  @Override
  public void onImageSelected(int position) {
    viewerFragment.setImage(images[position]);
  }
}
```

onCreate 메서드 안에서 FragmentManager 객체의 findFragmentById 메서드를 사용해 두 개의 프래그먼트를 찾아 변수에 할당합니다. 이 MainActivity는 ImageSelectionCallback 인터페이스를 구현하도록 만들고 이 인터페이스에 정의된 onImageSelected 메서드도 구현합니다. 이미 잘 알고 있는 것처럼 onImageSelected 메서드는 리스트 프래그먼트에서 호출하게 되며 onImageSelected 메서드가 호출되면 뷰어 프래그먼트의 setImage 메서드를 호출하여 이미지가 바뀌도록 합니다.

이제 앱을 실행하고 상단에 있는 리스트 프래그먼트 안의 아이템을 클릭하면 아래쪽의 이미지가 바뀌는 것을 확인할 수 있습니다.

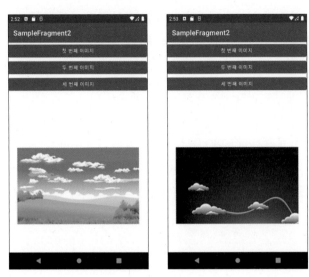

▲ 리스트 프래그먼트의 버튼들을 클릭했을 때 뷰어 프래그먼트의 이미지가 바뀌는 화면

리스트 프래그먼트에는 버튼들이 들어 있지만 선택해야 하는 항목이 늘어난다면 리싸이클러뷰를 사용해도 됩니다. 리싸이클러뷰는 나중에 다시 알아보도록 하고 지금까지는 프래그먼트에 대해서만 알아보았습니다. 이제 프래그먼트가 어떤 것이고 어떻게 동작하는지 어느 정도 이해되나요? 프래그먼트는 UI를 만드는 데 필수 요소이니 잘 알아두는 것이 좋습니다.

05-3
액션바 사용하기

화면에 메뉴 기능 넣기

안드로이드와 아이폰의 차이점 중의 하나는 화면 아래쪽에 있는 [메뉴] 버튼과 [BACK] 버튼의 유무입니다. 아이폰의 아래쪽에는 버튼이 하나(홈 버튼)만 있거나 없지만 안드로이드의 화면 아래쪽에는 버튼이 세 개([홈] 버튼, [메뉴] 버튼, [BACK] 버튼) 있습니다. 그래서 안드로이드 단말은 [메뉴] 버튼을 눌렀을 때 숨어있던 메뉴가 보인다는 것을 자연스럽게 알 수 있습니다.

그런데 이렇게 시스템 [메뉴] 버튼을 눌렀을 때 숨어있던 메뉴가 보이도록 할 수도 있고 앱의 상단 타이틀 부분에 [메뉴] 버튼을 배치하고 그것을 눌렀을 때 메뉴가 보이도록 할 수도 있습니다. 이런 메뉴를 옵션 메뉴(Option Menu)라고 부릅니다. 그리고 옵션 메뉴와 다르게 입력상자를 길게 눌러 나타나는 '복사하기', '붙여넣기' 등의 팝업 형태의 메뉴는 컨텍스트 메뉴(Context Menu)라고 합니다. 옵션 메뉴는 각각의 화면마다 설정할 수 있으며 컨텍스트 메뉴는 각각의 뷰마다 설정할 수 있습니다.

속성	설명
옵션 메뉴	시스템 [메뉴] 버튼을 눌렀을 때 나타나는 메뉴로 각 화면마다 설정할 수 있는 주요 메뉴입니다.
컨텍스트 메뉴	화면을 길게 누르면 나타나는 메뉴로 뷰에 설정하여 나타나게 할 수 있습니다. 텍스트뷰의 편집 상태를 바꾸거나 할 때 사용합니다.

옵션 메뉴는 액션바(Action Bar)에 포함되어 보이도록 만들어져 있습니다. 여기에서 액션바는 앱의 제목(Title)이 보이는 위쪽 부분을 말합니다. 옵션 메뉴와 컨텍스트 메뉴는 각각의 액티비티마다 설정할 수 있으므로 액티비티에 추가하고 싶은 경우에는 다음의 두 메서드를 다시 정의하여 메뉴 아이템을 추가합니다.

[Reference]
public boolean onCreateOptionsMenu (Menu menu)
public void onCreateContextMenu (ContextMenu menu, View v,
ContextMenu.ContextMenuInfo menuInfo)

즉, 두 메서드를 다시 정의하기만 하면 매우 쉽게 메뉴를 추가할 수 있습니다. 이 두 개의 메서드를 보면 Menu나 ContextMenu 객체가 전달되는 것을 알 수 있는데 이 객체의 add 메서드를 사용해서 메뉴 아이템을 추가하게 됩니다. 메뉴 아이템을 추가할 수 있는 대표적인 메서드들은 다음과 같습니다.

groupId 값은 아이템을 하나의 그룹으로 묶을 때 사용합니다. itemId는 아이템이 갖는 고유 ID 값으로, 아이템이 선택되었을 때 각각의 아이템을 구분할 때 사용할 수 있습니다. 아이템이 많아서 서브 메뉴로 추가하고 싶을 때는 addSubMenu 메서드를 사용합니다. 그런데 이렇게 코드에서 메뉴를 추가하는 것보다는 XML에서 메뉴의 속성을 정의한 후 객체로 로딩하여 참조하는 것이 더 간단합니다.

이제 메뉴 기능을 확인해보기 위해 새로운 SampleOptionMenu 프로젝트를 만듭니다. 이때 패키지 이름은 org.techtown.menu로 수정합니다. 새로운 프로젝트가 만들어지면 /app/res 폴더 안에 새로운 menu 폴더를 만들겠습니다. /app/res 폴더를 선택한 상태에서 마우스 오른쪽 버튼을 누르고 [New → Directory] 메뉴를 선택합니다. 새로운 폴더 이름을 입력하라는 대화상자가 보이면 menu를 입력하고 [OK] 버튼을 누릅니다. 새로 만들어진 /app/res/menu 폴더를 선택한 상태에서 마우스 오른쪽 버튼을 눌러 나타난 메뉴 중에서 [New → Menu resource file] 메뉴를 선택합니다. 이 폴더 안에는 메뉴를 정의하는 XML 파일이 만들어집니다. 대화상자가 보이면 File name:에 menu_main.xml을 입력한 후 [OK] 버튼을 누릅니다.

▲ 메뉴를 위한 XML 파일을 새로 만들 때 보이는 대화상자

안드로이드 스튜디오는 /app/res/menu 폴더 안에 메뉴를 위한 XML 파일이 만들어진다는 것을 미리 알고 있습니다. 따라서 메뉴를 위한 XML 파일은 반드시 menu 폴더 안에 들어 있어야 합니다. /app/res/drawable 폴더 안에는 이 책에서 제공하는 세 개의 이미지 파일(menu_refresh.png, menu_search.png, menu_settings.png 파일)을 복사해서 넣어 놓습니다. 물론 여러분이 원하는 이미지를 넣어도 됩니다. 그리고 menu_main.xml 파일 안에는 다음과 같이 세 개의 ⟨item⟩ 태그를 추가합니다. 이때 ⟨menu⟩ 태그의 xmlns:app도 꼭 입력하세요. 그래야 ⟨item⟩ 태그의 showAsAction이 제대로 인식됩니다.

```xml
<?xml version="1.0" encoding="utf-8"?>
<menu xmlns:android="http://schemas.android.com/apk/res/android"
  xmlns:app="http://schemas.android.com/apk/res-auto">

    <item android:id="@+id/menu_refresh"
      android:title="새로고침"
      android:icon="@drawable/menu_refresh"
      app:showAsAction="always"
      />

    <item android:id="@+id/menu_search"
      android:title="검색"
      android:icon="@drawable/menu_search"
      app:showAsAction="always"
      />

    <item android:id="@+id/menu_settings"
      android:title="설정"
      android:icon="@drawable/menu_settings"
      app:showAsAction="always"
      />

</menu>
```

〈item〉 태그는 하나의 메뉴에 대한 정보를 담고 있습니다. id 속성은 각각의 메뉴를 구분하기 위해 사용되며 title 속성에 넣은 값은 메뉴에 표시되는 글자입니다. 아이콘으로 표시하고 싶을 때는 icon 속성에 이미지를 넣을 수 있습니다. showAsAction 속성은 이 메뉴를 항상 보이게 할 것인지 아니면 숨겨둘 것인지를 지정할 수 있습니다. 여기서는 always 값을 설정했으므로 메뉴 아이콘이 항상 보이게 됩니다. android:로 시작하는 속성은 기본 API에 포함된 속성이고 app:로 시작하는 속성은 여러분의 프로젝트에 들어 있는 속성이라는 것을 다시 한 번 상기하면 좋습니다. 그리고 여러분의 프로젝트에 외부 라이브러리가 추가되어 있다면 그 외부 라이브러리에서 제공되는 속성도 app:로 참조하면 추가할 수 있습니다.

다음은 showAsAction 속성에 설정할 수 있는 값을 정리한 것입니다.

showAsAction 속성 값	설 명
always	항상 액션바에 아이템을 추가하여 표시합니다.
never	액션바에 아이템을 추가하여 표시하지 않습니다(디폴트 값).
ifRoom	액션바에 여유 공간이 있을 때만 아이템을 표시합니다.
withText	title 속성으로 설정된 제목을 같이 표시합니다.
collapseActionView	아이템에 설정한 뷰(actionViewLayout으로 설정한 뷰)의 아이콘만 표시합니다.

▲ showAsAction 속성에 설정할 수 있는 값

그럼 이렇게 정의한 메뉴들은 언제 화면에 추가되는 것일까요?

MainActivity.java에 재정의된 onCreateOptionsMenu 메서드는 액티비티가 만들어질 때 미리 자동 호출되어 화면에 메뉴 기능을 추가할 수 있도록 합니다. 앞에서 만든 메뉴 XML 파일은 XML 레이아 웃 파일처럼 소스 코드에서 인플레이션한 후 메뉴에 설정할 수 있습니다. 이때 메뉴를 위한 XML 정 보를 메모리에 로딩하기 위해 메뉴 인플레이터 객체를 사용합니다. MainActivity.java 파일을 열어서 MainActivity 클래스를 마우스 오른쪽 버튼으로 누릅니다. 팝업 메뉴가 보이면 [Generate... → Override Methods...] 메뉴를 선택합니다. 재정의할 수 있는 대화상자가 보이면 onCreateOptionsMenu와 onOptionsItemSelected 메서드를 모두 선택한 후 [OK]를 눌러서 추가합니다. 추가한 코드는 다음 과 같이 수정합니다.

참조파일 SampleOptionMenu>/app/java/org.techtown.menu/MainActivity.java

```java
중략...

@Override
public boolean onCreateOptionsMenu(Menu menu) {
  getMenuInflater().inflate(R.menu.menu_main, menu);
  return true;
}

@Override
public boolean onOptionsItemSelected(MenuItem item) {
  int curId = item.getItemId();
  switch (curId) {
    case R.id.menu_refresh:
      Toast.makeText(this, "새로고침 메뉴가 선택되었습니다.", Toast.LENGTH_SHORT).show();
      break;
    case R.id.menu_search:
      Toast.makeText(this, "검색 메뉴가 선택되었습니다.", Toast.LENGTH_SHORT).show();
      break;
```

```
    case R.id.menu_settings:
    Toast.makeText(this, "설정 메뉴가 선택되었습니다.", Toast.LENGTH_SHORT).show();
    break;
    default:
    break;
  }
  return super.onOptionsItemSelected(item);
}

중략…
```

화면이 처음 만들어질 때 메뉴를 정해놓은 것이 아니라 화면이 띄워진 후에 메뉴를 바꾸고 싶다면 on-PrepareOptionsMenu 메서드를 재정의하여 사용하면 됩니다. 이 메서드는 메뉴가 새로 보일 때마다 호출되므로 메뉴 항목을 추가하거나 뺄 수 있어 메뉴 아이템들을 변경할 수 있습니다. 특히 메뉴의 속성을 바꿀 수 있으므로 메뉴를 활성화하거나 비활성화하여 사용자에게 앱의 상태에 따라 메뉴를 사용하거나 사용하지 못하도록 만들 수도 있습니다.

메뉴를 선택했을 때 처리하는 방법도 아주 간단합니다. 사용자가 하나의 메뉴 아이템을 선택했을 때 자동 호출되는 onOptionsItemSelected 메서드를 다시 정의한 후 그 안에서 현재 메뉴 아이템의 id 값이 무엇인지 확인하여 그에 맞는 기능을 하게 만들면 됩니다.

[Reference]

boolean onOptionsItemSelected (MenuItem item)

SampleOptionMenu 프로젝트 파일을 실행한 후 액션바에 표시된 메뉴를 선택하면 다음과 같이 토스트 메시지가 나타나는 것을 볼 수 있습니다.

◀ 상단의 액션바에 보이는 메뉴

메뉴를 사용하는 화면은 다양하게 있을 수 있지만 앱의 설정이나 도움말 등의 항목을 메뉴로 만들어 추가하는 경우가 많습니다. 컨텍스트 메뉴는 어떤 뷰에 필요한 기능만을 모아 정의해 놓은 것으로 손가락으로 길게 눌렀을 때 보이게 됩니다. 옵션 메뉴를 액티비티에 등록하고 사용자가 옵션 메뉴를 선택했을 때 처리하기 위해 두 개의 메서드를 다시 정의한 것처럼 컨텍스트 메뉴도 두 개의 메서드를 다시 정의하면 사용할 수 있습니다. 컨텍스트 메뉴를 특정 뷰에 등록하고 싶을 때는 registerForContextMenu 메서드를 사용합니다.

[Reference]
void Activity.registerForContextMenu (View view)

이 메서드로 컨텍스트 메뉴를 등록하면 각각의 메뉴 아이템을 선택했을 때 onContextItemSelected 메서드가 호출되므로 이 메서드의 파라미터로 전달되는 MenuItem 객체를 사용해 선택된 메뉴 아이템의 정보를 확인한 후 처리할 수 있습니다. 사용 방법이 옵션 메뉴와 거의 유사하므로 필요할 때 뷰에 기능을 붙여 사용하면 됩니다.

액션바 좀 더 살펴보기

액티비티의 위쪽에 보이는 타이틀 부분과 옵션 메뉴는 액션바로 합쳐져 보이게 됩니다. 그러면 이제 액션바에 대해 좀 더 자세하게 알아보겠습니다.

먼저 액션바는 기본적으로 제목을 보여주는 타이틀의 기능을 하므로 앱의 제목을 보여줄 수 있으며 화면에 보이거나 보이지 않도록 만들 수도 있습니다. 소스 코드에서 액션바를 보이게 만들고 싶다면 다음 코드처럼 show 메서드를 호출하고 감추고 싶다면 hide 메서드를 호출합니다.

[Reference]
ActionBar abar = getActionBar();
abar.show();
abar.hide();

setSubtitle 메서드를 사용하면 타이틀의 부제목을 달아줄 수도 있습니다. 부제목은 화면에 대한 구체적인 설명을 같이 보여주고 싶을 때 유용하게 사용할 수 있습니다. 앱을 디폴트 설정 그대로 실행하면 액션바의 왼쪽에는 아무것도 보이지 않지만 설정을 바꾸면 아이콘이 보이게 만들 수도 있습니다.

액션바를 다뤄보기 위해 새로운 SampleActionBar1 프로젝트를 만듭니다. 프로젝트를 만들 때 패키지 이름은 org.techtown.actionbar로 입력합니다. 새로운 프로젝트 창이 열리면 activity_main.xml 파일에 버튼 하나를 추가합니다. 버튼에는 '액션바 아이콘 바꾸기'라는 글자가 보이게 합니다. 텍스트 뷰의 글자인 Hello World!의 크기는 30sp로 설정합니다. 이 텍스트뷰에는 메뉴를 선택했을 때 어떤 메뉴를 선택했는지를 보여줄 것입니다. /app/res 폴더 안에 menu 폴더를 만들고 앞에서 만들었던 SampleOptionMenu 프로젝트의 메뉴 XML 파일을 복사합니다. /app/res/drawable 폴더의 이미지와 이 책에서 제공하는 이미지(home.png)도 추가로 복사하여 가져다 놓습니다. 그다음 MainActivity.java 파일도 SampleOptionMenu 프로젝트에서 만든 코드를 복사한 후 onCreate 메서드에 다음 코드를 추가합니다.

참조파일 SampleActionBar1>/app/java/org.techtown.actionbar/MainActivity.java

```java
public class MainActivity extends AppCompatActivity {
  ActionBar abar;

  @Override
  protected void onCreate(Bundle savedInstanceState) {
    super.onCreate(savedInstanceState);
    setContentView(R.layout.activity_main);

    abar = getSupportActionBar();


    Button button = findViewById(R.id.button);
    button.setOnClickListener(new View.OnClickListener() {
      @Override
      public void onClick(View v) {
        abar.setLogo(R.drawable.home);
        abar.setDisplayOptions(ActionBar.DISPLAY_SHOW_HOME|ActionBar.DISPLAY_USE_LOGO);
      }
    });
  }

  @Override
  public boolean onCreateOptionsMenu(Menu menu) {

중략…
```

ActionBar는 androidx.appcompat.app 패키지 안에 들어 있는 클래스를 import하도록 합니다. 클래스 안에는 ActionBar 자료형의 변수가 선언되었으며, onCreate 메서드 안에서 getSupportActionBar 메서드를 이용해 XML 레이아웃에 들어 있는 ActionBar 객체를 참조합니다. ActionBar 객체는 직접 XML 레이아웃에 추가할 수도 있고 액티비티에 적용한 테마에 따라 자동으로 부여될 수도 있습니다. 버튼을 클릭했을 때 액션바가 보이는 모양을 바꾸도록 setDisplayOptions 메서드를 사용합니다. setDisplayOptions 메서드에는 미리 정의된 상수가 파라미터로 전달될 수 있으며 여기에서 사용된 상수들의 의미는 다음과 같습니다.

디스플레이 옵션 상수	설 명
DISPLAY_USE_LOGO	홈 아이콘 부분에 로고 아이콘을 사용합니다.
DISPLAY_SHOW_HOME	홈 아이콘을 표시하도록 합니다.
DISPLAY_HOME_AS_UP	홈 아이콘에 뒤로 가기 모양의 〈 아이콘을 같이 표시합니다.
DISPLAY_SHOW_TITLE	타이틀을 표시하도록 합니다.

▲ 액션바의 디스플레이 옵션으로 설정할 수 있는 상수들

여기에서 로고 아이콘은 매니페스트에 등록된 액티비티의 속성으로 지정할 수도 있습니다. 앱을 실행하면 화면 위쪽에 있는 액션바에 두 개의 메뉴 아이콘이 표시된 것을 볼 수 있습니다. 가운데 있는 버튼을 누르면 타이틀 부분에 집 모양의 로고 아이콘이 표시됩니다.

▲ 버튼을 눌러 액션바에 아이콘을 표시한 화면

앞에서 복사해 만들었던 메뉴 XML 파일(/app/res/menu/menu_main.xml)을 다시 한 번 살펴보면 추가된 메뉴 아이템의 몇 가지 속성이 눈에 띕니다. 그 속성들 외에 세 개의 〈item〉 태그에 showAsAction 속성을 추가하고 그 값을 각각 'always', 'always|withText', 'never'로 설정합니다. 이 중에서 'never'로 값을 설정하면 액션바에 메뉴가 보이지 않게 됩니다. 그리고 orderInCategory 속성도 추가합니다. 이 속성은 메뉴가 보이는 순서를 결정하며 101, 102, 103처럼 작은 숫자부터 순서대로 지정합니다.

이 코드의 수정은 메뉴 XML 파일(/app/res/menu/menu_main.xml)을 열어서 확인한 후 직접 수정해보기 바랍니다. 이렇게 액션바의 기능은 필요에 따라 약간씩 조정할 수 있는데 단순히 메뉴 아이콘을 표시하는 것이 아니라 입력상자와 같은 다른 형태의 뷰를 직접 보여줄 수 있다는 것을 알면 용도가 훨씬 더 다양하다는 것을 알 수 있을 것입니다.

이번에는 액션바에 검색어를 입력할 수 있는 입력상자를 넣어보겠습니다. 새로운 SampleActionBar2

프로젝트를 만듭니다. 프로젝트의 패키지명은 org.techtown.actionbar로 합니다. 책에서 제공된 이미지들은 /app/res/drawable 폴더로 복사합니다. 다음은 액션바 안에 입력상자를 넣으려고 만든 XML 레이아웃으로 텍스트뷰 하나와 입력상자 하나로만 구성된 간단한 레이아웃입니다. 이 레이아웃은 입력상자에 검색어를 입력한 후 키패드에서 '완료' 키를 누르면 검색 기능을 수행할 수 있도록 하려고 만든 것입니다. /app/res/layout 폴더 안에 search_layout.xml 파일을 새로 만듭니다. 파일이 열리면 디자인 화면의 우측 상단에 있는 [Code] 아이콘을 눌러 XML 원본 코드를 띄웁니다. 그리고 다음 코드를 입력합니다.

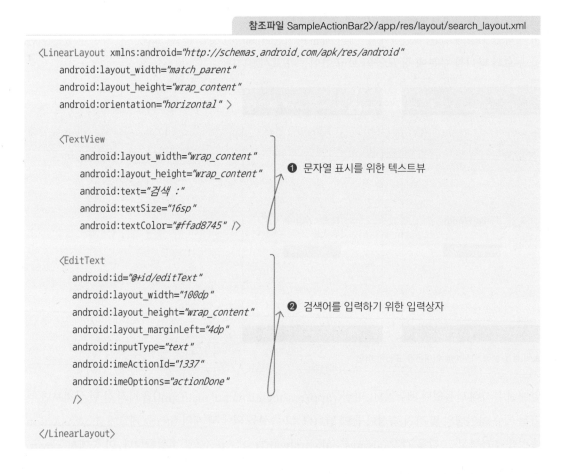

참조파일 SampleActionBar2>/app/res/layout/search_layout.xml

```
<LinearLayout xmlns:android="http://schemas.android.com/apk/res/android"
    android:layout_width="match_parent"
    android:layout_height="wrap_content"
    android:orientation="horizontal" >

    <TextView
        android:layout_width="wrap_content"
        android:layout_height="wrap_content"        ❶ 문자열 표시를 위한 텍스트뷰
        android:text="검색 :"
        android:textSize="16sp"
        android:textColor="#ffad8745" />

    <EditText
        android:id="@+id/editText"
        android:layout_width="100dp"
        android:layout_height="wrap_content"         ❷ 검색어를 입력하기 위한 입력상자
        android:layout_marginLeft="4dp"
        android:inputType="text"
        android:imeActionId="1337"
        android:imeOptions="actionDone"
        />

</LinearLayout>
```

이렇게 만든 XML 레이아웃을 액션바에 넣어서 보여주려면 액션바에 추가된 메뉴 아이템 중 하나가 화면에 보일 때 이 레이아웃이 보이게 설정해야 합니다. 우선 파일 탐색기를 열고 SampleActionBar1 프로젝트에서 만든 /app/res/menu 폴더를 복사해서 SampleActionBar2 프로젝트의 /app/res 폴더로 복사합니다. 그런 다음 그 폴더 안에 있는 menu_main.xml 파일을 열고 코드 가장 아래쪽에 다음 코드를 추가하세요. 메뉴가 정의된 XML 파일인 menu_main.xml 파일 안에 있는 메뉴 아이템 중에서 id 값이 'menu_search'인 아이템의 속성으로 메뉴가 화면에 보여질 때의 레이아웃을 설정합니다. 이때 사용되는 속성은 app:actionLayout입니다.

```
중략…

<item android:id="@+id/menu_search"
    android:title="검색"
    android:orderInCategory="102"
    app:showAsAction="always|withText"
    app:actionLayout="@layout/search_layout" />   →  메뉴가 화면에 보이는 방식을 정의한 레이아웃 설정

중략…
```

그다음에는 MainActivity.java 파일을 열어서 레이아웃에 들어 있는 EditText 객체에 사용자가 검색어를 입력하고 '완료' 키를 눌렀을 때 원하는 기능이 수행될 수 있도록 코드를 수정합니다. 이때 Main-Activity 클래스를 마우스 오른쪽 버튼으로 눌러 [Generate… → Override Methods…] 메뉴를 선택하거나 단축키 Ctrl + O 를 누릅니다. 재정의할 수 있는 [Select Methods th Override/Implement] 대화상자가 보이면 onCreateOptionsMenu 메서드를 선택한 후 [OK]를 눌러서 추가합니다. onCreate-OptionsMenu 메서드 안에 EditText 객체를 참조하고 리스너를 설정하는 코드를 추가합니다.

```
중략…

public boolean onCreateOptionsMenu(Menu menu) {
    getMenuInflater().inflate(R.menu.menu_main, menu);       → ❶ XML로 정의된 메뉴 정보를 인플레이션하
                                                                여 메모리에 로딩

    View v = menu.findItem(R.id.menu_search).getActionView();  → ❷ 메뉴 아이템 중에서 검색을 위해
    if (v != null) {                                                정의한 아이템을 뷰 객체로 참조
        EditText editText = v.findViewById(R.id.editText);     → ❸ 검색을 위한 메뉴 아이템 안에 정의한
                                                                    입력상자 객체 참조

        if (editText != null) {
            editText.setOnEditorActionListener(new TextView.OnEditorActionListener() { → ❹ 입력상자
                @Override                                                                   객체에 리
                public boolean onEditorAction(TextView v, int actionId, KeyEvent event) {   스너 설정
                    Toast.makeText(getApplicationContext(), "입력됨.", Toast.LENGTH_LONG).show();
                    return true;
                }
            });
        }
    }
    return true;
}
중략…
```

EditText 객체에 설정된 리스너에서는 토스트 메시지를 보여줍니다. 이 부분은 필요에 따라 사전 또는 인터넷 검색 기능을 만들어 호출하도록 변경할 수도 있을 것입니다.

다음은 앱을 실행했을 때의 화면입니다. 액션바에 검색할 수 있는 입력상자가 보이며, 검색어를 입력한 후 키패드에 있는 '완료' 키(✓)를 누르면 '입력됨.'이라는 토스트 메시지가 표시됩니다.

▲ 액션바에 보이는 검색어 입력상자

지금까지 액션바에 메뉴를 넣어 보여주는 방법을 자세히 살펴보았습니다. 액션바는 앱의 상단에 타이틀 뿐만 아니라 버튼이나 입력상자 등을 배치할 수 있는 공간이므로 앱을 만들 때 유용하게 사용할 수 있습니다.

05-4
상단 탭과 하단 탭 만들기

상단 탭 보여주기

모바일 단말은 일반적으로 화면의 크기가 작기 때문에 하나의 화면에 너무 많은 구성 요소를 넣으면 성능이나 사용성(Usability) 면에서 좋지 않습니다. 안드로이드의 경우에도 하나의 화면을 나타내는 액티비티를 최대한 많이 분리시켜서 하나의 화면에 보이는 뷰의 개수를 줄여주는 것이 좋습니다.

그러나 때로는 하나의 화면에 여러 가지 구성 요소를 넣어두고 필요할 때 전환하여 보여주는 게 좋을 때도 있습니다. 대표적인 것이 서브 화면들입니다. 예를 들어, 상단에 버튼이 두 개 있고 그 두 개의 버튼을 누를 때마다 아래에 다른 화면을 보여주는 방식으로 만든다면 고객의 일반 정보와 신용도를 구분하여 보여줄 수 있습니다. 이처럼 한 명의 고객과 관련된 서로 다른 두 가지 정보를 한 화면에서 전환하여 보여줄 수 있으므로 더 직관적인 화면을 구성할 수 있습니다.

이렇게 몇 개의 버튼을 두고 그중 하나의 버튼을 눌러 서브 화면을 전환하는 방식처럼 하나의 뷰에서 여러 개의 정보를 볼 때 일반적으로 사용하는 뷰로 탭(Tab)을 들 수 있습니다. 탭은 안드로이드의 전화번호부를 비롯한 몇 개의 기본 앱에서 볼 수 있는데 상단에 있는 탭을 누를 때마다 내용이 보이는 화면 영역이 전환되어 나타납니다. 탭은 내비게이션(Navigation) 위젯이라고 불리기도 하며 상단 탭과 하단 탭(Bottom Navigation)으로 구분할 수 있습니다. 최근에는 하단 탭을 더 많이 사용합니다. 상단 탭의 경우에는 액션바에 탭 기능을 넣어 보여주는 방법으로 제공되며 하단 탭은 별도의 위젯으로 제공됩니다.

그럼 상단 탭을 어떻게 간단하게 만들 수 있는지 살펴보겠습니다. 새로운 SampleTab 프로젝트 파일을 만들고 프로젝트의 패키지명은 org.techtown.tab으로 합니다. activity_main.xml 파일을 열고 다음과 같이 입력합니다.

참조파일 SampleTab>/app/res/layout/activity_main.xml

```xml
<?xml version="1.0" encoding="utf-8"?>
<RelativeLayout xmlns:android="http://schemas.android.com/apk/res/android"
  xmlns:app="http://schemas.android.com/apk/res-auto"
  android:layout_width="match_parent"
  android:layout_height="match_parent">

  <androidx.coordinatorlayout.widget.CoordinatorLayout
    android:layout_width="match_parent"
    android:layout_height="match_parent">
   <com.google.android.material.appbar.AppBarLayout
     android:layout_width="match_parent"
     android:layout_height="wrap_content"
     android:theme="@style/ThemeOverlay.AppCompat.Dark.ActionBar">

     <androidx.appcompat.widget.Toolbar
       android:id="@+id/toolbar"
       android:layout_width="match_parent"
       android:layout_height="wrap_content"
       android:background="?colorPrimaryDark"
       android:elevation="1dp"
       android:theme="@style/ThemeOverlay.AppCompat.Dark">
```

```xml
        <TextView
            android:id="@+id/titleText"
            android:layout_width="wrap_content"
            android:layout_height="wrap_content"
            android:text="타이틀"
            android:textAppearance="@style/Base.TextAppearance.Widget.AppCompat.Toolbar.Title" />

    </androidx.appcompat.widget.Toolbar>

    <com.google.android.material.tabs.TabLayout
        android:id="@+id/tabs"
        android:layout_width="match_parent"
        android:layout_height="wrap_content"
        android:background="@android:color/background_light"
        android:elevation="1dp"
        app:tabGravity="fill"
        app:tabMode="fixed"
        app:tabSelectedTextColor="?colorAccent"
        app:tabTextColor="?colorPrimary" />
    </com.google.android.material.appbar.AppBarLayout>

    <FrameLayout
        android:id="@+id/container"
        android:layout_width="match_parent"
        android:layout_height="match_parent"
        app:layout_behavior="@string/appbar_scrolling_view_behavior">

    </FrameLayout>

  </androidx.coordinatorlayout.widget.CoordinatorLayout>

</RelativeLayout>
```

내용이 조금 많아 보아지만 다음과 같이 태그 이름만 가지고 구분하면 그리
복잡하지는 않습니다.

```
<CoordinatorLayout>
  <AppBarLayout>
    <Toolbar>
    </Toolbar>
    <TabLayout>
    </TabLayout>
  </AppBarLayout>
  <FrameLayout>
  </FrameLayout>
</CoordinatorLayout>
```

CoordinatorLayout은 액션바 영역을 포함한 전체 화면의 위치를 잡아주는 역할을 하므로 가장 바깥에 위치하고 있습니다. CoordinatorLayout 안에 AppBarLayout과 함께 다른 레이아웃을 넣으면 그 둘 간의 간격이나 위치가 자동으로 결정됩니다. AppBarLayout은 액션바를 가리키는데 이 안에는 Toolbar가 들어갈 수 있으며, 탭을 사용하는 경우에는 탭의 버튼들이 들어갈 수 있는 TabLayout을 추가할 수 있습니다. AppBarLayout 아래쪽에는 FrameLayout을 넣어 화면의 내용을 구성할 수 있습니다.

이 코드를 입력하고 나면 속성 앞에 붙는 app가 빨간색으로 표시될 수 있습니다. app는 이 XML 코드에서 사용하는 속성 중에서 안드로이드 기본 API가 아니라 외부 라이브러리에 들어 있는 속성을 지정하고 싶을 때 사용합니다. android나 app는 속성 앞에 붙는 접두어(prefix)라고 할 수 있는데 가장 상위 태그의 속성으로 지정됩니다.

> **[속성 앞에 붙는 접두어]**
> ```
> xmlns:android="http://schemas.android.com/apk/res/android"
> xmlns:app="http://schemas.android.com/apk/res-auto"
> ```

이 접두어의 이름은 xmlns: 뒤에 붙는 이름으로 사용되므로 만약 xmlns:app 대신 xmlns:myapp 으로 변경하고 싶다면 그 파일 안에서 참조하는 app도 모두 myapp로 변경해야 합니다. 이 xmlns:app 속성을 추가하지 않은 채로 그 안에 들어 있는 위젯의 속성에 app:가 포함되는 경우 app:에 빨간색이 표시될 수 있습니다. 이 빨간색을 없애려면 툴팁이 보일 때 Alt + Enter 를 누르면 됩니다.

Toolbar 안에는 텍스트뷰를 하나 넣어 제목을 표시할 수 있도록 합니다. TabLayout에는 여러 가지 속성이 들어갈 수 있는데, tabMode의 값을 fixed로 하고 tabGravity의 값을 fill로 설정하여 [탭] 버튼들이 동일한 크기를 갖게 만듭니다. FrameLayout의 id 값은 container로 설정하여 자바 소스 코드에서 이 안에 프래그먼트를 넣을 수 있도록 합니다.

탭은 세 개를 만들 것입니다. 그러면 각각의 탭을 누를 때마다 하단에 다른 내용이 보여야 합니다. 액티비티는 하나인데 그중에서 일부분만 화면이 변경되도록 해야 하므로 앞에서 살펴보았던 프래그먼트를 사용할 수 있습니다.

FrameLayout으로 하단에 공간을 확보한 후 그 안에 상황에 따라 서로 다른 프래그먼트를 넣어줄 수 있습니다. 여기서는 FrameLayout 안에는 세 개의 프래그먼트를 넣을 것이므로 먼저 세 개의 프래그먼트를 프로젝트 폴더의 res/layout 폴더 안에 추가합니다. 첫 번째 프래그먼트를 위한 XML 레이아웃은 fragment1.xml이라는 이름으로 만들고 최상위 레이아웃을 LinearLayout으로 변경한 후 그 안에 버튼을 하나 추가합니다. 버튼에 보일 글자는 '첫 번째'라고 입력하고 다른 프래그먼트와 쉽게 구분되도록 배경색도 넣어줍니다.

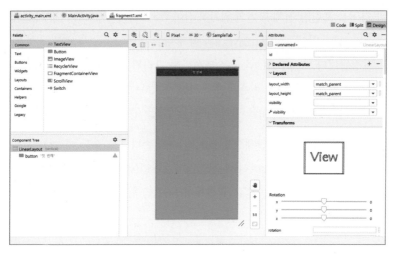

▲ 첫 번째 프래그먼트를 위한 XML 레이아웃 구성

첫 번째 프래그먼트의 소스 파일 이름은 Fragment1.java로 만든 후 fragment1.xml 파일을 인플레이
션하도록 설정합니다.

참조파일 SampleTab>/app/java/org.techtown.tab/Fragment1.java

```java
public class Fragment1 extends Fragment {

    @Override
    public View onCreateView(LayoutInflater inflater, ViewGroup container, Bundle savedInstanceState) {
        return inflater.inflate(R.layout.fragment1, container, false);
    }
}
```

이 두 개 파일이 하나의 프래그먼트가 되므로 java 파일과 xml 파일을 각각 복사해서 두 번째 프래그
먼트와 세 번째 프래그먼트를 만듭니다. 두 번째와 세 번째 프래그먼트 화면에서는 버튼의 글자와 배
경색을 다른 것으로 변경합니다. 물론 Fragment2.java와 Fragment3.java 파일에서 인플레이션 대상
이 되는 XML 레이아웃 파일도 각각 R.layout.fragment2와 R.layout.fragment3으로 변경해야 합니다.
그리고 fragment2.xml과 fragment3.xml 파일의 텍스트 속성 값도 '두 번째', '세 번째'로 수정합니다.

이제 MainActivity.java 파일을 열고 액션바를 설정한 후 프래그먼트 객체를 생성합니다.

```java
public class MainActivity extends AppCompatActivity {
  Toolbar toolbar;

  Fragment1 fragment1;
  Fragment2 fragment2;
  Fragment3 fragment3;

  @Override
  protected void onCreate(Bundle savedInstanceState) {
    super.onCreate(savedInstanceState);
    setContentView(R.layout.activity_main);

    toolbar = findViewById(R.id.toolbar);
    setSupportActionBar(toolbar);

    ActionBar actionBar = getSupportActionBar();
    actionBar.setDisplayShowTitleEnabled(false);

    fragment1 = new Fragment1();
    fragment2 = new Fragment2();
    fragment3 = new Fragment3();

    getSupportFragmentManager().beginTransaction()
                        .replace(R.id.container, fragment1).commit();

  }
}
```

XML 레이아웃에서 정의한 Toolbar 객체는 코드에서 setSupportActionBar 메서드를 사용해 액션바로 설정해야 합니다. 이 Toolbar 객체를 참조할 때 Toolbar에 빨간색 표시가 보일 수도 있습니다. 이 것은 Toolbar 클래스가 여러 개이기 때문에 import를 자동으로 진행할 수 없어서 발생하는 문제입니다. Toolbar 코드 앞에 커서를 두고 메시지가 보이면 [Alt] + [Enter]를 누른 후 androidx.appcompat. widget 패키지 안에 들어 있는 Toolbar를 import하도록 합니다.

setSupportActionBar 메서드는 액티비티에 디폴트로 만들어진 액션바가 없을 경우에만 동작합니다. 그런데 프로젝트가 만들어질 때 메인 액티비티에는 자동으로 액션바가 만들어집니다. 이것은 테마 (theme)를 액션바가 들어 있는 테마로 설정했기 때문입니다. 액티비티에 설정된 테마를 변경하기 위

해 /app/res/values 폴더 안에 있는 themes.xml 파일을 엽니다. 그 안에 AppTheme라는 name 속성 값을 가진 〈style〉 태그가 들어 있습니다. 그리고 parent 속성의 값으로 API에서 미리 정의한 테마 중의 하나가 지정되어 있습니다. 이 테마는 AndroidManifest.xml 파일에서 〈application〉 또는 〈activity〉 태그에 지정되어 액티비티의 테마로 설정됩니다. 이 액티비티의 스타일을 액션바가 없는 스타일 (NoActionBar)로 변경합니다.

참조파일 SampleTab〉/res/values/themes.xml

```xml
<resources xmlns:tools="http://schemas.android.com/tools">
  <!-- Base application theme. -->
  <style name="Theme.SampleTab" parent="Theme.MaterialComponents.DayNight.NoActionBar">

중략…
```

NoActionBar 스타일로 바꾸면 이 스타일을 적용한 액티비티에는 액션바가 만들어지지 않습니다. 따라서 코드에서 setSupportActionBar 메서드를 호출하여 직접 액션바를 설정해야 합니다. 이미 액션바를 코드에서 설정했으므로 세 개의 프래그먼트 객체를 만들어 변수에 할당하고 첫 번째 프래그먼트가 화면에 보이도록 합니다.

참조파일 SampleTab〉/app/java/org.techtown.tab/MainActivity.java

```java
중략…

fragment1 = new Fragment1();
fragment2 = new Fragment2();
fragment3 = new Fragment3();

getSupportFragmentManager().beginTransaction().replace(R.id.container, fragment1).commit();

TabLayout tabs = findViewById(R.id.tabs);
tabs.addTab(tabs.newTab().setText("통화기록"));
tabs.addTab(tabs.newTab().setText("스팸기록"));
tabs.addTab(tabs.newTab().setText("연락처"));

tabs.addOnTabSelectedListener(new TabLayout.OnTabSelectedListener() {
  @Override
  public void onTabSelected(TabLayout.Tab tab) {
    int position = tab.getPosition();
    Log.d("MainActivity", "선택된 탭 : " + position);

    Fragment selected = null;
    if (position == 0) {
```

```
      selected = fragment1;
   } else if (position == 1) {
      selected = fragment2;
   } else if (position == 2) {
      selected = fragment3;
   }

   getSupportFragmentManager().beginTransaction()
                            .replace(R.id.container, selected).commit();
   }

   @Override
   public void onTabUnselected(TabLayout.Tab tab) { }

   @Override
   public void onTabReselected(TabLayout.Tab tab) { }
});

중략…
```

TabLayout에는 addTab 메서드가 있어서 [탭] 버튼을 추가할 수 있게 합니다. 여기서는 세 개의 [탭] 버튼을 추가했으며 각각의 [탭] 버튼을 눌렀을 때 container라는 id를 가진 FrameLayout 안에 각각의 [탭] 버튼에 해당하는 프래그먼트 화면이 보이도록 합니다.

TabLayout에는 OnTabSelectedListener를 설정할 수 있는데 이 리스너는 [탭] 버튼이 선택될 때마다 그 리스너 안에 있는 onTabSelected 메서드가 호출되도록 합니다. 이 메서드로는 현재 선택된 탭 객체가 전달되므로 탭의 position 정보를 확인한 후 그 값이 0일 때는 첫 번째 프래그먼트, 1일 때는 두 번째 프래그먼트, 2일 때는 세 번째 프래그먼트를 FrameLayout 안에 추가합니다.

앱을 실행하면 다음과 같이 [탭] 버튼들이 상단 툴바 아래쪽에 추가되어 표시됩니다.

▲ 액션바에 [탭] 버튼이 보이게 하고 [탭] 버튼을 클릭하여 아래쪽 프래그먼트를 바꾼 결과

각각의 [탭] 버튼을 누르면 아래쪽의 FrameLayout에 보이는 프래그먼트가 바뀌는 것을 알 수 있습니다. 탭에는 글자가 표시되어 있지만 필요에 따라 아이콘이 보이도록 하거나 아이콘과 글자가 함께 보이도록 만들 수도 있습니다.

하단 탭 보여주기

하단 탭은 BottomNavigationView 위젯으로 만들 수 있습니다. 하단 탭을 보여주기 위한 새로운 프로젝트를 SampleTab2라는 이름으로 만듭니다. 프로젝트를 만들 때 패키지 이름은 org.techtown.tab으로 입력합니다. 하단 탭에 보이는 각각의 탭에는 이미지나 글자가 들어갈 수 있는데 이 버튼들은 메뉴 XML 파일로 만들게 됩니다. /app/res 폴더에 menu 폴더를 만든 후 그 안에 menu_bottom.xml이라는 이름의 파일을 만듭니다. 그리고 그 파일에 다음 코드를 추가합니다.

참조파일 SampleTab2>/app/res/menu/menu_bottom.xml

```xml
<menu xmlns:android="http://schemas.android.com/apk/res/android"
      xmlns:app="http://schemas.android.com/apk/res-auto">

  <item
    android:id="@+id/tab1"
    app:showAsAction="ifRoom"
    android:enabled="true"
    android:icon="@android:drawable/ic_dialog_email"
    android:title="이메일" />

  <item
    android:id="@+id/tab2"
    app:showAsAction="ifRoom"
    android:icon="@android:drawable/ic_dialog_info"
    android:title="정보" />

  <item
    android:id="@+id/tab3"
    app:showAsAction="ifRoom"
    android:enabled="true"
    android:icon="@android:drawable/ic_dialog_map"
    android:title="위치" />

</menu>
```

@android:drawable은 기본 API에 포함된 이미지를 참조할 수 있도록 합니다. 세 개의 아이콘은 기본 API에 포함된 이미지로 지정되었으며 각각 '이메일', '정보', '위치'라는 글자가 함께 보이도록 설정되

었습니다. 그리고 id 속성 값은 각각 tab1, tab2, tab3으로 설정되었습니다. 이제 activity_main.xml 파일을 열고 메인 화면을 위한 XML 레이아웃을 정의합니다.

참조파일 SampleTab2>/app/res/layout/activity_main.xml

```xml
<androidx.constraintlayout.widget.ConstraintLayout
    xmlns:android="http://schemas.android.com/apk/res/android"
    xmlns:app="http://schemas.android.com/apk/res-auto"
    android:layout_width="match_parent"
    android:layout_height="match_parent">

    <FrameLayout
        android:id="@+id/container"
        android:layout_width="match_parent"
        android:layout_height="match_parent"
        app:layout_behavior="@string/appbar_scrolling_view_behavior" />

    <com.google.android.material.bottomnavigation.BottomNavigationView
        android:id="@+id/bottom_navigation"
        android:layout_width="match_parent"
        android:layout_height="wrap_content"
        android:layout_marginEnd="0dp"
        android:layout_marginStart="0dp"
        app:layout_constraintBottom_toBottomOf="parent"
        app:layout_constraintLeft_toLeftOf="parent"
        app:layout_constraintRight_toRightOf="parent"
        app:itemBackground="?colorPrimary"
        app:itemIconTint="@drawable/item_color"
        app:itemTextColor="@drawable/item_color"
        app:menu="@menu/menu_bottom" />

</androidx.constraintlayout.widget.ConstraintLayout>
```

하단 탭을 보여주는 위젯은 BottomNavigationView이므로 화면의 하단에 표시될 수 있도록 ConstraintLayout 안에 넣었습니다. 그리고 화면 전체는 FrameLayout이 차지하도록 만듭니다. BottomNavigationView의 app:로 시작하는 속성을 보면 layout_constraintBottom_toBottomOf, layout_constraintLeft_toLeftOf, layout_constraintright_toRightOf의 속성 값을 parent로 설정한 것을 볼 수 있으며, 그 외에 itemBackground, itemColorTint, itemTextColor 속성을 볼 수 있습니다. itemBackground는 각 탭의 배경색을 의미하며 itemIconTint는 아이콘 색상, 그리고 itemTextColor는 텍스트 색상을 의미합니다. menu 속성의 값으로 @menu/menu_bottom이 설정되었으므로 앞에서 만들었던 menu_bottom.xml 파일의 내용이 탭으로 보인다는 점은 충분히 이해할 수 있을 것입니다.

각 탭을 눌렀을 때 가운데 보이는 프레임 레이아웃 안에 프래그먼트를 바꿔가며 보여줘야 합니다. 그래서 이전에 만들었던 SampleTab에서 프래그먼트를 위한 만들었던 세 개의 레이아웃 파일(fragment1.xml, fragment2.xml, fragment3.xml)과 세 개의 소스 파일(Fragment1, Fragment2, Fragment3)을 복사해서 SampleTab2의 /app/res/layout 폴더 안에 붙여 넣습니다. 우선 [File → Open Recent → SampleTab]을 선택하면 [Open Project] 대화상자가 나타납니다. 여기에서 [New Window] 버튼을 눌러 새로운 안드로이드 스튜디오 창을 열고 /app/res/layout 폴더 안에 있는 해당 파일을 복사해서 붙여 넣으면 됩니다. 그리고 MainActivity.java 파일을 연 후 다음 코드를 입력합니다.

참조파일 SampleTab2>/app/java/org.techtown.tab/MainActivity.java

```java
public class MainActivity extends AppCompatActivity {

    Fragment1 fragment1;
    Fragment2 fragment2;
    Fragment3 fragment3;

    @Override
    protected void onCreate(Bundle savedInstanceState) {
        super.onCreate(savedInstanceState);
        setContentView(R.layout.activity_main);

        fragment1 = new Fragment1();
        fragment2 = new Fragment2();
        fragment3 = new Fragment3();

        getSupportFragmentManager().beginTransaction().replace(R.id.container, fragment1).commit();

        BottomNavigationView bottomNavigation = findViewById(R.id.bottom_navigation);
        bottomNavigation.setOnNavigationItemSelectedListener(
            new BottomNavigationView.OnNavigationItemSelectedListener() {
                @Override
                public boolean onNavigationItemSelected(@NonNull MenuItem item) {
                    switch (item.getItemId()) {
                        case R.id.tab1:
                            Toast.makeText(getApplicationContext(), "첫 번째 탭 선택됨", Toast.LENGTH_LONG).show();
                            getSupportFragmentManager().beginTransaction().replace(R.id.container, fragment1).commit();

                            return true;
                        case R.id.tab2:
                            Toast.makeText(getApplicationContext(), "두 번째 탭 선택됨", Toast.LENGTH_LONG).show();
                            getSupportFragmentManager().beginTransaction().replace(R.id.container, fragment2).commit();
```

```
            return true;
        case R.id.tab3:
            Toast.makeText(getApplicationContext(), "세 번째 탭 선택됨", Toast.LENGTH_LONG).show();
            getSupportFragmentManager().beginTransaction().replace(R.id.container, fragment3).commit();

            return true;
        }

        return false;
        }
      }
    );
    }
  }
```

앱이 실행되었을 때 첫 번째 프래그먼트가 보이게 설정했습니다. 그리고 탭이 선택되었을 때의 이벤트를 받아 처리하려면 BottomNavigationView가 가지고 있는 setOnNavigationItemSelectedListener 메서드를 사용해서 리스너를 설정하면 됩니다. 그러면 탭이 선택되었을 때 onNavigationItemSelected 메서드가 호출됩니다. 여기서는 탭이 선택되었을 때 토스트 메시지를 띄운 후 프래그먼트를 바꿔주도록 했습니다.

앱을 실행하면 다음과 같이 하단 탭이 동작하는 것을 볼 수 있습니다.

▲ 하단 탭을 눌렀을 때 프래그먼트가 바뀌는 화면

지금까지 만든 코드를 차근차근 살펴보면 탭을 추가하여 보여주는 방법도 그리 복잡하지 않습니다. 만약 각각의 탭 내용을 보여주는 프래그먼트에 대해 잘 몰라서 코드를 수정하는 것이 쉽지 않다면 이전에 설명한 프래그먼트를 설명하는 부분을 다시 한 번 살펴보기 바랍니다.

05-5
뷰페이저 만들기

뷰페이저는 손가락으로 좌우 스크롤하여 넘겨볼 수 있는 기능을 제공합니다. 만약 화면 전체를 뷰페이저로 채운다면 좌우 스크롤을 통해 화면을 넘겨볼 수 있게 되죠. 화면 일부분만 차지하고 있어도 그 부분에서만 좌우 스크롤이 동작합니다. 뷰페이저는 그 안에 프래그먼트를 넣을 수 있고 좌우 스크롤로 프래그먼트를 전환하게 됩니다. 뷰페이저는 내부에서 어댑터라는 것과 상호작용하게 되어 있는데 이것은 뷰페이저가 여러 개의 아이템 중에 하나를 보여주는 방식으로 동작하기 때문입니다. 어댑터에 대해서는 나중에 리싸이클러뷰를 다룰 때 자세하게 설명합니다. 일단 여기에서는 어댑터를 사용한다고 이해하고 그 안에 코드가 어떻게 들어가는지를 유심히 살펴보기 바랍니다.

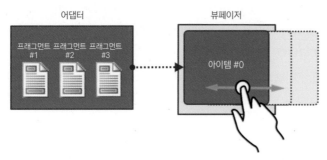

▲ 뷰페이저의 동작 방식

뷰페이저를 만들어보기 위해 SamplePager라는 이름의 새로운 프로젝트를 만듭니다. 패키지 이름은 org.techtown.pager로 입력합니다. 새로운 프로젝트 창이 만들어지면 디자인 화면에서 최상위 레이아웃을 LinearLayout으로 변경하고 orientation 속성 값은 vertical로 설정합니다. 기존에 있던 텍스트뷰는 삭제한 후 좌측 상단 팔레트에서 버튼 하나를 화면에 끌어다 놓고 Containers 폴더 안에 들어 있는 ViewPager도 끌어다 놓습니다.

뷰페이저는 아래쪽 화면을 꽉 채우도록 layout_width와 layout_height 속성이 모두 match_parent로 설정되어 있습니다. 뷰페이저의 id 속성 값으로 pager를 입력합니다.

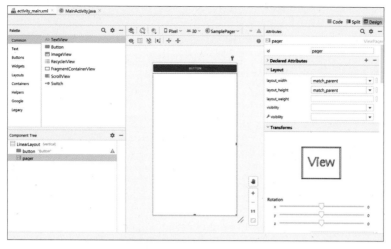

▲ 뷰페이저를 추가한 레이아웃 화면

이제 소스 파일에 뷰페이저를 만드는 코드를 입력합니다. 먼저 이전에 만들었던 SampleTab 예제에서 세 개의 레이아웃 파일(fragment1.xml, fragment2.xml, fragment3.xml)과 세 개의 소스 파일(Fragment1, Fragment2, Fragment3)을 복사해서 SamplePager에 붙여 넣습니다. 프래그먼트를 복사하지 않고 여러분이 직접 다시 만들어도 됩니다. 프래그먼트 세 개를 추가했다면 MainActivity.java 파일을 열고 onCreate 메서드 아래쪽에 어댑터 클래스를 추가합니다. Fragment나 FragmentManager 클래스는 모두 androidx.fragment.app 패키지의 것을 import하도록 합니다.

참조파일 SamplePager>/app/java/org.techtown.pager/MainActivity.java

```java
public class MainActivity extends AppCompatActivity {

    @Override
    protected void onCreate(Bundle savedInstanceState) {
        super.onCreate(savedInstanceState);
        setContentView(R.layout.activity_main);
    }

    class MyPagerAdapter extends FragmentStatePagerAdapter {
        ArrayList<Fragment> items = new ArrayList<Fragment>();
        public MyPagerAdapter(FragmentManager fm) {
            super(fm);
        }

        public void addItem(Fragment item) {
            items.add(item);
        }

        @Override
```

```
    public Fragment getItem(int position) {
      return items.get(position);
    }

    @Override
    public int getCount() {
      return items.size();
    }
  }
}
```

MyPagerAdapter 클래스는 내부 클래스로 만들어졌으며 FragmentStatePagerAdapter를 상속했습니다. 어댑터는 뷰페이저에 보여줄 각 프래그먼트를 관리하는 역할을 하며, 뷰페이저에 설정하면 서로 상호작용하면서 화면에 표시해주게 됩니다. MyPagerAdapter 안에는 프래그먼트들을 담아둘 ArrayList 객체를 만들었으며 그 안에는 프래그먼트 객체를 넣어둘 것입니다. ArrayList 객체 안에 프래그먼트를 추가할 수 있는 addItem 메서드나 프래그먼트를 가져갈 수 있는 getItem 메서드가 들어 있으며, getCount 메서드를 사용해서 프래그먼트의 개수를 확인할 수도 있습니다.

뷰페이저는 어댑터와 상호작용하면서 getCount 메서드로 몇 개의 프래그먼트가 들어 있는지 확인합니다. 그런 다음 화면의 상태에 따라 해당하는 프래그먼트를 꺼내와 보여주게 됩니다. 이 어댑터를 사용할 수 있도록 다음 코드를 onCreate 메서드에 추가합니다.

참조파일 SamplePager>/app/java/org.techtown.pager/MainActivity.java

```
public class MainActivity extends AppCompatActivity {
  ViewPager pager;

  @Override
  protected void onCreate(Bundle savedInstanceState) {
    super.onCreate(savedInstanceState);
    setContentView(R.layout.activity_main);

    pager = findViewById(R.id.pager);
    pager.setOffscreenPageLimit(3);

    MyPagerAdapter adapter = new MyPagerAdapter(getSupportFragmentManager());

    Fragment1 fragment1 = new Fragment1();
    adapter.addItem(fragment1);

    Fragment2 fragment2 = new Fragment2();
    adapter.addItem(fragment2);
```

```
    Fragment3 fragment3 = new Fragment3();
    adapter.addItem(fragment3);

    pager.setAdapter(adapter);

  }

중략...
```

XML 레이아웃에 들어 있는 ViewPager 객체를 findViewById 메서드로 찾아 참조한 후 클래스 안에 선언한 변수에 할당했습니다. 그리고 setOffscreenPageLimit 메서드로 미리 로딩해 놓을 아이템의 개수를 세 개로 늘렸습니다. 뷰페이저는 어댑터가 가지고 있는 아이템 중에서 몇 개를 미리 로딩해 두었다가 좌우 스크롤할 때 빠르게 보여줄 수 있습니다. 이 값이 처음에는 3보다 적게 설정되어 있기 때문에 여기서는 3으로 설정했습니다.

앞에서 복사한 세 개의 프래그먼트는 객체로 만든 후 어댑터 객체에 추가했습니다. addItem 메서드를 호출하면서 프래그먼트 객체를 파라미터로 넘겨주면 어댑터 안에 들어 있는 ArrayList에 추가된다는 점을 이해해야 합니다. 마지막 부분을 보면 ViewPager 객체에 어댑터 객체를 설정하고 있습니다. setAdapter 메서드를 호출하면 어댑터 객체가 설정되고 이때부터 뷰페이저는 어댑터에 있는 프래그먼트들을 화면에 보여줄 수 있게 됩니다.

▲ 뷰페이저를 이용해 표시한 프래그먼트 화면들

만약 사용자가 손가락으로 화면을 전환하지 않고 코드에서 전환시키고 싶다면 뷰페이저 객체의 set-CurrentItem 메서드를 사용하면 됩니다. activity_main.xml에 추가했던 뷰페이저 위의 버튼 글자를

'두 번째 화면 보여주기'로 변경하고 MainActivity.java 파일의 onCreate 메서드 안에 버튼 이벤트를 처리하는 코드를 추가합니다.

참조파일 SamplePager>/app/java/org.techtown.pager/MainActivity.java

```java
중략…

  @Override
  protected void onCreate(Bundle savedInstanceState) {
    super.onCreate(savedInstanceState);
    setContentView(R.layout.activity_main);

    Button button = findViewById(R.id.button);
    button.setOnClickListener(new View.OnClickListener() {
      @Override
      public void onClick(View view) {
        pager.setCurrentItem(1);
      }
    });

    pager = findViewById(R.id.pager);
    pager.setOffscreenPageLimit(3);

  중략…
```

앱을 다시 실행하고 상단에 있는 버튼을 누르면 두 번째 프래그먼트 화면이 바로 보이게 됩니다.

▲ setCurrentItem 메서드를 사용해서 나타난 프래그먼트 화면

이렇게 뷰페이저를 만들어 보았습니다. 그런데 지금 보고 있는 화면이 전체 프래그먼트들 중에서 몇 번째 것인지 알기는 어렵습니다. 그래서 위나 아래쪽에 전체 아이템의 개수와 현재 보고 있는 아이템이 어떤 것인지를 보여줄 필요가 있습니다. 이런 역할을 하는 것이 타이틀스트립(TitleStrip)입니다. 타이틀스트립 외에 탭스트립을 사용할 수도 있는데 이 경우에는 탭 모양으로 아이템을 구분하여 보여줍니다.

타이틀스트립을 추가해 보겠습니다. activity_main.xml 파일을 열고 〈ViewPager〉 태그 안에 〈PagerTitleStip〉 태그를 추가합니다. PagerTitleStrip 객체도 support 패키지 안에 들어 있어 패키지 이름까지 모두 넣어주어야 합니다. 그리고 ViewPager 태그는 끝 태그가 없었는데 그 안에 PagerTitleStrip 태그가 들어가면서 시작 태그와 끝 태그가 분리된다는 점도 잘 살펴봐야 합니다.

참조파일 SamplePager〉/app/res/layout/activity_main.xml

```
중략…

    android:text="두 번째 화면 보여주기" />

<android.support.v4.view.ViewPager
    android:id="@+id/pager"
    android:layout_width="match_parent"
    android:layout_height="match_parent" >

    <android.support.v4.view.PagerTitleStrip
        android:layout_width="match_parent"
        android:layout_height="wrap_content"
        android:layout_gravity="top"
        android:background="#55cedf"
        android:textColor="#FFFFFF"
        android:paddingTop="5dp"
        android:paddingBottom="5dp">

    </android.support.v4.view.PagerTitleStrip>

</android.support.v4.view.ViewPager>

중략…
```

layout_gravity 속성의 값이 top으로 되어 있어 타이틀스트립이 뷰페이저의 위쪽에 보이게 됩니다. XML 레이아웃에 PagerTitleStrip을 추가했으니 이제 MainActivity.java 파일을 열고 MyPagerAdapter 클래스 마지막에 getPageTitle 메서드를 추가합니다.

```
중략…

class MyPagerAdapter extends FragmentStatePagerAdapter {

  중략…

  @Nullable
  @Override
  public CharSequence getPageTitle(int position) {
    return "페이지" + position;
  }
}

중략…
```

아주 간단하죠? 이제 앱을 실행하면 뷰페이저의 위쪽에 아이템으로 보이는 화면들을 구분할 수 있는
표시가 보이게 됩니다.

▲ 타이틀스트립이 표시된 화면

만약 뷰페이저 안에 들어가는 각각의 아이템을 점으로 표시하고 싶다면 직접 레이아웃을 만들고 아이
템이 바뀔 때 해당 점의 상태를 바꾸어 표시하도록 만들어도 됩니다.

05-6
바로가기 메뉴 만들기

바로가기 메뉴는 화면의 좌측 상단에 위치한 햄버거 모양 아이콘을 눌렀을 때 나타나는 화면을 말합니다. 웹이나 앱에서 자주 사용되는 기능이며 안드로이드에서는 NavigationDrawer라는 이름으로 불립니다. 바로가기 메뉴는 몇 개의 화면에서 공통으로 보여줄 수 있기 때문에 빠르게 메뉴 기능에 접근하고자 할 때 사용합니다. 또한 로그인한 사용자의 프로필 정보나 설정 메뉴를 보여줄 때도 사용할 수 있습니다.

▲ 바로가기 메뉴가 보이는 모양

바로가기 메뉴를 추가하는 가장 쉬운 방법은 안드로이드에서 첫 화면의 유형으로 제공하는 것을 사용하는 것입니다. 시작 화면에서 새로운 프로젝트를 만들기 위해 [New Project] 메뉴를 누르면 첫 화면의 유형을 선택할 수 있는 대화상자가 표시됩니다. 이 화면에서 Navigation Drawer Activity를 선택한 후 [Next] 버튼을 누릅니다.

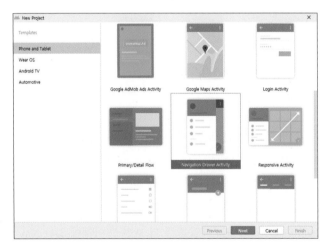

▲ 첫 화면의 유형을 Navigation Drawer Activity로 선택하기

프로젝트의 이름은 SampleDrawer로 입력하고 패키지 이름은 org.techtown.drawer로 입력한 후 [Finish]를 누르면 새로운 프로젝트 창이 열립니다. 새로 만들어진 프로젝트에는 Empty Views Activity를 선택했을 때보다 더 많은 화면 레이아웃과 소스 파일이 포함되어 있습니다. 이제 하나씩 파악해 보겠습니다.

먼저 /app/manifests/AndroidManifest.xml 파일을 열어보면 〈activity〉 태그 안에 theme 속성이 설정되어 있습니다. 이것은 기본 테마가 아니라 직접 만든 테마를 설정하기 위한 것입니다.

```
중략...

<activity
    android:name=".MainActivity"
    android:label="@string/app_name"
    android:theme="@style/Theme.SampleDrawer.NoActionBar">

중략...
```

theme 속성의 값은 @style/Theme.SampleDrawer.NoActionBar로 되어있습니다. 따라서 /app/res/values 폴더 안에 들어 있는 themes.xml 파일에 이 값이 설정되어 있으리라 짐작할 수 있습니다. themes.xml 파일을 열어보면 Theme.SampleDrawer.NoActionBar라는 이름을 가진 ⟨style⟩ 태그를 확인할 수 있습니다.

```
중략...

<style name="Theme.SampleDrawer.NoActionBar">
  <item name="windowActionBar">false</item>
  <item name="windowNoTitle">true</item>
</style>

중략...
```

이렇게 하면 기본 테마가 아니라 상단의 액션바가 없는 스타일로 테마가 설정됩니다. 상단의 액션바가 없어졌으니 이제 activity_main.xml 파일에서 직접 액션바를 만들어줍니다. activity_main.xml 에서는 AppBarLayout 태그로 화면 상단에 액션바를 보여줄 수 있습니다. 그런데 이 내용은 별도의 XML 레이아웃 파일로 분리되어 있습니다. app_bar_main.xml 파일이 그것인데 그 안을 보면 액션바를 포함해 다른 레이아웃들이 들어 있습니다. 일단 activity_main.xml 파일을 좀 더 보면 그 아래에 있는 NavigationView가 바로가기 메뉴를 위한 뷰라는 것을 알 수 있습니다. 이 뷰는 평소에는 보이지 않다가 햄버거 모양 아이콘을 눌렀을 때만 보이게 됩니다. 이런 동작을 위해 최상위 레이아웃은 DrawerLayout 으로 설정되어 있습니다.

app_bar_main.xml 파일이 분리되어 있는 것보다 activity_main.xml 파일에 포함되어 있는 것이 좀 더 코드 확인이 편할 수 있으므로 하나로 통합합니다. app_bar_main.xml 파일 안에는 다시 content_main.xml 파일이 들어 있는데 이 파일의 내용도 통합합니다. 다음 코드와 같이 모두 수정하면 분리되어 있던 파일의 내용을 통합할 수 있습니다.

```xml
<?xml version="1.0" encoding="utf-8"?>
<androidx.drawerlayout.widget.DrawerLayout
    xmlns:android="http://schemas.android.com/apk/res/android"
    xmlns:app="http://schemas.android.com/apk/res-auto"
    xmlns:tools="http://schemas.android.com/tools"
    android:id="@+id/drawer_layout"
    android:layout_width="match_parent"
    android:layout_height="match_parent"
    android:fitsSystemWindows="true"
    tools:openDrawer="start">

    <androidx.coordinatorlayout.widget.CoordinatorLayout
        android:layout_width="match_parent"
        android:layout_height="match_parent" >

        <com.google.android.material.appbar.AppBarLayout
            android:layout_width="match_parent"
            android:layout_height="wrap_content"
            android:theme="@style/Theme.SampleDrawer.AppBarOverlay">

            <androidx.appcompat.widget.Toolbar
                android:id="@+id/toolbar"
                android:layout_width="match_parent"
                android:layout_height="?attr/actionBarSize"
                android:background="?attr/colorPrimary"
                android:theme="@style/Theme.SampleDrawer.PopupOverlay">

        </com.google.android.material.appbar.AppBarLayout>

        <FrameLayout
            android:id="@+id/container"
            android:layout_width="match_parent"
            android:layout_height="match_parent"
            app:layout_behavior="@string/appbar_scrolling_view_behavior">

        </FrameLayout>

    </androidx.coordinatorlayout.widget.CoordinatorLayout>

    <com.google.android.material.navigation.NavigationView
        android:id="@+id/nav_view"
        android:layout_width="wrap_content"
        android:layout_height="match_parent"
        android:layout_gravity="start"
```

```
        android:fitsSystemWindows="true"
        app:headerLayout="@layout/nav_header_main"
        app:menu="@menu/activity_main_drawer" />

  </androidx.drawerlayout.widget.DrawerLayout>
```

조금 더 단순화하기 위해 XML 레이아웃 파일에 들어있던 FloatingActionButton은 삭제했습니다. 그리고 AppBarLayout의 아래쪽에는 FrameLayout 태그가 추가되었습니다. 원래는 ConstraintLayout이 들어 있었지만 이것은 FrameLayout이나 다른 레이아웃으로 바꿔도 됩니다. 이 레이아웃은 메인화면의 역할을 할 레이아웃입니다. 따라서 id 값은 container로 설정합니다. FrameLayout의 속성으로 app:layout_behavior 속성이 부여되었는데 이 속성을 부여함으로써 CoordinatorLayout 안에서 해당 레이아웃이 스크롤 등의 작업이 진행될 때 차지할 면적을 자동으로 계산하도록 만듭니다. 이 FrameLayout 안에 들어 있던 fragment 태그는 삭제되었습니다. 이렇게 app_bar_main.xml과 content_main.xml 파일의 내용을 통합했다면 이 두 개 XML 파일은 삭제합니다.

NavigationView 객체에는 headerLayout 속성과 menu 속성이 들어 있습니다. headerLayout 속성은 바로가기 메뉴의 상단에 표시되면서 사용자 프로필 등을 보여줄 수 있도록 하고 menu 속성은 그 아래에 메뉴를 보여줄 수 있도록 합니다.

메인 화면으로 보일 FrameLayout 안에는 프래그먼트 세 개를 상태에 맞게 전환하면서 보여줄 것이므로 이전에 만들었던 SamplePager 프로젝트에서 프래그먼트 세 개를 위한 XML 레이아웃 파일과 소스파일을 복사합니다. 이 파일들은 여러분이 직접 다시 만들어도 됩니다. 이제 MainActivity.java 파일을 열고 다음과 같이 코드를 수정합니다. 중간 중간에 수정할 코드들이 있으므로 처음부터 이 코드를 새로 입력해도 됩니다.

참조파일 SampleDrawer>/app/java/org.techtown.drawer/MainActivity.java

```java
public class MainActivity extends AppCompatActivity
        implements NavigationView.OnNavigationItemSelectedListener, FragmentCallback {

  Fragment1 fragment1;
  Fragment2 fragment2;
  Fragment3 fragment3;

  DrawerLayout drawer;
  Toolbar toolbar;

  @Override
  protected void onCreate(Bundle savedInstanceState) {
    super.onCreate(savedInstanceState);
```

```java
        setContentView(R.layout.activity_main);

        toolbar = findViewById(R.id.toolbar);
        setSupportActionBar(toolbar);

        drawer = findViewById(R.id.drawer_layout);
        ActionBarDrawerToggle toggle = new ActionBarDrawerToggle(
            this, drawer, toolbar, R.string.navigation_drawer_open, R.string.navigation_drawer_close);
        drawer.addDrawerListener(toggle);
        toggle.syncState();

        NavigationView navigationView = findViewById(R.id.nav_view);
        navigationView.setNavigationItemSelectedListener(this);

        fragment1 = new Fragment1();
        fragment2 = new Fragment2();
        fragment3 = new Fragment3();

        getSupportFragmentManager().beginTransaction().add(R.id.container, fragment1).commit();

    }

    @Override
    public void onBackPressed() {
        if (drawer.isDrawerOpen(GravityCompat.START)) {
            drawer.closeDrawer(GravityCompat.START);
        } else {
            super.onBackPressed();
        }
    }

    @Override
    public boolean onNavigationItemSelected(MenuItem item) {
        int id = item.getItemId();

        if (id == R.id.menu1) {
            Toast.makeText(this, "첫 번째 메뉴 선택됨.", Toast.LENGTH_LONG).show();
            onFragmentSelected(0, null);
        } else if (id == R.id.menu2) {
            Toast.makeText(this, "두 번째 메뉴 선택됨.", Toast.LENGTH_LONG).show();
            onFragmentSelected(1, null);
        } else if (id == R.id.menu3) {
            Toast.makeText(this, "세 번째 메뉴 선택됨.", Toast.LENGTH_LONG).show();
            onFragmentSelected(2, null);
        }
```

```
      drawer.closeDrawer(GravityCompat.START);

      return true;
   }


   @Override
   public void onFragmentSelected(int position, Bundle bundle) {
      Fragment curFragment = null;

      if (position == 0) {
         curFragment = fragment1;
         toolbar.setTitle("첫 번째 화면");
      } else if (position == 1) {
         curFragment = fragment2;
         toolbar.setTitle("두 번째 화면");
      } else if (position == 2) {
         curFragment = fragment3;
         toolbar.setTitle("세 번째 화면");
      }


      getSupportFragmentManager().beginTransaction().replace(R.id.container, curFragment).commit();
   }
}
```

코드의 양이 많아 보이긴 하지만 이미 프래그먼트에 대해 알고 있으므로 프래그먼트를 설정하는 부분을 제외하면 그렇게 많은 코드는 아닙니다. FragmentCallback 인터페이스는 어떤 프래그먼트를 보여줄지 선택하는 메서드를 포함하고 있습니다. FragmentCallback 인터페이스를 새로 만들고 그 안에 다음과 같이 입력합니다.

참조파일 SampleDrawer>/app/java/org.techtown.drawer/FragmentCallback.java

```
public interface FragmentCallback {

   public void onFragmentSelected(int position, Bundle bundle);

}
```

바로가기 메뉴도 프래그먼트로 만들어져 있는데 바로가기 메뉴 안에서 메뉴를 누르면 onNavigation-ItemSelected 메서드가 호출되도록 되어 있습니다. 따라서 그 메서드에서 어떤 메뉴가 눌린 것인지 구분한 후 onFragmentSelected 메서드를 호출하여 해당 프래그먼트를 화면에 표시하도록 합니다. onBackPressed 메서드는 시스템 [BACK] 키를 눌렀을 때 호출되는 메서드로 여기에는 바로가기 메뉴가 열려있을 경우 닫는 코드가 추가되어 있습니다. 그 외에 꼭 필요하지 않은 코드들은 삭제되었습니다.

바로가기 메뉴 화면 안에 들어가는 메뉴는 다음과 같이 세 개만 남기고 삭제합니다. 그리고 각각의 메뉴들은 menu1, menu2, menu3이라는 id 값을 부여합니다.

참조파일 SampleDrawer>/app/res/menu/activity_main_drawer.xml

```xml
<menu xmlns:android="http://schemas.android.com/apk/res/android"
  xmlns:tools="http://schemas.android.com/tools"
  tools:showIn="navigation_view">

  <group android:checkableBehavior="single">
    <item
      android:id="@+id/menu1"
      android:icon="@drawable/ic_menu_camera"
      android:title="Import" />
    <item
      android:id="@+id/menu2"
      android:icon="@drawable/ic_menu_gallery"
      android:title="Gallery" />
    <item
      android:id="@+id/menu3"
      android:icon="@drawable/ic_menu_slideshow"
      android:title="Slideshow" />
  </group>

</menu>
```

이제 앱을 실행하고 바로가기 메뉴가 정상적으로 동작하는지 확인합니다.

▲ 바로가기 메뉴 화면에서 메뉴를 눌렀을 때 전환되는 프래그먼트

좌측 상단의 햄버거 모양 아이콘을 눌러 바로가기 메뉴 화면을 열고 그 안에 있는 메뉴를 누르면 메인 화면의 프래그먼트가 전환되어 보이는 것을 확인할 수 있습니다.

바로가기 메뉴는 앱에서 자주 사용되므로 뷰페이저와 함께 잘 알아두는 것이 좋습니다. 다만 한 번 연습해두면 코드를 그대로 복사해서 사용할 수 있으니 어떻게 동작하는지 그 원리와 코드 부분을 잘 이해하는 것이 중요합니다.

도전! 09
안드로이드 미션

고객 정보
입력 화면의 구성

고객 정보 입력 화면을 프래그먼트로 만들어 보세요. 이 화면은 고객의 이름, 나이, 생년월일을 입력받기 위한 것입니다.

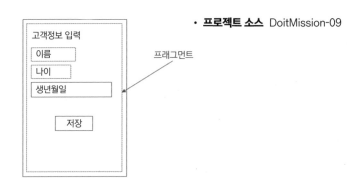

• **프로젝트 소스** DoitMission-09

❶ 프래그먼트로 고객 정보 입력 화면을 만들어 액티비티에 넣어줍니다.

❷ 프래그먼트의 레이아웃에는 리니어 레이아웃이나 상대 레이아웃을 사용하고 그 안에 이름과 나이를 입력받는 입력상자, 생년월일을 표시하는 버튼 그리고 [저장] 버튼을 배치합니다.

❸ 생년월일을 표시하는 버튼에는 오늘 날짜를 자동으로 표시하며, 버튼을 누르면 [날짜 선택] 대화상자를 띄우고 날짜를 입력받아 표시합니다. 이름을 넣을 수 있는 입력상자에는 문자열을, 나이를 입력받기 위한 입력상자에는 숫자를 입력할 수 있도록 설정하여 적당한 키패드를 띄우도록 하고 나이는 세 자리까지만 입력할 수 있게 만듭니다.

❹ [저장] 버튼을 누르면 토스트로 입력한 정보를 표시합니다.

참고할 점

이름과 나이를 입력받는 입력상자에 키 입력 유형을 설정합니다.

그리고 적당한 키패드를 띄우려면 inputType 속성을 이용합니다.

날짜를 설정하려면 DatePickerDialog와 SimpleDateFormat을 사용할 수 있습니다.

도전! 10 기본 앱 화면 구성

안드로이드 미션

바로가기 메뉴와 하단 탭 그리고 뷰페이저가 들어간 기본 앱 화면을 만들어 보세요.

• **프로젝트 소스** DoitMission-10

① 앱의 화면에 바로가기 메뉴와 하단 탭 그리고 뷰페이저가 들어가도록 만들어 보세요.

② 하단 탭에는 세 개의 탭 메뉴가 보이도록 합니다.

③ 하단 탭에서 첫 번째 탭 메뉴를 눌렀을 때 보이는 첫 번째 프래그먼트 화면 안에 뷰페이저가 표시되도록 합니다. 그리고 뷰페이저 안에는 이미지나 기타 화면이 2~3개 들어가 있도록 만듭니다.

④ 바로가기 메뉴를 넣어줍니다.

참고할 점

바로가기 메뉴, 하단 탭, 뷰페이저 등이 포함된 구조를 가지는 앱이 많으니

이 위젯들을 모두 포함하는 기본 앱 구조를 만들어 보는 것이 좋습니다.

06 서비스와 수신자 이해하기

지금까지 화면을 만들고 구성할 때 필요한 기본적인 내용들을 살펴보았습니다. 그런데 앱은 화면을 구성하는 요소뿐 아니라 다른 구성 요소도 많이 필요합니다. 그중 대표적인 요소는 서비스(Service)와 수신자(Broadcast Receiver)입니다. 서비스는 오래 실행되는 작업을 위한 것으로 화면(앞단)에서 실행되는 것이 아니라 화면 뒤(뒷단)에서 실행됩니다. 화면이 없으니 동작하는 방식도 액티비티와 다르죠. 수신자는 앱 간에 또는 구성 요소 간에 메시지를 주고받을 수 있도록 한 것으로 서비스와 마찬가지로 화면이 없는 상태에서 인텐트 안에 포함된 메시지를 주고받을 때 사용됩니다. 이 장에서는 서비스와 수신자를 어떻게 사용하는지 알아보고 프로젝트 안에 포함되어 있는 다른 것들도 살펴봅니다.

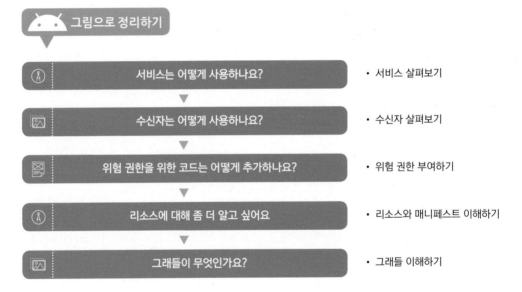

🤖 그림으로 정리하기

서비스는 어떻게 사용하나요?	• 서비스 살펴보기
수신자는 어떻게 사용하나요?	• 수신자 살펴보기
위험 권한을 위한 코드는 어떻게 추가하나요?	• 위험 권한 부여하기
리소스에 대해 좀 더 알고 싶어요	• 리소스와 매니페스트 이해하기
그래들이 무엇인가요?	• 그래들 이해하기

안드로이드 앱
- 액티비티
- 서비스
- 브로드캐스트 수신자
- 내용 제공자

06-1
서비스

앱이 실행되어 있다고 해서 항상 화면이 보이는 것은 아닙니다. 예를 들어, 카카오톡은 앱이 실행되어 있지 않거나 화면이 사용자에게 보이지 않는 상태에서도 다른 사람이 보낸 메시지를 받을 수 있습니다. 왜 그럴까요? 화면 없이 백그라운드에서 실행되는 서비스(Service)가 있기 때문입니다. 이때 화면 뒤의 공간을 뒷단 또는 백그라운드라고 부릅니다. 지금부터는 백그라운드라는 말을 많이 사용하겠습니다.

서비스란 백그라운드에서 실행되는 앱의 구성 요소를 말합니다. 이미 만들어보았던 액티비티는 앱의 구성 요소라고 불리는데 서비스도 동일하게 앱의 구성 요소 역할을 합니다. 서비스도 앱의 구성 요소이므로 시스템에서 관리합니다. 그래서 액티비티를 만들 때 매니페스트 파일에 등록했던 것처럼 새로 만든 서비스도 매니페스트 파일에 꼭 등록해야 합니다.

서비스의 실행 원리와 역할

그러면 서비스는 어떻게 실행될까요? 그리고 앱에서 어떤 역할을 할까요? 서비스를 실행하려면 메인 액티비티에서 startService 메서드를 호출하면 됩니다. 서비스의 주요 역할 중 하나는 단말이 항상 실행되어 있는 상태로 다른 단말과 데이터를 주고받거나 필요한 기능을 백그라운드에서 실행하는 것입니다. 그래서 서비스는 실행된 상태를 계속 유지하기 위해 서비스가 비정상적으로 종료되더라도 시스템이 자동으로 재실행합니다. 다음 그림을 통해 이해해 보세요.

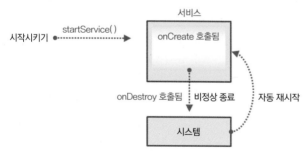

▲ 자동으로 재시작되는 서비스

서비스를 시작시키기 위해 startService 메서드를 호출할 때는 인텐트 객체를 파라미터로 전달합니다. 이 인텐트 객체는 어떤 서비스를 실행할 것인지에 대한 정보를 담고 있으며 시스템은 서비스를 시작시킨 후 인텐트 객체를 서비스에 전달합니다.

그런데 서비스가 실행 중이면 실행 이후에 startService 메서드를 여러 번 호출해도 서비스는 이미 메모리에 만들어진 상태로 유지됩니다. 따라서 startService 메서드는 서비스를 시작하는 목적 이외에 인텐트를 전달하는 목적으로도 자주 사용됩니다. 예를 들어, 액티비티에서 서비스로 데이터를 전달하려면 인텐트 객체를 만들고 부가 데이터(Extra data)를 넣은 후 startService 메서드를 호출하면서 전달하면 됩니다. 그런데 앞에서 가정하고 있는 상태는 서비스가 startService 메서드에 의하여 메모리에 만들어져 있는 상태입니다. 이런 경우에는 시스템이 onCreate 메서드가 아니라 onStartCommand 메서드를 실행합니다. onStartCommand 메서드는 서비스로 전달된 인텐트 객체를 처리하는 메서드입니다. 일단 서비스의 실행 원리와 역할은 여기까지만 설명하겠습니다. 나머지는 실습을 진행하며 자세히 설명하겠습니다.

서비스가 동작하는 방식을 이해하기 위해 새로운 프로젝트를 만들고 그 안에 서비스 클래스를 정의하여 실습해 보겠습니다. 안드로이드 스튜디오에서 새로운 SampleService 프로젝트를 만듭니다. 프로젝트를 만들 때 패키지 이름은 org.techtown.service로 입력합니다. 프로젝트가 만들어지면 왼쪽 프로젝트 창에서 app 폴더를 선택하고 마우스 오른쪽 버튼을 누릅니다. 팝업 메뉴가 보이면 [New → Service → Service] 메뉴를 선택합니다.

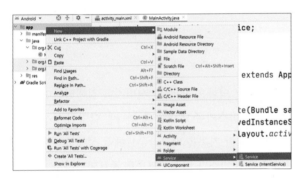

▲ 새로운 서비스를 추가하는 메뉴

그러면 새로운 서비스를 만들 수 있는 대화상자가 표시됩니다. Class Name: 입력란에는 디폴트 값으로 MyService가 입력되어 있습니다. 입력된 값을 그대로 두고 아래쪽 [Finish] 버튼을 누릅니다.

◀ 새로운 서비스를 추가하기 위한 대화상자

새로운 서비스가 만들어지면 MyService.java 파일이 만들어지는 것뿐만 아니라 AndroidManifest. xml 파일 안에 〈service〉 태그도 추가됩니다. 앞에서도 설명했지만 서비스는 시스템에서 관리하므로 매니페스트에 넣어 앱 설치 시에 시스템이 알 수 있게 해야 합니다. MyService.java 파일에는 자동으로 만들어진 생성자 메서드와 onBind 메서드만 있습니다. 하지만 서비스의 수명주기를 관리하기 위하여 onCreate, onDestroy 메서드와 인텐트 객체를 전달받기 위한 onStartCommand 메서드를 추가하겠습니다.

MyService 클래스 안에 마우스 커서를 둔 상태로 마우스 오른쪽 버튼을 누릅니다. 팝업 메뉴가 보이면 [Generate → Override Methods] 메뉴를 선택합니다. 부모 클래스의 메서드를 재정의할 수 있는 대화상자가 표시되면 Ctrl을 누른 상태로 onCreate, onDestroy, onStartCommand 메서드를 선택하고 [OK] 버튼을 누릅니다.

◀ onCreate, onDestroy, onStartCommand 메서드를 재정의하기 위한 대화상자

이제 activity_main.xml 파일을 열고 기존에 있던 텍스트뷰를 삭제한 후 버튼과 입력상자 하나를 화면 가운데 추가합니다. 그리고 버튼은 '서비스로 보내기' 글자가 표시되도록 수정합니다.

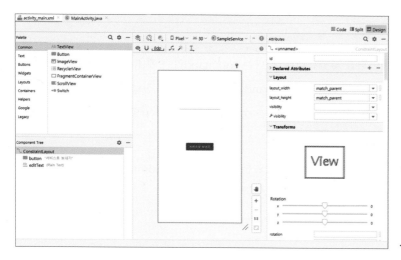

◀ 메인 액티비티의 화면 레이아웃

[서비스로 보내기] 버튼을 누르면 입력상자에 입력한 글자를 서비스에 전달하도록 만들 것입니다. 서비스에 데이터를 전달할 때는 startService 메서드를 사용하며 인텐트 안에 부가 데이터를 추가하여 전달하면 됩니다. MainActivity.java 파일을 열고 다음 코드를 입력합니다.

참조파일 SampleService>/app/java/org.techtown.service/MainActivity.java

```java
public class MainActivity extends AppCompatActivity {
  EditText editText;

  @Override
  protected void onCreate(Bundle savedInstanceState) {
    super.onCreate(savedInstanceState);
    setContentView(R.layout.activity_main);

    editText = findViewById(R.id.editText);

    Button button = findViewById(R.id.button);
    button.setOnClickListener(new View.OnClickListener() {
      @Override
      public void onClick(View v) {
        String name = editText.getText().toString();

        Intent intent = new Intent(getApplicationContext(), MyService.class);   ❶ 인텐트 객체 만들고
        intent.putExtra("command", "show");                                        부가 데이터 넣기
        intent.putExtra("name", name);

        startService(intent); ⟶ ❷ 서비스 시작하기
      }
    });
  }
}
```

인텐트 안에는 두 개의 부가 데이터를 넣었습니다. 하나는 command라는 키(Key)를 부여하였으며 또 다른 하나는 name이라는 키를 부여했습니다. command는 서비스 쪽으로 전달한 인텐트 객체의 데이터가 어떤 목적으로 사용되는지를 구별하기 위해 넣은 것입니다. name은 입력상자에서 가져온 문자열을 전달하기 위한 것입니다.

startService 메서드에 담은 인텐트 객체는 MyService 클래스의 onStartCommand 메서드로 전달됩니다. MyService.java 파일을 열고 다음 코드를 수정 및 추가 입력합니다.

```java
public class MyService extends Service {
    private static final String TAG = "MyService";

    public MyService() {
    }

    @Override
    public void onCreate() {
        super.onCreate();
        Log.d(TAG, "onCreate() 호출됨.");
    }

    @Override
    public int onStartCommand(Intent intent, int flags, int startId) {
        Log.d(TAG, "onStartCommand() 호출됨.");

        if (intent == null) {
            return Service.START_STICKY;
        } else {
            processCommand(intent);
        }
        return super.onStartCommand(intent, flags, startId);
    }

    private void processCommand(Intent intent) {
        String command = intent.getStringExtra("command");
        String name = intent.getStringExtra("name");

        Log.d(TAG, "command : " + command + ", name : " + name);

        for (int i = 0; i < 5; i++) {
            try {

                Thread.sleep(1000);
            } catch (Exception e) {};
            Log.d(TAG, "Waiting " + i + " seconds.");
        }
    }
```

❶ 인텐트 객체가 널이 아니면 processCommand() 메서드 호출하기

❷ 인텐트에서 부가 데이터 가져오기

중략…

Service 클래스를 상속하는 MyService 클래스 안에는 onCreate, onDestroy, onStartCommand 메서드가 있습니다. 이번에는 startService 메서드에 전달한 인텐트의 부가 데이터를 출력하기 위하여 토스트 메시지가 아니라 Log.d 메서드를 사용해서 로그를 출력합니다. 새로운 방법이라고 당황할 필요는 없습니다. 토스트 메시지는 화면에 메시지를 띄우는 것이고 로그는 Logcat 창에서 확인할 수 있는 메시지입니다. 실무에서는 로그를 더 많이 사용하니 알아두는 것이 좋습니다.

로그 사용하여 인텐트의 부가 데이터 출력하기

로그 출력을 위해서는 첫 번째 파라미터로 로그를 구분할 수 있는 문자열을 전달해야 합니다. 이것을 보통 태그(Tag)라고 부릅니다. 여기서는 "MyService"라는 문자열을 상수로 정의한 후 사용했습니다. 서비스에 추가한 세 개의 메서드 중 onStartCommand 메서드가 인텐트 객체를 전달받습니다. 이때 onStartCommand 메서드는 서비스 내에서 아주 중요한 역할을 합니다. 서비스는 시스템에 의해 자동으로 다시 시작될 수 있기 때문에 onStartCommand 메서드로 전달되는 인텐트 객체가 null인 경우도 검사합니다. 만약 인텐트 객체가 null이면 onStartCommand 메서드는 Service.START_STICKY을 반환합니다. 그리고 이 값을 반환하면 서비스가 비정상 종료되었다는 의미이므로 시스템이 자동으로 재시작합니다. 만약 자동으로 재시작하지 않도록 만들고 싶다면 다른 상수를 사용할 수 있습니다.

여기서는 onStartCommand 메서드에 코드를 너무 많이 넣으면 복잡해 보일 수 있어 새로운 process-Command 메서드를 정의하여 호출합니다. processCommand 메서드는 for문을 사용해 5초 동안 1초에 한 번씩 로그를 출력합니다.

서비스가 서버 역할을 하면서 액티비티와 연결될 수 있도록 만드는 것을 바인딩(Binding)이라고 합니다. 이를 위해서는 onBind 메서드를 재정의해야 합니다. 하지만 여기서는 바인딩 기능을 사용하지 않으므로 메서드가 정의된 상태로 두고 다음으로 진행하세요.

앱을 실행하고 화면에 보이는 버튼을 클릭하면 서비스가 실행됩니다. 서비스는 화면에 보이지 않으므로 안드로이드 스튜디오 창 하단에 보이는 [Logcat] 탭에서 어떤 로그가 출력되는지 확인합니다. 로그를 볼 때는 Logcat 창의 우측 상단에 있는 콤보박스에서 Edit Filter Configuration을 선택하고 Tag: 란에 MyService를 입력합니다. 이렇게 하면 여러분의 앱에서 출력하는 로그만 선택적으로 볼 수 있습니다.

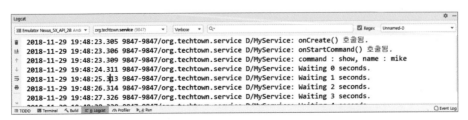

▲ 서비스를 실행했을 때 출력되는 로그

액티비티에서 인텐트에 넣어 전달한 데이터는 서비스에서 그대로 출력됩니다. 그런데 이렇게 액티비티에서 서비스로 데이터를 전달할 수 있는 것처럼 서비스에서 액티비티로도 데이터를 전달할 수 있어야 합니다. 서비스에서 액티비티로 전달하고 싶다면 서비스에서 startActivity 메서드를 사용합니다. startActivity 메서드를 호출하면서 인텐트 객체를 전달하면 액티비티에서는 그 안에 들어 있는 부가 데이터를 받아볼 수 있습니다.

그럼 processCommand 메서드의 마지막 부분에서 액티비티 쪽으로 인텐트를 전달해 보겠습니다. 메인 액티비티에서는 이 인텐트를 전달 받아 화면에 보여줄 수 있을 것입니다. 다음은 processCommand 메서드에 추가한 코드입니다.

참조파일 SampleService>/app/java/org.techtown.service/MyService.java

```
중략...

private void processCommand(Intent intent) {

중략...
                                          ❶ 액티비티를 띄우기 위한 인텐트 객체 만들기
    Intent showIntent = new Intent(getApplicationContext(), MainActivity.class);

    showIntent.addFlags(Intent.FLAG_ACTIVITY_NEW_TASK |
                        Intent.FLAG_ACTIVITY_SINGLE_TOP |      ❷ 인텐트에 플래그 추가하기
                        Intent.FLAG_ACTIVITY_CLEAR_TOP);
    showIntent.putExtra("command", "show");
    showIntent.putExtra("name", name + " from service.");
    startActivity(showIntent);}

중략...
```

인텐트 객체를 new 연산자로 생성할 때 첫 번째 파라미터로는 getApplicationContext 메서드를 호출하여 Context 객체가 전달되도록 했습니다. 그리고 두 번째 파라미터로는 MainActivity.class 객체가 전달되도록 했습니다. 이 인텐트 객체를 startActivity 메서드로 호출하면서 전달하면 메인 액티비티 쪽으로 인텐트 객체가 전달됩니다. 이 인텐트 객체에는 부가 데이터를 두 개 추가했으며 하나는 command, 다른 하나는 name 키를 갖고 있습니다. 이렇게 서비스에서 startActivity 메서드를 호출할 때는 새로운 태스크(Task)를 생성하도록 FLAG_ACTIVITY_NEW_TASK 플래그를 인텐트에 추가해야 합니다. 서비스는 화면이 없기 때문에 화면이 없는 서비스에서 화면이 있는 액티비티를 띄우려면 새로운 태스크를 만들어야 하기 때문입니다. 그리고 MainActivity 객체가 이미 메모리에 만들어져 있을 때 재사용하도록 FLAG_ACTIVITY_SINGLE_TOP과 FLAG_ACTIVITY_CLEAR_TOP 플래그도 인텐트에 추가합니다.

서비스에서 5초 후에 메인 액티비티에 전달한 인텐트는 메인 액티비티에서 받아 처리할 수 있습니다. MainActivity.java 파일을 열고 다음 코드를 입력합니다.

참조파일 SampleService>/app/java/org.techtown.service/MainActivity.java

```java
중략…

@Override
protected void onCreate(Bundle savedInstanceState) {

    중략…
            satrtService(intent);
        }
    });

    Intent passedIntent = getIntent();         ❶ 액티비티가 새로 만들어질 때 전달된 인텐트 처리하기
    processIntent(passedIntent);
}


@Override
protected void onNewIntent(Intent intent) {

    processIntent(intent);                      ❷ 액티비티가 이미 만들어져 있을 때 전달된 인텐트 처리하기

    super.onNewIntent(intent);
}

private void processIntent(Intent intent) {
    if (intent != null) {
        String command = intent.getStringExtra("command");
        String name = intent.getStringExtra("name");

        Toast.makeText(this, "command : " + command + ", name : " + name,
                    Toast.LENGTH_LONG).show();
    }
}
```

MainActivity가 메모리에 만들어져 있지 않은 상태에서 처음 만들어진다면 onCreate 메서드 안에서 getIntent 메서드를 호출하여 인텐트 객체를 참조합니다. 하지만 MainActivity가 이미 메모리에 만들어져 있다면 onCreate 메서드는 호출되지 않고 onNewIntent 메서드가 호출됩니다. 그리고 인텐트는 이 메서드의 파라미터로 전달됩니다. 여기서는 processIntent 메서드를 만들고 onNewIntent 메서드

가 호출되었을 때 processIntent 메서드를 호출하도록 했습니다. 인텐트로 전달받은 데이터는 토스트 메시지로 보이도록 했으므로 앱을 실행하고 버튼을 누른 후 5초를 기다리면 다음과 같은 토스트 메시지를 확인할 수 있습니다.

▲ 서비스로부터 전달받은 인텐트를 액티비티에서 처리한 결과

요즘 앱들은 서비스를 자주 사용합니다. 따라서 액티비티에서 서비스로 데이터를 전달하거나 서비스에서 액티비티로 데이터를 전달하는 방법을 잘 알아두어야 합니다. 코드에서 이미 살펴본 것처럼 서비스를 시작하려면 startService를 호출하는 것만으로 충분합니다. 그리고 이렇게 실행된 서비스를 종료하고 싶다면 stopService 메서드를 호출하면 됩니다.

Service 외에도 IntentService라는 클래스가 있습니다. 인텐트 서비스는 지금까지 살펴본 서비스와 달리 필요한 함수가 수행되고 나면 종료됩니다. 즉, 백그라운드에서 실행되는 것은 같지만 길게 지속되는 서비스라기보다는 한 번 실행되고 끝나는 작업을 수행할 때 사용합니다. 인텐트 서비스에는 onHandleIntent라는 이름의 메서드가 있으며 이 함수는 onStartCommand 메서드로 전달된 인텐트를 전달받으면서 실행됩니다. 그리고 이 함수의 실행이 끝나면 서비스는 자동 종료됩니다.

책의 뒷부분에서도 서비스를 사용하는 경우가 있으니 서비스가 사용될 때마다 그 구조를 잘 이해하기 바랍니다. 예를 들어, 서버에 데이터를 요청하고 응답을 기다리는 네트워킹 작업을 서비스로 분리하여 구현하면 사용자가 보는 화면과 관계없이 서버와 통신이 가능하다는 점을 이해해야 합니다.

06-2
브로드캐스트 수신자 이해하기

안드로이드에서 브로드캐스팅(Broadcasting)이란 메시지를 여러 객체에 전달하는 것을 말합니다. 잘 이해되지 않으면 카카오톡에서 여러 사람에게 메시지를 전달할 때 그룹 채팅방을 만들어 메시지를 전달하는 것을 상상해 보세요. 마찬가지로 안드로이드도 여러 앱 구성 요소에 메시지를 전달할 때 브로드캐스팅을 사용합니다.

예를 들어, 다른 사람으로부터 문자를 받았을 때 이 문자를 SMS 수신 앱에 알려줘야 한다면 브로드캐스팅으로 전달하면 됩니다. 이런 메시지 전달 방식은 단말 전체에 적용될 수 있겠죠? 그래서 이런 메시지 전달 방식을 '글로벌 이벤트(Global Event)'라고 부릅니다. 글로벌 이벤트의 대표적인 예로는 '전화가 왔습니다.', '문자 메시지가 도착했습니다.'와 같은 사용자 알림을 들 수 있습니다.

여러분이 만든 앱에서 브로드캐스팅 메시지를 받고 싶다면 브로드캐스트 수신자(Broadcast Receiver)를 만들어 앱에 등록하면 됩니다. 다시 말해, 기기 안에서 동작하는 다른 앱 A로부터 특정 메시지를 받기 위해 여러분이 만든 앱에 브로드캐스트 수신자를 등록하면 A 앱의 메시지가 여러분이 만든 앱으로 전달됩니다. 이때 서비스와 마찬가지로 브로드캐스트 수신자도 앱 구성 요소입니다. 따라서 새로운 브로드캐스트 수신자를 만들면 새로 등록해야 시스템이 알 수 있습니다. 단, 브로드캐스트 수신자는 매니페스트 등록 방식이 아닌 소스 코드에서 registerReceiver 메서드를 사용해 시스템에 등록할 수 있습니다. 소스 코드를 이용하여 브로드캐스트 수신자를 등록하면 액티비티 안에서 브로드캐스트 메시지를 전달받아 바로 다른 작업을 수행하도록 만들 수 있는 장점이 있습니다.

브로드캐스트 수신자 등록하고 사용하기

브로드캐스트 수신자에는 onReceive 메서드를 정의해야 합니다. 이 메서드는 원하는 브로드캐스트 메시지가 도착하면 자동으로 호출됩니다. 하지만 시스템의 모든 메시지를 받을 수는 없습니다. 만약 원하는 메시지만 받으려면 어떻게 해야 할까요? 모든 메시지는 인텐트 안에 넣어 전달되므로 원하는 메시지는 인텐트 필터를 사용해 시스템에 등록하면 됩니다. 구체적인 내용은 실습을 통해 알아보겠습니다.

브로드캐스트 수신자를 만들어 SMS 문자를 받아볼 수 있게 새로운 프로젝트를 만들겠습니다. 프로젝트 이름은 SampleReceiver로 하고 패키지 이름은 org.techtown.receiver로 하여 새로운 프로젝트를 만듭니다. 새로운 프로젝트 창이 열리면 왼쪽 프로젝트 영역에서 app 폴더를 선택한 후 마우스 오른쪽 버튼을 누릅니다. 팝업 메뉴가 보이면 [New → Other → Broadcast Receiver] 메뉴를 선택합니다. 그러면 새로운 브로드캐스트 수신자를 만들 수 있는 대화상자가 표시됩니다. Class Name:에 SmsReceiver를 입력한 후 [Finish] 버튼을 누릅니다.

▲ 새로운 브로드캐스트 수신자를 만드는 대화상자

새로운 브로드캐스트 수신자가 만들어지면 java 폴더 아래의 org.techtown.receiver 폴더에 SmsReceiver.java 파일이 생성됩니다. 그리고 AndroidManifest.xml 파일 안에는 〈receiver〉 태그가 추가됩니다. 이미 알고 있는 것처럼 AndroidManifest.xml 파일 안에는 앱 구성 요소를 등록해야 하며 새로 만들어진 브로드캐스트 수신자도 앱 구성 요소이므로 이 파일에 자동으로 등록됩니다. 그러면 먼저 AndroidManifest.xml 파일을 열고 다음 코드처럼 수정합니다.

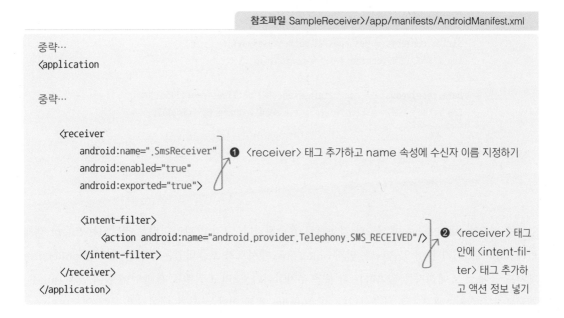

참조파일 SampleReceiver>/app/manifests/AndroidManifest.xml

```
중략...
<application

중략...

    <receiver
        android:name=".SmsReceiver"         ❶ 〈receiver〉 태그 추가하고 name 속성에 수신자 이름 지정하기
        android:enabled="true"
        android:exported="true">

        <intent-filter>
            <action android:name="android.provider.Telephony.SMS_RECEIVED"/>    ❷ 〈receiver〉 태그
        </intent-filter>                                                         안에 〈intent-fil-
    </receiver>                                                                  ter〉 태그 추가하
</application>                                                                   고 액션 정보 넣기
```

브로드캐스트 수신자는 〈receiver〉 태그 안에 〈intent-filter〉 태그를 넣어 어떤 인텐트를 받을 것인지 지정합니다. 여기에서는 〈intent-filter〉 태그 안에 〈action〉 태그를 추가하고 〈action〉 태그의 android:name 속성 값으로 android.provider.Telephony.SMS_RECEIVED를 넣었습니다. 이것은 SMS 메시지가 들어간 인텐트를 구분하기 위한 액션 정보입니다. 즉, 단말에서 SMS를 수신했을 때 이 action 정보가 들어간 인텐트를 전달하므로 이 값을 넣어주면 SMS를 받아볼 수 있습니다.

이제 SmsReceiver.java 파일을 살펴보면 BroadcastReceiver 클래스를 상속한 SmsReceiver 클래스가 정의되어 있고 그 안에 onReceive 메서드가 들어 있습니다. 이 onReceive 메서드 안에 다음 코드를 입력합니다.

참조파일 SampleReceiver>/app/java/org.techtown.receiver/SmsReceiver.java

```java
public class SmsReceiver extends BroadcastReceiver {
    public static final String TAG = "SmsReceiver";

    @Override
    public void onReceive(Context context, Intent intent) {
        Log.i(TAG, "onReceive() 메서드 호출됨.");

        Bundle bundle = intent.getExtras();                    ──→ ❶ 인텐트에서 Bundle 객체 가져오기
        SmsMessage[] messages = parseSmsMessage(bundle);       ──→ ❷ parseSmsMessage() 메서드
                                                                      호출하기
        if (messages != null && messages.length > 0) {
            String sender = messages[0].getOriginatingAddress();
            Log.i(TAG, "SMS sender : " + sender);

            String contents = messages[0].getMessageBody();
            Log.i(TAG, "SMS contents : " + contents);

            Date receivedDate = new Date(messages[0].getTimestampMillis());
            Log.i(TAG, "SMS received date : " + receivedDate.toString());

        }
    }
}
```

SMS를 받으면 onReceive 메서드가 자동으로 호출됩니다. 그리고 파라미터로 전달되는 Intent 객체 안에 SMS 데이터가 들어 있습니다. 먼저 onReceive 메서드가 호출되었는지 알 수 있도록 onReceive 메서드 안에 로그 메시지를 출력하는 한 줄을 추가합니다. 그리고 인텐트 객체 안에 들어 있는 Bundle 객체를 getExtras 메서드로 참조합니다. 이 Bundle 객체 안에는 부가 데이터가 들어 있으며, parseSmsMessage 메서드를 호출하여 SMS 메시지 객체를 만들도록 합니다. parseSmsMessage 메서드는 직접 정의한 메서드로 SmsMessage라는 자료형으로 된 배열 객체를 반환하도록 되어 있습니다. 이

336 둘째 마당 _ 안드로이드 완벽 가이드

SmsMessage 객체에는 SMS 데이터를 확인할 수 있는 메서드들이 정의되어 있습니다. onReceive 메서드 아래쪽에 다음 메서드를 추가합니다.

참조파일 SampleReceiver>/app/java/org.techtown.receiver/SmsReceiver.java

```
중략...
        Log.i(TAG, "SMS received date : " + receivedDate.toString());
    }
}

private SmsMessage[] parseSmsMessage(Bundle bundle) {

    Object[] objs = (Object[]) bundle.get("pdus");          ❶ Bundle 객체에 들어가 있는 부가
    SmsMessage[] messages = new SmsMessage[objs.length];       데이터 중에서 pdus 가져오기

    int smsCount = objs.length;
    for (int i = 0; i < smsCount; i++) {

        if (Build.VERSION.SDK_INT >= Build.VERSION_CODES.M) {
            String format = bundle.getString("format");
            messages[i] = SmsMessage.createFromPdu((byte[]) objs[i], format);   ❷ 단말 OS 버전
        } else {                                                                   에 따라 다른 방
            messages[i] = SmsMessage.createFromPdu((byte[]) objs[i]);              식으로 메서드
        }                                                                          호출하기
    }

    return messages;
}

중략...
```

정박사의
조 언 **SmsMessage와 Date 클래스가 빨간색으로 표시되나요?**

SmsMessage와 Date 클래스는 자동으로 import되지 않아 빨간색으로 표시됩니다. 이것은 여러분이 만든 프로젝트에서 사용할 수 있는 패키지들 안에 같은 이름이 여러 개 들어 있기 때문입니다. 이 클래스 이름 근처에 커서를 가져가면 Alt + Enter 를 입력하라는 메시지가 표시됩니다. 그때 Alt + Enter 를 누르면 같은 이름으로 된 여러 클래스 중 하나를 선택할 수 있습니다. SmsMessage는 android.telephony 패키지 안에 들어 있는 것을 선택하고 Date는 java.util 패키지 안에 들어 있는 것을 선택하면 됩니다.

parseSmsMessage 메서드는 한 번 입력해 놓으면 다른 앱을 만들 때도 재사용할 수 있습니다. 왜냐하면 SMS 데이터를 확인할 수 있도록 안드로이드 API에 정해둔 코드를 사용하므로 수정될 일이 거의 없기 때문입니다. 인텐트 객체 안에 부가 데이터로 들어 있는 SMS 데이터를 확인하려면 SmsMessage 클래스의 createFromPdu 메서드를 사용하여 SmsMessage 객체로 변환하면 SMS 데이터를 확인할

수 있습니다. 이때 Build.VERSION.SDK_INT는 단말의 OS 버전을 확인할 때 사용합니다. 안드로이드 OS는 계속 업데이트되면서 새로운 기능이 추가되어왔으므로 단말의 OS 버전에 따라 코드가 약간씩 달라져야 할 때가 있습니다. 다음과 같은 코드가 버전에 따라 다른 코드를 넣을 때 사용하는 전형적인 코드 중 일부입니다.

```
if (Build.VERSION.SDK_INT >= Build.VERSION_CODES.M) ...
```

Build.VERSION_CODES에는 안드로이드 OS 버전별로 상수가 정의되어 있습니다. 앞서 살펴본 코드는 OS가 마시멜로(첫 글자 M) 버전과 같거나 그 이후 버전일 때 중괄호 안의 코드를 실행하겠다는 뜻입니다.

이제 다시 onReceive 메서드로 돌아오겠습니다. onReceive 메서드의 코드를 살펴보면 SmsMessage 객체에서 SMS 데이터를 확인하기 위한 메서드가 들어 있습니다. 발신자 번호를 확인하려면 getOriginatingAddress 메서드를 호출합니다. 그리고 문자 내용을 확인하려면 getMessageBody().toString() 코드를 사용합니다. SMS를 받은 시각도 확인할 수 있습니다. 일단 이렇게 확인한 데이터를 로그로 출력하도록 합니다.

그런데 이 앱에서 SMS를 수신하려면 RECEIVE_SMS라는 권한이 있어야 합니다. AndroidManifest.xml 파일을 열어 다음과 같이 권한을 추가하세요.

참조파일 SampleReceiver>/app/manifests/AndroidManifest.xml

```xml
<?xml version="1.0" encoding="utf-8"?>
<manifest xmlns:android="http://schemas.android.com/apk/res/android"
    package="org.techtown.receiver">

    <uses-permission android:name="android.permission.RECEIVE_SMS" />

중략...
```

<application> 태그 위쪽에 <uses-permission> 태그를 추가하고 RECEIVE_SMS 권한을 추가했습니다. 그런데 이 권한은 위험 권한입니다. 위험 권한에 대해서는 다음 단락에서 자세하게 설명할 것입니다. 일단 여기에서는 위험 권한의 경우에는 소스 파일에서 앱 실행 후에 사용자가 권한을 부여할 수 있도록 별도의 코드가 추가되어야 한다는 정도만 알아둡니다. 그리고 외부 라이브러리를 하나 추가하고 그 라이브러리를 사용해서 간단하게 위험 권한을 추가하는 코드를 넣어줍니다. 먼저 build.gradle(Module: SampleReceiver.app) 파일을 열고 다음과 같이 추가합니다.

```
중략…

    buildTypes {
        release {
            minifyEnabled false
            proguardFiles getDefaultProguardFile('proguard-android.txt'), 'proguard-rules.pro'
            }
        }
    }
}

dependencies {

    중략…

    implementation 'com.yanzhenjie:permission:2.0.3'
}
```

build.gradle 파일을 수정하면 상단에 Sync Now라는 파란색 링크가 나타납니다. 이 링크를 누르거나 또는 상단에 있는 아이콘 중 오른쪽에서 여섯 번째 쯤에 있는 [Sync Project with Gradle Files] 아이콘(⬜)을 클릭합니다.

외부 라이브러리를 사용할 수 있는 준비가 되었으니 MainActivity.java 파일을 열고 다음 코드를 추가합니다.

```
public class MainActivity extends AppCompatActivity           ❶ MainActivity가 인터페이스
                    implements AutoPermissionsListener {         구현하도록 하기

    @Override
    protected void onCreate(Bundle savedInstanceState) {
        super.onCreate(savedInstanceState);
        setContentView(R.layout.activity_main);

        AndPermission.with(this) ⟶ ❷ 모든 위험 권한을 자동 부여하도록 하는 메서드 호출하기
            .runtime()
            .permission(Permission.RECEIVE_SMS)
            .onGranted(new Action<List<String>>() {
              @Override
              public void onAction(List<String> permissions) {
                showToast("허용된 권한 개수: " + permissions.size());
```

```
      }
    })
    .onDenied(new Action<List<String>>() {
      @Override
      public void onAction(List<String> permissions) {
        showToast("거부된 권한 개수: " + permissions.size());
      }
    })
    .start();
  }

  public void showToast(String message) {
    Toast.makeText(this, message, Toast.LENGTH_LONG).show();
  }
}
```

이 코드는 위험 권한을 자동으로 부여하는 코드입니다. 이 코드는 다음 단락에서 자세히 설명하므로 일단 여기에서는 onCreate 메서드 안에서 자동으로 권한을 부여하도록 요청한다고 이해하면 됩니다.

이제 앱을 실행했을 때 메인 액티비티가 화면에 보이면 권한을 요청하는 대화상자가 표시됩니다. [AL-LOW] 버튼을 누르면 권한이 승인되고 SMS를 받을 준비가 됩니다.

▲ SMS 수신 권한을 요청하는 대화상자

그런데 SMS는 이동통신사에 연결되어 있어야 다른 단말로부터 수신할 수 있습니다. 따라서 에뮬레이터에서는 실제 SMS를 받을 수 없습니다. 이 때문에 에뮬레이터에는 가상으로 SMS를 전송할 수 있는 기능이 들어 있습니다. 앱을 에뮬레이터로 실행한 후 에뮬레이터의 옆에 보이는 아이콘 중에서 가장 아래쪽에 있는 [...] 아이콘을 클릭합니다. 그러면 [Extended controls] 대화상자가 표시됩니다. 왼쪽에 보이는 메뉴 중에서 [Phone] 메뉴를 선택합니다. SMS message 입력란에 'Hello!'라고 입력하고 [SEND MESSAGE] 버튼을 누릅니다.

▲ SMS를 가상으로 전송하는 화면

에뮬레이터로 SMS 문자가 전달되면 상단에 알림 메시지가 표시됩니다. 그리고 여러분이 만든 앱도 SMS를 받은 후 로그를 출력합니다. 로그는 [Logcat] 탭에서 볼 수 있습니다. 만약 메시지가 잘 보이지 않으면 [Logcat] 검색창에서 SmsReceiver라는 단어를 검색해 보세요. 로그를 보면 SmsReceiver 클래스의 onReceive 메서드가 호출되었다는 것을 알 수 있습니다.

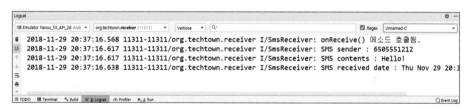

▲ SMS를 받았을 때 출력된 로그

SMS 내용 액티비티에 나타내기

그런데 발신자와 SMS 내용, 수신 시각 등을 Logcat 창이 아니라 사용자가 보는 화면에 나타내고 싶다면 어떻게 할까요? 브로드캐스트 수신자는 화면이 없으므로 보여주려는 화면은 액티비티로 만든 후 그 화면을 띄워야 합니다. 따라서 브로드캐스트 수신자에서 인텐트 객체를 만들고 startActivity 메서드를 사용해 액티비티 쪽으로 인텐트 객체를 전달해야 합니다.

수신한 SMS 문자 내용을 화면에 보여주려면 먼저 액티비티를 만듭니다. 왼쪽 프로젝트 창의 app 폴더를 선택한 상태에서 마우스 오른쪽 버튼을 누릅니다. 팝업 메뉴가 보이면 [New → Activity → Empty

Views Activity] 메뉴를 선택합니다. 새로운 액티비티를 만드는 대화상자가 보이면 Activity Name란에 SmsActivity를 입력합니다. [Finish] 버튼을 누르면 새로운 액티비티에 필요한 XML 레이아웃 파일하나와 소스 파일 하나가 생성됩니다.

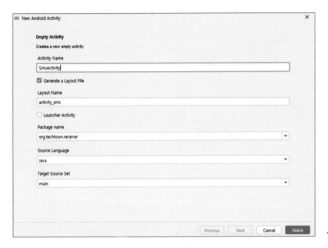

◀ 새로운 액티비티를 만들기 위한 대화상자

그리고 AndroidManifest.xml 파일에는 〈activity〉 태그가 추가됩니다. 이 SmsActivity 화면에 수신한 SMS 내용을 보여줄 것이므로 먼저 activity_sms.xml 파일을 열고 화면 레이아웃을 구성합니다.

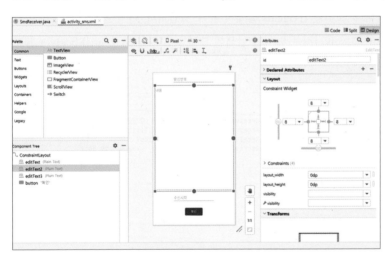

▲ activity_sms.xml 파일의 화면 레이아웃

디자인 화면에서 입력상자 세 개, 버튼 하나를 끌어다 놓습니다. 두 번째 입력상자는 크기를 늘려서 크게 만들고 버튼은 세 번째 입력상자의 아래쪽 가운데에 배치합니다. 입력상자의 hint 속성은 설명글을 보여주므로 첫 번째 입력상자에는 '발신번호', 두 번째는 '내용', 세 번째는 '수신 시각'을 hint 값으로 설정합니다. 버튼의 텍스트는 '확인'으로 설정하세요. 그리고 두 번째 입력상자에 보이는 글자가 좌측 위쪽에 보이도록 gravity 속성 값으로 left와 top을 설정합니다. 수신한 SMS 내용을 보여줄 화면의 레이아웃을 만들었으니 이제 소스 파일인 SmsActivity.java 파일을 열고 다음 코드를 입력합니다.

```
public class SmsActivity extends AppCompatActivity {
    EditText editText;
    EditText editText2;
    EditText editText3;

    @Override
    protected void onCreate(Bundle savedInstanceState) {
        super.onCreate(savedInstanceState);
        setContentView(R.layout.activity_sms);

        editText = findViewById(R.id.editText);
        editText2 = findViewById(R.id.editText2);
        editText3 = findViewById(R.id.editText3);

        Button button = findViewById(R.id.button);
        button.setOnClickListener(new View.OnClickListener() {
            @Override
            public void onClick(View view) {
                finish();
            }
        });

        Intent passedIntent = getIntent();
        processIntent(passedIntent);
    }

    @Override
    protected void onNewIntent(Intent intent) {
        processIntent(intent);

        super.onNewIntent(intent);
    }

    private void processIntent(Intent intent) {

        if (intent != null) {
            String sender = intent.getStringExtra("sender");
            String contents = intent.getStringExtra("contents");
            String receivedDate = intent.getStringExtra("receivedDate");

            editText.setText(sender);
            editText2.setText(contents);
            editText3.setText(receivedDate);
        }
```

❶ 전달받은 인텐트 처리하도록 processIntent 메서드 호출하기

❷ 인텐트가 널이 아니면 그 안에 들어있는 부가 데이터를 화면에 보여주기

```
        }
    }
```

브로드캐스트 수신자로부터 인텐트를 전달받을 것이므로 onCreate 메서드 안에서 getIntent 메서드를 호출하여 processIntent 메서드를 호출하도록 합니다. 그리고 onNewIntent 메서드를 재정의하여 이 액티비티가 이미 만들어져 있는 상태에서 전달받은 인텐트도 처리하도록 합니다. processIntent 메서드 안에서는 인텐트 객체 안에 들어 있는 부가 데이터를 꺼내서 입력상자에 설정합니다. 화면에 있는 [확인] 버튼을 눌렀을 때는 finish 메서드를 호출하여 이 화면을 닫아줍니다.

수신한 SMS를 보여줄 화면까지 만들었으므로 SmsReceiver.java 파일을 열고 SmsActivity로 인텐트를 전달하는 코드를 추가합니다.

참조파일 SampleReceiver>/app/java/org.techtown.receiver/SmsReceiver.java

```java
public class SmsReceiver extends BroadcastReceiver {
    public static final String TAG = "SmsReceiver";

    public SimpleDateFormat format = new SimpleDateFormat("yyyy-MM-dd HH:mm:ss");

    @Override
    public void onReceive(Context context, Intent intent) {
    중략…
        if (messages != null && messages.length > 0) {
        중략…
            Log.i(TAG, "SMS received date : " + receivedDate.toString());

            sendToActivity(context, sender, contents, receivedDate); ⟶ ❶
        }
    }

    private SmsMessage[] parseSmsMessage(Bundle bundle) {
        Object[] objs = (Object[]) bundle.get("pdus");
    중략…

        }

        return messages;
    }

    private void sendToActivity(Context context, String sender, String contents,
                    Date receivedDate) {
        Intent myIntent = new Intent(context, SmsActivity.class);
```

```
        myIntent.addFlags(Intent.FLAG_ACTIVITY_NEW_TASK|
                Intent.FLAG_ACTIVITY_SINGLE_TOP|Intent.FLAG_ACTIVITY_CLEAR_TOP);        ❷

        myIntent.putExtra("sender", sender);
        myIntent.putExtra("contents", contents);
        myIntent.putExtra("receivedDate", format.format(receivedDate));

        context.startActivity(myIntent);
    }
}
```

❶ 새로운 화면을 띄우기 위한 메서드 호출하기   ❷ 인텐트에 플래그 추가하기

sendToActivity 메서드는 SmsActivity로 인텐트를 보내려고 만든 것입니다. Intent 객체를 만들 때 두
번째 파라미터로 SmsActivity 객체(SmsActivity.class)를 전달했으므로 startActivity 메서드를 사용해
이 인텐트를 시스템으로 전달하면 시스템이 그 인텐트를 SmsActivity 쪽으로 전달합니다. 브로드캐스
트 수신자는 화면이 없으므로 인텐트의 플래그로 FLAG_ACTIVITY_NEW_TASK를 추가해야 한다는
점을 잊지 말아야 합니다. 그리고 이미 메모리에 만든 SmsActivity가 있을 때 액티비티를 중복 생성하
지 않도록 FLAG_ACTIVITY_SINGLE_TOP 플래그도 추가합니다. 이렇게 정의한 sendToActivity 메
서드는 onReceive 안에서 호출합니다. 수신 시각의 경우 사용자가 알아보기 좋은 날짜 형태로 만들기
위해 SimpleDateFormat 클래스를 사용할 수 있습니다. 이 클래스는 java.text 패키지 안에 있는 것을
import 하여 사용하며 날짜와 시간을 원하는 형태의 문자열로 만들 때 사용합니다.

이제 앱을 다시 실행한 후 가상으로 SMS 문자를 보내면 다음과 같은 화면이 뜨면서 수신한 SMS 내용
이 표시됩니다.

▲ 앱을 실행하고 SMS 문자를 받았을 때 보이는 화면

레이아웃의 모양은 여러분이 원하는 형태대로 바꿀 수 있으니 예쁜 모양으로 다시 만들어보기 바랍니다.

여러분이 만든 브로드캐스트 수신자는 매니페스트 파일 안에 〈receiver〉 태그로 추가되어 있지만 매니페스트에 등록하지 않고 소스 파일에서 registerReceiver 메서드를 사용해 등록할 수도 있습니다. 이렇게 소스 파일에서 등록하면 화면이 사용자에게 보일 때만 브로드캐스트 수신자에서 메시지를 받도록 만들 수 있습니다. 따라서 필요에 따라 매니페스트 파일에 등록하거나 또는 소스 파일에서 등록하여 사용합니다.

> **정박사의 조언** 다른 앱에 메시지를 보낼 수도 있어요
>
> 만약 다른 앱에 메시지를 보내고 싶다면 여러분이 만든 앱에서 sendBroadcast 메서드를 사용할 수 있습니다. 물론 다른 앱에 브로드캐스트 수신자를 정의해야 하고 sendBroadcast 메서드로 메시지를 보낼 때는 인텐트 안에 넣어 보내야 합니다.

> **정박사의 조언** SMS를 수신했을 때 단말의 기본 메시지 앱이 먼저 받아 처리한다는 것을 아시나요?
>
> SMS 수신 시 문자는 단말의 기본 메시지 앱이 먼저 받아 처리한 후 다른 앱으로 넘겨주게 됩니다. 따라서 여러분이 만든 앱을 사용자가 단말의 기본 메시지 앱으로 지정하면 단말의 기본 SMS 앱으로 여러분이 직접 만든 SMS 수신 앱을 띄울 수 있습니다. 또한 다른 앱들이 문자를 처리하지 못하도록 할 수도 있습니다. 그러나 사용자가 직접 설정에 들어가 지정해 주어야 한다는 번거로움이 있습니다.

브로드캐스트 수신자 동작 방식 정리하기

다음은 여러분이 만든 브로드캐스트 수신자가 동작하는 방식을 보여줍니다.

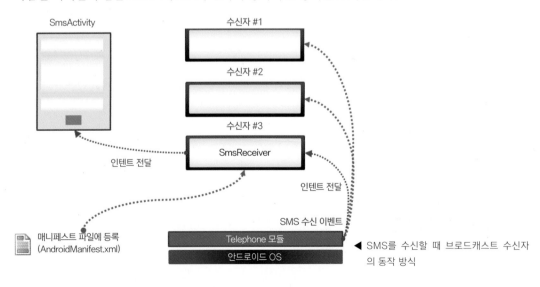

◀ SMS를 수신할 때 브로드캐스트 수신자의 동작 방식

단말에서는 다른 사람으로부터 SMS 문자를 받았을 때 텔레포니(Telephony) 모듈이 처리하도록 합니다. 이렇게 처리된 정보는 인텐트에 담겨 브로드캐스팅 방식으로 다른 앱에 전달됩니다. 여러분이 직접 만든 앱도 그중의 하나가 되어 인텐트를 전달받으며 인텐트를 받았을 때 onReceive 메서드가 자동 호출됩니다. 여러분이 만든 브로드캐스트 수신자는 매니페스트 파일에 등록되었기 때문에 시스템이 이미 알고 있습니다. 따라서 시스템이 여러분이 만든 앱으로 인텐트를 전달할 수 있습니다. SmsReceiver 객체에서는 인텐트 안에 들어 있는 데이터를 확인한 후 SmsActivity로 인텐트를 전달합니다.

브로드캐스트 수신자를 사용하면서 주의할 점은 앱 A가 실행되어 있지 않아도 앱 A가 원하는 브로드캐스트 메시지가 도착하면 다른 앱 B를 실행하고 있는 도중에도 앱 A가 실행될 수 있다는 점입니다. 이 때문에 동일한 SMS 수신 앱을 여러 개 수정하여 만들어 설치하면 오류가 발생했을 때 어느 앱에서 생긴 오류인지 찾아내기 힘든 경우가 많습니다. 이 때문에 구 개발 버전의 앱을 한 번 설치한 후 앱의 패키지 이름을 수정하는 등의 방법으로 새 개발 버전의 앱을 만들었을 경우에는 구 개발 버전의 앱을 삭제하는 것이 좋습니다.

앱을 삭제하기 위해서는 에뮬레이터의 하단 가운데 부분에 있는 버튼을 누른 후 설정 메뉴를 눌러 설정화면을 띄우고 그 안에 있는 앱 항목을 찾아 실행합니다. 원하는 앱을 찾아 클릭하면 삭제할 수 있는 상세 화면을 볼 수 있습니다.

▲ 설정에서 앱을 찾아 삭제하는 화면

지금까지 브로드캐스트 수신자 사용 방법을 알아보았습니다. 앱을 실행하지 않은 상태에서도 인텐트 안에 들어 있는 메시지를 받아볼 수 있다는 점은 브로드캐스트 수신자가 갖고 있는 가장 중요한 특징입니다. 왜냐하면 어떤 특정한 상황에서 필요한 작업을 할 수 있도록 앱을 구성할 수 있기 때문입니다.

정박사의
조 언　　**메인 액티비티가 적어도 한 번은 실행되어야 해요**

브로드캐스트 수신자를 포함하고 있는 앱의 메인 액티비티가 적어도 한 번 실행되어야 브로드캐스트 수신자가 메시지를 받을 수 있습니다.

06-3
위험 권한 부여하기

앞 단락에서 브로드캐스트 수신자를 만들어 SMS 문자를 받으려면 RECEIVE_SMS 권한이 필요하다는 것을 알게 되었습니다. 매니페스트에 넣어준 권한은 앱을 설치할 때 사용자가 허용하면 한꺼번에 권한이 부여되는데 마시멜로(API 23)부터는 중요한 권한들을 분류하여 설치 시점이 아니라 앱을 실행했을 때 사용자로부터 권한을 부여받도록 변경되었습니다. 그러면 중요한 권한들은 어떻게 해야 하는지 살펴볼까요?

일반 권한과 위험 권한의 차이점 알아보기

마시멜로 버전부터는 권한을 일반 권한(Normal Permission)과 위험 권한(Dangerous Permission)으로 나누었습니다. 앱을 설치하는 시점에 사용자에게 물어보는 기존의 방식은 사용자가 아무런 생각 없이 앱을 설치하는 경우가 많았으며 이에 따라 설치된 앱들이 단말의 주요 기능을 마음대로 사용할 수 있었습니다. 이 때문에 위험 권한으로 분류된 권한들에 대해서는 앱을 설치할 때가 아니라 앱을 실행할 때 권한을 부여하도록 변경된 것입니다.

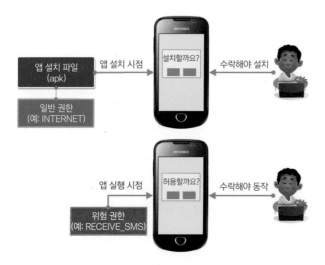

예를 들어, 인터넷을 사용할 때 부여하는 INTERNET 권한은 일반 권한입니다. 따라서 앱을 설치할 때 사용자에게 권한이 부여되어야 함을 알려주고 설치할 것인지를 물어봅니다. 사용자가 부여할 권한들의 설명을 보고 수락하면 앱이 설치되고 앱에는 INTERNET 권한이 부여됩니다. 그러나 위험 권한으로 분류되는 RECEIVE_SMS의 경우에는 설치 시에 부여한 권한은 의미가 없으며 실행 시에 사용자에게

권한을 부여할 것인지 물어보게 됩니다. 만약 사용자가 권한을 부여하지 않으면 해당 기능은 동작하지 않습니다. 즉 앱을 설치했다고 하더라도 권한에 따라 실행할 수 있는 기능에 제약이 생기는 것입니다.

위험 권한으로 분류된 주요 기능 ▶

위험 권한으로 분류된 주요 권한들을 보면 대부분 개인정보가 담겨있는 정보에 접근하거나 개인정보를 만들어낼 수 있는 단말의 주요 장치에 접근할 때 부여된다는 것을 알 수 있습니다. 위치, 카메라, 마이크, 연락처, 전화, 문자, 일정, 센서로 대표되는 위험 권한은 다음과 같은 세부 권한으로 나뉩니다.

위험 권한 그룹의 분류(Permission Group)	세부 권한(Permission)
LOCATION (위치)	ACCESS_FINE_LOCATION
	ACCESS_COARSE_LOCATION
CAMERA	CAMERA
MICROPHONE	RECORD_AUDIO
CONTACTS	READ_CONTACTS
	WRITE_CONTACTS
	GET_ACCOUNTS
PHONE	READ_PHONE_STATE
	CALL_PHONE
	READ_CALL_LOG
	WRITE_CALL_LOG
	ADD_VOICEMAIL
	USE_SIP
	PROCESS_OUTGOING_CALLS
SMS	SEND_SMS
	RECEIVE_SMS
	READ_SMS
	RECEIVE_WAP_PUSH
	RECEIVE_MMS
CALENDAR	READ_CALENDAR
	WRITE_CALENDAR
SENSORS	BODY_SENSORS
STORAGE	READ_EXTERNAL_STORAGE
	WRITE_EXTERNAL_STORAGE

▲ 위험 권한의 세부 정보

권한 그룹(Permission Group)은 동일한 기능을 접근하는데 몇 가지 세부 권한을 하나로 묶어주는 역할을 합니다. 앞서 얘기했던 주요 위험 권한 외에 SD 카드에 접근할 때 사용하는 READ_EXTERNAL_STORAGE와 WRITE_EXTERNAL_STORAGE 권한도 위험 권한으로 분류되었다는 점에 주목할 필요가 있습니다. 왜냐하면 기존에 사용하던 많은 앱들이 SD 카드를 접근하고 있기 때문입니다. 여러분도 앞으로 SD 카드를 접근할 경우가 많을 것이므로 위험 권한을 부여하는 방법에 대해서는 잘 알아두는 것이 좋습니다.

이제 위험 권한을 사용하는 앱은 앱이 실행될 때 권한을 부여해 달라는 대화상자를 사용자에게 띄운다는 것을 알았습니다. 그리고 위험 권한을 부여하려면 코드를 많이 입력해야 해서 외부 라이브러리를 사용하는 경우도 많습니다.

위험 권한 부여하는 방법 알아보기

이번에는 기본적인 방법으로 위험 권한을 부여하는 실습을 통해 위험 권한을 부여하는 동작 원리를 공부합니다. 그런 다음 외부 라이브러리를 사용하여 위험 권한을 부여하는 방법을 다시 살펴보겠습니다. SamplePermission이라는 새로운 프로젝트를 만들고 패키지 이름은 org.techtown.permission으로 수정합니다. SD 카드를 접근할 때 사용되는 두 가지 위험 권한을 부여하기 위해 먼저 AndroidManifest.xml 파일을 열고 다음과 같이 권한을 추가합니다.

참조파일 SamplePermission>/app/manifests/AndroidManifest.xml

```xml
<?xml version="1.0" encoding="utf-8"?>
<manifest xmlns:android="http://schemas.android.com/apk/res/android"
    package="org.techtown.permission">

    <uses-permission android:name="android.permission.READ_EXTERNAL_STORAGE" />
    <uses-permission android:name="android.permission.WRITE_EXTERNAL_STORAGE" />

    <application

중략...
```

기본 권한을 부여할 때는 <uses-permission> 태그를 사용합니다. 이렇게 부여한 기본 권한 중에서 SD 카드를 접근하는 권한은 위험 권한이므로 코드를 추가로 입력해야 합니다. MainActivity.java 파일을 열고 다음 코드를 입력합니다.

참조파일 SamplePermission>/app/java/org.techtown.permission/MainActivity.java

```java
public class MainActivity extends AppCompatActivity {
```

```java
@Override
protected void onCreate(Bundle savedInstanceState) {
  super.onCreate(savedInstanceState);
  setContentView(R.layout.activity_main);

  String[] permissions = {
    Manifest.permission.READ_EXTERNAL_STORAGE,
    Manifest.permission.WRITE_EXTERNAL_STORAGE
  };

  checkPermissions(permissions);
}

public void checkPermissions(String[] permissions) {
  ArrayList<String> targetList = new ArrayList<String>();

  for (int i = 0; i < permissions.length; i++) {
    String curPermission = permissions[i];
    int permissionCheck = ContextCompat.checkSelfPermission(this, curPermission);
    if (permissionCheck == PackageManager.PERMISSION_GRANTED) {
      Toast.makeText(this, curPermission + " 권한 있음.", Toast.LENGTH_LONG).show();
    } else {
      Toast.makeText(this, curPermission + " 권한 없음.", Toast.LENGTH_LONG).show();
      if (ActivityCompat.shouldShowRequestPermissionRationale(this, curPermission)) {
        Toast.makeText(this, curPermission + " 권한 설명 필요함.",
                    Toast.LENGTH_LONG).show();
      } else {
        targetList.add(curPermission);
      }
    }
  }

  String[] targets = new String[targetList.size()];
  targetList.toArray(targets);

  ActivityCompat.requestPermissions(this, targets, 101);
}
}
```

❶ 위험 권한을 부여할 권한 지정하기

❷ 위험 권한 부여 요청하기

SD카드에 접근하기 위해서는 READ_EXTERNAL_STORAGE와 WRITE_EXTERNAL_STORAGE 두 개의 권한이 필요합니다. 물론 SD 카드 읽기만 하고 싶다면 두 번째 권한은 사용하지 않아도 되지만 일반적으로는 쓰기 권한까지 사용하는 경우가 많습니다. 그런데 이 권한은 위험 권한으로 분류되었으므로 앱이 실행될 때 사용자에게 권한을 부여해 달라는 대화상자를 띄워야 합니다.

특정 시점에 위험 권한을 부여하는 것도 가능해요

위험 권한을 부여하는 것은 앱이 실행 중이라면 언제든 가능합니다. 예를 들어, 액티비티가 메모리에 만들어지는 시점에 부여되도록 하려면 onCreate 메서드 안에서 권한 부여 요청을 하지만 버튼이 눌렸을 때 권한이 부여되게 할 수도 있습니다.

onCreate 메서드 안에서 checkPermissions 메서드를 호출하도록 코드를 작성했습니다. checkPermissions 메서드는 지정한 권한들에 대해서 그 권한이 부여되어 있는지를 먼저 확인합니다. 그리고 권한이 부여되지 않았다면 ArrayList 안에 넣었다가 부여되지 않은 권한들만 권한 요청을 하게 됩니다. checkSelfPermission 메서드로 이미 권한이 부여되어 있는지 확인하도록 만들었습니다. 만약 권한이 부여되지 않았다면 requestPermissions 메서드를 호출하여 권한 부여 요청 대화상자를 띄워줍니다. 이 대화상자는 여러분이 직접 만드는 것이 아니라 requestPermissions 메서드를 호출했을 때 시스템에서 띄워주기 때문에 사용자가 수락했는지 아니면 거부했는지의 여부를 콜백 메서드로 받아 확인하는 것이 필요합니다. 이렇게 권한을 요청하면 콜백 메서드로 그 결과를 받을 수 있습니다.

MainActivity.java 파일의 아래쪽에 다음과 같이 onRequestPermissionsResult 메서드를 재정의하는 코드를 추가합니다.

참조파일 SamplePermission>/java/org.techtown.permission/MainActivity.java

```
중략…

@Override
public void onRequestPermissionsResult(int requestCode, String permissions[],
                          int[] grantResults) {

   switch (requestCode) {  ──────→ ❶ 요청 코드가 맞는지 확인함
      case 101: {
      if (grantResults.length > 0 &&
         grantResults[0] == PackageManager.PERMISSION_GRANTED) {
            Toast.makeText(this, "첫 번째 권한을 사용자가 승인함.",
                        Toast.LENGTH_LONG).show();        ❷ 사용자가 권한을
      } else {                                               수락했는지 여부
         Toast.makeText(this, "첫 번째 권한 거부됨.", Toast.LENGTH_LONG).show();  를 확인함
      }

      return;
   }
  }
 }

중략…
```

onRequestPermissionsResult 메서드에는 요청 코드와 함께 사용자가 권한을 수락했는지 여부가 파라미터로 전달됩니다. 여러 권한을 한 번에 요청할 수도 있으니 grantResults 배열 변수 안에 수락 여부를 넣어 전달합니다. 앞에서 위험 권한에 대한 수락을 요청할 때 두 개의 권한을 요청했으므로 grantResults 배열의 길이는 2이며 사용자가 권한을 수락했다면 PackageManager.PERMISSION_GRANTED 상수가 결과 값으로 확인됩니다. 여기에서는 그 중에 첫 번째 권한에 대해 수락되었는지 여부를 확인한 후 토스트 메시지를 띄우도록 했습니다.

앱을 실행하면 다음과 같이 권한을 요청하는 대화상자가 뜨게 됩니다.

위험 권한 부여를 요청하는 대화상자 ▶

[ALLOW] 버튼을 클릭하면 권한이 부여됩니다. 이렇게 실행했을 때 부여되는 위험 권한이라고 하더라도 사용자가 한 번 수락하면 앱에 부여된 권한 정보를 단말에서 알고 있기 때문에 앱을 다시 실행해도 대화상자는 더 이상 나타나지 않습니다. 기본 방법으로 위험 권한을 설정하는 방법에 대해 알아보았습니다.

이번에는 외부 라이브러리를 이용한 위험 권한 자동 부여 방법에 대해 알아보겠습니다. SamplePermission2라는 이름의 프로젝트를 새로 만듭니다. 프로젝트를 만들 때 패키지 이름은 org.techtown.permission2로 입력합니다. 그리고 build.gradle(Module: SamplePermission2.app) 파일을 열고 다음과 같이 추가합니다. 이 과정은 앞서 익혔던 내용과 같습니다. 다시 한 번 진행하면서 확실히 익혀두길 바랍니다.

참조파일 SamplePermission2〉Gradle Scripts〉build.gradle(Module: SamplePermission2.app)

```
중략…


dependencies {

    중략…

    implementation 'com.yanzhenjie:permission:2.0.3'
}
```

build.gradle 파일을 변경했으면 오른쪽 상단에 Sync Now라는 노란색 링크가 나타납니다. Sync Now 링크를 누르거나 [Sync Project with Gradle Files.] 아이콘(🔃)을 클릭합니다.

외부 라이브러리를 사용할 수 있는 준비가 되었으니 /app/manifests 폴더 안에 있는 AndroidMan-ifest.xml 파일을 열고 〈application〉 태그 위에 READ_EXTERNAL_STORAGE와 WRITE_EXTER-NAL_STORAGE 권한을 추가합니다.

참조파일 SamplePermission2〉/app/manifests/AndroidManifest.xml

```
중략…

  <uses-permission android:name="android.permission.READ_EXTERNAL_STORAGE"/>
  <uses-permission android:name="android.permission.WRITE_EXTERNAL_STORAGE"/>

중략…
```

그다음 MainActivity.java 파일을 열고 다음 코드를 추가합니다.

참조파일 SamplePermission2〉/app/java/org.techtown.permission2/MainActivity.java

```java
public class MainActivity extends AppCompatActivity {

  @Override
  protected void onCreate(Bundle savedInstanceState) {
    super.onCreate(savedInstanceState);
    setContentView(R.layout.activity_main);

    AndPermission.with(this)          ──→ ❶ 위험 권한 자동부여 요청하기
      .runtime()
      .permission(Permission.READ_EXTERNAL_STORAGE,Permission.WRITE_EXTERNAL_STORAGE)
      .onGranted(new Action<List<String>>() {
        @Override
        public void onAction(List<String> permissions) {          ❷ 위험 권한 부여에 대한 응답
          showToast("허용된 권한 개수: " + permissions.size());             처리하기
        }
      })
      .onDenied(new Action<List<String>>() {
        @Override
        public void onAction(List<String> permissions) {
          showToast("거부된 권한 개수: " + permissions.size());
        }
      })
      .start();
```

```
  }

  public void showToast(String message) {
    Toast.makeText(this, message, Toast.LENGTH_LONG).show();
  }

}
```

이 코드는 위험 권한을 자동으로 부여하는 코드입니다. AndroidManifest.xml 파일 안에 넣은 권한 중에서 위험 권한을 자동으로 체크한 후 권한 부여를 요청하는 방식이죠. onCreate 메서드 안에서는 자동으로 권한을 부여하도록 요청합니다. 그러면 권한 부여 요청 결과가 넘어오게 되는데 그 결과는 on-Granted의 소괄호 안에 전달된 객체의 onAction 메서드로 전달 받습니다. 권한 부여 결과는 승인 또는 거부로 나뉘는데 이 때문에 onGranted 외에도 onDenied 메서드의 onAction 메서드가 호출될 수 있습니다. 예를 들어, 권한이 여러 개인 경우에는 어떤 권한은 onGranted 또는 어떤 권한은 onDenied 로 나뉘어 호출됩니다.

이제 앱을 실행합니다. 앱이 실행되고 메인 액티비티가 화면에 보이면 권한을 요청하는 대화상자가 표시됩니다. [ALLOW] 버튼을 누르면 권한이 승인됩니다.

▲ 자동으로 띄워진 권한 요청 대화상자

위험 권한을 부여하는 두 가지 방식을 알아보았습니다. 매니페스트 파일에 들어 있는 권한 중에서 자동으로 위험 권한 요청 대화상자를 띄워주는 방식이 좀 더 간단하다는 것을 알게 되었습니다. 이 두 가지 방식 중에서 어떤 것을 사용해도 상관없지만 앞으로 위험 권한을 부여하는 경우가 많기 때문에 어떻게 부여해야 하는지 잘 이해해고 있어야 합니다.

06-4
리소스와 매니페스트 이해하기

안드로이드 앱은 크게 '자바 코드'와 '리소스'로 구성됩니다. 자바 코드에서는 앱의 흐름과 기능을 정의하고 리소스에서는 레이아웃이나 이미지처럼 사용자에게 보여주기 위해 사용하는 파일이나 데이터를 관리합니다. 지금까지 XML 레이아웃이나 이미지를 보여줄 때 사용해 보았으므로 res 폴더 안에 들어 있는 리소스가 낯설지는 않을 것입니다. 따라서 이번 단락은 다음 장에서 익히게 될 예제를 이해하는 데 도움이 될 수 있도록 리소스에 대해 좀 더 자세히 살펴보도록 하죠. 우선 리소스로 만들어 처리할 수 있는 몇 가지 내용들을 간단히 정리해 보겠습니다.

매니페스트

매니페스트가 리소스는 아니지만 설치된 앱의 구성 요소가 어떤 것인지, 그리고 어떤 권한이 부여되었는지 시스템에 알려주기 때문에 매우 중요합니다. 모든 안드로이드 앱은 가장 상위 폴더에 매니페스트 파일이 있어야 하며, 이 정보는 앱이 실행되기 전에 시스템이 알아야 할 내용들을 정의하고 있습니다. 다음은 매니페스트 파일에 들어갈 수 있는 태그 항목들을 나열하고 있습니다.

[Reference]

〈action〉	〈instrumentation〉	〈provider〉
〈activity〉	〈intent-filter〉	〈receiver〉
〈activity-alias〉	〈manifest〉	〈service〉
〈application〉	〈meta-data〉	〈uses-configuration〉
〈category〉	〈permission〉	〈uses-library〉
〈data〉	〈permission-group〉	〈uses-permission〉
〈grant-uri-permission〉	〈permission-tree〉	〈uses-sdk〉

이 태그들 중에서 〈activity〉, 〈service〉, 〈receiver〉, 〈provider〉와 같은 태그들은 앱 구성 요소를 등록하기 위해 사용되며, 〈activity〉 태그는 여러분이 이미 여러 번 사용해 보았습니다. 이를 포함한 매니페스트의 주요 역할들을 살펴보면 다음과 같습니다.

- 앱의 패키지 이름 지정
- 앱 구성 요소에 대한 정보 등록
  (액티비티, 서비스, 브로드캐스트 수신자, 내용 제공자)
- 각 구성 요소를 구현하는 클래스 이름 지정
- 앱이 가져야 하는 권한에 대한 정보 등록
- 다른 앱이 접근하기 위해 필요한 권한에 대한 정보 등록
- 앱 개발 과정에서 프로파일링을 위해 필요한 instrumen-tation 클래스 등록
- 앱에 필요한 안드로이드 API의 레벨 정보 등록
- 앱에서 사용하는 라이브러리 리스트

다음은 매니페스트 파일의 기본 구조를 보여줍니다.

```
<manifest ... >
  <application ... >
    ...
    <service android:name="org.techtown.service.MyService" ... >
      ...
    </service>
    ...
  </application>
</manifest>
```

매니페스트 파일에는 타이틀이나 아이콘과 같은 앱 자체의 정보를 속성으로 지정할 수 있으며, 이미지 리소스로 포함된 정보들은 "@drawable/..."과 같이 참조하여 지정할 수 있습니다. 이때 애플리케이션을 의미하는 〈application〉 태그는 매니페스트 안에 반드시 하나만 있어야 합니다. 나머지 〈application〉 태그 안의 구성 요소들은 같은 태그가 여러 번 추가되어도 괜찮습니다.

그중에서 메인 액티비티는 항상 다음과 같은 형태로 추가되어야 합니다. 즉, 인텐트 필터에 들어가는 정보는 〈action〉 태그의 경우 MAIN이 되어야 하고 〈category〉 태그의 경우 LAUNCHER가 되어야 합니다.

```
<activity android:name="org.techtown.hello.HelloActivity"
      android:label="@string/app_name">
  <intent-filter>
    <action android:name="android.intent.action.MAIN" />
    <category android:name="android.intent.category.LAUNCHER"  />
  </intent-filter>
</activity>
```

리소스의 사용

리소스를 자바 코드와 분리하는 이유는 이해하기 쉽고 유지관리가 용이하기 때문입니다. 프로젝트를 처음 만든 후에는 /app/res 폴더 이외에 /app/assets 폴더를 따로 만들 수 있는데 두 가지 모두 리소스라고 할 수 있으며 대부분은 /app/res 폴더 밑에서 관리됩니다. 두 가지 데이터의 차이점은 다음과 같습니다.

- 애셋(Asset)은 동영상이나 웹페이지와 같이 용량이 큰 데이터를 의미합니다.
- 리소스는 빌드되어 설치 파일에 추가되지만 애셋은 빌드되지 않습니다.

리소스는 /app/res 폴더 밑에 있는 여러 가지 폴더에 나누어 저장되며 리소스 유형별로 서로 다른 폴더에 저장합니다. 프로젝트를 처음 만들면 몇 개의 폴더만 들어 있는데 실제 만들 수 있는 폴더는 훨씬 많아서 필요한 경우에 만들어 사용해야 합니다. 리소스가 갱신되면 그때마다 리소스의 정보가 R.java 파일에 자동으로 기록되며 그 정보는 리소스에 대한 내부적인 포인터 정보가 됩니다.

> **정박사의 조언 리소스의 유형마다 다른 폴더에 넣어주어야 해요**
>
> 리소스는 그 유형에 따라 정해진 폴더 안에 넣어야 합니다. 이렇게 리소스가 유형별로 서로 다른 폴더에서 관리되면 리소스별로 구분하기 쉽고 유지관리가 편리하다는 장점이 생깁니다.

/app/res/values 폴더에는 문자열이나 기타 기본 데이터 타입에 해당하는 정보들이 저장됩니다. 예를 들어, strings.xml 파일에는 문자열을 저장합니다. 만약 다른 이름의 파일을 만들어 저장하는 경우 그 안에는 XML 포맷에 맞는 데이터가 들어가 있어야 합니다.

/app/res/drawable 폴더에는 이미지를 저장합니다. 이 폴더는 단말의 해상도에 따라 다른 이미지를 보여줄 수 있도록 /app/res/drawable-xhdpi, /app/res/drawable-hdpi, /app/res/drawable-mdpi 등으로 나누어 저장할 수 있습니다. 그러면 각 단말에서 해상도에 맞는 폴더를 찾아 그 안에 들어있는 이미지를 참조하게 됩니다. 이렇게 저장되어 있는 리소스 정보를 코드에서 사용할 때에는 Resources 객체를 참조하여 리소스를 읽어 들여야 합니다. Resources 객체는 Context.getResources() 메서드를 이용해 액티비티 안에서 언제든지 참조할 수 있습니다. 이 객체에는 리소스의 유형에 따라 읽어 들일 수 있는 메서드가 정의되어 있어 필요에 따라 사용할 수 있습니다. 각 리소스 유형별 사용 방식은 앞으로 나올 예제들에서 하나씩 접해볼 수 있을 것입니다.

스타일과 테마

스타일과 테마는 여러 가지 속성들을 한꺼번에 모아서 정의한 것으로 가장 대표적인 예로 대화상자를 들 수 있습니다. 대화상자의 경우에는 액티비티와 달리 타이틀 부분이나 모서리 부분의 형태가 약간 다르게 보이는데 이런 속성들을 다이얼로그(Dialog) 테마로 정의하여 액티비티에 적용하면 대화상자 모양으로 보이게 됩니다. 물론 안드로이드에서는 자주 사용되는 스타일과 테마를 제공하긴 하지만 필요에 따라 직접 정의해서 사용해야 합니다. 만약 스타일을 직접 정의하여 사용하고 싶다면 /app/res/values/themes.xml 파일에 추가해야 합니다.

06-5
그래들 이해하기

안드로이드 앱을 실행하거나 앱 스토어에 올릴 때는 소스 파일이나 리소스 파일을 빌드하거나 배포하는 작업이 필요합니다. 이때 사용되는 것이 그래들(Gradle)입니다. 다시 말해, 그래들은 안드로이드 스튜디오에서 사용하는 빌드 및 배포 도구인 것입니다.

한 앱의 빌드 설정은 build.gradle 파일에 넣어 관리합니다. 이때 그래들 파일은 프로젝트 수준과 모듈 수준으로 나눠 관리하기 때문에 새로운 프로젝트를 만들면 두 개의 build.gradle 파일이 생깁니다. 그러면 앞에서 만들었던 SamplePermission2 프로젝트의 그래들 설  정 파일을 살펴보겠습니다. 왼쪽에서 Gradle Scripts를 펼쳐보세요. 먼저 프로젝트 수준의 그래들 설정 파일의 이름은 build.gradle (Project: SamplePermission2) 파일입니다.

참조파일 SamplePermission2>/Gradle Scripts/build.gradle (Project: SamplePermission2)

```
buildscript {
  repositories {
    google()
    jcenter()
  }

  dependencies {
    classpath 'com.android.tools.build:gradle:4.2.0'
  }
}

allprojects {
  repositories {
    google()
    jcenter()
  }
}

task clean(type: Delete) {
  delete rootProject.buildDir
}
```

이 파일은 프로젝트 안에 들어있는 모든 모듈에 적용되는 설정을 담고 있습니다. 이 파일을 수정하는 경우는 거의 없습니다. 가끔 외부 도구를 포함시키기 위해 buildscript의 dependencies 안에 classpath

를 추가하는 정도의 수정만 있을 수 있습니다.

다음은 모듈 수준의 그래들 설정 파일입니다. 파일의 이름은 build.gradle (Module: SamplePermission2.app)입니다.

참조파일 SamplePermission2>/Gradle Scripts/build.gradle (Module: SamplePermission2.app)

```
plugins {
  id 'com.android.application'
}

android {
  compileSdkVersion 30
  buildToolsVersion "30.0.3"

  defaultConfig {
    applicationId "org.techtown.permission2"
    minSdkVersion 16
    targetSdkVersion 30
    versionCode 1
    versionName "1.0"

    testInstrumentationRunner "androidx.test.runner.AndroidJUnitRunner"
  }

  buildTypes {
    release {
      minifyEnabled false
      proguardFiles getDefaultProguardFile('proguard-android-optimize.txt'), 'proguard-rules.pro'
    }
  }
  compileOptions {
    sourceCompatibility JavaVersion.VERSION_1_8
    targetCompatibility JavaVersion.VERSION_1_8
  }
}

dependencies {

  implementation 'androidx.appcompat:appcompat:1.2.0'
  implementation 'com.google.android.material:material:1.3.0'
  implementation 'androidx.constraintlayout:constraintlayout:2.0.4'
  testImplementation 'junit:junit:4.+'
  androidTestImplementation 'androidx.test.ext:junit:1.1.2'
  androidTestImplementation 'androidx.test.espresso:espresso-core:3.3.0'
```

```
    implementation 'com.yanzhenjie:permission:2.0.3'
}
```

이 파일은 각각의 모듈에 대한 설정을 담고 있습니다. 프로젝트가 만들어지면 app 모듈은 기본으로 만들어지는데, 이 파일이 app 모듈의 설정 정보를 담고 있는 것입니다. 만약 새로운 모듈을 추가한다면 그 모듈에 대한 build.gradle 파일도 새로 추가됩니다. 이 파일에는 빌드에 필요한 중요한 정보들이 들어 있습니다. 여러분이 꼭 살펴보면 좋을 모듈 정보에 대해서 설명하겠습니다.

applicationId는 이 앱의 id 값입니다. 여러분이 만든 앱은 id 값으로 구분되기 때문에 id 값은 전 세계에서 유일한 값으로 설정되어야 합니다. compileSdkVersion은 빌드를 진행할 때 어떤 버전의 SDK를 사용할 것인지를 지정합니다. 보통 최신 버전의 SDK 버전을 지정하게 됩니다. minSdkVersion은 이 앱이 어떤 하위 버전까지 지원하도록 할 것인지를 지정합니다. 모든 단말을 지원하면 좋겠지만 보통 앱에서 사용하는 최신 기능을 하위 단말에서 지원하지 못하는 경우에는 앱에서 사용하는 기능을 지원하기 시작한 버전을 minSdkVersion으로 지정하게 됩니다. targetSdkVersion은 이 앱이 검증된 버전이 어떤 SDK 버전인지를 지정합니다. 만약 새로운 SDK가 출시되었다고 하더라도 해당 SDK에서 검증되지 않은 앱은 이 버전을 이전 버전으로 지정할 수도 있습니다. dependencies에는 외부 라이브러리를 추가할 수 있습니다. 위의 기본 설정을 사용하면 libs 폴더 안에 들어있는 jar 파일을 읽어 들이고 support 패키지를 추가합니다. 가장 마지막 줄에 있는 implementation으로 시작하는 한 줄은 여러분이 직접 추가한 외부 라이브러리입니다.

마지막으로 settings.gradle 파일에는 프로젝트의 이름과 함께 어떤 모듈을 포함할 것인지에 대한 정보가 들어 있습니다.

참조파일 SamplePermission2>/Gradle Scripts/settings.gradle

```
rootProject.name = "SamplePermission2"
include ':app'
```

이 내용은 안드로이드 스튜디오에서 어떻게 설정하는가에 따라 자동으로 변경될 수 있습니다. 이 외에 local.properties 파일 안에는 현재 사용하고 있는 PC에 설치된 SDK의 위치가 기록되어 있으며 gradle.properties 파일 안에는 메모리 설정이 들어있습니다. 그리고 gradle-wrapper.properties 파일에는 그래들 버전 정보 등이 들어 있는데, 이런 정보들은 안드로이드 스튜디오에서 자동 설정하는 경우가 많아 여러분이 굳이 기억하지 않아도 됩니다.

지금까지 앱을 만들 때 필요한 기초적인 내용을 살펴보았습니다. 액티비티, 서비스, 브로드캐스트 수신자를 잘 이해해야 앱의 기본 구조를 만들 수 있습니다. 기초적인 내용들을 알았으니 이제 다시 화면을 구성하는 데 필요한 다양한 내용들을 다음 장에서 살펴볼 것입니다.

도전! 11

안드로이드 미션

서비스 실행하고
화면에 보여주기

버튼을 눌렀을 때 서비스를 실행하고 서비스에서 보내오는 글자를 화면에 보여주게 만들어 보세요.

• **프로젝트 소스** DoitMission-11

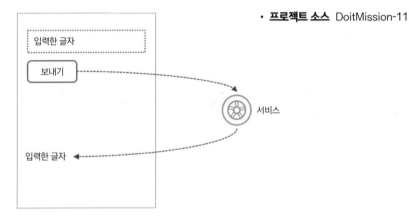

❶ 화면에 버튼 하나와 입력상자 그리고 텍스트뷰를 배치합니다.

❷ 버튼을 누르면 입력상자의 글자를 가져와 서비스를 실행하면서 보내줍니다.

❸ 서비스에서는 다시 MainActivity 화면으로 받은 글자를 보내줍니다.

❹ MainActivity 화면에서는 서비스로부터 받은 텍스트를 화면의 텍스트뷰에 표시합니다.

참고할 점

입력상자의 글자를 바로 텍스트뷰에 보여주는 것이 아니라 서비스로 보냈다가

다시 받아서 보여주도록 합니다.

도전! 12 서비스에서 수신자로 메시지 보내기

안드로이드 미션

서비스에서 보낸 메시지를 액티비티 안에서 등록한 브로드캐스트 수신자를 이용해 받도록 만들어 보세요.

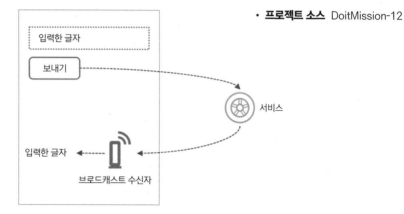

• **프로젝트 소스** DoitMission-12

❶ 화면에 버튼 하나와 입력상자 그리고 텍스트뷰를 배치합니다.

❷ 버튼을 누르면 입력상자의 글자를 가져와 서비스를 실행하면서 보내줍니다.

❸ 서비스에서는 다시 브로드캐스팅을 이용해 글자를 보내줍니다.

❹ MainActivity 화면에서는 브로드캐스트 수신자를 통해 글자를 전달받습니다.

❺ 수신자를 통해 전달받은 글자를 화면에 있는 텍스트뷰에 표시합니다.

참고할 점

액티비티 안에서 브로드캐스트 수신자를 등록할 수 있습니다.

액티비티 안의 수신자에서 메시지를 수신하면

그 메시지를 액티비티 안의 텍스트뷰에 표시할 수 있습니다.

07 선택 위젯 만들기

안드로이드에서 기본으로 제공하는 위젯들에 익숙해졌으니 이제 대부분의 기초 화면 구성은 어렵지 않을 것입니다. 그러나 실제로 앱을 만들게 되면 위젯의 기능을 일부 바꾸거나 새로운 뷰를 만들어 사용해야 할 때가 생깁니다. 그러면 직접 뷰를 정의할 수도 있을까요? 예를 들어, 여러 개의 아이템 중에서 하나를 선택하는 리스트 모양의 위젯은 어떻게 만들 수 있을까요? 리스트 형태로 보이는 위젯은 각 아이템으로 보일 뷰의 레이아웃을 한 번 정의한 후 각 아이템에 데이터만 설정해주면 됩니다. 이번 장에서는 새로운 뷰를 직접 정의하는 방법과 여러 아이템을 리스트 형태로 보여주는 방법에 대해 알아보겠습니다.

그림으로 정리하기

예쁜 모양의 버튼을 디자인해서 레이아웃에 넣고 싶은데요?	• 나인패치 이미지 이해하기
제공되는 뷰 말고 직접 뷰를 정의할 수도 있나요?	• 새로운 뷰 만들기
리스트 모양으로 보여주고 싶어요.	• 리싸이클러뷰 사용하기
콤보박스 형태로 간단하게 보여줄 수 있나요?	• 스피너 사용하기

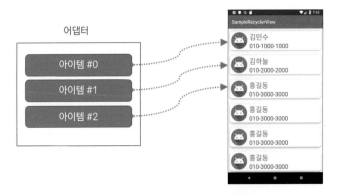

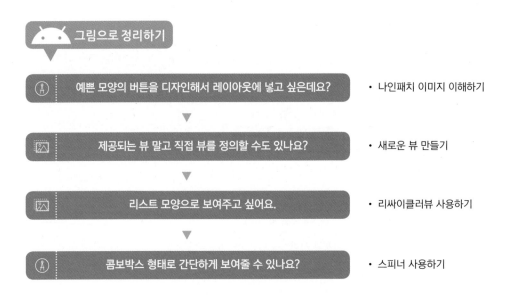

07-1
나인패치 이미지 알아보기

이미지뷰(ImageView)를 XML 레이아웃에 추가해서 화면에 보여줄 때 이미지가 나타나는 영역보다 원본 이미지가 작으면 시스템이 이미지 크기를 자동으로 늘려줍니다. 이 기능은 해상도가 서로 다른 단말에서도 일정한 비율로 이미지의 크기를 지정하면 이미지가 자동으로 그 크기에 맞게 늘어나거나 줄어들게 하므로 아주 유용한 기능입니다.

그러나 이런 과정에서 이미지의 일부분이 깨져 보이거나 왜곡이 발생하기 때문에 발생한 문제점을 해결할 방법이 필요하게 됩니다. 예를 들어, 버튼의 경우에 텍스트만 보여주거나 텍스트와 아이콘을 같이 보여주는 방식만을 사용하면 모르겠지만 버튼 자체를 포토샵과 같은 그래픽 프로그램에서 만든 후

버튼에 표시하는 방식을 사용하면 버튼 이미지의 크기와 버튼의 크기가 같아야 하는 문제가 생깁니다. 앱을 만들 때는 단말의 해상도에 상관없이 크기를 지정하는 경우가 많기 때문에 "100dp"와 같은 값으로 버튼의 가로 크기를 지정하였다면 실제 픽셀 수는 단말에 따라 달라질 것입니다. 이 과정에서 버튼에 올린 이미지는 실제 크기와 달라지는데 그럴 경우 이미지의 일부가 왜곡되어 보이게 됩니다.

▲ 이미지의 크기에 따른 원본 이미지의 왜곡

왼쪽 이미지는 버튼 모양을 그래픽으로 만든 것입니다. 그림의 파란색 부분은 투명 영역을 의미합니다. 만약 이미지의 크기가 옆으로 늘어나면 모서리 부분이 옆으로 늘어나면서 왜곡이 생깁니다. 왜곡은 다른 부분보다 특히 모서리 부분에 많이 생기는데 그 이유는 버튼 이미지의 모서리를 곡선 모양으로 처리했기 때문입니다.

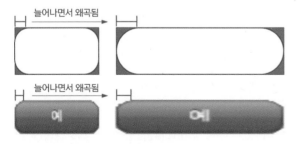

▲ 이미지의 크기를 늘릴 때 왜곡되는 영역

그렇다면 이렇게 왜곡되는 모서리 부분을 어떻게 해결할 수 있을까요? 여기서 알아야 하는 기본적인 내용이 나인패치(Nine Patch)입니다. 이것은 간단히 말하면 이미지가 늘어나거나 줄어들 때 생기는 이미지 왜곡을 해결하는 방법을 정의한 것입니다. 다음은 동일한 이미지를 나인패치 이미지라는 것으로 만

든 것입니다. 각각의 이미지의 크기는 가로와 세로 각각 2픽셀씩 커졌으며, 이미지의 가로와 세로 끝부분의 픽셀들은 흰색 또는 검은색으로 지정되어 있습니다.

▲ 나인패치 이미지로 만든 경우

이렇게 수정한 이미지의 파일 이름은 ooo.9.png처럼 파일 확장자 앞에 '.9'를 붙여야 합니다. 안드로이드에서는 이 방식으로 이름을 지은 파일을 원본 이미지의 가로, 세로 끝부분의 픽셀을 모두 나인패치 이미지의 정보를 담은 것으로 인식합니다. 이 정보는 흰색인 경우 늘어나지 않는 영역, 검은색인 경우 늘어나는 영역으로 구분되는데 위의 그림과 같이 지정하면 가운데 부분만 늘어나므로 이미지의 크기가 커지더라도 모서리 부분은 원래의 이미지 모양을 유지할 수 있습니다. 나인패치 이미지를 만들고 싶다면 포토샵과 같은 그래픽 편집 툴을 사용하면 됩니다. 가장 간단한 방법은 png나 jpg와 같은 이미지보다 가로, 세로 크기가 2픽셀씩 큰 이미지를 새로 만들고 원본 이미지를 가운데에 복사하면 됩니다. 그러면 가장자리 한 픽셀씩을 흰색 또는 검은색으로 바꿀 수 있습니다.

나인패치 이미지를 화면에 표시하기 위해 새로운 SampleNinePatch 프로젝트를 만듭니다. 그리고 책에서 제공하는 이미지(button_image_01.png, button_image_02.9.png)를 /app/res/drawable 폴더에 복사합니다. activity_main.xml 파일을 열고 최상위 레이아웃을 LinearLayout으로 변경하고 가운데 텍스트뷰는 삭제합니다. LinearLayout의 orientation 속성 값은 vertical로 설정하고 버튼 6개를 추가합니다.

버튼의 layout_width와 layout_height 속성 값은 wrap_content로 설정하고 layout_weight 값은 설정하지 않습니다. textColor 속성 값은 #ffffff로 입력하여 글자색을 흰색으로 설정합니다. 추가한 순서대로 앞의 3개 버튼에는 background 속성 값을 @drawable/button_image_01로 설정하고 뒤의 3개 버튼에는 @drawable/button_image_02로 설정합니다. 그리고 앞의 3개 버튼에 표시되는 글자는 순서대로 'Small', 'MediumMediumMedium', 'LongLongLongLongLongLongLongLongLong'으로 설정하고 뒤의 3개 버튼에도 똑같은 글자들을 설정합니다.

각각의 버튼 크기가 다르기 때문에 버튼에 설정된 이미지는 버튼 크기에 따라 자동으로 늘어납니다. 여기에서 사용된 이미지는 일반 이미지와 나인패치 이미지로 나누어져 있기 때문에 화면에 표시될 때 모서리 부분이 깨지는지 아닌지를 잘 살펴볼 수 있습니다.

이 XML 레이아웃에서 버튼의 배경으로 이미지를 설정한 것처럼 자바 코드에서도 버튼의 배경을 설정할 수 있습니다. 뷰의 배경으로 색상과 이미지를 지정하는 메서드들을 나열하면 다음과 같습니다.

void setBackgroundColor (int color)
void setBackgroundDrawable (Drawable d)
void setBackgroundResource (int resid)

이 메서드들 중에서 setBackgroundResource 메서드는 XML 레이아웃의 background 속성과 같으므로 XML 레이아웃에 추가된 각각의 버튼들은 이 속성 값으로 지정된 이미지를 배경으로 설정하고 text 속성으로 설정된 텍스트의 길이 값에 맞추어 이미지의 크기가 자동으로 변경됩니다. 앱을 실행하면 다음과 같은 화면을 볼 수 있습니다.

▲ 일반 이미지와 나인패치 이미지를 적용했을 때의 비교

SMALL이라는 텍스트를 가지고 있는 버튼은 원본 이미지와 비슷한 크기이므로 왜곡이 거의 없지만 글자가 많아질수록 배경으로 설정된 이미지의 폭이 더 넓어지면서 이미지가 왜곡됩니다. 그러나 밑의 세개 버튼들은 이미지 왜곡이 없도록 나인패치 이미지가 설정되었으므로 버튼에 설정된 이미지가 그대로 유지되는 효과를 확인할 수 있습니다.

07-2
새로운 뷰 만들기

API에서 제공하는 위젯을 사용하면 거의 대부분의 화면을 만들 수 있습니다. 하지만 여러분이 원하는 기능을 가진 위젯을 따로 구상해야 할 때는 새로운 뷰나 위젯을 만들어야 합니다. 이번에는 API에서 제공하는 뷰를 사용해서 새로운 뷰를 정의해 보겠습니다.

API에서 제공하는 뷰를 사용하려면 API의 뷰를 상속해야 합니다. 그리고 API의 뷰를 상속하여 새로운 뷰를 만들 때는 뷰가 그려지는 방법을 반드시 이해해야 합니다. 뷰의 영역과 크기는 그 뷰를 포함하고 있는 레이아웃의 영향을 받아 정해집니다. 이때 개발자가 뷰의 상태에 따라 추가적인 코드를 넣을 수 있도록 콜백 메서드가 호출됩니다. 뷰가 스스로의 크기를 정할 때 자동으로 호출되는 메서드는 onMeasure이고 스스로를 레이아웃에 맞게 그릴 때는 onDraw 메서드가 자동으로 호출됩니다.

[Reference]

public void onMeasure (int widthMeasureSpec, int heightMeasureSpec)
public void onDraw(Canvas canvas)

onMeasure 메서드의 파라미터로 전달되는 widthMeasureSpec과 heightMeasureSpec은 이 뷰를 담고 있는 레이아웃에서 이 뷰에게 허용하는 여유 공간의 폭과 높이에 대한 정보입니다. 즉, 부모 컨테이너에서 여유 공간에 대한 정보를 전달하는데 이 값을 참조하여 뷰가 보일 적절한 크기를 반환하면 이 크기 값으로 뷰가 그려지게 됩니다. onMeasure 메서드 안에서 이 뷰를 담고 있는 레이아웃에게 이 뷰의 크기 값을 반환하고 싶다면 다음 메서드를 사용합니다.

[Reference]

void setMeasuredDimension (int measuredWidth, int measuredHeight)

이 메서드의 두 파라미터는 뷰의 폭과 높이 값이 됩니다.

onDraw 메서드와 invalidate 메서드 이해하기

뷰가 화면에 보일 때는 onDraw 메서드가 호출됩니다. 예를 들어, 버튼의 경우에 그림으로 된 아이콘이나 글자가 그 위에 표시되려면 먼저 그 버튼을 담고 있는 레이아웃에 따라 버튼의 위치와 크기가 정해져야 합니다. 그런 다음 버튼의 모양과 그 안의 아이콘 또는 글자를 화면상에 그려주는 과정을 거치게 됩니다. 이렇게 그려지는 과정에서 호출되는 onDraw 메서드를 다시 정의하면 여러분이 보여주려는 내용물을 버튼 위에 그릴 수 있습니다.

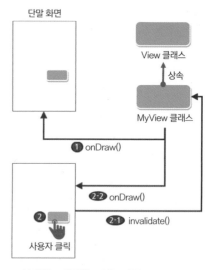

▲ 뷰 위에 그래픽을 그리는 과정

결국, 새로운 뷰를 클래스로 정의하고 그 안에 onDraw 메서드를 다시 정의한 후 필요한 코드를 넣어 기능을 구현하면 다른 모양으로 보이는 뷰를 직접 만들 수 있는 것입니다. 뷰 위에 그래픽을 그리는 과정을 설명하는 그림에서 볼 수 있듯이, 새로 정의한 MyView 클래스의 onDraw 메서드는 새로 정의한 뷰가 화면에 보이기 전에 호출되므로 이 메서드 안에서 원하는 모양의 그래픽을 화면에 그리면 그 모양대로 화면에 표현할 수 있습니다. 또한 손가락으로 터치하여 화면에 그려진 뷰를 이동시키려고 할 때는 뷰가 이동한 후에 그 뷰의 그래픽을 다시 그려야 할 필요가 있는데 이때 invalidate 메서드를 호출하면 됩니다. invalidate 메서드가 호출되면 자동으로 onDraw 메서드가 다시 호출되어 이동한 좌표에 뷰의 그래픽을 다시 그리도록 만들 수 있습니다.

버튼을 직접 만들어보기 위해 새로운 SampleView 프로젝트를 만듭니다. 프로젝트를 만들 때 패키지 이름은 org.techtown.view로 입력합니다. 프로젝트가 만들어지면 /app/java/org.techtown.view 폴더 안에 새로운 MyButton 클래스를 만듭니다. 새로운 클래스를 만들 때는 해당 폴더를 선택한 상태에서 마우스 오른쪽 버튼을 누르고 [New → Java Class] 메뉴를 선택하면 됩니다. 입력란에 MyButton을 입력하고 Enter를 치면 새로운 클래스가 만들어집니다.

◀ MyButton 클래스를 만들기 위한 대화상자

MyButton.java 파일이 열리면 AppCompatButton을 상속하도록 코드를 수정합니다. AppCompat-Button에는 버튼을 위한 기능이 미리 정의되어 있으며 androidx.appcompat.widget 패키지 안에 들어 있습니다. MyButton.java 파일이 만들어지면 MyButton 클래스 아래쪽에 빨간 줄이 표시됩니다. 이것은 MyButton 클래스가 생성자를 가지고 있지 않아 생기는 오류 표시입니다. 클래스 중괄호 안쪽에 커서를 둔 상태로 마우스 오른쪽 버튼을 누릅니다. 팝업 메뉴가 보이면 [Generate → Constructor] 메뉴를 눌러 생성자를 추가합니다.

▲ 생성자를 추가하기 위한 대화상자

생성자를 추가할 수 있는 대화상자에는 세 개의 메서드가 표시되는데 그중에서 두 개가 필수 생성자입니다. 첫 번째 생성자는 Context 객체만 파라미터로 전달받으며 두 번째 생성자는 Context 객체와

AttributeSet 객체를 파라미터로 전달받습니다. 안드로이드는 UI 객체를 만들 때 Context 객체를 전달 받도록 되어 있으므로 생성자에는 항상 Context 객체가 전달되어야 합니다. AttributeSet 객체는 XML 레이아웃에서 태그에 추가하는 속성을 전달받기 위한 것으로 이 뷰를 XML 레이아웃에 추가하는 경우 이 두 번째 생성자가 사용됩니다. 첫 번째 생성자는 이 뷰를 소스 코드에서 new 연산자로 생성하는 경우에 사용됩니다. 두 개의 생성자를 선택하고 [OK] 버튼을 누르면 두 개의 생성자가 소스 파일에 추가됩니다.

```
public MyButton(Context context)
public MyButton(Context context, AttributeSet attrs)
```

생성자가 두 개이므로 이 뷰가 초기화될 때 필요한 코드는 init 메서드를 만들어 그 안에 정의합니다. 이렇게 하면 두 개의 생성자에서 모두 init 메서드를 호출하도록 할 수 있어 어떤 생성자가 호출되든 상관없이 동일한 초기화 작업이 진행되도록 만들 수 있습니다. 다음을 입력하세요. 소스를 완성하면 text_size에만 오류가 표시될 것입니다. 이 오류는 바로 수정할 것이니 걱정하지 않아도 됩니다.

참조파일 SampleView>/java/org.techtown.view/MyButton.java

```
public class MyButton extends AppCompatButton {  ──▶ ❶ AppCompatButton 클래스 상속하여 새로운
                                                        클래스 정의하기
    public MyButton(Context context) {
        super(context);
        init(context);
    }

    public MyButton(Context context, AttributeSet attrs) {
        super(context, attrs);
        init(context);
    }

    private void init(Context context) {
        setBackgroundColor(Color.CYAN);
        setTextColor(Color.BLACK);                      ❷ 초기화를 위한
                                                           메서드 정의하기
        float textSize = getResources().getDimension(R.dimen.text_size);
        setTextSize(textSize);
    }
}
```

init 메서드에는 Context 객체를 전달하도록 했으며, init 메서드 안에서는 뷰의 배경색과 글자색을 설정하도록 했습니다. 배경색을 설정할 때는 setBackgroundColor 메서드를 호출하면 되고 글자색을 설정할 때는 setTextColor 메서드를 호출하면 됩니다. setTextSize 메서드를 이용하면 글자 크기도 설

정할 수 있습니다. 하지만 이 방법은 픽셀 단위 설정만 할 수 있습니다. 그래서 이 방법은 잘 사용하지 않습니다. 글자 크기는 화면 크기별로 다르게 표현되는 sp 단위를 사용하는 것을 권합니다. 그런데 sp 단위 설정으로 글자 크기를 조절하려면 소스 코드가 아니라 XML 파일을 사용해야 합니다. /app/res/values 폴더 안에 dimens.xml 파일을 하나 만듭니다. 그리고 그 안에 다음과 같이 크기를 정의합니다.

참조파일 SampleView>/app/res/values/dimens.xml

```xml
<?xml version="1.0" encoding="utf-8"?>
<resources>
    <dimen name="text_size">16sp</dimen>
</resources>
```

dimens.xml 파일은 크기 값 등을 정의할 수 있는 파일입니다. 이 파일의 <resources> 태그 안에 <dimen> 태그를 추가하고 dp, sp 또는 다른 단위의 크기 값을 정의하면 소스 코드에서 그 값을 참조할 수 있습니다. 소스 코드에서 참조할 때는 Resources 객체의 getDimension 메서드를 사용합니다. 이 메서드에서 반환하는 값은 픽셀 값으로 자동 변환된 값입니다.

이제 onDraw 메서드와 onTouchEvent 메서드를 재정의해 봅니다. MyButton.java 파일 안에 커서를 두고 마우스 오른쪽 버튼을 누릅니다. 팝업 메뉴가 보이면 [Generate → Override Methods...] 메뉴를 선택하여 부모 클래스에 있는 메서드를 재정의하기 위한 대화상자를 띄웁니다. onDraw 메서드와 onTouchEvent 메서드를 선택하고 [OK] 버튼을 누르면 두 개의 메서드가 추가됩니다.

▲ 메서드를 재정의하기 위한 대화상자

정박사의
조　언 　**버튼 모양을 직접 그릴 수도 있을까요?**

onDraw 메서드는 위젯이 그려질 때 호출되어 여러분이 직접 그래픽으로 그릴 수 있는 기회를 제공합니다. 이 내용은 그래픽을 설명하는 부분에서 자세히 설명합니다.

onDraw 메서드와 onTouchEvent 메서드가 언제 호출되는지 알아보기 위해 Log.d 메서드를 이용해 로그를 출력하도록 입력합니다. 그리고 onTouchEvent 메서드 안에는 다음과 같이 MouseEvent 객체 안에 들어있는 정보를 처리하는 코드를 입력합니다.

참조파일 SampleView>/app/java/org.techtown.view/MyButton.java

```java
중략…

    @Override
    protected void onDraw(Canvas canvas) {          ❶ 뷰가 그려질 때 호출되는 함수에 기능 추가하기
        super.onDraw(canvas);

        Log.d("MyButton", "onDraw 호출됨");
    }


    @Override
    public boolean onTouchEvent(MotionEvent event) {          ❷ 뷰가 터치될 때 호출되는 함수에 기능 추가하기
        Log.d("MyButton", "onTouchEvent 호출됨");

        int action = event.getAction();
        switch (action) {
            case MotionEvent.ACTION_DOWN:
                setBackgroundColor(Color.BLUE);
                setTextColor(Color.RED);

                break;
            case MotionEvent.ACTION_OUTSIDE:
            case MotionEvent.ACTION_CANCEL:
            case MotionEvent.ACTION_UP:
                setBackgroundColor(Color.CYAN);
                setTextColor(Color.BLACK);

                break;
        }

        invalidate();

        return true;
    }

중략…
```

처음에는 MyButton 뷰의 배경색이 밝은 파랑으로 글자색은 검은색으로 만들어지지만 버튼을 누르면 배경색은 파랑으로 글자색은 빨간색으로 변경됩니다. onTouchEvent 메서드가 호출되면서 전달되는 MouseEvent 객체에는 getAction 메서드가 있어서 손가락이 눌렸는지, 눌린 상태로 드래그되는지 또는 손가락이 떼어졌는지를 알 수 있습니다. getAction 메서드는 정수형(int) 값으로 이 상태를 반환하죠. 반환 값은 각각 MotionEvent 객체의 ACTION_DOWN, ACTION_MOVE, ACTION_UP 상수로 정의되어 있습니다. 이 값을 이용하여 손가락이 눌린 상태를 검사할 수 있습니다. 손가락이 눌렸을 때 배경색과 글자색을 바꾸었다면 invalidate 메서드를 호출하여 뷰를 다시 그립니다. 뷰가 다시 그려진다면 onDraw 메서드가 동작하겠죠? 그래서 onDraw 메서드에 Log.d 메서드를 작성해 두었습니다.

이렇게 정의한 새로운 버튼은 XML 레이아웃에 추가하거나 또는 소스 코드에서 new 연산자를 사용해 새로운 객체로 만든 후 레이아웃 객체의 addView 메서드로 추가할 수 있습니다. activity_main.xml 파일을 열고 최상위 레이아웃을 RelativeLayout으로 바꿉니다. 기존에 있던 텍스트뷰는 삭제하고 새로 만든 MyButton을 화면 가운데 추가합니다. MyButton의 가로 크기는 200dp, 세로 크기는 80dp로 설정하고 text 속성 값은 '시작하기'로 설정합니다. 디자인 화면의 우측 상단에 있는 [Code] 아이콘을 눌러 원본 XML 코드를 열어 보면 다음과 같이 보입니다.

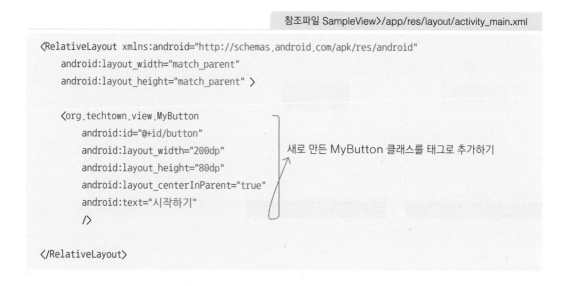

참조파일 SampleView>/app/res/layout/activity_main.xml

```
<RelativeLayout xmlns:android="http://schemas.android.com/apk/res/android"
    android:layout_width="match_parent"
    android:layout_height="match_parent" >

    <org.techtown.view.MyButton
        android:id="@+id/button"
        android:layout_width="200dp"                새로 만든 MyButton 클래스를 태그로 추가하기
        android:layout_height="80dp"
        android:layout_centerInParent="true"
        android:text="시작하기"
        />

</RelativeLayout>
```

MyButton은 직접 정의한 위젯이므로 XML 레이아웃에 추가할 때 패키지 이름까지 함께 넣어야 합니다.

```
<org.techtown.view.MyButton
```

상대 레이아웃 안에 추가했으므로 layout_centerInParent 속성 값을 true로 설정하여 화면 가운데에 보이도록 합니다. 디자인 화면에서 XML 레이아웃을 직접 만들 경우 다음과 같은 화면이 됩니다.

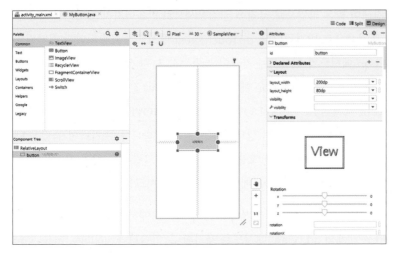

▲ XML 레이아웃에 MyButton을 넣었을 때의 화면

이제 앱을 실행하면 여러분이 직접 만든 버튼이 화면 가운데에 보이게 됩니다.

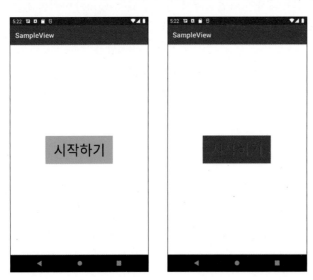

▲ 앱을 실행한 화면에 보이는 MyButton

가운데 있는 버튼을 눌렀을 때 눌린 상태에서는 배경색이나 글자색이 바뀌는 것을 확인할 수 있습니다. 또한 onDraw와 onTouchEvent 메서드가 호출되면서 로그가 출력되는 것도 확인할 수 있습니다.

07-3
레이아웃 정의하고 카드뷰 넣기

버튼을 상속해서 새로운 버튼을 만들어 보았습니다. 이제 뷰들을 담아두는 레이아웃을 상속해서 새로운 레이아웃을 만들어 보겠습니다. 그리고 그 안에 카드뷰(CardView)를 넣어봅니다. 카드뷰는 프로필과 같은 간단 정보를 넣기 위해 각 영역을 구분하는 역할을 합니다. 예를 들어, 쇼핑몰 앱에서 하나의 상품 정보를 상품 이미지와 가격 그리고 평점으로 표시하고자 한다면 이것들을 카드뷰 안에 넣어서 표시할 수 있습니다. 이렇게 하면 카드뷰가 모서리를 둥글게 보여주거나 다른 배경에 비해 약간 돌출된 것처럼 표현할 수 있습니다. 물론 카드뷰의 배경 색상도 설정할 수 있죠.

레이아웃은 뷰들을 그 안에 배치하고 보여주어야 하므로 하나의 XML 레이아웃 파일과 하나의 소스 파일로 구성됩니다. 즉, 액티비티가 그렇듯이 레이아웃으로 만들어지는 부분 화면도 두 개의 파일로 구성됩니다. SampleLayout이라는 이름의 새로운 프로젝트를 만듭니다. 이때 패키지 이름은 org.techtown.layout으로 입력합니다. 프로젝트 창이 보이면 먼저 /app/res/layout 폴더를 선택하고 마우스 오른쪽 버튼을 누릅니다. 메뉴가 보이면 [New → Layout resource file] 메뉴를 선택합니다. 새로운 레이아웃의 이름은 layout1.xml로 입력하고 Root element:에는 LinearLayout을 입력합니다. [OK] 버튼을 누르면 새 파일이 만들어집니다.

▲ 새로운 레이아웃 파일을 만들기 위한 대화상자

layout1.xml 파일이 만들어지면 디자인 화면에서 최상위 레이아웃인 LinearLayout의 orientation 속성을 horizontal로 변경하고 layout_height 속성 값은 wrap_content로 설정합니다. 그리고 왼쪽에 이미지뷰 하나와 오른쪽에 텍스트뷰 두 개를 추가합니다. 왼쪽에 이미지를 추가하면 어떤 이미지를 넣을 것인지 선택 가능한 대화상자가 표시됩니다. 이 대화상자에서 [Mip Map] 탭을 누른 후 ic_launcher 이미지를 선택합니다.

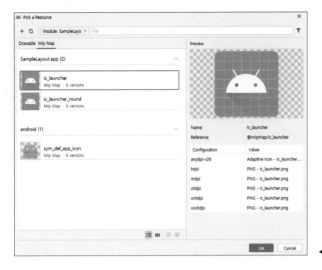

◀ 이미지뷰에 설정할 이미지를 선택하는 대화상자

추가한 이미지뷰의 layout_width와 layout_height 속성 값은 80dp로 입력합니다. 만약 layout_weight 값에 1이 들어 있다면 그 값을 삭제합니다. 이제 오른쪽에 텍스트뷰 두 개를 추가합니다. 오른쪽에 추가하는 텍스트뷰 두 개는 세로 방향으로 들어갈 수 있도록 orientation 속성 값이 vertical인 LinearLayout을 먼저 추가하고 그 안에 넣어줍니다. 새로 추가한 LinearLayout의 layout_margin 속성 값은 5dp로 설정하여 테두리를 약간 띄워줍니다. 이때 추가한 텍스트뷰 2개의 layout_width는 match_parent로 수정합니다. 첫 번째 텍스트뷰의 크기는 30sp로 설정하고 두 번째 텍스트뷰의 크기는 25sp, 글자색은 파란색(#FF0000FF)로 설정합니다. text 속성에는 각각 '이름'과 '전화번호'를 설정하여 화면에 표시되도록 합니다. 두 개의 텍스트뷰 속성 설정이 끝났다면 이 두 개의 텍스트뷰를 담고 있는 리니어 레이아웃의 layout_height 속성 값을 wrap_content로 수정합니다.

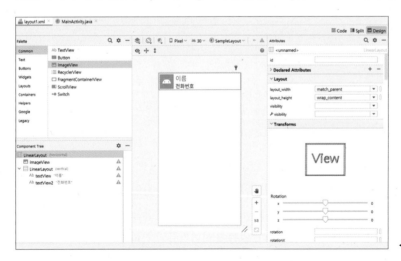

◀ layout1.xml 파일의 레이아웃

이미지뷰 하나와 텍스트뷰 두 개가 들어간 XML 레이아웃 파일을 만들었으니 이 XML 파일과 매칭될 클래스 파일을 만들 차례입니다. /app/java/org.techtown.layout 폴더를 선택한 상태에서 마우스 오른쪽 버튼을 누르고 [New → Java Class] 메뉴를 선택하여 새로운 클래스를 만듭니다. 클래스를 만들기 위한 대화상자가 보이면 입력란에 Layout1을 입력하고 [Enter]를 누릅니다.

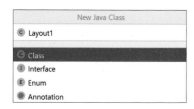

◀ 새로운 클래스를 만들기 위한 대화상자

[OK] 버튼을 누르면 Layout1.java 파일이 만들어집니다. Layout1 클래스는 LinearLayout을 상속하도록 코드를 수정합니다. 그러면 Layout1 클래스 아래에 빨간줄이 표시되면서 생성자가 없다는 것을 알려줍니다. 클래스를 위한 중괄호 안쪽에 커서를 두고 마우스 오른쪽 버튼을 누릅니다. 그리고 팝업 메뉴가 보이면 [Generate → Constructor] 메뉴를 눌러 생성자 선택 대화상자가 보이도록 합니다. 앞에서 뷰를 상속하여 새로운 뷰를 정의할 때처럼 생성자는 두 개를 선택합니다.

```
LinearLayout(context:Context)
LinearLayout(context:Context, attrs:AttributeSet)
```

◀ 생성자를 만들기 위한 대화상자

두 개의 생성자가 추가되면 객체가 생성될 때 호출될 수 있도록 init 메서드를 추가합니다. init 메서드에는 Context 객체가 전달되며 그 안에서 XML 레이아웃 파일을 인플레이션하여 이 소스 파일과 매칭될 수 있도록 합니다.

참조파일 SampleLayout>/app/java/org.techtown.layout/Layout1.java

```
public class Layout1 extends LinearLayout { ─────▶ ❶ LinearLayout 클래스 상속하여 새로운 클래스
                                                      정의하기
    public Layout1(Context context) {
        super(context);
        init(context);
    }
```

```
  public Layout1(Context context, AttributeSet attrs) {
    super(context, attrs);
    init(context);
  }


  private void init(Context context) {
    LayoutInflater inflater = (LayoutInflater) context.getSystemService(Context.LAYOUT_INFLATER_SERVICE);
    inflater.inflate(R.layout.layout1, this, true);                        ❷ 인플레이션 진행하기
  }
}
```

init 메서드 안에서는 LayoutInflater 객체를 참조했습니다. 이 객체는 시스템 서비스로 제공되므로 getSystemService 메서드를 호출하면서 파라미터로 Context.LAYOUT_INFLATER_SERVICE 상수를 전달하면 객체가 반환됩니다. 이 객체의 inflate 메서드를 호출하면서 XML 레이아웃 파일을 파라미터로 전달하면 인플레이션이 진행되면서 이 소스 파일에 설정됩니다.

인플레이션 과정이 끝나면 XML 레이아웃 파일 안에 넣어둔 이미지뷰나 텍스트뷰를 찾아서 참조할 수 있습니다. 액티비티에서 사용했던 findViewById 메서드를 동일하게 호출할 수 있으므로 inflate 메서드를 호출한 코드 아래에 findViewById를 이용해 이미지뷰와 텍스트뷰를 찾아내는 코드를 추가합니다.

참조파일 SampleLayout>/app/java/org.techtown.layout/Layout1.java

```
public class Layout1 extends LinearLayout {
  ImageView imageView;
  TextView textView;
  TextView textView2;
중략…
  private void init(Context context) {
    LayoutInflater inflater = (LayoutInflater) context.getSystemService(Context.LAYOUT_INFLATER_
SERVICE);
    inflater.inflate(R.layout.layout1, this, true);

    imageView = findViewById(R.id.imageView);
    textView = findViewById(R.id.textView);          ❶ XML 레이아웃에서 정의했던 뷰 참조하기
    textView2 = findViewById(R.id.textView2);
  }
```

```
    public void setImage(int resId) {
        imageView.setImageResource(resId);
    }

    public void setName(String name) {
        textView.setText(name);
    }

    public void setMobile(String mobile) {
        textView2.setText(mobile);
    }
}
```

❷ 뷰에 데이터 설정하기

findViewById 메서드로 찾아낸 뷰들은 이 클래스 안의 어느 코드에서건 접근할 수 있도록 클래스 상단에 변수를 선언한 후 그 변수에 할당합니다. 그리고 새로 정의한 Layout1이라는 이름의 뷰는 메인 레이아웃에 추가되어 사용할 것이므로 소스 코드에서 이미지뷰의 이미지나 텍스트뷰의 글자를 바꿀 수 있도록 setImage, setName, setMobile이라는 이름의 메서드를 정의합니다. setImage 메서드는 정수를 전달받아 이미지뷰의 이미지를 변경할 수 있도록 합니다. 이미지뷰에 보이는 이미지를 바꿀 수 있는 메서드 중의 하나가 setImageResource 메서드인데 이 메서드는 /app/res/drawable 폴더 안에 들어 있는 이미지 파일을 참조하는 정수 값을 파라미터로 전달받습니다. 예를 들어, /app/res/drawable 폴더 안에 house.png라는 이름의 이미지 파일이 들어있다면 이 이미지 파일은 @drawable/house라는 리소스 id로 참조할 수 있는데 이 id 값은 내부적으로 정수 값으로 표현됩니다. 따라서 이런 이미지 리소스 id가 전달되도록 만듭니다.

Layout1.java 파일과 layout1.xml 파일이 완성되었으니 여러분이 레이아웃을 상속한 새로운 뷰를 하나 만든 것이 됩니다. 이제 이 뷰를 메인 액티비티에 추가해 보겠습니다. activity_main.xml 파일을 열고 디자인 화면에서 최상위 레이아웃을 LinearLayout으로 변경합니다. LinearLayout의 orientation 속성 값은 vertical로 바꾸고 그 안에 있던 텍스트뷰는 삭제합니다. 좌측 상단의 팔레트에서 버튼 두 개를 추가하고 버튼의 layout_width 속성은 wrap_content로 바꿉니다.

그다음 오른쪽 위에 있는 [Code] 아이콘을 눌러 XML 원본 코드를 열고 〈org.techtown.layout.Layout1〉 태그를 〈LinearLayout〉 태그 안에 추가합니다. 이 태그의 layout_width 속성 값은 match_parent로 하고 layout_height 속성 값은 wrap_content로 합니다. 그리고 id 값은 layout1로 설정합니다.

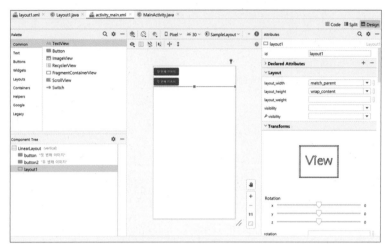

▲ activity_main.xml 파일에 추가한 Layout1 뷰

이제 MainActivity.java 파일을 연 후 onCreate 메서드 안에 다음 코드를 추가합니다.

참조파일 SampleLayout>/app/java/org.techtown.layout/MainActivity.java

```java
public class MainActivity extends AppCompatActivity {

    @Override
    protected void onCreate(Bundle savedInstanceState) {
        super.onCreate(savedInstanceState);
        setContentView(R.layout.activity_main);

        Layout1 layout1 = findViewById(R.id.layout1);        ❶ XML 레이아웃에 추가한 뷰 참조하기

        layout1.setImage(R.drawable.ic_launcher_foreground);  ❷ 뷰의 메서드 호출하여 데이터 설정하기
        layout1.setName("김민수");
        layout1.setMobile("010-1000-1000");
    }
}
```

Layout1 클래스에는 setImage, setName, setMobile 이라는 이름의 메서드를 정의했었기 때문에 이 세 개의 메서드를 호출하여 Layout1 뷰에 이미지와 글자를 설정할 수 있습니다. 만약 버튼을 눌렀을 때 이미지가 바뀌도록 만들고 싶다면 /app/res/drawable 폴더에

이미지는 무료로 아이콘을 다운로드받을 수 있는 사이트(http://www.iconfinder.com)에서 받을 수 있으며 파일 탐색기에서 저장할 경우 프로젝트 폴더의 /app/src/main/res/drawable 폴더에 저장해야 한다는 점에 주의합니다.

profile1.png와 profile2.png라는 두 개의 이미지 파일을 넣은 후 다음과 같이 코드를 수정합니다.

```java
public class MainActivity extends AppCompatActivity {
  Layout1 layout1;

  @Override
  protected void onCreate(Bundle savedInstanceState) {
    super.onCreate(savedInstanceState);
    setContentView(R.layout.activity_main);

    layout1 = findViewById(R.id.layout1);
    layout1.setImage(R.drawable.profile1);
    layout1.setName("김민수");
    layout1.setMobile("010-1000-1000");

    Button button = findViewById(R.id.button);
    button.setOnClickListener(new View.OnClickListener() {
      @Override
      public void onClick(View v) {
        layout1.setImage(R.drawable.profile1);  ──→ 버튼 클릭했을 때 이미지 설정하기
      }
    });

    Button button2 = findViewById(R.id.button2);
    button2.setOnClickListener(new View.OnClickListener() {
      @Override
      public void onClick(View v) {
        layout1.setImage(R.drawable.profile2);
      }
    });
  }
}
```

어느 부분이 어떻게 바뀌었는지 구분이 되나요? findViewById 메서드로 찾은 Layout1 객체는 클래스 안의 어디서든 참조할 수 있도록 클래스 안에 변수를 선언한 후 그 변수에 할당했습니다. onCreate 메서드 안에서는 Layout1 뷰의 이미지를 profile1.png로 설정하지만 첫 번째 버튼을 눌렀을 때는 profile1.png 이미지로, 두 번째 버튼을 눌렀을 때는 profile2.png 이미지로 바뀌게 합니다. 마지막으로 activity_main.xml 파일에 들어있는 버튼의 글자를 '첫 번째 이미지'와 '두 번째 이미지'로 변경한 후 앱을 실행합니다.

▲ 앱을 실행한 후 Layout1 뷰의 이미지를 변경한 결과

레이아웃을 상속하여 새로운 뷰를 정의하는 방법을 알게 되었습니다. 그리고 새로운 뷰 안에 들어있는 이미지나 텍스트뷰의 속성을 바꾸기 위해 메서드를 정의하고 뷰 바깥에서 그 메서드를 호출하면 이미지나 글자를 바꿀 수 있다는 것도 알게 되었습니다.

이제 새로 만든 Layout1의 모양을 카드뷰 모양으로 바꿔보겠습니다. 카드뷰는 다른 뷰들을 담고 있는 레이아웃의 테두리를 카드 모양으로 둥글게 바꿔줍니다. layout1.xml 파일을 열고 팔레트에서 Card-View를 화면에 끌어다 놓으면 카드뷰가 추가됩니다. 이미 기존에 만들었던 레이아웃이 있으므로 원본 XML을 수정하는 방식으로 만들어 가겠습니다. 디자인 화면의 오른쪽 위에 있는 [Code] 아이콘을 눌러 XML 원본 코드가 보이게 한 다음 XML 레이아웃을 수정합니다. 기존에 만들었던 레이아웃은 Card-View 태그 안에 들어가도록 하고 최상위 레이아웃이 CardView를 담고 있도록 했습니다. 최상위 레이아웃은 LinearLayout으로 하고 orientation 속성은 vertical로 설정했습니다.

참조파일 SampleLayout>/app/res/layout/layout1.xml

```
<?xml version="1.0" encoding="utf-8"?>
<LinearLayout xmlns:android="http://schemas.android.com/apk/res/android"
    xmlns:app="http://schemas.android.com/apk/res-auto"
    android:layout_width="match_parent"
    android:layout_height="wrap_content"
    android:orientation="vertical">

    <androidx.cardview.widget.CardView
        android:layout_width="match_parent"
        android:layout_height="wrap_content"
        app:cardBackgroundColor="#FFFFFFFF"
        app:cardCornerRadius="10dp"
        app:cardElevation="5dp"
        app:cardUseCompatPadding="true" >
```

CardView 태그 추가하기

```
    <LinearLayout
      android:layout_width="match_parent"
      android:layout_height="wrap_content"
      android:orientation="horizontal">

      <ImageView
        android:id="@+id/imageView"
        android:layout_width="80dp"
        android:layout_height="80dp"
        android:padding="5dp"
        app:srcCompat="@mipmap/ic_launcher" />

      <LinearLayout
        android:layout_width="match_parent"
        android:layout_height="match_parent"
        android:layout_margin="5dp"
        android:layout_weight="1"
        android:orientation="vertical">

        <TextView
          android:id="@+id/textView"
          android:layout_width="match_parent"
          android:layout_height="wrap_content"
          android:text="이름"
          android:textSize="30sp" />

        <TextView
          android:id="@+id/textView2"
          android:layout_width="match_parent"
          android:layout_height="wrap_content"
          android:text="전화번호"
          android:textColor="#FF0000FF"
          android:textSize="25sp" />

      </LinearLayout>
    </LinearLayout>
  </androidx.cardview.widget.CardView>
</LinearLayout>
```

CardView를 태그로 추가할 때는 패키지 이름인 androidx.cardview.widget까지 같이 입력합니다.
CardView 위젯에는 배경색을 설정할 수 있는 cardBackgroundColor, 모서리를 둥글게 만들 수 있는
cardCornerRadius, 그리고 뷰가 올라온 느낌이 들도록 하는 cardElevation 속성이 있습니다. 여기에

서는 하얀색 배경에 모서리는 10dp 크기만큼 둥글게 만들도록 했습니다. 올라온 느낌은 5dp 크기만큼 설정했으며 cardUseCompatPadding 속성을 이용해 기본 패딩이 적용되도록 했습니다. 리니어 레이아웃 안에 들어있던 이미지뷰에 대해서는 패딩 값을 5dp 설정하여 이미지가 리니어 레이아웃에 너무 붙어 보이지 않도록 했습니다. 앱을 실행하면 다음과 같이 카드뷰 모양으로 보입니다.

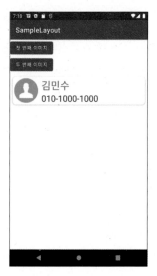

▲ Layout1 뷰가 보이는 모양을 카드뷰 모양으로 바꾼 결과

카드뷰 모양으로 바뀌니 더 깔끔하고 예뻐 보이죠? 이렇게 레이아웃을 상속하는 뷰를 직접 만들고 그모양도 카드뷰 모양으로 보일 수 있도록 했으니 다음 단락에서 리싸이클러뷰에 대해 알아봅니다. 리싸이클러뷰를 살펴볼 때 각각의 아이템으로 보이는 뷰들은 방금 만든 뷰를 사용할 것이므로 이 뷰를 만드는 방법에 대해 잘 이해한 후 다음 단락으로 넘어가기 바랍니다.

07-4
리싸이클러뷰 만들기

모바일 단말에서 가장 많이 사용되는 UI 모양 중의 하나가 바로 리스트입니다. 리스트는 일반적으로 여러 개의 아이템 중 하나를 선택할 수 있는 세로 모양으로 된 화면 컨트롤(Control)을 말하는데 이런 UI 모양은 다른 언어에서도 많이 사용됩니다. 특히 아이폰이나 안드로이드처럼 손가락으로 터치하는 방식을 사용하는 스마트폰 단말에서는 리스트가 쉽고 직관적이기 때문에 여러 개의 아이템 중에 선택하는 기능을 넣을 때 더 자주 사용됩니다.

안드로이드에서는 여러 개의 아이템 중에 하나를 선택할 수 있는 리스트 모양의 위젯을 특별히 '선택 위젯(Selection Widget)'이라고 부릅니다. 선택 기능을 가진 위젯을 특별히 구별하는 이유는 사용되는 방식이 다른 위젯과 약간 다르기 때문입니다.

다음은 선택 위젯이 사용되는 방식을 다이어그램으로 표현한 것입니다. 가장 큰 특징은 원본 데이터를 뷰에 직접 설정하지 않고 어댑터라는 클래스를 사용한다는 점입니다.

▲ 선택 위젯과 어댑터

선택할 수 있는 여러 개의 아이템이 표시되는 선택 위젯은 어댑터(Adapter)를 통해 각각의 아이템을 화면에 보여줍니다. 따라서 원본 데이터는 어댑터에 설정해야 하며 어댑터가 데이터 관리 기능을 담당합니다. 그리고 각각의 아이템을 위한 뷰도 위젯에 전달합니다. 즉, 위젯은 각 아이템을 보여주기만 할 뿐 각 아이템을 위한 뷰는 어댑터가 만듭니다.

만약 어댑터에서 만들어 반환하는 뷰가 텍스트뷰나 버튼과 같은 하나의 뷰가 아니라 리니어 레이아웃처럼 여러 개의 뷰들을 담고 있는 레이아웃이라면 하나의 레이아웃 안에 여러 개의 뷰들이 들어가게 됩니다. 실제로 스마트폰 단말에서 다운로드 받을 수 있는 여러 앱을 구경하다 보면 리스트 모양으로 만들어진 UI에 들어가는 각각의 아이템이 글자 하나만으로 구성된 경우는 거의 볼 수 없습니다. 그 이유는 대부분이 어댑터에서 반환하는 객체가 리니어 레이아웃과 같은 컨테이너 객체이기 때문입니다.

리스트 모양으로 보여줄 수 있는 위젯으로 리싸이클러뷰(RecyclerView)가 있습니다. 리싸이클러뷰는 기본적으로 상하 스크롤이 가능하지만 좌우 스크롤도 만들 수 있습니다. 왜냐하면 처음 만들어질 때부터 레이아웃을 유연하게 구성할 수 있도록 설계되었기 때문입니다. 그리고 각각의 아이템이 화면에 보일 때 메모리를 효율적으로 사용하도록 캐시(Cache) 메커니즘이 구현되어 있습니다.

이제 리싸이클러뷰를 이용해 리스트 모양으로 보여주는 방법을 알아보겠습니다. SampleRecycler-View라는 이름의 새로운 프로젝트를 만듭니다. 이때 패키지 이름은 org.techtown.recyclerview로 입력합니다. 프로젝트 창이 열리면 activity_main.xml 파일을 엽니다. 최상위 레이아웃을 LinearLayout으로 변경하고 orientation 속성 값은 vertical로 설정합니다. 기존에 있던 텍스트뷰는 삭제한 후 RecyclerView를 끌어다 화면에 놓습니다.

RecyclerView의 layout_width 속성과 layout_height 속성 값은 모두 match_parent로 설정하여 이 뷰가 화면 전체를 채우게 합니다. 그리고 id 속성 값을 recyclerView로 설정합니다.

리싸이클러뷰는 선택 위젯이기 때문에 어댑터가 데이터 관리와 뷰 객체 관리를 담당합니다. 따라서 리싸이클러뷰는 껍데기 역할을 한다고 생각하면 쉽습니다. 어댑터를 만들기 전에 어댑터 안에 들어갈 각 아이템의 데이터를 담아둘 클래스를 하나 정의합니다. 여기에서는 전화번호부처럼 사람 목록을 보여줄 예정이므로 Person 이라는 이름의 클래스를 하나 만듭니다. 왼쪽 프로젝트 창에서 /app/java/org.techtown.recyclerview 폴더를 선택한 후 마우스 오른쪽 버튼을 누릅니다. 메뉴가 보이면 [New → Java Class] 메뉴를 눌러 새로운 클래스를 만듭니다. Person.java 파일이 만들어지면 다음 코드를 입력합니다.

참조파일 SampleRecyclerView>/app/java/org.techtown.recyclerview/Person.java

```
public class Person {
  String name;
  String mobile;
}
```

name은 사람 이름, mobile은 전화번호를 저장해두기 위한 변수입니다. 이 클래스에 생성자 하나와 get, set 메서드를 추가해 보겠습니다. 우선 클래스를 위한 중괄호 안에 커서를 두고 마우스 오른쪽 버튼을 누릅니다. 메뉴가 보이면 [Generate → Constructor] 메뉴를 누릅니다. Ctrl 을 누른 상태에서 name, mobile 두 개의 파라미터를 선택한 후 [OK] 버튼을 눌러 생성자를 추가합니다.

▲ 생성자 추가를 위한 대화상자

생성자를 추가했으면 이제 get, set 메서드를 추가합니다. 클래스를 위한 중 괄호 안에 커서를 두고 다시 마우스 오른쪽 버튼을 누릅니다. 메뉴가 보이 면 [Generate → Getter and Setter] 메뉴를 누릅니다. Ctrl 을 누른 상태 에서 name, mobile 두 개의 파라미터를 선택한 후 [OK] 버튼을 눌러 get, set 메서드를 추가합니다.

get, set 메서드 추가를 위한 대화상자 ▶

완성된 Person.java 파일의 소스는 다음과 같습니다.

참조파일 SampleRecyclerView>/app/java/org.techtown.recyclerview/Person.java

```java
public class Person {
  String name;
  String mobile;

  public Person(String name, String mobile) {
    this.name = name;
    this.mobile = mobile;
  }

  public String getName() {
    return name;
  }

  public void setName(String name) {
    this.name = name;
  }

  public String getMobile() {
    return mobile;
  }

  public void setMobile(String mobile) {
    this.mobile = mobile;
  }
}
```

어댑터도 새로운 자바 클래스로 만듭니다. 클래스의 이름은 PersonAdapter로 합니다.

New Java Class

ⓒ PersonAdapter

ⓖ Class
ⓘ Interface
ⓔ Enum
@ Annotation

▲ PersonAdapter 클래스를 만들기 위한 대화상자

PersonAdapter.java 파일이 만들어지면 그 안에 먼저 ViewHolder 클래스를 static으로 정의합니다.

참조파일 SampleRecyclerView>/app/java/org.techtown.recyclerview/PersonAdapter.java

```java
public class PersonAdapter {

  static class ViewHolder extends RecyclerView.ViewHolder {
    TextView textView;
    TextView textView2;

    public ViewHolder(View itemView) {          ❶ 뷰홀더 생성자로 전달되는 뷰 객체 참조하기
      super(itemView);

      textView = itemView.findViewById(R.id.textView);
      textView2 = itemView.findViewById(R.id.textView2);    ❷ 뷰 객체에 들어 있는 텍스트뷰 참조하기
    }

    public void setItem(Person item) {
      textView.setText(item.getName());
      textView2.setText(item.getMobile());
    }
  }
}
```

리스트 형태로 보일 때 각각의 아이템은 뷰로 만들어지며 각각의 아이템을 위한 뷰는 뷰홀더에 담아두게 됩니다. 이 뷰홀더 역할을 하는 클래스를 PersonAdapter 클래스 안에 넣어둔다고 생각하면 됩니다. RecyclerView.ViewHolder 클래스를 상속하여 정의된 ViewHolder 클래스의 생성자에는 뷰 객체가 전달됩니다. 그리고 전달 받은 이 객체를 부모 클래스의 변수에 담아두게 되는데 생성자 안에서 super 메서드를 호출하면 됩니다. 그리고 전달받은 뷰 객체의 이미지나 텍스트뷰를 findViewById 메서드로 찾아 변수에 할당하면 setItem 메서드에서 참조할 수 있습니다. setItem 메서드는 이 뷰홀더에 들어있는 뷰 객체의 데이터를 다른 것으로 보이도록 하는 역할을 합니다.

이제 PersonAdapter 클래스가 RecyclerView.Adapter 클래스를 상속하도록 수정합니다. 이때 Recy-clerView.Adapter 뒤에 〈PersonAdapter.ViewHolder〉를 지정합니다.

```
public class PersonAdapter extends RecyclerView.Adapter<PersonAdapter.ViewHolder> {

    중략...
```

클래스 이름 밑에 빨간 줄이 보이는 것은 필요한 메서드가 구현되지 않았기 때문입니다. PersonAdapter 클래스의 중괄호 안에 커서를 두고 마우스 오른쪽 버튼을 누른 후 [Generate → Implement Methods...] 메뉴를 선택합니다. 대화상자가 보이면 세 개의 메서드가 표시됩니다. 선택된 그대로 [OK] 버튼을 누릅니다.

Adapter의 메서드를 구현하기 위한 대화상자 ▶

이 어댑터에 구현되어야 하는 중요한 메서드는 3가지입니다. getItemCount 메서드는 어댑터에서 관리하는 아이템의 개수를 반환합니다. 이 메서드는 리싸이클러뷰에서 어댑터가 관리하는 아이템의 개수를 알아야 할 때 사용됩니다. onCreateViewHolder와 onBindViewHolder 메서드는 뷰홀더 객체가 만들어질 때와 재사용될 때 자동으로 호출됩니다. 리싸이클러뷰에 보이는 여러 개의 아이템은 내부에서 캐시되기 때문에 아이템 개수만큼 객체로 만들어지지는 않습니다. 예를 들어, 아이템이 천 개라고 하더라도 이 아이템을 위해 천 개의 뷰 객체가 만들어지지 않습니다. 메모리를 효율적으로 사용하려면 뷰홀더에 뷰 객체를 넣어두고 사용자가 스크롤하여 보이지 않게 된 뷰 객체를

▲ 어댑터에서 재사용하는 뷰홀더 객체

새로 보일 쪽에 재사용하는 것이 효율적이기 때문입니다. 이 과정에서 뷰홀더가 재사용됩니다.

뷰홀더가 새로 만들어지는 시점에는 onCreateViewHolder 메서드가 호출되므로 그 안에서는 각 아이템을 위해 정의한 XML 레이아웃을 이용해 뷰 객체를 만들어줍니다. 그리고 뷰 객체를 새로 만든 뷰홀더 객체에 담아 반환합니다. onBindViewHolder 메서드는 뷰홀더가 재사용될 때 호출되므로 뷰 객체는 기존 것을 그대로 사용하고 데이터만 바꿔줍니다.

onCreateViewHolder 메서드에는 뷰 타입을 위한 정수값이 파라미터로 전달됩니다. 이것은 각 아이템을 위한 뷰를 여러 가지로 나누어 보여주고 싶을 때 사용됩니다. 예를 들어, 어떤 때는 이미지를 보여주고 어떤 때는 이미지와 텍스트를 같이 보여주고 싶다면 뷰 타입을 정하고 각각의 뷰 타입에 따라 다른 XML 레이아웃을 인플레이션하여 보여줄 수 있습니다. 일반적인 경우에는 뷰 타입을 한 가지로 하는 경우가 많기 때문에 여기에서는 뷰 타입 파라미터를 사용하지 않습니다.

onCreateViewHolder 메서드 안에서 인플레이션을 진행하기 위해서는 Context 객체가 필요한데 파라미터로 전달되는 뷰그룹 객체의 getContext 메서드를 이용하면 Context 객체를 참조할 수 있습니

다. 파라미터로 전달되는 뷰그룹 객체는 각 아이템을 위한 뷰그룹 객체이므로 XML 레이아웃을 인플레이션하여 이 뷰그룹 객체에 설정합니다.

onBindViewHolder 메서드는 재활용할 수 있는 뷰홀더 객체를 파라미터로 전달하기 때문에 그 뷰홀더에 현재 아이템에 맞는 데이터만 설정합니다. 데이터는 Person 객체로 만드는데 여러 아이템을 이 어댑터에서 관리해야 하기 때문에 클래스 안에 ArrayList 자료형으로 된 items라는 변수를 하나 만들어줍니다. 그러면 onBindViewHolder 메서드로 전달된 position 파라미터를 이용해 ArrayList에서 Person 객체를 꺼내어 설정할 수 있습니다. 어댑터가 ArrayList 안에 들어 있는 전체 아이템의 개수를 알아야 하므로 getItemCount 메서드는 ArrayList의 size 메서드를 호출하여 전체 아이템이 몇 개인지를 확인한 후 그 값을 반환합니다.

참조파일 SampleRecyclerView>/app/java/org.techtown.recyclerview/PersonAdapter.java

```java
public class PersonAdapter extends RecyclerView.Adapter<PersonAdapter.ViewHolder> {
  ArrayList<Person> items = new ArrayList<Person>();

  @NonNull
  @Override
  public ViewHolder onCreateViewHolder(@NonNull ViewGroup viewGroup, int viewType) {
    LayoutInflater inflater = LayoutInflater.from(viewGroup.getContext());
    View itemView = inflater.inflate(R.layout.person_item, viewGroup, false);  ⟶ ❶ 인플레이션을
                                                                                   통해 뷰 객체
    return new ViewHolder(itemView);  ⟶ ❷ 뷰홀더 객체를 생성하면서 뷰 객체를          만들기
  }                                       전달하고 그 뷰홀더 객체를 반환하기

  @Override
  public void onBindViewHolder(@NonNull ViewHolder viewHolder, int position) {
    Person item = items.get(position);
    viewHolder.setItem(item);
  }

  @Override
  public int getItemCount() {
    return items.size();
  }
```
중략…

코드의 양이 좀 많지만 이 3가지 메서드가 하는 각각의 역할을 이해하면 그 안에 들어 있는 코드가 어느 정도 이해될 것입니다. 여기에서는 각 아이템을 위해 XML 레이아웃을 person_item.xml로 만들었다는 것을 전제로 했습니다. 따라서 /app/res/layout 폴더 안에 person_item.xml 파일을 만들고 레이아웃을 구성합니다.

이 레이아웃은 앞 단락에서 만들었던 것과 동일합니다. 카드뷰를 사용하고 있고 왼쪽에는 이미지 하나, 오른쪽에는 텍스트뷰 두 개를 보여주는 레이아웃입니다. 텍스트뷰에는 textView와 textView2라는 id 속성 값을 설정합니다. 이 id 값은 뷰홀더 안에서 텍스트뷰를 findViewById 메서드로 찾을 때 사용되므로 XML 레이아웃에 설정된 id 값과 어댑터 소스 코드에서 사용하는 id 값이 동일해야 합니다.

앞 단락에서 레이아웃을 상속하여 새로운 뷰를 만들 때는 XML 레이아웃과 뷰 소스 코드가 한 쌍으로 필요했지만 여기에서는 XML 레이아웃만 있으면 됩니다. 왜냐하면 이 XML 레이아웃을 ViewGroup 객체에 인플레이션한 후 ViewHolder 객체에 넣어 둘 것이기 때문입니다.

이 어댑터가 각각의 아이템을 위한 Person 객체를 ArrayList 안에 넣어 관리하기 때문에 이 어댑터를 사용하는 소스 코드에서 어댑터에 Person 객체를 넣거나 가져갈 수 있도록 addItem, setItems, getItem, setItem 메서드를 PersonAdapter에 추가합니다.

참조파일 SampleRecyclerView>/app/java/org.techtown.recyclerview/PersonAdapter.java

```java
public class PersonAdapter extends RecyclerView.Adapter<PersonAdapter.ViewHolder> {

  중략…

  public void addItem(Person item) {
    items.add(item);
  }

  public void setItems(ArrayList<Person> items) {
    this.items = items;
  }

  public Person getItem(int position) {
    return items.get(position);
  }

  public void setItem(int position, Person item) {
    items.set(position, item);
  }

  중략…
```

이제 리싸이클러뷰를 위한 어댑터 코드가 만들어졌습니다. 이 어댑터는 리싸이클러뷰 객체에 설정되어야 하고 어댑터 안에 Person 객체들을 만들어 넣어야 하므로 MainActivity.java 파일을 열고 onCreate 메서드 안에 코드를 추가합니다.

```java
public class MainActivity extends AppCompatActivity {

    @Override
    protected void onCreate(Bundle savedInstanceState) {
        super.onCreate(savedInstanceState);
        setContentView(R.layout.activity_main);

        RecyclerView recyclerView = findViewById(R.id.recyclerView);

        LinearLayoutManager layoutManager =
                        new LinearLayoutManager(this, LinearLayoutManager.VERTICAL, false);   ❶
        recyclerView.setLayoutManager(layoutManager);
        PersonAdapter adapter = new PersonAdapter();

        adapter.addItem(new Person("김민수", "010-1000-1000"));
        adapter.addItem(new Person("김하늘", "010-2000-2000"));
        adapter.addItem(new Person("홍길동", "010-3000-3000"));

        recyclerView.setAdapter(adapter);  ⟶ ❷
    }
}
```

❶ 리싸이클러뷰에 레이아웃 매니저 설정하기   ❷ 리싸이클러뷰에 어댑터 설정하기

리싸이클러뷰에는 레이아웃 매니저를 설정할 수 있습니다. 레이아웃 매니저는 리싸이클러뷰가 보일 기본적인 형태를 설정할 때 사용하는데 자주 사용하는 형태는 세로 방향, 가로 방향, 격자 모양입니다. 다시 말해 보통 리스트 모양으로 표시할 때는 세로 방향 스크롤을 사용하는데 다양한 모양으로 보일 수 있도록 가로 방향으로도 설정할 수 있고 격자 모양으로도 보여줄 수 있는 거죠. 여기에서는 LinearLay-outManager 객체를 사용하면서 방향을 VERTICAL로 설정했기 때문에 세로 방향 스크롤로 보이게 됩니다. 만약 가로 방향 스크롤로 보여주고 싶다면 HORIZONTAL로 설정하면 되고 격자 모양으로 보여주고 싶다면 GridLayoutManager 객체를 사용하면서 칼럼의 수를 지정하면 됩니다.

리싸이클러뷰에 레이아웃 매니저 객체를 설정하기 위해 setLayoutManager 메서드를 호출합니다. 그리고 그 아래에서는 PersonAdapter 객체를 만든 후 setAdapter 메서드를 호출하면서 파라미터로 전달합니다. 이렇게 하면 리싸이클러뷰가 어댑터와 상호작용하면서 리스트 모양으로 보여주게 됩니다. 어댑터에 Person 객체를 추가할 때는 addItem 메서드를 사용합니다. 여기에서는 세 개의 Person 객체를 만들어 추가했으니 화면에는 세 개의 아이템이 보이게 될 것입니다.

이제 앱을 실행하면 다음과 같이 세로 방향으로 아이템 세 개가 표시됩니다. 아이템이 충분히 많아져 화면 영역을 벗어나면 스크롤이 생기게 됩니다. adapter.addItem 메서드를 이용하여 아이템을 많이 추가한 다음 결과 화면을 직접 확인해 보세요.

▲ 리싸이클러뷰를 사용한 앱 화면

리스트 모양으로 보여줄 수 있게 되었으니 이번에는 격자 모양으로 보이도록 변경해보고 각 아이템을
클릭했을 때 동작하도록 만들어 봅니다. 프로젝트를 새로 만들 수도 있지만 만들어둔 소스 코드를 일부
수정하기만 할 예정이므로 파일 탐색기를 열고 프로젝트 폴더가 저장된 위치를 찾은 후 폴더 전체를 복
사합니다. 복사하여 만들어진 폴더의 이름은 SampleRecyclerView2로 합니다.

안드로이드 스튜디오에서 새로 만들어진 프로젝트를 열어줍니다. 기존 프로젝트 창은 [File → Close
Project] 메뉴를 눌러 닫아줍니다. 시작 화면이 보이면 두 번째 [Open an existing Android Studio
project] 메뉴를 누르고 새로 만들어진 프로젝트 폴더(SampleRecyclerView2)를 지정합니다. 그러면
새로운 프로젝트가 열립니다. 새로 연 프로젝트의 내용은 이전과 동일합니다.

이제 리싸이클러뷰가 격자 형태로 보이도록 수정해 보겠습니다. 리싸이클러뷰가 보이는 모양은 레이
아웃 매니저를 통해 결정한다고 했으니 MainActivity.java 파일을 열고 레이아웃 매니저를 GridLay-
outManager로 변경합니다.

참조파일 SampleRecyclerView2>/app/java/org.techtown.recyclerview/MainActivity.java

```java
public class MainActivity extends AppCompatActivity {

  @Override
  protected void onCreate(Bundle savedInstanceState) {
    super.onCreate(savedInstanceState);
    setContentView(R.layout.activity_main);

    RecyclerView recyclerView = findViewById(R.id.recyclerView);
```

```
GridLayoutManager layoutManager = new GridLayoutManager(this, 2);      리싸이클러뷰에 GridLay-
    recyclerView.setLayoutManager(layoutManager);                     outManager를 레이아웃
                                                                      매니저로 설정하기
중략...
```

GridLayoutManager의 생성자에는 전달된 두 번째 파라미터는 칼럼의 개수를 의미합니다. 여기에서는 2를 전달하여 두 칼럼으로 표시되는 격자 모양의 레이아웃으로 설정했습니다. 화면에 보이는 아이템의 개수를 늘리기 위해 어댑터에 추가하는 Person 객체를 더 많이 늘려줍니다.

기존 SampleRecyclerView 프로젝트를 복사했으므로 앱의 패키지 이름이 동일합니다. 이것을 변경하면 기존 앱과 다른 앱으로 인식될 것입니다. 앱의 패키지 이름을 바꾸기 위해 왼쪽 프로젝트 창에서 /app/java/org.techtown.recyclerview를 선택한 후 마우스 오른쪽 버튼을 누릅니다. 메뉴가 보이면 [Refactor → Rename] 메뉴를 누릅니다.

◀ 앱의 패키지명을 변경하기 위한 메뉴

그러면 다음과 같은 경고 화면이 나옵니다. 이것은 여러 폴더가 바뀔 것이라는 것을 알려주는 안내 글이므로 안심해도 좋습니다. [Rename package] 버튼을 누르세요.

대화상자가 표시되면 새로운 패키지명을 입력하면 됩니다. 기존 패키지명의 마지막 글자가 recyclerview였는데 이것을 recyclerview2로 변경합니다.

◀ 새로운 패키지명 입력을 위한 대화상자

[Refactor] 버튼을 누르면 소스 파일의 패키지명뿐만 아니라 프로젝트 내의 패키지명까지 찾아 모두 변경합니다. 프로젝트 안에 사용된 패키지명은 자동으로 검색되고 아래쪽에 표시됩니다.

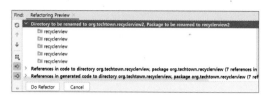

▲ 검색된 패키지명을 보여주는 창

[Do Refactor] 버튼을 누르면 패키지명이 변경됩니다. 만약 앱의 패키지명도 변경하고 싶다면 build.gradle(Module: SampleRecyclerView.app) 파일을 열고 applicationId 속성의 값을 org.techtown.recyclerview에서 org.techtown.recyclerview2로 변경합니다.

참조파일 SampleRecyclerView2>/Gradle Scripts/build.gradle(Module: SampleRecyclerView.app)

```
apply plugin: 'com.android.application'

android {
  중략…
  defaultConfig {
    applicationId "org.techtown.recyclerview2"

  중략…
```

패키지명을 변경했으므로 기존에 빌드된 파일들을 삭제합니다. 파일 탐색기에서 프로젝트 폴더를 찾은 후 그 안에 있는 app/build 폴더를 삭제합니다. 이 폴더는 앱이 빌드되면서 만들어지는 폴더로 새로운 프로젝트로 복사하거나 소스 코드 등의 변경이 일어난 경우에는 새로 빌드될 수 있도록 삭제하는 것이 좋습니다. 물론 여러분이 만든 프로젝트를 다른 PC에 옮길 경우에도 마찬가지로 build 폴더를 삭제하고 압축한 후 옮기는 것이 좋습니다. 이 폴더의 크기가 상당히 크거든요. 간단한 변경인 경우에는 안드로이드 스튜디오 창의 오른쪽 위에 있는 아이콘 중에서 [Sync Project...] 아이콘을 눌러도 됩니다. 다만 이 아이콘을 눌러 수정 사항을 반영해도 기존 빌드 코드가 남아있는 경우가 있으니 그럴 때는 build 폴더를 삭제해보기 바랍니다.

앱을 실행하면 격자 모양으로 화면이 표시됩니다. 그리고 아이템이 충분히 추가되었다면 스크롤도 되는 것을 확인할 수 있습니다. 다만 글자의 크기가 커서 이름이나 전화번호가 다 보이지 않을 수 있습니다. 이때는 텍스트뷰의 글자 크기를 더 작게 변경하면 됩니다. person_item.xml 파일에서 텍스트뷰의 글자 크기를 줄인 후 다시 실행해보기 바랍니다.

▲ 격자 모양으로 표시된 앱 화면

이제 사용자가 각 아이템을 클릭했을 때 토스트 메시지가 표시되도록 수정해 보겠습니다. 클릭 이벤트는 리싸이클러뷰가 아니라 각 아이템에 발생하게 되므로 뷰홀더 안에서 클릭 이벤트를 처리할 수 있도록 만드는 것이 좋습니다. 뷰홀더의 생성자로 뷰 객체가 전달되므로 이 뷰 객체에 OnClickListener를 설정합니다. 그러면 이 뷰를 클릭했을 때 그 리스너의 onClick 메서드가 호출됩니다. 그런데 이 리스너 안에서 토스트 메시지를 띄우게 되면 클릭했을 때의 기능이 변경될 때마다 어댑터를 수정해야 하는 문제가 생깁니다. 따라서 어댑터 객체 밖에서 리스너를 설정하고 설정된 리스너 쪽으로 이벤트를 전달받도록 하는 것이 좋습니다.

이를 위해 OnPersonItemClickListener 인터페이스를 먼저 정의합니다. /app/java/org.techtown. recyclerview2 폴더를 선택한 상태에서 마우스 오른쪽 버튼을 누르고 [New → Java Class] 메뉴를 누르세요. 입력란에 OnPersonItemClickListener를 입력하고 Interface를 선택한 후 ⌷Enter⌷를 칩니다. 파일이 만들어지면 다음과 같은 인터페이스를 정의합니다.

참조파일 SampleRecyclerView2〉/app/java/org.techtown.recyclerview2/OnPersonItemClickListener.java

```
public interface OnPersonItemClickListener {
  public void onItemClick(PersonAdapter.ViewHolder holder, View view, int position);
}
```

onItemClick 메서드가 호출될 때 파라미터로 뷰홀더 객체와 뷰 객체 그리고 뷰의 position 정보가 전달되도록 합니다. position 정보는 몇 번째 아이템인지를 구분할 수 있는 인덱스 값입니다. 이 인터페이스를 사용하도록 ViewHolder 클래스를 수정합니다.

```
중략...

  static class ViewHolder extends RecyclerView.ViewHolder {
    TextView textView;
    TextView textView2;

    public ViewHolder(View itemView, final OnPersonItemClickListener listener) {
      super(itemView);

      textView = itemView.findViewById(R.id.textView);
      textView2 = itemView.findViewById(R.id.textView2);

      itemView.setOnClickListener(new View.OnClickListener() {        ❶ 아이템 뷰에 OnClickListener
        @Override                                                        설정하기
        public void onClick(View view) {
          int position = getAdapterPosition();

          if (listener != null) {                                     ❷ 아이템 뷰 클릭 시
            listener.onItemClick(ViewHolder.this, view, position);       미리 정의한 다른 리스너의
          }                                                              메서드 호출하기
        }
      });
    }
  }

중략...
```

뷰홀더 객체의 생성자가 호출될 때 리스너 객체가 파라미터로 전달되도록 수정되었습니다. 이 리스너 객체는 어댑터 밖에서 설정할 것이며 뷰홀더까지 전달됩니다. 이렇게 전달된 리스너 객체의 onItem-Click 이벤트는 뷰가 클릭되었을 때 호출됩니다. 이 코드에서 getAdapterPosition 메서드를 볼 수 있는데 이 메서드는 이 뷰홀더에 표시할 아이템이 어댑터에서 몇 번째인지 정보를 반환합니다. 다시 말해 아이템의 인덱스 정보를 반환합니다. 따라서 이 메서드를 호출하여 반환된 정수 값을 리스너에 전달할 수 있습니다.

뷰홀더(static class ViewHolder ...) 코드를 수정했으니 이제 어댑터(public class PersonAdapter ...) 코드를 수정합니다.

```
중략...

public class PersonAdapter extends RecyclerView.Adapter<PersonAdapter.ViewHolder>
                        implements OnPersonItemClickListener {                    ❶
  ArrayList<Person> items = new ArrayList<Person>();
  OnPersonItemClickListener listener;

  @NonNull
  @Override
  public ViewHolder onCreateViewHolder(@NonNull ViewGroup viewGroup, int viewType) {
    LayoutInflater inflater = LayoutInflater.from(viewGroup.getContext());
    View itemView = inflater.inflate(R.layout.person_item, viewGroup, false);

    return new ViewHolder(itemView, this);
  }

  중략...

  public void setOnItemClickListener(OnPersonItemClickListener listener) {
    this.listener = listener;                                                     ❷
  }

  @Override
  public void onItemClick(ViewHolder holder, View view, int position) {
    if (listener != null) {
      listener.onItemClick(holder, view, position);
    }
  }

  중략...
```

❶ 어댑터 클래스가 새로 정의한 리스너 인터페이스 구
현하도록 하기

❷ 외부에서 리스너를 설정할 수 있도록 메서드 추가
하기

어댑터 클래스는 새로 정의한 OnPersonItemClickListener 인터페이스를 구현하도록 합니다. 그리고
이 인터페이스에서 정의한 onItemClick 메서드를 추가합니다. 이 메서드는 뷰홀더 클래스 안에서 뷰
가 클릭되었을 때 호출되는 메서드입니다. 그런데 이 어댑터 클래스 안에서가 아니라 밖에서 이벤트
처리를 하는 것이 일반적이므로 listener라는 이름의 변수를 하나 선언하고 setOnItemClickListener
메서드를 추가하여 이 메서드가 호출되었을 때 리스너 객체를 변수에 할당하도록 합니다. 이렇게 하
면 onItemClick 메서드가 호출되었을 때 다시 외부에서 설정된 메서드가 호출되도록 만들 수 있습니
다. 마지막으로 onCreateViewHolder 메서드 안에서 new 연산자를 이용해 ViewHolder 객체를 생

성하는 코드를 수정합니다. 이전에는 뷰 객체만 파라미터로 전달했지만 여기에 리스너인 this를 추가로 전달합니다.

어댑터 코드가 수정되었으니 이제 MainActivity.java 파일을 열고 어댑터에 리스너 객체를 설정하는 코드를 추가합니다.

참조파일 SampleRecyclerView2>/app/java/org.techtown.recyclerview2/MainActivity.java

```java
public class MainActivity extends AppCompatActivity {
  RecyclerView recyclerView;
  PersonAdapter adapter;

  @Override
  protected void onCreate(Bundle savedInstanceState) {
    super.onCreate(savedInstanceState);
    setContentView(R.layout.activity_main);

    recyclerView = findViewById(R.id.recyclerView);

    GridLayoutManager layoutManager = new GridLayoutManager(this, 2);
    recyclerView.setLayoutManager(layoutManager);

    adapter = new PersonAdapter();

    adapter.addItem(new Person("김민수", "010-1000-1000"));
    adapter.addItem(new Person("김하늘", "010-2000-2000"));
    adapter.addItem(new Person("홍길동", "010-3000-3000"));
    adapter.addItem(new Person("내이름1", "010-4000-4000"));
    adapter.addItem(new Person("내이름2", "010-4000-4000"));
    adapter.addItem(new Person("내이름3", "010-4000-4000"));
    adapter.addItem(new Person("내이름4", "010-4000-4000"));
    adapter.addItem(new Person("내이름5", "010-4000-4000"));
    adapter.addItem(new Person("내이름6", "010-4000-4000"));
    adapter.addItem(new Person("내이름7", "010-4000-4000"));
    adapter.addItem(new Person("내이름8", "010-4000-4000"));
    adapter.addItem(new Person("내이름9", "010-4000-4000"));
    adapter.addItem(new Person("내이름10", "010-4000-4000"));

    recyclerView.setAdapter(adapter);

    adapter.setOnItemClickListener(new OnPersonItemClickListener() { → ❶ 어댑터에 리스너 설정하기
      @Override
      public void onItemClick(PersonAdapter.ViewHolder holder, View view, int position) {
```

```
        Person item = adapter.getItem(position); ──→ ❷
        Toast.makeText(getApplicationContext(), "아이템 선택됨: " + item.getName(),
                Toast.LENGTH_LONG).show();
    }
  });
  }
}
```

❶ 어댑터에 리스너 설정하기   ❷ 아이템 클릭 시 어댑터에서 해당 아이템의 Person
                                              객체 가져오기

리싸이클러뷰 객체와 어댑터 객체는 이 클래스 안의 어디서든 접근할 수 있도록 클래스 안에 선언된 변수에 할당되었습니다. 그리고 어댑터 객체에는 setOnItemClickListener 메서드를 호출하면서 리스너 객체를 설정했습니다. 이렇게 하면 각 아이템이 클릭되었을 때 이 리스너의 onItemClick 메서드가 호출됩니다. onItemClick 메서드 안에서는 어댑터 객체의 getItem 메서드를 이용해 클릭된 아이템 객체를 확인합니다.

앱을 실행하고 리스트 모양으로 보이는 뷰 안의 아이템을 하나 선택하면 토스트가 선택된 아이템의 이름을 표시합니다.

▲ 아이템을 클릭했을 때 표시되는 토스트

지금까지 리스트 모양으로 보여주는 방법을 같이 살펴보았습니다. 이 리싸이클러뷰는 실제 앱을 만들 때 자주 사용되므로 만드는 방법을 반복하여 연습하기 바랍니다.

07-5
스피너 사용하기

리스트나 격자 모양으로 여러 아이템을 보여주는 경우가 많지만 그 외에도 여러 아이템 중에서 하나를 선택하는 전형적인 위젯으로 스피너(Spinner)를 들 수 있습니다. 스피너는 일반적으로 윈도우에서 콤보박스로 불립니다. 윈도우에서 콤보박스를 누르면 그 아래쪽에 작은 창이 나타나는데 그 안에 들어있는 여러 데이터 중의 하나를 선택하도록 되어 있습니다. 하지만 아이폰이나 안드로이드 단말에서는 손가락으로 쉽게 터치할 수 있도록 별도의 창으로 선택할 수 있는 데이터 아이템들이 표현됩니다. 스피너는 〈Spinner〉 태그를 사용해 XML 레이아웃에 추가한 후 사용할 수 있습니다.

새로운 SampleSpinner 프로젝트를 만듭니다. 패키지 이름은 org.techtown.spinner로 입력하고 프로젝트 창이 만들어지면 activity_main.xml 파일을 엽니다. 디자인 화면에서 추가할 때는 최상위 레이아웃을 LinearLayout으로 변경하고 orientation 속성 값은 vertical로 설정합니다. 그다음 팔레트에서 텍스트뷰 하나를 끌어다 놓고 Container 폴더 안에 있는 Spinner를 끌어다 놓습니다. 스피너의 id 값은 spinner로 설정하고 텍스트뷰의 text 속성 값은 '선택한 아이템'으로 설정합니다. textSize 속성 값은 30sp로 설정합니다.

이제 MainActivity.java 파일을 열고 다음 코드를 입력합니다.

참조파일 SampleSpinner>/app/java/org.techtown.spinner/MainActivity.java

```java
public class MainActivity extends AppCompatActivity {
    TextView textView;

    String[] items = { "mike", "angel", "crow", "john", "ginnie", "sally", "cohen", "rice" };

    @Override
    protected void onCreate(Bundle savedInstanceState) {
        super.onCreate(savedInstanceState);
        setContentView(R.layout.activity_main);

        textView = findViewById(R.id.textView);

        Spinner spinner = findViewById(R.id.spinner);
        ArrayAdapter<String> adapter = new ArrayAdapter<String>(
                this, android.R.layout.simple_spinner_item, items);
        adapter.setDropDownViewResource(
                            android.R.layout.simple_spinner_dropdown_item);
```

```
        spinner.setAdapter(adapter); ⟶ ❶

        spinner.setOnItemSelectedListener(new AdapterView.OnItemSelectedListener() { ⟶ ❷
            @Override
            public void onItemSelected(AdapterView<?> adapterView, View view,
                                       int position, long id) {
                textView.setText(items[position]);
            }

            @Override
            public void onNothingSelected(AdapterView<?> adapterView) {
                textView.setText("");
            }
        });
    }
}
```

❶ 스피너에 어댑터 설정하기   ❷ 스피너에 리스너 설정하기

onCreate 메서드 안을 보면 텍스트뷰와 스피너 객체를 findViewById 메서드로 찾아낸 후 클래스 안에 선언된 변수에 할당해 두었습니다. 이렇게 하면 MainActivity 클래스 안에 있는 어떤 메서드에서도 접근할 수 있습니다. 이 텍스트뷰는 사용자가 스피너의 한 아이템을 선택했을 때 선택한 값을 보여주기 위해 추가한 것으로 아이템이 하나 선택되면 onItemSelected 메서드가 자동으로 호출됩니다. 그리고 선택된 값은 setText 메서드를 사용해 텍스트로 표시합니다. 스피너 객체가 아이템 선택 이벤트를 처리할 수 있도록 사용하는 리스너는 OnItemSelectedListener입니다.

스피너 객체도 선택 위젯이므로 setAdapter 메서드의 파라미터로 어댑터 객체를 전달해야 합니다. 그런데 리싸이클러뷰를 만들 때는 어댑터를 직접 정의했었는데, 여기에서는 정의하지 않고 두 줄의 코드만 추가했습니다. 그 이유는 API에서 제공하는 기본 어댑터들이 있기 때문입니다. 여기에서 사용한 어댑터는 ArrayAdapter로 배열로 된 데이터를 아이템으로 추가할 때 사용합니다. ArrayAdapter 객체를 만들 때는 simple_spinner_item이라는 레이아웃을 지정합니다. 이 레이아웃도 스피너를 간단하게 사용할 수 있도록 API에서 제공하는 레이아웃입니다. 스피너는 항목을 선택하기 위한 창이 따로 있기 때문에 항목을 선택하는 창을 위한 레이아웃도 설정해주어야 합니다. 이때 사용하는 메서드가 setDropDownViewResource 메서드입니다. ArrayAdapter를 만들 때 사용한 생성자를 보면 다음과 같습니다.

[Reference]

public ArrayAdapter (Context context, int textViewResourceId, T[] objects)

첫 번째 파라미터는 Context 객체이므로 액티비티인 this를 전달하면 됩니다. 두 번째 파라미터는 뷰를 초기화할 때 사용되는 XML 레이아웃의 리소스 ID 값으로 이 코드에서는 android.R.layout.simple_spinner_item을 전달하였습니다. 이 레이아웃은 문자열을 아이템으로 보여주는 단순 스피너 아이템의 레이아웃이라고 보면 됩니다. 이 레이아웃 안에는 텍스트뷰 객체가 들어 있습니다. 세 번째 파라미터는 아이템으로 보일 문자열 데이터들의 배열입니다. 여기에서는 변수로 정의한 items가 전달되었습니다. setDropDownViewResource 메서드는 스피너의 각 아이템들을 보여줄 뷰에 사용되는 레이아웃을 지정하는 데 사용되며 안드로이드에서 미리 정의한 리소스인 android.R.layout.simple_spinner_dropdown_item 값을 전달하면 가장 단순한 형태의 뷰가 보이게 됩니다. 다음은 이 앱을 실행한 화면입니다.

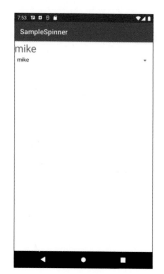

▲ 스피너를 이용한 아이템 선택

메인 화면의 스피너에는 기본 값인 'mike'가 선택되어 있고 텍스트뷰에도 그 값이 들어 있는 것을 볼 수 있습니다. 이 스피너를 터치하면 새로운 뷰가 화면에 보이게 되는데 코드에서 문자열로 된 배열에 넣어 둔 값들이 리스트 형태로 나타납니다. 이중 하나의 값을 선택하면 그 값이 스피너와 텍스트뷰에 보이도록 되어 있습니다. 스피너를 터치했을 때 보이는 것은 앞에서 다뤄 보았던 리싸이클러뷰와 비슷합니다. 하지만 이 리스트 모양은 앞 단락에서 보았던 것보다 훨씬 단순한 문자열로만 구성되어 있습니다.

지금까지 뷰를 직접 정의하는 방법과 함께 리싸이클러뷰를 이용하는 방법을 중심으로 살펴보았습니다.

도전! 13
안드로이드 미션

리싸이클러뷰에 고객 정보 추가하기

사용자가 고객 정보를 간단하게 입력하고 버튼을 누르면 리싸이클러뷰에 추가되도록 해 보세요. 리싸이클러뷰에 하나의 아이템을 추가하는 기능입니다.

• **프로젝트 소스** DoitMission-13

```
┌─────────────────────────────────┐
│ 고객정보 추가            2명       │
│ ┌──────────┐  ┌──────────┐      │
│ │ 이름      │  │ 생년월일   │      │
│ └──────────┘  └──────────┘      │
│ ┌──────────────────────┐        │
│ │ 전화번호              │        │
│ └──────────────────────┘        │
│       ┌──────────┐              │
│       │   추가    │              │
│       └──────────┘              │
│ ┌───────────────────────────┐  │
│ │ ☻  고객#1 1990-01-02       │  │
│ │    010-1000-1000           │  │
│ └───────────────────────────┘  │
│ ┌───────────────────────────┐  │
│ │ ☻  고객#2 1989-10-08       │  │
│ │    010-2000-2000           │  │
│ └───────────────────────────┘  │
└─────────────────────────────────┘
```

❶ 고객 정보를 입력할 수 있고 고객 정보 리스트가 표시되는 화면을 만듭니다.

❷ 화면의 위쪽에는 각각 이름, 생년월일, 전화번호를 입력할 수 있도록 입력상자 세 개를 만듭니다.

❸ 입력상자의 아래에는 [추가] 버튼을 만들어서 버튼을 누르면 리싸이클러뷰에 아이템이 추가되도록 합니다.

❹ 화면 아래쪽에는 리싸이클러뷰를 표시합니다. 리싸이클러뷰에 들어가는 각각의 아이템은 고객 정보를 표시하며 아이콘, 이름, 생년월일, 전화번호가 표시되도록 합니다.

참고할 점

리싸이클러뷰에 새로 추가된 아이템을 보여주기 위해서는 리싸이클러뷰의 데이터를 관리하는

어댑터에 아이템을 추가해야 합니다.

어댑터에 아이템을 추가한 후 notifyDataSetChanged 메서드를 호출하는 것도 잊지 마세요.

도전! 14 쇼핑 상품 화면 구성하기

안드로이드 미션

격자 형태로 쇼핑 상품을 보여주는 화면을 구성해 보세요. 격자 형태의 뷰에 보이는 각각의 아이템에는 상품의 이미지와 정보가 표시됩니다.

• **프로젝트 소스** DoitMission-14

❶ 쇼핑 상품을 보여주는 화면을 리싸이클러뷰로 만듭니다.

❷ 리싸이클러뷰의 칼럼은 두 개로 하고 아이템은 가상의 데이터를 사용해 여러 개 입력해둡니다.

❸ 각각의 아이템에는 상품 이미지, 상품 이름, 가격, 간단한 설명이 보일 수 있도록 합니다.

❹ 리싸이클러뷰의 한 아이템을 터치했을 때 선택된 상품의 이름과 가격을 토스트로 간단하게 보여줍니다.

참고할 점

상단 버튼은 위쪽과 좌, 우의 연결점을 부모 레이아웃과 연결합니다.

하단 버튼은 아래쪽과 좌, 우의 연결점을 부모 레이아웃과 연결합니다.

가운데 버튼의 위쪽 연결점은 상단 버튼의 아래쪽 연결점과 연결합니다.

가운데 버튼의 아래쪽 연결점은 하단 버튼의 위쪽 연결점과 연결합니다.

08 애니메이션과 다양한 위젯 사용하기

앱 화면에 보이는 버튼이나 텍스트뷰가 애니메이션으로 구현되면 더욱 생동감 있는 화면이 됩니다. 이런 애니메이션은 어떻게 만들까요? 안드로이드에서는 트윈 애니메이션 (Tweened Animation)으로 간단하게 움직이거나 확대/축소하는 것이 가능합니다. 이번 장에서는 애니메이션과 함께 화면에 넣을 수 있는 다양한 위젯을 살펴보도록 하겠습니다. 설명하는 내용을 모두 이해하고 나면 앱의 화면 구성에 좀 더 자신감이 생길 것입니다.

 그림으로 정리하기

| 간단하게 애니메이션을 동작시킬 수 있나요? | • 애니메이션 사용하기 |

▼

| 페이지가 스윽~ 나타나도록 하려면 어떻게 해야 하나요? | • 페이지 슬라이딩 만들기 |

▼

| 앱 화면 안에서 웹사이트를 보여줄 수도 있나요? | • 앱 화면에 웹브라우저 넣기 |

▼

| 시크바나 키패드에 대해 더 알고 싶어요 | • 시크바 사용하기
• 키패드 제어하기 |

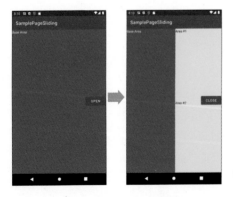

08-1
애니메이션 사용하기

화면을 구성하는 각각의 뷰에 애니메이션을 적용해 보겠습니다. 안드로이드는 애니메이션을 간편하게 적용할 수 있는 여러 가지 방법을 제공합니다. 그중에서 트윈 애니메이션(Tweened Animation)이 가장 간단하면서 일반적인 방법으로 사용됩니다. 이는 이동, 확대/축소, 회전과 같이 일정한 패턴으로 움직이는 애니메이션을 구현할 때 사용됩니다. 다음은 자주 사용하는 애니메이션 구현 방식을 그림으로 표현한 것입니다.

애니메이션이 어떻게 동작할지 정의한 정보는 XML로 만듭니다. 이렇게 만든 XML 정보는 자바 소스에서 애니메이션(Animation) 객체로 로딩한 후 뷰 객체의 startAnimation 메서드를 사용해서 애니메이션을 동작하게 만들 수 있습니다. 즉, 첫 번째 단계로 애니메이션이 어떻게 동작하는지를 XML로 정의하고, 두 번째 단계로 XML을 로딩하며 애니메이션 객체로 만듭니다. 그런 다음 세 번째 단계로 뷰에 애니메이션을 적용하여 동작시킵니다. 이렇게 동작시킬 수 있는 트윈 애니메이션의 대상과 애니메이션 효과는 다음 표에 정리한 것처럼 구분할 수 있습니다.

구분	이름	설명
대상	뷰	View는 위젯이나 레이아웃을 모두 포함합니다. 예를 들어, 텍스트뷰나 리니어 레이아웃에 애니메이션을 적용할 수 있습니다.
	그리기 객체	다양한 드로어블(Drawable)에 애니메이션을 적용할 수 있습니다. ShapeDrawable은 캔버스에 그릴 도형을 지정할 수 있으며, BitmapDrawable은 비트맵 이미지를 지정할 수 있습니다.
효과	위치 이동	Translate로 정의한 액션은 대상의 위치를 이동시키는 데 사용되는 효과입니다.
	확대/축소	Scale로 정의한 액션은 대상의 크기를 키우거나 줄이는 데 사용되는 효과입니다.
	회전	Rotate로 정의한 액션은 대상을 회전시키는 데 사용되는 효과입니다.
	투명도	Alpha로 정의한 액션은 대상의 투명도를 조절하는 데 사용되는 효과입니다.

트윈 애니메이션의 액션(Action) 정보는 XML 리소스로 정의하거나 소스 코드에서 직접 객체로 만들수 있습니다. 애니메이션을 위한 XML 파일은 /app/res/anim 폴더의 밑에 두고 확장자를 xml로 해야합니다. 이렇게 리소스로 포함된 애니메이션 액션 정의는 다른 리소스와 마찬가지로 빌드할 때 컴파일되어 설치 파일에 포함됩니다.

애니메이션을 적용해보기 위해 새로운 SampleTweenAnimation 프로젝트를 만듭니다. 이때 패키지이름은 org.techtown.anim으로 입력합니다. 먼저 애니메이션 액션 정보를 만들기 위해 /app/res 폴더 안에 anim 폴더를 생성합니다. 애니메이션 액션 정보는 /app/res 폴더 안에 있어야 인식됩니다. 새로 만든 anim 폴더 안에 scale.xml 파일을 만듭니다. 그리고 다음과 같이 대상을 두 배로 확대하는 스케일 액션을 XML로 정의합니다.

참조파일 SampleTweenAnimation>/app/res/anim/scale.xml

```xml
<?xml version="1.0" encoding="utf-8"?>
<set xmlns:android="http://schemas.android.com/apk/res/android">
  <scale
    android:duration="2500"
    android:pivotX="50%"
    android:pivotY="50%"
    android:fromXScale="1.0"
    android:fromYScale="1.0"
    android:toXScale="2.0"
    android:toYScale="2.0"
    />
</set>
```

자동으로 만들어진 <set> 태그 안에 <scale> 태그를 추가했습니다. 각각의 애니메이션 액션이 갖는 공통적인 속성으로는 여러 가지가 있지만 그중에서 시작 시간과 지속 시간이 대표적입니다. 시작 시간은 startOffset, 지속 시간은 duration으로 정의됩니다. startOffset은 애니메이션이 시작한지 얼마 후에 이 액션이 수행될 것인지를 알 수 있도록 합니다. startOffset을 지정하지 않으면 애니메이션은 바로 시작됩니다. duration은 애니메이션이 지속되는 시간으로 여기에서는 2.5초 동안 지속되도록 되어 있습니다.

<scale> 태그는 대상을 확대하거나 축소할 때 사용되는데, 크기를 변경하려는 축의 정보는 X축과 Y축에 대해 각각 pivotX와 pivotY로 지정합니다. fromXScale과 fromYScale은 시작할 때의 확대/축소 비율이며, toXScale과 toYScale은 끝날 때의 확대/축소 비율입니다. 여기서는 1.0으로 시작하여 2.0으로 끝나므로 원래의 크기에서 시작해서 두 배의 크기로 확대되는 애니메이션이 수행됩니다.

이번에는 activity_main.xml 파일을 열고 텍스트뷰는 삭제하고 버튼을 하나 추가합니다. 최상위 레이아웃은 LinearLayout으로 변경하고 orientation 속성 값은 vertical로 합니다. 버튼을 하나 추가하고 layout_width 속성 값은 wrap_content로 설정합니다. layout_weight의 값은 삭제하고 가로 방향의 가운데에 올 수 있도록 layout_gravity 속성의 값을 center_horizontal로 지정합니다. 버튼에는 '확대'라는 글자가 표시되도록 text 속성을 설정합니다.

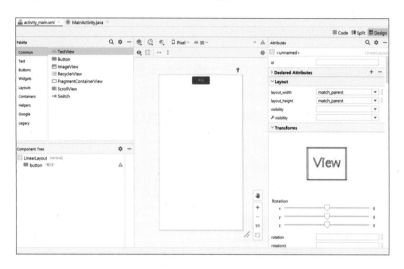

화면에 애니메이션의 대상이 되는 버튼을 하나 추가했으니 이 뷰에 스케일 애니메이션을 적용해 보겠습니다. MainActivity.java 파일을 열고 다음과 같이 애니메이션을 적용하는 코드를 입력합니다.

참조파일 SampleTweenAnimation>/app/java/org.techtown.anim/MainActivity.java

```java
public class MainActivity extends AppCompatActivity {

  public void onCreate(Bundle savedInstanceState) {
    super.onCreate(savedInstanceState);
    setContentView(R.layout.activity_main);

    Button button = findViewById(R.id.button);
    button.setOnClickListener(new View.OnClickListener() {
      public void onClick(View v) {

        Animation anim =
            AnimationUtils.loadAnimation(getApplicationContext(),R.anim.scale);   ❶ 리소스에 정의한 애니메이션 액션 로딩

        v.startAnimation(anim);  ⟶ ❷ 뷰의 애니메이션 시작
      }
    });
  }
}
```

버튼의 id 속성 값이 button이므로 findViewById 메서드로 버튼을 찾아 참조한 후 리스너 객체를 설정합니다. onClick 메서드 안을 보면 애니메이션을 로딩하여 적용하는 것을 볼 수 있습니다. XML 리소스에 정의된 애니메이션 액션 정보를 로딩하기 위해 AnimationUtils 클래스의 loadAnimation 메서드를 사용합니다.

[API]

public static Animation loadAnimation (Context context, int id)

첫 번째 파라미터는 컨텍스트 객체이므로 여기서는 getApplicationContext를 사용하였고, 두 번째 파라미터는 XML 리소스에 정의된 애니메이션 액션의 id 값이므로 애니메이션 리소스 이름인 R.anim.scale이 사용됩니다. onClick 메서드로 전달되는 뷰 객체는 사용자가 클릭한 버튼 객체이므로 버튼을 눌렀을 때 뷰 객체의 startAnimation 메서드를 호출하면 버튼에 애니메이션 효과를 주게 됩니다. 앱을 실행하고 버튼을 누르면 다음 그림과 같이 버튼이 두 배 커졌다가 다시 원상태로 돌아가는 것을 볼 수 있습니다.

▲ 버튼에 적용한 확대 애니메이션

그런데 애니메이션이 끝난 후 버튼이 원상태로 갑자기 바뀌는 것이 조금 부자연스럽게 보일 수 있습니다. 이 버튼이 원래의 상태로 자연스럽게 되돌아가게 하려면 어떻게 해야 할까요? 버튼을 원상태로 자연스럽게 돌아가도록 만드는 가장 간단한 방법은 애니메이션이 끝난 후 똑같은 애니메이션을 거꾸로 적용하는 것입니다. 즉, 두 개의 애니메이션이 연속으로 수행되도록 하나로 묶어두는 방법입니다.

XML로 저장하는 애니메이션 액션은 여러 개의 효과를 하나로 묶어 동시에 수행되도록 만들 수 있습니다. 이때 〈set〉 태그를 사용하여 여러 애니메이션 액션을 포함시킵니다. 애니메이션 집합(Animation

Set)으로 표현되는 여러 애니메이션의 묶음은 동시에 수행될 수도 있고 시작 시간의 설정에 따라 연속적으로 수행될 수도 있습니다. 다음은 두 개의 스케일 효과를 하나의 애니메이션 액션으로 정의한 것입니다. 크기가

> 안드로이드 스튜디오의 프로젝트 창에서 anim 폴더 안에 있는 scale.xml 파일을 복사, 붙여넣기를 해서 scale2.xml로 파일명만 수정하면 좀 더 쉽게 파일을 만들 수 있습니다.

두 배로 커졌다가 다시 작아지는 애니메이션을 연속적으로 수행하도록 합니다. anim 폴더 안에 scale2. xml이라는 이름의 새로운 파일을 만들고 다음 코드를 입력합니다.

참조파일 SampleTweenAnimation>/res/anim/scale2.xml

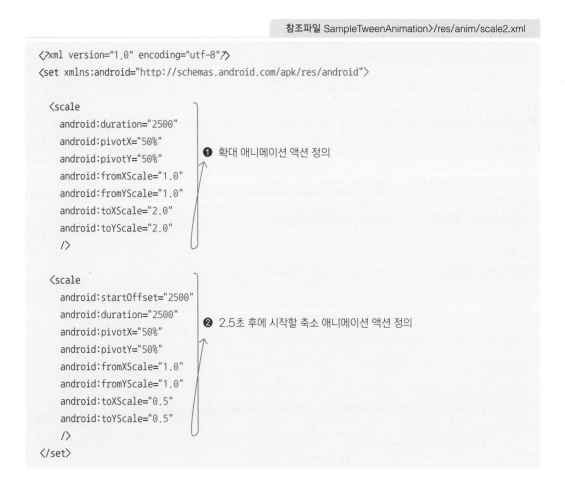

```xml
<?xml version="1.0" encoding="utf-8"?>
<set xmlns:android="http://schemas.android.com/apk/res/android">

    <scale
        android:duration="2500"
        android:pivotX="50%"
        android:pivotY="50%"                    ❶ 확대 애니메이션 액션 정의
        android:fromXScale="1.0"
        android:fromYScale="1.0"
        android:toXScale="2.0"
        android:toYScale="2.0"
        />

    <scale
        android:startOffset="2500"
        android:duration="2500"
        android:pivotX="50%"
        android:pivotY="50%"                    ❷ 2.5초 후에 시작할 축소 애니메이션 액션 정의
        android:fromXScale="1.0"
        android:fromYScale="1.0"
        android:toXScale="0.5"
        android:toYScale="0.5"
        />
</set>
```

〈set〉 태그로 묶여진 두 개의 스케일 애니메이션은 첫 번째 것이 2.5초 동안 버튼을 두 배로 확대하고 그 후에 2.5초 동안 반으로 축소하는 효과를 보여줍니다. activity_main.xml을 열고 XML 레이아웃에 버튼을 하나 더 추가합니다. 새로 추가한 버튼에는 '확대/축소' 글자가 표시되도록 하고 layout_width 속성 값은 wrap_content로 설정하고 layout_weight는 삭제합니다. 그리고 layout_gravity 속성 값은 center_horizontal로 설정합니다.

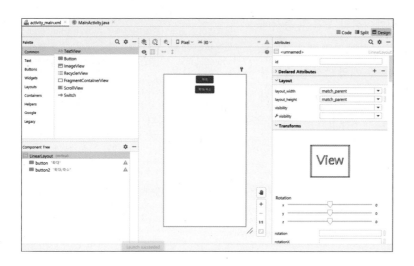

추가한 [확대/축소] 버튼에 새로 정의한 scale2.xml 파일의 애니메이션을 적용하기 위해 MainActivity.java 파일에 다음 코드를 추가합니다.

참조파일 SampleTweenAnimation>/app/java/org.techtown.sampletweenanimation/MainActivity.java

```java
public class MainActivity extends AppCompatActivity {

    @Override
    public void onCreate(Bundle savedInstanceState) {
        중략…

        Button button2 = findViewById(R.id.button2);
        button2.setOnClickListener(new View.OnClickListener() {
            public void onClick(View v) {

                Animation anim =
                    AnimationUtils.loadAnimation(getApplicationContext(),R.anim.scale2);        ❶ 애니메이션 정의한 것 로딩하기

                v.startAnimation(anim);        ❷ 애니메이션 시작하기
            }
        });
    }
}
```

앱을 실행한 후 하단의 버튼을 클릭하면 버튼이 커졌다가 다시 자연스럽게 작아지는 것을 확인할 수 있습니다. 이렇게 간단한 확대/축소 효과를 보여주는 트윈 애니메이션은 위치 이동, 회전, 투명도에도 적용할 수 있습니다. 지금부터 트윈 애니메이션을 좀 더 구체적으로 알아볼까요?

트윈 애니메이션으로 위치 이동 액션 효과 주기

위치 이동은 대상의 위치를 변경하는 것으로 한 곳에서 다른 곳으로 부드럽게 움직이는 효과를 낼 수 있습니다. 위치 이동 액션은 〈translate〉 태그를 사용하여 정의하는데 시작 위치는 fromXDelta와 fromYDelta, 종료 위치는 toXDelta와 toYDelta라는 이름을 가진 속성으로 지정할 수 있습니다. 다음은 대상의 크기만큼 왼쪽으로 이동시키는 액션을 XML로 정의한 것입니다.

> 참조파일 SampleTweenAnimation〉/app/res/anim/translate.xml

```xml
<?xml version="1.0" encoding="utf-8"?>
<translate xmlns:android="http://schemas.android.com/apk/res/android"
  android:fromXDelta="0%p"
  android:toXDelta="-100%p"
  android:duration="20000"
  android:repeatCount="-1"
  android:fillAfter="true"
/>
```

fromXDelta 속성이 0%이므로 시작 위치의 X 좌표는 원래 위치의 X 좌표가 됩니다. toXDelta 속성이 -100%이므로 대상의 크기만큼 왼쪽으로 이동하게 됩니다. 지속 시간은 duration의 값이 20000이므로 20초가 되며 repeatCount 속성이 -1이므로 무한 반복됩니다. 애니메이션이 끝난 후에 대상이 원래의 위치로 돌아오는 것을 막기 위해서는 fillAfter 속성을 true로 설정하면 됩니다.

트윈 애니메이션으로 위치 회전 액션 효과 주기

회전은 한 점을 중심으로 대상을 회전시키는 효과를 만드는 액션으로 시작 각도와 종료 각도를 지정할 수 있습니다. 예를 들어, 한 바퀴를 회전시키려고 한다면 fromDegrees 속성 값을 0으로 하고 toDegrees 속성 값을 360으로 하면 됩니다. 시계 반대 방향으로 회전시키고 싶을 경우에는 toDegrees 속성 값을 -360으로 설정합니다. 회전의 중심이 되는 점은 디폴트 값이 (0, 0)이므로 대상의 왼쪽 상단 끝 지점이 됩니다. 만약 대상의 중앙 부분을 회전의 중심으로 만들고 싶다면 pivotX와 pivotY 속성의 값을 지정하면 됩니다. 값의 단위는 좌표 값 또는 백분율(%)을 사용할 수 있습니다. 다음은 대상의 중심을 회전축으로 하여 10초 동안 시계 방향으로 한 바퀴 회전시키는 액션을 XML로 정의한 것입니다.

```xml
<?xml version="1.0" encoding="utf-8"?>
<rotate xmlns:android="http://schemas.android.com/apk/res/android"
    android:fromDegrees="0"
    android:toDegrees="360"
    android:pivotX="50%"
    android:pivotY="50%"
    android:duration="10000"
    />
```

duration 속성 값이 10000으로 설정되어 있으므로 10초 동안 애니메이션이 진행된 후 원래대로 돌아오게 됩니다. 애니메이션의 실행 결과를 확인하려면 앞에서 작성한 MainActivity.java의 loadAnimation 메서드에 전달하는 값만 R.anim.rotate로 수정하면 됩니다. 이후 액션도 모두 마찬가지의 방법으로 실습하세요.

트윈 애니메이션으로 스케일 액션 효과 주기

스케일은 대상을 크게 하거나 작게 할 수 있는 액션으로 확대/축소의 정도는 대상이 갖는 원래 크기에 대한 비율로 결정됩니다. 예를 들어, 1.0이라는 값은 원래 크기와 같다는 의미이며, 2.0은 원래 크기의 두 배로 크게 만든다는 의미입니다. X축으로 늘리거나 줄이고 싶으면 fromXScale과 toXScale 속성 값을 설정하고 Y축으로 늘리거나 줄이고 싶으면 fromYScale과 toYScale 속성 값을 설정합니다. 확대/축소의 경우에도 중심이 되는 점을 지정할 수 있는데 앞에서와 마찬가지로 pivotX와 pivotY 속성 값을 이용하면 됩니다. 이 액션은 앞에서 사용해 보았으므로 XML 코드는 scale.xml 파일을 참조하면 됩니다.

트윈 애니메이션으로 투명도 액션 효과 주기

투명도를 결정하는 알파 값도 뷰나 그리기 객체의 투명도를 점차적으로 바꿀 수 있는 애니메이션 액션으로 정의할 수 있습니다. 알파 값을 이용한 투명도 변환은 대상을 천천히 보이게 하거나 보이지 않게 하고 싶을 때 또는 하나의 뷰 위에 다른 뷰를 겹쳐 보이게 할 때 사용합니다. 알파 값의 범위는 0.0부터 1.0까지이며 0.0은 알파 값이 0일 때와 마찬가지이므로 완전히 투명한 상태(뷰나 그리기 객체가 보이지 않음)이며 1.0은 알파 값이 1일 때와 마찬가지이므로 완전히 보이는 상태(투명 효과가 적용되지 않음)입니다. 다음은 10초 동안 대상을 천천히 보이게 만드는 액션을 XML로 정의한 것입니다.

```xml
<?xml version="1.0" encoding="utf-8"?>
<alpha xmlns:android="http://schemas.android.com/apk/res/android"
    android:fromAlpha="0.0"
    android:toAlpha="1.0"
    android:duration="10000"
    />
```

트윈 애니메이션으로 속도 조절하기

애니메이션 효과가 지속되는 동안 빠르거나 느리게 효과가 진행되도록 만드는 방법은 인터폴레이터(Interpolator)를 사용하면 됩니다. 인터폴레이터는 R.anim에 미리 정의된 정보를 사용해서 설정할 수 있는데 다음과 같은 대표적인 인터폴레이터를 사용할 수 있습니다.

속성	설명
accelerate_interpolator	애니메이션 효과를 점점 빠르게 나타나도록 만듭니다.
decelerate_interpolator	애니메이션 효과를 점점 느리게 나타나도록 만듭니다.
accelerate_decelerate_interpolator	애니메이션 효과를 점점 빠르다가 느리게 나타나도록 만듭니다.
anticipate_interpolator	애니메이션 효과를 시작 위치에서 조금 뒤로 당겼다가 시작하도록 만듭니다.
overshoot_interpolator	애니메이션 효과를 종료 위치에서 조금 지나쳤다가 종료되도록 만듭니다.
anticipate_overshoot_interpolator	애니메이션 효과를 시작 위치에서 조금 뒤로 당겼다가 시작한 후 종료 위치에서 조금 지나쳤다가 종료되도록 만듭니다.
bounce_interpolator	애니메이션 효과를 종료 위치에서 튀도록 만듭니다.

이런 정보들은 각각의 액션에 설정할 수도 있고 애니메이션 집합에 설정할 수도 있습니다. 만약 각각의 액션에 다른 인터폴레이터를 설정하는 경우에는 shareInterpolator 속성을 false로 할 수 있습니다.

이렇게 리소스로 정의된 애니메이션 정보들은 자바 코드에서 new 연산자로 직접 만드는 것도 가능합니다. 그리고 각각의 액션별로 만들 수 있는 객체들은 다음과 같습니다.

위치 이동	<translate> → TranslateAnimation
회전	<rotate> → RotateAnimation
확대/축소	<scale> → ScaleAnimation
투명도	<alpha> → AlphaAnimation
애니메이션 집합	<set> → AnimationSet

애니메이션은 버튼이 눌려졌을 때 시작해야 하는 경우도 있지만 화면이 사용자에게 보이는 시점에 시작해야 하는 경우도 있습니다. 사용자에게 화면이 표시되는 시점에 애니메이션이 시작하도록 만들고 싶다면 애니메이션의 시작점은 onWindowFocusChanged 메서드가 호출되는 시점 즉, 윈도우가 포커스를 받는 시점이 되어야 합니다. 따라서 onWindowFocusChanged 메서드 내에서 파라미터로 전달되는 hasFocus 변수의 값이 true일 경우에 각각의 애니메이션 객체에 대해 start 메서드를 호출함으로써 애니메이션이 시작되도록 하면 됩니다. 윈도우가 다른 윈도우에 의해 가려지거나 할 때는 hasFocus 변수의 값이 false가 되므로 이때는 애니메이션 객체의 reset 메서드를 호출하여 초기 상태로 되돌릴 수 있습니다.

애니메이션이 언제 시작했는지 또는 끝났는지에 대한 정보는 AnimationListener 객체를 설정하면 알 수 있습니다. 애니메이션 객체에 리스너를 설정하면 애니메이션이 진행되는 상태에 따라 다음과 같은 메서드가 자동으로 호출됩니다.

메서드	설명
public void onAnimationStart(Animation animation)	애니메이션이 시작되기 전에 호출됩니다.
public void onAnimationEnd(Animation animation)	애니메이션이 끝났을 때 호출됩니다.
public void onAnimationRepeat(Animation animation)	애니메이션이 반복될 때 호출됩니다.

애니메이션은 위젯에 적용할 수도 있고 레이아웃에 적용할 수도 있습니다. 앞으로 애니메이션이 필요한 기능이 나올 때마다 이번 단락에서 알게 된 내용을 잘 적용해보기 바랍니다.

08-2
페이지 슬라이딩 사용하기

앞 단락에서 설명한 애니메이션은 사용자에게 좀 더 동적인 화면을 보여줄 수 있습니다. 그리고 때로는 데이터를 좀 더 효율적으로 보여주기 위한 UI를 구성할 때 사용되기도 합니다. 그중에 페이지 슬라이딩은 버튼을 눌렀을 때 보이지 않던 뷰가 슬라이딩 방식으로 나타나는 기능입니다. 여러 뷰를 중첩해 두었다가 하나씩 전환하면서 보여주는 방식에 애니메이션을 결합한 것이죠. 대표적인 예시는 여러분이 이미 만들었던 바로가기 메뉴입니다. 바로가기 메뉴는 햄버거 모양의 목록 아이콘을 눌렀을 때 왼쪽 또는 오른쪽에서 슬라이딩 방식으로 표시됩니다. 바로가기 메뉴는 API에서 제공되는 기능을 그대로 사용하면 만들 수 있습니다. 하지만 이 기능을 직접 만들어 볼 수도 있습니다. 지금부터 페이지 슬라이딩에 대해서 살펴보겠습니다.

다음은 페이지 슬라이딩을 구현하는 전형적인 방법을 그림으로 표현한 것입니다.

▲ 전형적인 페이지 슬라이딩 구현 방식

만약 두 개의 뷰를 중첩시켰다면 위쪽의 뷰는 보이거나 보이지 않는 상태로 만들 수 있습니다. 오른쪽에서 왼쪽으로 보이는 애니메이션을 만들 때는 애니메이션 액션 정보를 XML에 저장한 후 로딩하여 위쪽의 뷰에 적용합니다. 왼쪽에서 오른쪽으로 닫히는 애니메이션을 만들 때는 마찬가지 방법으로 적용하되 애니메이션 액션 정보가 반대 방향으로 정의됩니다. 이 두 가지 모두 뷰의 이동과 관련되므로 애니메이션을 위한 XML에는 〈translate〉 태그를 사용합니다.

SamplePageSliding 프로젝트를 만들고 패키지 이름은 org.techtown.sliding으로 수정해서 새로운 프로젝트를 만듭니다. 새로운 프로젝트 창이 열리면 activity_main.xml 파일을 수정합니다.

먼저 최상위 레이아웃을 FrameLayout으로 바꿉니다. 프레임 레이아웃 안에는 세 개의 LinearLayout을 추가하고 중첩시킵니다. 첫 번째 레이아웃은 가로와 세로 크기 모두 match_parent로 지정하여 화면 전체를 채우도록 하였는데 파란색 배경색을 지정하여 다른 것과 구분되도록 만듭니다. 두 번째 레이아웃은 슬라이딩으로 보여줄 뷰가 되는데 마찬가지로 노란색 배경색을 지정하여 화면 전체를 채우는 뷰와 구분되도록 합니다. 이 뷰는 layout_width의 속성 값을 숫자로 지정하여 화면 전체가 아니라 일부를 채우도록 설정합니다. 이 뷰는 사용자가 원하는 시점에 보여야 하므로 처음에는 visibility 속성을 gone으로 설정하여 보이지 않도록 합니다. 세 번째 뷰는 버튼을 포함하고 있는데 이 뷰의 배경을 투명하게 하여 버튼만 보이도록 설정합니다. 결국 앱을 처음 실행하면 전체를 채우고 있는 첫 번째 뷰와 버튼이 포함된 세 번째 뷰가 보이게 되고 세 번째 뷰의 경우에는 배경 부분이 보이지 않으므로 첫 번째 뷰 위에 버튼이 하나 있는 형태로 보이게 됩니다. 버튼을 담고 있는 세 번째 레이아웃의 layout_gravity의 속성 값을 right|center_vertical로 설정하여 화면의 오른쪽 중간에 보이게 합니다.

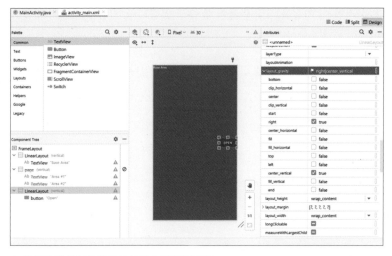

▲ 세 개의 리니어 레이아웃이 중첩된 화면 레이아웃

다음은 이렇게 정의한 XML 레이아웃을 이용해 페이지 슬라이딩 기능을 구현하는 메인 액티비티 코드입니다. MainActivity.java 파일을 열고 코드를 입력합니다.

참조파일 SamplePageSliding>/app/java/org.techtown.sliding/MainActivity.java

```java
public class MainActivity extends AppCompatActivity {
  boolean isPageOpen = false;

  Animation translateLeftAnim;
  Animation translateRightAnim;

  LinearLayout page;
  Button button;

  @Override
  protected void onCreate(Bundle savedInstanceState) {
    super.onCreate(savedInstanceState);
    setContentView(R.layout.activity_main);
    page = findViewById(R.id.page);

    translateLeftAnim = AnimationUtils.loadAnimation(this, R.anim.translate_left);
    translateRightAnim = AnimationUtils.loadAnimation(this, R.anim.translate_right);

    SlidingPageAnimationListener animListener = new SlidingPageAnimationListener();   ➊
    translateLeftAnim.setAnimationListener(animListener);
    translateRightAnim.setAnimationListener(animListener);

    button = findViewById(R.id.button);
    button.setOnClickListener(new View.OnClickListener() {
```

```
        @Override
        public void onClick(View v) {
            if (isPageOpen) {
                page.startAnimation(translateRightAnim);
            } else {
                page.setVisibility(View.VISIBLE);
                page.startAnimation(translateLeftAnim);
            }
        }
    });
}

private class SlidingPageAnimationListener implements Animation.AnimationListener {

    public void onAnimationEnd(Animation animation) {
        if (isPageOpen) {
            page.setVisibility(View.INVISIBLE);

            button.setText("Open");
            isPageOpen = false;
        } else {
            button.setText("Close");
            isPageOpen = true;
        }
    }

    @Override
    public void onAnimationStart(Animation animation) { }

    @Override
    public void onAnimationRepeat(Animation animation) { }
}
}
```

❶ 애니메이션 리스너 설정하기　　　　　　　　❷ 애니메이션이 끝났을 때 호출되는 메서드 안에 코드
　　　　　　　　　　　　　　　　　　　　　　　넣기

버튼을 누르면 서브 화면이 애니메이션으로 보이도록 두 개의 애니메이션 액션을 만들었습니다. /app/
res 폴더 안에 anim 폴더를 만들고 그 안에 translate_left.xml과 translate_right.xml 파일을 생성합니
다. 두 파일의 내용은 〈translate〉 태그를 사용해서 좌측으로 이동하는 것과 우측으로 이동하는 애니메
이션을 정의합니다. 우측으로 이동하는 애니메이션은 translate_left에서 fromXDelta와 toXDelta의
값을 바꾸면 됩니다.

```xml
<?xml version="1.0" encoding="utf-8"?>
<set xmlns:android="http://schemas.android.com/apk/res/android"
  android:interpolator="@android:anim/accelerate_decelerate_interpolator">
  <translate
    android:fromXDelta="100%p"
    android:toXDelta="0%p"
    android:duration="500"
    android:repeatCount="0"
    android:fillAfter="true"
    />
</set>
```

이렇게 정의된 액션 정보는 AnimationUtils 클래스의 loadAnimation 메서드로 로딩됩니다. 이 메서드로 로딩한 애니메이션 객체를 참조한 후 버튼을 누를 때마다 애니메이션이 번갈아 적용됩니다. 서브 화면은 XML 레이아웃에서 visibility 속성이 gone으로 설정되어 있어 화면에서 보이지 않았으므로 좌측으로 슬라이딩되어 나올 때는 visible로 만들어 화면에 보이게 합니다. 그리고 우측으로 슬라이딩될 때는 invisible이나 gone으로 만들어 화면에서 보이지 않도록 합니다. 서브 화면이 보이거나 보이지 않게 되는 시점은 애니메이션이 끝나는 시점이어야 합니다. 그렇다면 애니메이션이 끝나는 시점을 알아야 할 텐데, 애니메이션이 끝나는 시점은 AnimationListener 인터페이스를 구현한 객체를 Animation 객체의 setAnimationListener 메서드로 설정하면 알 수 있습니다. 이 프로젝트에서 만든 코드를 보면 AnimationListener를 구현하는 SlidingPageAnimationListener 클래스를 정의한 후 이 클래스의 인스턴스 객체를 생성하여 Animation 객체에 설정했습니다. 이 AnimationListener에는 onAnimationEnd 메서드가 정의되어 있으며 애니메이션이 끝날 때 자동으로 호출됩니다.

다음은 이 앱을 실행한 화면입니다.

◀ 페이지 슬라이딩 방식으로 구성한 화면 기능

오른쪽 중간에 위치한 버튼을 누를 때마다 노란색 바탕의 서브 화면이 나타났다 사라졌다 하는 것을 볼 수 있습니다. 파랑 바탕으로 전체를 채우고 있는 레이아웃에는 'Base Area' 텍스트가 들어 있으며 노랑 바탕의 서브 화면은 'Area #1'과 'Area #2'로 나뉘어 있는데 실제 앱을 만들 때는 이 각각의 영역에 필요한 뷰를 넣어 화면을 구성할 수 있습니다. 페이지 슬라이딩 방식으로 화면을 보여주면 좀 더 많은 내용을 한 화면에 보여줄 있다는 장점이 있습니다. 페이지 슬라이딩처럼 복잡하게 보이는 기능도 레이아웃을 잘 구성하고 앞 단락에서 살펴본 애니메이션을 잘 적용하면 그리 어렵지 않게 구현할 수 있다는 것을 알 수 있을 것입니다.

08-3
앱 화면에 웹브라우저 넣기

앱에서 웹페이지를 띄우는 방법은 아주 간단합니다. 인텐트 객체를 만들어서 웹사이트 주소를 넣은 후 시스템으로 요청하기만 하면 되기 때문이죠. 그런데 앱 화면에 웹브라우저를 넣어서 볼 수도 있을까요? 인텐트에 웹사이트 주소만 넣어 띄우는 방식은 단말기에 있는 웹브라우저 앱 화면이 뜨는 것이지만 여러분이 만든 앱 화면 안에 웹브라우저를 넣으면 여러분의 앱 안에서 웹사이트가 보이게 됩니다. 사용자는 단말에서 보고 있는 컨텐츠가 웹페이지인지 아니면 앱에서 구성한 것인지에 큰 관심이 없지만 여러분의 앱 안에 웹페이지가 들어 있을 때 훨씬 더 일관성 있는 화면으로 인식합니다. 예를 들어, 서버에 있는 웹페이지로 앱의 설명서를 보여주는 경우에 가이드의 1장, 2장, 3장과 같이 목차를 앱으로 구성하고 그 각각의 항목을 선택하면 웹페이지가 보이면서 앱 설명서가 표시되는 경우를 들 수 있습니다. 이렇게 만들면 사용자는 앱으로 느끼게 되고 별도의 화면으로 갑자기 나타나는 웹브라우저 화면보다 더 자연스러운 화면을 보여줄 수 있습니다.

웹브라우저를 앱 안에 넣을 때는 웹뷰(WebView)를 사용하면 되는데 XML 레이아웃에서는 〈WebView〉 태그로 정의합니다. 웹뷰를 정의하여 사용할 때는 인터넷에 접속하게 됩니다. 따라서 항상 매니페스트에 인터넷 접속 권한이 등록되어 있어야 합니다. 다음은 매니페스트에 등록해야 할 인터넷 권한입니다.

[Code]

```
<uses-permission android:name="android.permission.INTERNET" />
```

XML 레이아웃에 웹뷰를 추가하면 소스 코드에서 웹뷰 객체를 찾아 참조할 수 있습니다. 앱 화면 안에 웹뷰를 넣어보는 실습을 위해 새로운 SampleWeb 프로젝트를 만들고 패키지 이름은 org.techtown.

web으로 수정합니다. 그리고 activity_main.xml 파일을 열고 최상위 레이아웃을 리니어 레이아웃으로 변경합니다. 화면에 들어 있던 텍스트뷰는 삭제하고 orientation 속성 값은 vertical로 설정합니다. 가로 방향으로 추가할 수 있는 리니어 레이아웃을 하나 추가하고 layout_height 속성 값을 wrap_content로 설정한 후 URL을 입력할 수 있는 입력상자와 버튼 하나를 추가합니다. 그리고 리니어 레이아웃 아래에는 웹뷰를 추가합니다.

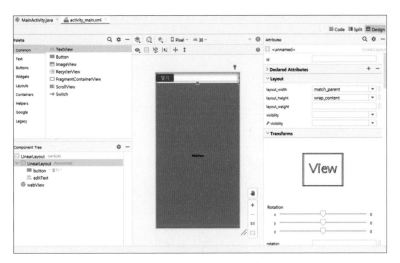

▲ 웹뷰가 포함된 화면 레이아웃

웹뷰의 id는 webView로 설정합니다. 그러면 소스 코드에서는 이 뷰를 findViewById 메서드로 찾아 참조할 수 있습니다. MainActivity.java 파일을 열고 다음 코드를 입력합니다. 이 코드에서는 웹뷰를 사용해 웹페이지를 로딩합니다.

참조파일 SampleWeb>/app/java/org.techtown.web/MainActivity.java

```java
public class MainActivity extends AppCompatActivity {
  EditText editText;
  WebView webView;

  @Override
  protected void onCreate(Bundle savedInstanceState) {
    super.onCreate(savedInstanceState);
    setContentView(R.layout.activity_main);

    editText = findViewById(R.id.editText);
    webView = findViewById(R.id.webView);

    WebSettings webSettings = webView.getSettings();    ❶ 웹뷰의 설정 수정하기
    webSettings.setJavaScriptEnabled(true);
```

```
        webView.setWebViewClient(new ViewClient());

        Button button = findViewById(R.id.button);
        button.setOnClickListener(new View.OnClickListener() {
            public void onClick(View v) {
                webView.loadUrl(editText.getText().toString());    ──→ ❷ 버튼 클릭 시 사이트 로딩하기
            }
        });
    }

    private class ViewClient extends WebViewClient {
        @Override
        public boolean shouldOverrideUrlLoading(final WebView view, final String url) {
            view.loadUrl(url);

            return true;
        }
    }
}
```

findViewById 메서드를 사용해서 참조한 WebView 객체의 getSettings 메서드를 사용해 WebSettings 객체를 참조합니다. 이 객체에 설정한 설정 정보 중에서 setJavaScriptEnabled 코드가 있으므로 그 값이 true로 설정되면 자바스크립트가 동작할 수 있는 환경이 됩니다. 대부분의 웹사이트가 자바스크립트를 사용하므로 이 값은 항상 true로 설정하는 것이 좋습니다.

웹페이지를 로딩하여 화면에 보여주기 위해서는 loadUrl 메서드를 사용합니다. 이 메서드를 사용하면 원격지의 웹페이지를 열거나 로컬에 저장된 HTML 파일을 열 수 있습니다. 이렇게 나타난 웹페이지는 확대/축소 기능이 설정되어 있으면 화면 상에서 확대/축소가 가능하며 웹뷰 객체의 goForward나 goBack 메서드를 이용하면 앞 페이지 또는 뒤 페이지로도 이동할 수 있습니다. 화면에 추가된 WebView 객체에 웹페이지를 보여주기 위해서는 WebViewClient를 상속한 객체를 만들어 WebView에 설정해야 합니다.

앱을 실행하려면 권한을 설정해야 하므로 /app/manifests 폴더 안에 있는 AndroidManifest.xml 파일을 열고 다음 코드를 추가합니다.

참조파일 SampleWeb>/app/manifests/AndroidManifest.xml

```
<manifest xmlns:android="http://schemas.android.com/apk/res/android"
          package="org.techtown.web">

    <uses-permission android:name="android.permission.INTERNET"/>
```

```
<application
    android:usesCleartextTraffic="true"

중략…
```

INTERNET 권한을 추가했으며 <application> 태그 안에는 usesCleartextTraffic이라는 속성을 추가 했습니다. 이 권한과 속성이 추가되어야 웹뷰 안에 웹사이트가 표시될 수 있습니다. 앱을 실행한 후 입 력상자에 웹사이트 주소(http://m.naver.com)를 입력하고 [열기] 버튼을 누릅니다. 버튼 아래쪽의 웹 뷰에 지정한 웹사이트가 열리는 것을 확인할 수 있습니다.

▲ 앱 화면에 넣은 웹뷰에 웹사이트를 보여준 결과

웹뷰를 앱의 구성 요소로 사용하면 컨텐츠가 자주 변하는 경우에도 서버에서 이 컨텐츠를 관리할 수 있 다는 장점이 있습니다. 또한 앱 가이드와 같이 매뉴얼을 작성해 넣거나 텍스트로 된 메시지에 중간 중 간 색상이나 링크를 넣고 싶은 경우에도 유용하게 사용할 수 있습니다. 필요한 경우에는 웹페이지와 앱 사이에 데이터를 주고받을 수도 있으니 일단 웹뷰를 활용해서 앱 화면 안에서 웹사이트를 보여주는 방 법을 잘 알아두면 좋습니다.

08-4
시크바 사용하기

프로그레스바처럼 사용할 수 있는 대표적인 상태 표시 위젯으로 시크바(SeekBar)가 있습니다. 시크바는 프로그레스바를 확장하여 만든 것인데, 프로그레스바의 속성을 갖고 있으면서 사용자가 값을 조정할 수 있게 합니다. 즉, 시크바의 일부분을 터치하면 터치한 부분으로 즉시 이동할 수 있는 방법을 제공하며, 가운데 있는 핸들(Handle)을 드래그하여 좌우로 이동시킬 수도 있습니다. 따라서 시크바를 사용하면 동영상 재생 시 볼륨 조절이나 재생 위치 조절이 가능합니다. 이 위젯은 프로그레스바를 상속한 것이라서 프로그레스바의 속성을 그대로 사용할 수 있습니다. 그리고 추가적으로 OnSeekBarChange-Listener라는 리스너를 설정하여 이벤트를 처리할 수 있습니다. 이 리스너의 메서드들은 시크바의 상태가 바뀔 때마다 호출되며 다음과 같은 메서드들이 정의되어 있습니다.

[Code]

```
void onStartTrackingTouch (SeekBar seekBar)
void onStopTrackingTouch (SeekBar seekBar)
void onProgressChanged (SeekBar seekBar, int progress, boolean fromUser)
```

이중에서 onProgressChanged 메서드는 사용자에 의해 변경된 progress 값을 전달받을 수 있습니다. fromUser 파라미터를 사용하면 변경된 값이 사용자가 입력한 것인지 아니면 코드에서 변경된 것인지 구별할 수 있습니다.

이제 시크바로 단말의 화면 밝기를 조정하는 기능을 만들어 보겠습니다. SampleSeekbar라는 이름의 새로운 프로젝트를 만들고 패키지 이름은 org.techtown.seekbar로 수정합니다. 프로젝트 창이 열리면 activity_main.xml 파일을 열고 레이아웃을 구성합니다.

최상위 레이아웃을 LinearLayout으로 변경한 후 orientation 속성 값을 vertical로 설정합니다. 기존에 있던 텍스트뷰를 삭제하고 팔레트에서 Widgets 폴더 안에 있는 SeekBar를 화면에 끌어다 놓습니다. SeekBar에는 max 속성이 있어 최댓값을 설정할 수 있습니다. max 속성 값에 100을 입력합니다. 시크바의 아래쪽에 텍스트뷰를 하나 추가하고 '변경된 값'이라고 글자를 수정합니다. 텍스트뷰의 layout_margin 속성 중 top 속성의 값을 20dp로 입력하고 textSize 속성 값은 30sp로 입력합니다.

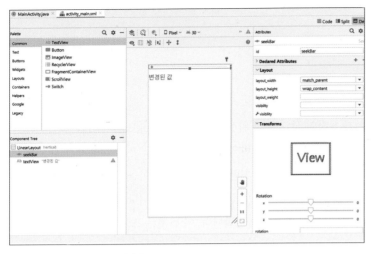

▲ 시크바를 추가한 화면 레이아웃

이제 MainActivity.java 파일을 열고 시크바의 값이 바뀌었을 때 그 값을 텍스트뷰에 표시하도록 다음
코드를 입력합니다.

참조파일 SampleSeekbar>/app/java/org.techtown.seekbar/MainActivity.java

```java
public class MainActivity extends AppCompatActivity {
  TextView textView;

  @Override
  protected void onCreate(Bundle savedInstanceState) {
    super.onCreate(savedInstanceState);
    setContentView(R.layout.activity_main);

    textView = findViewById(R.id.textView);

    SeekBar seekBar = findViewById(R.id.seekBar);

    seekBar.setOnSeekBarChangeListener(new SeekBar.OnSeekBarChangeListener() {   ──→ ❶ 시크바에
      @Override                                                                         리스너
      public void onProgressChanged(SeekBar seekBar, int i, boolean b) {                설정하기
        setBrightness(i);
        textView.setText("변경된 값: " + i);
      }

      @Override
      public void onStartTrackingTouch(SeekBar seekBar) { }

      @Override
      public void onStopTrackingTouch(SeekBar seekBar) { }
```

```
        });

    }

    private void setBrightness(int value) {
        if (value < 10) {
            value = 10;
        } else if (value > 100) {
            value = 100;
        }

        WindowManager.LayoutParams params = getWindow().getAttributes();
        params.screenBrightness = (float) value / 100;
        getWindow().setAttributes(params);
    }
}
```

❷ 윈도우 매니저를 이용해
화면 밝기 설정하기

이 코드는 XML 레이아웃에 들어 있는 시크바 객체를 참조한 후 그 값이 바뀔 때마다 리스너를 통해 알
수 있도록 했습니다. 변경된 값은 화면 밝기를 조정하는 데 사용되는데, 화면 밝기는 윈도우 매니저로
설정할 수 있습니다. getWindow 메서드를 사용해 참조한 객체의 윈도우 관련 정보를 getAttributes로
확인하거나 새로 설정할 수 있는 거죠. 화면 밝기를 설정하는 속성은 screenBrightness이며 getAttri-
butes 메서드로 참조한 속성 정보에 새로운 값을 지정한 후 setAttributes 메서드를 사용해서 설정합니
다. 시크바에 설정한 리스너는 시크바의 값이 바뀔 때마다 onProgressChanged 메서드가 호출되도록
되어 있으므로 그 메서드 안에서 화면 밝기를 지정하는 setBrightness 메서드를 호출한 후 텍스트뷰에
현재 밝기 수준을 텍스트로 표시합니다.

▲ 시크바를 사용한 값 조절

앱을 실행하면 시크바가 보이고 시크바를 스크롤해서 움직이면 움직인 값만큼 단말기 화면의 밝기가 조절됩니다.

08-5
키패드 제어하기

EditText로 만든 입력상자에 포커스를 주면 화면 하단에 소프트 키패드가 생겨 입력할 수 있는 상태가 됩니다. 이때 열리는 소프트 키패드는 자동으로 열리고 닫히므로 별도의 코딩 없이 사용할 수 있지만 필요하다면 코드를 통해 직접 키패드를 열거나 닫을 수도 있습니다. 예를 들어, 로그인 화면에서 [로그인] 버튼을 눌러 성공적으로 로그인되었을 때 열려 있던 소프트 키패드를 닫히게 만들어야 하지만 이 경우에도 코드에서 키패드를 닫아야 할 필요가 있습니다. 키패드와 관련된 기능은 InputMethodManager 객체로 사용할 수 있는데 이 객체는 시스템 서비스이므로 getSystemService 메서드로 참조한 후 다음과 같은 메서드를 사용해 키패드를 열거나 닫을 수 있습니다.

[Reference]
boolean showSoftInput(View view, int flags)
boolean hideSoftInputFromWindow(IBinder windowToken, int flags [, ResultReceiver resultReceiver])

키패드를 열고 닫는 기능을 사용할 때 키 입력 관련 문제를 자주 접하게 되는데, 가장 일반적인 사례가 입력상자에 입력될 문자열의 종류를 지정하는 것입니다. 예를 들어, 입력상자에 숫자만 입력해야 할 때 키패드가 숫자용 키패드로 나타나게 입력상자의 inputType 속성을 설정합니다. 다음 표는 대표적인 inputType 속성을 정리한 것입니다. 각각의 속성을 바꿔가면서 설정해보면 사용법을 쉽게 이해할 수 있습니다.

inputType 속성 값	설 명
number	숫자
numberSigned	0보다 큰 숫자
numberDecimal	정수
text	텍스트
textPassword	패스워드로 표시
textEmailAddress	이메일로 표시
phone	전화번호로 표시
time	시간
date	날짜

▲ 대표적인 inputType 속성

소프트 키패드의 형태는 단말 제조사별로 다를 수 있습니다. 그러나 inputType 속성 값에 따라 보이는 키패드는 입력 정보의 종류를 지정하는 것이라서 자판 배열은 비슷합니다. 실제로 앱을 구성할 때 inputType 속성을 지정할 때가 많습니다. 이때 inputType 속성만 지정하면 간단하게 키패드의 유형을 바꿀 수 있으니 속성 값을 잘 기억해 두는 것이 좋습니다.

지금부터 입력상자를 추가해서 키패드가 어떻게 뜨는지, 그리고 버튼을 눌렀을 때 키패드가 사라지게 할 수 있는지 알아보겠습니다. 새로운 SampleKeypad 프로젝트를 만들고 패키지 이름은 org.tech-town.keypad로 설정합니다. 프로젝트 창에서 activity_main.xml 파일을 열고 텍스트뷰를 삭제합니다. 팔레트에서 입력상자를 하나 끌어다 화면 가운데에 놓은 다음 입력상자 위쪽에 버튼도 하나 끌어다 놓습니다. 입력상자에 입력되어 있던 글자는 삭제하고 버튼의 글자는 '키패드 닫기'라고 수정합니다.

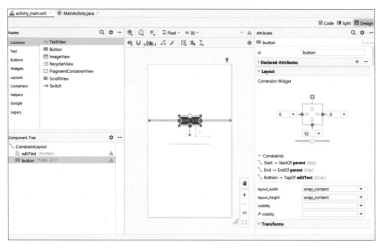

▲ 키패드 테스트를 위해 만든 화면 레이아웃

이 상태로 앱을 실행하면 화면이 보이면서 동시에 키패드가 아래쪽에서 올라오는 것을 확인할 수 있습니다. 화면에 있는 입력상자가 포커스를 받으면 키패드는 자동으로 올라오기 때문에 굉장히 자연스러운 기능입니다. 하지만 때로는 화면이 떴을 때 키패드가 올라오지 않게 만드는 것이 필요할 때도 있습니다.

키패드가 올라오지 않도록 하려면 매니페스트에 속성을 추가해야 합니다. /app/manifests 폴더에 있는 AndroidManifest.xml 파일을 열고 〈activity〉 태그에 다음 속성을 추가합니다.

참조파일 SampleKeypad>/app/manifests/AndroidManifest.xml

```
<activity android:name=".MainActivity"
    android:windowSoftInputMode="stateHidden">  → 이 속성을 추가하세요.
    <intent-filter>
중략...
```

다시 앱을 실행하면 키패드가 나타나지 않습니다. 이제 입력상자의 inputType 속성 값을 number로 변경해서 버튼을 눌렀을 때 키패드가 닫히게 만들겠습니다. 먼저 activity_main.xml 파일을 열고 입력 상자의 inputType 속성 값을 number로 변경합니다. 그리고 MainActivity.java 파일을 열고 onCreate 메서드 안에 버튼을 눌렀을 때 키패드가 닫히도록 만드는 코드를 입력합니다.

참조파일 SampleKeypad>/app/java/org.techtown.keypad/MainActivity.java

```java
public class MainActivity extends AppCompatActivity {

    @Override
    protected void onCreate(Bundle savedInstanceState) {
        super.onCreate(savedInstanceState);
        setContentView(R.layout.activity_main);

        Button button = findViewById(R.id.button);
        button.setOnClickListener(new View.OnClickListener() {
            @Override
            public void onClick(View v) {
                if(getCurrentFocus()!=null) {
                    InputMethodManager inputMethodManager = (InputMethodManager)    ➊
                                    getSystemService(INPUT_METHOD_SERVICE);

                    inputMethodManager.hideSoftInputFromWindow(getCurrentFocus().getWindowToken(), 0); → ➋
                }
            }
        });
    }
}
```

➊ InputMethodManager 객체 참조하기   ➋ 키패드 감추기

이제 앱을 다시 실행하고 입력상자를 클릭하면 숫자 키패드가 보입니다. 그리고 [키패드 닫기] 버튼을 누르면 키패드가 사라집니다.

▲ 키패드 테스트를 위해 만든 화면 레이아웃

그리 어렵지 않은 기능이지만 키패드의 종류를 다르게 보여주거나 또는 키패드를 감춰야 할 때가 가끔 씩 생기므로 키패드를 제어하는 방법에 대해 알아두면 좋습니다.

도전! 15 입력 화면의 애니메이션
안드로이드 미션

고객 정보 입력 화면을 만들고 이 화면이 보이거나 사라질 때 애니메이션이 동작하도록 해보세요.

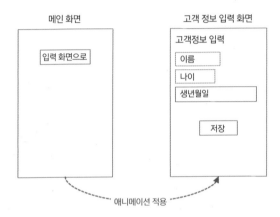

프로젝트 소스 DoitMission-15

❶ 새로운 액티비티를 추가하고 고객 정보 입력이 가능하도록 만듭니다. 고객 정보 입력 화면에서는 이름과 나이, 전화번호를 입력받도록 만듭니다.

❷ MainActivity에서 [입력 화면으로] 버튼을 누르면 고객 정보 입력 화면이 보이도록 합니다. 이 과정에서 오른쪽에서 왼쪽으로 나타나는 애니메이션을 적용합니다.

❸ 고객 정보 입력 화면에서 [저장] 버튼을 누르면 MainActivity로 돌아오도록 합니다. 이 과정에서도 애니메이션을 적용합니다.

참고할 점

화면 전체에 애니메이션을 적용할 수 있습니다.

도전! 16

안드로이드 미션

웹브라우저 화면 구성

주소를 입력하여 웹을 검색하는 웹브라우저 화면을 만들어 보세요. 화면의 위쪽에는 주소를 입력하는 패널이 있고, 이 패널에 주소를 입력한 후 [이동] 버튼을 누르면 사라지게 하여 결과 웹페이지만 보이도록 합니다.

• **프로젝트 소스** DoitMission-16

❶ 웹페이지를 보여줄 수 있도록 웹브라우저를 포함하는 레이아웃을 구성합니다.

❷ 레이아웃을 구성할 때 화면의 위쪽에는 주소를 입력할 수 있는 입력상자와 [이동] 버튼이 들어가도록 패널을 배치합니다.

❸ 주소를 입력한 후 [이동] 버튼을 누르면 해당 페이지로 이동하여 웹페이지 화면을 보여주고 상단의 패널은 슬라이딩으로 사라지게 만듭니다.

❹ 상단의 패널을 다시 사용하고 싶을 때 패널을 볼 수 있도록 [패널 열기] 버튼을 배치합니다. [패널 열기] 버튼을 누르면 상단의 패널이 슬라이딩으로 보이도록 합니다.

❺ 주소를 입력하는 입력상자에는 URL을 입력할 수 있도록 설정하여 적당한 키패드를 띄우도록 합니다.

참고할 점

웹브라우저를 포함하기 위해서는 레이아웃에 <WebView> 태그를 사용합니다.

웹사이트 주소를 입력받기 위한 입력상자에 키 입력 유형을 설정하여 적당한 키패드를 띄우려면 inputType 속성을 사용합니다.

슬라이딩 패널을 만들 때는 뷰의 가시성 속성과 애니메이션을 사용합니다.

09 스레드와 핸들러 이해하기

스레드는 하나의 프로세스 안에서 동시에 수행되어야 하는 작업을 위해 사용합니다. 표준 자바에서 스레드를 공부한 적이 있나요? 안드로이드의 스레드는 표준 자바의 스레드를 그대로 사용합니다. 그래서 표준 자바의 스레드를 안다면 안드로이드의 스레드도 쉽게 활용할 수 있습니다. 그런데 여러분이 직접 만든 스레드는 화면 레이아웃에 들어 있는 뷰들에 접근하지 못하게 되어 있습니다. 그 이유는 UI를 관리하는 메인 스레드와 동시에 접근할 때 발생하는 문제를 방지하기 위해서입니다. 따라서 새로 생성한 스레드에서 텍스트뷰의 글자를 변경하는 단순한 작업도 핸들러를 이용해서 처리하는 방법을 제대로 이해하고 있어야 합니다. 이번 장에서는 스레드를 사용하는 방법과 함께 핸들러를 다루는 방법을 살펴보겠습니다.

 그림으로 정리하기

| 스레드 결과를 화면에 보여주고 싶어요. | • 핸들러 이해하기 |

▼

| 스레드를 다루는 방법을 구체적으로 알고 싶어요. | • 일정 시간 후에 실행하기
• 스레드로 메시지 전송하기 |

▼

| 하나의 클래스에서 스레드 실행과 화면 표시를 같이 할 수 있나요? | • AsyncTask 사용하기 |

▼

| 스레드를 이용해서 애니메이션을 만들 수 있나요? | • 스레드로 애니메이션 만들기 |

스레드에서 화면에 보여주기   스레드로 애니메이션 만들기

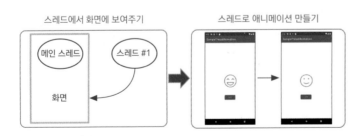

09-1
핸들러 이해하기

새로운 프로젝트를 만들면 자동으로 생성되는 메인 액티비티는 앱이 실행될 때 하나의 프로세스에서 처리됩니다. 따라서 메인 액티비티 내에서 이벤트를 처리하거나 특정 메서드를 정의하여 기능을 구현할 때도 같은 프로세스 안에서 실행됩니다. 같은 프로세스 안에서 일련의 기능이 순서대로 실행될 때 대부분은 큰 문제가 없지만, 대기 시간이 길어지는 네트워크 요청 등의 기능을 수행할 때는 화면에 보이는 UI도 멈춤 상태로 있게 되는 문제가 생길 수 있습니다.

이런 문제를 해결하려면 하나의 프로세스 안에서 여러 개의 작업이 동시 수행되는 멀티 스레드 방식을 사용하게 됩니다. 스레드(Thread)는 동시 수행이 가능한 작업 단위이며, 현재 수행 중인 작업 이외의 기능을 동시에 처리할 때 새로운 스레드를 만들어 처리합니다. 이런 멀티 스레드 방식은 같은 프로세스 안에 들어 있으면서 메모리 리소스를 공유하므로 효율적인 처리가 가능합니다. 하지만 동시에 리소스에 접근할 때 데드락(DeadLock)이 발생하여 시스템이 비정상적으로 동작할 수도 있습니다.

여러 개의 스레드가 동시에 공통 메모리 리소스에 접근할 때 데드락이 발생합니다. 데드락이란 동시에 두 곳 이상에서 요청이 생겼을 때 어떤 것을 먼저 처리할지 판단할 수 없어 발생하는 시스템상의 문제입니다. 이런 경우는 런타임 시의 예외 상황이므로 디버깅하기 쉽지 않은 경우가 많습니다.

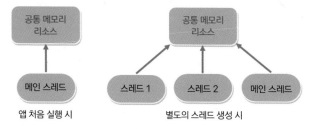

▲ 멀티 스레드 시스템에서 공통 메모리 리소스 접근

지연 시간이 길어질 수 있는 앱이라면 오랜 시간 작업을 수행하는 코드를 별도로 분리한 다음 UI에 응답을 보내는 방식을 사용합니다. 이를 위해 안드로이드가 제공하는 두 가지 시나리오를 정리하면 다음과 같습니다.

구분	시나리오
(1) 서비스 사용하기	백그라운드 작업은 서비스로 실행하고 사용자에게는 알림 서비스로 알려줍니다. 만약 메인 액티비티로 결과 값을 전달하고 이를 이용해서 다른 작업을 수행하고자 한다면 브로드캐스팅으로 결과 값을 전달할 수 있습니다.
(2) 스레드 사용하기	스레드는 같은 프로세스 안에 있기 때문에 작업 수행의 결과를 바로 처리할 수 있습니다. 그러나 UI 객체는 직접 접근할 수 없으므로 핸들러(Handler) 객체를 사용합니다.

안드로이드에서 UI 처리할 때 사용되는 기본 스레드를 '메인 스레드'라고 부릅니다. 메인 스레드에서 이미 UI에 접근하고 있으므로 새로 생성한 다른 스레드에서는 핸들러(Handler) 객체를 사용해서 메시지를 전달함으로써 메인 스레드에서 처리하도록 만들 수 있습니다.

스레드 사용하기

안드로이드에서는 표준 자바의 스레드를 그대로 사용할 수 있습니다. 따라서 표준 자바처럼 스레드를 사용하는 가장 단순한 방법은 다음과 같습니다. 스레드는 new 연산자로 객체를 생성한 후 start 메서드를 호출하면 시작할 수 있습니다. Thread 클래스에 정의된 생성자는 크게 파라미터가 없는 경우와 Runnable 객체를 파라미터로 갖는 두 가지로 구분할 수 있습니다. 일반적으로 Thread 클래스를 상속한 새로운 클래스를 정의한 후 객체를 만들어 시작하는 방법을 사용합니다.

이제 스레드를 하나 만들어서 실습해 보겠습니다. SampleThread 프로젝트를 만들고 org.techtown. thread로 패키지 이름을 수정합니다. activity_main.xml 파일을 열어서 텍스트뷰는 삭제하고 버튼을 하나 추가합니다. 버튼은 화면 가운데에 위치시키고 버튼 글자는 '스레드 시작'으로 수정합니다.

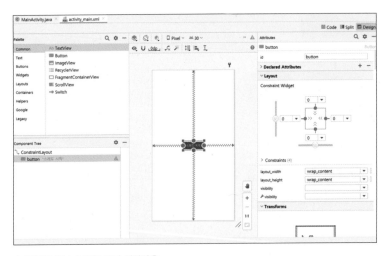

▲ 버튼을 하나 추가한 화면 레이아웃

[스레드 시작] 버튼을 눌렀을 때 스레드를 하나 만들어 동작시킬 수 있도록 MainActivity.java 파일을 열고 다음 코드를 입력합니다.

```java
public class MainActivity extends AppCompatActivity {
  int value = 0;

  @Override
  protected void onCreate(Bundle savedInstanceState) {
    super.onCreate(savedInstanceState);
    setContentView(R.layout.activity_main);

    Button button = findViewById(R.id.button);
    button.setOnClickListener(new View.OnClickListener() {
      @Override
      public void onClick(View v) {
        BackgroundThread thread = new BackgroundThread();   ┐→ 스레드 객체 생성하고 시작시키기
        thread.start();                                     ┘
      }
    });
  }

  class BackgroundThread extends Thread {
    public void run() {
      for (int i = 0; i < 100; i++) {
        try {
          Thread.sleep(1000);
        } catch(Exception e) {}

        value += 1;
        Log.d("Thread", "value : " + value);
      }
    }
  }
}
```

버튼을 누르면 스레드가 동작하고 value 변수의 값은 스레드에 의해 1초마다 1씩 증가합니다. 이러한 기능을 수행하는 스레드를 BackgroundThread라는 이름으로 정의했으며 이 스레드는 Thread 클래스를 상속받고 있습니다. 스레드 클래스를 정의했다면 그 클래스로부터 스레드 객체를 만들 수 있으며, start 메서드를 호출하면 스레드가 시작됩니다. 스레드를 시작시키면 그 안에 run 메서드가 실행됩니다. run 메서드 안에서는 반복문을 돌면서 1초마다 value의 값을 증가시킵니다.

앱을 실행하고 버튼을 누르면 Logcat 창에 value 변수의 값이 반복적으로 출력되는 것을 확인할 수 있습니다.

▲ 버튼을 눌러 스레드를 시작시켰을 때 출력되는 로그

이 코드를 보면 안드로이드의 액티비티에서 표준 자바의 스레드를 그대로 사용할 수 있음을 확실하게 알 수 있을 것입니다. 이제 Logcat이 아니라 화면에 value 값을 출력하도록 수정해 보겠습니다.

activity_main.xml 파일을 열고 버튼 위쪽에 텍스트뷰를 하나 추가합니다. 텍스트뷰의 text 속성 값은 'value 값'이라고 설정하고 textSize 속성 값은 30sp로 설정합니다.

MainActivity.java 파일에는 다음 코드처럼 스레드의 run 메서드 안에서 텍스트뷰 객체의 setText 메서드를 호출하도록 코드를 수정합니다.

참조파일 SampleThread>/app/java/org.techtown.thread/MainActivity.java

```java
public class MainActivity extends AppCompatActivity {
    int value = 0;

    TextView textView;

    @Override
    protected void onCreate(Bundle savedInstanceState) {
        super.onCreate(savedInstanceState);
        setContentView(R.layout.activity_main);

        textView = findViewById(R.id.textView);

        중략...
    }

    class BackgroundThread extends Thread {
        public void run() {
            for (int i = 0; i < 100; i++) {
                try {
                    Thread.sleep(1000);
                } catch(Exception e) {}

                value += 1;
                Log.d("Thread", "value : " + value);
```

```
            textView.setText("value 값: " + value);  ─────→스레드 안에서 텍스트뷰의 setText
        }                                                      메서드 호출하기
    }
  }
}
```

소스 코드에는 에러 표시가 없습니다. 하지만 앱을 실행하면 앱이 정상적으로 실행되지 못하고 에러가 발생합니다. 앱이 비정상 종료되었을 때 Logcat 창에서 에러 메시지를 살펴보면 다음과 같습니다.

```
Logcat                                                                                    ⚙ ▾
▦ Emulator Nexus_5X_API_28 Andi ▾  org.techtown.thread (18070) [IDEA ▾]  Error ▾  Q▾         ☑ Regex  Show only selected application ▾
 ▤  2018-12-03 17:38:00.057 18070-18095/org.techtown.thread E/AndroidRuntime: FATAL EXCEPTION: Thread-4
 ⬇      Process: org.techtown.thread, PID: 18070
 ↑      android.view.ViewRootImpl$CalledFromWrongThreadException: Only the original thread that created a view h
 ↓          at android.view.ViewRootImpl.checkThread(ViewRootImpl.java:7753)
 ⬅          at android.view.ViewRootImpl.requestLayout(ViewRootImpl.java:1225)
 ⬌          at android.view.View.requestLayout(View.java:23093)
 ⟳          at android.view.View.requestLayout(View.java:23093)
 ⚙          at android.view.View.requestLayout(View.java:23093)
            at android.view.View.requestLayout(View.java:23093)
 ☰ TODO  ▣ Terminal  ▲ Build  ≣ ᗌ Logcat  ⚟ Profiler  ⯈ Run                               Q Event Log
```

▲ 비정상 종료되었을 때의 에러 로그

이 에러 로그는 여러분이 직접 만든 BackgroundThread 객체에서 UI 객체를 직접 접근했다는 것을 말하고 있습니다. 결국 메인 스레드에서 관리하는 UI 객체는 여러분이 직접 만든 스레드 객체에서는 접근할 수 없다는 의미죠. 그럼 이 문제는 어떻게 해결할 수 있을까요? 핸들러를 사용해야 합니다.

핸들러로 메시지 전송하기

앱을 실행할 때 프로세스가 만들어지면 그 안에 메인 스레드가 함께 만들어집니다. 그리고 최상위에서 관리되는 앱 구성 요소인 액티비티, 브로드캐스트 수신자 등과 새로 만들어지는 윈도우를 관리하기 위한 메시지 큐(Message Queue)를 실행합니다. 메시지 큐를 사용하면 순차적으로 코드를 수행할 수 있는데, 이렇게 메시지 큐로 메인 스레드에서 처리할 메시지를 전달하는 역할을 핸들러 클래스가 담당합니다. 결국 핸들러는 실행하려는 특정 기능이 있을 때 핸들러가 포함되어 있는 스레드에서 순차적으로 실행시킬 때 사용하게 됩니다. 핸들러를 이용하면 특정 메시지가 미래의 어떤 시점에 실행되도록 스케줄링 할 수도 있습니다.

다음은 핸들러의 메시지 처리 방법을 그림으로 표현한 것입니다. 메인 스레드에 접근하기 위해 핸들러를 사용할 때 필요한 세 가지 단계를 보여줍니다.

핸들러를 사용할 때 필요한 세 가지 단계 ▶

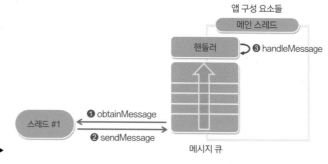

새로 만든 스레드(스레드 #1)가 수행하려는 정보를 메인 스레드로 전달하기 위해서는 먼저 핸들러가
관리하는 메시지 큐에서 처리할 수 있는 메시지 객체 하나를 참조해야 합니다. 이 첫 번째 과정에서는
obtainMessage 메서드를 이용할 수 있으며 호출의 결과로 메시지 객체를 반환받게 됩니다. 이 메시지
객체에 필요한 정보를 넣은 후 sendMessage 메서드를 이용해 메시지 큐에 넣을 수 있습니다. 메시지
큐에 들어간 메시지는 순서대로 핸들러가 처리하게 되며 이때 handleMessage 메서드에 정의된 기능
이 수행됩니다. 이때 handleMessage에 들어 있는 코드가 수행되는 위치는 새로 만든 스레드가 아닌
메인 스레드가 됩니다.

앞에서 만들었던 프로젝트에 핸들러를 적용해보기 위
해 SampleThread 프로젝트를 복사하여 SampleTh-
read2 프로젝트를 만듭니다. 이때 애플리케이션의 실
행이 원활할 수 있도록 app 폴더의 build 폴더를 삭제

> 파일 탐색기에서 C:₩Users₩사용자계정₩Android
> StudioProjects 폴더에 있는 SampleThread 폴더를
> 복사해서 붙여 넣은 후 폴더명을 SampleThread2로
> 변경하면 됩니다.

하는 것을 잊지 마세요. 새로 복사한 프로젝트를 시작화면에서 [Open an existing Android Studio
project] 메뉴를 눌러 열어줍니다. 프로젝트 창에서 /app/java/org.techtown.thread/MainActivity.
java 파일을 더블클릭하여 수정합니다.

참조파일 SampleThread2>/app/java/org.techtown.thread/MainActivity.java

```java
public class MainActivity extends AppCompatActivity {
  TextView textView;

  MainHandler handler;

  @Override
  protected void onCreate(Bundle savedInstanceState) {
    super.onCreate(savedInstanceState);
    setContentView(R.layout.activity_main);

    textView = findViewById(R.id.textView);

    Button button = findViewById(R.id.button);
    button.setOnClickListener(new View.OnClickListener() {
      @Override
      public void onClick(View v) {
        BackgroundThread thread = new BackgroundThread();
        thread.start();
      }
    });

    handler = new MainHandler();
  }
```

```
class BackgroundThread extends Thread {
  int value = 0;

  public void run() {
    for (int i = 0; i < 100; i++) {
      try {
        Thread.sleep(1000);
      } catch(Exception e) {}
      value += 1;
      Log.d("Thread", "value : " + value);

      Message message = handler.obtainMessage();
      Bundle bundle = new Bundle();
      bundle.putInt("value", value);
      message.setData(bundle);

      handler.sendMessage(message); ──────→ ❶ 핸들러로 메시지 객체 보내기
    }
  }
}

class MainHandler extends Handler {

  @Override
  public void handleMessage(Message msg) {
    super.handleMessage(msg);                    ❷ 핸들러 안에서 전달받은 메시지 객체 처리하기

    Bundle bundle = msg.getData();
    int value = bundle.getInt("value");
    textView.setText("value 값: " + value);
  }
}
```

Handler 클래스를 상속한 MainHandler 클래스가 새로 정의되었습니다. Handler와 Message는 an-droid.os 패키지에 들어 있는 클래스는 사용합니다. Handler 클래스에는 handleMessage 메서드가 들어 있어 이 메서드를 다시 정의하면 메시지가 메인 스레드에서 수행될 때 필요한 기능을 넣어둘 수 있습니다. 이렇게 정의한 핸들러는 onCreate 메서드에서 액티비티가 초기화될 때 new 연산자를 이용해 객체로 만들어집니다.

새로 만든 스레드 객체에서 수행한 작업의 결과가 나왔을 때는 핸들러 객체의 obtainMessage로 메시지 객체 하나를 참조한 후 sendMessage 메서드를 이용해 메시지 큐에 넣게 됩니다. 그런데 데이터를 전달하고자 할 때는 어떻게 할까요? 텍스트뷰 객체의 setText 메서드를 호출하는 코드가 핸들러 클래

스의 handleMessage 메서드 안으로 이동해야 하므로 이 handleMessage 메서드로 value 값을 전달해야 하는 문제가 생깁니다. 따라서 이 value 값을 Message 객체에 넣어서 보내는 것이 필요합니다. Message 객체에는 Bundle 객체가 들어 있어 putOOO 메서드로 데이터를 넣었다가 getOOO 메서드로 데이터를 가져올 수 있게 되어 있습니다(여기에서 OOO은 자료형에 따라 달라질 수 있음).

앱을 실행하고 버튼을 누르면 화면에 value 값이 표시되고 계속 변하는 것을 확인할 수 있습니다.

▲ 스레드의 결과 값을 화면에 표시한 결과

Runnable 객체 실행하기

지금까지 핸들러를 사용해서 메시지를 전송하고 순서대로 이를 실행하는 방법을 살펴보았습니다. 이 방법은 가장 일반적이지만 개발자 입장에서는 코드가 복잡하게 보이는 단점이 있습니다. 좀 더 간단한 방법으로 메인 스레드에서 실행시킬 수 있으면 좋겠죠? 핸들러 클래스는 메시지 전송 방법 이외에 Runnable 객체를 실행시킬 수 있는 방법을 제공합니다. 즉, 새로 만든 Runnable 객체를 핸들러의 post 메서드로 전달해주면 이 객체에 정의된 run 메서드 안의 코드들은 메인 스레드에서 실행됩니다.

앞 단락에서 만든 코드를 메시지 전송 방식에서 Runnable 객체 실행 방식으로 바꿔보겠습니다. 파일 탐색기에서 SampleThread2 프로젝트를 복사해 SampleThread3 프로젝트를 만듭니다. 이번에도 app 폴더의 build 폴더를 삭제하세요. 안드로이드 스튜디오에서 새로 복사한 SampleThread3 프로젝트를 엽니다. 프로젝트 창이 열리면 MainActivity.java 파일을 열고 소스 코드를 수정합니다.

```java
public class MainActivity extends AppCompatActivity {
  TextView textView;

  Handler handler = new Handler();  ──→ ❶ API의 기본 핸들러 객체 생성하기

  @Override
  protected void onCreate(Bundle savedInstanceState) {
    super.onCreate(savedInstanceState);
    setContentView(R.layout.activity_main);

    textView = findViewById(R.id.textView);

    Button button = findViewById(R.id.button);
    button.setOnClickListener(new View.OnClickListener() {
      @Override
      public void onClick(View v) {
        BackgroundThread thread = new BackgroundThread();
        thread.start();
      }
    });
  }

  class BackgroundThread extends Thread {
    int value = 0;

    public void run() {
      for (int i = 0; i < 100; i++) {
        try {
          Thread.sleep(1000);
        } catch(Exception e) {}

        value += 1;
        Log.d("Thread", "value : " + value);

        handler.post(new Runnable() {  ──→ ❷ 핸들러의 post 메서드 호출하기
          @Override
          public void run() {
            textView.setText("value 값: " + value);
          }
        });
      }
    }
  }
}
```

코드가 전체적으로 변경된 것이 보이나요? 메시지 처리를 위해 새로 정의했던 MainHandler 클래스는 이제 더 이상 필요가 없으므로 일반적으로 사용하는 Handler 클래스로 객체를 생성합니다. Handler 객체를 만들어 변수에 할당해두면 이 객체의 post 메서드를 호출할 수 있습니다. 스레드 안에서 결과를 텍스트뷰에 표시하려면 post 메서드를 호출하면서 Runnable 객체를 만들어줍니다. 그리고 그 안에 텍스트뷰를 접근하는 코드를 넣어줍니다. 이렇게 하면 결과를 텍스트뷰에 보여주는 코드가 스레드 안에 있을 수 있으므로 좀 더 코드를 이해하기 쉽습니다.

이 코드에서 보는 것처럼 post 메서드로 전달되는 Runnable 객체는 스레드의 작업 결과물로 만들어지는 데이터를 처리해야 합니다. 따라서 결과물을 화면에 보여주어야 하는 부분이 있을 경우 new 연산자로 Runnable 인터페이스를 구현하는 새로운 객체를 만들어 사용하는 것이 일반적입니다.

앱을 실행하면 SampleThread2 앱과 동일한 결과를 볼 수 있습니다. 이렇게 post 메서드를 호출하는 방법이 훨씬 간단해 보이므로 실제 앱을 만들 때 더 많이 사용하게 됩니다.

> **정박사의 조 언** **runOnUiThread 메서드를 사용할 수도 있어요**
>
> runOnUiThread는 핸들러 객체를 만들지 않고도 메인 스레드에서 동작하게 만드는 간단한 방법입니다. 따라서 다음 코드처럼 run 메서드 안에 뷰를 접근하는 코드를 넣으면 메인 스레드에서 동작하게 할 수 있습니다.
>
> ```java
> runOnUiThread(new Runnable() {
>     @Override
>     public void run() {
>
>     }
> });
> ```

09-2
일정 시간 후에 실행하기

웹 서버와 같은 원격 서버에 접속한 후 웹페이지를 요청할 때 응답이 늦어지거나 응답이 없으면 앱이 대기하고 있는 상황이 지속되는 문제가 생깁니다. 이런 경우에는 기본적으로 별도의 스레드를 만들어 처리하게 됩니다. 하지만 버튼을 클릭해서 간단하게 접속 처리하는 경우에는 메인 스레드 내에서 지연 시간을 주는 것만으로도 UI의 멈춤 현상을 방지할 수 있습니다. 단순히 Thread.sleep 메서드를 사용해서 잠깐 대기 상태로 있다가 다시 실행할 수도 있습니다. 하지만 핸들러로 지연 시간을 주었을 때 핸들러로 실행되는 코드는 메시지 큐를 통과하면서 순차적으로 실행되기 때문에 UI 객체들에 영향을 주지 않으면서 지연 시간을 두고 실행됩니다.

일정 시간 후에 실행되는 예제를 실습하기 위해서 새로운 SampleDelayed 프로젝트를 만들고 패키지 이름은 org.techtown.delayed로 수정합니다. 그런 다음 activity_main.xml 파일 안에 글자를 보여줄 텍스트뷰 하나와 버튼 하나를 추가합니다. 버튼의 글자를 '요청하기'로 수정하고 텍스트뷰에는 '결과' 라는 글자로 수정합니다. 이때 텍스트뷰의 글자 크기는 30sp로 설정합니다. XML 레이아웃을 완성했다면 MainActivity.java 파일을 열고 다음 코드를 입력합니다.

참조파일 SampleDelayed>/app/java/org.techtown.delayed/MainActivity.java

```java
public class MainActivity extends AppCompatActivity {
  TextView textView;

  Handler handler = new Handler();

  @Override
  protected void onCreate(Bundle savedInstanceState) {
    super.onCreate(savedInstanceState);
    setContentView(R.layout.activity_main);

    textView = findViewById(R.id.textView);

    Button button = findViewById(R.id.button);
    button.setOnClickListener(new View.OnClickListener() {
      @Override
      public void onClick(View v) {
        request();
      }
    });
  }
```

```java
private void request() {
    String title = "원격 요청";
    String message = "데이터를 요청하시겠습니까?";
    String titleButtonYes = "예";
    String titleButtonNo = "아니오";
    AlertDialog dialog = makeRequestDialog(title, message, titleButtonYes, titleButtonNo);
    dialog.show();

    textView.setText("대화상자 표시중...");
}

private AlertDialog makeRequestDialog(CharSequence title, CharSequence message,
            CharSequence titleButtonYes, CharSequence titleButtonNo) {
    AlertDialog.Builder requestDialog = new AlertDialog.Builder(this);
    requestDialog.setTitle(title);
    requestDialog.setMessage(message);
    requestDialog.setPositiveButton(titleButtonYes, new DialogInterface.OnClickListener() {
        @Override
        public void onClick(DialogInterface dialogInterface, int i) {
            textView.setText("5초 후에 결과 표시됨.");

            handler.postDelayed(new Runnable() {   ──→ 핸들러의 postDelayed 메서드 호출하기
                @Override
                public void run() {
                    textView.setText("요청 완료됨.");
                }
            }, 5000);
        }
    });

    requestDialog.setNegativeButton(titleButtonNo, new DialogInterface.OnClickListener() {
        @Override
        public void onClick(DialogInterface dialogInterface, int i) {}
    });

    return requestDialog.create();
}
}
```

코드를 입력할 때 Handler는 android.os 패키지의 것을 선택하고 AlertDialog는 androidx.appcom-pat.app 패키지의 것을 선택합니다. 화면에 추가한 [요청하기] 버튼을 누르면 새로 정의한 request 메서드가 호출되는데 이 메서드는 AlertDialog를 이용하여 대화상자를 보여줍니다. 대화상자의 [예] 버

튼을 누르면 핸들러 객체의 postDelayed 메서드를 사용해서 약간의 시간이 지난 후 코드가 실행되게 만듭니다.

핸들러는 메시지 큐를 사용하므로 메시지들을 순서대로 처리하지만 메시지를 넣을 때 시간을 지정하면 원하는 시간에 메시지를 처리하게 만들 수 있습니다. 따라서 일정 시간 후에 실행시킬 때 유용하게 사용됩니다. 시간을 지정할 때는 핸들러의 sendMessage 메서드와 유사한 이름을 가진 다음과 같은 두 가지 메서드를 사용할 수 있습니다.

[API]

```
public boolean sendMessageAtTime(Message msg, long uptimeMillis)
public boolean sendMessageDelayed(Message msg, long delayMillis)
```

첫 번째 메서드는 메시지를 보낼 때 시간을 지정할 수 있으며, 두 번째 메서드는 메시지가 일정 시간이 지난 후 실행되도록 설정할 수 있습니다. Runnable 객체를 실행하는 post 메서드도 postAtTime과 postDelayed 메서드가 있어 같은 기능을 수행합니다.

앱을 실행하고 [요청하기] 버튼을 누르면 대화상자가 표시됩니다. 대화상자의 [예] 버튼을 누르면 5초 뒤에 텍스트뷰에 다른 글자를 표시합니다. 이렇게 일정 시간이 지난 후에 특정 코드를 실행시킬 때 핸들러 객체의 postDelayed 메서드를 호출할 수 있습니다.

▲ 일정시간이 지난 후 표시되는 글자

09-3
스레드로 애니메이션 만들기

여러 이미지를 연속해서 바꿔가며 애니메이션 효과를 만들고 싶을 때 스레드를 사용하는 경우가 많습니다. 특히 표준 자바에서 게임 등에 사용하는 대부분의 애니메이션 효과는 스레드를 사용하므로 기존의 앱 소스를 안드로이드용으로 포팅하려고 할 때는 이미 만들어두었던 코드와 같은 방식을 사용하는 것이 가장 쉽습니다.

이번에는 스레드로 간단히 애니메이션을 만드는 방법을 알아보겠습니다. 새로운 SampleThreadAnimation 프로젝트를 만들고 패키지 이름은 org.techtown.threadanim으로 수정합니다. 그리고 책에서 제공하는 이미지(face1.png~face5.png)를 /app/res/drawable 폴더에 복사합니다. 그런 다음 XML 레이아웃을 만들기 위해 activity_main.xml 파일을 열고 기존에 있던 텍스트뷰는 삭제합니다. 화면 가운데에는 이미지뷰를 하나 추가하고 그 아래에 버튼 하나를 추가합니다. 이미지뷰에는 drawable 폴더 안에 들어 있는 이미지 중 하나가 보이도록 설정합니다. 버튼에는 '시작'이라는 글자가 표시되도록 하면 다음과 같은 레이아웃이 만들어집니다.

> 아이콘 무료 다운로드 사이트(http://www.iconfinder.com)를 활용할 수 있습니다.

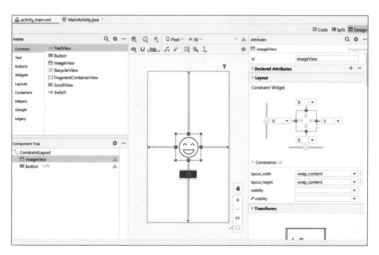

▲ 스레드 애니메이션을 위해 만든 화면 레이아웃

메인 액티비티 소스 코드에서는 스레드로 이 이미지뷰에 설정된 이미지를 순차적으로 바꿔 줄 것입니다. MainActivity.java 파일을 열고 다음과 같이 입력합니다.

```java
public class MainActivity extends AppCompatActivity {
  ImageView imageView;

  ArrayList<Drawable> drawableList = new ArrayList<Drawable>();
  Handler handler = new Handler();

  @Override
  protected void onCreate(Bundle savedInstanceState) {
    super.onCreate(savedInstanceState);
    setContentView(R.layout.activity_main);

    Resources res = getResources();
    drawableList.add(res.getDrawable(R.drawable.face1));
    drawableList.add(res.getDrawable(R.drawable.face2));
    drawableList.add(res.getDrawable(R.drawable.face3));
    drawableList.add(res.getDrawable(R.drawable.face4));
    drawableList.add(res.getDrawable(R.drawable.face5));

    imageView = findViewById(R.id.imageView);
    Button button = findViewById(R.id.button);
    button.setOnClickListener(new View.OnClickListener() {
      @Override
      public void onClick(View v) {
        AnimThread thread = new AnimThread();
        thread.start();
      }
    });
  }

  class AnimThread extends Thread {
    public void run() {
      int index = 0;
      for (int i = 0; i < 100; i++) {
        final Drawable drawable = drawableList.get(index);
        index += 1;
        if (index > 4) {
          index = 0;
        }
```

❶ 애니메이션을 위한 스레드 객체 만들어 실행하기

```
            handler.post(new Runnable() {
                @Override
                public void run() {
                    imageView.setImageDrawable(drawable);
                }
            });

            try {
                Thread.sleep(1000);
            } catch (Exception e) {
                e.printStackTrace();
            }
          }
        }
      }
    }
```

❷ 화면에 이미지를 보여주기 위해 핸들러의 post 메서드 호출하기

이미지를 사용해 애니메이션을 구현하는 스레드는 AnimThread로 정의되어 있습니다. 스레드를 실행하면 다섯 개의 이미지를 번갈아 가면서 화면에 보여줍니다. 이미지는 /app/res/drawable 폴더에 들어 있는 다섯 개의 이미지 파일을 로딩하여 Drawable 객체로 만든 후 이미지뷰에 설정합니다. 리소스 폴더에 들어 있는 이미지들을 로딩할 때는 Resources 객체의 getDrawable 메서드로 그리기 객체를 가져오는 방법과 BitmapFactory.decodeResource 메서드를 사용해 이미지 비트맵 객체를 가져오는 방법을 함께 사용할 수 있습니다. 로딩된 이미지는 ArrayList 안에 넣어 두었다가 스레드에서 하나씩 가져와 이미지뷰에 설정합니다. 이미지뷰에 설정할 때는 setImageDrawable 메서드를 호출하면 됩니다. 앱을 실행하면 여러 이미지를 사용해 애니메이션이 수행되는 것을 볼 수 있습니다.

▲ 스레드를 이용해 애니메이션을 실행한 경우

지금까지 스레드를 사용하는 방법을 살펴보면서 핸들러가 무엇인지 알아보았습니다.

도전! 17
안드로이드 미션

패널을 번갈아가며 보여주기

고객 정보를 보여주는 두 개의 패널을 만들고 각 패널을 번갈아가면서 보여주도록 애니메이션을 적용해 보세요. 애니메이션은 우측에서 좌측으로 이동하도록 적용할 수 있습니다.

• **프로젝트 소스** DoitMission-17

❶ 고객 정보를 보여주는 패널 화면을 구성합니다.

❷ 패널은 두 개를 만들고 한 번에 하나의 패널이 보이도록 합니다.

❸ 패널 위쪽에는 고객 이름, 그 아래에는 연락처와 주소가 간단하게 보이도록 합니다.

❹ 패널을 하나씩 보여주되 5초 간격으로 다음 패널이 보이도록 애니메이션을 적용합니다. 애니메이션은 오른쪽에서 왼쪽으로 이동하는 애니메이션을 적용합니다.

참고할 점

오른쪽에서 왼쪽으로 움직이는 애니메이션 동작을 우선 res/anim 폴더 안에 xml 파일로 정의한 후 패널에 적용시킵니다.

도전! 18

안드로이드 미션

앨범의 사진을 애니메이션으로 보여주기

단말의 앨범에 있는 사진을 가져와서 하나씩 보여주는 기능을 만들어 보세요.
각각의 사진이 보일 때는 우측에서 좌측으로 애니메이션이 적용되도록 합니다.

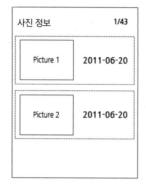

• **프로젝트 소스** DoitMission-18

❶ 단말의 앨범에 들어 있는 사진 정보를 가져와서 화면에 보여줍니다.

❷ 화면에는 두 개의 사진이 한 번에 보이도록 하고 두 개의 사진이 들어 있는 패널은 애니메이션을 적용해서 다음 패널로 넘어가도록 합니다.

❸ 화면의 위쪽에는 '현재 사진의 순서/사진의 전체 개수' 정보를 표시합니다.

❹ 하나의 사진 정보에는 왼쪽에 이미지, 오른쪽에 날짜가 표시되도록 합니다.

❺ 5초마다 사진 정보가 바뀌도록 애니메이션을 설정합니다.

참고할 점

단말의 앨범에 들어 있는 사진은 내용 제공자(Content Provider)를 사용해 가져올 수 있습니다.

사진 썸네일(Thumbnail)은 패널 위에 보이도록 만들 수 있습니다.

10 서버에 데이터 요청하고 응답받기

여러분이 사용하고 있는 스마트폰에는 인터넷으로 여러 가지 데이터를 주고받을 수 있는 앱이 많이 설치되어 있을 것입니다. 요즘에는 단말에서만 독립적으로 동작하는 앱을 만들기보다는 서버에 있는 데이터를 요청해서 다른 사람과 소통하는 앱을 만드는 경우가 훨씬 많아졌죠. 따라서 네트워킹(Networking) 기능을 구현하는 데 익숙해질 필요가 있습니다. 이번 장에서는 인터넷을 이용해 다른 곳에서 데이터를 가져오거나 데이터를 내보내는 네트워킹이 무엇인지 자세히 살펴볼 것입니다. 소켓이나 웹으로 데이터를 요청하고 응답받아 처리하는 네트워킹 방법을 살펴본 후 영화 정보를 샘플로 받아오는 앱 기능도 만들어 보겠습니다.

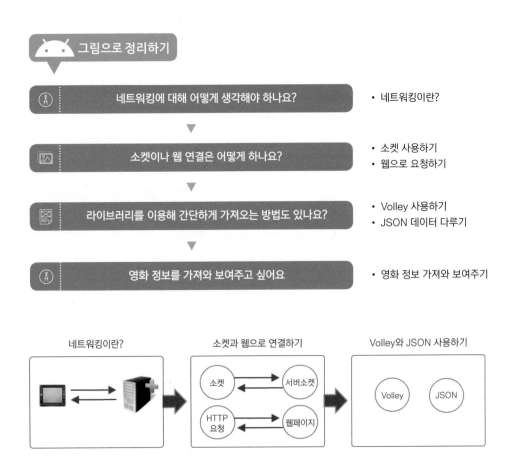

그림으로 정리하기

네트워킹에 대해 어떻게 생각해야 하나요?	• 네트워킹이란?
소켓이나 웹 연결은 어떻게 하나요?	• 소켓 사용하기 • 웹으로 요청하기
라이브러리를 이용해 간단하게 가져오는 방법도 있나요?	• Volley 사용하기 • JSON 데이터 다루기
영화 정보를 가져와 보여주고 싶어요	• 영화 정보 가져와 보여주기

네트워킹이란?

소켓과 웹으로 연결하기

Volley와 JSON 사용하기

소켓 → 서버소켓

HTTP 요청 → 웹페이지

Volley   JSON

10-1
네트워킹이란?

네트워킹은 인터넷에 연결되어 있는 원격지의 서버 또는 원격지의 단말과 통신해서 데이터를 주고받는 동작들을 포함합니다. 이런 네트워킹은 여러분이 가지고 있는 단말의 데이터만 사용하는 것이 아니라 멀리 떨어져 있는 서버나 다른 사람의 단말의 데이터를 조회할 수 있습니다. 그리고 서버에 데이터를 저장할 때는 먼저 인터넷을 통해 데이터 통신이 가능한지를 알아본 후 데이터를 주고받는 과정도 진행합니다. 데이터를 주고받는 과정은 상당히 복잡합니다. 그래도 네트워킹을 사용하는 이유는 인터넷에 연결되어 있는 여러 단말을 동시에 사용할 수 있어서 다양한 데이터 자원을 효율적으로 사용할 수 있기 때문입니다. 그러면 본격적으로 네트워크 연결 방식에 대해 알아보겠습니다.

네트워크 연결 방식 이해하기

원격지의 서버를 연결하는 가장 단순한 방식은 클라이언트와 서버가 일대일로 연결하는 '2-tier C/S(-Client/Server)' 방식입니다.

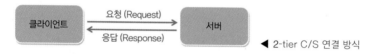

◀ 2-tier C/S 연결 방식

'2-tier C/S' 연결 방식은 가장 많이 사용하는 네트워킹 방식이며 대부분 클라이언트가 서버에 연결되어 데이터를 요청하고 응답받는 단순한 개념으로 이해할 수 있습니다. 웹페이지를 볼 때 사용하는 HTTP 프로토콜, 파일 전송을 위한 FTP 프로토콜 그리고 메일을 주고받는 POP3 프로토콜 등의 연결 방식은 모두 위와 같은 방법으로 서버로 간편하게 접속하여 처리하는 것입니다.

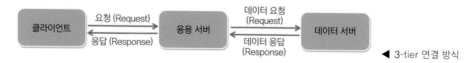

◀ 3-tier 연결 방식

3-tier 연결 방식을 사용하면 서버를 좀 더 유연하게 구성할 수 있습니다. 또 응용 서버와 데이터 서버로 서버를 구성하면 데이터베이스를 분리할 수 있어 중간에 비즈니스 로직(Business Logic)을 처리하는 응용 서버가 좀 더 다양한 역할을 할 수 있다는 장점이 생깁니다. 이것보다 좀 더 많은 단계들을 추가한 N-tier 연결 방식이 있지만 일반적으로는 3-tier까지만 이해해도 앱을 만드는 데 큰 무리가 없습니다.

단말 간의 통신이 일반화되며 클라이언트와 서버의 관계는 피어-투-피어(Peer-to-Peer) 통신으로 불리는 P2P 모델로도 변형되어 사용되기도 합니다. P2P 모델은 서버를 두지 않고 단말끼리 서버와 클라이언트 역할을 하죠. 이런 특징을 가지고 있는 P2P 모델은 정보 검색이나 파일 송수신으로 정보를 공유하는 데 많이 사용됩니다.

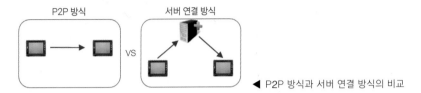

◀ P2P 방식과 서버 연결 방식의 비교

우리가 흔히 사용하는 메신저 서비스나 인터넷 전화에 사용되는 SIP 프로토콜 기반의 서비스들은 서버가 있긴 하지만 P2P 모델의 특성을 가지고 있습니다. 그러므로 단말끼리의 통신 방식에 대한 기본적인 이해도 필요합니다. 간단하게 네트워킹이 무엇인지 알아보았으니 가장 기초적인 네트워킹 방법인 소켓을 먼저 알아보겠습니다.

10-2
소켓 사용하기

네트워킹을 이해하려면 먼저 TCP/IP 수준의 통신 방식을 제공하는 소켓이 무엇인지 알아야 합니다. IP 주소로 목적지 호스트를 찾아내고 포트로 통신 접속점을 찾아내는 소켓 연결은 TCP와 UDP 방식으로 나눌 수 있습니다. 하지만 일반적인 프로그래밍에서는 대부분 TCP 연결을 사용합니다. 따라서 앞으로 실습하는 내용은 모두 TCP 연결을 사용할 것입니다.

> **정박사의 조언** **UDP 기반 소켓은 어디에 많이 사용할까요?**
>
> 인터넷 전화에 많이 사용되는 SIP 프로토콜이나 멀티미디어 데이터 스트림을 처리하는 RTP 프로토콜은 기본적으로 UDP를 많이 사용합니다. 여기에서 SIP는 세션 개시 프로토콜(Session Initiation Protocol)이라고 하는데 IETF에서 정의한 시그널링 프로토콜입니다. 음성과 화상통화 같은 멀티미디어 세션을 제어하기 위해 널리 사용되고 있습니다.

HTTP 프로토콜과 소켓

HTTP 프로토콜은 소켓으로 웹 서버에 연결한 후에 요청을 전송하고 응답을 받은 다음 연결을 끊습니다. 이런 특성을 '비연결성(Stateless)'이라고 하는데 이런 특성 때문에 실시간으로 데이터를 처리하는 앱은 응답 속도를 높이기 위해 연결성이 있는 소켓 연결을 선호했습니다. 하지만 지금은 인터넷의 속도가 빨라져 HTTP 프로토콜을 사용하는 웹이 일반적이 되었고 결국 속도가 그렇게 느리지 않으면서도 국제 표준을 따를 수 있다는 장점을 가진 웹 서버로 많은 서버가 만들어지게 되었습니다.

안드로이드는 표준 자바에서 사용하던 java.net 패키지의 클래스들을 그대로 사용할 수 있습니다. 이 때문에 네트워킹의 기본이 되는 소켓 연결은 아주 쉽게 구현할 수 있습니다. 즉, 화면 구성을 위한 액티비티를 구성하고 나면 소켓 연결에 필요한 코드는 기존에 사용하던 자바 코드를 그대로 사용할 수 있습니다.

네트워킹을 실습하기 위한 프로젝트를 만들어보기 전에 먼저 알아두어야 할 것이 있습니다. 안드로이드는 소켓 연결 등을 시도하거나 응답을 받아 처리할 때 스레드를 사용해야 한다는 것입니다. 이전에는 권장사항이었으나 현재 플랫폼 버전에서는 강제사항이 되었으므로 스레드를 사용하지 않으면 네트워킹 기능 자체가 동작하지 않으니 주의하세요.

> **정박사의 조언** **스레드를 사용하면서 UI를 업데이트하려면 핸들러를 사용해야 합니다**
>
> 원격지에 데이터를 요청하고 응답을 기다리는 네트워킹 기능은 네트워크의 상태에 따라 응답 시간이 길어질 수 있을뿐더러 최근 플랫폼에서는 스레드 사용을 강제하고 있기 때문에 이런 경우에는 UI 업데이트를 위해 핸들러를 사용합니다. 핸들러에 대한 구체적인 설명은 둘째 마당의 9장을 참조하세요.

네트워킹 실습을 위해 먼저 클라이언트와 서버 소켓을 만들어 보겠습니다. SampleSocket 프로젝트를 만들고 패키지 이름은 org.techtown.socket으로 수정합니다. activity_main.xml 파일을 열어서 최상위 레이아웃은 LinearLayout으로 변경하고 orientation 속성 값은 vertical로 설정합니다. 메인 화면은 위쪽과 아래쪽을 분할하여 위쪽은 클라이언트, 아래쪽은 서버 쪽 영역으로 사용하려고 합니다. 리니어 레이아웃을 두 개 추가하고 위쪽과 아래쪽 공간을 나눠 가질 수 있도록 layout_height 속성 값은 0dp, layout_weight 속성 값은 1dp로 각각 설정합니다. 그리고 위쪽 레이아웃에는 입력상자와 버튼을 하나씩 추가하고 스크롤뷰에 포함된 텍스트뷰를 배치합니다. 아래쪽 레이아웃에는 버튼 하나와 스크롤뷰에 포함된 텍스트뷰를 배치합니다. 위쪽 레이아웃의 버튼은 '전송'이라는 글자가 표시되도록 하고 아래쪽 레이아웃의 버튼에는 '서버 시작'이라는 글자를 넣습니다. 위쪽과 아래쪽 영역을 구분할 수 있도록 위쪽에 있는 리니어 레이아웃에는 배경색을 밝은 파랑으로 설정하고 아래쪽에 있는 리니어 레이아웃은 오렌지색으로 배경을 설정합니다. 각각의 레이아웃에 넣은 텍스트뷰의 textSize 속성 값은 모두 20sp로 설정합니다.

완성된 레이아웃은 다음과 같은 모양이 됩니다. 지금까지 레이아웃을 만드는 작업을 많이 해보았으니 이 화면을 여러분 스스로 만들어보기 바랍니다.

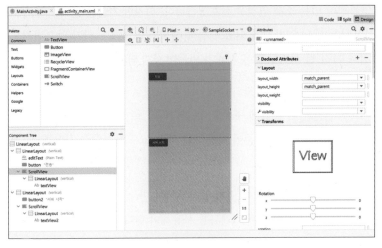

▲ 소켓 테스트를 위한 화면 레이아웃

화면 레이아웃을 만들었다면 MainActivity.java 파일을 열고 다음 코드를 입력합니다. 텍스트뷰와 입력상자는 클래스 안에 변수를 선언하고 findViewById로 찾아 변수에 할당합니다. 첫 번째 버튼을 눌렀을 때는 새로 만들 send 메서드를 호출하도록 하고 두 번째 버튼을 눌렀을 때는 startServer 메서드를 호출하도록 합니다. 그런데 이 두 개의 메서드는 모두 네트워킹 기능을 사용할 것이므로 스레드로 만들어야 합니다. 따라서 버튼을 눌렀을 때 스레드 안에서 동작하게 만드는 게 중요합니다.

참조파일 SampleSocket>/app/java/org.techtown.socket/MainActivity.java

```java
public class MainActivity extends AppCompatActivity {
  EditText editText;

  TextView textView;
  TextView textView2;

  Handler handler = new Handler();

  @Override
  protected void onCreate(Bundle savedInstanceState) {
    super.onCreate(savedInstanceState);
    setContentView(R.layout.activity_main);

    editText = findViewById(R.id.editText);
    textView = findViewById(R.id.textView);
    textView2 = findViewById(R.id.textView2);

    Button button = findViewById(R.id.button);
    button.setOnClickListener(new View.OnClickListener() {
```

```
    @Override
    public void onClick(View v) {
        final String data = editText.getText().toString();
        new Thread(new Runnable() {
            @Override
            public void run() {                    ❶ 스레드 안에서 send 메서드 호출하기
                send(data);
            }
        }).start();
    }
});

Button button2 = findViewById(R.id.button2);
button2.setOnClickListener(new View.OnClickListener() {
    @Override
    public void onClick(View v) {
        new Thread(new Runnable() {
            @Override
            public void run() {                    ❷ 스레드 안에서 startServer 메서드 호출하기
                startServer();
            }
        }).start();
    }
});
    }
}
```

두 개의 텍스트뷰는 결과를 화면에 출력하기 위한 것입니다. printClientLog 메서드는 화면 상단에 있는 텍스트뷰에 글자를 출력하도록 하고 printServerLog 메서드는 화면 하단에 있는 텍스트뷰에 글자를 출력하도록 합니다. 새로 만들어진 스레드에서 이 메서드들을 호출할 것이므로 핸들러 객체를 이용합니다.

참조파일 SampleSocket>/app/java/org.techtown.socket/MainActivity.java

```
중략...
        }).start();
        }
    });
    }

    public void printClientLog(final String data) {
        Log.d("MainActivity", data);
```

```
      handler.post(new Runnable() {
        @Override
        public void run() {
          textView.append(data + "\n");
        }
      });
    }

    public void printServerLog(final String data) {
      Log.d("MainActivity", data);

      handler.post(new Runnable() {
        @Override
        public void run() {
          textView2.append(data + "\n");
        }
      });
    }
  }
```

❶ 클라이언트 쪽 로그를 화면에 있는 텍스트뷰에 출력하기 위해 핸들러 사용하기

❷ 서버 쪽 로그를 화면에 있는 텍스트뷰에 출력하기 위해 핸들러 사용하기

printClientLog와 printServerLog 메서드 안에서는 핸들러 객체를 사용하고 있으며 Runnable 객체의 run 메서드 안에서 텍스트뷰를 접근하고 있습니다. 텍스트뷰의 append 메서드로 전달될 파라미터는 printClientLog와 printServerLog 메서드로 전달되는 파라미터가 그대로 전달되어야 하므로 final로 정의했습니다.

이제 클라이언트에서 데이터를 전송하는 send 메서드를 정의합니다. 여기에서는 서버와 클라이언트가 5001번 포트를 사용하도록 합니다.

참조파일 SampleSocket>/app/java/org.techtown.socket/MainActivity.java

```
중략…
    public void run() {
      textView2.append(data + "\n");
    }
  });
}

public void send(String data) {
  try {
    int portNumber = 5001;
    Socket sock = new Socket("localhost", portNumber);
    printClientLog("소켓 연결함.");
```

❶ 소켓 객체 만들기

```
        ObjectOutputStream outstream = new ObjectOutputStream(sock.getOutputStream());
        outstream.writeObject(data);                                         ❷ 소켓 객체로
        outstream.flush();                                                     데이터 보내기
        printClientLog("데이터 전송함.");

        ObjectInputStream instream = new ObjectInputStream(sock.getInputStream());
        printClientLog("서버로부터 받음: " + instream.readObject());
        sock.close();
    } catch (Exception ex) {
        ex.printStackTrace();
    }
}
```

코드는 표준 자바의 소켓 클라이언트 코드와 거의 같습니다. 로그를 화면에 출력하기 위해 사용한
printClientLog 메서드만 다릅니다. 접속할 IP 주소는 "localhost", 포트는 5001번을 사용하고 있습
니다. new 연산자로 만드는 소켓은 이 IP 주소와 포트 번호를 파라미터로 전달받으며, 새로 만들어진
소켓을 통해 데이터를 보내거나 받고 싶을 때는 getOutputStream과 getInputStream 메서드로 입출
력 스트림 객체를 참조합니다. 여기서는 문자열을 객체 그대로 보내기 위해 ObjectOutputStream과
ObjectInputStream 클래스를 사용하였습니다.

이 클라이언트가 접속할 서버는 startServer 메서드 안에 다음과 같이 구성합니다.

참조파일 SampleSocket>/app/java/org.techtown.socket/MainActivity.java

```
중략…
        sock.close();
    } catch (Exception ex) {
        ex.printStackTrace();
    }
}

public void startServer() {
    try {
        int portNumber = 5001;

        ServerSocket server = new ServerSocket(portNumber);        ❶ 소켓 서버 객체 만들기
        printServerLog("서버 시작함: " + portNumber);
```

```
            while (true) {
                Socket sock = server.accept();
                InetAddress clientHost = sock.getLocalAddress();
                int clientPort = sock.getPort();
                printServerLog("클라이언트 연결됨: " + clientHost + " : " + clientPort);

                ObjectInputStream instream = new ObjectInputStream(sock.getInputStream());
                Object obj = instream.readObject();
                printServerLog("데이터 받음: " + obj);

                ObjectOutputStream outstream = new ObjectOutputStream(sock.getOutputStream());
                outstream.writeObject(obj + " from Server.");
                outstream.flush();
                printServerLog("데이터 보냄.");

                sock.close();
            }
        } catch (Exception ex) {
            ex.printStackTrace();
        }
    }
```

❷ 클라이언트가 접속했을 때 만들어지는 소켓 객체 참조하기

소켓 서버는 ServerSocket 클래스로 만든 후, 클라이언트로부터의 요청을 처리할 수 있는데 포트 번호는 클라이언트에서 접속할 5001번을 그대로 사용합니다. while 구문을 사용해서 클라이언트의 접속을 기다리다가 클라이언트의 접속 요청이 왔을 때 accept 메서드를 통해 소켓 객체가 반환되므로 클라이언트 소켓의 연결 정보를 확인할 수 있습니다. 여기서는 클라이언트에서 접속한 포트 번호를 확인한 후 보내온 문자열에 " from Server."라는 문자열을 붙여서 클라이언트로 다시 보내게 됩니다.

이제 마지막으로 /app/manifests 폴더 안에 있는 AndroidManifest.xml 파일을 열고 INTERNET 권한을 추가합니다.

참조파일 SampleSocket>/app/manifests/AndroidManifest.xml

```
<manifest xmlns:android="http://schemas.android.com/apk/res/android"
        package="org.techtown.socket">

    <uses-permission android:name="android.permission.INTERNET"/>

    중략...
```

앱을 실행하고 화면 아래쪽의 [서버 시작] 버튼을 누르면 서버가 시작되었다는 로그가 화면 하단에 출력됩니다. 화면 상단에 있는 입력상자에 글자를 입력하고 [전송] 버튼을 누르면 그 글자가 서버로 전송되었다가 다시 클라이언트 쪽으로 전달되었다는 것을 알 수 있습니다.

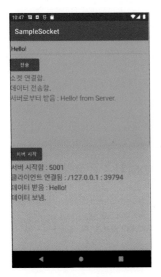

▲ 클라이언트에서 전송한 글자가 서버를 통해 전달된 결과

> **정박사의 조언 실제 앱을 만들 때도 ObjectInputStream과 ObjectOutputStream을 사용하나요?**
>
> 실제 앱에서 네트워킹 관련 코드를 만들 때는 ObjectInputStream과 ObjectOutputStream은 잘 사용하지 않습니다. 이 두 클래스는 자바의 객체(Object) 정보를 편리하게 주고받을 수 있도록 만들어진 것이지만 자바가 아닌 다른 언어로 만들어진 서버와 통신할 경우에는 데이터 송수신이 정상적으로 이루어지지 않을 수 있습니다. 따라서 일반적으로는 DataInputStream과 DataOutputStream을 많이 사용합니다.

지금까지 소켓 연결 방식을 이해할 수 있도록 간단히 작성해 보았습니다.

10-3
웹으로 요청하기

비연결성(Stateless)인 HTTP 프로토콜은 페이지 정보를 요청할 때마다 소켓을 새로 연결하고 응답을 받은 다음에는 소켓의 연결을 끊는 것이 일반적입니다. 그리고 그 소켓 연결 위에서 HTTP 프로토콜에 맞는 요청을 보내고 응답을 받아 처리합니다.

HTTP로 웹 서버에 접속하기

HTTP로 웹 서버에 접속하는 것도 소켓의 경우와 마찬가지로 표준 자바의 방식을 그대로 사용할 수 있습니다. 자바에서 HTTP 클라이언트를 만드는 가장 간단한 방법은 URL 객체를 만들고 openConnection 메서드를 호출하여 HttpURLConnection 객체를 만드는 것입니다.

[API]

public URLConnection openConnection()

URL 객체에 들어 있는 문자열이 "http://"를 포함하면 HTTP 연결을 위한 객체를 만들게 되므로 openConnection 메서드가 반환하는 URLConnection 객체를 HttpURLConnection으로 형변환하여 사용할 수 있습니다. HttpURLConnection 객체로 연결할 경우에는 GET이나 POST와 같은 요청 방식과 함께 요청을 위한 파라미터들을 설정할 수 있습니다.

[API]

public void setRequestMethod(String method)
public void setRequestProperty(String field, String newValue)

요청 방식을 지정하는 메서드는 setRequestMethod로 GET이나 POST 문자열을 파라미터로 전달합니다. setRequestProperty 메서드는 요청할 때 헤더에 들어가는 필드 값을 지정할 수 있도록 합니다. 웹페이지를 가져오는 기능은 간단하게 만들 수 있는데 이번에는 GET 방식을 사용하여 웹페이지 주소를 입력하면 해당 페이지의 내용을 가져오는 앱을 만들어 보겠습니다.

새로운 SampleHttp 프로젝트를 만들고 패키지 이름은 org.techtown.http로 수정합니다. activity_main.xml 파일을 열고 디자인 화면에서 최상위 레이아웃을 리니어 레이아웃으로 변경합니다. 리니어 레이아웃의 orientation 속성 값은 vertical로 설정하고 그 안에 있던 텍스

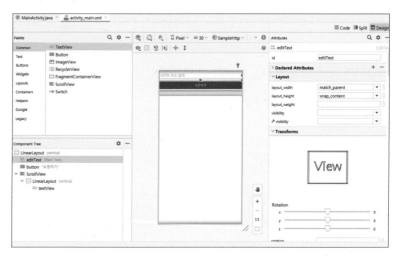

▲ 웹으로 요청하기 위해 만든 화면 레이아웃

트뷰는 삭제합니다. 팔레트에서 입력상자와 버튼을 하나씩 넣고 스크롤뷰를 추가한 후 그 안에 텍스트뷰 하나를 끌어다 추가합니다. 입력상자에는 사이트 주소를 입력할 것이며 버튼을 누르면 그 사이트로

부터 응답 데이터를 가져와 아래쪽의 텍스트뷰에 보여줄 것입니다. 버튼에는 '요청하기' 글자가 보이게 하고, 입력상자에는 '사이트 주소 입력'이라는 글자가 안내 글로 나타나도록 hint 속성을 설정합니다.

이제 MainActivity.java 파일을 열고 버튼을 클릭했을 때 웹으로 요청하는 코드를 추가합니다.

참조파일 SampleHttp>/app/java/org.techtown.http/MainActivity.java

```java
public class MainActivity extends AppCompatActivity {
  EditText editText;
  TextView textView;

  Handler handler = new Handler();

  @Override
  protected void onCreate(Bundle savedInstanceState) {
    super.onCreate(savedInstanceState);
    setContentView(R.layout.activity_main);

    editText = findViewById(R.id.editText);
    textView = findViewById(R.id.textView);

    Button button = findViewById(R.id.button);
    button.setOnClickListener(new View.OnClickListener() {
      @Override
      public void onClick(View v) {
        final String urlStr = editText.getText().toString();

        new Thread(new Runnable() {
          @Override
          public void run() {
            request(urlStr);  ⟶ 스레드 안에서 request 메서드 호출하기
          }
        }).start();
      }
    });
  }
}
```

버튼을 누르면 사용자가 입력한 사이트 주소를 이용해 request 메서드를 호출합니다. request 메서드 안에서는 인터넷을 사용할 것이므로 스레드 안에서 동작하도록 스레드 객체를 하나 생성하고 그 안에서 request 메서드를 호출하도록 합니다. 스레드에서 처리한 결과물을 화면에 표시할 때 사용하도록 핸들러 객체도 만들어 변수에 할당해 둡니다. request 메서드의 코드는 다음과 같습니다.

중략…

```java
public void request(String urlStr) {
  StringBuilder output = new StringBuilder();
  try {
    URL url = new URL(urlStr);

    HttpURLConnection conn = (HttpURLConnection) url.openConnection();
    if (conn != null) {
      conn.setConnectTimeout(10000);
      conn.setRequestMethod("GET");
      conn.setDoInput(true);

      int resCode = conn.getResponseCode();
      BufferedReader reader = new BufferedReader(new InputStreamReader(conn.getInputStream()));
      String line = null;
      while (true) {
        line = reader.readLine();
        if (line == null) {
          break;
        }

        output.append(line + "\n");
      }
      reader.close();
      conn.disconnect();
    }
  } catch (Exception ex) {
    println("예외 발생함: " + ex.toString());
  }

  println("응답-> " + output.toString());
}
public void println(final String data) {
  handler.post(new Runnable() {
    @Override
    public void run() {
      textView.append(data + "\n");
    }
  });
}
```

❶ HttpURLConnection 객체 만들기

❷ 입력 데이터를 받기 위한 Reader 객체 생성하기

request 메서드에서는 응답 결과물을 모아 화면에 출력합니다. 화면에 출력할 때 사용하는 println 메서드는 핸들러를 사용하면서 화면에 들어있는 텍스트뷰의 append 메서드를 호출하도록 합니다. request 메서드 안에 정의된 웹페이지 요청 부분을 보면 가장 먼저 URL 객체를 만들고 있습니다. 파라미터로 전달된 URL 문자열을 이용해 만들어진 객체의 openConnection 메서드를 호출하면 HttpURL-Connection 객체가 반환됩니다.

이 객체에 GET 방식으로 요청한다는 내용을 setRequestMethod로 설정하고 getResponseCode 메서드를 호출하면 이 시점에 내부적으로 웹 서버에 페이지를 요청하는 과정을 수행하게 됩니다. setConnectionTimeout 메서드는 연결 대기 시간을 설정하는 것으로 10초 동안 연결되기를 기다린다는 의미이며, setDoInput 메서드는 이 객체의 입력이 가능하도록 만들어 줍니다. 응답 코드가 HTTP_OK인 경우에는 정상적으로 응답이 온 경우이므로 응답으로 들어온 스트림을 문자열로 변환하여 반환합니다. 만약 요청한 주소의 페이지가 없는 경우에는 HTTP_NOT_FOUND 코드가 반환되며, 이외에도 다양한 응답 코드가 정의되어 있습니다. 스트림에서 한 줄씩 읽어 들이는 메서드인 readLine은 BufferedReader 클래스에 정의되어 있으므로 HttpURLConnection 객체의 스트림을 이 클래스의 객체로 만든 후에 처리합니다.

이 앱이 인터넷 권한을 사용하므로 매니페스트 파일을 열고 다음 권한을 추가합니다. 그리고 〈application〉 태그에 속성을 하나 더 추가합니다.

참조파일 SampleHttp〉/app/manifests/AndroidManifest.xm

```
<manifest xmlns:android="http://schemas.android.com/apk/res/android"
          package="org.techtown.http">

  <uses-permission android:name="android.permission.INTERNET"/>

  <application
    android:usesCleartextTraffic="true"

중략...
```

앱을 실행하고 입력창에 다음 주소를 입력한 후 버튼을 누르면 다음과 같은 결과 화면을 볼 수 있습니다. 이때 이 주소는 10-5 실습까지 사용하므로 윈도우 스티커와 같은 메모 애플리케이션에 미리 복사해 놓으세요.

http://www.kobis.or.kr/kobisopenapi/webservice/rest/boxoffice/searchDailyBoxOfficeList.json?key=430156241533f1d058c603178cc3ca0e&targetDt=20210330

▲ HttpURLConnection으로 웹 요청한 화면

입력해야 하는 사이트 주소가 상당히 길죠? 이 주소는 영화 정보를 받아올 수 있도록 오픈되어 있는 주소 중의 하나입니다. 혹시 응답으로 온 결과 텍스트에 "유효하지 않은 키 값입니다."라는 글자가 들어 있나요? 이 주소 안에 들어있는 key 값은 여러분이 직접 이 사이트에 등록하여 발급받아야 하며 위의 실습으로 제공하는 주소의 key 값은 단순히 테스트용입니다. 응답 결과물의 내용도 아주 많을 것입니다. 자세히 살펴보면 그 사이에 영화 정보가 포함되어 있는 것을 알 수 있을 것입니다. 응답 결과물의 포맷은 JSON 문자열이며 이 문자열을 어떻게 처리해야 하는지는 나중에 다시 살펴보겠습니다.

HttpURLConnection 클래스를 사용하여 웹페이지의 내용을 가져오는 요청 방식은 살펴본 바와 같이 웹 서버에 접근하는 가장 기본적인 방식이라고 할 수 있습니다.

10-4
Volley 사용하기

웹 서버에 요청하고 응답을 받을 때는 앞서 살펴본 HttpURLConnection 객체를 사용할 수 있지만 요청과 응답에 필요한 코드의 양이 많습니다. 그리고 스레드를 사용하면서 넣어야 하는 코드의 양도 많습니다. 핸들러에 대한 이해가 없다면 앱이 비정상 종료될 수도 있겠죠. 이런 문제를 해결하기 위해 여러 가지 라이브러리들이 만들어졌습니다. 그중에서도 가장 많이 사용되는 것 중의 하나가 Volley입니다. Volley 라이브러리는 웹 요청과 응답을 단순화하기 위해 만들어진 라이브러리입니다.

Volley를 사용하려면 먼저 요청(Request) 객체를 만들고 이 요청 객체를 요청 큐(RequestQueue)라는 곳에 넣어주기만 하면 됩니다. 그러면 요청 큐가 알아서 웹 서버에 요청하고 응답까지 받아줍니다. 여러분은 응답을 받을 수 있도록 지정된 메서드를 만들어두기만 하면 응답이 왔을 때 그 메서드가 자동으로 호출됩니다.

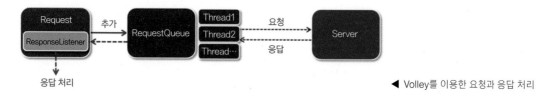

Volley 라이브러리의 가장 큰 장점은 스레드를 신경 쓰지 않아도 된다는 점입니다. 요청 큐가 내부에서 스레드를 만들어 웹 서버에 요청하고 응답받는 과정을 진행하는데, 응답을 처리할 수 있는 메서드를 호출할 때는 메인 스레드에서 처리할 수 있도록 만들기 때문입니다. 따라서 스레드를 사용할 필요도 없고 화면에 결과를 표시할 때 핸들러를 사용할 필요도 없습니다.

Volley를 사용해서 웹 요청과 응답을 처리하는 과정을 살펴보겠습니다. 먼저 SampleRequest 프로젝트를 만들고 패키지 이름을 org.techtown.request로 수정합니다. 새로운 프로젝트 창이 열리면 Volley 라이브러리를 추가해야 합니다. Volley는 외부 라이브러리이므로 build.gradle 파일에 정보를 추가해야 사용할 수 있습니다. /app/Gradle Scripts 폴더 안에 있는 build.gradle(Module: SampleRequest.app) 파일을 열고 dependencies 중괄호 안에 라이브러리 정보를 추가합니다. 라이브러리 정보를 추가하고 [Sync Now] 링크를 클릭하면 자동으로 라이브러리가 추가됩니다.

참조파일 SampleRequest>/Gradle Scripts/build.gradle(Module: SampleRequest.app)

```
중략...

dependencies {

  중략...

  implementation 'com.android.volley:volley:1.2.0'
}
```

인터넷을 사용하므로 매니페스트 파일에 INTERNET 권한을 추가하는 것도 잊어서는 안 됩니다. 또 application 태그에는 usesCleartextTraffic 속성을 추가해야 합니다. /app/manifests 안에 있는 AndroidManifest.xml 파일을 열고 다음 내용을 추가합니다.

```
<manifest xmlns:android="http://schemas.android.com/apk/res/android"
          package="org.techtown.request">

  <uses-permission android:name="android.permission.INTERNET"/>
  <application
    android:usesClearTextTraffic="true"

중략...
```

화면은 이전 단락에서 만든 것과 똑같이 상단에 입력상
자와 버튼을 두고 그 아래에 스크롤뷰와 그 안에 포함
된 텍스트뷰를 배치합니다. 레이아웃 화면을 구성했으

[File → Open Recent → SampleHttp]를 새 창에
서 열고 activity_main.xml 파일을 복사해서 /res/
layout 폴더에 붙여 넣어 덮어써도 됩니다.

면 버튼을 눌렀을 때 입력상자에 입력한 사이트 주소로 웹 요청을 할 것이므로 MainActivity.java 파일
을 열고 다음 코드를 입력합니다.

```
public class MainActivity extends AppCompatActivity {
  EditText editText;
  TextView textView;

  static RequestQueue requestQueue;

  @Override
  protected void onCreate(Bundle savedInstanceState) {
    super.onCreate(savedInstanceState);
    setContentView(R.layout.activity_main);

    editText = findViewById(R.id.editText);
    textView = findViewById(R.id.textView);

    Button button = findViewById(R.id.button);
    button.setOnClickListener(new View.OnClickListener() {
      @Override
      public void onClick(View v) {
        makeRequest();
      }
    });

    if (requestQueue == null) {
      requestQueue = Volley.newRequestQueue(getApplicationContext());    ❶ RequestQueue
    }                                                                       객체 생성하기
  }
```

```
public void makeRequest() {
  String url = editText.getText().toString();

  StringRequest request = new StringRequest(Request.Method.GET, url,    ❷ 요청을 보내기 위한
    new Response.Listener<String>() {                                      StringRequest
      @Override                                                            객체 생성하기
      public void onResponse(String response) {
        println("응답-> " + response);
      }
    },
    new Response.ErrorListener() {
      @Override
      public void onErrorResponse(VolleyError error) {
        println("에러-> " + error.getMessage());
      }
    }
  ) {
    @Override
    protected Map<String, String> getParams() throws AuthFailureError {
      Map<String,String> params = new HashMap<String,String>();

      return params;
    }
  };
  request.setShouldCache(false);
  requestQueue.add(request);
  println("요청 보냄.");
}

public void println(String data) {
  textView.append(data + "\n");
}
}
```

사용자가 버튼을 클릭했을 때 요청 객체를 만들고 요청 큐에 넣어줍니다. 요청 큐는 한 번만 만들어 계속 사용할 수 있기 때문에 static 키워드로 클래스 변수를 선언한 후 할당했습니다. 요청 큐를 이 액티비티에서만 사용하는 것이 아니라 앱 전체에서 사용하는 것이 일반적입니다. 따라서 실제 앱을 만들 때는 Application 클래스 안에 넣어두거나 별도의 클래스를 하나 만들어서 넣어둘 수 있습니다. 요청 큐를 만들 때는 Volley.newRequestQueue 메서드를 사용할 수 있습니다. 이 코드는 onCreate 메서드 안에 넣어줍니다.

요청 객체는 StringRequest 클래스로 만들 수 있습니다. StringRequest는 문자열을 주고받기 위해 사용하는 요청 객체이며 Volley 라이브러리 안에는 이외에도 여러 가지 유형의 요청 객체가 들어 있습니다. 하지만 일반적으로는 StringRequest 객체만으로도 충분합니다.

요청 객체를 new 연산자로 만들 때는 네 개의 파라미터를 전달할 수 있습니다. 첫 번째 파라미터로는 GET 또는 POST 메서드를 전달합니다. 요청 방식을 지정하는 것이죠. 두 번째 파라미터로는 웹사이트 주소를 전달합니다. 세 번째 파라미터로는 응답받을 리스너 객체를 전달합니다. 이 리스너의 onResponse 메서드는 응답을 받았을 때 자동으로 호출됩니다. 네 번째 파라미터로는 에러가 발생했을 때 호출될 리스너 객체를 전달합니다. 여기에서는 GET 방식을 사용했지만 POST 방식을 사용하면서 요청 파라미터를 전달하고자 한다면 getParams 메서드에서 반환하는 HashMap 객체에 파라미터 값들을 넣어주면 됩니다. 여기서는 파라미터가 없기 때문에 비워두었습니다.

요청 객체를 만들었다면 이 객체는 요청 큐에 넣어줍니다. 요청 큐의 add 메서드로 요청 객체를 넣으면 요청 큐가 자동으로 요청과 응답 과정을 진행합니다. 요청 객체는 cache 메커니즘을 지원하는데 만약 이전 응답 결과를 사용하지 않겠다면 setShouldCache 메서드를 사용해서 cache를 사용하지 않도록 설정하면 됩니다.

앱을 실행하고 입력상자에 사이트 주소를 입력한 후 버튼을 누릅니다. 그러면 아래쪽 텍스트뷰에 응답 결과가 표시됩니다.

▲ Volley로 웹 요청한 화면

스레드나 핸들러를 사용하지 않았는데도 웹 사이트 요청과 응답이 문제없이 진행되는 것을 확인할 수 있습니다.

10-5
JSON 데이터 다루기

JSON의 약자는 JavaScript Object Notation으로 자바스크립트 객체 포맷을 데이터를 주고받을 때 사용할 수 있도록 문자열로 표현한 것을 말합니다. 따라서 자바스크립트 객체 포맷과 거의 동일합니다. 약간의 차이가 있는데 속성의 이름과 문자열에 큰따옴표를 사용한다는 정도의 차이가 있습니다.

10-3과 10-4의 실습에서 응답으로 받은 데이터가 JSON 포맷으로 된 데이터입니다. JSON은 자바스크립트 객체 포맷이므로 중괄호를 사용해서 객체를 만들 수 있습니다. 10-3, 10-4에서 얻은 결과 값을 자세히 보면 조금 복잡하기는 해도 중괄호 안에 들어있는 여러 개의 속성을 확인할 수 있을 것입니다. 각각의 속성은 콤마(,)로 구분되며 각각의 속성 자체는 속성 이름과 속성 값이 콜론(:) 기호로 구분되면서 한 쌍을 이룹니다. 즉, 콜론 뒤에 값이 들어갈 수 있는데 문자열이나 숫자와 같은 기본 자료형이 올 수도 있고 다시 중괄호로 싸인 객체가 올 수도 있습니다. 문자열 값에는 큰따옴표를 붙이고 숫자에는 붙이지 않습니다. 만약 배열을 사용하고 싶다면 대괄호를 사용하며 그 안에 쉼표로 구분된 배열 원소들이 들어갑니다.

간단하게 JSON이 어떤 포맷인지 알게 되었으니 앞 단락에서 웹 응답으로 받은 JSON 결과물을 처리하는 방법을 알아보도록 하겠습니다. Gson은 자바스크립트에서처럼 JSON 문자열을 객체로 변환할 수 있도록 해 줍니다. 즉, JSON 문자열이 자바 객체로 만들어질 수 있습니다. Volley를 사용해서 웹 서버로부터 JSON 응답을 받았다면 Gson을 이용해서 자바 객체로 바꾸고 그 객체 안에 들어있는 데이터를 접근하여 사용할 수 있습니다.

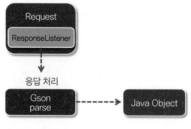

▲ Gson의 역할

Gson도 Volley처럼 외부 라이브러리이기 때문에 먼저 라이브러리를 추가해야 사용할 수 있습니다.

Gson으로 응답 데이터를 처리해보기 위해 파일 탐색기를 열고 이전 단락에서 만들었던 SampleRequest 프로젝트를 복사하여 SampleRequest2 프로젝트를 만듭니다. 이때 build 폴더의 안드로이드 스튜디오에서 SampleRequest2 프로젝트를 열고 프로젝트 창이 보이면 먼저 Gson 라이브러리를 추가합니다. /Gradle Scripts 폴더 안에 있는 build.gradle(Module: SampleRequest.app) 파일을 열고 라이브러리를 추가한 후 Sync Now 링크를 눌러 변경사항을 반영합니다.

참조파일 SampleRequest2>/Gradle Scripts/build.gradle(MModule: SampleRequest.app)

```
중략…

dependencies {

  중략…

  implementation 'com.android.volley:volley:1.2.0'
  implementation 'com.google.code.gson:gson:2.8.6'
}
```

Gson은 JSON 문자열을 자바 객체로 바꿔주는데 자바는 객체를 만들 때 클래스를 먼저 정의하는 과정을 거치므로 JSON 문자열을 자바 객체로 바꿀 때도 클래스를 먼저 정의해야 합니다.

영화 정보 JSON 응답의 포맷에 맞추어 새로운 자바 클래스를 정의합니다. 왼쪽 프로젝트 창에서 /app/java/org.techtown.request 폴더를 선택한 상태에서 마우스 오른쪽 버튼을 눌러 새로운 자바 클래스를 만듭니다. 클래스의 이름의 MovieList로 합니다. 그 안에는 다음과 같이 boxOfficeResult라는 이름의 변수를 선언합니다.

참조파일 SampleRequest2>/app/java/org.techtown.request/MovieList.java

```
public class MovieList {
  MovieListResult boxOfficeResult;
}
```

응답 데이터 가장 바깥이 중괄호이므로 이 객체를 반환할 클래스로 MovieList라는 이름의 클래스를 정의했습니다. 이 클래스 안에는 boxOfficeResult라는 이름의 변수를 추가합니다. 여기에서 변수의 이름은 JSON 문자열에서 속성의 이름과 같아야 합니다. 그리고 변수의 자료형은 JSON 문자열에서 속성 값의 자료형과 같아야 합니다. JSON 문자열에서 boxOfficeResult 속성의 값이 객체이므로 이 객체를 변환하여 담아둘 클래스를 MovieListResult라는 이름으로 추가합니다. 새로운 소스 파일을 MovieListResult라는 이름으로 하나 더 만들어서 다음 코드를 추가합니다.

> Movie를 import할 때 안드로이드의 android.graphics.Movie를 import하지 않도록 주의하세요. [Alt] + [Enter]를 무심결에 누르다가 잘못 import할 수도 있습니다. Movie 클래스는 바로 다음에 작성합니다.

```
public class MovieListResult {

    String boxofficeType;
    String showRange;


    ArrayList<Movie> dailyBoxOfficeList = new ArrayList<Movie>();
}
```

JSON 문자열의 속성 중에서 값이 배열인 경우, 즉, 대괄호로 표시된 경우에는 클래스를 정의할 때 ArrayList 자료형을 사용할 수 있습니다. 그리고 그 배열 안에 다시 객체들이 들어가는 경우 해당 객체들을 위한 클래스를 추가로 만들어야 합니다. 이 클래스는 ArrayList의 제네릭 타입으로 지정되므로 꺾쇠(⟨, ⟩) 표시를 사용합니다. 여기에서 배열 안에 들어가는 Movie 객체는 또 다른 클래스로 정의합니다. 새 클래스 생성으로 Movie 클래스를 추가하고 다음 코드를 입력합니다.

```
public class Movie {

    String rnum;
    String rank;
    String rankInten;
    String rankOldAndNew;
    String movieCd;
    String movieNm;
    String openDt;
    String salesAmt;
    String salesShare;
    String salesInten;
    String salesChange;
    String salesAcc;
    String audiCnt;
    String audiInten;
    String audiChange;
    String audiAcc;
    String scrnCnt;
    String showCnt;

}
```

세 개의 클래스가 만들어졌습니다. 이렇게 클래스를 정의하는 과정이 이해가 되나요? 아무렇게나 만드는 것이 아니라 응답 JSON 문자열의 포맷에 맞게 만들어야 한다는 것을 꼭 기억해야 합니다.

클래스들을 정의했다면 Gson을 이용해 JSON을 변환할 수 있습니다.

```
중략…
    new Response.Listener<String>() {
      @Override
      public void onResponse(String response) {
        println("응답-> " + response);

        processResponse(response);
      }

      public void processResponse(String response) {     JSON 문자열을 MovieList 객체로 변환하기
        Gson gson = new Gson();
        MovieList movieList = gson.fromJson(response, MovieList.class);
        println("영화 정보의 수: " + movieList.boxOfficeResult.dailyBoxOfficeList.size());
      }

중략…
```

이때 SampleRequest 프로젝트를 복사하여 만들어진 MainActivity.java에 processResponse 메서드의 정의 부분을 끼워 넣어야 합니다. 응답을 확인했던 onResponse 메서드 바로 아래에 processResponse 메서드를 정의하세요. 또 응답을 받는 onResponse 메서드 안에 processResponse 메서드를 호출하는 (processResponse(response);)코드를 추가합니다. 그리고 파라미터로는 응답 문자열을 전달합니다.

새로 정의한 processResponse 메서드에서는 Gson 객체를 이용해 응답 문자열을 MovieList 객체로 변환합니다. Gson 객체에는 fromJson 메서드가 있어서 문자열을 자바 객체로 바꿀 수 있도록 합니다. 첫 번째 파라미터는 문자열이고 두 번째 파라미터는 어떤 클래스인지를 지정하기 위한 클래스 객체입니다. 이렇게 변환하면 응답 JSON에 들어있는 영화 정보의 개수를 바로 확인할 수 있습니다.

▲ Gson으로 파싱한 결과

앱을 실행하고 입력상자에 사이트 주소를 입력한 후 버튼을 누르면 processResponse 메서드에서 처리한 응답이 하단에 표시됩니다. 그 응답 표시 영역에서 가장 아래쪽으로 내리면 조회된 영화 정보 개수가 표시되어 있습니다.

10-6
영화 정보 가져와 보여주기

지금까지 웹 서버에 요청하고 응답받은 JSON 문자열을 처리하는 방법까지 알아보았습니다. 이 과정에서 Volley와 Gson 라이브러리를 사용했는데 이 코드와 앞에서 만들었던 리싸이클러뷰를 합치면 영화 정보를 가져와서 리스트 모양으로 보여주는 것이 가능합니다. 이미 모두 학습했던 기능이지만 두 가지 기능을 합칠 때는 코드에서 약간씩 달라지는 부분들이 생깁니다. 그러면 영화 정보를 가져와서 화면에 리스트 모양으로 보여주도록 하겠습니다.

먼저 리싸이클러뷰를 만들었던 과정을 따라가 봅시다. SampleMovie 프로젝트를 만들고 패키지 이름은 org.techtown.movie로 입력합니다. 프로젝트 창이 열리면 activity_main.xml 파일을 열고 디자인 화면에서 좌측 상단의 팔레트를 살펴봅니다. Common 폴더 안에 RecyclerView가 있는데 이 뷰는 외부 라이브러리에 포함되어 있어 오른쪽에 다운로드 아이콘(⬇)이 같이 표시됩니다. 다운로드 아이콘을 누르면 외부 라이브러리를 추가할 것인지 물어보는 대화상자가 나타나는데 [OK] 버튼을 눌러 외부 라이브러리를 추가합니다. 이제 XML 레이아웃에서 리싸이클러뷰를 추가할 수 있습니다. 최상위 레이아웃을 LinearLayout으로 변경하고 orientation 속성 값은 vertical로 설정합니다. 기존에 있던 텍스트뷰는 삭제한 후 입력상자와 버튼을 하나씩 추가하고 RecyclerView를 끌어다 화면에 놓습니다.

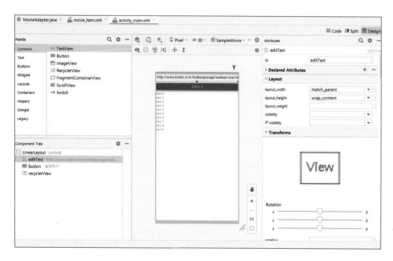

◀ 영화 정보를 보여주기 위해 만든 화면 레이아웃

입력상자의 text 속성 값에는 영화 정보를 가져올 사이트의 URL을 미리 넣어둡니다. URL이 XML 레이아웃 안에 들어갈 때는 & 기호를 인식하지 못하므로 & 기호로 바꾸어 넣어줍니다.

http://www.kobis.or.kr/kobisopenapi/webservice/rest/boxoffice/searchDailyBoxOfficeList.json?key=072b596b4a06cbb74e5f13a6bcdba521&targetDt=20210330

리싸이클러뷰는 선택 위젯이기 때문에 어댑터가 데이터 관리와 뷰 객체 관리를 담당합니다. 여기서는 영화 정보를 받아 각각의 정보를 Movie라는 이름의 클래스 객체로 만들어 보여줍니다. 이전 단락(SampleRequest2)에서 Gson을 사용해서 JSON 문자열을 자바 객체로 만들기 위해 정의했던 MovieList, MovieListResult, Movie 클래스를 복사하여 /app/java/org.techtown.movie 폴더에 붙여 넣습니다. 이 중에 Movie 객체를 어댑터에서 관리하도록 만들 것입니다.

어댑터를 새로운 자바 클래스로 만듭니다. 클래스의 이름은 MovieAdapter로 하고 파일이 만들어지면 그 안에 먼저 ViewHolder 클래스를 static으로 정의합니다.

참조파일 SampleMovie>/app/java/org.techtown.movie/MovieAdapter.java

```java
public class MovieAdapter {

  static class ViewHolder extends RecyclerView.ViewHolder {
    TextView textView;
    TextView textView2;

    public ViewHolder(View itemView) {
      super(itemView);

      textView = itemView.findViewById(R.id.textView);
      textView2 = itemView.findViewById(R.id.textView2);
    }

    public void setItem(Movie item) {
      textView.setText(item.movieNm);
      textView2.setText(item.audiCnt + " 명");
    }
  }
}
```

리스트 형태로 보일 때 각각의 아이템은 뷰로 만들어지며 이 각각의 아이템을 위한 뷰는 뷰홀더에 담아 두게 됩니다. 이 뷰홀더 안에는 Movie 객체가 담기게 되므로 setItem 메서드의 파라미터로 Movie 객체를 전달합니다. 그리고 그 메서드 안에서 첫 번째 텍스트뷰에는 영화 이름, 두 번째 텍스트뷰에는 관객 수를 표시합니다. 영화 이름은 movieNm이라는 변수 이름으로 되어있고, 관객 수는 audiCnt 변수 이름으로 되어있습니다. 관객 수를 표시할 때는 맨 뒤에 '명'이라는 글자를 붙여줍니다. 이 뷰홀더에 넣어줄 뷰 객체의 XML 레이아웃은 리싸이클러뷰를 만들 때 만들었던 person_item.xml 파일과 유사하게 만듭니다. /res/layout 폴더에 movie_item.xml 파일을 새로 만들고 왼쪽에 이미지 하나, 오른쪽에 텍스트뷰가 두 개가 보이도록 합니다.

카드뷰는 layout_margin 값을 주어서 테두리가
적절하게 띄워지도록 만들었으며 이미지뷰에는
movie.png 파일이 보이도록 했습니다.

movie.png 파일은 여러분이 원하는 이미지를 넣어도 되며, 사이트(https://www.iconfinder.com)에서 무료 이미지를 다운로드해서 /app/res/drawable 폴더 안에 넣으면 됩니다.

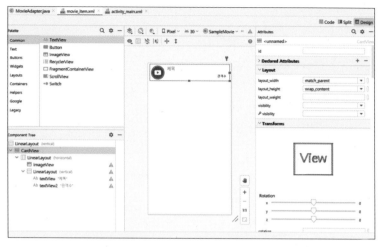

▲ 각 아이템을 위해 만든 레이아웃

이제 MovieAdapter 클래스가 RecyclerView.Adapter 클래스를 상속하도록 수정합니다. 이때 RecyclerView.Adapter 뒤에 〈MovieAdapter.ViewHolder〉를 지정합니다. 바로 앞에서 작성한 static class ViewHolder 위에 다음 코드를 입력하세요.

참조파일 SampleMovie〉/app/java/org.techtown.movie/MovieAdapter.java

```java
public class MovieAdapter extends RecyclerView.Adapter<MovieAdapter.ViewHolder> {
  ArrayList<Movie> items = new ArrayList<Movie>();

  @NonNull
  @Override
  public ViewHolder onCreateViewHolder(@NonNull ViewGroup viewGroup, int viewType) {
    LayoutInflater inflater = LayoutInflater.from(viewGroup.getContext());
    View itemView = inflater.inflate(R.layout.movie_item, viewGroup, false);

    return new ViewHolder(itemView);
  }

  @Override
  public void onBindViewHolder(@NonNull ViewHolder viewHolder, int position) {
    Movie item = items.get(position);
    viewHolder.setItem(item);
  }
```

```
  @Override
  public int getItemCount() {
    return items.size();
  }

  public void addItem(Movie item) {
    items.add(item);
  }

  public void setItems(ArrayList<Movie> items) {
    this.items = items;
  }

  public Movie getItem(int position) {
    return items.get(position);
  }

  static class ViewHolder extends RecyclerView.ViewHolder {
    TextView textView;
    TextView textView2;
```
중략…

뷰홀더가 만들어지는 시점인 onCreateViewHolder 메서드 안에서는 movie_item.xml 파일을 인플레이션한 뒤 뷰홀더 객체를 만들고 그 안에 넣은 후 반환했습니다. onBindViewHolder 메서드 안에서는 현재 인덱스에 맞는 Movie 객체를 찾아 뷰홀더에 객체를 설정했습니다.

이제 리싸이클러뷰를 위한 어댑터 코드가 만들어졌으니 이 어댑터는 리싸이클러뷰 객체에 설정되어야 합니다. 어댑터 안에 Movie 객체들을 넣는 시점은 웹 응답을 받았을 때가 되어야 하므로 리싸이클러뷰 객체에 어댑터만 설정합니다. MainActivity.java 파일을 열고 onCreate 메서드 안에 코드를 추가합니다.

참조파일 SampleMovie>/app/java/org.techtown.movie/MainActivity.java

```
public class MainActivity extends AppCompatActivity {
  EditText editText;
  TextView textView;

  RecyclerView recyclerView;
  MovieAdapter adapter;

  @Override
```

```
    protected void onCreate(Bundle savedInstanceState) {
        super.onCreate(savedInstanceState);
        setContentView(R.layout.activity_main);

        editText = findViewById(R.id.editText);
        textView = findViewById(R.id.textView);

        recyclerView = findViewById(R.id.recyclerView); ──→ ❶ XML 레이아웃에 정의한 리싸이클러뷰
                                                                객체 참조하기
        LinearLayoutManager layoutManager =
                    new LinearLayoutManager(this, LinearLayoutManager.VERTICAL, false);
        recyclerView.setLayoutManager(layoutManager);

        adapter = new MovieAdapter();
        recyclerView.setAdapter(adapter); ──→ ❷ 리싸이클러뷰에 어댑터 설정하기


    }
}
```

리싸이클러뷰에는 세로 방향으로 리스트를 볼 수 있도록 레이아웃 매니저를 설정했습니다. 그 아래에
서는 MovieAdapter 객체를 만들고 setAdapter 메서드를 호출하여 설정하였습니다. 이렇게 하면 리싸
이클러뷰가 어댑터와 상호작용하면서 리스트 모양으로 보여주게 됩니다.

리싸이클러뷰를 위한 코드가 완성되었으므로 이제 웹으로 요청하고 응답을 받아 리싸이클러뷰에 보여
주는 과정을 진행합니다. 먼저 Volley와 Gson 라이브러리를 추가합니다. /Gradle Scripts 폴더 안에 있
는 build.gradle(Module: SampleMovie.app) 파일을 열고 라이브러리를 추가합니다.

참조파일 SampleMovie〉/Gradle Scripts/build.gradle(Module: SampleMovie.app)

```
중략…

dependencies {
    중략…

    implementation 'com.android.volley:volley:1.2.0'
    implementation 'com.google.code.gson:gson:2.8.6'
}
```

라이브러리를 추가했으면 상단에 보이는 Sync Now 링크를 눌러 변경사항을 반영합니다. Volley는 웹
으로 요청하고 응답을 받는 역할을 담당하고 Gson은 JSON 문자열을 자바 객체로 바꾸어주는 역할을
담당한다는 것은 이미 설명했습니다.

이제 인터넷을 사용하기 위해 매니페스트 파일에 INTERNET 권한을 추가합니다. /app/manifests 폴더 안에 있는 AndroidManifest.xml 파일을 열고 다음 코드를 추가합니다.

참조파일 SampleMovie>/app/manifests/AndroidManifest.xml

```
<manifest xmlns:android="http://schemas.android.com/apk/res/android"
        package="org.techtown.movie">

    <uses-permission android:name="android.permission.INTERNET" />

    <application
      android:usesCleartextTraffic="true"

중략…
```

버튼을 눌렀을 때 입력상자에 입력한 사이트 주소로 웹 요청을 하도록 MainActivity.java 파일을 수정합니다. 먼저 onCreate 메서드 안에 버튼과 리스너를 추가하고 Volley의 RequestQueue 객체를 생성하는 코드를 추가합니다. 그런 다음 makeRequest, println, processResponse 메서드를 순서대로 정의합니다.

참조파일 SampleMovie>/app/java/org.techtown.movie/MainActivity.java

```
public class MainActivity extends AppCompatActivity {

    EditText editText;
    TextView textView;
    RecyclerView recyclerView;
    MovieAdapter adapter;

    static RequestQueue requestQueue;

    @Override
    protected void onCreate(Bundle savedInstanceState) {

        super.onCreate(savedInstanceState);
        setContentView(R.layout.activity_main);
        editText = findViewById(R.id.editText);
        textView = findViewById(R.id.textView);
        recyclerView = findViewById(R.id.recyclerView);

        Button button = findViewById(R.id.button);
        button.setOnClickListener(new View.OnClickListener() {
          @Override
          public void onClick(View v) {
```

```
            makeRequest();
        }
    });

if (requestQueue == null) {
    requestQueue = Volley.newRequestQueue(getApplicationContext());
    }

    recyclerView = findViewById(R.id.recyclerView);

    LinearLayoutManager layoutManager = new LinearLayoutManager(this,
                                    LinearLayoutManager.VERTICAL, false);
    recyclerView.setLayoutManager(layoutManager);

    adapter = new MovieAdapter();
    recyclerView.setAdapter(adapter);

}

public void makeRequest() {
    String url = editText.getText().toString();

    StringRequest request = new StringRequest(
        Request.Method.GET,
        url,
        new Response.Listener<String>() {
            @Override
            public void onResponse(String response) {
                println("응답-> " + response);

                processResponse(response); ──→ ❶ 응답을 받았을 때 processResponse 메서드 호출하기
            }
        },
        new Response.ErrorListener() {
            @Override
            public void onErrorResponse(VolleyError error) {
                println("에러-> " + error.getMessage());
            }
        }
    ) {
        @Override
        protected Map<String, String> getParams() throws AuthFailureError {
            Map<String,String> params = new HashMap<String,String>();
            return params;
        }
    };
```

```
    request.setShouldCache(false);
    requestQueue.add(request);
    println("요청 보냄.");
}

public void println(String data) {
    Log.d("MainActivity", data);
}

public void processResponse(String response) {
    Gson gson = new Gson();
    MovieList movieList = gson.fromJson(response, MovieList.class); ──→ ❷ 응답받은 JSON 문자열을
                                                                          MovieList로 변환하기
    println("영화 정보 수: " + movieList.boxOfficeResult.dailyBoxOfficeList.size());

    for (int i = 0; i < movieList.boxOfficeResult.dailyBoxOfficeList.size(); i++) {
        Movie movie = movieList.boxOfficeResult.dailyBoxOfficeList.get(i);

        adapter.addItem(movie);
    }

    adapter.notifyDataSetChanged();
  }
}
```

사용자가 버튼을 클릭했을 때 요청 객체를 만들고 요청 큐에 넣어줍니다. 요청 큐는 한 번만 만들어 계속 사용할 수 있기 때문에 static 키워드를 이용해 클래스 변수를 선언한 후 할당했습니다.

요청 객체는 StringRequest 클래스를 이용해 만들었으며 네 개의 파라미터가 전달되었습니다. 요청 객체를 만든 후 요청 큐에 넣어 요청을 진행합니다.

응답을 받았을 때 호출되는 onResponse 메서드 안에서는 processResponse 메서드를 호출합니다. processResponse 메서드 안에서는 Gson을 이용해 JSON 문자열을 MovieList 객체로 변환하며 그 안에 들어있는 Movie 객체들을 하나씩 꺼내어 어댑터에 추가합니다. 어댑터에 모두 추가했다면 notify-DataSetChanged 메서드를 호출해야 변경 사항이 반영됩니다.

이제 앱을 실행하고 버튼을 누르면 다음과 같이 영화 정보가 화면에 표시됩니다.

▲ 영화 정보가 리싸이클러뷰에 표시된 화면

만약 각 아이템의 왼쪽에 보이는 이미지를 영화 이미지로 바꾸고 싶다면 웹 서버에서 이미지를 받아와 표시해야 합니다. 이미지를 다운로드하여 표시할 때는 직접 이미지 파일을 다운로드받는 방법도 있지만 라이브러리를 활용하는 것이 더 나은 경우가 많습니다. 왜냐하면 한 번 받아온 이미지를 임시 저장했다가 보여주는 기능 등 장점이 많기 때문입니다. 자주 사용하는 이미지 다운로드 라이브러리로는 Glide나 Picasso를 들 수 있습니다. 이 라이브러리들을 사용하면 이미지뷰에 이미지를 다운로드받아 설정하는 과정이 한두 줄만으로도 가능해집니다. 이에 대해서는 여러분이 직접 기능을 추가해보기 바랍니다.

이번 단락에서 웹 서버에서 영화 정보를 받아와 화면에 보여주는 과정까지 해보니 실제 앱을 위한 기능을 만들 때 충분히 활용할 수 있겠다는 생각이 들지 않나요? 네트워킹은 실제 앱을 만들 때 아주 중요한 부분이니 익숙하게 만드는 것이 좋습니다.

도전! 19
안드로이드 미션

웹으로 가져온 데이터 보여주기

웹으로 가져온 데이터 원본과 함께 웹뷰에서 해당 페이지도 같이 볼 수 있도록 합니다. HTML 문서를 웹뷰에서 보면 웹브라우저에서 보는 것처럼 표시됩니다.

• **프로젝트 소스** DoitMission-19

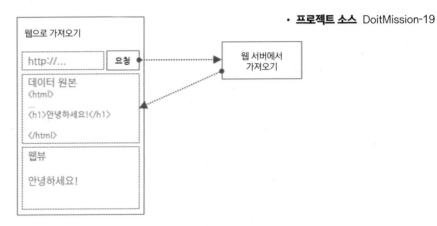

❶ 웹사이트 주소를 입력할 수 있는 입력상자와 버튼을 화면 상단에 배치합니다.

❷ [요청] 버튼을 누르면 웹으로 데이터를 가져옵니다.

❸ 화면의 가운데 부분에는 가져온 데이터를 보여주도록 합니다.

❹ 화면의 아래쪽에는 웹뷰를 추가하고 웹으로 가져온 데이터를 웹뷰에 넣어 보여줍니다.

참고할 점

웹사이트에서 가져와야 할 페이지나 이미지는 여러 개일 수 있습니다.

따라서 웹뷰에 표시되는 웹 문서는 완벽하지 않을 수 있습니다.

도전! 안드로이드 미션 20

RSS 조회 내용을 그리드뷰로 보여주기

RSS 사이트를 조회하여 최신 기사를 받은 후 격자 모양으로 보여주는 기능을 만들어 보세요. RSS 사이트는 연예, 경제 등 어떤 내용이든 상관없습니다.

• **프로젝트 소스** DoitMission-20

❶ RSS 기사를 조회할 수 있는 화면을 구성합니다.

❷ 화면의 아래쪽에 [조회] 버튼을 배치하고 나머지 공간은 리싸이클러뷰가 차지하도록 합니다.

❸ [조회] 버튼을 누르면 지정한 RSS 사이트를 조회하여 최신 기사를 가져온 후 리싸이클러뷰에 표시합니다.

❹ RSS 사이트 주소는 미리 소스 코드에 설정합니다.

❺ 리싸이클러뷰의 각 아이템에 보일 데이터로는 아이콘과 제목, 내용이 표시되도록 합니다.

참고할 점

RSS 사이트를 조회해서 가져온 데이터는 태그로 구성되므로 RSS 조회 결과 문서를 파싱한 후 각 기사를 리싸이클러뷰의 아이템으로 추가해야 합니다.

11 단말에 데이터베이스와 내용 제공자 만들기

데이터베이스만큼 체계적으로 데이터를 저장하고 쉽게 조회할 수 있는 것도 없을 것입니다. 지금은 데이터베이스의 사용이 일반화되었지만 예전에는 휴대 단말의 성능 문제가 있어서 기업용 앱 중 일부에서만 한정적으로 사용했었습니다. 안드로이드 단말이나 아이폰과 같은 스마트폰에서는 데이터베이스를 기본으로 제공하고 있기 때문에 앱이 단말에 데이터를 저장할 때는 대부분 데이터베이스를 사용합니다. 이번 장에서는 안드로이드 단말의 데이터베이스가 제공하는 데이터베이스 생성, 테이블 생성 등의 구조 정의 기능과 레코드 삽입, 삭제, 검색 등 데이터 조작 및 조회 기능에 대해 살펴보겠습니다.

그림으로 정리하기

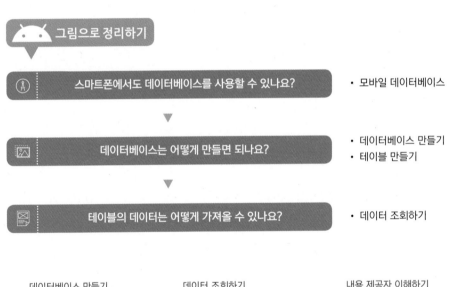

스마트폰에서도 데이터베이스를 사용할 수 있나요? ・ 모바일 데이터베이스

데이터베이스는 어떻게 만들면 되나요? ・ 데이터베이스 만들기
・ 테이블 만들기

테이블의 데이터는 어떻게 가져올 수 있나요? ・ 데이터 조회하기

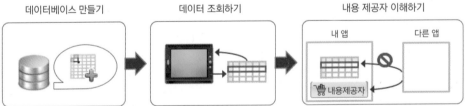

데이터베이스 만들기   데이터 조회하기   내용 제공자 이해하기

내 앱   다른 앱

내용제공자

11-1
모바일 데이터베이스란?

앱을 만들면서 데이터를 간단하게 저장하고 싶을 때는 SharedPreferences를 사용할 수 있습니다. 그리고 필요하다면 파일을 직접 쓰거나 읽을 수도 있죠. 하지만 많은 양의 데이터를 체계적으로 관리하려면 역시 데이터베이스를 사용해야 합니다. 특히, 표준 SQL문으로 데이터를 조회하는 관계형 데이터베이스를 휴대 단말에서 사용할 수 있다면 적은 양의 데이터라도 접근이 가능하기 때문에 더 효율적입니다.

안드로이드는 임베디드 데이터베이스(Embedded Database)로 개발된 경량급(Light-weight) 관계형 데이터베이스인 SQLite를 가지고 있습니다. SQLite 데이터베이스는 파일로 만들어진 하위 수준의 구조를 가지면서도 데이터베이스의 기능까지 그대로 사용할 수 있도록 만든 것입니다. 그리고 저장될 때는 파일로 저장되므로 데이터베이스의 복사, 이동, 삭제가 매우 쉽습니다.

SQLite 데이터베이스의 가장 큰 특징은 데이터 조회 속도가 빠르다는 것과 표준 SQL을 지원한다는 점입니다. 표준 SQL을 그대로 사용할 수 있다는 것은 기존에 웹이나 PC에서 사용하던 업무용 앱의 데이터 관리 기능을 그대로 사용할 수 있다는 것입니다. 더불어 원격 데이터베이스를 접근하는 SQL문을 로컬에서도 똑같이 쓸 수 있죠. 결국 앱의 개발 생산성이 높아지고 향후 기능을 변경할 때도 간단한 SQL 수정만으로 데이터 처리 방식을 바꿀 수 있다는 장점이 있습니다.

다음 그림은 일반적인 데이터베이스 활용 순서를 보여주고 있습니다.

▲ 데이터베이스 활용 순서

이와 같은 과정을 거치는 SQL 기반의 데이터베이스를 사용하려면 데이터베이스를 만들고 SQL로 테이블을 정의하는 방법부터 먼저 알아야 합니다.

11-2
데이터베이스와 테이블 만들기

데이터베이스는 여러 개의 테이블을 담는 그릇이라고 볼 수 있습니다. 따라서 데이터베이스를 사용하려면 우선 그릇을 만들거나 이미 만들어 놓은 그릇을 열고 닫을 수 있어야 합니다. 데이터베이스를 만드는 가장 간단한 방법은 Context 클래스에 정의된 openOrCreateDatabase 메서드를 사용하는 것입니다. 즉, 앱에서 기본적으로 사용하는 Activity 클래스가 Context를 상속한 것이므로 결국 액티비티를 만들 때 그 안에서 openOrCreateDatabase 메서드로 데이터베이스를 만들거나 열 수 있습니다. Context 클래스에는 이렇게 만든 데이터베이스를 삭제할 수 있는 메서드도 정의되어 있습니다.

[API]

public abstract SQLiteDatabase openOrCreateDatabase (String name, int mode,
SQLiteDatabase.CursorFactory factory)
public abstract boolean deleteDatabase (String name)

openOrCreateDatabase 메서드로 전달되는 첫 번째 파라미터는 '데이터베이스의 이름'입니다. 이름을 이용해서 데이터베이스를 구분하며, 이 이름은 데이터베이스 파일의 이름으로도 사용됩니다. 두 번째 파라미터는 '사용 모드'입니다. 여기에는 MODE_PRIVATE 상수를 넣어줍니다. 세 번째 파라미터는 널(Null)이 아닌 객체를 지정할 경우 쿼리의 결과 값으로 반환되는 데이터를 참조하는 커서를 만들어 낼 수 있는 객체가 전달됩니다.

openOrCreateDatabase 메서드를 호출했을 때 반환되는 SQLiteDatabase 객체는 name 변수로 지정한 데이터베이스에 접근할 수 있는 메서드를 정의하고 있습니다. 그래서 이 메서드로 데이터베이스를 열거나 만든 후에는 SQLiteDatabase 객체를 참조해야 합니다.

SQLiteDatabase 객체에서 가장 중요한 메서드 중의 하나는 execSQL입니다. execSQL 메서드는 데이터베이스를 만들고 난 다음 SQL문을 실행할 때 사용됩니다. 따라서 이 메서드를 이용하면 테이블을 만드는 것뿐만 아니라 레코드 추가처럼 표준 SQL을 사용하는 여러 가지 데이터 처리가 가능합니다.

[API]

public void execSQL(String sql) throws SQLException

새로운 SampleDatabase 프로젝트를 만듭니다. 패키지 이름은 org.techtown.database로 지정하고 새로운 프로젝트 창이 열리면 activity_main.xml 파일을 엽니다. 디자인 화면에서 최상위 레이아웃을

LinearLayout으로 변경하고 orientation 속성 값을 vertical로 설정합니다. 기존에 있던 텍스트뷰는 삭제하고 첫 줄에는 입력상자와 버튼 하나를 LinearLayout에 넣습니다. 두 번째 줄에도 첫 번째 줄과 동일하게 입력상자와 버튼을 배치합니다. 그 아래에는 스크롤뷰를 추가하고 그 안에 텍스트뷰 하나가 들어가도록 배치합니다. 첫 번째 버튼에는 '데이터베이스 만들기'라는 글자가 표시되도록 하고 두 번째 버튼에는 '테이블 만들기'라는 글자가 표시되도록 text 속성을 변경합니다.

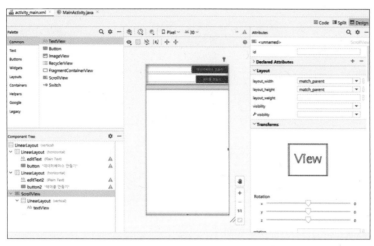

▲ 데이터베이스 테스트를 위해 만든 화면 레이아웃

지금까지 만들었던 것처럼 XML 레이아웃 화면을 여러분이 직접 속성들을 설정해서 화면처럼 배치해 보세요. 해당 레이아웃의 구조는 다음과 같습니다.

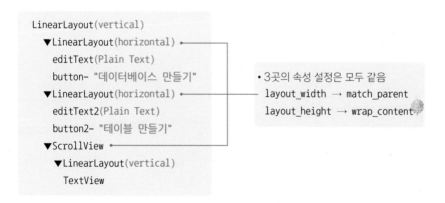

첫 번째 버튼을 눌렀을 때는 데이터베이스를 생성하고 두 번째 버튼을 눌렀을 때는 테이블 생성 및 레코드 추가를 수행하도록 코드를 추가할 것입니다. MainActivity.java 파일을 열고 다음 코드를 추가합니다.

```java
public class MainActivity extends AppCompatActivity {
  EditText editText;
  EditText editText2;
  TextView textView;

  SQLiteDatabase database;

  String tableName;
  @Override
  protected void onCreate(Bundle savedInstanceState) {
    super.onCreate(savedInstanceState);
    setContentView(R.layout.activity_main);

    editText = findViewById(R.id.editText);
    editText2 = findViewById(R.id.editText2);
    textView = findViewById(R.id.textView);

    Button button = findViewById(R.id.button);
    button.setOnClickListener(new View.OnClickListener() {
      @Override
      public void onClick(View v) {
        String databaseName = editText.getText().toString();
        createDatabase(databaseName);
      }
    });

    Button button2 = findViewById(R.id.button2);
    button2.setOnClickListener(new View.OnClickListener() {
      @Override
      public void onClick(View v) {
        tableName = editText2.getText().toString();
        createTable(tableName);

        insertRecord();
      }
    });
  }

  private void createDatabase(String name) {
    println("createDatabase 호출됨.");

    database = openOrCreateDatabase(name, MODE_PRIVATE, null);   ❶ 데이터베이스를 만들기 위한
                                                                    메서드 실행하기
    println("데이터베이스 생성함: " + name);
  }
```

```
  private void createTable(String name) {
    println("createTable 호출됨.");

    if (database == null) {
      println("데이터베이스를 먼저 생성하세요.");
      return;
    }

    database.execSQL("create table if not exists " + name + "("
            + " _id integer PRIMARY KEY autoincrement, "
            + " name text, "
            + " age integer, "
            + " mobile text)");

            println("테이블 생성함: " + name);
  }

  private void insertRecord() {

    println("insertRecord 호출됨.");
    if (database == null) {
      println("데이터베이스를 먼저 생성하세요.");
      return;
    }

    if (tableName == null) {
      println("테이블을 먼저 생성하세요.");
      return;
    }

    database.execSQL("insert into " + tableName
            + "(name, age, mobile) "
            + " values "
            + "( 'John', 20, '010-1000-1000' )");

    println("레코드 추가함.");
  }

  public void println(String data) {
    textView.append(data + "\n");
  }
}
```

❷ 테이블을 만들기 위한 SQL문 실행하기

코드를 보면 데이터베이스나 테이블을 만드는 것이 의외로 간단하다는 것을 알 수 있습니다. [데이터베이스 만들기] 버튼을 눌렀을 때 호출되는 createDatabase 메서드는 데이터베이스 이름(name)을 전달받아 openOrCreateDatabase 메서드를 호출합니다.

테이블을 만들기 위해 [테이블 만들기] 버튼을 누르면 createTable 메서드를 먼저 호출해 테이블을 만들고 insertRecord 메서드를 호출하여 임의의 레코드를 삽입합니다. createTable 메서드에서 호출하는 execSQL 메서드는 SQL문을 파라미터로 전달받기 때문에 원하는 기능의 SQL을 먼저 정의해야 합니다. 여기서는 직원 테이블을 만들기 위해 칼럼을 직원 id, 이름, 나이, 휴대폰 번호로 정의하였습니다. id의 경우에는 안드로이드에서 앞에 '_'를 붙여 '_id'로 만드는 방법을 권장하므로 같은 이름을 사용하였으며, 자동으로 1씩 증가하는 키 값(PRIMARY KEY autoincrement)으로 정의하였습니다. 이름, 나이, 휴대폰 번호는 각각 name, age, mobile 칼럼으로 정의하되 그 데이터 타입은 text, integer, text가 되도록 하였습니다. insertRecord 메서드에서는 execSQL 메서드로 임의의 데이터 John, 20, 010-1000-1000을 삽입합니다.

새로 정의하는 칼럼의 데이터 타입이 칼럼의 데이터 값에 일괄적으로 적용되는 다른 데이터베이스와는 달리 SQLite는 각각의 레코드별로 입력되는 데이터의 타입을 다르게 넣을 수 있습니다. 따라서 칼럼의 데이터 타입은 참조용으로만 사용되며, 레코드를 입력할 때 어떤 타입의 데이터를 넣어도 오류가 발생하지 않습니다. 다음은 칼럼에 참조용으로 정의할 수 있는 데이터 타입입니다.

칼럼 타입	설 명
text, varchar	문자열
smallint, integer	정수 (2바이트 또는 4바이트)
real, float, double	부동소수 (4바이트 또는 8바이트)
boolean	true 또는 false
date, time, timestamp	시간 (날짜, 시간, 날짜+시간)
blob, binary	바이너리

▲ SQLite에서 지원하는 칼럼 타입

createTable 메서드에서 테이블을 만들기 위한 SQL문은 "create table ..."이었습니다. 여기에서 정의한 SQL문을 execSQL 메서드로 실행하면 테이블이 만들어집니다. insertRecord 메서드에서는 하나의 레코드를 추가했습니다.

[API]
CREATE TABLE [IF NOT EXISTS] table_name(col_name column_definition, ...)
        [table_option] ...

INSERT INTO table_name<(column list)> VALUES (value, ...)

앱을 실행한 후 첫 번째 입력상자에 employee.db를 입력한 후 [데이터베이스 만들기] 버튼을 누릅니다. 그러면 데이터베이스가 생성되었다는 메시지가 표시됩니다. 두 번째 입력상자에 emp를 입력한 후 [테이블 만들기] 버튼을 누르면 테이블이 생성되었다는 메시지와 레코드가 추가되었다는 메시지가 표시됩니다.

▲ 데이터베이스와 테이블을 생성한 결과

첫 번째 단계에서는 데이터베이스를 만들고, 두 번째 단계에서는 테이블을 만든 후 레코드를 추가합니다. 테이블을 새로 만들거나 레코드를 추가하는 SQL문은 결과 값을 받지 않으므로 "create table ..." SQL문과 "insert into ..." SQL문을 만들어 execSQL 메서드로 실행합니다.

정박사의
조 언   **SQLite 관리 도구를 사용할 수 있어요**

데이터베이스와 테이블을 미리 만들려고 할 때 데이터베이스 관리를 도와주는 프로그램을 사용하면 훨씬 쉽고 직관적으로 만들 수 있습니다. 대부분의 데이터베이스에는 GUI 기반으로 만들어진 데이터베이스 관리 도구가 있는데, SQLite의 경우에는 'DB Browser for SQLite'라는 관리 도구를 사용할 수 있습니다.

SQLite의 관리 도구는 다음 사이트에서 다운로드해서 설치할 수 있습니다.   http://sqlitebrowser.org

앞에서 만든 데이터베이스와 테이블을 'DB Browser for SQLite' 관리 도구로 만드는 과정은 다음과 같습니다.

◀ DB Browser for SQLite를 실행했을 때의 화면

[새 데이터베이스] 버튼을 누르면 데이터베이스를 저장할 위치와 이름을 지정할 수 있습니다. [저장] 버튼을 누르면 데이터베이스가 만들어집니다. 데이터베이스가 생성된 후에는 테이블을 만들 수 있는 대화상자가 나타납니다. 상단의 입력창에 테이블 이름을 emp로 입력하고 [필드 추가] 버튼을 눌러서 테이블에 칼럼 정보를 하나씩 추가합니다.

▶ 테이블을 만드는 대화상자

칼럼 정보에는 '_id', 'name', 'age', 'mobile' 칼럼을 차례대로 넣어줍니다.

앱에서 만든 데이터베이스는 /data/data/$package_name/databases/ 폴더 밑에 저장됩니다(여기에서 $package_name은 앱의 패키지 이름). 해당 경로는 openOrCreateDatabase 메서드를 호출해서 만든 데이터베이스가 저장되는 곳입니다. 따라서 GUI 관리 도구를 사용해 만든 데이터베이스 파일을 이 위치에 복사해 넣으면 코드에서 만든 데이터베이스처럼 사용할 수 있습니다.

다만 데이터베이스 파일이 /data 폴더 안에 생성되면 보안 때문에 실제 단말에서는 이 폴더를 볼 수 없습니다. 이렇게 데이터베이스 파일이 생성되는 위치에 따라 제약이 있을 수 있기 때문에 SD 카드에 저장하는 것을 권장하기도 합니다.

11-3
헬퍼 클래스로 업그레이드 지원하기

데이터베이스를 만드는 것 외에도 테이블의 정의가 바뀌어서 스키마를 업그레이드할 필요가 있을 때에는 API에서 제공하는 헬퍼(Helper) 클래스를 사용하는 것도 좋은 방법입니다. 스키마는 테이블의 구조를 정의한 것이라고 이해하면 쉬운데, 이 테이블의 구조는 필요에 따라 바뀔 수 있습니다. 하지만 이 테이블 안에 사용자가 저장한 데이터가 있을 때는 그 데이터가 삭제되거나 수정되어야 할 수도 있어서 아주 민감한 문제가 됩니다. 따라서 스키마를 수정할 때는 테이블이 처음 만들어지는 것인지 아니면 사용자가 이미 사용하고 있는 상태인지를 구별한 다음 처리하세요.

헬퍼 클래스를 사용하려면 SQLiteOpenHelper 클래스를 사용해야 합니다. SQLiteOpenHelper 클래스는 데이터베이스를 만들거나 열기 위해 필요한 작업들을 도와주는 역할을 합니다. SQLiteOpen-Helper 객체는 new 연산자로 만들며 생성자에 들어가는 파라미터는 다음과 같습니다.

[API]

```
public SQLiteOpenHelper (Context context, String name,
                SQLiteDatabase.CursorFactory factory, int version)
```

첫 번째 파라미터는 Context 객체이므로 액티비티 안에서 만들 경우에는 this로 지정할 수 있습니다. 두 번째 파라미터는 데이터베이스의 이름이며, 세 번째 파라미터는 데이터 조회 시에 반환하는 커서를 만들어 낼 CursorFactory 객체입니다. 네 번째 파라미터로 전달되는 정수 타입의 버전 정보는 데이터베이스 업그레이드를 위해 사용하며 기존에 생성되어 있는 데이터베이스의 버전 정보와 다르게 지정하여 데이터베이스의 스키마나 데이터를 바꿀 수 있습니다.

SQLiteOpenHelper 객체는 데이터베이스를 만들거나 열기 위해 필요한 작업을 도와주는 역할을 한다고 했죠. 그래서 SQLiteOpenHelper 객체를 만든다고 데이터베이스 파일이 바로 만들어지는 것은 아닙니다. 데이터베이스 파일이 만들어지도록 하려면 getReadableDatabase 또는 getWritableDatabase 메서드를 호출해야 합니다. 이 클래스를 이용할 때의 장점은 데이터베이스가 만들거나 업그레이드할 때 콜백 메서드가 호출된다는 점입니다. 따라서 데이터베이스 생성, 업그레이드 등 여러 가지 상태에 따라 콜백 메서드를 다시 정의하면 각각의 상태에 맞게 처리할 수 있습니다.

[API]

```
public abstract void onCreate (SQLiteDatabase db)
public abstract void onOpen (SQLiteDatabase db)
public abstract void onUpgrade (SQLiteDatabase db, int oldVersion, int newVersion)
```

현재의 데이터베이스 버전이 이미 사용하고 있는 SQLiteDatabase 파일의 버전과 다를 경우에 자동으로 호출되는 onUpgrade 메서드에는 SQLiteDatabase 객체와 함께 기존 버전 정보를 담고 있는 old-Version, 현재 버전 정보를 담고 있는 newVersion 파라미터가 전달됩니다.

헬퍼 클래스로 새로운 데이터베이스를 구성할 때 사용하는 전형적인 구조는 다음 그림과 같습니다.

▲ 헬퍼 클래스를 이용해 데이터베이스를 구성하는 전형적인 구조

만약 고객정보를 관리하는 데이터베이스를 만든다면 CustomerDatabase라는 클래스를 새로 정의할 수 있습니다. 이 클래스는 헬퍼 클래스를 상속해 만든 내부 클래스가 포함됩니다. DatabaseHelper라는 이름으로 정의한 이 헬퍼 클래스 안에서는 onCreate, onOpen 그리고 onUpgrade 메서드를 다시 정의한 후 필요한 SQL을 실행하도록 만듭니다.

헬퍼 클래스를 정의해서 사용해보기 위해 파일 탐색기를 열고 SampleDatabase 프로젝트 폴더를 복사하여 SampleDatabase2 프로젝트 폴더로 만들고 app/build 폴더를 삭제하세요. 안드로이드 스튜디오의 시작화면에서 [Open an existing Android Studio project] 메뉴를 누르고 SampleDatabase2 프로젝트를 열어줍니다. 프로젝트 창이 열리면 /app/java/org.techtown.database 폴더 안에 DatabaseHelper.java 파일을 새로 만들고 다음 코드를 입력합니다.

참조파일 SampleDatabase2>/app/java/org.techtown.database/DatabaseHelper.java

```java
public class DatabaseHelper extends SQLiteOpenHelper {          ──▶ ❶ SQLiteOpenHelper 클래스를
  public static String NAME = "employee.db";                        상속하여 새로운 클래스 정의하기
  public static int VERSION = 1;

  public DatabaseHelper(Context context) {
    super(context, NAME, null, VERSION);
  }

  public void onCreate(SQLiteDatabase db) {
    println("onCreate 호출됨");

    String sql = "create table if not exists emp("
              + " _id integer PRIMARY KEY autoincrement, "
              + " name text, "
              + " age integer, "
              + " mobile text)";

    db.execSQL(sql);          ──▶ ❷ onCreate 메서드 안에서 SQL문 실행하기
  }

  public void onOpen(SQLiteDatabase db) {
    println("onOpen 호출됨");
  }

  public void onUpgrade(SQLiteDatabase db, int oldVersion, int newVersion) {
    println("onUpgrade 호출됨: " + oldVersion + " -> " + newVersion);

    if (newVersion > 1) {
      db.execSQL("DROP TABLE IF EXISTS emp");
    }
  }
}
```

```
    public void println(String data) {
      Log.d("DatabaseHelper", data);
    }
  }
```

SQLiteOpenHelper 클래스를 상속한 DatabaseHelper 클래스는 생성자에서 데이터베이스 이름과 버전 정보로 상위 클래스의 생성자를 호출합니다. super 메서드를 이용해 호출한 생성자에 전달된 Cur-sorFactory 객체는 null 값으로 지정되어 있습니다. 데이터베이스가 생성될 때 호출되는 onCreate, 데이터베이스를 열 때 호출되는 onOpen, 그리고 데이터베이스를 업그레이드할 때 호출되는 onUp-grade가 구현되었으며, onCreate 안에서 테이블을 만듭니다. 이렇게 만들어진 헬퍼 클래스는 메인 액티비티에서 데이터베이스를 사용할 경우 코드가 더 간단해지는 장점이 있습니다.

이렇게 만든 헬퍼 클래스를 이용하도록 MainActivity.java 코드를 수정합니다.

참조파일 SampleDatabase2>/app/java/org.techtown.database/MainActivity.java

```
public class MainActivity extends AppCompatActivity {
  EditText editText;
  EditText editText2;
  TextView textView;

  DatabaseHelper dbHelper;
  SQLiteDatabase database;
  String tableName;

  중략…

  private void createDatabase(String name) {
   println("createDatabase 호출됨.");

   dbHelper = new DatabaseHelper(this);          DatabaseHelper 객체 생성하고
   database = dbHelper.getWritableDatabase();     SQLiteDatabase 객체 참조하기

   println("데이터베이스 생성함: " + name);
  }

  중략…
```

코드는 바뀌었지만 SQLiteDatabase 객체를 그대로 사용할 수 있으며 데이터베이스 버전이 변경되었을 때도 필요한 작업을 수행할 수 있는 구조가 만들어졌습니다. 이 상태에서 앱을 실행해도 11-2에서 만든 기능이 그대로 동작할 것입니다. 단, 동일한 데이터베이스 이름과 테이블 이름을 입력하지 않도록 주의하세요.

11-4
데이터 조회하기

이번에는 데이터베이스를 열고 조회하는 방법에 대해 알아보겠습니다. activity_main.xml 파일을 열고 버튼을 하나 추가합니다. 버튼은 스크롤뷰 바로 위에 넣고 '데이터 조회하기'라는 글자가 표시되도록 합니다. 이 버튼을 누르면 테이블에 저장된 데이터를 가져와 화면에 보여줄 것입니다.

MainActivity.java 파일을 열고 [데이터 조회하기] 버튼을 눌렀을 때 데이터를 조회하는 코드를 추가합니다.

참조파일 SampleDatabase2>/app/java/org.techtown.database/MainActivity.java

```java
public class MainActivity extends AppCompatActivity {

중략…

  @Override
  protected void onCreate(Bundle savedInstanceState) {

중략…

    Button button3 = findViewById(R.id.button3);
    button3.setOnClickListener(new View.OnClickListener() {
      @Override
      public void onClick(View v) {
        executeQuery();
      }
    });
  }

public void executeQuery() {
  println("executeQuery 호출됨.");

  Cursor cursor = database.rawQuery("select _id, name, age, mobile from emp", null);   ❶ SQL 실행하고 Cursor 객체
  int recordCount = cursor.getCount();                                                    반환받기
  println("레코드 개수: " + recordCount);

  for (int i = 0; i < recordCount; i++) {
    cursor.moveToNext();   ❷ 다음 결과 레코드로 넘어가기
```

```
        int id = cursor.getInt(0);
        String name = cursor.getString(1);
        int age = cursor.getInt(2);
        String mobile = cursor.getString(3);

        println("레코드#" + i + " : " + id + ", " + name + ", " + age + ", " + mobile);
    }
    cursor.close();
}
```

중략…

데이터를 조회하기 위해 사용되는 표준 SQL은 "select …" 구문을 사용하게 되는데 이 구문을 통해 반환되는 Cursor 객체를 받기 위해 rawQuery 메서드를 실행합니다. 즉, executeSQL은 결과 값이 없는 SQL 실행 방법이며, rawQuery는 결과 값을 Cursor 객체로 받을 수 있는 SQL 실행 방법입니다.

[API]

public Cursor rawQuery (String sql, String[] selectionArgs)

SQL문을 이용해 쿼리를 실행한 후 결과 값으로 반환받는 Cursor 객체는 결과 테이블에 들어있는 각각의 레코드를 순서대로 접근할 수 있는 방법을 제공합니다. Cursor 객체는 처음에는 아무런 레코드를 가리키지 않으며, moveToNext 메서드를 이용해 그다음 레코드를 가리키도록 해야 레코드 값을 가져올 수 있습니다. 따라서 while 구문을 이용해 moveToNext가 false 값을 반환할 때까지 레코드 값을 가져오는 방법을 일반적으로 사용합니다. for 구문을 사용하고 싶을 때에는 getCount를 이용해 전체 레코드의 개수를 알아낸 다음 그 내부에서 moveToNext를 통해 각 레코드를 참조할 수 있습니다.

[API]

public abstract int getColumnCount ()
public abstract int getColumnIndex (String columnName)
public abstract String getColumnName (int columnIndex)
public abstract String[] getColumnNames ()

public abstract int getCount ()
public abstract boolean moveToNext ()
public abstract boolean moveToPrevious ()
public abstract boolean moveToFirst ()
public abstract boolean moveToLast ()
public abstract boolean move (int offset)

```
public abstract String getString (int columnIndex)
public abstract short getShort (int columnIndex)
public abstract int getInt (int columnIndex)
public abstract long getLong (int columnIndex)
public abstract float getFloat (int columnIndex)
public abstract double getDouble (int columnIndex)
public abstract byte[] getBlob (int columnIndex)
```

커서에 정의된 메서드들을 살펴보면, 크게 칼럼에 대한 정보를 알아보기 위한 메서드, 레코드를 찾기 위한 메서드 그리고 레코드에 들어 있는 각각의 값을 알아내기 위한 메서드로 구분할 수 있습니다.

칼럼에 대한 정보를 알아보는 방법으로 getColumnCount 메서드를 이용해 칼럼의 전체 개수를 알아낸 후 각각의 칼럼 인덱스를 칼럼 이름으로 알아낼 수 있습니다. 그리고 getColumnNames 메서드를 이용해 모든 칼럼의 이름을 확인한 후 각각의 칼럼이 어떤 인덱스 값으로 확인할 수 있는지를 get-ColumnIndex 메서드를 이용해 알아낼 수도 있습니다.

> **정박사의 조언 | 칼럼 정보를 알아내야 하는 경우가 얼마나 있을까요?**
>
> 만약 SELECT SQL문을 실행하고 반환된 커서를 이용해 값을 확인하는 경우라면, 굳이 칼럼 정보를 확인할 필요가 없는 경우도 많습니다. 왜냐하면 이미 사용한 SQL문 안에 어떤 칼럼을 조회할 것인지 순서대로 지정해 두었기 때문에 이 순서를 칼럼 인덱스로 하여 값을 조회하면 되기 때문입니다. "SELECT * FROM ..."과 같은 SQL문을 사용하거나 내용 제공자를 이용하는 경우에는 칼럼 정보를 확인하는 것이 필요할 수 있습니다.

SQL문에서는 알고 싶은 필드의 인덱스 값을 모르는 경우에는 getColumnIndex 메서드를 이용하여 칼럼의 인덱스 값을 확인할 수 있습니다.

[API]

```
SELECT [* | DISTINCT] column_name [,columnname2]
FROM tablename1 [,tablename2]
WHERE [condition and|or condition...]
[GROUP BY column-list]
[HAVING conditions]
[ORDER BY "column-list" [ASC | DESC] ]
```

커서는 데이터베이스와 마찬가지로 사용한 후에 close 메서드를 이용해 닫아야 합니다. 다음은 메인 액티비티를 실행한 후 [데이터베이스 만들기], [테이블 만들기], [데이터 조회하기] 버튼을 차례로 눌러 데이터를 조회한 화면입니다.

▲ SQL문의 실행과 커서를 이용한 테이블 레코드 조회

데이터베이스 테이블이 없는 경우에는 emp 테이블을 새로 만들고 레코드를 추가한 후 쿼리를 실행하는 것을 볼 수 있습니다. 만약 만들어진 데이터베이스가 있으면 데이터베이스를 열기만 하고 기존에 만들어진 테이블의 내용을 조회합니다.

정박사의 조언 — **데이터베이스를 사용할 때 꼭 기억해야 할 내용을 정리해 볼까요?**

데이터베이스를 사용할 때는 (1) 데이터베이스를 만들기, (2) 테이블 만들기, (3) 레코드 추가하기, (4) 데이터 조회하기 순서로 정리할 수 있습니다.

순서	내용	사용 메서드
(1) 데이터베이스 만들기	데이터베이스를 만들면 SQLiteDatabase 객체가 반환됨	openOrCreateDatabase()
(2) 테이블 만들기	'CREATE TABLE ...' SQL을 정의한 후 실행함	execSQL()
(3) 레코드 추가하기	'INSERT INTO ...' SQL을 정의한 후 실행함	execSQL()
(4) 데이터 조회하기	'SELECT FROM ...' SQL을 정의한 후 실행함 Cursor 객체가 반환되며 Cursor를 통해 확인한 레코드를 리스트뷰 등에 표시함	rawQuery()

11-5
내용 제공자 이해하기

내용 제공자는 콘텐트 프로바이더(Content Provider)라고도 부르며 한 앱에서 관리하는 데이터를 다른 앱에서도 접근할 수 있도록 해줍니다. 내용 제공자도 앱 구성요소이기 때문에 시스템에서 관리하며 매니페스트 파일에 등록해야 사용할 수 있습니다. 내용 제공자가 필요한 이유는 앱의 보안 때문입니다. 다른 사람이 만든 앱이 나의 앱의 데이터를 마음대로 바꾸면 안 되겠죠. 그래서 각 앱은 자신의 프로세스와 권한 안에서만 데이터에 접근할 수 있도록 되어 있습니다. 즉, A라는 앱과 B라는 앱은 각각 독립된 프로세스를 가지고 있으며 A는 A의 데이터를, B는 B의 데이터만 사용해야 합니다. 하지만 가끔은 서로 다른 앱의 데이터 접근해야 하는 경우도 있습니다. 바로 그때 내용 제공자를 사용하면 됩니다. 내용 제공자를 사용하면 다른 앱에게 데이터 접근 통로를 열어줄 수 있습니다. 주의할 점은 반드시 허용된 통로로만 접근해야 한다는 것입니다. 그래서 이 통로를 어떻게 만드는지를 이해해야 내용 제공자를 구성할 수 있습니다.

내용 제공자에서 공유할 수 있는 데이터들은 다음과 같습니다.

> (1) 데이터베이스
> (2) 파일
> (3) SharedPreferences

이 중에서 데이터베이스에 접근하는 것이 가장 일반적입니다. 왜냐하면 내용 제공자는 CRUD 동작을 기준으로 하고 있기 때문입니다. CRUD란 데이터를 생성(Create), 조회(Read), 수정(Update), 삭제(Delete)하는 과정을 말하며 내용 제공자는 CRUD에 대응되는 insert, query, update, delete 메서드를 지원합니다.

내용 제공자에서 허용한 통로로 접근하려면 콘텐트 리졸버(ContentResolver) 객체가 필요합니다. 여기에서는 내용 제공자를 포함하는 앱을 하나 만들고 콘텐트 리졸버를 포함하는 또 다른 앱을 만들 것입니다.

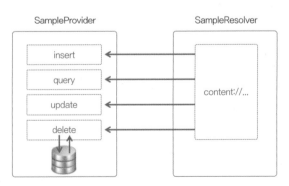

▲ SampleProvider 앱의 화면 레이아웃

먼저 SampleProvider라는 이름과 org.techtown.provider라는 패키지 이름을 가진 새로운 프로젝트를 만듭니다. 프로젝트 창이 열리면 activity_main.xml 파일을 열고 화면 레이아웃을 만듭니다. 화면에는 버튼을 4개 추가하고 각각 'insert', 'query', 'update', 'delete' 글자가 표시되도록 합니다. 버튼들 아래에는 ScrollView를 추가하고 그 안에 TextView를 넣어줍니다. 레이아웃은 다음 이미지를 참고하여 만들어 보세요.

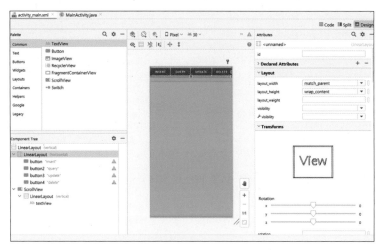

▲ SampleProvider 앱의 화면 레이아웃

화면 레이아웃을 만들었다면 MainActivity.java 파일을 열고 버튼을 클릭했을 때 이벤트 처리를 수행할 수 있는 기본 코드를 입력합니다.

참조파일 SampleProvider>/app/java/org.techtown.provider/MainActivity.java

```java
public class MainActivity extends AppCompatActivity {
  TextView textView;

  @Override
  protected void onCreate(Bundle savedInstanceState) {
    super.onCreate(savedInstanceState);
    setContentView(R.layout.activity_main);

    textView = findViewById(R.id.textView);

    Button button = findViewById(R.id.button);
    button.setOnClickListener(new View.OnClickListener() {
      @Override
      public void onClick(View v) {
      }
    });
```

```java
    Button button2 = findViewById(R.id.button2);
    button2.setOnClickListener(new View.OnClickListener() {
      @Override
      public void onClick(View v) {
      }
    });

    Button button3 = findViewById(R.id.button3);
    button3.setOnClickListener(new View.OnClickListener() {
      @Override
      public void onClick(View v) {
      }
    });

    Button button4 = findViewById(R.id.button4);
    button4.setOnClickListener(new View.OnClickListener() {
      @Override
      public void onClick(View v) {
      }
    });
  }

  public void println(String data) {
    textView.append(data + "\n");
  }
}
```

아직 버튼을 눌러도 아무런 동작을 하지 않습니다. 이 부분은 나중에 기능을 추가할 것입니다. 이제 DatabaseHelper라는 새로운 클래스를 추가하고 person.db라는 이름의 데이터베이스를 만들 수 있도록 합니다.

참조파일 SampleProvider>/app/java/org.techtown.provider/DatabaseHelper.java

```java
public class DatabaseHelper extends SQLiteOpenHelper {
  private static final String DATABASE_NAME = "person.db";
  private static final int DATABASE_VERSION = 1;

  public static final String TABLE_NAME = "person";
  public static final String PERSON_ID = "_id";
  public static final String PERSON_NAME = "name";
  public static final String PERSON_AGE = "age";
  public static final String PERSON_MOBILE = "mobile";
```

```
    public static final String[] ALL_COLUMNS = {PERSON_ID, PERSON_NAME,PERSON_AGE,PERSON_MOBILE};

    private static final String CREATE_TABLE =
        "CREATE TABLE " + TABLE_NAME + " (" +
            PERSON_ID + " INTEGER PRIMARY KEY AUTOINCREMENT, " +
            PERSON_NAME + " TEXT, " +
            PERSON_AGE + " INTEGER, " +
            PERSON_MOBILE + " TEXT" +
        ")";

    public DatabaseHelper(Context context) {
      super(context, DATABASE_NAME, null, DATABASE_VERSION);
    }

    @Override
    public void onCreate(SQLiteDatabase db) {
      db.execSQL(CREATE_TABLE);
    }

    @Override
    public void onUpgrade(SQLiteDatabase db, int oldVersion, int newVersion) {
      db.execSQL("DROP TABLE IF EXISTS "+ TABLE_NAME);
      onCreate(db);
    }
  }
}
```

DatabaseHelper 클래스는 SQLiteOpenHelper 클래스를 상속받고 있으며 person.db 파일을 데이터 베이스 저장소로 사용하고 그 안에 person 테이블을 만듭니다. 데이터베이스를 만드는 기본적인 방법 은 앞 단락에서 살펴보았으므로 이 부분은 쉽게 이해되시죠.

이제 내용 제공자 클래스를 만듭니다. PersonProvider라는 이름의 새로운 클래스를 추가하고 ContentProvider 클래스를 상속하도록 합니다. 그리고 그 파일 안에 다음 코드를 입력합니다. 이때 SQL-Exception은 android.database를 선택하여 임포트하세요.

참조파일 SampleProvider>/app/java/org.techtown.provider/PersonProvider.java

```
public class PersonProvider extends ContentProvider {

    private static final String AUTHORITY = "org.techtown.provider";
    private static final String BASE_PATH = "person";
    public static final Uri CONTENT_URI = Uri.parse("content://" + AUTHORITY + "/" + BASE_PATH );

    private static final int PERSONS = 1;
    private static final int PERSON_ID = 2;
```

```java
private static final UriMatcher uriMatcher = new UriMatcher(UriMatcher.NO_MATCH);
static {
  uriMatcher.addURI(AUTHORITY, BASE_PATH, PERSONS);
  uriMatcher.addURI(AUTHORITY, BASE_PATH + "/#", PERSON_ID);
}

private SQLiteDatabase database;

@Override
public boolean onCreate() {
  DatabaseHelper helper = new DatabaseHelper(getContext());
  database = helper.getWritableDatabase();

  return true;
}

@Nullable
@Override
public Cursor query(Uri uri, String[] strings, String s, String[] strings1, String s1) {
  Cursor cursor;
  switch (uriMatcher.match(uri)) {
    case PERSONS:
      cursor = database.query(DatabaseHelper.TABLE_NAME,
                 DatabaseHelper.ALL_COLUMNS,
                 s,null,null,null,DatabaseHelper.PERSON_NAME +" ASC");
      break;
    default:
      throw new IllegalArgumentException("알 수 없는 URI " + uri);
  }
  cursor.setNotificationUri(getContext().getContentResolver(), uri);

  return cursor;
}

@Nullable
@Override
public String getType(Uri uri) {
  switch (uriMatcher.match(uri)) {
    case PERSONS:
      return "vnd.android.cursor.dir/persons";
    default:
      throw new IllegalArgumentException("알 수 없는 URI " + uri);
  }
}
```

```java
@Nullable
@Override
public Uri insert(Uri uri, ContentValues contentValues) {
  long id = database.insert(DatabaseHelper.TABLE_NAME, null, contentValues);

  if (id > 0) {
    Uri _uri = ContentUris.withAppendedId(CONTENT_URI, id);
    getContext().getContentResolver().notifyChange(_uri, null);
    return _uri;
  }

  throw new SQLException("추가 실패-> URI :" + uri);
}


@Override
public int delete(Uri uri, String s, String[] strings) {
  int count = 0;
  switch (uriMatcher.match(uri)) {
    case PERSONS:
      count = database.delete(DatabaseHelper.TABLE_NAME, s, strings);
      break;
    default:
      throw new IllegalArgumentException("알 수 없는 URI " + uri);
  }
  getContext().getContentResolver().notifyChange(uri, null);

  return count;
}


@Override
public int update(Uri uri, ContentValues contentValues, String s, String[] strings) {
  int count = 0;
  switch (uriMatcher.match(uri)) {
    case PERSONS:
      count = database.update(DatabaseHelper.TABLE_NAME, contentValues, s, strings);
      break;
    default:
      throw new IllegalArgumentException("알 수 없는 URI " + uri);
  }
  getContext().getContentResolver().notifyChange(uri, null);

  return count;
  }
}
```

내용 제공자를 만들기 위해서는 고유한 값을 가진 content URI를 만들어야 합니다. 여기에서는 앱의 패키지 이름과 person 테이블의 이름을 합쳐 content URI를 정의했습니다. content URI를 정의하는 형식은 다음과 같습니다.

```
content://org.techtown.provider/person/1

content:// → 내용 제공자에 의해 제어되는 데이터라는 의미로 항상 content:// 로 시작함
Authority → org.techtown.provider 부분을 가리키며 특정 내용 제공자를 구분하는 고유한 값
Base Path → person 부분을 가리키며 요청할 데이터의 자료형을 결정함 (여기에서는 테이블 이름)
ID → 맨 뒤의 1과 같은 숫자를 가리키며 요청할 데이터 레코드를 지정함
```

PersonProvider 클래스에는 insert, query, update, delete 메서드가 정의되었습니다.

UriMatcher 객체는 URI를 매칭하는 데 사용됩니다. match 메서드를 호출하면 UriMatcher에 addURI 메서드를 이용해 추가된 URI 중에서 실행 가능한 것이 있는지 확인해줍니다.

그리고 이 안에서는 내용 제공자에 접근하기 위하여 ContentResolver 객체도 사용됩니다. 액티비티에서 getContentResolver 메서드를 호출하면 ContentResolver 객체를 반환합니다. 이 객체에는 query, insert, update, delete 등의 메서드가 정의되어 있어 내용 제공자의 URI를 파라미터로 전달하면서 데이터를 조회, 추가, 수정, 삭제하는 일이 가능합니다. notifyChange 메서드는 레코드가 추가, 수정, 삭제되었을 때 변경이 일어났음을 알려주는 역할을 합니다. ContentResolver 객체에는 다양한 메서드가 있지만 주로 query, insert, update, delete 메서드를 사용하므로 이 프로젝트에서 볼 수 있는 코드만 익숙하게 만들어도 충분합니다.

내용 제공자를 이용해 값을 조회하고 싶다면 다음과 같은 query 메서드를 사용합니다.

```
Cursor query (
            Uri uri,
            String[] projection,
            String selection,
            String[] selectionArgs,
            String sortOrder
          )
```

첫 번째 파라미터는 URI이고 두 번째 파라미터는 어떤 칼럼들을 조회할 것인지를 지정합니다. 만약 null 값을 전달하면 모든 칼럼을 조회합니다. 세 번째 파라미터는 SQL에서 where 절에 들어갈 조건을 지정합니다. 만약 null 값을 지정하면 where 절이 없다고 생각할 수 있습니다. 네 번째 파라미터는 세 번째 파라미터에 값이 있을 경우 그 안에 들어갈 조건 값을 대체하기 위해 사용됩니다. 다섯 번째 파라미터는 정렬 칼럼을 지정하며 null 값이면 정렬이 적용되지 않습니다.

내용 제공자를 이용해 값을 추가하고 싶다면 다음과 같은 insert 메서드를 사용합니다.

```
Uri insert (
            Uri uri,
            ContentValues values
        )
```

첫 번째 파라미터는 URI이고 두 번째 파라미터는 저장할 칼럼명과 값들이 들어간 ContentValues 객체입니다. 결과 값으로는 새로 추가된 값의 Uri 정보가 반환됩니다.

내용 제공자를 이용해 값을 수정하고 싶다면 다음과 같은 update 메서드를 사용합니다.

```
int update (
            Uri uri,
            ContentValues values,
            String selection,
            String[] selectionArgs
        )
```

첫 번째 파라미터는 URI이고 두 번째 파라미터는 저장할 칼럼명과 값들이 들어간 ContentValues 객체입니다. 두 번째 파라미터의 값이 null이면 안 된다는 점에 주의해야 합니다. 세 번째 파라미터는 SQL에서 where 절에 들어갈 조건을 지정합니다. 만약 null 값을 지정하면 where 절이 없다고 생각할 수 있습니다. 네 번째 파라미터는 세 번째 파라미터에 값이 있을 경우 그 안에 들어갈 조건 값을 대체하기 위해 사용됩니다. 결과 값으로는 영향을 받은 레코드의 개수가 반환됩니다.

내용 제공자를 이용해 값을 삭제하고 싶다면 다음과 같은 delete 메서드를 사용합니다.

```
int delete (
            Uri uri,
            String selection,
            String[] selectionArgs
        )
```

첫 번째 파라미터는 URI이고 두 번째 파라미터는 SQL에서 where 절에 들어갈 조건을 지정합니다. 만약 null 값을 지정하면 where 절이 없다고 생각할 수 있습니다. 세 번째 파라미터는 두 번째 파라미터에 값이 있을 경우 그 안에 들어갈 조건 값을 대체하기 위해 사용됩니다. 결과 값으로는 영향을 받은 레코드의 개수가 반환됩니다.

getType 메서드는 MIME 타입이 무엇인지를 알고 싶을 때 사용합니다.

```
String getType (
            Uri uri
            )
```

Uri 객체가 파라미터로 전달되며 결과 값으로 MIME 타입이 반환됩니다. 만약 MIME 타입을 알 수 없는 경우에는 null 값이 반환됩니다. 이 메서드들이 실행될 때는 Uri 값이 먼저 매칭되므로 Uri 값이 유효한 경우에는 해당 기능이 실행되고 그렇지 않은 경우에는 예외가 발생합니다.

이제 메인 화면에 추가했던 각각의 버튼을 눌렀을 때 insert, query, update, delete 메서드를 호출하도록 하고 그 결과를 화면에 표시해야 합니다. 먼저 첫 번째 버튼에 대한 코드를 추가해 보겠습니다. MainActivity.java 파일을 열고 다음 코드를 추가합니다.

참조파일 SampleProvider>/app/java/org.techtown.provider/MainActivity.java

```
public class MainActivity extends AppCompatActivity {

중략…

  @Override
  protected void onCreate(Bundle savedInstanceState) {

중략...

    Button button = findViewById(R.id.button);
    button.setOnClickListener(new View.OnClickListener() {
      @Override
      public void onClick(View v) {
        insertPerson();
      }
    });

중략…

  }

  public void insertPerson() {
    println("insertPerson 호출됨");

    String uriString = "content://org.techtown.provider/person";
    Uri uri = new Uri.Builder().build().parse(uriString);

    Cursor cursor = getContentResolver().query(uri, null, null, null, null);
    String[] columns = cursor.getColumnNames();
```

```
println("columns count -> " + columns.length);
for (int i = 0; i < columns.length; i++) {
  println("#" + i + " : " + columns[i]);
}

ContentValues values = new ContentValues();
values.put("name", "john");
values.put("age", 20);
values.put("mobile", "010-1000-1000");

uri = getContentResolver().insert(uri, values);
println("insert 결과-> " + uri.toString());
}

중략…
```

첫 번째 버튼을 누르면 insertPerson 메서드가 호출됩니다. insertPerson 메서드 안에서는 먼저 Uri 객체를 만들고 ContentResolver 객체의 query 메서드를 호출하면서 Uri 객체를 파라미터로 전달합니다. Uri는 다음과 같이 내용 제공자를 정의할 때 만들었던 Uri 값을 사용합니다.

content://org.techtown.provider/person

문자열에서 Uri 객체를 만들 때는 new 연산자를 이용해 Uri.Builder 객체를 먼저 만든 후 build와 parse 메서드를 호출하면서 문자열을 파라미터로 전달하면 됩니다. ContentResolver 객체는 getContentResolver 메서드를 호출하면 참조할 수 있으며 query 메서드를 호출하면 그 결과 값으로 Cursor 객체가 반환됩니다. Cursor 객체를 이용해 결과 값을 조회할 수 있는데 결과 레코드에 들어가 있는 칼럼의 이름을 조회하고 싶다면 getColumnNames 메서드를 사용할 수 있습니다. 레코드를 추가할 때는 ContentValues 객체가 사용되는데 getColumnNames 메서드를 이용해 알아낸 칼럼 이름을 사용할 수도 있고 직접 칼럼 이름을 지정할 수도 있습니다. 여러분은 이미 칼럼 이름을 알고 있으므로 여기에서는 칼럼 이름을 직접 지정하고 getColumnNames 메서드를 이용해 알아낸 칼럼 이름은 화면에 출력하여 확인용으로만 사용합니다.

ContentResolver의 insert 메서드를 호출하여 레코드를 추가할 때는 Uri 객체와 함께 ContentValues 객체를 파라미터로 전달합니다.

이번에는 두 번째 버튼을 눌렀을 때 queryPerson 메서드를 호출하도록 코드를 입력합니다.

```java
public class MainActivity extends AppCompatActivity {

중략…

  @Override
  protected void onCreate(Bundle savedInstanceState) {

중략…

    Button button2 = findViewById(R.id.button2);
    button2.setOnClickListener(new View.OnClickListener() {
      @Override
      public void onClick(View v) {
        queryPerson();
      }
    });

중략…

  }

  public void queryPerson() {
    try {
      String uriString = "content://org.techtown.provider/person";
      Uri uri = new Uri.Builder().build().parse(uriString);

      String[] columns = new String[] {"name", "age", "mobile"};
      Cursor cursor = getContentResolver().query(uri, columns, null, null, "name ASC");
      println("query 결과: " + cursor.getCount());

      int index = 0;
      while(cursor.moveToNext()) {
        String name = cursor.getString(cursor.getColumnIndex(columns[0]));
        int age = cursor.getInt(cursor.getColumnIndex(columns[1]));
        String mobile = cursor.getString(cursor.getColumnIndex(columns[2]));

        println("#" + index + " -> " + name + ", " + age + ", " + mobile);
        index += 1;
      }

    } catch(Exception e) {
      e.printStackTrace();
    }
  }
}
```

첫 번째 버튼을 눌러 레코드를 추가할 때와 코드가 상당히 유사합니다. 먼저 Uri 객체를 만들고 ContentResolver 객체의 query 메서드를 호출하면서 Uri 객체를 전달하면 Cursor 객체가 반환됩니다. query 메서드를 호출할 때 Uri 객체 외에 columns도 전달하고 있는데 여기에는 조회할 칼럼의 이름이 문자열의 배열 형태로 들어가 있습니다. 이렇게 하면 지정한 칼럼만 조회됩니다. Cursor 객체가 반환되면 각 칼럼 이름에 해당하는 칼럼 인덱스 값을 확인한 후 칼럼 값을 조회합니다. Cursor 객체는 moveToNext 메서드를 호출하면서 결과 레코드를 넘길 수 있으므로 while 문 안에서 moveToNext를 호출하면서 각 레코드의 값을 출력하도록 합니다.

이번에는 세 번째와 네 번째 버튼을 눌렀을 때 updatePerson과 deletePerson 메서드를 호출하도록 코드를 입력합니다.

참조파일 SampleProvider>/app/java/org.techtown.provider/MainActivity.java

```java
public class MainActivity extends AppCompatActivity {

중략…

  @Override
  protected void onCreate(Bundle savedInstanceState) {

중략…

    Button button3 = findViewById(R.id.button3);
    button3.setOnClickListener(new View.OnClickListener() {
      @Override
      public void onClick(View v) {
        updatePerson();
      }
    });

    Button button4 = findViewById(R.id.button4);
    button4.setOnClickListener(new View.OnClickListener() {
      @Override
      public void onClick(View v) {
        deletePerson();
      }
    });

중략…
```

```java
    }

    public void updatePerson() {
        String uriString = "content://org.techtown.provider/person";
        Uri uri = new Uri.Builder().build().parse(uriString);

        String selection = "mobile = ?";
        String[] selectionArgs = new String[] {"010-1000-1000"};
        ContentValues updateValue = new ContentValues();
        updateValue.put("mobile", "010-2000-2000");
        int count = getContentResolver().update(uri, updateValue, selection, selectionArgs);
        println("update 결과: " + count);
    }

    public void deletePerson() {
        String uriString = "content://org.techtown.provider/person";
        Uri uri = new Uri.Builder().build().parse(uriString);

        String selection = "name = ?";
        String[] selectionArgs = new String[] {"john"};

        int count = getContentResolver().delete(uri, selection, selectionArgs);
        println("delete 결과: " + count);
    }

중략…
```

세 번째 버튼을 눌렀을 때는 updatePerson 메서드를 호출합니다. updatePerson 메서드 안에서는 mobile 칼럼의 값이 010-1000-1000인 레코드만 010-2000-2000으로 수정하도록 합니다. 수정할 때는 ContentResolver의 update 메서드를 호출하면서 Uri 객체, ContentValues 객체, where 조건, where 조건의 ? 기호를 대체할 값을 차례로 넣어줍니다. where 조건의 문자열에 'mobile = ?'를 넣었으므로 그 안에 ? 기호가 하나 들어있습니다. 이 기호는 selectionArgs 배열 변수의 첫 번째 원소로 대체됩니다. 따라서 where 조건은 'mobile = 010-1000-1000'이 됩니다.

네 번째 버튼을 눌렀을 때는 deletePerson 메서드를 호출합니다. deletePerson 메서드 안에서는 ContentResolver의 delete 메서드를 호출하면서 Uri 객체, where 조건, where 조건의 ? 기호를 대체할 값을 차례로 넣어줍니다. where 조건의 문자열에 'name = ?'를 넣었으므로 그 안에 ? 기호가 하나 들어있습니다. 이 기호는 selectionArgs 배열 변수의 첫 번째 원소로 대체됩니다. 따라서 where 조건은 'name = john'이 됩니다.

네 개의 버튼을 눌렀을 때 실행될 기능을 모두 추가했으니 이제 매니페스트에 내용 제공자를 등록합니다.

참조파일 SampleProvider>/app/manifests/AndroidManifest.xml

```xml
<?xml version="1.0" encoding="utf-8"?>
<manifest xmlns:android="http://schemas.android.com/apk/res/android"
          package="org.techtown.provider">

    <permission android:name="org.techtown.provider.READ_DATABASE" android:protectionLevel="normal" />
    <permission android:name="org.techtown.provider.WRITE_DATABASE" android:protectionLevel="normal" />

    <application

중략...

    <provider
        android:authorities="org.techtown.provider"
        android:name=".PersonProvider"
        android:exported="true"
        android:readPermission="org.techtown.provider.READ_DATABASE"
        android:writePermission="org.techtown.provider.WRITE_DATABASE"
    />

    </application>
</manifest>
```

<permission> 태그는 권한을 새로 정의할 때 사용되는 태그로 여기에서는 두 개의 권한이 새로 정의되었습니다. <permission> 태그의 name 속성 값으로 org.techtown.provider.READ_DATABASE와 org.techtown.provider.WRITE_DATABASE가 설정되었으며 protectionLevel 속성 값은 normal로 설정되었습니다. <application> 태그 안에는 <provider> 태그를 추가하고 authorities와 name, readPermission, writePermission 등의 속성을 추가합니다. authorities 속성은 내용 제공자를 정의할 때 설정한 authorities 값과 동일하게 넣어줍니다. name 속성 값으로는 내용 제공자 클래스인 PersonProvider 클래스를 설정합니다. readPermission 속성 값으로는 위에서 정의한 org.techtown.provider.READ_DATABASE 권한을 지정하고 writePermssion 속성 값으로는 org.techtown.provider.WRITE_DATABASE 권한을 지정합니다.

내용 제공자를 만들고 간단하게 테스트해보기 위한 과정이 끝났습니다. 이제 앱을 실행하고 네 개의 버튼을 눌러가면서 기능 동작 여부를 확인합니다.

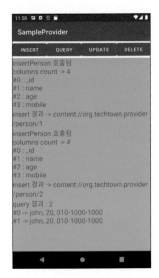

▲ SampleProvider 앱의 실행 화면

INSERT 버튼을 눌러 몇 개의 데이터를 추가한 다음 QUERY 버튼을 눌러 조회하면 추가한 데이터가 정상적으로 조회되는 것을 확인할 수 있습니다. 그리고 UPDATE 버튼과 QUERY 버튼, DELETE 버튼과 QUERY 버튼도 차례대로 눌러가면서 수정 및 삭제 기능을 확인해보면 정상적으로 동작하는 것을 확인할 수 있습니다. 여기에서는 내용 제공자를 정의한 앱에서 데이터를 추가하고 조회했지만 다른 앱에서도 내용 제공자를 이용하면 이 앱에서 관리하는 데이터를 조회할 수 있게 되었습니다.

11-6
앨범과 연락처 조회하기

실제 앱을 만들 때는 내용 제공자를 사용하지 않는 경우도 많습니다. 그리고 내용 제공자를 직접 만들어야 할 때보다 내용 제공자를 사용해야 하는 경우가 더 많을 것입니다. 이번 단락에서는 내용 제공자를 이용해 앨범에 저장된 사진과 연락처에 저장된 정보를 조회해 보겠습니다. 이 두 가지는 내용 제공자를 사용하는 가장 대표적인 예라고 할 수 있습니다.

먼저 앨범에 저장된 사진을 조회해보기 위해 SampleAlbum이라는 이름과 org.techtown.album이라는 패키지 이름으로 새로운 프로젝트를 만듭니다. 프로젝트 창이 열리면 activity_main.xml 파일을 열고 최상위 레이아웃을 LinearLayout으로 변경합니다. LinearLayout의 orientation 속성 값은 vertical로 설정하고 위쪽에 '이미지 선택'이라는 글자가 표시된 버튼을 배치합니다. 버튼 아래에는 이미지뷰를 추가하고 아래쪽 공간을 꽉 채우도록 이미지뷰의 layout_height를 match_parent로 설정합니다. 여기서 이미지뷰의 샘플 이미지는 ic_launcher를 사용했습니다.

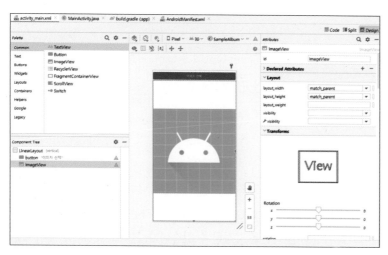

▲ 앨범에 저장된 사진을 보여주기 위한 화면 구성

XML 레이아웃 파일을 완성했다면 MainActivity.java 파일을 열고 버튼을 눌렀을 때 동작할 코드를 입력합니다.

```java
public class MainActivity extends AppCompatActivity {
  ImageView imageView;

  @Override
  protected void onCreate(Bundle savedInstanceState) {
    super.onCreate(savedInstanceState);
    setContentView(R.layout.activity_main);

    imageView = findViewById(R.id.imageView);

    Button button = findViewById(R.id.button);
    button.setOnClickListener(new View.OnClickListener() {
      @Override
      public void onClick(View v) {
        openGallery();
      }
    });

  }
  public void openGallery() {
    Intent intent = new Intent();
    intent.setType("image/*");
    intent.setAction(Intent.ACTION_GET_CONTENT);       // setType과 setAction 메서드로
                                                       //   인텐트의 속성 설정하기

    startActivityForResult(intent, 101);
  }
}
```

버튼을 클릭하면 openGallery라는 메서드가 실행되도록 코드를 작성했습니다. openGallery 메서드 안에서는 인텐트 객체를 하나 만들고 Intent.ACTION_GET_CONTENT 라는 액션 정보를 설정합니다. 인텐트 객체의 setAction 메서드를 사용하면 액션을 지정할 수 있습니다. 그리고 setType 메서드를 이용해 image/*라는 값을 설정합니다. 이렇게 하면 MIME 타입이 image로 시작하는 데이터를 가져오라는 의미가 됩니다. startActivityForResul 메서드를 호출하면서 이 인텐트 객체를 파라미터로 전달하면 앨범에서 사진을 선택할 수 있는 화면을 띄워주게 됩니다.

단말의 앨범 앱에서 사진을 선택한 후에는 onActivityResult 메서드로 그 결과 값을 전달받을 수 있습니다. openGallery 메서드 아래에 onActivityResult 메서드를 추가합니다.

중략...

```java
@Override
protected void onActivityResult(int requestCode, int resultCode, Intent data) {
  super.onActivityResult(requestCode, resultCode, data);

  if(requestCode == 101) {
    if(resultCode == RESULT_OK) {
      Uri fileUri = data.getData();

      ContentResolver resolver = getContentResolver();    ⟶ ❶ ContentResolver 객체 참조하기

      try {

        InputStream instream = resolver.openInputStream(fileUri);    ⟶ ❷ ContentResolver
        Bitmap imgBitmap = BitmapFactory.decodeStream(instream);          객체의 openInput-
        imageView.setImageBitmap(imgBitmap);                              Stream 메서드로 파
                                                                          일 읽어 들이기
        instream.close();
      } catch(Exception e) {
        e.printStackTrace();
      }
    }
  }
}
```

중략...

onActivityResult 메서드가 자동으로 호출되면 data라는 변수가 참조하는 인텐트 객체를 사용할 수 있습니다. 이 인텐트의 getData 메서드를 호출하면 Uri 자료형의 값이 반환됩니다. 이 값은 ContentResolver를 이용해 참조할 수 있는 이미지 파일을 가리킵니다. 따라서 getContentResolver 메서드를 이용해 ContentResolver 객체를 참조한 후 openInputStream 메서드를 호출할 때 파라미터로 전달합니다. openInputStream 메서드를 호출하면 InputStream 객체가 반환되며 BitmapFactory.decode-Stream 메서드를 사용하면 Bitmap 객체로 만들 수 있습니다. 이 비트맵 객체를 이미지뷰에 설정하면 사용자에게 사진이 보이게 됩니다.

이미지 파일은 보통 SD 카드에 저장되므로 매니페스트 파일에 READ_EXTERNAL_STORAGE와 WRITE_EXTERNAL_STORAGE 권한을 추가합니다. 그리고 이 권한은 위험 권한이므로 위험 권한을 부여하기 위한 코드를 추가합니다. 위험 권한을 위한 코드 추가 방법은 권한에 대해 설명했던 단락을 참조하기 바랍니다.

```xml
<?xml version="1.0" encoding="utf-8"?>
<manifest xmlns:android="http://schemas.android.com/apk/res/android"
    package="org.techtown.album">

  <uses-permission android:name="android.permission.READ_EXTERNAL_STORAGE"/>
  <uses-permission android:name="android.permission.WRITE_EXTERNAL_STORAGE"/>

  <application
        android:allowBackup="true"
        android:icon="@mipmap/ic_launcher"
```
중략…

위험 권한을 위한 설정과 코드를 모두 추가했다면 앱을 실행하고 사진을 조회합니다. 만약 에뮬레이터에 사진이 하나도 들어있지 않다면 에뮬레이터의 카메라 앱을 이용해 사진을 몇 장 찍으세요.

 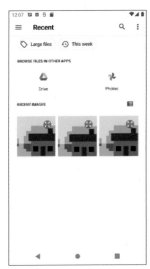 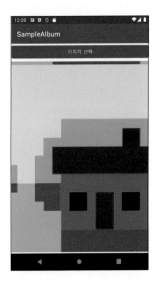

▲ 앱을 실행하여 앨범의 사진을 보여준 결과

앨범의 사진을 조회할 때 ContentResolver 객체가 사용되는 것을 보면서 앨범 앱 안에 내용 제공자를 만들어 두었음을 짐작할 수 있을 것입니다.

이번에는 연락처를 조회하는 기능을 만들어 보겠습니다. 연락처에는 이름이나 전화번호와 같이 다양한 정보들이 들어가 있기 때문에 내용 제공자를 위한 코드가 더 많이 사용됩니다.

SampleContacts라는 이름과 org.techtown.contacts라는 패키지 이름으로 새로운 프로젝트를 만듭니다. 프로젝트 창이 열리면 activity_main.xml 파일을 열고 최상위 레이아웃을 LinearLayout으로 변경합니다. LinearLayout의 orientation 속성 값은 vertical로 설정하고 상단에 버튼 하나와 그 아래에 스크롤뷰를 추가합니다. 버튼에는 '연락처 가져오기'라는 글자가 표시되도록 하고 스크롤뷰에는 텍스트뷰를 하나 추가합니다. 텍스트뷰의 글자 크기는 20sp 정도로 설정하여 약간 더 크게 보이도록 하고 스크롤뷰의 배경색은 밝은 파란색으로 설정합니다.

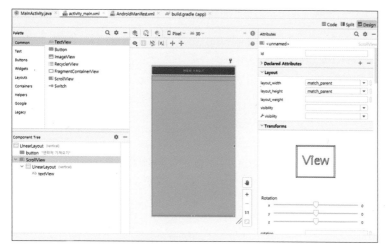

◀ 연락처의 정보를 보여주기 위한 화면 구성

화면을 위한 XML 레이아웃을 모두 만들었으면 MainActivity.java 파일을 열고 버튼을 눌렀을 때 동작할 코드를 추가합니다. 아직 몇몇 함수는 정의하지 않아서 빨간색으로 오류 표시가 될 것입니다. 이 함수는 바로 다음에 추가로 작성합니다.

참조파일 SampleContacts>/app/java/org.techtown.contacts/MainActivity.java

```java
public class MainActivity extends AppCompatActivity {
  TextView textView;

  @Override
  protected void onCreate(Bundle savedInstanceState)
    super.onCreate(savedInstanceState);
    setContentView(R.layout.activity_main);

    textView = findViewById(R.id.textView);

    Button button = findViewById(R.id.button);
    button.setOnClickListener(new View.OnClickListener() {
      @Override
      public void onClick(View v) {
        chooseContacts();
      }
    });
  }
```

```java
public void chooseContacts() {
    Intent contactPickerIntent = new Intent(Intent.ACTION_PICK,
    ContactsContract.Contacts.CONTENT_URI);  ─────────────→ ❶ 연락처 화면을 띄우기 위한 인텐트 만들기
    startActivityForResult(contactPickerIntent, 101);
}

@Override
protected void onActivityResult(int requestCode, int resultCode, Intent data) {
    super.onActivityResult(requestCode, resultCode, data);

    if (resultCode == RESULT_OK) {
        if (requestCode == 101) {
            try {
                Uri contactsUri = data.getData();
                String id = contactsUri.getLastPathSegment();  ──→ ❷ 선택한 연락처의 id 값 확인하기

                getContacts(id);
            } catch (Exception e) {
                e.printStackTrace();
            }
        }
    }
}

public void println(String data) {
    textView.append(data + "\n");
}
}
```

println 메서드는 단순히 파라미터로 전달받은 글자를 스크롤뷰 안에 들어있는 텍스트뷰에 추가하는 역할을 합니다. 이전에도 자주 만들어본 메서드이므로 쉽게 이해할 수 있을 것입니다. [연락처 가져오기] 버튼을 클릭했을 때는 chooseContacts 메서드가 호출되도록 합니다. 그리고 chooseContacts 메서드 안에서는 인텐트 객체를 만들고 startActivityForResult 메서드를 호출하면서 파라미터로 전달합니다.

인텐트 객체를 만들 때는 첫 번째 파라미터로 Intent.ACTION_PICK이라는 액션 정보를 전달하고 두 번째 파라미터로는 ContactsContract.Contacts.CONTENT_URI를 전달합니다. 이 값은 연락처 정보를 조회하는 데 사용되는 URI 값입니다. startActivityForResult 메서드가 호출되면 연락처를 선택할 수 있는 화면이 표시됩니다. 사용자가 연락처를 하나 선택하면 onActivityForResult 메서드가 자동으로 호출됩니다. 이 메서드로 전달되는 인텐트 객체의 getData 메서드를 호출하면 선택된 연락처 정보를 가리키는 Uri 객체가 반환됩니다. 이 Uri 객체의 getLastPathSegment 메서드를 호출하여 id 값을 확인합니다.

이렇게 id 값을 확인하는 이유는 선택한 연락처의 상세 정보가 다른 곳에 저장되어 있기 때문입니다. getContacts라는 메서드를 호출하면서 id 값을 파라미터로 전달하도록 하고 getContacts 메서드를 추가합니다.

참조파일 SampleContacts>/app/java/org.techtown.contacts/MainActivity.java

```java
중략...

    public void getContacts(String id) {
      Cursor cursor = null;
      String name = "";

      try {
        cursor = getContentResolver().query(ContactsContract.Data.CONTENT_URI,
                    null,
                    ContactsContract.Data.CONTACT_ID + "=?",      ContentResolver 객체의
                    new String[] { id },                          query 메서드 호출하기
                    null);

        if (cursor.moveToFirst()) {
          name = cursor.getString(cursor.getColumnIndex(ContactsContract.Data.DISPLAY_NAME));
          println("Name : " + name);

          String columns[] = cursor.getColumnNames();
          for (String column : columns) {
            int index = cursor.getColumnIndex(column);
            String columnOutput = ("#" + index + " -> [" + column + "] " + cursor.getString(index));
            println(columnOutput);
          }
          cursor.close();
        }
      } catch (Exception e) {
        e.printStackTrace();
      }
    }

중략...
```

getContacts 메서드 안에서는 ContentResolver 객체의 query 메서드를 호출합니다. query 메서드의 첫 번째 파라미터로는 ContactsContract.Data.CONTENT_URI를 전달합니다. 이 Uri 값은 앞에서 인텐트를 만들 때 넣어주었던 Uri 값과 다릅니다. 왜냐하면 이 Uri 값은 연락처의 상세 정보를 조회하는 데 사용되는 Uri이기 때문입니다. 세 번째 파라미터로는 id 칼럼의 이름과 함께 =? 라는 글자를 붙여서 전달합니다. 연락처의 상세 정보를 저장하는 테이블에는 많은 칼럼들이 있는데 그 칼럼의 이름 중에서 id 칼럼의 이름은 ContactsContract.Data.CONTACT_ID 상수로 확인할 수 있습니다.

query 메서드가 반환하는 Cursor 객체를 참조했다면 결과 레코드를 화면에 출력합니다. 먼저 연락처의 이름 칼럼 값을 출력합니다. 이름 칼럼은 ContactsContract.Data.DISPLAY_NAME 상수로 확인할수 있으므로 이 칼럼 이름을 이용해 칼럼의 인덱스 값을 찾고 그 인덱스 값을 이용해 이름 값을 알아냅니다. 알아낸 이름은 println 메서드를 호출하여 화면에 출력합니다. 그 아래에서는 for 문을 이용해 모든 칼럼의 이름과 그 칼럼의 값을 출력합니다.

연락처를 조회하려면 READ_CONTACTS와 WRITE_CONTACTS 권한이 필요합니다. 매니페스트 파일을 열고 이 두 개의 권한을 추가합니다.

참조파일 SampleAlbum>/app/manifests/AndroidManifest.xml

```xml
<?xml version="1.0" encoding="utf-8"?>
<manifest xmlns:android="http://schemas.android.com/apk/res/android"
    package="org.techtown.contacts">

  <uses-permission android:name="android.permission.READ_CONTACTS" />
  <uses-permission android:name="android.permission.WRITE_CONTACTS" />


  <application
        android:allowBackup="true"
        android:icon="@mipmap/ic_launcher"

중략...
```

이 권한들은 위험 권한이므로 위험 권한을 위한 설정과 코드도 추가합니다. 권한까지 모두 추가했다면 앱을 실행하고 연락처를 조회합니다. 만약 에뮬레이터에 연락처가 하나도 들어있지 않다면 단말의 연락처 앱을 이용해 연락처를 미리 추가해 놓습니다.

▲ 앱을 실행하여 연락처에 저장된 정보를 보여준 결과

하나의 연락처를 선택했을 때 그 연락처 안에 상당히 많은 칼럼들이 정의되어 있다는 것을 알 수 있습니다. 코드를 통해 알게 된 것처럼, 연락처에 대한 정보는 ContactsContract.Contacts 객체가 가리키는 테이블에 저장되어 있으며 연락처에 대한 상세 정보는 ContactsContract.Data 객체가 가리키는 테이블에 저장되어 있습니다. 이외에도 ContactsContract.RawContacts 테이블도 있으나 위의 두 개 테이블에 대해서만 알아도 연락처 정보를 조회할 수 있습니다.

지금까지 데이터베이스 데이터를 저장하고 조회하는 기능부터 시작해서 내용 제공자를 이용해 다른 앱에서 데이터베이스의 정보에 접근할 수 있도록 하는 방법까지 살펴보았습니다.

도전! 21
안드로이드 미션

책 정보 저장 기능 만들기

사용자가 책 정보를 입력하면 데이터베이스에 저장하는 기능을 만들어 보세요. 사용자가 입력한 데이터는 앱을 종료하고 다시 실행했을 때도 그대로 단말에 저장되어 있어야 합니다.

• **프로젝트 소스** DoitMission-21

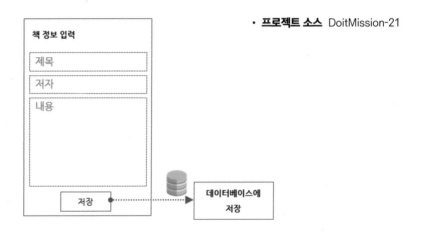

❶ 책 정보를 저장할 수 있는 화면을 액티비티로 만듭니다.

❷ 책 정보는 제목, 저자, 내용을 입력할 수 있도록 합니다.

❸ [저장] 버튼을 누르면 데이터베이스에 저장되도록 합니다.

❹ 정상적으로 저장되었다면 간단한 토스트 메시지를 띄워줍니다.

참고할 점

데이터베이스와 테이블은 미리 만들어져 있어야 합니다.

그리고 앱이 실행될 때 데이터베이스 열기가 미리 진행되어야 합니다.

도전! 22

안드로이드 미션

책 정보 저장과 조회 기능 만들기

탭으로 구성된 화면을 만들고 첫 번째 탭 화면에서는 책 정보를 저장, 두 번째 탭 화면에서는 책 정보를 조회할 수 있도록 합니다.

• **프로젝트 소스** DoitMission-22

❶ 탭 모양의 화면을 구성하고 두 개의 탭 버튼을 추가합니다.

❷ 첫 번째 탭에서는 책 정보를 저장할 수 있도록 합니다. 이 화면은 도전! 17의 미션과 같습니다(제목, 저자, 내용 입력 후 [저장] 버튼 누르면 데이터베이스에 저장됨).

❸ 두 번째 탭에서는 책 정보를 조회하여 리스트로 보여줄 수 있도록 합니다. 리싸이클러뷰의 각 아이템에는 책 제목과 저자가 표시됩니다.

❹ 책 정보를 저장하거나 조회할 때 모두 데이터베이스를 사용합니다. 즉, 책 정보를 저장할 때는 데이터베이스에 저장하고 조회할 때는 데이터베이스에 저장된 데이터를 가져와서 보여줍니다.

> 참고할 점
>
> 데이터베이스와 테이블은 미리 만들어져 있어야 합니다.
>
> 그리고 앱이 실행될 때 데이터베이스 열기가 미리 진행되어야 합니다.
>
> 책 정보를 저장할 때는 INSERT SQL문을 사용하고 책 정보를 조회할 때는 SELECT SQL문을 사용합니다.

12 뷰에 그래픽 그리기

화면에 추가할 수 있는 뷰에는 다양한 그리기 방법을 적용할 수 있습니다. 선을 그리거나 이미지를 표시하는 것이 가능하죠. 뷰를 상속하여 직접 새로운 뷰를 정의하면 원하는 모양을 만들기도 쉽습니다. 만약 다른 언어에서 그래픽을 사용해 본 경험이 있다면 안드로이드의 뷰도 거의 같은 방식으로 그래픽을 사용하므로 쉽게 이해할 수 있습니다. 안드로이드에서 그래픽을 사용할 때 표준 자바와 가장 큰 차이점은 그래픽스(Graphics) 객체가 아니라 캔버스(Canvas) 객체에 그려야 한다는 것입니다. 이번 장에서는 그리기 속성을 담고 있는 페인트(Paint)와 캔버스 객체를 사용해 그래픽을 그리는 방법에 대해 살펴보겠습니다.

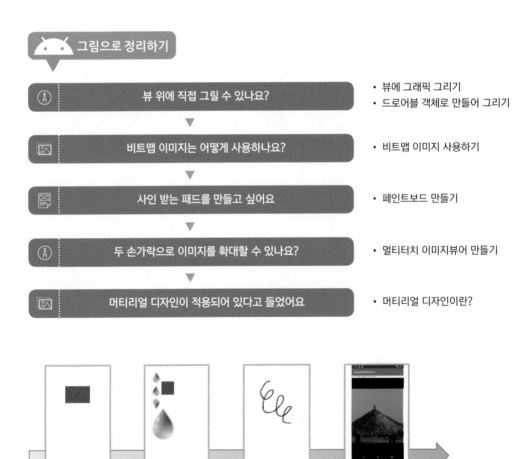

그림으로 정리하기

뷰 위에 직접 그릴 수 있나요?
• 뷰에 그래픽 그리기
• 드로어블 객체로 만들어 그리기

비트맵 이미지는 어떻게 사용하나요?
• 비트맵 이미지 사용하기

사인 받는 패드를 만들고 싶어요
• 페인트보드 만들기

두 손가락으로 이미지를 확대할 수 있나요?
• 멀티터치 이미지뷰어 만들기

머티리얼 디자인이 적용되어 있다고 들었어요
• 머티리얼 디자인이란?

화면에 빨간 사각형 그리기 | 비트맵 이미지 사용하기 | 페인트보드 만들기 | 멀티터치 이미지뷰어 만들기

12-1
뷰에 그래픽 그리기

그래픽 그리기 기능을 확인할 수 있는 가장 쉬운 방법은 뷰(View) 클래스를 상속한 후 이 뷰에 직접 그래픽을 그리는 것입니다. 다음은 뷰 화면에 빨간색 사각형을 그리는 단계를 보여줍니다.

구분	설명
1단계	새로운 클래스를 만들고 뷰를 상속받습니다.
2단계	페인트 객체를 초기화하고 필요한 속성을 설정합니다.
3단계	onDraw 메서드 내에 사각형을 그리는 메서드를 호출합니다.
4단계	onTouchEvent 메서드 내에 터치 이벤트를 처리하는 코드를 넣습니다.
5단계	새로 만든 뷰를 메인 액티비티에 추가합니다.

1단계 - 뷰 상속하기

/app/java/org.techtown.graphics.custom 폴더에 새로운 CustomView 클래스를 만듭니다.

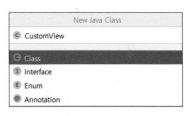

▲ View를 상속하여 정의하는 CustomView

CustomView.java 파일이 만들어지면 View 클래스를 상속하도록 class CustomView 뒤에 extends View라는 코드를 입력합니다. 그리고 생성자를 추가합니다. 클래스 중괄호 안쪽에 커서를 두고 오른쪽 마우스 버튼을 눌러 메뉴가 보이면 [Generate → Constructor] 메뉴를 눌러 생성자를 추가합니다. 생성자는 파라미터가 한 개인 생성자(View(context:Context))와 파라미터가 두 개인 생성자(View(context:Context, attrs:AttributeSet))를 추가합니다.

▲ View를 상속하여 정의하는 Custom-View

생성자가 추가되면 초기화를 위해 사용될 init 메서드를 추가합니다. 그리고 두 개의 생성자에서 이 init 메서드를 호출하도록 합니다.

참조파일 SampleCustomView>/app/java/org.techtown.graphics.custom/CustomView.java

```java
public class CustomView extends View {

  public CustomView(Context context) {
    super(context);

    init(context);
  }

  public CustomView(Context context, AttributeSet attrs) {
    super(context, attrs);

    init(context);
  }

  private void init(Context context) {

  }
}
```

2단계 - 페인트 객체 초기화하기

페인트 객체는 그래픽을 그리기 위해 필요한 속성을 담고 있습니다. Paint 자료형으로 된 변수를 하나 선언하고 init 메서드 안에서 객체를 생성합니다. 페인트 객체의 setColor 메서드를 호출하고 파라미터로 Color.RED를 전달하면 페인트 객체에 빨간색으로 색상을 설정하게 됩니다.

참조파일 SampleCustomView>/app/java/org.techtown.graphics.custom/CustomView.java

```java
public class CustomView extends View {

  private Paint paint;

중략…

  private void init(Context context) {
    paint = new Paint();
    paint.setColor(Color.RED);
  }
}
```

3단계 - onDraw 메서드 구현하기

onDraw 메서드는 뷰가 화면에 그려질 때 자동으로 호출됩니다. 따라서 뷰에 그래픽을 그리기 위해서는 onDraw 메서드 안에서 원하는 그래픽을 그리면 됩니다. onDraw 메서드는 부모 클래스인 View 클래스에 정의되어 있으므로 재정의하여 사용합니다. 커서를 CustomView 클래스 안에 둔 채 마우스 오른쪽 버튼을 누른 후 [Generate... → Override Methods...] 메뉴를 누르면 View 클래스의 메서드들이 표시됩니다. 그 중에서 onDraw를 선택한 후 [OK] 버튼을 누르면 onDraw 메서드가 자동으로 입력됩니다.

▲ onDraw 메서드를 재정의할 수 있는 대화상자

onDraw 메서드 안에는 캔버스 객체에 정의된 그리기 메서드들 중에서 좌표 값과 페인트 객체를 이용해서 사각형을 그리는 drawRect를 사용합니다.

참조파일 SampleCustomView>/app/java/org.techtown.graphics.custom/CustomView.java

```java
public class CustomView extends View {

중략...

  @Override
  protected void onDraw(Canvas canvas) {
    super.onDraw(canvas);
    canvas.drawRect(100, 100, 200, 200, paint);
  }
}
```

4단계 - onTouchEvent 메서드 구현하기

onTouchEvent 메서드는 터치 이벤트를 처리하는 일반적인 방법을 제공합니다. onTouchEvent 메서드도 부모 클래스인 View 클래스의 것을 재정의하여 사용합니다. 커서를 CustomView 클래스 안에 둔 채 마우스 오른쪽 버튼을 누른 후 [Generate... → Override Methods...] 메뉴를 누르면 View 클래스의 메서드들이 대화상자에 표시됩니다. 그중에서 onTouchEvent 메서드를 선택한 후 [OK] 버튼을 누르면 onTouchEvent 메서드가 자동으로 입력됩니다. 손가락으로 누른 곳의 X, Y 좌표 값을 토스트 메시지로 잠깐 보여주도록 onTouchEvent 메서드 안에 다음 코드를 입력합니다.

참조파일 SampleCustomView>/app/java/org.techtown.graphics.custom/CustomView.java

```java
public class CustomView extends View {

중략…

  @Override
  public boolean onTouchEvent(MotionEvent event) {
    if (event.getAction() == MotionEvent.ACTION_DOWN) {
      Toast.makeText(super.getContext(), "MotionEvent.ACTION_DOWN : " +
                event.getX() + ", " + event.getY(), Toast.LENGTH_LONG).show();
    }

    return super.onTouchEvent(event);
  }
}
```

5단계 - 메인 액티비티에 CustomView 클래스 추가하기

새로 만든 CustomView 클래스를 메인 액티비티에 추가하려면 new 연산자를 사용하여 객체를 하나 만든 후 setContentView 메서드를 이용하면 됩니다. MainActivity.java 파일을 열고 다음 코드를 입력합니다.

참조파일 SampleCustomView>/app/java/org.techtown.graphics.custom/MainActivity.java

```java
public class MainActivity extends AppCompatActivity {

  @Override
  public void onCreate(Bundle savedInstanceState) {
    super.onCreate(savedInstanceState);

    CustomView view = new CustomView(this);
    setContentView(view);
  }
}
```

새로 만든 뷰를 XML 레이아웃에 추가하려면 어떻게 해야 할까요?

앞서 살펴본 코드는 새로 만든 CustomView를 자바 소스 코드에서 화면에 추가한 것입니다. 만약 새로 만든 뷰(Custom-View)를 XML 레이아웃에서 추가하고 싶다면 다음과 같이 태그를 만들어 추가할 수 있습니다.

```xml
<org.techtown.graphics.custom.CustomView
    android:id="@+id/customView"
    android:layout_width="wrap_content"
    android:layout_height="wrap_content"
    />
```

지금까지 입력한 결과를 실행해보면 다음과 같은 화면을 볼 수 있습니다.

▲ 빨간 사각형을 그래픽으로 그린 뷰

그래픽을 그릴 때 필요한 클래스와 메서드 알아보기

그래픽을 그릴 때 필요한 주요 클래스들은 다음과 같습니다.

클래스	설명
캔버스(Canvas)	뷰의 표면에 직접 그릴 수 있도록 만들어 주는 객체로 그래픽 그리기를 위한 메서드가 정의되어 있습니다.
페인트(Paint)	그래픽 그리기를 위해 필요한 색상 등의 속성을 담고 있습니다.
비트맵(Bitmap)	픽셀로 구성된 이미지로 메모리에 그래픽을 그리는 데 사용합니다.
드로어블 객체(Drawable)	사각형, 이미지 등의 그래픽 요소가 객체로 정의되어 있습니다.

만약 사각형을 녹색으로 그린 후 그 안을 빨간색으로 채우려고 할 때는 페인트 객체에 스타일 정보를 설정해야 합니다. 아래의 Case 1, 2가 궁금하다면 앞에서 작성한 CustomView.java의 init 메서드에 case 1이나 case 2의 코드를 한 줄 더 추가하여 실행해 보세요. case 2의 코드를 추가하면 빨간 실선으로 된 사각형으로 바뀔 것입니다.

[Case 1] Fill 스타일 적용 예 - 빨간색 사각형 채우기(디폴트)
paint.setStyle(Style.FILL);

[Case 2] Stroke 스타일 적용 예 - 빨간색 사각형 그리기
paint.setStyle(Style.STROKE);

두 개의 사각형에 색상을 지정하여 채운 후 선으로 그리는 과정을 진행하기 위해 새로운 SampleCustomViewStyle 프로젝트를 만듭니다. 패키지 이름은 org.techtown.graphics.custom.style로 합니다. CustomViewStyle.java 파일을 새로 만들고 View를 상속하도록 합니다. 그리고 그 안에서 Ctrl + O 를 눌러 onDraw 메서드를 재정의한 후 다음 코드를 입력합니다. 앞의 프로젝트에서 했던 것처럼 생성자를 추가하고 수정하는 과정은 직접 해보세요.

참조파일 SampleCustomViewStyle>/app/java/org.techtown.graphics.custom.style/CustomViewStyle.java

```java
public class CustomViewStyle extends View {
  Paint paint;

  public CustomViewStyle(Context context) {
    super(context);

    init(context);
  }

  public CustomViewStyle(Context context, AttributeSet attrs) {
    super(context, attrs);

    init(context);
  }

  private void init(Context context) {
    paint = new Paint();
  }

  @Override
  protected void onDraw(Canvas canvas) {
    super.onDraw(canvas);
```

```java
        paint.setStyle(Paint.Style.FILL);  ──→ ❶ 첫 번째 사각형을 Fill 스타일로 설정
        paint.setColor(Color.RED);
        canvas.drawRect(10, 10, 100, 100, paint);

        paint.setStyle(Paint.Style.STROKE);  ──→ ❷ 첫 번째 사각형을 Stroke 스타일로 설정
        paint.setStrokeWidth(2.0F);
        paint.setColor(Color.GREEN);
        canvas.drawRect(10, 10, 100, 100, paint);

        paint.setStyle(Paint.Style.FILL);  ──→ ❸ 두 번째 사각형을 Fill 스타일로 설정
        paint.setARGB(128, 0, 0, 255);
        canvas.drawRect(120, 10, 210, 100, paint);

        DashPathEffect dashEffect = new DashPathEffect(new float[]{5,5}, 1);
        paint.setStyle(Paint.Style.STROKE);
        paint.setStrokeWidth(3.0F);                        ❹ 두 번째 사각형을 Stroke 스타일로
        paint.setPathEffect(dashEffect);                      설정하고 PathEffect 적용
        paint.setColor(Color.GREEN);
        canvas.drawRect(120, 10, 210, 100, paint);


        paint = new Paint();

        paint.setColor(Color.MAGENTA);  ──→ ❺ 첫 번째 원에 색상 적용
        canvas.drawCircle(50, 160, 40, paint);

        paint.setAntiAlias(true);  ──→ ❻ 두 번째 원에 AntiAlias 설정
        canvas.drawCircle(160, 160, 40, paint);

        paint.setStyle(Paint.Style.STROKE);  ──→ ❼ 첫 번째 텍스트를 Stroke 스타일로 설정
        paint.setStrokeWidth(1);
        paint.setColor(Color.MAGENTA);
        paint.setTextSize(30);
        canvas.drawText("Text (Stroke)", 20, 260, paint);

        paint.setStyle(Paint.Style.FILL);  ──→ ❽ 두 번째 텍스트를 Fill 스타일로 설정
        paint.setTextSize(30);
        canvas.drawText("Text", 20, 320, paint);

    }
}
```

선의 두께를 설정할 때는 setStrokeWidth 메서드를 사용하고, 투명도를 조절할 때는 setARGB 메서드를 사용합니다. 점선으로 그리고 싶은 경우에는 여러 가지 효과 중에서 DashPathEffect 클래스를 이용할 수 있습니다. 여기에서는 선이 그려지는 부분과 선이 그려지지 않는 부분이 각각 5의 크기로 지정되

었습니다. 일반적인 선을 그릴 때는 drawLine 메서드, 원을 그릴 때는 drawCircle 메서드 그리고 텍스트는 drawText 메서드를 이용할 수 있습니다. 부드럽게 선을 그리고 싶을 경우에는 setAntiAlias(true) 코드를 사용할 수 있으며, 원과 텍스트에 그 효과가 적용됩니다.

MainActivity.java 파일에는 새로 만든 CustomViewStyle 클래스를 객체로 만들고 setContentView 메서드의 파라미터로 전달하는 코드를 입력합니다.

참조파일 SampleCustomViewStyle>/app/java/org.techtown.graphics.custom.style/MainActivity.java

```java
public class MainActivity extends AppCompatActivity {

    @Override
    public void onCreate(Bundle savedInstanceState) {
        super.onCreate(savedInstanceState);

        CustomViewStyle view = new CustomViewStyle(this);
        setContentView(view);
    }
}
```

앱을 실행하면 다음 화면처럼 다양한 그리기 방법으로 그린 그래픽이 표시됩니다.

▲ 다양한 스타일을 적용하여 그래픽 그리기

클리핑(clipping)은 그리기 연산이 일어나는 영역을 설정하는 것으로 clipRect 또는 clipRegion 메서드를 이용하면 클리핑 영역을 설정할 수 있습니다. 예를 들어, 다음과 같은 코드를 이용하면 전체 사각형 중에서 클리핑 영역으로 설정한 사각형의 일부분만을 그리게 됩니다. 즉, drawRect 메서드에서는 온전한 사각형을 그리지만 clipRect 메서드에 의하여 지정된 부분이 아니라면 실제로 그려지지 않습니다. 결과가 궁금하다면 앞에서 작성한 CustomViewStyle.java의 onDraw 메서드 안에 다음 코드를 입력하여 실행해 보세요.

```
canvas.clipRect(220, 240, 250, 270, Region.Op.REPLACE);
paint.setStyle(Style.FILL);
paint.setColor(Color.RED);
canvas.drawRect(220, 240, 320, 340, paint);
```

지금까지 자주 사용되는 그리기 메서드들 몇 가지를 살펴보았습니다. 캔버스 객체로 호출할 수 있는 대표적인 메서드들은 다음과 같습니다.

메서드	설명
점 그리기	void drawPoint(float x, float y, Paint paint) 하나의 점을 그립니다. drawPoints()를 이용하면 여러 개의 점을 그릴 수 있습니다.
선 그리기	void drawLine(float startX, float startY, float stopX, float stopY, Paint paint) 두 점의 X, Y 좌표 값을 이용해 선을 그립니다. drawLines()를 이용하면 여러 개의 선을 그릴 수 있습니다.
사각형 그리기	void drawRect(float left, float top, float right, float bottom, Paint paint) 모서리의 좌표 값을 이용해 사각형을 그립니다.
둥근 모서리의 사각형 그리기	void drawRoundRect(RectF rect, float rx, float ry, Paint paint) 사각 영역과 모서리 부분 타원의 반지름 값을 이용해 둥근 모서리의 사각형을 그립니다.
원 그리기	void drawCircle(float cx, float cy, float radius, Paint paint) 원의 중앙 좌표 값과 반지름을 이용해 원을 그립니다.
타원 그리기	void drawOval(RectF oval, Paint paint) 사각 영역을 이용해 타원을 그립니다.
아크 그리기	void drawArc(RectF oval, float startAngle, float sweepAngle, boolean useCenter, Paint paint) 사각 영역과 각도를 이용해 아크를 그립니다.
패스 그리기	void drawPath(Path path, Paint paint) 패스 정보를 이용해 연결선 또는 부드러운 곡선을 그립니다.
비트맵 그리기	void drawBitmap(Bitmap bitmap, float left, float top, Paint paint) 비트맵 이미지를 주어진 좌표 값에 그립니다.

12-2
드로어블 객체로 만들어 그리기

그래픽 그리기가 가능한 요소들은 드로어블(Drawable) 객체로 만들어 그릴 수 있습니다. 드로어블 객체는 이미 XML 파일로 정의할 수 있다는 것을 알고 있습니다. 이 드로어블 객체는 그릴 수 있는 모든 것을 의미하는데 대표적으로 ShapeDrawable, BitmapDrawable, PictureDrawable, LayerDrawable

등이 있습니다. 그리기 객체의 형태로는 PNG, JPEG 이미지 등을 표현하는 비트맵(Bitmap), 이미지
가 자동으로 늘어나는 부분을 설정하여 사용하는 나인패치(NinePatch), 도형 그리기가 가능한 셰이프
(Shape), 세로축의 순서에 따라 그리는 레이어(Layer) 등이 있습니다.

그리기 메서드를 사용하면 다양한 그래픽을 그릴 수 있는데 왜 굳이 그리기 객체를 만들어서 그리는 방
법이 따로 있는 걸까요? 그래픽을 그리는 하나의 단위를 그리기 객체로 만들어 두면 각각의 그래픽 그
리기 작업을 독립적인 객체로 나누어 관리할 수 있는 장점이 생기기 때문입니다. 그리고 이 객체에 애
니메이션을 적용할 수도 있습니다. 이러한 그리기 객체를 사용하는 방법은 크게 세 가지로 나눌 수 있
습니다.

구분	설명
리소스 파일의 사용	프로젝트 리소스에 이미지와 같은 파일을 포함시킨 후 읽어 들여 사용합니다.
XML로 정의하여 사용	그리기 객체의 속성을 정의한 XML 파일을 정의하여 사용합니다.
소스 코드에서 객체를 만들어 사용	소스 코드에서 new 연산자를 이용하여 그리기 객체를 만든 후 사용합니다. 비트맵 이미지를 주어진 좌표 값에 그립니다.

여러 가지 그리기 객체 중에서도 특히 셰이프 드로어블(ShapeDrawable)은 도형으로 정의된 Shape
객체를 담을 수 있으며, 이를 이용해서 메모리에 만들어진 그래픽 정보를 관리할 수 있도록 합니다.

드로어블 객체를 만들어보기 위해 SampleCustomViewDrawable이라는 이름의 프로젝트를 만듭니
다. 프로젝트를 만들 때 패키지 이름은 org.techtown.graphics.custom.drawable로 입력합니다. 앞
의 실습과 비슷한 방법으로 CustomViewDrawable이라는 이름의 새로운 클래스를 만들고 다음 코드
를 추가합니다. 이 코드는 ShapeDrawable에 정의된 정보를 이용해 뷰 전체를 그러데이션 효과로 채
우는 방법입니다.

참조파일 SampleCustomViewDrawable>/app/java/org.techtown.graphics.custom.drawable/CustomViewDrawable.java

```java
public class CustomViewDrawable extends View {

  private ShapeDrawable upperDrawable;
  private ShapeDrawable lowerDrawable;

  public CustomViewDrawable(Context context) {
    super(context);

    init(context);
  }

  public CustomViewDrawable(Context context, AttributeSet attrs) {
    super(context, attrs);
```

```
        init(context);
    }


    private void init(Context context) {
        WindowManager manager = (WindowManager)
                    context.getSystemService(Context.WINDOW_SERVICE);
        Display display = manager.getDefaultDisplay();
        int width = display.getWidth();
        int height = display.getHeight();


        Resources curRes = getResources();
        int blackColor = curRes.getColor(R.color.color01);
        int grayColor = curRes.getColor(R.color.color02);
        int darkGrayColor = curRes.getColor(R.color.color03);


        upperDrawable = new ShapeDrawable();

        RectShape rectangle = new RectShape();
        rectangle.resize(width, height*2/3);
        upperDrawable.setShape(rectangle);
        upperDrawable.setBounds(0, 0, width, height*2/3);


        LinearGradient gradient = new LinearGradient(0, 0, 0, height*2/3,
                    grayColor, blackColor, Shader.TileMode.CLAMP);


        Paint paint = upperDrawable.getPaint();


        paint.setShader(gradient);

        lowerDrawable = new ShapeDrawable();

        RectShape rectangle2 = new RectShape();
        rectangle2.resize(width, height*1/3);
        lowerDrawable.setShape(rectangle2);
        lowerDrawable.setBounds(0, height*2/3, width, height);


        LinearGradient gradient2 = new LinearGradient(0, 0, 0, height*1/3,
                    blackColor, darkGrayColor, Shader.TileMode.CLAMP);


        Paint paint2 = lowerDrawable.getPaint();
        paint2.setShader(gradient2);

    }


    protected void onDraw(Canvas canvas) {
```

❶ 윈도우 매니저를 이용해 뷰의
   폭과 높이 확인

❷ 리소스에 정의된 색상 값을 변
   수에 설정

❸ Drawable 객체 생성

❹ LinearGradient
   객체 생성

❺ Paint 객체에 새로 생성한 LinearGradient 객체를 Shader로 설정

```
    super.onDraw(canvas);

    upperDrawable.draw(canvas);  ────→ ❻ onDraw 메서드 안에서 Drawable 객체 그리기
    lowerDrawable.draw(canvas);

  }
}
```

뷰가 채워지는 화면의 크기를 알아오기 위해 시스템 서비스 객체인 윈도우 매니저(WindowManager)
를 참조합니다. 색상 정보는 XML 파일로 정의되며, /app/res/values/ 폴더 밑에 colors.xml이라는 이
름으로 저장되어 있습니다.

이렇게 색상을 지정할 때는 소스 코드에서 설정하는 경우와 XML 리소스에 설정하는 경우로 나눌 수 있
습니다. 소스 코드에서는 Color 클래스에 정의된 상수 또는 argb 메서드를 이용합니다.

```
int color = Color.BLUE;    // 파란색 사용
int transColor = Color.argb(128, 0, 0, 255);    // 반투명 파란색 사용
```

XML 리소스를 이용하는 경우에는 XML 파일에 〈color〉 태그로 정의된 색상 값을 지정한 후, 소스 코
드에서 리소스 객체의 getColor 메서드를 이용하여 읽어옵니다. 앞에서 소개한 두 방법은 모두 같은
효과를 줄 수 있지만 이번 실습에서는 XML 소스를 이용합니다. 다음은 예시 코드입니다. 눈으로 읽고
넘어가세요.

```
<?xml version="1.0" encoding="utf-8"?>
<resources>
 <color name="transcolor">#660000ff</color>
</resources>
```

```
// 소스 코드
int transcolor = getResources().getColor(R.color.transcolor);
```

> **정박사의**
> **조 언**   **색상을 지정하는 #AARRGGBB 코드 값에 대해 정확하게 이해하고 있나요?**
>
> #AARRGGBB는 색상 구성 요소를 2자리의 16진수 문자열로 색상을 표현하는 방법입니다. AA는 색상의 알파 값을, RR,
> GG, BB는 각각 빨간색, 녹색, 파란색을 나타냅니다. 여기서 알파 값은 0에 가까워질수록 투명해지고 255(FF)에 가까워
> 질수록 불투명해집니다. 예를 들어, 사각형 영역의 색상 값을 '#AA0000FF'로 지정한 경우, 알파 값과 색상을 분리해보면
> 알파 값은 AA이고, 색상은 0000FF(파란색)이 됩니다. 사각형 영역의 아래쪽이 흰색으로 채워져 있다면 흰색과 파란색은
> 알파 값에 의해서 알파 블렌딩이 이루어지므로 흰색과 파란색이 혼합된 색상을 나타내게 됩니다.

XML에서 색상 값을 설정하기 위해 /app/res/values/colors.xml 파일을 열고 color01, color02, color03 이라는 이름을 가진 색상 값을 추가합니다.

참조파일 SampleCustomViewDrawable>/app/res/values/colors.xml

```xml
<?xml version="1.0" encoding="utf-8"?>
<resources>
  <color name="colorPrimary">#008577</color>
  <color name="colorPrimaryDark">#00574B</color>
  <color name="colorAccent">#D81B60</color>

  <color name="color01">#FF000000</color>
  <color name="color02">#FF888888</color>
  <color name="color03">#FF333333</color>
</resources>
```

색상 값은 〈color〉 태그 안에 넣어줍니다.

그리기 객체는 draw 메서드를 직접 호출하여 그릴 수 있으므로 onDraw 메서드 내에서 호출하되 파라미터로 캔버스 객체를 전달합니다. LinearGradient를 이용하면 뷰 영역의 위쪽 2/3와 아래쪽 1/3을 따로 채워줌으로써 위쪽에서부터 아래쪽으로 색상이 조금씩 변하는 배경 화면을 만들 수 있습니다. 이와 같은 배경은 단순히 검은색으로만 채워진 것보다 좀 더 세련된 느낌을 주게 됩니다.

LinearGradient 객체는 선형 그러데이션을 구현하는데 하나의 직선 그러데이션 축을 따라 서로 혼합되는 여러 가지 색으로 영역을 그릴 수 있도록 합니다. LinearGradient의 첫 번째와 두 번째 파라미터는 시작점(x1, y1)의 좌표, 세 번째와 네 번째 파라미터는 끝점(x2, y2)의 좌표로써 그러데이션의 축을 설정합니다. 이 그러데이션 축에 색상과 타일 처리 방식으로 지정한 영역을 채워줍니다.

MainActivity.java 파일을 열고 새로 만든 CustomViewDrawable 클래스로 객체를 만들고 setContentView의 파라미터로 전달하도록 합니다.

참조파일 SampleCustomViewDrawable>/app/java/org.techtown.graphics.custom.drawable/MainActivity.java

```java
public class MainActivity extends AppCompatActivity {

  @Override
  public void onCreate(Bundle savedInstanceState) {
    super.onCreate(savedInstanceState);

    CustomViewDrawable view = new CustomViewDrawable(this);
    setContentView(view);
  }
}
```

앱을 실행하면 그러데이션으로 표현된 배경을 볼 수 있습니다.

▲ 그러데이션 효과를 이용하여 뷰 채우기

선 그리기를 위한 속성은 Stroke와 관련된 메서드로 설정할 수 있으며, 자세한 내용은 다음과 같습니다.

구분	설명
setStrokeWidth	Stroke의 폭을 설정합니다.
setStrokeCap	Stroke의 시작과 끝 부분의 모양을 설정합니다. 설정할 수 있는 값은 Cap.BUTT, Cap.ROUND, Cap.SQUARE입니다. 디폴트 값은 Cap.BUTT입니다.
setStrokeJoin	Stroke의 꼭짓점 부분에 사용되는 연결 모양을 설정합니다. 설정할 수 있는 값은 Join.MITER, Join.ROUND, Join.BEVEL입니다. 디폴트 값은 Join.MITER입니다.
setStrokeMiter	Stroke 폭의 절반에 대한 Miter 길이의 비율 제한을 설정합니다.

Cap에 상수로 정의된 값으로 설정했을 때의 모양은 다음과 같습니다.

BUTT   ROUND   SQUARE

▲ Cap의 모양

앞에서 만들었던 CustomViewDrawable 클래스의 onDraw 메서드 내에 패스 정보를 추가하고 각각을 서로 다른 Cap과 Join 스타일을 이용하여 그려 보면 그 차이를 명확하게 이해할 수 있습니다. 이때 Path 클래스는 android.graphics.Path를 선택하여 추가하세요.

중략…

```java
protected void onDraw(Canvas canvas) {
  super.onDraw(canvas);

  upperDrawable.draw(canvas);
  lowerDrawable.draw(canvas);

  Paint pathPaint = new Paint();
  pathPaint.setAntiAlias(true);
  pathPaint.setColor(Color.YELLOW);
  pathPaint.setStyle(Paint.Style.STROKE);
  pathPaint.setStrokeWidth(16.0F);
  pathPaint.setStrokeCap(Paint.Cap.BUTT);
  pathPaint.setStrokeJoin(Paint.Join.MITER);
```
❶ Cap.BUTT와 Join.MITER를 페인트 객체에 적용

```java
  Path path = new Path();
  path.moveTo(20, 20);
  path.lineTo(120, 20);
  path.lineTo(160, 90);
  path.lineTo(180, 80);
  path.lineTo(200, 120);
```
❷ Path 객체 생성

```java
  canvas.drawPath(path, pathPaint);
```
❸ Path 객체 그리기

```java
  pathPaint.setColor(Color.WHITE);
  pathPaint.setStrokeCap(Paint.Cap.ROUND);
  pathPaint.setStrokeJoin(Paint.Join.ROUND);
```
❹ Cap.ROUND와 Join.ROUND를 페인트 객체에 적용

```java
  path.offset(30, 120);
  canvas.drawPath(path, pathPaint);
```
❺ offset을 주어 좌표를 이동한 뒤 Path 객체 그리기

```java
  pathPaint.setColor(Color.CYAN);
  pathPaint.setStrokeCap(Paint.Cap.SQUARE);
  pathPaint.setStrokeJoin(Paint.Join.BEVEL);
```
❻ Cap.SQUARE와 Join.BEVEL을 페인트 객체에 적용

```java
  path.offset(30, 120);
  canvas.drawPath(path, pathPaint);
```
❼ offset을 주어 좌표를 이동한 뒤 Path 객체 그리기

```java
}
```

중략…

앞서 살펴본 코드에서는 onDraw 메서드 안에 들어 있던 그리기 부분을 변경하여 세 개의 선을 그리고 있습니다. 선을 구성하는 좌표 값은 Path 객체에 넣어 두게 되는데, Path 객체의 moveTo 메서드는 단순히 좌표 값을 추가하는 역할을 하고, lineTo는 이전 좌표 값과 선으로 연결되는 좌표 값을 추가하는 역할을 하므로, 5개의 점을 이용해 선을 그리는 경우에는 moveTo 메서드를 한 번 호출하고 난 후 lineTo 메서드를 네 번 호출하여 Path 객체에 좌표 값을 추가합니다.

선을 그릴 때 사용되는 Paint 객체는 Stroke 스타일로 만든 후에 setAntiAlias 메서드를 호출합니다. 첫 번째 선의 색상은 노란색으로 하고 Cap.BUTT와 Join.MITER를 적용합니다. 두 번째와 세 번째 선은 첫 번째 선의 좌표 값을 그대로 이용하면서 다른 색상과 다른 Cap, Join 값을 적용하여 다른 모양의 모서리로 그려지도록 합니다. Path에 정의된 offset은 지정한 X, Y 값만큼 전체 도형의 위치를 이동시키는 역할을 합니다. 따라서 두 번째와 세 번째 선은 조금씩 다른 위치에 그려지는 것을 볼 수 있습니다.

앱을 다시 실행하면 다음과 같이 그러데이션 배경 위에 세 개의 선이 그려지는 것을 확인할 수 있습니다.

▲ 그러데이션 위에 선 그리기

12-3
비트맵 이미지 사용하기

비트맵(Bitmap) 객체는 메모리에 만들어지는 이미지라고 할 수 있습니다. 예를 들어, 사진을 찍었을 때 만들어지는 이미지 파일을 읽어 들이면 메모리에 비트맵 객체로 만들 수 있습니다. 그리고 비트맵 객체를 이용하면 화면에 이미지를 그릴 수 있습니다. 비트맵 객체를 만들면 이를 이용해 다양한 조작을 할 수 있습니다. 특히 비트맵은 그래픽을 그릴 수 있는 메모리 공간을 제공합니다. 흔히 더블 버퍼링(Double Buffering)이라 불리는 방법인데, 별도의 메모리 공간에 미리 그래픽을 그린 후 뷰가 다시 그려져야 할 필요가 있을 때 미리 그려놓은 비트맵을 화면에 표시하는 방법입니다.

새로운 SampleCustomViewImage 프로젝트를 만듭니다. 패키지 이름은 org.techtown.graphics. custom.image로 입력합니다. 프로젝트 창이 열리면 책에서 제공하는 이미지(waterdrop.png)를 / app/res/drawable 폴더에 복사합니다. 그리고 새로운 CustomViewImage 클래스를 만든 후 다음 코드를 입력합니다. 이 코드에서는 더블 버퍼링을 사용해 이미지를 그리는 방법을 확인합니다. 제공 이미지는 바로 다음 실습에서 사용합니다.

참조파일 SampleCustomViewImage>/app/java/org.techtown.graphics.custom.image/CustomViewImage.java

```java
public class CustomViewImage extends View {    ──▶ ❶ View를 상속하여 새로운 뷰 정의

    private Bitmap cacheBitmap;    ──▶ ❷ 메모리에 만들어질 Bitmap 객체 선언
    private Canvas cacheCanvas;    ──▶ ❸ 메모리에 만들어질 Bitmap 객체에 그리기 위한 Canvas 객체 선언
    private Paint mPaint;

    public CustomViewImage(Context context) {
      super(context);

      init(context);
    }

    public CustomViewImage(Context context, AttributeSet attrs) {
      super(context, attrs);

      init(context);
    }

    private void init(Context context) {
      mPaint = new Paint();
    }
```

```
protected void onSizeChanged(int w, int h, int oldw, int oldh) {        ❹ 뷰가 화면에 보이기 전에
  createCacheBitmap(w, h);                                                 Bitmap 객체 만들고
  testDrawing();                                                           그 위에 그리기
}

private void createCacheBitmap(int w, int h) {
  cacheBitmap = Bitmap.createBitmap(w, h, Bitmap.Config.ARGB_8888);      ❺ 메모리에 Bitmap
  cacheCanvas = new Canvas();                                              객체를 만들고
  cacheCanvas.setBitmap(cacheBitmap);                                      Canvas 객체 설정
}

private void testDrawing() {
  cacheCanvas.drawColor(Color.WHITE);                                    ❻ 빨간 사각형 그리기
  mPaint.setColor(Color.RED);
  cacheCanvas.drawRect(100, 100, 200, 200, mPaint);
}

protected void onDraw(Canvas canvas) {
  if (cacheBitmap != null) {                                             ❼ 메모리의 Bitmap을 이용해 화면에 그리기
    canvas.drawBitmap(cacheBitmap, 0, 0, null);
  }
 }
}
```

MainActivity.java 파일에는 이 클래스로 객체를 만든 후 setContentView 메서드의 파라미터로 전달합니다.

참조파일 SampleCustomViewImage>/app/java/org.techtown.graphics.custom.image/MainActivity.java

```
public class MainActivity extends AppCompatActivity {

  @Override
  protected void onCreate(Bundle savedInstanceState) {
  super.onCreate(savedInstanceState);

    CustomViewImage view = new CustomViewImage(this);
    setContentView(view);
  }
}
```

앱을 실행한 화면은 다음과 같습니다.

▲ 더블 버퍼링을 이용한 그래픽 그리기

뷰가 새로 그려질 때 호출되는 onDraw 메서드를 보면 단순히 메모리에 만들어 두었던 cacheBitmap 을 그리는 코드만 들어가 있습니다. 실제 그래픽이 그려지는 시점은 testDrawing 메서드가 호출되었을 때이며, createBitmap 메서드를 이용해 만들어지는 비트맵 객체는 뷰의 onSizeChanged 메서드가 호출되었을 때 초기화된 후, testDrawing 메서드에 의해 그려지게 됩니다. 다음 그림을 보면, 화면에 보이기까지의 과정을 한 눈에 볼 수 있습니다.

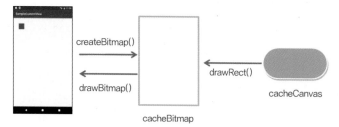

▲ 더블 버퍼링을 이용한 그래픽 그리기 개념도

비트맵 객체로 그래픽 그리기

앞에서 만들어 본 것처럼 비트맵을 메모리에 만들면 다양한 그리기 방법이나 그래픽 효과를 적용할 수 있고 화면에 보여줄 수 있습니다. BitmapFactory 클래스는 비트맵 이미지를 만들기 위한 클래스 메서드들을 제공하며 이 메서드들은 이미지를 메모리에 비트맵 객체로 만들어줄 수 있는 방법을 제공합니다. BitmapFactory 클래스에 정의된 대표적인 메서드들은 다음과 같습니다.

파일에서 읽기	파일 패스를 지정하면 해당 위치의 이미지 파일을 읽어옵니다. → public static Bitmap decodeFile(String pathName)
리소스에서 읽기	리소스에 저장한 이미지 파일을 읽어옵니다. → public static Bitmap decodeResource(Resources res, int id)
바이트 배열에서 읽기	바이트 배열로 되어 있는 이미지 파일을 읽어옵니다. → public static Bitmap decodeByteArray(byte[] data, int offset, int length)
스트림에서 읽기	입력 스트림에서 이미지 파일을 읽어옵니다. → public static Bitmap decodeStream(InputStream is)

바이트 배열이나 스트림에서 읽을 수 있다는 것은 원격지에 있는 이미지 파일도 손쉽게 읽어 들일 수 있다는 것을 의미합니다. 예를 들어, 원격지의 소켓 서버나 웹 서버에 있는 이미지 파일은 서버에 연결한 후 입력 스트림으로 이미지를 읽어 들이거나 바이트 배열의 형태로 읽어 들인 데이터를 decodeByteArray 메서드를 이용해서 이미지로 변환할 수 있습니다.

CustomViewImage 클래스의 testDrawing 메서드 안에 다음 코드를 추가합니다. 이 코드는 리소스에 저장된 이미지를 읽어 들인 후 화면에 그리는 방법을 보여주고 있습니다. Matrix 클래스는 android.graphics를 선택하여 추가하면 됩니다.

참조파일 SampleCustomViewImage>/app/java/org.techtown.graphics.custom.image/CustomViewImage.java

```
중략…
  private void testDrawing() {
    cacheCanvas.drawColor(Color.WHITE);

    mPaint.setColor(Color.RED);
    cacheCanvas.drawRect(100, 100, 200, 200, mPaint);

    Bitmap srcImg = BitmapFactory.decodeResource(getResources(), R.drawable.waterdrop);    ❶
    cacheCanvas.drawBitmap(srcImg, 30, 30, mPaint);

    Matrix horInverseMatrix = new Matrix();
    horInverseMatrix.setScale(-1, 1);
    Bitmap horInverseImg = Bitmap.createBitmap(srcImg, 0, 0,                                 ❷
            srcImg.getWidth(), srcImg.getHeight(), horInverseMatrix, false);
    cacheCanvas.drawBitmap(horInverseImg, 30, 130, mPaint);

    Matrix verInverseMatrix = new Matrix();
    verInverseMatrix.setScale(1, -1);
    Bitmap verInverseImg = Bitmap.createBitmap(srcImg, 0, 0,                                 ❸
            srcImg.getWidth(), srcImg.getHeight(), verInverseMatrix, false);
    cacheCanvas.drawBitmap(verInverseImg, 30, 230, mPaint);
  }
```

중략…

❶ 리소스의 이미지 파일을 읽어 들여 화면에 그리기
❷ 매트릭스 객체를 이용해 좌우 대칭이 되는 비트맵 이미지를 만들어 그리기

❸ 매트릭스 객체를 이용해 상하 대칭이 되는 비트맵 이미지를 만들어 그리기

화면에는 먼저 리소스에 저장되어 있는 이미지 파일을 읽어 들여 원본 그대로 그려줍니다. 그다음에는 매트릭스 객체를 이용해 좌우 대칭이 되거나 상하 대칭이 되는 비트맵 이미지를 만들어 그려줍니다. 매트릭스 객체에 정의된 setScale 메서드를 이용하면 대칭 이미지를 만들 수 있는데, (-1, 1)은 좌우 대칭, (1, -1)은 상하 대칭 이미지를 만들기 위해 파라미터로 전달됩니다.

이미지를 다른 형태로 바꾸는 과정을 이미지 변환(Transformation)이라 하는데 안드로이드에서는 이미지 변환을 위해 Matrix 클래스가 사용됩니다. 기본적으로 제공하는 Matrix 객체를 이용하면 확대/축소, 이동, 회전, 뒤틀림 등의 효과를 간단하게 처리할 수 있습니다. Matrix 객체에 정의된 메서드는 각각 setScale, setTranslate, setRotate 그리고 setSkew입니다.

이미지에 다양한 효과를 내는 데는 마스크(Mask)를 이용하기도 합니다. 예를 들어, 여러 마스크 필터 중에서 BlurMaskFilter는 번짐 효과를 낼 수 있는 마스크 필터로 페인트 객체에 설정하여 사용할 수 있습니다. 비트맵 이미지를 확대할 때는 createScaledBitmap 메서드를 사용할 수 있습니다. testDrawing 메서드 안에 다음 코드를 추가하면 물방울 이미지를 세 배로 확대한 후 번짐 효과를 마스크로 적용하는 방법을 확인할 수 있습니다.

참조파일 SampleCustomViewImage>/app/java/org.techtown.graphics.custom.image/CustomViewImage.java

```
중략…

    mPaint.setMaskFilter(new BlurMaskFilter(10, BlurMaskFilter.Blur.NORMAL));
    Bitmap scaledImg = Bitmap.createScaledBitmap(srcImg,
                    srcImg.getWidth()*3, srcImg.getHeight()*3, false);
    cacheCanvas.drawBitmap(scaledImg, 30, 300, mPaint);

중략…
```

앱을 실행하면 다음과 같은 화면을 볼 수 있습니다.

▲ 이미지 확대하고 마스크로 번짐 효과 내기

12-4
페인트보드 만들기

소스 코드에서 그래픽을 그리는 것이 아니라 사용자가 화면을 터치하면서 직접 그릴 수 있게 하려면 어떻게 해야 할까요? 페인트 보드는 손가락으로 터치하는 방식의 터치 이벤트를 처리하여 빈 화면 위에 손가락으로 그림을 그릴 수 있는 가장 단순한 형태입니다. 즉, onTouchEvent 메서드로 터치한 곳의 좌표 값을 이용하여 그리기 기능을 구현하는 것이죠. 터치 이벤트가 동작하는 방식은 크게 (1)눌렀을 때와 (2)누른 상태로 움직일 때 그리고 (3)떼었을 때로 나눌 수 있습니다. 각각의 경우에 대하여 이벤트를 처리하면서 drawLine 메서드로 선을 그리면 됩니다. 이런 페인트 보드는 실제 업무용으로 많이 사용되는 물류/택배 분야에서 고객들에게 사인을 받을 때 사용되기도 합니다.

SamplePaint라는 이름과 org.techtown.paint라는 패키지 이름으로 새로운 프로젝트를 만듭니다. 새로운 PaintBoard 클래스를 추가한 후 View 클래스를 상속하도록 하고 다음 코드를 입력합니다. 다음 코드는 onTouchEvent 메서드 안에서 터치할 때마다 선을 그려주는 방법을 볼 수 있습니다.

참조파일 SamplePaint>/app/java/org.techtown.paint/PaintBoard.java

```
public class PaintBoard extends View {

  Canvas mCanvas;
  Bitmap mBitmap;
  Paint mPaint;

  int lastX;
  int lastY;

  public PaintBoard(Context context) {
    super(context);

    init(context);
  }

  public PaintBoard(Context context, AttributeSet attrs) {
    super(context, attrs);

    init(context);
  }

  private void init(Context context) {
    this.mPaint = new Paint();
    this.mPaint.setColor(Color.BLACK);

    this.lastX = -1;
    this.lastY = -1;
  }

  protected void onSizeChanged(int w, int h, int oldw, int oldh) {
    Bitmap img = Bitmap.createBitmap(w, h, Bitmap.Config.ARGB_8888);
    Canvas canvas = new Canvas();
    canvas.setBitmap(img);
    canvas.drawColor(Color.WHITE);

    mBitmap = img;
    mCanvas = canvas;
  }

  protected void onDraw(Canvas canvas) {
    if (mBitmap != null) {
      canvas.drawBitmap(mBitmap, 0, 0, null);
    }
  }
```

```
public boolean onTouchEvent(MotionEvent event) {
  int action = event.getAction();

  int X = (int) event.getX();
  int Y = (int) event.getY();

  switch (action) {
    case MotionEvent.ACTION_UP:
      lastX = -1;
      lastY = -1;

      break;

    case MotionEvent.ACTION_DOWN:
      if (lastX != -1) {
        if (X != lastX || Y != lastY) {
          mCanvas.drawLine(lastX, lastY, X, Y, mPaint);
        }
      }

      lastX = X;
      lastY = Y;

      break;

    case MotionEvent.ACTION_MOVE:
      if (lastX != -1) {
        mCanvas.drawLine(lastX, lastY, X, Y, mPaint);
      }

      lastX = X;
      lastY = Y;

      break;
  }

  invalidate();

  return true;
  }
}
```

손가락으로 누르거나 눌린 상태로 이동할 때 뷰 위에 선을 그리는 가장 간단한 방법은 이전 터치 때의
좌표와 현재 터치 때의 좌표를 이용해서 선을 그리는 것입니다. 터치 이벤트는 연속해서 전달되기 때

문에 선을 그려나가면 손가락이 움직이는 대로 그려지게 됩니다. 따라서 손가락으로 누른 ACTION_ DOWN 상태에서 좌표 값을 변수에 저장한 후 ACTION_MOVE 상태에서 이전의 좌표 값과 현재의 좌표 값을 연결하여 선을 그리는 것입니다. 이전에 터치했을 때의 좌표는 lastX와 lastY라는 변수에 저장되었다가 현재 터치했을 때의 좌표와 함께 그리기 작업에 사용됩니다.

MainActivity.java 파일을 열고 onCreate 메서드 안에서 PaintBoard 객체를 만든 후 setContentView 메서드의 파라미터로 전달하도록 입력합니다.

참조파일 SamplePaint>/app/java/org.techtown.paint/MainActivity.java

```java
public class MainActivity extends AppCompatActivity {

  @Override
  protected void onCreate(Bundle savedInstanceState) {
    super.onCreate(savedInstanceState);

    PaintBoard view = new PaintBoard(this);
    setContentView(view);
  }
}
```

그리고 앱을 실행하면 다음과 같은 화면을 볼 수 있습니다. 화면을 마우스나 손으로 누른 후 움직이면 사인 패드에서 사인하듯이 그려집니다.

기초적인 페인트 보드 - 터치에 따라 연결선 그려주기 ▶

MotionEvent 객체에는 터치하고 있는 곳의 X, Y 좌표 값 정보가 들어 있으며, 손가락으로 눌렀을 때의 좌표 값은 lastX와 lastY 변수에 저장됩니다. 그리고 손가락이 이동하기 시작하면 이동한 후의 좌표 값을 받아 이전에 저장된 지점과 연결선을 그리게 됩니다. 이렇게 이동하면서 계속 그리던 선은 손가락이 떼어지는 시점에 끝나게 됩니다. 이벤트의 마지막 부분에 invalidate 메서드를 추가하여 화면을 다시 그리도록 하면 이동 시에도 지속적으로 화면을 갱신할 수 있습니다.

그런데 그림을 그릴 때 손가락을 빨리빨리 움직여보면 선이 부드러운 곡선이 아니라 일부분이 직선으로 그려지는 것을 볼 수 있습니다. 이것은 터치 이벤트를 처리할 때 직선으로 각각의 좌표 값을 연결했기 때문인데, 대부분의 사용자들은 이렇게 직선으로 보이는 부분이 있게 되면 앱이 잘못 만들어진 것처럼 생각하게 됩니다. 그렇다면 이 부분을 좀 더 부드럽게 처리할 수 있는 방법은 없을까요?

여러 가지 그리기 메서드 중에서 패스를 이용하면 연속적인 점들을 이용하여 직선 또는 부드러운 곡선을 쉽게 그릴 수 있습니다. 흔히 아크(Arc) 또는 커브(Curve)로도 표현되는 곡선 그리기 방법은 drawLine 메서드를 이용하여 직선을 그려 점들을 연결할 때 발생하는 격자형의 딱딱함을 없앨 수 있습니다.

그리기 기능을 좀 더 다듬기 위해 새로운 BestPaintBoard 클래스를 만든 후 다음 코드를 입력합니다. 다음 코드를 보면 onTouchEvent 메서드 내에서 이벤트를 처리할 때 각각의 이벤트를 touchUp, touchMove와 같은 별도의 메서드로 분리하고 변경된 영역만을 다시 그리게 해서 코드 및 그리기 성능을 향상시킨 것을 볼 수 있습니다. 또한 touchMove 메서드를 보면 터치된 좌표 값을 moveTo 메서드로 패스에 추가한 후 그리는 부분과 그려지는 영역에 대한 정보를 만들어 결과 값으로 반환합니다. 이때 Path 클래스는 android.graphics를 선택하여 추가하세요.

참조파일 SamplePaint>/app/java/org.techtown.paint/BestPaintBoard.java

```java
public class BestPaintBoard extends View {

    public boolean changed = false;

    Canvas mCanvas;
    Bitmap mBitmap;
    Paint mPaint;

    float lastX;
    float lastY;

    Path mPath = new Path();

    float mCurveEndX;
    float mCurveEndY;

    int mInvalidateExtraBorder = 10;

    static final float TOUCH_TOLERANCE = 8;

    public BestPaintBoard(Context context) {
        super(context);
```

```java
    init(context);
  }

  public BestPaintBoard(Context context, AttributeSet attrs) {
    super(context, attrs);

    init(context);
  }

  private void init(Context context) {
    mPaint = new Paint();
    mPaint.setAntiAlias(true);
    mPaint.setColor(Color.BLACK);
    mPaint.setStyle(Paint.Style.STROKE);
    mPaint.setStrokeJoin(Paint.Join.ROUND);
    mPaint.setStrokeCap(Paint.Cap.ROUND);
    mPaint.setStrokeWidth(3.0F);

    this.lastX = -1;
    this.lastY = -1;
  }

  protected void onSizeChanged(int w, int h, int oldw, int oldh) {
    Bitmap img = Bitmap.createBitmap(w, h, Bitmap.Config.ARGB_8888);
    Canvas canvas = new Canvas();
    canvas.setBitmap(img);
    canvas.drawColor(Color.WHITE);

    mBitmap = img;
    mCanvas = canvas;
  }

  protected void onDraw(Canvas canvas) {
    if (mBitmap != null) {
      canvas.drawBitmap(mBitmap, 0, 0, null);
    }
  }

  public boolean onTouchEvent(MotionEvent event) {
    int action = event.getAction();
    switch (action) {
      case MotionEvent.ACTION_UP:
        changed = true;

        Rect rect = touchUp(event, false);
        if (rect != null) {
```

```
        invalidate(rect);
      }

      mPath.rewind();

      return true;

    case MotionEvent.ACTION_DOWN:
      rect = touchDown(event);
      if (rect != null) {
        invalidate(rect);
      }

      return true;
    case MotionEvent.ACTION_MOVE:
      rect = touchMove(event);
      if (rect != null) {
        invalidate(rect);
    }

    return true;
  }

  return false;
}

private Rect touchDown(MotionEvent event) {
  float x = event.getX();
  float y = event.getY();

  lastX = x;
  lastY = y;

  Rect mInvalidRect = new Rect();
  mPath.moveTo(x, y);

  final int border = mInvalidateExtraBorder;
  mInvalidRect.set((int) x - border, (int) y - border, (int) x + border, (int) y + border);
  mCurveEndX = x;
  mCurveEndY = y;

  mCanvas.drawPath(mPath, mPaint);

  return mInvalidRect;
}
```

```java
private Rect touchMove(MotionEvent event) {
    Rect rect = processMove(event);

    return rect;
}

private Rect touchUp(MotionEvent event, boolean cancel) {
    Rect rect = processMove(event);

    return rect;
}

private Rect processMove(MotionEvent event) {
    final float x = event.getX();
    final float y = event.getY();

    final float dx = Math.abs(x - lastX);
    final float dy = Math.abs(y - lastY);

    Rect mInvalidRect = new Rect();
    if (dx >= TOUCH_TOLERANCE || dy >= TOUCH_TOLERANCE) {
        final int border = mInvalidateExtraBorder;
        mInvalidRect.set((int) mCurveEndX - border, (int) mCurveEndY - border,
                (int) mCurveEndX + border, (int) mCurveEndY + border);

        float cX = mCurveEndX = (x + lastX) / 2;
        float cY = mCurveEndY = (y + lastY) / 2;

        mPath.quadTo(lastX, lastY, cX, cY);

        mInvalidRect.union((int) lastX - border, (int) lastY - border,
                (int) lastX + border, (int) lastY + border);

        mInvalidRect.union((int) cX - border, (int) cY - border,
                (int) cX + border, (int) cY + border);

        lastX = x;
        lastY = y;

        mCanvas.drawPath(mPath, mPaint);
    }

    return mInvalidRect;
}
}
```

코드가 꽤 많아졌습니다. 터치할 때의 좌표 값은 moveTo 또는 quadTo 메서드로 Path 객체에 추가하는데, 새로운 좌표 값이 위치하는 영역을 Rect 객체에도 포함되도록 만들어서 invalidate 메서드로 뷰를 다시 그릴 때 Rect 객체의 영역만큼만 다시 그리도록 합니다.

MainActivity.java 파일의 onCreate 메서드 안에서 PaintBoard 객체를 만들던 것을 BestPaintBoard로 변경하고 앱을 실행하면 다음과 같은 화면을 볼 수 있습니다. 화면을 터치하여 그린 부분이 부드러운 곡선으로 보입니다.

패스를 이용한 페인트보드 구현 ▶

12-5
멀티터치 이미지 뷰어 만들기

애플이 아이폰을 처음 시연할 때 사람들이 놀라워했던 특징 중의 하나가 멀티터치(Multi-Touch) 기능입니다. 즉, 두 손가락을 이용해 손가락 사이를 벌리면 이미지가 점차 확대되고 손가락 사이를 좁히면 이미지가 작아지도록 만들 때 사용하는 기능인데 지금은 아주 일반적인 기능이 되어 있습니다. 안드로이드의 이벤트에 대해 알아가다 보면 멀티터치는 어떻게 처리할까에 대해 궁금해질 것입니다. 멀티터치는 실제 앱을 만들 때 그렇게 자주 활용되지는 않지만 생각보다 어렵지 않기 때문에 궁금증을 풀 수 있도록 간단하게 살펴보도록 하겠습니다.

그러면 먼저 여러 개의 손가락이 화면상에 터치되었을 때 알아야 할 것은 무엇인지 설명해 보겠습니다. 일반적인 이벤트 처리 과정에서 알 수 있는, 한 손가락으로 터치했을 때의 x, y 좌표 값뿐만 아니라 두 번째 손가락으로 터치했을 때의 x, y 좌표 값까지 알 수 있다면 여러 손가락을 이용하는 기능을 만들 수 있을 것입니다. 물론 손가락으로 눌렀을 때, 드래그할 때 그리고 떨어졌을 때를 구분할 수 있어야겠죠. 하나의 손가락에 대한 좌표 값은 getX와 getY 메서드를 이용해 알 수 있고, 눌린 상태는 getAction 메서드를 이용해 구분할 수 있는데, 이 정보를 두 개의 손가락마다 구분하기 위해 다음과 같은 메서드가 제공됩니다.

[API]

```
public final int getPointerCount ()
public final float getX(int pointerIndex)
public final float getY(int pointerIndex)
```

세 가지 메서드는 뷰의 onTouch 메서드로 전달되는 MotionEvent 객체에 정의되어 있으며, 여러 개의 손가락으로 터치된 정보를 알기 위해 필요한 기본적인 메서드들입니다.

첫 번째 메서드인 getPointerCount는 몇 개의 손가락이 터치되었는지를 알 수 있도록 해주는 것으로 만약 반환된 값이 1이라면 한 개의 손가락, 2라면 두 개의 손가락이 터치된 상태입니다. 이벤트 처리에 자주 사용되는 getX와 getY 메서드는 손가락이 하나일 때 X와 Y의 좌표 값을 가져오지만 getX(int pointerIndex)와 getY(int pointerIndex) 메서드는 여러 개의 손가락이 터치되었을 때 각각의 손가락이 가지는 인덱스의 값을 이용해 좌표 값을 확인할 수 있도록 합니다.

예를 들어, 두 개의 손가락이 터치되면 첫 번째 손가락은 인덱스 0, 두 번째 손가락은 인덱스 1이 되고, getPointerCount 메서드를 호출했을 때 반환되는 값은 2가 됩니다. 첫 번째 손가락으로 터치한 지점의 좌표 값을 알고 싶다면 getX(0)과 getY(0)을 호출하고, 두 번째 손가락으로 터치한 지점의 좌표 값을 알고 싶다면 getX(1)과 getY(1)을 호출하면 됩니다.

멀티터치를 이해하는 데 가장 기본적인 메서드 세 가지를 알았다면 이제 이 메서드를 이용해서 이미지 뷰어를 만들어 보겠습니다. 새로운 SampleMultiTouch 프로젝트를 만들고 프로젝트 이름을 org.techtown.multitouch로 수정합니다. /app/res/drawable 폴더에는 책에서 제공하는 이미지(beach.png)를 복사합니다. activity_main.xml 파일에는 리니어 레이아웃을 최상위 레이아웃으로 하고 그 안에 새로 만든 뷰를 넣어둘 리니어 레이아웃을 추가합니다. 리니어 레이아웃 위에는 텍스트뷰를 하나 추가하고 '두 손가락을 이용해 터치해 보세요.'라는 안내 글이 보이도록 합니다.

참조파일 SampleMultiTouch>/app/res/layout/activity_main.xml

```xml
<?xml version="1.0" encoding="utf-8"?>
<LinearLayout xmlns:android="http://schemas.android.com/apk/res/android"
    android:layout_width="match_parent"
    android:layout_height="match_parent"
    android:orientation="vertical">

    <TextView
        android:layout_width="match_parent"
        android:layout_height="wrap_content"
        android:text="두 손가락을 이용해 터치해 보세요." />
```

```
  <LinearLayout
    android:id="@+id/container"
    android:orientation="vertical"
    android:layout_width="match_parent"
    android:layout_height="match_parent" >
  </LinearLayout>

</LinearLayout>
```

터치 이벤트를 사용해 이미지의 크기를 크게 하거나 작게 할 것이므로 먼저 이미지를 보여줄 뷰를 새로 정의합니다. ImageDisplayView라는 이름의 새로운 클래스를 만들고 다음 코드를 입력합니다.

다음 소스코드는 너무 길어서 지면에 모두 담지 못했습니다. 책과 함께 제공되는 샘플 소스코드를 참고하길 바랍니다.

참조파일 SampleMultiTouch>/app/java/org.techtown.multitouch/ImageDisplayView.java

```
public class ImageDisplayView extends View implements View.OnTouchListener {
  private static final String TAG = "ImageDisplayView";
                                                      ❶ 뷰를 상속하면서 OnTouchListener
                                                         인터페이스를 구현하는 클래스 정의
  Context mContext;
  Canvas mCanvas;
  Bitmap mBitmap;
  Paint mPaint;

  int lastX;
  int lastY;

  Bitmap sourceBitmap;

  Matrix mMatrix;

  float sourceWidth = 0.0F;
  float sourceHeight = 0.0F;

  float bitmapCenterX;
  float bitmapCenterY;

  float scaleRatio;
  float totalScaleRatio;

  float displayWidth = 0.0F;
  float displayHeight = 0.0F;

  int displayCenterX = 0;
```

```java
int displayCenterY = 0;

public float startX;
public float startY;

public static float MAX_SCALE_RATIO = 5.0F;
public static float MIN_SCALE_RATIO = 0.1F;

float oldDistance = 0.0F;

int oldPointerCount = 0;
boolean isScrolling = false;
float distanceThreshold = 3.0F;

public ImageDisplayView(Context context) {
  super(context);

  mContext = context;

  init();
}

public ImageDisplayView(Context context, AttributeSet attrs) {
  super(context, attrs);

  mContext = context;

  init();
}

private void init() {
  mPaint = new Paint();
  mMatrix = new Matrix();

  lastX = -1;
  lastY = -1;

  setOnTouchListener(this);
}

protected void onSizeChanged(int w, int h, int oldw, int oldh) {
  if (w > 0 && h > 0) {
    newImage(w, h);
    redraw();
  }
}
```

❷ 뷰가 초기화되고 나서 화면에 보이기 전 크기가 정해지면 호출되는 메서드 안에서 메모리 상에 새로운 비트맵 객체 생성

```
protected void onDraw(Canvas canvas) {
  if (mBitmap != null) {
    canvas.drawBitmap(mBitmap, 0, 0, null);
  }
}
```

❸ 뷰가 화면에 그려지는 메서드 안에서 메모리
상의 비트맵 객체 그리기

중략...

```
public boolean onTouch(View v, MotionEvent ev) {
  final int action = ev.getAction();

  int pointerCount = ev.getPointerCount();
  Log.d(TAG, "Pointer Count : " + pointerCount);

  switch (action) {

    case MotionEvent.ACTION_DOWN:
      if (pointerCount == 1) {
        float curX = ev.getX();
        float curY = ev.getY();

        startX = curX;
        startY = curY;
      } else if (pointerCount == 2) {
        oldDistance = 0.0F;
        isScrolling = true;
      }

      return true;
    case MotionEvent.ACTION_MOVE:
      if (pointerCount == 1) {
        if (isScrolling) {
          return true;
        }

        float curX = ev.getX();
        float curY = ev.getY();

        if (startX == 0.0F) {
          startX = curX;
          startY = curY;

          return true;
        }
```

❹ 뷰를 터치할 때 호출되는 메서드 다시 정의

❺ 터치했을 때 몇 개의 손가락으로 터치하는지 개수 확인

❻ 손가락으로 눌렀을 때의 기능 추가

❼ 손가락으로 움직일 때의 기능 추가

```
        float offsetX = startX - curX;
        float offsetY = startY - curY;

        if (oldPointerCount == 2) {

        } else {
          Log.d(TAG, "ACTION_MOVE : " + offsetX + ", " + offsetY);
          if (totalScaleRatio > 1.0F) {
            moveImage(-offsetX, -offsetY); ──→ ❽ 한 손가락으로 움직이고 있을 때는
          }                                        moveImage 메서드 호출

          startX = curX;
          startY = curY;
        }

    } else if (pointerCount == 2) {

        중략...

        scaleImage(outScaleRatio); ──→ ❾ 두 손가락으로 움직이고 있을 때는
                                           scaleImage 메서드 호출
        중략...

    }


    oldPointerCount = pointerCount;

    break;

    case MotionEvent.ACTION_UP: ──→ ❿ 손가락을 떼었을 때의 기능 추가

      if (pointerCount == 1) {
        float curX = ev.getX();
        float curY = ev.getY();

        float offsetX = startX - curX;
        float offsetY = startY - curY;

        if (oldPointerCount == 2) {

        } else {
          moveImage(-offsetX, -offsetY);
        }

      } else {
        isScrolling = false;
```

```
        }

        return true;
    }

    return true;
}

private void scaleImage(float inScaleRatio) {
    Log.d(TAG, "scaleImage() called : " + inScaleRatio);

    mMatrix.postScale(inScaleRatio, inScaleRatio, bitmapCenterX, bitmapCenterY);
    mMatrix.postRotate(0);

    totalScaleRatio = totalScaleRatio * inScaleRatio;

    redraw();
}

private void moveImage(float offsetX, float offsetY) {
    Log.d(TAG, "moveImage() called : " + offsetX + ", " + offsetY);

    mMatrix.postTranslate(offsetX, offsetY);

    redraw();
    }
}
```

❶❶ 매트릭스 객체를 사용해 이미지 크기 변경

❶❷ 매트릭스 객체를 사용해 이미지 이동

이미지를 보여주고 터치했을 때의 이벤트를 이용해 이미지를 확대/축소하거나 이동하기 위해 새로 정의하는 ImageDisplayView 클래스는 일반 View 클래스를 상속합니다. 또한 이 클래스는 터치 이벤트를 처리하므로 OnTouchListener 인터페이스를 구현하도록 합니다. 이 인터페이스는 onTouch 메서드를 포함하고 있으며, 뷰에 설정할 경우 터치 이벤트가 발생할 때마다 이 메서드를 호출하게 됩니다. 결국, 우리가 원하는 대로 두 손가락을 이용해 이미지를 크게 만들려고 하면 이 메서드 안에서 터치할 때의 화면 좌표 값을 받아 이미지의 크기를 바꾸어야 할 것입니다.

이미지의 크기를 확대 또는 축소하거나 이미지를 이동하기 위해 사용할 수 있는 쉬운 방법은 매트릭스(Matrix) 객체를 사용하는 것입니다. 매트릭스는 수학적인 연산을 통해 비트맵 이미지의 각 픽셀 값을 변경해 주는데, 이 객체를 사용하기 쉽도록 다음과 같이 비트맵 이미지를 확대하거나 이동하는 메서드가 이미 정의되어 있으므로 단순히 이 메서드를 호출하는 것만으로도 원하는 기능을 만들 수 있습니다.

[API]

```
public boolean postScale (float sx, float sy, float px, float py)
public boolean postTranslate (float dx, float dy)
public boolean postRotate (float degrees)
```

postScale 메서드를 이용하면 비트맵 이미지를 확대 또는 축소할 수 있으며, 첫 번째 파라미터는 X축을 기준으로 확대하는 비율, 두 번째 파라미터는 Y축을 기준으로 확대하는 비율을 의미합니다. 세 번째와 네 번째 파라미터는 확대 또는 축소할 때 기준이 되는 위치가 되는데 일반적으로는 비트맵 이미지의 중심점을 지정합니다.

postTranslate 메서드는 비트맵 이미지를 이동시킬 때 사용할 수 있는데, 첫 번째와 두 번째 파라미터는 이동할 만큼의 X와 Y 좌표 값을 의미합니다. 예를 들어, X축으로 10, Y축으로 10만큼 이동하고 싶은 경우에는 postTranslate(10, 10)과 같이 파라미터를 전달합니다.

postRotate 메서드는 비트맵 이미지를 회전시킬 때 사용할 수 있는데, 첫 번째 파라미터는 회전 각도를 의미합니다.

이제 이 세 가지 메서드를 이용해 비트맵 이미지를 확대/축소하거나 이동시킬 수 있지만 터치 이벤트를 처리해 기능을 구현하기 전에 먼저 뷰에 사진 이미지를 보여줄 수 있어야 합니다. 또한 터치 이벤트를 지속적으로 처리해 다시 그려주는 과정이 필요하므로 메모리에 비트맵 이미지를 만들어 두고 이 이미지에 미리 그린 후 onDraw 메서드 안에서는 메모리에 만들어 둔 비트맵 이미지를 화면에 보여주는 '더블 버퍼링' 방식을 사용해야 합니다. 이 클래스에서 선언하는 변수들을 살펴보면 대표적으로 Bitmap 타입의 변수와 Matrix 타입의 변수가 있는데 앞의 것이 메모리에 만들어지는 비트맵 이미지이며, 뒤의 것이 비트맵 이미지를 확대/축소 또는 이동하기 위해 사용되는 매트릭스 객체입니다.

init 메서드 안에서는 매트릭스 객체를 초기화하고 이 클래스에서 구현하는 리스너인 OnTouchListener를 설정합니다. 메모리에 만들어지는 비트맵 이미지를 초기화하는 부분은 init 메서드가 아닌 onSizeChanged 메서드에 들어있는데, 그 이유는 뷰가 화면에 보이기 전에 onSizeChanged 메서드가 호출되므로 이 메서드 안에서 비트맵 이미지를 만드는 것이 효율적이기 때문입니다. 메모리에 비트맵 이미지를 만드는 메서드는 newImage인데, 여기에서는 코드가 길어지지 않도록 생략하였습니다.

화면에 뷰를 그려주는 onDraw 메서드에서는 단순히 메모리에 만들어져 있는 비트맵 이미지를 화면에 그려주는 역할만을 하게 됩니다. 결국, onTouch 메서드 안에서 터치 이벤트를 처리할 때 메모리 상의 비트맵 이미지에 대상이 되는 사진 이미지를 변형한 후 그려주는 부분이 가장 중요하다는 것을 알 수 있을 것입니다.

onTouch 메서드 안을 보면 파라미터로 전달되는 MotionEvent 객체에 정의된 두 가지 메서드가 먼저 사용되는 것을 볼 수 있습니다. getAction 메서드는 손가락으로 눌렀는지, 움직이고 있는지 또는 떼어

겼는지를 구분하기 위해 사용되며, getPointerCount 메서드는 몇 개의 손가락으로 눌렀는지를 알아내기 위해 사용됩니다. 이 클래스에서 정의하는 이미지 뷰어 기능은 한 손가락을 사용할 때 사진 이미지를 이동시키고, 두 손가락을 사용할 때 이미지를 확대하거나 축소하는 것이므로 getPointerCount의 값이 1일 때와 2일 때를 구분하여 처리합니다.

만약 getAction의 값이 ACTION_MOVE이면서 getPointerCount의 값이 1인 경우에는 한 손가락으로 움직이고 있는 상태이므로 이전에 움직였을 때의 좌표 값과 차이를 계산한 후 그만큼 이미지를 이동시킬 수 있도록 moveImage 메서드를 호출합니다. moveImage 메서드 안에서는 매트릭스 객체의 postTranslate 메서드를 호출한 후 화면에 다시 그릴 수 있도록 정의한 redraw 메서드를 호출합니다.

만약 getAction의 값이 ACTION_MOVE이면서 getPointerCount의 값이 2인 경우에는 두 손가락으로 움직이고 있는 상태이므로 이전에 움직였을 때의 두 손가락의 좌표 값과 현재 움직이고 있는 두 손가락의 좌표 값을 확인한 후 그 값들의 차이가 더 커지는지 또는 더 작아지는지를 계산합니다. 값들의 차이가 커진다면 두 손가락의 간격이 벌어지는 것을 의미하므로 그 비율만큼 이미지를 확대하고 값들의 차이가 작아진다면 두 손가락의 간격이 좁아지는 것을 의미하므로 그 비율만큼 이미지를 축소하게 됩니다. scaleImage 메서드 안에서는 매트릭스의 객체의 postScale 메서드를 호출하여 이미지를 확대하거나 축소하도록 한 후 redraw 메서드를 호출합니다.

사진 이미지를 설정하고 터치 이벤트가 발생할 때마다 이미지를 변형시킬 수 있도록 새로운 뷰를 만들었으니 이제 메인 액티비티에 추가하여 사용합니다. 다음은 메인 액티비티의 코드입니다.

참조파일 SampleMultiTouch>/app/java/org.techtown.multitouch/MainActivity.java

```java
public class MainActivity extends AppCompatActivity {

    @Override
    protected void onCreate(Bundle savedInstanceState) {
        super.onCreate(savedInstanceState);
        setContentView(R.layout.activity_main);

        LinearLayout container = findViewById(R.id.container);
        Resources res = getResources();
        Bitmap bitmap = BitmapFactory.decodeResource(res, R.drawable.beach);

        ImageDisplayView view = new ImageDisplayView(this); ──→ ❶ ImageDisplayView 객체 생성하기
        view.setImageData(bitmap);
        LinearLayout.LayoutParams params = new LinearLayout.LayoutParams(
                LinearLayout.LayoutParams.MATCH_PARENT,
                LinearLayout.LayoutParams.MATCH_PARENT);
```

```
    container.addView(view, params); ──── ❷ XML 레이아웃에 들어있는 LinearLayout 안에
  }                                         ImageDisplayView 객체 추가하기
}
```

여기에서는 사진 이미지를 보여줄 뷰를 XML 레이아웃에 추가하지 않고 소스 코드에서 만든 후 추가하는 방식을 사용하였습니다. 사진 이미지를 보여줄 뷰는 앞에서 정의하였으므로 이 뷰를 추가할 리니어 레이아웃만 XML 레이아웃에 정의한 후 코드에서 참조합니다. new 연산자를 이용해 새로 만들어진 ImageDisplayView 객체에는 리소스에 들어있는 사진 이미지를 로딩하여 설정합니다. 사진 이미지는 BitmapFactory의 decodeResource 메서드를 이용해 리소스에 저장된 것을 로딩합니다. 이렇게 만들어진 비트맵 이미지는 setImageData 메서드를 이용해 ImageDisplayView 객체에 설정할 수 있습니다.

이제 앱을 실행해 보면, 메인 액티비티에는 사진 이미지가 하나 보이게 됩니다. 에뮬레이터에서 두 손가락으로 벌리는 액션을 취하고 싶다면 Ctrl 을 누른 상태에서 마우스를 움직이면 됩니다. 두 손가락을 벌리거나 오므리면 사진이 같이 확대/축소되는 것을 확인할 수 있습니다.

▲ 멀티터치로 이미지를 확대/축소한 경우

메인 액티비티에 나타난 사진 위에서 두 손가락으로 터치한 후 손가락 사이를 벌리면 두 번째 이미지처럼 이미지가 확대되게 됩니다. 확대된 상태에서 다시 한 손가락으로 눌러 이동하면 이미지가 같이 따라서 이동하게 됩니다. 이렇게 좌표 값을 이용해 처리되는 과정은 로그로 출력되는 좌표 값을 디버깅 해보면 잘 이해할 수 있습니다. 다음은 ImageDisplayView 객체에서 터치 이벤트로 좌표 값을 받아 처리할 때 디버깅 메시지로 보이는 화면입니다.

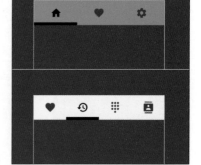

```
Logcat
Emulator Nexus_5X_API_28 Andr ▼  org.techtown.multitouch (14084)  ▼  Verbose  ▼  Q▼                                              ☑ Regex  Show only selected application  ▼
    2018-12-05 22:32:52.084 14084-14084/org.techtown.multitouch D/ImageDisplayView: Distance : 220.12192, ScaleR
    2018-12-05 22:32:52.084 14084-14084/org.techtown.multitouch D/ImageDisplayView: scaleImage() called : 0.9508
    2018-12-05 22:32:52.156 14084-14084/org.techtown.multitouch D/ImageDisplayView: Pointer Count : 2
    2018-12-05 22:32:52.156 14084-14084/org.techtown.multitouch D/ImageDisplayView: Distance : 202.46715, ScaleR
    2018-12-05 22:32:52.156 14084-14084/org.techtown.multitouch D/ImageDisplayView: scaleImage() called : 0.9552
    2018-12-05 22:32:52.214 14084-14084/org.techtown.multitouch D/ImageDisplayView: Pointer Count : 2
    2018-12-05 22:32:52.214 14084-14084/org.techtown.multitouch D/ImageDisplayView: Distance : 183.04942, ScaleR
    2018-12-05 22:32:52.214 14084-14084/org.techtown.multitouch D/ImageDisplayView: scaleImage() called : 0.9547
    2018-12-05 22:32:52.533 14084-14084/org.techtown.multitouch D/ImageDisplayView: Pointer Count : 2
TODO    Terminal    Build    Logcat    Profiler    Run                                                                           Event Log
```

▲ 멀티터치를 했을 때 좌표 값이 로그로 출력된 결과

한 손가락으로 터치하면 'Pointer Count : 1', 두 손가락으로 터치하면 'Pointer Count : 2'라고 메시지가 나오게 되고 두 손가락으로 터치하여 간격을 늘리거나 좁히면 Distance 값과 ScaleRatio 값이 변경되는 것을 볼 수 있으니 이 값들을 이용해 이미지가 변형된다는 점이 좀 더 쉽게 이해될 것입니다.

12-6
머티리얼 디자인의 개념 알아두기

머티리얼 디자인(Material Design)은 구글이 안드로이드에 적용한 디자인 트렌드 중의 하나입니다. 좀 더 단순하고 직관적인 디자인을 할 수 있게 도입한 것이죠. 머티리얼 디자인은 그래픽 디자인을 담당하는 디자이너들이 주로 관심을 가지는 분야이지만 개발자들도 아주 기본적인 개념은 알아두는 것이 좋습니다. 왜냐하면 툴바나 탭과 같은 화면을 구성할 때 사용자의 눈에 직접 보이는 부분이기 때문입니다. 다음 그림은 탭이 보이는 모양을 보여줍니다.

탭이 보이는 모양 ▶

좀 더 직관적이고 간단한가요? 머티리얼 디자인은 API 21부터 도입되었으며 종합적인 디자인 지침으로 이해할 수 있습니다. 이번에는 테마와 리스트 그리고 카드를 살펴보죠.

밝은 테마 모양 ▶

밝은 테마 모양을 보면 요즘 앱들이 주로 사용하는 하얀색 바탕과 심플한 위젯들을 확인할 수 있습니다. 버튼의 모양이 직사각형이고 그 안에는 간단한 텍스트만 들어 있습니다. 리스트는 리싸이클러뷰(RecyclerView) 위젯을 이용해 구현할 수 있으며 다음과 같은 모양으로 만들 수 있습니다.

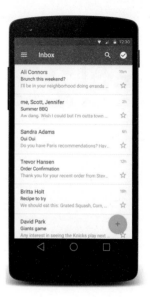

리스트 모양 ▶

리스트 안에 들어가는 각각의 아이템들은 역시 하얀색 바탕을 가지고 있으며 텍스트는 복잡하지 않게 보입니다. 다음은 카드 모양입니다.

◀ 카드 모양

카드는 테두리가 약간 올라와 있는 모양을 하고 있으며 보통 elevation이라는 속성으로 설정합니다. 그림자 효과와 함께 모서리가 둥근 효과도 있죠. 카드 안에는 이미지를 배치할 수 있으며, 하얀 바탕에 심플한 모양의 텍스트뷰들이 배치됩니다.

개발자로서 머티리얼 디자인을 이해해야 하는 부분은 이렇게 전체적인 느낌이나 화면에 추가할 위젯들의 모양입니다. 만약 머티리얼 디자인을 좀 더 자세하게 알고 싶다면 구글의 가이드 문서를 확인하기 바랍니다.

도전! 23
안드로이드 미션

페인트보드 앱의 설정 기능 만들기

페인트보드 앱에 CAP을 설정할 수 있는 기능을 만들어 보세요. 손가락으로 터치하여 선을 그릴 때 선이 가질 수 있는 속성 중의 하나입니다.

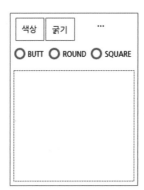

• **프로젝트 소스** DoitMission-23

❶ 페인트보드 앱은 위쪽에 버튼이 있고 아래쪽에 손가락으로 선을 그릴 수 있는 패널이 있습니다. 위쪽에 있는 버튼들의 아래쪽에 레이아웃을 추가하고 그 안에 CAP 스타일을 선택할 수 있는 라디오 버튼들을 배치합니다.

❷ CAP 스타일을 표시하는 라디오 버튼을 선택하면 선을 그리는 Paint 객체에 선택한 CAP 스타일이 설정되게 합니다.

❸ CAP 스타일을 변경한 후 손가락을 터치해서 선을 그리면 설정한 선의 속성으로 그려지도록 합니다.

참고할 점

선의 속성은 여러 가지가 있는데 선의 속성을 모두 넣고 싶다면 별도의 설정 화면을 만들 수도 있습니다.

도전! 24
안드로이드 미션

빨간 사각형을 터치해서 움직이기

패널에 빨간색 사각형을 만든 후 손가락으로 터치하여 드래그하면 사각형이 손가락과 함께 움직이도록 만들어 보세요.

• **프로젝트 소스** DoitMission-24

터치하여 움직이기

❶ 화면에는 패널 하나가 보이도록 한 다음 이 패널 안에 빨간색 사각형을 하나 그려 넣습니다.

❷ 화면이 처음 띄워졌을 때 빨간색 사각형이 보이는 위치는 화면의 가운데 또는 좌측 상단으로 지정합니다.

❸ 손가락을 터치하여 움직이면 빨간색 사각형이 손가락의 움직임에 따라서 이동하도록 만듭니다.

참고할 점

손가락으로 터치하여 선을 그렸던 것과 같은 원리로 소스 코드를 구성하면 됩니다.

13 멀티미디어 다루기

여러분은 스마트폰을 사용할 때 어떤 기능을 많이 사용하나요? 아마 사진 찍는 기능을 꼽는 분들도 많을 겁니다. 사진을 예쁘게 찍을 수 있는 앱을 다운로드하거나 또 어떤 때는 촬영한 사진을 직접 편집하기도 하죠. 사진을 찍는 기능은 스마트폰 단말에서 제공하는 멀티미디어 기능 중 하나입니다. 멀티미디어 기능이란 사진을 찍고 유튜브로 동영상을 보거나 또는 최신 음악을 듣는 기능을 말합니다. 이렇게 사진, 음악 그리고 동영상을 다루는 멀티미디어 기술은 앱을 만들 때 꼭 알아두어야 하는 기능입니다. 이번 장에서는 사진을 찍는 기능부터 동영상이나 음악을 재생하는 기능까지 다양한 멀티미디어 기능을 살펴봅니다. 유튜브로 동영상을 재생하는 것까지 만들어보면 멀티미디어 기능을 어느 정도 이해할 수 있을 것입니다.

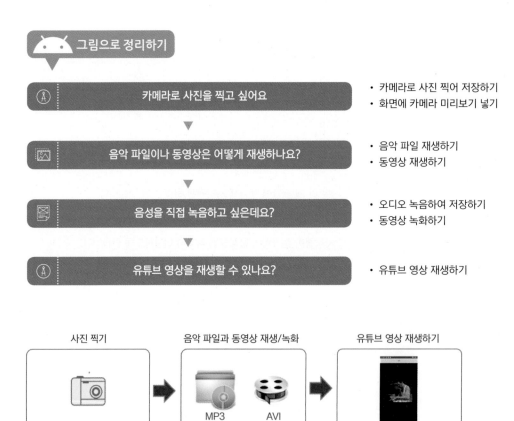

그림으로 정리하기

| 카메라로 사진을 찍고 싶어요 | • 카메라로 사진 찍어 저장하기 |
| • 화면에 카메라 미리보기 넣기 |

| 음악 파일이나 동영상은 어떻게 재생하나요? | • 음악 파일 재생하기 |
| • 동영상 재생하기 |

| 음성을 직접 녹음하고 싶은데요? | • 오디오 녹음하여 저장하기 |
| • 동영상 녹화하기 |

| 유튜브 영상을 재생할 수 있나요? | • 유튜브 영상 재생하기 |

사진 찍기 → 음악 파일과 동영상 재생/녹화 (MP3, AVI) → 유튜브 영상 재생하기

13-1
카메라로 사진 찍어 저장하기

멀티미디어 기능에서 가장 기본적인 기능을 꼽는다면 카메라 기능이라고 할 수 있습니다. 카메라는 단순히 사진을 찍는 용도로 사용되지만 최근에는 카메라 미리보기 화면에 여러 가지 정보를 더 표시하거나 카메라로 보는 영상이나 이미지를 앱의 다른 기능에 활용하는 경우도 많습니다. 예를 들어, 카메라로 바코드를 찍으면 바코드 정보를 추출할 수 있는 바코드 리더기(Barcode Reader)를 만들 수 있습니다. 또는 카메라 미리보기 기능으로 주변에 있는 커피숍 정보나 매장의 쿠폰 정보를 함께 보여주는 증강현실(AR : Augmented Reality) 앱은 단순한 흥미 이상의 유용한 생활밀착형 기능을 제공합니다. 이렇게 다양한 목적으로 사용되는 카메라 기능에 익숙해지려면 가장 단순한 사용 방법을 먼저 알아보는 것이 좋습니다.

카메라로 사진을 찍기 위해 사용되는 방법은 크게 두 가지로 나눌 수 있습니다.

❶ 인텐트로 단말의 카메라 앱을 실행한 후 결과 사진을 받아 처리하기
❷ 앱 화면에 카메라 미리보기를 보여주고 직접 사진을 찍어 처리하기

스마트폰 단말에는 카메라 앱이 미리 설치되어 있는데 이 앱을 사용하면 가장 간단하게 다른 기능의 앱을 구현할 수 있습니다. 단말의 카메라 앱은 다른 개발자가 미리 만들어 설치해둔 것이므로 여러분이 만들려는 앱에서 카메라 앱의 화면을 띄우려면 인텐트를 만들어 시스템에 요청하면 됩니다.

지금부터 인텐트를 사용해서 단말의 카메라 앱을 실행한 후 결과 사진을 받아 처리하는 방법을 알아보겠습니다. 이번에 만들 앱은 사용자가 화면의 버튼을 클릭했을 때 카메라 앱의 화면을 띄웁니다. 그리고 카메라 앱으로 사진을 찍은 후 원래 화면으로 돌아오면 찍은 사진을 화면에 보여주게 할 것입니다. Sample-CaptureIntent라는 새 프로젝트를 만들고 패키지 이름은 org.techtown.capture.intent로 입력합니다. 프로젝트 창이 뜨면 activity_main.xml 파일을 열고 다음과 같은 화면을 만듭니다.

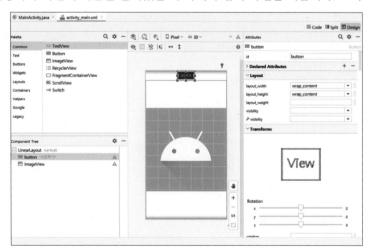

▲ 사진을 찍어 보여주기 위한 화면 구성

디자인 화면에서 최상위 레이아웃을 LinearLayout으로 변경하고 orientation 속성 값을 vertical로 설정합니다. 버튼을 하나 추가하고 '사진 찍기'라는 글자가 보이게 만든 후 화면 상단의 가운데 위치하도록 합니다. 버튼의 아래쪽에는 이미지뷰를 추가하고 아래쪽 공간을 꽉 채우세요. 화면을 만들었다면 MainActivity.java 파일을 열고 소스 코드를 입력합니다. 화면에 있는 버튼을 클릭했을 때 단말의 카메라 앱을 띄우도록 하고 카메라 앱에서 사진을 찍고 돌아왔을 때 이미지뷰에 사진을 보여주도록 할 것입니다.

참조파일 SampleCaptureIntent>/app/java/org.techtown.capture.intent/MainActivity.java

```java
public class MainActivity extends AppCompatActivity {
  ImageView imageView;
  File file;

  @Override
  protected void onCreate(Bundle savedInstanceState) {
    super.onCreate(savedInstanceState);
    setContentView(R.layout.activity_main);

    imageView = findViewById(R.id.imageView);

    Button button = findViewById(R.id.button);
    button.setOnClickListener(new View.OnClickListener() {
      @Override
      public void onClick(View v) {
        takePicture();
      }
    });
  }

  public void takePicture() {
    try {
      file = createFile();
      if (file.exists()) {
        file.delete();
      }

      file.createNewFile();
    } catch(Exception e) {
      e.printStackTrace();
    }
```

```
    if(Build.VERSION.SDK_INT >= 24) {
      uri = FileProvider.getUriForFile(this, BuildConfig.APPLICATION_ID, file);
    } else {
      uri = Uri.fromFile(file);
    }

    Intent intent = new Intent(MediaStore.ACTION_IMAGE_CAPTURE);
    intent.addFlags(Intent.FLAG_GRANT_READ_URI_PERMISSION);
    intent.putExtra(MediaStore.EXTRA_OUTPUT, uri);
    startActivityForResult(intent, 101);
  }

  private File createFile() {
    String filename = "capture.jpg";
    File outFile = new File(getFilesDir(), filename);
    Log.d("Main", "File path : " + outFile.getAbsolutePath());

    return outFile;
  }
}
```

❶ File 객체로부터 Uri 객체 만들기

❷ 사진 찍기 화면 띄우기

버튼을 클릭하면 takePicture 메서드를 호출합니다. 이 메서드가 호출되면 먼저 파일을 만드는데 이 파일은 카메라 앱에서 사진을 찍은 후에 그 결과물을 저장할 파일입니다. 파일을 만드는 코드는 create-File 메서드로 분리했으며, capture.jpg라는 이름으로 지정했습니다. 그런데 이렇게 만든 파일을 카메라 앱이 사용할 때는 다른 앱에서 파일을 공유해야 하므로 내용 제공자(Content Provider)를 만들어 해당 폴더를 공유할 수 있게 해야 합니다.

정박사의 조 언 **다른 앱에서 파일을 공유하도록 하려면 내용 제공자를 사용해야 해요**

안드로이드 버전 7.0 이후부터는 file://로 시작하는 Uri 정보를 다른 앱에서 접근할 수 없으며, 반드시 content://로 시작하는 내용 제공자를 사용하도록 바뀌었습니다.

먼저 /app/res 폴더 안에 xml 폴더를 먼저 만들고 external.xml 파일을 추가합니다. /app/res 폴더 안에 새로운 폴더를 만들려면 왼쪽 프로젝트 창의 /app/res 폴더 위에서 마우스 오른쪽 버튼을 누르고 [New → Directory] 메뉴를 선택합니다. 폴더명을 입력하라는 대화상자가 보이면 xml을 입력합니다. 새로운 폴더가 만들어졌다면 다시 그 폴더 위에서 마우스 오른쪽 버튼을 눌러 [New → XML resource file] 메뉴를 선택합니다. File name:란에는 external.xml을 입력하고 Root element:란에는 paths를 입력한 후 [OK]를 누릅니다.

▲ /app/res/xml 폴더 안에 external.xml 파일을 만들기 위한 대화상자

external.xml 파일 안에 있는 ⟨paths⟩ 태그는 ⟨cache-path⟩, ⟨files-path⟩ ⟨external-files-path⟩ 태그를 포함하고 있으며 이는 앱의 cache 폴더, files 폴더, externalFiles 폴더를 접근할 수 있도록 허용합니다.

참조파일 SampleCaptureIntent>/app/res/xml/external.xml

```xml
<?xml version="1.0" encoding="utf-8"?>
<paths xmlns:android="http://schemas.android.com/apk/res/android">
  <cache-path name="cache" path="/" />
  <files-path name="files" path="/" />
  <external-files-path name="external_files" path="." />
</paths>
```

그다음 AndroidManifest.xml 파일을 열고 ⟨provider⟩ 태그로 내용 제공자를 추가합니다. 내용 제공자는 androidx 패키지 안에 들어있는 FileProvider를 사용합니다.

참조파일 SampleCaptureIntent>/app/manifests/AndroidManifest.xml

```xml
중략…

  <application

중략…
    </activity>

    <provider
      android:name="androidx.core.content.FileProvider"
      android:authorities="${applicationId}"
      android:exported="false"
      android:grantUriPermissions="true">
      <meta-data
        android:name="android.support.FILE_PROVIDER_PATHS"
```

```
              android:resource="@xml/external" />
    </provider>

  </application>
```

〈provider〉 태그 안에는 name 속성이 들어 있고 androidx.core.content.FileProvider 클래스를 지정하고 있습니다. 이것은 FileProvider로 특정 폴더를 공유하는 데 사용하는 내용 제공자입니다. authorities 속성에 설정한 값은 이 앱의 패키지 이름입니다. 〈meta-data〉 태그 안에는 name과 resource 속성이 들어가며 resource 속성 값으로 /app/res/xml 폴더 안에 만들었던 external.xml 파일을 지정합니다. 이때 파일 확장자는 제외하므로 @xml/external 값으로 설정됩니다.

이제 이렇게 추가한 내용 제공자를 사용해서 찍은 사진을 저장할 파일 위치를 지정하는 코드 부분(MainActivity.java의 takePicture 메서드)을 이해할 수 있습니다. 다음을 눈으로 읽어보고 이해되는지 스스로 점검해 보세요.

참조파일 SampleCaptureIntent〉/app/java/org.techtown.capture.intent/MainActivity.java

```
중략…

    if(Build.VERSION.SDK_INT >= 24) {
      uri = FileProvider.getUriForFile(this, BuildConfig.APPLICATION_ID, file);
    } else {
      uri = Uri.fromFile(file);
    }

    Intent intent = new Intent(MediaStore.ACTION_IMAGE_CAPTURE);
    intent.addFlags(Intent.FLAG_GRANT_READ_URI_PERMISSION);
    intent.putExtra(MediaStore.EXTRA_OUTPUT, uri);

    startActivityForResult(intent, 101);

중략…
```

FileProvider.getUriForFile 메서드를 사용하면 카메라 앱에서 공유하여 사용할 수 있는 파일 정보를 Uri 객체로 만들 수 있습니다. Uri 객체는 MediaStore.EXTRA_OUTPUT 키를 사용해서 인텐트에 부가 데이터로 추가됩니다.

인텐트 객체를 만들었다면 startActivityForResult 메서드를 이용해서 시스템으로 인텐트 객체를 전달합니다. 단말의 카메라 앱을 띄워달라는 액션 정보는 MediaStore.ACTION_IMAGE_CAPTURE입니다. 인텐트 객체를 만들어 카메라 앱을 실행한 후 사진을 찍고 나면 카메라 앱의 액티비티를 닫게 되는

데 그때 응답을 받는 부분은 onActivityResult 메서드입니다. onActivityResult 메서드를 추가하고 다음 코드를 입력합니다.

참조파일 SampleCaptureIntent>/app/java/org.techtown.capture.intent/MainActivity.java

```
중략...

    @Override
    public void onClick(View v) {
      takePicture();
    }
  });
}

@Override
protected void onActivityResult(int requestCode, int resultCode, Intent data) {
  super.onActivityResult(requestCode, resultCode, data);

  if (requestCode == 101 && resultCode == RESULT_OK) {           ❶ 이미지 파일을 Bitmap
    BitmapFactory.Options options = new BitmapFactory.Options();    객체로 만들기
    options.inSampleSize = 8;
    Bitmap bitmap = BitmapFactory.decodeFile(file.getAbsolutePath(), options);

    imageView.setImageBitmap(bitmap); ──▶ ❷ 이미지뷰에 Bitmap 설정하기
  }
}

public void takePicture() {
  if (file == null) {
    file = createFile();
  }

중략...
```

onActivityResult 메서드가 호출되면 카메라 앱에서 찍은 사진을 파일에서 확인할 수 있습니다. 파일은 capture.jpg라는 이름으로 지정했으므로 이 파일을 읽어 들여 이미지뷰에 설정합니다. 이미지 파일을 읽어 들여 이미지뷰에 설정하려면 먼저 파일을 비트맵 객체로 만듭니다. 비트맵 객체는 메모리에 만들어지는 이미지라고 생각할 수 있으며, 비트맵 객체를 만들 때는 어떤 비율로 축소하여 만들 것인지를 지정할 수 있습니다. 일반적으로 카메라 해상도가 높은 경우 비트맵 객체의 크기도 커지므로 적당한 비율로 축소하여 만들게 됩니다. 여기에서는 1/8 크기로 축소했으며 이를 위해 지정하는 옵션은 inSampleSize라는 이름으로 BitmapFactory.Options 객체에 설정되어 있습니다. 비트맵 객체로 만들 때는 BitmapFactory 클래스의 decodeFile 메서드를 호출하면 되고 비트맵 객체로 만들어진 파일

은 이미지뷰에 설정할 수 있습니다.

이제 앱을 실행하고 [사진 찍기] 버튼을 누르면 단말의 카메라 앱이 실행됩니다. 카메라 앱이 처음 실행될 때는 카메라 앱에서 추가적인 권한을 요청하거나 카메라 초기 설정을 요구할 수도 있습니다. 카메라 앱에서 사진을 찍고 [저장] 버튼을 누르면 원래의 메인 액티비티 화면으로 돌아오면서 화면에 사진이 보이게 됩니다.

▲ 단말의 카메라 앱으로 사진 찍기

실제 단말에서 테스트를 해 보면 카메라 앱으로 사진을 찍는 느낌이 더 생생할 것입니다. 이번 앱을 만들어보면서 사진을 찍는 기능을 만들어보니 어떤가요? 파일 위치를 지정하기 위한 코드와 위험 권한을 부여하기 위한 코드가 많을 뿐이지 그 부분을 제외하면 아주 간단하죠?

13-2
화면에 카메라 미리보기 넣기

인텐트와 startActivityForResult 메서드로 사진을 찍는 방법은 그리 복잡하지 않습니다. 또한 단말의 카메라 앱을 사용하기 때문에 단말의 카메라 앱이 기본적으로 제공하는 기능을 그대로 사용할 수 있습니다. 하지만 단순히 사진을 찍기만 하는 것이 아니라 카메라 미리보기 화면에 증강현실을 표현할 아이콘이나 그래픽 등을 보여주고 싶다면 어떻게 해야 할까요? 그리고 똑같은 사진 찍기 기능만을 사용한다고 하더라도 여러분이 만든 앱에서 직접 사진을 찍을 수는 없을까요? 여러분의 앱에 카메라 미리보기와 사진 찍기 기능을 넣을 수 있지만 코드는 좀 더 많아지게 됩니다. 그리고 서피스뷰(SurfaceView)라는 것으로 카메라 미리보기 화면이 구현되기 때문에 서피스뷰가 무엇인지도 이해해야 합니다.

다음 그림을 보면 카메라 미리보기에 사용되는 서피스뷰의 사용 방법을 이해할 수 있습니다.

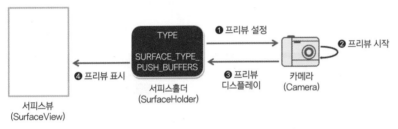

▲ 카메라 미리보기를 위한 서피스뷰의 사용

카메라 미리보기 기능을 구현하려면 일반 뷰(View)가 아니라 서피스뷰를 사용해야 합니다. 그런데 서피스뷰는 서피스홀더(SurfaceHolder) 객체에 의해 생성되고 제어되기 때문에 서피스뷰와 서피스홀더 간의 관계를 이해해야 합니다. 서피스뷰는 서피스홀더에 의해 제어된다고 생각하면 쉽습니다. 만약 카메라 객체를 만든 후에 미리보기 화면을 서피스뷰에 보여주고 싶다면 서피스홀더 객체의 setPreviewDisplay 메서드로 미리보기를 설정해 주어야 합니다.

[API]

public void setPreviewDisplay (Surface sv)

필요한 초기화 작업이 끝나면 카메라 객체의 startPreview 메서드를 호출할 수 있으며, 이때부터 카메라로 입력된 영상을 서피스뷰로 화면에 보여주게 됩니다.

카메라 미리보기를 한 후 화면의 버튼을 눌러 사진을 찍고 그 사진을 미디어 앨범에 저장하는 가장 간단한 앱을 만들어 보겠습니다. SampleCapture라는 새로운 프로젝트를 만들고 패키지 이름은 org.techtown.capture로 입력합니다. 프로젝트 창이 열리면 activity_main.xml 파일을 열고 최상위 레이아웃을 LinearLayout으로 변경합니다. orientation 속성 값은 vertical로 설정하고 화면 상단에는 '사진 찍기'라는 글자가 표시된 버튼을 배치합니다. 그 아래에는 FrameLayout이 나머지 공간을 꽉 채우도록 합니다. 이 FrameLayout의 id 값은 previewFrame으로 설정되었으며 이 레이아웃 안에 카메라 미리보기 화면이 보이도록 할 것입니다.

카메라 미리보기 화면을 FrameLayout 안에 추가하기 위해 소스 코드에서 CameraSurfaceView라는 이름의 새로운 클래스를 MainActivity 클래스 안에 내부 클래스로 정의하고 그 클래스의 인스턴스 객체를 만들어 추가할 것입니다. 먼저 MainActivity.java 파일을 열고 CameraSurfaceView 객체를 FrameLayout에 추가하고 사진을 찍는 코드를 입력합니다. 여기에서 CameraSufaceView 클래스는 미리 정의되어 있다고 가정하고 입력하기 때문에 빨간색 밑줄이 생겨도 그대로 진행합니다.

```java
public class MainActivity extends AppCompatActivity {
  CameraSurfaceView cameraView;

  @Override
  protected void onCreate(Bundle savedInstanceState) {
    super.onCreate(savedInstanceState);
    setContentView(R.layout.activity_main);

    FrameLayout previewFrame = findViewById(R.id.previewFrame);
    cameraView = new CameraSurfaceView(this);
    previewFrame.addView(cameraView);

    Button button = findViewById(R.id.button);
    button.setOnClickListener(new View.OnClickListener() {
      public void onClick(View v) {
        takePicture();
      }
    });
  }

  public void takePicture() {
    cameraView.capture(new Camera.PictureCallback() {              ──────→ ❶ CameraSurfaceView의
      public void onPictureTaken(byte[] data, Camera camera) {              capture 메서드 호출하기
        try {
          Bitmap bitmap = BitmapFactory.decodeByteArray(data, 0, data.length); →❷ 전달받은 바이트
          String outUriStr = MediaStore.Images.Media.insertImage(                 배열을 Bitmap
                    getContentResolver(),                                          객체로 만들기
                    bitmap,
                    "Captured Image",
                    "Captured Image using Camera.");

          if (outUriStr == null) {
            Log.d("SampleCapture", "Image insert failed.");
            return;
          } else {
            Uri outUri = Uri.parse(outUriStr);
            sendBroadcast(new Intent(Intent.ACTION_MEDIA_SCANNER_SCAN_FILE, outUri));
          }

          camera.startPreview();
        } catch (Exception e) {
          e.printStackTrace();
        }
      }
```

```
        });
    }
}
```

카메라 미리보기를 구현하는 CameraSurfaceView는 SurfaceView를 상속받아 새로 정의한 후 XML
레이아웃에 정의된 FrameLayout에 추가합니다. 상단의 [사진 찍기] 버튼을 누르면 사진을 한 장 찍어
미디어 앨범에 추가하게 되는데 사진을 찍은 결과를 처리하는 코드는 PictureCallback 인터페이스를
구현하는 부분에 들어 있습니다. 이 인터페이스는 CameraSurfaceView에 정의된 capture 메서드를
호출할 때 전달됩니다.

[API]

public abstract void onPictureTaken (byte[] data, Camera camera)

즉, 사진을 찍을 때 자동으로 호출되는 onPictureTaken 메서드로 캡처한 이미지 데이터가 전달됩니다.
그런 다음 이 데이터를 비트맵으로 만들고 MediaStore.Images.Media에 정의된 insertImage 메서드
를 이용하여 미디어 앨범에 추가합니다. 이미지 데이터를 비트맵으로 만들기 위해서는 BitmapFactory
클래스에 정의된 decodeByteArray 메서드를 이용합니다. insertImage 메서드는 간단한 방법으로 이
미지를 추가할 수 있도록 정의된 메서드입니다.

[API]

public static final String insertImage (ContentResolver cr, Bitmap source, String title, String description)

첫 번째 파라미터는 ContentResolver 객체, 두 번째는 메모리에 만들어진 비트맵 객체, 그리고 세 번째
와 네 번째 파라미터로는 그 비트맵 이미지의 제목과 내용이 들어갑니다.

다음은 서피스뷰를 확장하여 정의한 CameraSurfaceView 클래스입니다. 이 클래스는 SurfaceHolder
에 정의된 Callback 인터페이스를 구현하고 있으므로 서피스뷰의 상태가 변경될 때 자동 호출되는 세
가지 메서드(surfaceCreated, surfaceChanged, surfaceDestroyed)가 구현되어 있는 것을 볼 수 있습
니다. 이 클래스를 MainActivity.java 파일 안에 내부 클래스로 정의합니다.

참조파일 SampleCapture>/app/java/org.techtown.capture/MainActivity.java

```
중략…

class CameraSurfaceView extends SurfaceView implements SurfaceHolder.Callback {      ➊
    private SurfaceHolder mHolder;
    private Camera camera = null;
```

```
    public CameraSurfaceView(Context context) {
        super(context);

        mHolder = getHolder();
        mHolder.addCallback(this);        ❷
    }

    public void surfaceCreated(SurfaceHolder holder) {   ❸
        camera = Camera.open();

        try {
            camera.setPreviewDisplay(mHolder);
        } catch (Exception e) {
            e.printStackTrace();
        }
    }

    public void surfaceChanged(SurfaceHolder holder, int format, int width, int height) {
        camera.startPreview();                                                           ❹
    }

    public void surfaceDestroyed(SurfaceHolder holder) {
        camera.stopPreview();                            ❺
        camera.release();
        camera = null;
    }

    public boolean capture(Camera.PictureCallback handler) {
        if (camera != null) {
            camera.takePicture(null, null, handler);
            return true;                                   ❻
        } else {
            return false;
        }
    }
}
```

❶ SurfaceView 클래스를 상속하고 Callback 인
  터페이스를 구현하는 새로운 CameraSurface-
  View 클래스 정의
❷ 생성자에서 서피스홀더 객체 참조 후 설정
❸ 서피스뷰가 만들어질 때 카메라 객체를 참조한 후 미
  리보기 화면으로 홀더 객체 설정

❹ 서피스뷰의 화면 크기가 바뀌는 등의 변경 시점에 미
  리보기 시작
❺ 서피스뷰가 없어질 때 미리보기 중지
❻ 카메라 객체의 takePicture 메서드를 호출하여 사
  진 촬영

카메라 미리보기를 위해 사용되는 서피스뷰의 생성자 부분에는 서피스홀더 객체를 getHolder 메서드로 참조하는 코드와 서피스홀더의 addCallback 메서드로 이 클래스에서 구현된 Callback 객체를 지정하는 코드들이 들어갑니다.

서피스뷰가 만들어지면서 호출되는 surfaceCreated 메서드 안에서는 Camera.open 메서드를 이용해 카메라를 오픈하고 이를 통해 참조한 카메라 객체에 서피스홀더 객체를 지정해야 합니다. 카메라 객체에 서피스홀더 객체를 지정하기 위해 setPreviewDisplay 메서드를 사용합니다. 서피스뷰의 크기가 변경되거나 할 때 호출되는 surfaceChanged 메서드 안에서는 startPreview 메서드를 이용해 미리보기를 시작하도록 합니다. 만약 카메라의 파라미터 설정이 필요하다면 setParameters 메서드를 이용해 필요한 파라미터를 설정할 수 있습니다.

여기에서는 가로 화면과 세로 화면 각각의 경우에 미리보기 영역의 폭과 높이를 설정하도록 하였으므로 setPreviewSize 메서드를 이용해 각각의 경우에 맞게 폭과 높이를 설정하는 코드가 들어 있습니다. 서피스뷰의 리소스를 해제하면서 호출되는 surfaceDestroyed 메서드 안에서는 카메라 객체의 stop-Preview 메서드를 호출하여 미리보기를 끝낸 후 변수를 널값으로 지정하도록 합니다. 메인 액티비티의 버튼을 클릭했을 때 사진을 찍기 위해 호출하는 capture 메서드 안을 보면 카메라 객체의 takePicture 메서드를 호출하여 사진을 찍고 있으며, 이때 PictureCallback 인터페이스를 구현한 객체를 파라미터로 전달함으로써 사진을 찍었을 때 이 객체의 onPictureTaken 메서드가 자동 호출되도록 합니다.

지금 만든 앱에서는 CAMERA와 SD 카드를 접근하므로 이 권한을 매니페스트에 추가하고 위험권한에 대한 권한 부여를 요청하는 코드도 추가해야 합니다. 먼저 AndroidManifest.xml 파일을 열고 다음과 같이 권한을 추가합니다.

참조파일 SampleCapture>/app/manifests/AndroidManifest.xml

```
중략…

<uses-permission android:name="android.permission.CAMERA" />
<uses-permission android:name="android.permission.WRITE_EXTERNAL_STORAGE" />
<uses-permission android:name="android.permission.READ_EXTERNAL_STORAGE" />

<uses-feature android:name="android.hardware.camera"
            android:required="true" />

중략…
```

이 권한들은 위험 권한으로 분류되어 있으므로 자동으로 위험 권한 부여를 위한 대화상자를 보여주는 코드를 추가합니다. 먼저 build.gradle(Module: SampleCapture.app) 파일을 열고 자동으로 위험 권한을 부여하기 위한 외부 라이브러리를 추가합니다.

참조파일 SampleCapture>/Gradle Scripts/build.gradle(Module: SampleCapture.app)

```
중략…

dependencies {
  중략…

  implementation 'com.yanzhenjie:permission:2.0.3'
}

중략…
```

그런 다음 다시 MainActivity.java 파일을 열고 권한 부여를 위한 코드를 추가합니다.

참조파일 SampleCapture>/app/java/org.techtown.intent/MainActivity.java

```
public class MainActivity extends AppCompatActivity {

중략…

  @Override
  protected void onCreate(Bundle savedInstanceState) {
    super.onCreate(savedInstanceState);
    setContentView(R.layout.activity_main);

  중략…
    button.setOnClickListener(new View.OnClickListener() {
        public void onClick(View v) {
            takePicture();
        }
    });


    AndPermission.with(this)
    .runtime()
    .permission(
      Permission.CAMERA,
      Permission.READ_EXTERNAL_STORAGE,
      Permission.WRITE_EXTERNAL_STORAGE)
    .onGranted(new Action<List<String>>() {
      @Override
      public void onAction(List<String> permissions) {
        showToast("허용된 권한 개수: " + permissions.size());
      }
    })
```

```
      .onDenied(new Action<List<String>>() {
        @Override
        public void onAction(List<String> permissions) {
          showToast("거부된 권한 개수: " + permissions.size());
        }
      })
      .start();
  }

중략…
```

이제 앱을 실행하면 위험 권한을 부여하기 위한 대화상자가 먼저 표시됩니다. 권한을 허용하면 화면에 카메라 미리보기가 표시됩니다. [사진 찍기] 버튼을 클릭하면 사진도 찍을 수 있습니다. Alt 를 누르고 화면을 이리저리 움직여 보기도 하세요. 만약 바로 카메라 화면이 나오지 않으면 앱을 다시 실행해 보세요. 찍은 사진은 Photos 앱을 실행한 다음 Pictures 항목에서 확인할 수 있습니다.

◀ 사진을 찍을 수 있는 카메라 미리보기 화면

> **정박사의 조언** **미리보기 부분이 표시되지 않나요?**
>
> 최신 버전의 에뮬레이터에서는 카메라를 열 때 사용되는 Camera.open() 코드가 정상적으로 동작하지 않는 경우가 있습니다. 다른 앱에서 카메라를 사용 중인 것으로 인식하는 경우인데요, 만약 미리보기가 표시되지 않는다면 이전 버전의 안드로이드 OS로 하여 에뮬레이터를 새로 만든 후 테스트해 보세요.

서피스뷰로 카메라 미리보기 화면을 띄워보면 화면이 돌아가 있는 것을 볼 수 있습니다. 이는 미리보기의 기본 모드가 가로 모드(Landscape mode)이기 때문입니다. 카메라 미리보기의 화면이 세로 모드로 보이도록 하고 싶다면 MainActivity 클래스의 내부 클래스로 정의한 CameraSurfaceView 클래스 안의 surfaceCreated 메서드를 수정합니다.

중략…

```java
public void surfaceCreated(SurfaceHolder holder) {
  camera = Camera.open();
  setCameraOrientation();
  try {
    camera.setPreviewDisplay(mHolder);
  } catch (Exception e) {
    e.printStackTrace();
  }
}
```

중략…

```java
public void setCameraOrientation() {
  if (camera == null) {
    return;
  }

  Camera.CameraInfo info = new Camera.CameraInfo();
  Camera.getCameraInfo(0, info);

  WindowManager manager = (WindowManager) getSystemService(Context.WINDOW_SERVICE);
  int rotation = manager.getDefaultDisplay().getRotation();  ⟶ ❶ 회전에 대한 정보 확인하기

  int degrees = 0;
  switch (rotation) {
    case Surface.ROTATION_0: degrees = 0; break;
    case Surface.ROTATION_90: degrees = 90; break;
    case Surface.ROTATION_180: degrees = 180; break;
    case Surface.ROTATION_270: degrees = 270; break;
  }

  int result;
  if (info.facing == Camera.CameraInfo.CAMERA_FACING_FRONT) {
    result = (info.orientation + degrees) % 360;
    result = (360 - result) % 360;
  } else {
    result = (info.orientation - degrees + 360) % 360;
  }

  camera.setDisplayOrientation(result);  ⟶ ❷ 카메라 객체의 setDisplayOrientation 메서드 호출
}                                              하기
```

중략…

setCameraOrientation 메서드는 onSurfaceCreated 메서드 안에서 호출되는 메서드이며 카메라 미리보기의 방향을 설정합니다. 지금까지 카메라 미리보기 화면을 앱 안에서 보여주고 사진을 찍는 방법에 대해 알아보았습니다.

13-3
음악 파일 재생하기

멀티미디어를 위해 제공하는 미디어 API는 android.media 패키지에 들어 있습니다. 그 안의 여러 클래스들 중에서 핵심이 되는 것은 '미디어플레이어(MediaPlayer) 클래스'입니다. 미디어플레이어 클래스는 음악 파일과 같은 오디오의 재생은 물론 동영상 재생까지 담당합니다. 출시되는 단말에 따라 지원하는 음성/영상 코덱이 다르므로 재생할 수 있는 파일의 종류가 다를 수 있습니다. 하지만 가장 기본적으로 제공되는 코덱만으로도 오디오와 동영상을 재생할 수 있습니다. 오디오 파일을 재생하려면 대상을 지정해야 하는데 이때 사용되는 데이터 소스 지정 방법은 크게 세 가지로 나눌 수 있습니다.

구분	설명
① 인터넷에 있는 파일 위치 지정	미디어가 있는 위치를 URL로 지정합니다.
② 프로젝트 파일에 포함한 후 위치 지정	앱을 개발하여 배포하는 과정에서 프로젝트의 리소스 또는 애셋(assets) 폴더에 넣은 후 그 위치를 지정합니다.
③ 단말 SD 카드에 넣은 후 위치 지정	단말에 넣어 둔 SD 카드에 파일을 넣은 후 그 위치를 지정합니다.

미디어플레이어로 음악 파일을 재생하는 과정은 다음 그림처럼 세 단계로 나눌 수 있습니다. 첫 번째 단계는 대상 파일을 알려주는 것으로써 setDataSource 메서드로 URL을 지정합니다. 두 번째 단계는 prepare 메서드를 호출하여 재생을 준비합니다. 이 단계에서 미디어플레이어는 대상 파일의 몇 프레임을 미리 읽어 들이고 정보를 확인합니다. 세 번째 단계에서는 start 메서드를 호출하여 음악 파일을 재생합니다.

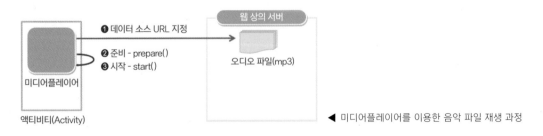

◀ 미디어플레이어를 이용한 음악 파일 재생 과정

이제 MP3 파일을 재생하거나 중지할 수 있는 간단한 앱을 만들어 보겠습니다. SampleAudioPlayer 라는 이름의 프로젝트를 만들고 패키지 이름은 org.techtown.audio.player로 입력합니다. 새로운 프로젝트 창이 열리면 activity_main.xml 파일을 열고 다음과 같이 네 개의 버튼을 레이아웃에 추가하겠습니다.

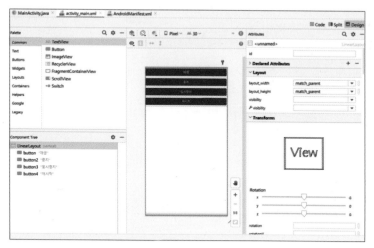

▲ 음악 재생을 위한 화면 레이아웃

최상위 레이아웃을 LinearLyout으로 바꾸고 orientation 속성 값을 vertical로 설정한 후 네 개의 버튼을 추가합니다. 각 버튼의 text 속성은 '재생', '중지', '일시정지', '재시작'으로 변경합니다. 레이아웃에 추가한 네 개의 버튼 중에서 첫 번째 버튼을 누르면 앞에서 설명했던 것처럼 오디오 재생을 위한 3단계를 거치면서 음악 파일을 재생합니다. 두 번째 버튼은 중지, 세 번째 버튼은 일시정지 그리고 네 번째 버튼은 재시작 기능을 수행하도록 코드를 수정하겠습니다.

이제 MainActivity.java 파일을 열고 각 버튼을 눌렀을 때 동작할 코드를 추가합니다.

참조파일 SampleAudioPlayer>/app/java/org.techtown.audio.player/MainActivity.java

```java
public class MainActivity extends AppCompatActivity {
  public static final String AUDIO_URL = "https://sites.google.com/site/ubiaccessmobile/sample_audio.mp3";

  MediaPlayer mediaPlayer;
  int position = 0;

  public void onCreate(Bundle savedInstanceState) {
    super.onCreate(savedInstanceState);
    setContentView(R.layout.activity_main);

    Button button = findViewById(R.id.button);
    button.setOnClickListener(new View.OnClickListener() {
```

```java
    public void onClick(View view) {
      playAudio(AUDIO_URL);
      Toast.makeText(getApplicationContext(),"음악 파일 재생 시작됨.", Toast.LENGTH_LONG).show();
    }
  });

  Button button2 = findViewById(R.id.button2);
  button2.setOnClickListener(new View.OnClickListener() {
    public void onClick(View view) {
      if (mediaPlayer != null) {
        mediaPlayer.stop();
        Toast.makeText(getApplicationContext(),"음악 파일 재생 중지됨.", Toast.LENGTH_LONG).show();
      }
    }
  });

  Button button3 = findViewById(R.id.button3);
  button3.setOnClickListener(new View.OnClickListener() {
    public void onClick(View view) {
      if (mediaPlayer != null) {
        position = mediaPlayer.getCurrentPosition();
        mediaPlayer.pause();
        Toast.makeText(getApplicationContext(),"음악 파일 재생 일시정지됨.", Toast.LENGTH_LONG).show();
      }
    }
  });

  Button button4 = findViewById(R.id.button4);
  button4.setOnClickListener(new View.OnClickListener() {
    public void onClick(View view) {
      if (mediaPlayer != null && !mediaPlayer.isPlaying()) {
        mediaPlayer.start();
        mediaPlayer.seekTo(position);
        Toast.makeText(getApplicationContext(),"음악 파일 재생 재시작됨.", Toast.LENGTH_LONG).show();
      }
    }
  });
}

private void playAudio(String url) {
  killMediaPlayer();
  try {
    mediaPlayer = new MediaPlayer();
    mediaPlayer.setDataSource(url);          ❶ MediaPlayer 객체 만들어 시작하기
    mediaPlayer.prepare();
    mediaPlayer.start();
```

```
    } catch(Exception e) {
      e.printStackTrace();
    }
  }

  protected void onDestroy() {
    super.onDestroy();
    killMediaPlayer();
  }

  private void killMediaPlayer() {
    if (mediaPlayer != null) {
      try {
        mediaPlayer.release(); ──→ ❷ MediaPlayer 객체의 리소스 해제하기
      } catch (Exception e) {
        e.printStackTrace();
      }
    }
  }
}
```

MediaPlayer 객체를 이용해 음악을 재생하는 playAudio 메서드의 구조를 보면 killMediaPlayer 메서드를 호출한 후 차례로 setDataSource, prepare, start 메서드를 호출하고 있습니다. killMediaPlayer 메서드는 미디어플레이어 객체가 이미 리소스를 사용하고 있을 경우에 release 메서드를 호출하여 리소스를 해제하는 역할을 합니다. 이렇게 하는 이유는 미디어플레이어를 앱 내에서 재사용하려면 기존에 사용하던 리소스를 먼저 해제해야 하기 때문입니다.

재생을 중지하고 다시 시작하기 위해서는 중지한 지점의 위치를 알아야 하므로 [일시정지] 버튼을 눌렀을 때는 getCurrentPosition 메서드를 이용해 현 지점의 위치를 알아 오고 [재시작] 버튼을 눌렀을 때는 seekTo 메서드로 중지했을 때의 지점에서부터 재생하도록 만듭니다.

이 앱은 인터넷의 다른 서버에 미리 올려둔 음악 파일을 사용하고 있습니다. 그리고 인터넷에서 파일을 받아 오기 때문에 INTERNET 권한이 필요합니다. AndroidManifest.xml 파일을 열고 다음과 같이 INTERNET 권한을 추가합니다. 그리고 〈application〉 태그에 속성을 하나 더 추가합니다.

```
중략...

<uses-permission android:name="android.permission.INTERNET" />

<application
    android:usesCleartextTraffic="true"

중략...
```

다음은 앱을 실행한 화면입니다.

▲ 음악 파일 재생 앱을 실행한 화면

에뮬레이터에서는 오디오 디바이스가 정상적으로 동작하지 않을 수 있으므로 실제 단말에서 테스트해보는 것이 좋습니다. 음악 파일의 재생이 끝나면 killMediaPlayer 메서드를 호출하여 리소스를 해제하는 것이 필요합니다. 만약 미디어플레이어의 stop 메서드로 재생을 중지했을 때 또 다른 작업을 수행하고 싶다면 MediaPlayer.OnCompletionListener를 구현한 후 미디어플레이어 객체에 등록하면 됩니다.

재생이 중지되었을 때 호출되는 메서드는 다음과 같습니다.

[API]

public abstract void onCompletion (MediaPlayer mp)

13-4
동영상 재생하기

동영상 재생 기능은 어려울 것 같아 보이지만 앞서 실습했던 오디오 파일 재생만큼이나 간단히 만들 수 있습니다. 동영상을 재생하고 싶다면 비디오뷰(VideoView) 위젯을 사용하면 되는데 XML 레이아웃에 〈VideoView〉 태그를 추가하기만 하면 동영상 플레이어를 바로 만들 수 있습니다.

> **정박사의 조언 동영상 재생 기능을 만드는 것 어렵지 않아요!**
>
> 동영상은 화면에 디스플레이되는 영역이 있으므로 위젯으로 XML 레이아웃에 추가할 수 있습니다. 이 때문에 미디어플레이어 클래스를 사용하는 것보다 더 쉽게 동영상을 재생할 수 있습니다. 말 그대로 XML 레이아웃에 태그를 추가하고 한두 줄의 코드만 구현하면 동영상을 재생할 수 있습니다.

동영상 재생 기능을 만들기 위해 새로운 SampleVideoPlayer 프로젝트를 만들고 패키지 이름은 org.techtown.video.player로 입력합니다. 프로젝트 창이 열리면 activity_main.xml 파일을 열고 Linear-Layout(vertical)로 변경합니다. 그리고 '재생하기'라는 글자가 표시된 한 개의 버튼과 VideoView 위젯을 추가합니다.

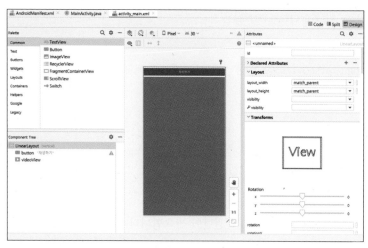

▲ 동영상 재생을 위해 만든 화면 레이아웃

레이아웃에 추가한 비디오뷰 객체를 자바 코드에서 참조한 후 동영상 파일의 위치를 setVideoURI 메서드로 지정하기만 하면 동영상을 재생할 수 있습니다. 동영상의 재생 상태를 보거나 동영상을 제어할 때 사용되는 미디어컨트롤러(MediaController) 객체는 setMediaController 메서드로 설정할 수 있는

데 손가락으로 터치하면 컨트롤러 부분을 보여주게 됩니다. 이 컨트롤러로 비디오 재생 상태를 확인할 수 있습니다. 비디오뷰 객체에는 getDuration이나 pause와 같이 동영상을 제어하는 데 필요한 다른 메서드들도 정의되어 있습니다. 이때 MediaController 클래스는 android.widget을 선택하여 추가하세요.

이제 MainActivity.java 파일을 열고 버튼을 클릭했을 때 동작할 코드를 입력합니다.

참조파일 SampleVideoPlayer>/app/java/org.techtown.video.player/MainActivity.java

```java
public class MainActivity extends AppCompatActivity {
    public static final String VIDEO_URL = "https://sites.google.com/site/ubiaccessmobile/sample_video.mp4";
    VideoView videoView;

    @Override
    protected void onCreate(Bundle savedInstanceState) {
        super.onCreate(savedInstanceState);
        setContentView(R.layout.activity_main);

        videoView = findViewById(R.id.videoView);

        MediaController mc = new MediaController(this);
        videoView.setMediaController(mc);          ──→ ❶ VideoView에 MediaController 설정하기

        Button button = findViewById(R.id.button);
        button.setOnClickListener(new View.OnClickListener() {
            @Override
            public void onClick(View v) {
                videoView.setVideoURI(Uri.parse(VIDEO_URL));  ──→ ❷ VideoView에 재생할 대상 설정하고
                videoView.requestFocus();                        재생 시작하기
                videoView.start();
            }
        });
    }
}
```

이 앱도 인터넷에서 파일을 받아 오기 때문에 INTERNET 권한이 필요합니다. AndroidManifest.xml 파일을 열고 다음과 같이 INTERNET 권한을 추가합니다. 그리고 〈application〉 태그에 속성을 하나 더 추가합니다.

```
중략…

<uses-permission android:name="android.permission.INTERNET" />

<application
    android:usesCleartextTraffic="true"

중략…
```

앱을 실행하고 [재생하기] 버튼을 누르면 동영상이 재생됩니다. 이 영상에는 소리가 포함되어 있지 않습니다. 실습 진행 시 참고하길 바랍니다.

▲ 동영상 재생 결과

화면 가운데에 있는 비디오뷰를 손가락으로 터치하면 아래쪽에 미디어컨트롤러가 나타납니다. 이 컨트롤러의 버튼을 이용하면 동영상 재생을 중지하거나 재시작할 수 있습니다. 미디어컨트롤러는 현재 재생 위치와 함께 동영상 스트림이 얼마나 로딩되었는지를 확인할 수 있도록 프로그레스바(Progress-Bar)를 보여줍니다.

> **정박사의 조언   동영상을 좀 더 세밀하게 제어하고 싶을 때는 미디어플레이어 객체를 사용할 수 있어요**
>
> 동영상 재생을 위해서는 VideoView를 사용하거나 또는 MediaPlayer를 사용할 수 있습니다. 만약 동영상을 좀 더 세밀하게 제어하고 싶다면 MediaPlayer를 사용할 수 있습니다. 이때는 좀 더 많은 코드와 세심한 제어가 필요합니다.

13-5
오디오 녹음하여 저장하기

오디오나 동영상을 재생할 때 미디어플레이어가 사용되는 것처럼 오디오 녹음이나 동영상 녹화를 위해서는 미디어리코더(MediaRecorder)가 사용됩니다. 다음과 같은 과정을 거쳐 음성을 녹음할 수 있습니다.

구분	설명
① 미디어리코더 객체 생성	오디오 녹음을 위해 미디어리코더 객체를 new 연산자를 이용하여 만듭니다.
② 오디오 입력 및 출력 형식 설정	오디오 정보를 입력받을 데이터 소스와 함께 출력 형식을 설정합니다.
③ 오디오 인코더와 파일 지정	오디오 파일을 만들 때 필요한 인코더(Encoder)와 함께 파일 이름을 지정합니다.
④ 녹음 시작	녹음을 시작하면 오디오 파일이 만들어지고 인코딩된 바이트 스트림이 저장됩니다.
⑤ 매니페스트에 권한 설정	앱에서 녹음을 하려면 RECORD_AUDIO 권한이 있어야 하므로 매니페스트에 이 권한을 추가합니다.

새로운 SampleAudioRecorder 프로젝트를 만들고 패키지 이름은 org.techtown.audio.recorder로 입력합니다. 프로젝트 창이 보이면 activity_main.xml 파일을 열어 LinearLayout(vertical)로 변경해서 XML 레이아웃을 만듭니다. 오디오를 녹음한 후에 녹음 파일을 재생하는 화면에는 네 개의 버튼이 들어갑니다. 각각의 버튼에는 '녹음시작', '녹음중지', '재생시작', '재생중지' 글자가 표시되도록 합니다.

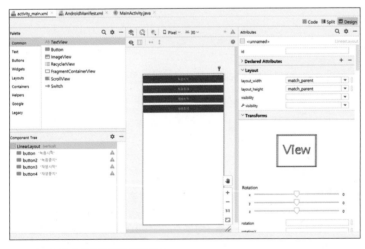

▲ 오디오 녹음과 재생을 위한 화면 구성

MainActivity.java 파일에는 다음 코드를 입력합니다. [녹음시작] 버튼을 누르면 녹음을 위해 MediaRecorder 객체가 사용되는 것을 볼 수 있습니다.

```java
public class MainActivity extends AppCompatActivity {
  MediaRecorder recorder;
  MediaPlayer player;

  File file;
  String filename;

  @Override
  protected void onCreate(Bundle savedInstanceState) {
    super.onCreate(savedInstanceState);
    setContentView(R.layout.activity_main);

    Button button = findViewById(R.id.button);
    button.setOnClickListener(new View.OnClickListener() {
      @Override
      public void onClick(View v) {
        startRecording();
      }
    });
```

중략…

길어서 중간 중간 생략된 코드의 원본은 책에서 제공된 프로젝트 폴더의
MainActivity.java 파일을 열어서 확인하세요.

```java
  }

  public void startRecording() {
    if (recorder == null) {
      recorder = new MediaRecorder();
    }

    recorder.setAudioSource(MediaRecorder.AudioSource.MIC);
    recorder.setOutputFormat(MediaRecorder.OutputFormat.MPEG_4);      ❶ MediaRecorder 설정하기
    recorder.setAudioEncoder(MediaRecorder.AudioEncoder.DEFAULT);
    recorder.setOutputFile(filename);

    try {
      recorder.prepare();      ❷ MediaRecorder 시작시키기
      recorder.start();
    } catch (Exception e) {
      e.printStackTrace();
    }
  }
}
```

중략…

[녹음하기] 버튼을 클릭하면 MediaRecorder 객체를 생성한 후 녹음에 필요한 정보를 설정합니다. setAudioSource 메서드는 오디오 입력을 설정할 때 사용되는데 여기서는 마이크로 입력을 받으므로 MediaRecorder.AudioSource.MIC 상수로 설정합니다. setOutputFormat 메서드로 설정되는 미디어 포맷은 MediaRecoder.OutputFormat.MPEG_4 상수를 이용하여 MPEG4 포맷으로 지정합니다. setAudioEncoder 메서드는 인코더를 설정하는 데 사용되며, 디폴트 인코더를 사용하도록 지정합니다. setOutputFile 메서드는 결과물 파일을 설정하는 데 사용되며, 미리 만들어둔 filename 변수에 들어간 값으로 지정되었습니다. 이 filename 변수에는 SD 카드에 저장될 파일 경로가 들어 있습니다. 따라서 녹음하면 해당 경로에 저장될 것입니다.

녹음에 필요한 정보를 모두 설정하고 나면 prepare와 start 메서드를 이용해 녹음을 시작합니다. 다음 코드는 녹음을 끝내고 저장하는 방법을 보여줍니다.

참조파일 SampleAudioRecorder>/app/java/org.techtown.audio.recorder/MainActivity.java

```
중략…

public void stopRecording() {
    if (recorder == null) {
        return;
    }
    recorder.stop();
    recorder.release();
    recorder = null;

    ContentValues values = new ContentValues(10);

    values.put(MediaStore.MediaColumns.TITLE, "Recorded");
    values.put(MediaStore.Audio.Media.ALBUM, "Audio Album");
    values.put(MediaStore.Audio.Media.ARTIST, "Mike");
    values.put(MediaStore.Audio.Media.DISPLAY_NAME, "Recorded Audio");
    values.put(MediaStore.Audio.Media.IS_RINGTONE, 1);
    values.put(MediaStore.Audio.Media.IS_MUSIC, 1);
    values.put(MediaStore.MediaColumns.DATE_ADDED, System.currentTimeMillis()/1000);
    values.put(MediaStore.MediaColumns.MIME_TYPE, "audio/mp4");
    values.put(MediaStore.Audio.Media.DATA, filename);

    Uri audioUri = getContentResolver().insert(MediaStore.Audio.Media.EXTERNAL_CONTENT_URI, values);  ── ContentResolver의 insert 메서드
    if (audioUri == null) {                                                                               호출하여 저장하기
        Log.d("SampleAudioRecorder", "Audio insert failed.");
        return;
    }
}

중략…
```

[녹음중지] 버튼을 클릭하면 stopRecording 메서드가 호출되도록 합니다. stopRecording 메서드를 보면 녹음을 중지하기 위한 두 개의 메서드, stop과 release가 호출되는 것을 알 수 있습니다. release 메서드는 MediaRecorder의 리소스를 해제하는 역할을 합니다.

녹음을 중지했을 때 결과물로 만들어진 녹음 파일을 미디어 앨범에 등록하기 위해서는 미디어 앨범의 내용 제공자를 이용해 새로 만들어진 녹음 파일의 정보를 등록합니다. 내용 제공자에 새로운 값을 추가하기 위해 ContentValues 객체에 필요한 정보를 put 메서드로 넣은 후 insert 메서드를 이용해 이 객체를 추가합니다. 이때 설정하는 정보들 중에서 MediaStore.MediaColumns.MIME_TYPE은 미디어 파일의 포맷을 의미하며, 여기에서는 audio/mp4로 지정합니다. MediaStore.MediaColumns.DATA의 경우에는 저장된 녹음 파일을 의미하며, 녹음 파일의 경로를 지정하면 됩니다. 미디어 앨범에서 음성 파일에 대한 내용 제공자의 URI는 MediaStore.Audio.Media.EXTERNAL_CONTENT_URI이므로 ContentValues 객체를 추가할 때 이 URI를 사용합니다. 녹음된 음성 파일을 재생하기 위한 코드는 앞 단락에서 설명한 바와 같이 [재생], [재생중지] 버튼을 클릭했을 때 호출되는 부분에 각각 구현되었습니다.

녹음된 파일은 [재생시작]과 [재생중지] 버튼을 눌렀을 때 각각 재생 시작되거나 재생 중지되도록 합니다. 이 부분의 코드는 앞 단락에서 이미 만들어 보았으므로 여러분이 직접 입력하기 바랍니다.

녹음을 하려면 RECORD_AUDIO 권한이 필요합니다. 또한 SD 카드에 접근하기 위한 두 가지 권한도 필요합니다. AndroidManifest.xml 파일을 열고 다음과 같이 권한을 추가합니다. 그리고 ⟨application⟩ 태그에 속성을 하나 더 추가합니다.

참조파일 SampleAudioRecorder⟩/app/manifests/AndroidManifest.xml

```
중략…

<uses-permission android:name="android.permission.RECORD_AUDIO" />
<uses-permission android:name="android.permission.WRITE_EXTERNAL_STORAGE" />
<uses-permission android:name="android.permission.READ_EXTERNAL_STORAGE" />

<application
    android:requestLegacyExternalStorage="true"

중략…
```

이 권한들은 위험 권한으로 분류되어 있으므로 앞 단락에서 실습했던 것처럼 위험 권한을 위한 설정과 코드를 추가합니다. 이제 앱을 실행하면 녹음을 진행할 수 있습니다.

13-6
동영상 녹화하기

오디오 녹음에 사용하던 MediaRecorder 객체는 동영상 녹화에도 그대로 이용할 수 있습니다. MediaRecorder 객체는 이렇게 비슷한 용도에 사용할 수 있으므로 몇 번 응용하여 실습해보면 쉽게 익숙해지는 장점이 있습니다. 동영상 녹화가 오디오 녹음과 다른 점은 영상을 녹음하기 위한 입력 소스로 카메라를 지정하여 사용자가 카메라 미리보기를 할 수 있도록 만들어 주어야 한다는 것입니다. 입력 소스로 지정할 수 있는 마이크는 MIC라는 상수로 정의되어 있고, 카메라는 CAMERA 라는 상수로 정의되어 있습니다.

[API]

MediaRecorder.AudioSource.*MIC*
MediaRecorder.VideoSource.*CAMERA*

카메라는 앞에서 살펴본 것처럼 서피스뷰를 이용해 미리보기를 구현합니다. 따라서 카메라 미리보기를 구현하도록 서피스뷰 객체를 사용합니다. 새로운 SampleVideoRecorder 프로젝트를 만들고 패키지 이름은 org.techtown.video.recorder로 입력합니다. 프로젝트 창이 열리면 activity_main.xml 파일을 열고 다음 그림처럼 화면 레이아웃을 구성합니다.

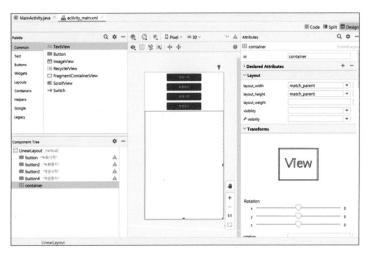

▲ 동영상 녹화와 재생을 위한 화면 구성

최상위 레이아웃은 LinearLayout(vertical)로 설정하고 '녹화시작', '녹화중지', '재생시작', '재생중지' 버튼을 추가합니다. 그 아래에는 FrameLayout을 추가한 후 container라는 id 값을 부여했습니다.

화면 레이아웃을 만들었다면 MainActivity.java 파일을 열고 다음 코드를 입력합니다.

```java
public class MainActivity extends AppCompatActivity {
  MediaPlayer player;
  MediaRecorder recorder;

  String filename;

  SurfaceHolder holder;

  @Override
  protected void onCreate(Bundle savedInstanceState) {
    super.onCreate(savedInstanceState);
    setContentView(R.layout.activity_main);

    SurfaceView surface = new SurfaceView(this);  ──▶ ❶ SurfaceView 객체 만들기
    holder = surface.getHolder();

    FrameLayout frame = findViewById(R.id.container);
    frame.addView(surface);

    Button button = findViewById(R.id.button);
    button.setOnClickListener(new View.OnClickListener() {
      @Override
      public void onClick(View v) {
        startRecording();
      }
    });

중략…

  public void startRecording() {
    if (recorder == null) {
      recorder = new MediaRecorder();
    }

    recorder.setAudioSource(MediaRecorder.AudioSource.MIC);
    recorder.setVideoSource(MediaRecorder.VideoSource.CAMERA);
    recorder.setOutputFormat(MediaRecorder.OutputFormat.MPEG_4);
    recorder.setAudioEncoder(MediaRecorder.AudioEncoder.DEFAULT);
    recorder.setVideoEncoder(MediaRecorder.VideoEncoder.DEFAULT);
    recorder.setOutputFile(filename);

    recorder.setPreviewDisplay(holder.getSurface());  ──▶ ❷ MediaRecorder에 미리보기 화면을
                                                            보여줄 객체 설정하기
    try {
```

```
        recorder.prepare();
        recorder.start();
      } catch (Exception e) {
        e.printStackTrace();

        recorder.release();
        recorder = null;
      }
    }

    public void stopRecording() {
      if (recorder == null) {
        return;
      }

      recorder.stop();
      recorder.reset();
      recorder.release();
      recorder = null;

      ContentValues values = new ContentValues(10);

      values.put(MediaStore.MediaColumns.TITLE, "RecordedVideo");
      values.put(MediaStore.Audio.Media.ALBUM, "Video Album");
      values.put(MediaStore.Audio.Media.ARTIST, "Mike");
      values.put(MediaStore.Audio.Media.DISPLAY_NAME, "Recorded Video");
      values.put(MediaStore.MediaColumns.DATE_ADDED, System.currentTimeMillis() / 1000);
      values.put(MediaStore.MediaColumns.MIME_TYPE, "video/mp4");
      values.put(MediaStore.Audio.Media.DATA, filename);

      Uri videoUri = getContentResolver()
                            .insert(MediaStore.Video.Media.EXTERNAL_CONTENT_URI, values);
      if (videoUri == null) {
        Log.d("SampleVideoRecorder", "Video insert failed.");
        return;
      }

      sendBroadcast(new Intent(Intent.ACTION_MEDIA_SCANNER_SCAN_FILE, videoUri));

}
```

중략…

이 코드는 이전 단락에서 입력했던 코드와 상당히 유사합니다. 다만 SurfaceView 객체를 만들어 화면 레이아웃에 있는 FrameLayout에 추가하는 것이 다릅니다. 카메라 미리보기 화면이 보이도록 만든 것입니다.

MediaRecorder 객체를 사용하는 방법은 오디오를 녹음할 때와 동일하지만 설정 정보 중에 setVideo-Source 메서드를 이용한 비디오 입력 정보 설정, 그리고 setVideoEncoder 메서드를 이용한 비디오 인코더 정보의 설정이 추가되어야 합니다. 여기서는 비디오 입력이 카메라가 되므로 MediaRecoder.VideoSource.CAMERA 상수를 파라미터로 전달합니다.

카메라 미리보기를 MediaRecorder에서 사용하려면 setPreviewDisplay 메서드로 미리보기 화면을 설정하면 됩니다. 이때 setPreviewDisplay 메서드에 설정할 미리보기 화면에 대한 정보는 서피스홀더 객체의 getSurface 메서드를 사용하면 가져올 수 있습니다. 동영상 녹화를 시작하기 위해서는 오디오 녹음과 마찬가지로 MediaRecorder 객체의 prepare와 start 메서드를 차례로 호출합니다. 만약 미디어 앨범에 녹화된 동영상을 저장하고 싶을 때는 오디오의 경우처럼 내용 제공자를 사용할 수 있습니다. 이때 미디어 앨범에 저장되었다는 정보를 다른 앱에도 알려주고 싶다면 Intent.ACTION_ME-DIA_SCANNER_SCAN_FILE 액션을 이용해 새로 만들어진 URI 객체를 브로드캐스팅하면 됩니다.

녹화된 동영상을 재생하는 코드도 오디오를 재생할 때와 유사합니다. 다만 MediaPlayer 객체의 setDi-aplay 메서드로 서피스홀더 객체를 설정해주는 작업이 추가로 필요합니다.

참조파일 SampleVideoRecorder>/app/java/org.techtown.video.recorder/MainActivity.java

```
중략…

public void startPlay() {
  if (player == null) {
    player = new MediaPlayer();
  }

  try {
    player.setDataSource(filename);
    player.setDisplay(holder);
    player.prepare();
    player.start();
  } catch (Exception e) {
    e.printStackTrace();
  }
}

중략…
```

이 앱에서도 RECORD_AUDIO와 CAMERA 그리고 SD 카드 접근 권한이 필요합니다. AndroidMani-fest.xml 파일을 열고 다음과 같이 권한을 추가합니다.

```
중략…

<uses-permission android:name="android.permission.RECORD_AUDIO" />
<uses-permission android:name="android.permission.CAMERA" />
<uses-permission android:name="android.permission.WRITE_EXTERNAL_STORAGE" />
<uses-permission android:name="android.permission.READ_EXTERNAL_STORAGE" />

중략…
```

이 권한들은 위험 권한으로 분류되어 있으므로 앞 단락에서 했던 것처럼 위험 권한을 위한 설정과 코드를 추가합니다. 이제 앱을 실행하면 동영상 녹화를 진행할 수 있습니다.

지금까지 음성 재생과 녹화, 동영상 재생과 녹화를 어떻게 할 수 있는지 살펴보았습니다. 이 과정을 통해 멀티미디어 기능을 만드는 것이 그리 어렵지 않다는 것을 알 수 있을 것입니다.

13-7
유튜브 영상 재생하기

스마트폰 단말에서 동영상을 녹화하거나 재생하는 방법은 앞 단락에서 실습했습니다. 그런데 이런 동영상을 다른 사람과 공유하기 위해 유튜브와 같은 동영상 공유 사이트에 올리는 경우가 많습니다. 이렇게 유튜브에 등록된 동영상을 앱에서 재생하는 경우 또한 많아졌습니다. 그러면 유튜브에 있는 동영상을 어떻게 재생할 수 있을까요? 구글에서는 유튜브의 동영상을 재생할 수 있는 API를 제공합니다. 이 API를 이용하면 동영상 재생 및 녹화를 진행할 수 있는데 여기서는 동영상 재생 방법도 같이 살펴보겠습니다.

유튜브 동영상 재생을 테스트해보기 위해 이름은 SampleYouTube, 패키지 이름은 org.techtown. youtube인 새로운 프로젝트 파일을 만듭니다. 프로젝트 창이 열리면 먼저 API를 사용할 수 있도록 도와주는 jar 파일을 추가해야 합니다. 왼쪽 프로젝트 창의 상단에 보이는 탭을 [Project Files]로 변경합니다. 그러면 프로젝트 폴더 안에 있는 폴더와 파일이 파일 탐색기의 경로처럼 나타납니다. jar 파일은 YouTube API를 제공하는 아래 사이트에서 다운로드받을 수 있습니다.

https://developers.google.com/youtube/android/player/downloads/

이 사이트를 접속하면 다음과 같이 zip 파일을 다운로드받을 수 있는 링크가 보입니다.

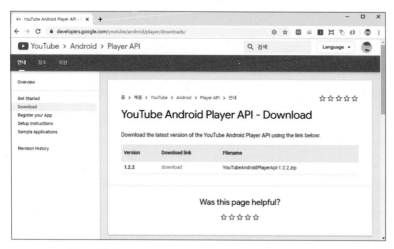

▲ YouTube 라이브러리 다운로드 사이트

파일을 다운로드한 후 압축을 풀면 libs 폴더 안에 jar 파일(YouTubeAndroidPlayerApi.jar)이 하나 들어 있습니다. 이 파일을 왼쪽 프로젝트 창에 보이는 /app/libs 폴더 안으로 복사해서 넣습니다.

▲ 프로젝트의 /app/libs 폴더에 복사한 jar 파일

라이브러리 파일을 추가했으니 왼쪽 프로젝트 창 상단 탭을 다시 [Android]로 변경합니다. 그리고 build.gradle (Module: SampleYouTube.app) 파일을 열어 dependencies 중괄호 안에 한 줄 추가합니다.

참조파일 SampleYouTube>/Gradle Scripts/build.gradle (Module: SampleYouTube.app)

```
중략...

dependencies {
  implementation fileTree(dir: 'libs', include: ['*.jar'])

  중략...
}
```

이제 프로젝트 창 상단의 툴바에서 [Sync Project with Gradle Files] 아이콘을 누릅니다. 그러면 추가한 jar 파일을 인식하여 사용할 수 있도록 해줍니다.

activity_main.xml 파일을 열고 화면 레이아웃을 만듭니다. 최상위 레이아웃을 LinearLayout(vertical)로 설정하고 '시작'이라는 글자가 표시된 버튼 하나를 추가합니다. 그런 다음 디자인 화면의 우측 상단에 있는 [Code] 아이콘을 눌러 원본 XML 코드를 엽니다. 〈Button〉 태그를 찾은 후 그 아래에 API에서 제공하는 YouTubePlayerView를 추가합니다.

참조파일 SampleYouTube>/app/res/layout/activity_main.xml

```xml
<?xml version="1.0" encoding="utf-8"?>
<LinearLayout xmlns:android="http://schemas.android.com/apk/res/android"
  android:layout_width="match_parent"
  android:layout_height="match_parent"
  android:orientation="vertical" >
```

```
<Button
  android:id="@+id/button"
  android:layout_width="match_parent"
  android:layout_height="wrap_content"
  android:text="시작" />

<com.google.android.youtube.player.YouTubePlayerView ──→ YouTubePlayerView 태그 추가하기
  android:id="@+id/playerView"
  android:layout_width="match_parent"
  android:layout_height="match_parent" />

</LinearLayout>
```

YouTubePlayerView는 패키지 이름까지 같이 태그에 넣어주어야 하며 com.google.android.youtube.player 패키지에 들어 있습니다. 이 뷰의 id 값은 playerView로 지정했습니다. 화면에 추가한 버튼을 누르면 이 뷰에 동영상이 재생될 것입니다.

이제 MainActivity.java 파일을 열고 YouTubePlayerView를 초기화하고 버튼을 눌렀을 때 동작할 코드를 입력합니다.

참조파일 SampleYouTube>/app/java/org.techtown.youtube/MainActivity.java

```java
public class MainActivity extends YouTubeBaseActivity {
  YouTubePlayerView playerView;
  YouTubePlayer player;

  private static String API_KEY = "AIzaSyDWXmWuB7xjPaN5gwW2hlNtHr9nETESN7E";
  private static String videoId = "gdZLi9oWNZg";

  @Override
  protected void onCreate(Bundle savedInstanceState) {
    super.onCreate(savedInstanceState);
    setContentView(R.layout.activity_main);

    initPlayer();

    Button button = findViewById(R.id.button);
    button.setOnClickListener(new View.OnClickListener() {
      @Override
      public void onClick(View view) {
        playVideo();
      }
```

```
    });
  }

  public void initPlayer() {
    playerView = findViewById(R.id.playerView);

    playerView.initialize(API_KEY, new YouTubePlayer.OnInitializedListener() {
      @Override
      public void onInitializationSuccess(YouTubePlayer.Provider provider,
                                 YouTubePlayer youTubePlayer, boolean b) {

        player = youTubePlayer;

        player.setPlayerStateChangeListener(new YouTubePlayer.PlayerStateChangeListener() {
          @Override
          public void onLoading() {}

          @Override
          public void onLoaded(String id) {
            Log.d("PlayerView", "onLoaded 호출됨: " + id);

            player.play();
          }

          @Override
          public void onAdStarted() {}

          @Override
          public void onVideoStarted() {}

          @Override
          public void onVideoEnded() {}

          @Override
          public void onError(YouTubePlayer.ErrorReason errorReason) {}
        });
      }

      @Override
      public void onInitializationFailure(YouTubePlayer.Provider provider,
                            YouTubeInitializationResult youTubeInitializationResult) {

      }
    });
  }

  public void playVideo() {
```

➊ YouTube
PlayerView
초기화하기

➋ 동영상이 로딩되었으면 재생하기

```
    if (player != null) {
      if (player.isPlaying()) {
        player.pause();
      }

      player.cueVideo(videoId);
    }
  }
}
```

액티비티는 YouTubeBaseActivity를 상속받도록 합니다. 그리고 YouTubePlayerView와 YouTubeP-layer 자료형으로 된 변수를 선언했습니다. 이 변수 이외에도 API_KEY와 videoId라는 상수 및 클래스 변수가 선언되어 있습니다. API_KEY는 구글 콘솔 사이트에서 발급받을 수 있습니다. 여기에서는 샘플로 키 값을 넣어둔 것이므로 동영상 재생을 위해서는 여러분 각각이 API Key를 발급받아 그 값을 할당해야 합니다.

videoId 변수에는 재생할 동영상의 id 값을 할당합니다. 동영상 id는 여러분이 재생하기 원하는 동영상을 유튜브에서 찾으면 사이트 주소에 포함되어 있는 id 값을 확인할 수 있습니다. 다음 그림에서는 gdZLi9oWNZg가 동영상의 id 값입니다.

▲ 유튜브 동영상을 검색했을 때 사이트 주소에 포함되어 있는 동영상 id

화면 레이아웃에 유튜브 재생을 위한 뷰를 추가했으므로 그 뷰를 findViewById로 찾아 참조합니다. 이 뷰에는 initialize라는 이름의 메서드가 있어 뷰의 초기화를 도와줍니다. initialize 메서드를 호출할 때는 첫 번째 파라미터로 API 키 값을 전달하고 두 번째 파라미터로 OnInitializedListener 객체를 전달합니다. 이 객체는 초기화가 성공적으로 수행되었을 때 onInitializationSuccess 메서드를 호출해줍니다. 이 메서드가 호출되면 YouTubePlayer 객체가 전달되므로 이 객체를 변수에 할당합니다. 그리고

YouTubePlayer 객체의 setPlayerStateChangeListener 메서드를 호출하여 리스너 객체를 등록하면 Player의 상태가 어떻게 바뀌는지 확인할 수 있습니다. onLoaded 메서드는 동영상이 로딩되었을 때 자동으로 호출되므로 그 안에서 Player 객체의 play 메서드를 호출합니다.

버튼을 눌렀을 때 동영상을 로딩하도록 만들 것이므로 findViewById 메서드로 버튼을 찾아 onClick 메서드 안에서 playVideo 메서드를 호출하도록 합니다. playVideo 메서드 안에서는 Player 객체의 cueVideo 메서드를 호출하면서 videoId 변수에 할당된 값을 전달합니다. 이렇게 하면 버튼을 눌렀을 때 동영상이 로딩되고 로딩이 끝나면 재생이 시작됩니다.

유튜브 동영상을 재생하기 위해서는 INTERNET 권한이 필요하므로 AndroidManifest.xml 파일을 열고 INTERNET 권한과 〈queries〉 태그를 추가합니다. 이 태그는 유튜브 라이브러리를 초기화하는 데 필요합니다.

참조파일 SampleYouTube>/app/manifests/AndroidManifest.xml

```
중략…

<uses-permission android:name="android.permission.INTERNET"/>

<queries>
  <intent>
    <action android:name="com.google.android.youtube.api.service.START" />
  </intent>
</queries>

중략…
```

이제 마지막으로 구글 콘솔 사이트에서 유튜브 동영상 재생을 위한 키 값을 발급받습니다.

https://console.developers.google.com/apis

구글 로그인이 안 되어 있는 상태라면 로그인을 하고 계정이 없다면 회원가입을 통해 계정을 발급받은 후 로그인합니다. 그러면 새로운 프로젝트를 만들 수 있습니다. My Project라는 이름으로 새로운 프로젝트를 만들고 왼쪽 메뉴 중 [사용자 인증 정보] 메뉴를 선택하면 키를 발급받을 수 있는 화면으로 이동합니다. [사용자 인증 정보 만들기] 버튼을 누르고 [API 키]를 선택하면 키가 생성됩니다. MainActivity.java 파일을 열고 이 키를 API_KEY 상수의 값으로 입력합니다.

앱을 실행하고 [시작] 버튼을 누르면 동영상이 재생됩니다.

▲ 앱을 실행하여 유튜브 동영상을 재생한 결과

라이브러리가 제공되므로 유튜브 동영상은 그리 어렵지 않게 재생할 수 있다는 것을 알 수 있었습니다. 이제 앱의 기능 중에서 동영상 재생 기능이 필요하다면 유튜브 동영상을 고려해 볼 수 있을 것입니다.

도전! 25
안드로이드 미션

앨범 사진을 리스트로 보여주기

단말의 앨범에 있는 사진들을 가져와 리스트로 보여주는 기능을 만들어 보세요. 앨범에 있는 사진들은 내용 제공자를 이용해 가져올 수 있습니다.

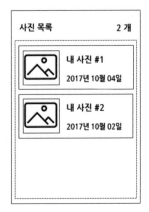

• **프로젝트 소스** DoitMission-25

❶ 앨범에 저장된 사진을 가져와 사진 리스트를 표시합니다.

❷ 앨범에 들어 있는 사진은 내용 제공자(Content Provider)를 사용해 가져옵니다.

❸ 리싸이클러뷰의 한 아이템에는 사진 썸네일(Thumbnail) 이미지와 날짜를 표시합니다.

❹ 리싸이클러뷰의 위쪽에는 전체 사진의 개수를 표시합니다.

참고할 점

단말의 사진 앱으로 사진을 찍으면 앨범에서 볼 수 있습니다.

앨범 앱을 사용하지 않고 여러분이 만든 앱에서도 앨범에 저장된 사진을 보여줄 수 있습니다.

도전! 26
안드로이드 미션

증강 현실로
쿠폰 보여주기

증강 현실에서 쿠폰을 보여주는 화면을 가상으로 만들어보세요. 카메라 미리보기 화면을 보여주고 그 위에 쿠폰 이미지를 보여주면 증강 현실에서 보여주는 것처럼 만들 수 있습니다.

• **프로젝트 소스** DoitMission-26

❶ 앱을 실행하면 카메라 미리보기 화면이 보이도록 하고 아래쪽에는 [쿠폰 보이기]와 [쿠폰 감추기] 버튼을 배치합니다.

❷ [쿠폰 보이기] 버튼을 누르면 카메라 미리보기 화면 위에 쿠폰 아이콘을 보여줍니다.

❸ [쿠폰 감추기] 버튼을 누르면 쿠폰 아이콘이 보이지 않도록 합니다.

❹ 쿠폰 아이콘을 선택하면 토스트 메시지로 선택된 쿠폰 정보를 간단하게 보여줍니다.

❺ 카메라 미리보기와 쿠폰 아이콘을 같이 보여주도록 프레임 레이아웃 안에 카메라 미리보기와 쿠폰 아이콘 두 개의 레이아웃을 추가합니다. 그런 다음 소스 코드에서 쿠폰 레이아웃의 visibility 속성을 조절합니다.

참고할 점

증강 현실에서는 센서까지 사용해야 합니다. 여기에서는 센서는 사용하지 않고 카메라 미리보기 화면 위에 쿠폰 이미지를 보여주는 것까지만 해 봅니다.

센서를 사용하지 않기 때문에 단말을 움직여도 쿠폰 이미지가 따라서 움직이지는 않습니다.

14 위치기반 서비스와 앱 위젯 사용하기

위치기반 서비스는 위치 정보를 이용해서 휴대 단말 사용자에게 다양한 서비스를 제공합니다. 아이폰과 안드로이드폰은 GPS와 센서가 기본으로 장착되어 있어 자신의 위치를 확인할 수 있습니다. 그리고 이를 이용하는 위치기반 서비스 앱도 아주 많아졌습니다. 배달 앱이나 택시 호출 앱, 위치를 이용하는 중고 거래 앱 등이 GPS를 이용하는 위치 정보를 사용합니다. 이번 장에서는 앱에서 위치를 확인하는 방법부터 지도에 주변 카페를 아이콘으로 표시하는 기능까지 모두 만들어 보겠습니다. 그리고 홈 화면에 앱 위젯을 띄우는 방법도 함께 살펴봅니다.

 그림으로 정리하기

내가 있는 위치를 GPS로 확인하려면 어떻게 하나요?	• GPS를 이용해 나의 위치 확인하기 • 그래픽 그리기
▼	
내 위치를 지도 위에 보여주고 아이콘으로 표시하고 싶어요!	• 현재 위치의 지도 보여주기 • 지도에 아이콘 추가하기
▼	
홈 화면에 위젯을 띄워주고 싶어요!	• 앱 위젯 만들기

내 위치 확인하기   내 위치 지도에 표시하기   앱 위젯 만들기

현재 위치   GPS 모듈   현재 위치   앱 위젯 / 홈 화면

14-1
GPS로 나의 위치 확인하기

앱에서 내 위치를 확인하고 싶다면 위치 관리자(LocationManager)를 사용합니다. 실제로 android.
location 패키지에는 이 클래스를 포함하여 위치 정보를 확인하거나 확인된 위치 정보를 사용하는 데
필요한 클래스들이 정의되어 있습니다.

나의 현재 위치를 확인하는 가장 기본적인 방법은 위치 관리자에게 위치 정보를 요청하는 것으로 다음
과 같은 단계를 거쳐야 합니다.

단계	설명
1단계	**위치 관리자 객체 참조하기** → 위치 관리자(LocationManager)는 시스템 서비스로 제공되므로, getSystemService 메서드를 이용해 위치 관리자 객체를 참조합니다.
2단계	**위치 리스너 구현하기** → 위치 관리자가 알려주는 현재 위치는 위치 리스너(LocationListener)를 통해 받게 되므로 새로운 리스너를 구현하여 전달 받은 위치 정보를 처리합니다.
3단계	**위치 정보 업데이트 요청하기** → 위치 관리자에게 위치 정보가 변경될 때마다 알려달라고 요청하기 위해 requestLocationUpdates 메서드를 호출합니다. 이 메서드의 파라미터로 2단계에서 구현한 위치 리스너 객체를 전달합니다.
4단계	**매니페스트에 권한 추가하기** → GPS를 사용할 수 있도록 매니페스트 파일에 ACCESS_FINE_LOCATION 권한을 추가하고 위험 권한을 위한 설정과 코드를 추가합니다.

다음은 위에서 표로 정리한 단계를 그림으로 표현한 것입니다.

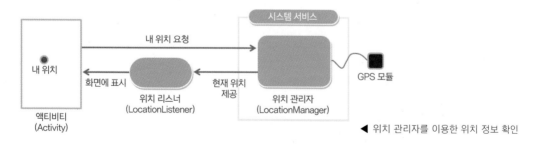

◀ 위치 관리자를 이용한 위치 정보 확인

내 위치를 확인하는 기능을 만들어 보겠습니다. SampleLocation이라는 이름과 org.techtown.loca-
tion이라는 패키지 이름을 가진 새로운 프로젝트를 만듭니다. 프로젝트 창이 열리면 activity_main.
xml 파일을 열고 텍스트뷰 하나와 버튼 하나를 추가합니다. 버튼에는 '내 위치 확인하기'라는 글자가
표시되도록 합니다. 버튼을 누르면 내 위치 확인을 시작하도록 하고 위치가 확인되면 텍스트뷰에 보여

줄 것입니다.

1단계 – 위치 관리자 객체 참조하기

위치 관리자는 시스템 서비스이므로 객체를 참조하기 위해서 getSystemService 메서드를 사용합니다.
MainActivity.java 파일을 열고 버튼을 클릭했을 때 startLocationService 메서드가 호출되도록 합니다. 이 메서드 안에는 내 위치를 확인하기 위한 코드를 입력합니다.

참조파일 SampleLocation>/app/java/org.techtown.location/MainActivity.java

```java
public class MainActivity extends AppCompatActivity {
  TextView textView;

  @Override
  protected void onCreate(Bundle savedInstanceState) {
    super.onCreate(savedInstanceState);
    setContentView(R.layout.activity_main);

    textView = findViewById(R.id.textView);

    Button button = findViewById(R.id.button);
    button.setOnClickListener(new View.OnClickListener() {
      @Override
      public void onClick(View v) {
        startLocationService();
      }
    });
  }

  public void startLocationService() {
    LocationManager manager = (LocationManager) getSystemService(Context.LOCATION_SERVICE);
```
❶ LocationManager 객체 참조하기
```java
    try {
      Location location = manager.getLastKnownLocation(LocationManager.GPS_PROVIDER);
```
❷ 이전에 확인했던 위치 정보 가져오기
```java
      if (location != null) {
        double latitude = location.getLatitude();
        double longitude = location.getLongitude();
        String message = "최근 위치-> Latitude : " + latitude + "\nLongitude:" + longitude;

        textView.setText(message);
      }

    } catch(SecurityException e) {
      e.printStackTrace();
```

```
        }
    }
}
```

위치 관리자를 위해 정의한 상수의 이름은 Context.LOCATION_SERVICE입니다. 따라서 이 상수로
시스템 서비스 객체를 참조한 후 최근 위치 정보를 확인해보는 코드를 넣으면 나의 최근 위치를 확인
할 수 있습니다.

정박사의 조언 **GPS가 꺼져있을 때는 언제 GPS가 켜지는 것일까요?**

위치 관리자 객체를 참조한 후 바로 최근 위치 정보를 확인할 때 단말의 GPS 모듈이 처음 사용되는 상태이면 GPS가 켜
지면서 초기화된 후 사용됩니다.

최근 위치 정보를 확인하기 위해 사용하는 getLastKnownLocation 메서드에는 위치 정보를 제공하
는 위치 제공자(Location Provider) 정보를 파라미터로 전달합니다. 안드로이드는 위치 제공자를 크
게 GPS_PROVIDER와 NETWORK_PROVIDER로 구분하고 있으며, 이 두 개의 값 중 하나를 파라미
터로 전달하면 됩니다. 실제 앱에서는 대부분 GPS를 이용하게 되므로 GPS_PROVIDER를 전달하면
Location 객체가 반환됩니다. Location 객체는 위도와 경도 값을 가지고 있으며, getLatitude와 get-
Longitude 메서드로 그 값을 확인할 수 있습니다.

정박사의 조언 **안드로이드에서 사용하는 좌표 값은 어떤 것일까요?**

안드로이드는 경위도 좌표계를 사용하며, 위도와 경도의 값은 double 타입으로 되어 있습니다. 우리나라가 속하는 경위
도 값의 범위는 위도가 36도~38도, 경도가 126도~128도이며 보통 소수점 여섯 자리 또는 소수점 일곱 자리까지 표현
됩니다.

코드를 입력하고 나면 getLastKnownLocation 메서드를 호출하는 부분에 빨간색 밑줄이 생깁니다. 이
것은 권한이 없음을 알려주는 표시입니다. AndroidManifest.xml 파일을 열고 위치 확인을 위해 필요
한 권한을 추가합니다.

참조파일 SampleLocation>/app/manifests/AndroidManifest.xml

```
중략…

<uses-permission android:name="android.permission.ACCESS_FINE_LOCATION"/>
<uses-permission android:name="android.permission.ACCESS_COARSE_LOCATION"/>

중략…
```

2단계 - 위치 리스너 구현하기

위치 리스너(LocationListener)는 위치 관리자에서 전달하는 위치 정보를 받기 위해 정의된 인터페이스입니다. 즉, 위치 관리자가 위치 정보를 전달할 때 호출되므로 위치 정보를 받아 처리하려면 이 리스너의 onLocationChanged 메서드를 구현해야 합니다. MainActivity 클래스 안에 LocationListener 인터페이스를 구현하는 클래스를 내부 클래스로 정의합니다.

참조파일 SampleLocation>/app/java/org.techtown.location/MainActivity.java

```java
중략...

    class GPSListener implements LocationListener {
        public void onLocationChanged(Location location) {      ──→ 위치가 확인되었을 때 자동으로 호출되는
            Double latitude = location.getLatitude();                onLocationChanged 메서드
            Double longitude = location.getLongitude();
            String message = "내 위치-> Latitude : "+ latitude + "\nLongitude:"+ longitude;
            textView.setText(message);
        }

        public void onProviderDisabled(String provider) { }

        public void onProviderEnabled(String provider) { }

        public void onStatusChanged(String provider, int status, Bundle extras) { }
    }
```

위치 리스너에는 위치 제공자의 상태를 확인하는 메서드와 함께 위치 정보를 전달할 때 호출되는 onLocationChanged 메서드가 함께 정의되어 있습니다. 대부분의 경우에는 이 메서드만을 구현하는 것으로 충분하지만 이 코드에서는 위치 좌표를 확인한 후 화면에 있는 텍스트뷰에 표시하고 있습니다.

3단계 - 위치 정보 업데이트 요청하기

위치 관리자는 일정한 시간 간격으로 위치 정보를 확인하거나 일정 거리 이상을 이동했을 때 위치 정보를 전달하는 기능을 제공합니다. 위치 관리자에게 현재 위치를 알려달라고 요청하기 위해서는 requestLocationUpdates 메서드를 호출해야 하는데 파라미터로는 최소 시간과 최소 거리 그리고 위치 리스너 객체가 전달되어야 합니다. 1단계에서 작성한 startLocationService 메서드를 다음과 같이 수정하세요.

```
중략…

public void startLocationService() {
  중략…

    try {
      Location location = manager.getLastKnownLocation(LocationManager.GPS_PROVIDER);
      if (location != null) {
        double latitude = location.getLatitude();
        double longitude = location.getLongitude();
        String message = "최근 위치-> Latitude : " + latitude + "₩nLongitude:" + longitude;

        textView.setText(message);
      }

      GPSListener gpsListener = new GPSListener();  ─→ ❶ 리스너 객체 생성
      long minTime = 10000;
      float minDistance = 0;
                                                          ❷ 위치 요청하기
      manager.requestLocationUpdates(LocationManager.GPS_PROVIDER, minTime, minDistance, gpsListener);
      Toast.makeText(getApplicationContext(), "내 위치확인 요청함", Toast.LENGTH_SHORT).show();

    } catch(SecurityException e) {
      e.printStackTrace();
    }
  }

중략…
```

startLocationService 메서드는 위치 정보 수신을 시작하기 위해 만든 것입니다. 그 안에서 requestLocationUpdates 메서드가 호출되는 것을 볼 수 있습니다. 최소 시간으로는 10초, 최소 거리는 0으로 하여 10초마다 위치 정보를 전달받게 됩니다.

4단계 - 위험 권한을 위한 코드 추가하기

GPS를 이용해 위치 정보를 받으려면 권한이 필요하므로 앞서 진행한 실습 과정에서 매니페스트에 이 권한을 추가했습니다. 그런데 이 권한은 위험 권한으로 분류되어 있으므로 위험 권한을 부여하는 설정과 코드를 추가합니다. 위험 권한을 위해 어떻게 코드를 추가하는지는 이미 여러 번 해보았으므로 직접 해보기 바랍니다. 먼저 app/Gradle Scripts/build.gradle(Module: SampleLocation.app) 파일을 열고 외부 라이브러리를 사용하기 위한 코드를 한 줄 추가합니다.

```
중략…

dependencies {

중략…

  implementation 'com.yanzhenjie:permission:2.0.3'
}
```

그리고 MainActivity.java 파일에 위험 권한을 자동으로 부여하기 위한 코드를 추가합니다.

```java
public class MainActivity extends AppCompatActivity {
  TextView textView;

  @Override
  protected void onCreate(Bundle savedInstanceState) {
    super.onCreate(savedInstanceState);
    setContentView(R.layout.activity_main);

중략…

  AndPermission.with(this)
    .runtime()
    .permission(
      Permission.ACCESS_FINE_LOCATION,
      Permission.ACCESS_COARSE_LOCATION)
    .onGranted(new Action<List<String>>() {
      @Override
      public void onAction(List<String> permissions) {
        showToast("허용된 권한 개수: " + permissions.size());
      }
    })
    .onDenied(new Action<List<String>>() {
      @Override
      public void onAction(List<String> permissions) {
        showToast("거부된 권한 개수: " + permissions.size());
      }
    })
    .start();
```

```
  }

  public void showToast(String message) {
    Toast.makeText(this, message, Toast.LENGTH_LONG).show();
  }

중략…
```

앱을 실행하면 권한을 부여하라는 대화상자가 표시됩니다. [ALLOW] 버튼을 눌러 권한을 부여한 후 화면에 있는 [내 위치 확인하기] 버튼을 누르면 전달받은 위치 정보를 텍스트뷰와 토스트 메시지로 보여줍니다.

▲ 앱에서 내 위치를 확인한 결과

에뮬레이터로 가상 위치 정보 전송하기

에뮬레이터에서는 GPS 모듈을 사용할 수 없습니다. 따라서 앞서 살펴본 실행 화면을 에뮬레이터에서 보려면 위치 정보를 가상으로 전달하는 방법을 사용해야 합니다. 에뮬레이터의 오른쪽을 보면 여러 개의 아이콘들이 있습니다. 그중에서 가장 아래쪽에 있는 [...] 아이콘을 누르면 에뮬레이터를 제어할 수 있도록 [Extended controls]라는 별도의 창이 나타납니다. 왼쪽의 탭 중에서 [Location] 탭을 선택합니다. 지도가 보이면 마우스로 확대/축소 및 이동하여 대한민국 서울을 찾아 원하는 지역을 클릭합니다. 그러면 클릭한 지역의 경위도 좌표가 표시됩니다. 지도 아래에 있는 SAVE POINT 링크를 클릭하면 지금 선택한 위치에 이름을 부여하여 저장할 수 있습니다.

▲ 가상으로 위치 선택하기

이름을 입력하고 대화상자의 [OK]를 누르면 오른쪽에 저장된 정보가 표시됩니다. 저장한 항목을 선택한 후 아래쪽에 있는 [SET LOCATION]을 누르면 에뮬레이터로 경위도 좌표가 전송됩니다.

▲ 에뮬레이터로 가상 위치 정보 전송

지금까지 4단계로 이루어진 현재 위치 확인 방법을 살펴보았습니다. 실행한 코드의 양도 아주 적은 편일뿐만 아니라 확인 과정도 단순하므로 앱에서 GPS를 이용한 위치 확인 기능이 얼마나 쉽게 구현될 수 있는지 알 수 있습니다.

14-2
현재 위치의 지도 보여주기

현재 위치를 좌표 값만으로 확인하는 앱은 거의 사용하지 않습니다. 숫자만으로는 현재 내가 어디에 있는지 알 수 없기 때문입니다. 즉, 사용자가 현재 위치를 눈으로 잘 볼 수 있도록 기능을 완성해야 합니다. 대부분의 위치기반 서비스를 활용한 앱은 사용자가 현재 위치를 잘 볼 수 있도록 지도를 이용해 위치를 나타냅니다. 그렇다면 지도는 어떻게 보여주는 것일까요?

안드로이드에서는 앱 화면 안에 지도를 넣을 수 있도록 맵프래그먼트(MapFragment)가 제공됩니다. 맵프래그먼트는 새로운 방식의 구글맵 서비스 v2 기능을 사용할 수 있도록 추가된 기능으로 Google Play service 모듈을 사용합니다. 다음은 XML 레이아웃에 맵프래그먼트를 추가해서 지도를 보여줄 때 필요한 과정입니다. 조금 복잡해 보일 수도 있지만 꼭 기억하고 넘어가길 바랍니다.

> - **Google Play services 라이브러리 사용 설정하기**
> → 구글맵 서비스 v2는 Play services 라이브러리를 사용합니다. 따라서 구글맵을 사용하려면 이 라이브러리를 추가해야 합니다.
>
> - **XML 레이아웃에 맵프래그먼트 추가하기**
> → 앱 화면에 지도를 넣으려면 XML 레이아웃에 맵프래그먼트를 추가합니다.
>
> - **소스 코드에서 내 위치로 지도 이동시키기**
> → 지도를 띄울 때 내 위치가 보여야 하므로 소스 코드에 지도를 내 위치에 맞추어 이동시키는 기능을 추가합니다.
>
> - **매니페스트에 설정 추가하기**
> → 지도를 사용하려면 권한이 필요합니다. 이 외에도 필요한 설정 정보를 매니페스트에 등록해야 합니다.
>
> - **지도 API 키**
> → 구글맵 서비스를 사용하려면 구글 콘솔에서 지도 API 키를 발급 받아 앱의 매니페스트에 넣어주어야 합니다.

Google Play services 라이브러리 사용 설정하기

안드로이드 스튜디오 화면의 위쪽에 있는 아이콘 중에서 [SDK Manager] 아이콘(🖳)을 눌러 SDK 매니저 화면을 불러옵니다. 그런 다음 왼쪽의 메뉴에서 [Appearance & Behavior → System Settings → Android SDK]를 선택하세요. 오른쪽 창에서 [SDK Tools] 탭을 선택합니다. 'Google Play services' 모듈이 설치되어 있는지 확인하고 설치가 되지 않았으면 모듈을 선택해서 [Apply] 버튼을 누릅니다.

설치 과정이 끝나고 'Installed'가 표시되면 [OK]를 누릅니다.

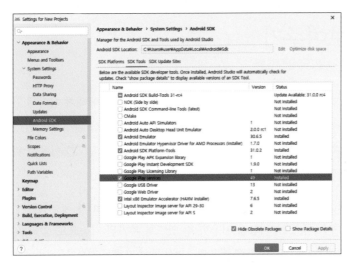

▲ SDK 매니저 화면에서 확인한 'Google Play services' 모듈 설치

프로젝트를 만들고 XML 레이아웃에 맵프래그먼트 추가하기

SampleLocationMap이라는 이름과 org.techtown.location 패키지 이름으로 새로운 프로젝트를 만듭니다. 프로젝트 창이 열리면 먼저 새로 만든 프로젝트에서 사용할 외부 라이브러리를 추가해야 합니다. 지금까지 외부 라이브러리는 build. gradle 파일의 dependencies 중괄호 안에 추가했었지만 추가할 라이브러리의 이름이나 버전을 잘 모른

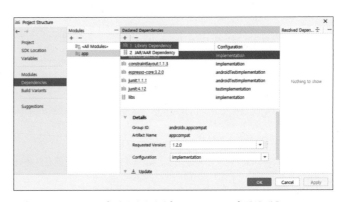

▲ [Project Structure] 대화상자에서 [Dependencies] 탭의 내용

다면 검색해서 추가할 수도 있습니다. 이번에는 라이브러리를 검색하여 추가해 보겠습니다. 안드로이드 스튜디오의 상단 메뉴에서 [File → Project Structure] 메뉴를 선택합니다. [Project Structure] 대화상자가 보이면 왼쪽의 Dependencies 항목을 선택하고 오른쪽 창의 Modules 부분에서 app를 선택합니다. 그리고 오른쪽 Declared Dependencies 란의 아래쪽에 있는 [+] 버튼을 누릅니다. 팝업 메뉴가 나오면 그중에서 'Library dependency'를 선택합니다.

검색창에 play-services-maps를 입력한 후 [Search] 버튼을 누릅니다. 검색 결과가 표시되면 그 항목이 선택되어 있는 상태에서 [OK] 버튼을 누릅니다. 그러면 이전에 보았던 Declared Dependencies 란에 선택한 항목이 추가됩니다.

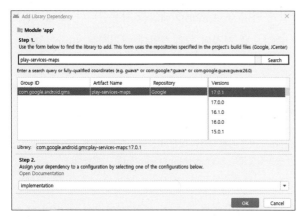

▲ play services maps 라이브러리를 검색하여 추가하는 화면

Google Play services 라이브러리를 사용할 수 있게 되었습니다. 이제 프로젝트 창으로 돌아와서 화면 레이아웃을 만들어 보겠습니다. 화면 레이아웃에는 지도를 보여주기 위한 프래그먼트를 추가합니다. activity_main.xml 파일을 열고 최상위 레이아웃을 LinearLayout으로 변경하고 orientation 속성 값은 vertical로 설정합니다. 그 안에 '내 위치 요청하기' 글자가 표시된 버튼 하나와 프래그먼트를 추가합니다. 디자인 화면에서 Button과 View를 추가하고 위치를 잡은 후 오른쪽 위에 있는 [Code] 아이콘을 눌러 원본 XML 코드를 표시합니다. 그리고 원본 XML 코드에서 View 태그를 fragment 태그로 변경한 후 필요한 속성을 추가합니다.

참조파일 SampleLocationMap>/app/res/layout/activity_main.xml

```xml
<?xml version="1.0" encoding="utf-8"?>
<LinearLayout xmlns:android="http://schemas.android.com/apk/res/android"
  android:layout_width="match_parent"
  android:layout_height="match_parent"
  android:orientation="vertical" >

  <Button
    android:id="@+id/button"
    android:layout_width="match_parent"
    android:layout_height="wrap_content"
    android:text="내 위치 요청하기" />

  <fragment  ──→ 지도를 보여주기 위한 프래그먼트 태그 추가하기
    android:id="@+id/map"
    android:layout_width="match_parent"
    android:layout_height="match_parent"
    class="com.google.android.gms.maps.SupportMapFragment" />

</LinearLayout>
```

프래그먼트는 뷰처럼 화면의 일정 영역을 할당받게 되며 〈fragment〉 태그를 사용합니다. 프래그먼트에서 할당받은 화면 영역에 보이는 것은 class 속성으로 지정된 클래스인데 여기서는 SupportMap-Fragment라는 이름의 클래스가 사용됩니다.

정박사의 조 언 **MapFragment를 사용할 수도 있어요**

appcompat 라이브러리를 사용할 때는 SupportMapFragment를 사용하지만 예전 버전의 안드로이드를 지원할 필요가 없다면 MapFragment를 사용할 수도 있습니다. 하지만 일반적으로는 SupportMapFragment를 사용합니다.

---

id 속성 값은 map으로 설정하여 소스 코드에서 이 프래그먼트를 찾을 수 있도록 합니다. 그리고 이 프래그먼트가 화면을 꽉 채우도록 layout_width와 layout_height 속성의 값은 match_parent로 설정합니다.

소스 코드에서 내 위치로 지도 이동시키기

지도를 보여주기 위해 XML 레이아웃에 추가한 프래그먼트에는 class 속성으로 SupportMapFragment라는 이름의 클래스가 할당되어 있습니다. 이 객체는 소스 코드에서 참조할 수 있으며 SupportMapFragment 안에 들어있는 GoogleMap 객체 위에 지도가 표시됩니다. GoogleMap 객체는 프래그먼트가 초기화된 후에 참조할 수 있는데, 레이아웃에 정의한 MapFragment 객체를 소스 코드에서 참조한 후 getMapAsync 메서드를 호출하면 GoogleMap 객체를 참조할 수 있습니다. getMapAsync 메서드는 내부적으로 지도를 다루는 GoogleMap 객체를 초기화하는데 비동기 방식으로 처리됩니다. 따라서 콜백 객체를 파라미터로 전달한 후 초기화가 완료될 때 콜백 객체 안의 함수가 자동으로 호출되도록 만듭니다. 그런 다음 추가로 몇 가지 코드를 입력하면 지도가 나타나게 됩니다. MainActivity.java 파일을 열고 다음 코드를 입력합니다.

참조파일 SampleLocationMap>/app/java/org.techtown.location/MainActivity.java

```java
public class MainActivity extends AppCompatActivity {

    SupportMapFragment mapFragment;
    GoogleMap map;

    @Override
    protected void onCreate(Bundle savedInstanceState) {
        super.onCreate(savedInstanceState);
        setContentView(R.layout.activity_main);
```

```
mapFragment = (SupportMapFragment) getSupportFragmentManager().findFragmentById(R.id.map);
mapFragment.getMapAsync(new OnMapReadyCallback() {
    @Override
    public void onMapReady(GoogleMap googleMap) {
        Log.d("Map", "지도 준비됨.");
        map = googleMap;
    }
});

try {
    MapsInitializer.initialize(this);
} catch (Exception e) {
    e.printStackTrace();
}

Button button = findViewById(R.id.button);
button.setOnClickListener(new View.OnClickListener() {
    @Override
    public void onClick(View v) {
        startLocationService();
    }
});
    }
}
```

XML 레이아웃에 추가했던 프래그먼트 객체 참조하고 getMapAsync 메서드 호출하기

SupportMapFragment 객체를 참조한 후 getMapAsync 메서드를 호출했습니다. 이 메서드는 비동기 방식으로 동작하기 때문에 지도가 사용 가능하게 된 후에 onMapReady 메서드가 자동으로 호출됩니다.

지도가 준비되었다면 [내 위치 요청하기] 버튼을 눌렀을 때 startLocationService 메서드를 호출해야 합니다. 이 메서드는 이전 SampleLocation 예제와 동일하게 위치 관리자로부터 현재 위치를 전달받도록 구현하면 됩니다. 또한 14-1에서 작성한 내부 클래스인 GPSListener도 동일하게 작성합니다. 이 때 위치 리스너(GPSListener)의 onLocationChanged 메서드 안에 다음과 같은 코드를 추가해야 합니다. 바로 이 코드를 통해 현재 위치를 지도에 보여주게 됩니다.

다음 코드는 너무 길어서 중간 중간 생략된 상태입니다. 해당 코드의 원본은 책에서 제공된 프로젝트 폴더의 MainActivity.java 파일을 열어서 확인 바랍니다.

참조파일 SampleLocationMap>/app/java/org.techtown.location/MainActivity.java

```
중략…

class GPSListener implements LocationListener {
    public void onLocationChanged(Location location) {
```

```
중략…

    showCurrentLocation(latitude, longitude);
  }
중략…

}
private void showCurrentLocation(Double latitude, Double longitude) {
  LatLng curPoint = new LatLng(latitude, longitude); ──→ ❶ 현재 위치의 좌표로 LatLng 객체 생성하기
  map.animateCamera(CameraUpdateFactory.newLatLngZoom(curPoint, 15)); ──→ ❷ 지정한 위치의
}                                                                             지도 영역 보여주기

중략…
```

showCurrentLocation 메서드로 전달된 위도와 경도의 값은 LatLng 객체로 만들면 지도 위에 표시할 수 있습니다. LatLng 객체는 경위도 좌표로 구성된 위치를 지도에 표시할 수 있도록 정의된 객체입니다. 이렇게 만든 LatLng 객체로 지구상의 특정 위치를 표현할 수 있으며, 구글맵 객체의 animateCamera 메서드를 이용하여 그 위치를 중심으로 지도를 보여줄 수 있습니다.

animateCamera 메서드는 지도의 축척(Scale)을 지정할 수 있으며, 앞서 살펴본 코드에서는 일반적으로 지도를 볼 때 사용하는 축척을 지정하였습니다. 축척의 값이 클수록 가까이서 본 것처럼 확대되는데 만약 그 값이 1로 설정되면 가장 멀리서 보는 모습으로 보이며 값이 점점 커질수록 확대됩니다. 17이나 18 정도의 값은 도시 지역의 경우 건물 몇 개를 한눈에 볼 수 있는 정도로 확대하여 보여주지만 도시 이외의 지역에서는 필요한 정보들을 볼 수 없을 수도 있습니다.

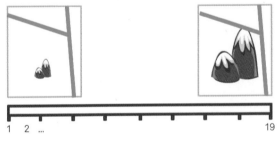

▲ 지도의 축척에 따른 지도 확대와 축소

정박사의
조 언
최대로 설정할 수 있는 축척 값은 얼마일까요?

getMaxZoomLevel 메서드를 호출하면 최대로 설정할 수 있는 축척 값을 확인할 수 있습니다. 지역에 따라 다르지만 보통 19 또는 21이 최대 축척 값으로 확인됩니다.

매니페스트에 정보 등록하기

필요한 코드를 다 만들고 나면 앱을 실행하기 전에 매니페스트에 권한과 API Key를 추가해야 합니다. 다음은 매니페스트에 추가된 정보를 보여줍니다.

참조파일 SampleLocationMap>/app/manifests/AndroidManifest.xml

```xml
<?xml version="1.0" encoding="utf-8"?>
<manifest xmlns:android="http://schemas.android.com/apk/res/android"
          package="org.techtown.location">

  <uses-permission android:name="android.permission.INTERNET" />
  <uses-permission android:name="android.permission.ACCESS_FINE_LOCATION" />
  <uses-permission android:name="android.permission.ACCESS_COARSE_LOCATION" />

  <application
      android:allowBackup="true"
      android:icon="@mipmap/ic_launcher"
      android:label="@string/app_name"
      android:roundIcon="@mipmap/ic_launcher_round"
      android:supportsRtl="true"
      android:theme="@style/AppTheme"
      android:usesCleartextTraffic="true">

    <meta-data          API 키를 설정하는 부분
        android:name="com.google.android.geo.API_KEY"
        android:value="AIzaSyAMMxTYNGOpesLG6tq1E55_DSnAFYTw8bo" />

    <activity android:name=".MainActivity">
      <intent-filter>
        <action android:name="android.intent.action.MAIN" />

        <category android:name="android.intent.category.LAUNCHER" />
      </intent-filter>
    </activity>
  </application>
</manifest>
```

구글맵은 인터넷을 사용하므로 INTERNET과 같은 일반 권한과 함께 구글맵 서비스를 위해 필요한 권한을 등록합니다. 이 권한 중에서 ACCESS_FINE_LOCATION 권한은 위험 권한이므로 위험 권한을 부여하기 위한 설정과 코드도 추가합니다. 이 부분은 이미 앞의 예제에서도 해 보았으므로 여러분이 직접 추가하기 바랍니다.

다시 AndroidManifest.xml 파일을 보면 〈application〉 태그 안에 〈meta-data〉 태그가 들어 있습니다. 이 태그는 구글맵 서비스를 사용하기 위한 키를 설정합니다. 이 키는 개발자마다 다르게 설정하게 되므로 다음 단락에서 설명하는 방법을 이용하여 발급받아 입력하여야 합니다.

구글맵 API 키 발급받기

이제 마지막 단계로 구글맵 API 키를 발급받아 매니페스트 파일 안에 입력해 보겠습니다. 만약 구글맵 API 키가 잘못된 것이라면 앱이 실행되더라도 지도가 표시되지 않습니다. 구글맵을 사용하기 위한 API 키를 발급받을 수 있는 구글 API 콘솔 사이트는 다음과 같습니다. 만약 구글 계정이 없다면 계정을 새로 등록해야 사이트의 화면을 볼 수 있습니다.

http://console.developers.google.com

이 화면은 구글에서 제공하는 API를 위한 개발자 콘솔 사이트로 구글맵만을 위한 사이트는 아니므로 여러 가지 다른 서비스 정보도 볼 수 있습니다. 프로젝트를 새로 만들어야 한다는 메시지가 나타나면 이름을 하나 입력한 후 [프로젝트 만들기] 버튼을 눌러 새로운 프로젝트를 만듭니다. 새로운 프로젝트가 만들어지면 왼쪽에 메뉴가 보이고 오른쪽에 내용이 보입니다. 만약 왼쪽에 보이는 메뉴가 'IAM 및 관리자'라고 표시되어 있다면 상단에 있는 햄버거 모양 메뉴를 누르고 [API 및 서비스] 메뉴를 클릭합니다. 그러면 'API 및 서비스' 화면으로 전환되면서 왼쪽에 '대시보드', '라이브러리', '사용자 인증정보' 메뉴들이 보일 것입니다.

왼쪽의 메뉴 중에서 [라이브러리]를 선택하면 구글에서 제공하는 다양한 서비스 중에서 어떤 것을 사용할지 설정할 수 있습니다. 여기에서는 라이브러리 중에서 Maps SDK for Android를 사용할 수 있도록 만들어야 합니다. 해당 항목을 선택한 후 새로운 화면이 뜨면 [사용 설정]을 클릭합니다. 그러면 다음과 같이 [관리]라는 버튼으로 바뀌고 사용할 수 있는 상태가 됩니다.

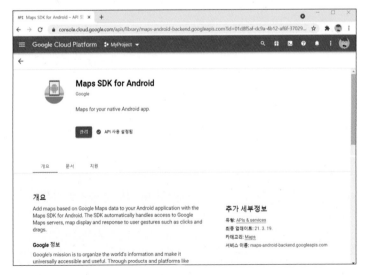

◀ 구글맵 API 서비스를 사용하도록 설정하는 화면

이제 키를 생성할 차례입니다. 왼쪽의 메뉴 중에서 [사용자 인증 정보] 메뉴를 눌러 보이는 창에서 [사용자 인증 정보 만들기] 버튼을 누르면 팝업 화면이 표시됩니다. 그 화면에서 [API 키]를 선택하면 키가 생성됩니다. 입력상자에 키 값이 보이면 그 오른쪽에 있는 아이콘을 눌러 값을 복사합니다. 그리고 안드로이드 스튜디오에서 AndroidManifest.xml 파일을 열고 키 값이 들어가야 할 곳에 입력합니다 (OOOOOOOO...로 표시된 부분을 대체하여 입력합니다.).

```
<meta-data android:name="com.google.android.geo.API_KEY"
           android:value="0000000000000"/>
```

이제 모든 과정이 끝났습니다. 앱을 실행하면 권한 부여를 요청하는 대화상자가 뜹니다. 권한을 부여하고 [내 위치 요청하기] 버튼을 누르면 다음과 같은 화면을 볼 수 있습니다.

▲ 현재 위치에 해당하는 지도가 표시된 경우

앱을 실행하면 중앙에 현재 위치가 표시된 지도를 볼 수 있습니다. 이때 에뮬레이터나 단말은 인터넷 사용이 가능해야 하며 실제 단말을 사용할 경우에는 GPS 값을 확인할 수 있도록 야외에 있어야 합니다. 그리고 에뮬레이터를 사용할 경우에는 [Extended controls] 화면에서 가상 위치 좌표를 전송해야 합니다.

14-3
지도에 아이콘 추가하기

지도를 추가하고 현재 위치를 보여주는 방법까지 살펴보았으니 안드로이드에서 지도를 띄우는 것도 그리 어렵지 않다는 것을 알게 되었을 것입니다. 그러나 아직 기본 지도 외에는 아무것도 표시되어 있지 않습니다. 보통 앱을 만들 때는 현재 위치를 아이콘으로 표시하거나 주변의 카페 또는 은행을 지도 위에 표시해 줄 수 있어야 사용자가 알고 싶어 하는 정보를 보여줄 수 있습니다. 따라서 여러분이 직접 지도 위에 아이콘을 표시하는 방법을 알아두는 것이 좋습니다.

오버레이란?

일반적으로 지구상의 현실 공간을 지도로 표현할 때는 레이어(Layer)로 분리하고 각각의 레이어에는 유사한 속성을 가진 객체들을 넣어두게 됩니다. 구글맵에서는 이런 레이어들을 오버레이(Overlay)라고 부르며 다음 그림처럼 하나의 지도를 구성하게 됩니다.

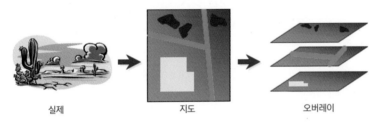

실제   지도   오버레이

▲ 구글맵을 구성하는 레이어(오버레이)의 개념

> **정박사의 조 언**   **지도에서 어떤 부분을 레이어로 만들어 줄까요?**
>
> 구글맵의 지도 전체가 레이어로 구성되어 있는 것은 아닙니다. 구글맵은 지도의 가장 기본적인 정보들은 타일(Tile) 모양의 이미지로 만들어 놓고 이 이미지들을 보여주게 되며, 내 위치, 카페의 위치, 경로를 표현하는 선 등을 별도의 오버레이로 정의하여 추가할 수 있도록 합니다.

내 현재 위치 표시를 위한 오버레이 추가하기

SampleLocationMap 프로젝트의 MainActivity.java 파일을 열고 다음 코드를 추가합니다. 이 코드는 내 위치 표시 기능으로 현재 위치를 표시하기 위해 사용됩니다.

중략···

```java
@Override
protected void onCreate(Bundle savedInstanceState) {
  super.onCreate(savedInstanceState);
  setContentView(R.layout.activity_main);

  mapFragment.getMapAsync(new OnMapReadyCallback() {
     @Override
     public void onMapReady(GoogleMap googleMap) {
         Log.d(TAG, "GoogleMap is ready.");
         map = googleMap;
         map.setMyLocationEnabled(true);
     }
  });

  try {
    MapsInitializer.initialize(this);
  } catch (Exception e) {
    e.printStackTrace();
  }

  중략···

}

  중략···

public void onResume() {
  super.onResume();

  if (map != null) {
    map.setMyLocationEnabled(true);        ❶ 액티비티가 화면에 보일 때 내 위치 표시 활성화
  }
}

public void onPause() {
  super.onPause();

  if (map != null) {
    map.setMyLocationEnabled(false);       ❷ 액티비티가 중지될 때 내 위치 표시 비활성화
  }
}
```

```
    중략…
  }
```

액티비티가 중지되거나 다시 시작할 때 현재 위치 표시하기 위해 setMyLocationEnabled(true) 메서
드를 호출합니다. 이 메서드는 지도 초기화가 완료된 후에 호출되는 onMapReady 메서드 안에서 호
출합니다. 그리고 액티비티가 화면에 보이는 시점에서 다시 표시하고 화면이 사라지기 전에 없애고 싶
다면 onResume과 onPause 메서드 안에서 각각 setMyLocationEnabled(true)와 setMyLocationEn-
abled(false)를 호출합니다. 이렇게 하면 구글맵에서 내 위치를 알아서 지도에 표시해 줍니다.

마커를 사용해 내 위치나 카페 위치 표시하기

내 주변에 있는 카페나 은행을 찾으려면 지도상의 위치를 이리저리 이동하면서 찾아야 합니다. 그러나
기본으로 보이는 지도는 필요한 정보가 다 보이는 것이 아닐 뿐만 아니라 내가 원하는 정보를 강조하여
보여주지도 않습니다. 따라서 카페나 은행의 위치에 내가 만든 아이콘을 사용하여 보여주는 기능이 자
주 사용됩니다. 아이콘을 사용해 원하는 위치를 포인트로 쉽게 표시할 수 있는 방법은 마커(Marker)를
만들어 추가하는 것입니다. 마커는 지도 위에 표시되는 아이콘이라고 생각하면 쉽습니다.

내 위치를 보여주는 것도 앞에서 사용했던 setMyLocationEnabled 메서드를 호출하는 방법을 사용하
지 않는 대신 마커를 사용할 수 있습니다. 먼저 메인 액티비티에서 마커를 추가하는 코드는 다음과 같
습니다.

참조파일 SampleLocationMapOverlay>/app/java/org.techtown.location/MainActivity.java

```
    중략…

  MarkerOptions myLocationMarker;

    중략…

  private void showCurrentLocation(Location location) {

    중략

      showMyLocationMarker(curPoint);
  }

  private void showMyLocationMarker(LatLng curPoint) {
    if (myLocationMarker == null) {
      myLocationMarker = new MarkerOptions();  ──→ ❶ 마커 객체 생성하기
      myLocationMarker.position(curPoint);
```

```
        myLocationMarker.title("● 내 위치\n");
        myLocationMarker.snippet("● GPS로 확인한 위치");
        myLocationMarker.icon(BitmapDescriptorFactory.fromResource(R.drawable.mylocation));
        map.addMarker(myLocationMarker); ⟶ ❷ 지도에 마커 추가하기
    } else {
        myLocationMarker.position(curPoint);
    }
}

중략…
```

이 코드에서는 앞 단락에서 사용한 예제의 showCurrentLocation 메서드 마지막 부분을 수정하여 showMyLocationMarker를 호출하는 것을 볼 수 있습니다. 이 메서드 내에서 현재 위치를 마커로 보여 주도록 합니다. 이때 사용되는 아이콘은 리소스 중에서 drawable 폴더에 들어 있는 이미지를 이용하는 데 이 이미지와 함께 테스트용으로 넣을 글자들을 마커 객체에 설정합니다. 자료실에서 소스와 함께 제공하는 이미지(mylocation.png)는 프로젝트의 /app/res/drawable 폴더 안에 넣어줍니다.

앱을 실행하고 [내 위치 요청하기] 버튼을 누르면 다음 그림처럼 현재 위치가 아이콘으로 나타납니다.

▲ 내 위치를 마커로 표시한 경우

이제 내 위치나 카페 등을 아이콘으로 지도에 추가할 수 있는 방법을 알게 되었습니다.

14-4
앱 위젯 만들기

앱 위젯(AppWidget)은 안드로이드 단말의 홈 화면에서 위젯을 바로 보여주고 싶을 때 사용할 수 있습니다. 일반적으로 '위젯'이라고 부르는 것이 앱 위젯인데 홈 화면을 길게 누르면 추가할 수 있는 화면이 표시됩니다. 또는 홈 화면 하단 중앙에 있는 앱 리스트 아이콘을 눌렀을 때 추가하는 화면이 표시되는 단말도 있습니다. 위젯을 선택할 수 있는 화면에서 위젯을 하나 선택하면 홈 화면에 끌어다 놓을 수 있습니다.

▲ 위젯 선택 화면

앱 위젯은 다른 앱 안에 들어갈 수 있도록 만들어졌습니다. 따라서 위와 같이 홈 화면에 위젯이 보이는 과정은 홈 화면 안에 위젯으로 구성한 앱이 들어가 있다고 생각하면 쉽습니다. 앱 위젯이 홈 화면 안의 일정 영역을 할당받아 보이긴 하지만 일반적인 앱과 달라서 결과 화면만을 보여줍니다. 이런 특징 때문에 일반 앱과 다른 구조를 가지고 있습니다. 앱 위젯은 다음과 같이 두 가지로 구성됩니다.

앱 위젯 호스트(App Widget Host)	위젯을 담고 있는 그릇
앱 위젯 제공자(App Widget Provider)	위젯을 보여주는 제공자

즉, 앱 위젯 제공자가 앱 위젯 호스트 안에서 위젯을 보여준다는 의미가 됩니다. 이런 앱 위젯을 구성할 때 필요한 요소는 다음처럼 세 가지가 있습니다.

위젯의 초기 뷰 레이아웃	앱 위젯이 처음에 화면에 나타날 때 필요한 레이아웃을 정의합니다. XML로 정의합니다.
앱 위젯 제공자 정보 (App Widget Provider Info) 객체	앱 위젯을 위한 메타데이터(레이아웃, 업데이트 주기 등)를 가지고 있습니다. 앱 위젯 제공자 클래스에 대한 정보를 가지고 있습니다. XML로 정의합니다.
앱 위젯 제공자 (App Widget Provider)	앱 위젯과 정보를 주고받기 위한 기본 클래스입니다. 브로드캐스트 수신자로 만들며 앱 위젯의 상태 변화에 따른 기능을 구현합니다.

앱 위젯을 만든다는 것은 앱 위젯 제공자를 만드는 것이라 할 수 있으며, 구성에 필요한 세 가지 요소를 순서대로 만들면 앱 위젯을 구성할 수 있습니다. 앱 위젯의 구성을 그림으로 보면 다음과 같습니다.

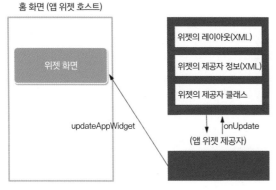

▲ 앱 위젯의 구성

앱 위젯으로 만든 뷰는 주기적으로 업데이트될 수 있는데, 그럴 때마다 앱 위젯 제공자의 onUpdate 메서드가 호출됩니다. 만약 앱 위젯 제공자가 위젯을 바꾸고 싶을 경우에는 앱 위젯 매니저를 통해 업데이트할 수 있습니다.

간단하게 내 위치를 표시해 주는 위젯을 만들어 보겠습니다. 내 위치를 표시해 주는 위젯은 나의 현재 위치를 일정 시간 간격을 두고 표시해 줍니다. 새로운 SampleMyLocationWidget 프로젝트를 만들고 패키지 이름은 org.techtown.location.widget으로 입력합니다. 새로운 프로젝트 창이 열리면 /app/res/layout 폴더 안에 mylocation.xml이라는 새로운 XML 레이아웃 파일을 만듭니다. 이 파일에는 앱 위젯 화면으로 보여줄 텍스트뷰를 정의합니다. 이 텍스트뷰의 속성 중에서 lineSpacingExtra는 줄 간격을 띄우기 위한 속성입니다.

```xml
<LinearLayout xmlns:android="http://schemas.android.com/apk/res/android"
    android:layout_width="match_parent"
    android:layout_height="match_parent">

    <LinearLayout
        android:layout_width="match_parent"
        android:layout_height="match_parent"
        android:background="@drawable/background"
        android:padding="10dp">

        <TextView
            android:id="@+id/txtInfo"
            android:layout_width="match_parent"
            android:layout_height="match_parent"
            android:gravity="center_horizontal|center_vertical"
            android:text="내 위치 정보 수신중..."
            android:textColor="#FFFFFFFF"
            android:lineSpacingExtra="4dp" />

    </LinearLayout>
</LinearLayout>
```

텍스트를 표시할 텍스트뷰 태그 정의

앱 위젯으로 나타날 뷰의 모양은 액티비티나 뷰그룹을 위해 만드는 일반적인 XML 레이아웃과 동일합니다. 그러나 앱 위젯에 모든 뷰가 들어갈 수 있는 것은 아니며 다음과 같은 뷰를 태그로 추가하여 사용할 수 있습니다.

유형	뷰 이름
뷰그룹	FrameLayout, LinearLayout, RelativeLayout
뷰	AnalogClock, Button, Chronometer ImageButton, ImageView, ProgressBar, TextView

▲ 앱 위젯으로 보여줄 수 있는 뷰

앱 위젯에 위의 표로 정리한 뷰들만 들어갈 수 있는 이유는 앱 위젯으로 표현되는 뷰들이 다른 프로세스에 들어가 있고 이 때문에 다른 프로세스의 뷰를 접근하기 위해 RemoteViews 객체가 사용되기 때문입니다.

앱 위젯으로 표현될 뷰의 레이아웃을 정의했으면 이 정보를 이용해 앱 위젯 제공자 정보를 만들어야 합니다. 다음은 /app/res 아래에 xml 폴더를 새로 만들고 mylocationinfo.xml 파일을 추가해서 앱 위젯 제공자 정보를 넣은 것입니다.

```xml
<?xml version="1.0" encoding="utf-8"?>
<appwidget-provider xmlns:android="http://schemas.android.com/apk/res/android"
    android:minWidth="294dp" ——→ ❶ 앱 위젯으로 표현될 뷰의 최소 폭
    android:minHeight="72dp" ——→ ❷ 앱 위젯으로 표현될 뷰의 최소 높이
    android:updatePeriodMillis="1800000" ——→ ❸ 위젯을 업데이트할 시간 간격
    android:initialLayout="@layout/mylocation"> ——→ ❹ 앱 위젯으로 표현될 뷰의 레이아웃 리소스 지정
</appwidget-provider>
```

앱 위젯으로 표현될 뷰의 최소 크기는 minWidth와 minHeight 속성으로 지정할 수 있습니다. 주기적으로 업데이트되는 시간 간격은 updatePeriodMillis 속성으로 지정할 수 있는데, 여기에서는 30분마다 위치 정보를 업데이트하도록 값을 지정합니다. 앱 위젯으로 표현될 뷰의 레이아웃은 initialLayout 속성으로 지정할 수 있으며, 앞에서 만든 mylocation.xml 파일을 리소스 형태로 지정합니다.

정박사의 조언   앱 위젯의 크기는 어떻게 설정하면 좋을까요?

minWidth와 minHeight로 설정되는 앱 위젯의 크기는 홈 화면의 화면 분할에 따라 74dp 단위로 설정하는 것이 좋습니다. 즉, 세로 크기는 74dp, 가로 크기는 296dp(296dp = 74dp * 4)의 크기가 되는데 위젯의 가장자리가 표시되는 2dp씩을 빼면 72dp x 294dp가 가장 적절한 크기가 됩니다.

앱 위젯을 구성하려면 이제 앱 위젯 제공자 클래스를 정의해야 합니다. 앱 위젯 제공자 클래스는 AppWidgetProvider 클래스를 상속하여 정의합니다. 이 클래스의 주요 역할은 앱 위젯이 주기적으로 업데이트될 때 처리할 코드를 구현하는 것입니다. org. techtown.location.widget 폴더에 MyLocationProvider.java 파일을 새로 만들고 다음과 같이 구성합니다.

> 다음 코드는 너무 길어서 중간 중간 생략된 상태입니다. 해당 코드의 원본은 책에서 제공된 프로젝트 폴더의 MyLocationProvider.java 파일을 열어서 확인 바랍니다.

```java
public class MyLocationProvider extends AppWidgetProvider { ——→ ❶
    중략…
    public void onUpdate(Context context, AppWidgetManager appWidgetManager, ——→ ❷
                         int[] appWidgetIds) {
        super.onUpdate(context, appWidgetManager, appWidgetIds);
        Log.d("MyLocationProvider", "onUpdate() called : " + ycoord + ", " + xcoord);

        final int size = appWidgetIds.length;

        for (int i = 0; i < size; i++) {
            int appWidgetId = appWidgetIds[i];
```

```
        String uri = "geo:"+ ycoord + "," + xcoord + "?z=10";  ──→ ❸

        Intent intent = new Intent(android.content.Intent.ACTION_VIEW, Uri.parse(uri));  ──→ ❹
        PendingIntent pendingIntent = PendingIntent.getActivity(context, 0, intent, 0);  ──→ ❺

        RemoteViews views = new RemoteViews(context.getPackageName(),
                                      R.layout.mylocation);
        views.setOnClickPendingIntent(R.id.txtInfo, pendingIntent);  ──→ ❻
        appWidgetManager.updateAppWidget(appWidgetId, views);  ──→ ❼
    }

        context.startService(new Intent(context, GPSLocationService.class));──→ ❽
    }
    중략…
}
```

❶ AppWidgetProvider 클래스를 상속하여 새로운	❺ 지도를 띄우기 위한 펜딩 인텐트 객체 생성
앱 위젯 제공자 클래스 정의	❻ 뷰를 눌렀을 때 실행할 펜딩 인텐트 객체 지정
❷ onUpdate 메서드 다시 정의	❼ 앱 위젯 매니저 객체의 updateAppWidget 메서
❸ 지도를 띄우기 위한 URI 문자열 생성	드 호출
❹ 지도를 띄우기 위한 인텐트 객체 생성	❽ GPS 위치 확인을 위한 서비스 시작

앱 위젯이 주기적으로 업데이트될 때마다 호출되는 onUpdate 메서드 안에서는 앱 위젯으로 표현되는 텍스트뷰를 눌렀을 때 실행할 인텐트를 지정하고 GPS 위치 확인을 위해 새로 정의한 서비스를 시작합니다.

텍스트뷰를 눌렀을 때 내 위치를 이용해 지도를 보여줄 수 있는 가장 간단한 방법은 "geo:"로 시작하는 URI 객체를 만들어 인텐트로 지도를 띄워주는 것입니다. 내 위치 정보로 지도를 띄우는 데 사용되는 URI 문자열의 포맷은 다음과 같습니다.

```
geo:<latitude>,<longitude>?z=<zoomLevel>
```

위도와 경도 좌표 뒤에 오는 "z" 파라미터의 값은 지도가 나타날 때 사용되는 확대/축소 수준을 지정합니다. 여기에서는 "z" 파라미터의 값을 "10"으로 설정해 두었습니다.

텍스트뷰를 눌렀을 때 내 위치 좌표를 이용해 지도를 띄워주기 위해 설정하는 인텐트는 미리 설정되어야 하므로 PendingIntent 객체로 만들어 설정합니다. 이 객체는 RemoteViews 객체의 setOnClick-PendingIntent 메서드를 이용하여 설정합니다. 그런 다음 앱 위젯 매니저 객체의 updateAppWidget 메서드를 호출하여 위젯을 업데이트하면 텍스트뷰의 클릭 이벤트를 처리하기 위한 인텐트가 설정됩니다.

코드의 마지막 부분에서는 내 위치 확인을 위해 정의한 서비스를 실행합니다. 이 서비스는 다음과 같이 MyLocationProvider 클래스 안에 내부 클래스로 정의되어 있습니다.

참조파일 SampleMyLocationWidget>/app/java/org.techtown.location.widget/MyLocationProvider.java

```java
public class MyLocationProvider extends AppWidgetProvider {
  중략…
  public static class GPSLocationService extends Service {
    public static final String TAG = "GPSLocationService";

    private LocationManager manager = null;
    private LocationListener listener = new LocationListener() {
      중략…
      public void onLocationChanged(Location location) {
        Log.d(TAG, "onLocationChanged() called.");

        updateCoordinates(location.getLatitude(), location.getLongitude());
        stopSelf();
      }
    };
```
❶ 위치 정보가 확인되면 updateCoordinates 메서드 호출

```java
    public IBinder onBind(Intent intent) {
      return null;
    }

    public void onCreate() {
      super.onCreate();

      Log.d(TAG, "onCreate() called.");

      manager = (LocationManager) getSystemService(LOCATION_SERVICE);
    }
```
❷ 서비스가 생성될 때 위치 관리자 객체 참조

```java
    public void onStart(Intent intent, int startId) {
      super.onStart(intent, startId);

      startListening();
    }
```
❸ 서비스가 시작할 때 startListening 메서드 호출

```java
    중략…
    private void startListening() {
      Log.d(TAG, " startListening() called. ");

      final Criteria criteria = new Criteria();
      criteria.setAccuracy(Criteria.ACCURACY_COARSE);
```

```
        criteria.setAltitudeRequired(false);
        criteria.setBearingRequired(false);
        criteria.setCostAllowed(true);
        criteria.setPowerRequirement(Criteria.POWER_LOW);

        final String bestProvider = manager.getBestProvider(criteria, true);
        if (bestProvider != null && bestProvider.length() > 0) {
          manager.requestLocationUpdates(bestProvider, 500, 10, listener);
        } else {
          final List<String> providers = manager.getProviders(true);

          for (final String provider : providers) {
            manager.requestLocationUpdates(provider, 500, 10, listener);  ──➍ 위치 관리자에 위치
          }                                                                      정보 요청
        }
      }
    중략…
  }
}
```

내 위치 정보를 확인하는 방법은 위치기반 서비스 부분에서 자세하게 알아보았으므로 그리 어렵지 않게 이해할 수 있을 것입니다. 이 서비스 클래스는 서비스가 생성되면서 호출되는 onCreate 메서드 안에서 위치 관리자 객체를 참조하고 서비스가 시작하는 onStart 메서드 안에서 startListening 메서드를 호출합니다. startListening 메서드 안에서는 위치 관리자 객체의 requestLocationUpdates 메서드를 호출하여 위치 정보를 요청합니다. 위치 정보가 확인되면 등록된 LocationListener 객체의 onLocation-Changed 메서드가 호출되는데, 그 안에서는 updateCoordinates 메서드를 호출한 후 서비스를 종료합니다. 서비스를 종료하는 이유는 앱 위젯의 업데이트 주기 때마다 한 번씩만 위치 정보를 확인하고 종료함으로써 전원을 최소한으로 사용하기 위해서입니다.

updateCoordinates 메서드 안에서는 텍스트뷰에 내 위치 정보를 보여주게 되는데 그 코드는 다음과 같습니다.

참조파일 SampleMyLocationWidget>/app/java/org.techtown.location.widget/MyLocationProvider.java

```
public class MyLocationProvider extends AppWidgetProvider {
  ...
  public static class GPSLocationService extends Service {
    ...
    private void updateCoordinates(double latitude, double longitude) {
      ...
```

```java
        if (info.length() <= 0) {  ──→ ❶ 위치 좌표와 주소 정보를 포함하는 문자열 생성
            info = "[내 위치] " + latitude + ", " + longitude
                    + "\n터치하면 지도로 볼 수 있습니다.";
        } else {
            info += ("\n" + "[내 위치] " + latitude + ", " + longitude + ")");
            info += "\n터치하면 지도로 볼 수 있습니다.";
        }


        RemoteViews views = new RemoteViews(getPackageName(), R.layout.mylocation);
        views.setTextViewText(R.id.txtInfo, info);

                                                    ❷ RemoteViews 객체 생성한 후
                                                       텍스트뷰의 텍스트 설정

        ComponentName thisWidget = new ComponentName(this,
                                MyLocationProvider.class);

        AppWidgetManager manager = AppWidgetManager.getInstance(this);
        manager.updateAppWidget(thisWidget, views);  ──→ ❸ 위젯 업데이트

        xcoord = longitude;
        ycoord = latitude;
        Log.d(TAG, "coordinates : " + latitude + ", " + longitude);
    }
  }
}
```

새로 확인한 위치 좌표는 RemoteViews 객체를 만들고 새로운 텍스트를 설정한 후 앱 위젯 매니저 객체의 updateAppWidget 메서드를 호출하여 업데이트합니다. 앱 위젯 매니저 객체를 코드상에서 참조하고 싶을 때는 AppWidgetManager.getInstance 메서드를 사용할 수 있습니다.

마지막으로 매니페스트 파일에 앱 위젯과 관련된 태그들을 정의하면 됩니다.

참조파일 SampleMyLocationWidget>/app/manifests/AndroidManifest.xml

```xml
  중략…
<application>
  중략…
  <receiver android:name=".MyLocationProvider"> ──→ ❶
    <intent-filter>
      <action android:name="android.appwidget.action.APPWIDGET_UPDATE" /> ──→ ❷
    </intent-filter>
    <meta-data android:name="android.appwidget.provider" ──→ ❸
               android:resource="@xml/mylocationinfo" />
  </receiver>
```

```
<service android:name=".MyLocationProvider$GPSLocationService"></service> ──→ ❹
</application>
중략…
```

❶ ⟨receiver⟩ 태그에 새로 정의한 앱 위젯 제공자 클래스 지정

❷ 인텐트 필터의 액션 정보로 APPWIDGET_UP-DATE 지정

❸ ⟨meta-data⟩ 태그로 앱 위젯 제공자 정보를 담고 있는 XML 리소스 지정

❹ 내 위치 확인을 위해 정의한 서비스 태그 정의

매니페스트 파일에는 브로드캐스트 수신자로 만든 앱 위젯 제공자 클래스를 ⟨receiver⟩ 태그로 추가합니다. 이 태그 안에 들어가는 인텐트 필터의 액션 정보로는 APPWIDGET_UPDATE를 설정하고 ⟨meta-data⟩ 태그 안에는 XML로 만든 앱 위젯 제공자 정보를 리소스로 설정합니다. 내 위치를 확인하려고 만든 GPSLocationService 클래스는 ⟨service⟩ 태그를 사용해 추가합니다. 권한 중에 위험 권한이 포함되어 있으므로 위험 권한을 위한 설정과 코드도 추가합니다.

> 프로젝트를 처음 만들었을 때 자동으로 만들어졌던 MainActivity.java 파일과 activity_main.xml 파일은 사용되지 않으므로 삭제해도 됩니다.

이 앱을 설치하면 홈 화면에 앱 위젯을 추가할 수 있습니다. 홈 화면을 길게 누른 후 위젯 선택 화면에서 SampleMyLocationWidget 항목을 선택하면 새로 만든 앱 위젯이 추가됩니다. 이때 화면에는 텍스트뷰가 보이고 내 위치가 확인되면 그 좌표 값이 보입니다. 만약 주소가 확인되면 주소도 함께 나타납니다. 이 텍스트뷰를 누르면 그 좌표에 해당하는 지도가 화면에 표시됩니다. 다음은 위젯을 추가하고 지도를 띄운 실행 화면입니다.

▲ 앱 위젯을 홈 화면에 추가하고 내 위치 확인하기

조금 복잡하게 보일 수는 있지만 내 위치를 확인하고 지도를 띄워주는 부분은 위치기반 서비스에서 다룬 내용이므로 이 부분을 제외한다면 XML 레이아웃과 앱 위젯 제공자 클래스를 만드는 것만으로도 간단하게 홈 화면에 앱 위젯을 보여줄 수 있다는 것을 이해하게 되었을 것입니다.

앱 위젯은 사용자가 직접 앱을 실행하지 않아도 필요한 정보를 바로 볼 수 있다는 장점이 있어 실제 앱을 구성할 때 다양한 방식으로 응용할 수 있습니다.

도전! 27
안드로이드 미션

지도 위에 친구 위치를 사진으로 표시하기

지도 위에 친구들의 위치를 표시해 보세요. 위치 좌표는 가상으로 정하고 친구들이 있는 위치에 친구의 사진이나 아이콘을 보여주도록 합니다.

• **프로젝트 소스** DoitMission-27

❶ 친구들의 위치를 경위도 좌표로 두 군데 설정합니다.

❷ 친구들의 위치는 가상 위치로 지정하여 소스 코드에 넣어둡니다.

❸ 지도의 특정 영역을 보여준 후 그 위에 친구들의 위치를 실제 친구의 사진으로 표시합니다.

❹ 사진을 누르면 친구 정보를 토스트 메시지로 간단하게 보여줍니다.

참고할 점

지도 위에 아이콘이나 사진을 표시하려면 마커를 만들어 지도에 추가해야 합니다.

도전! 28

안드로이드 미션

앱 위젯 만들고
내 위치 알려주기

앱 위젯을 만들고 위젯 안에 들어 있는 버튼을 누르면 SMS 문자로 내 위치를 알려주는 기능을 만들어 보세요. 앱 위젯에는 버튼이 하나 보이도록 합니다.

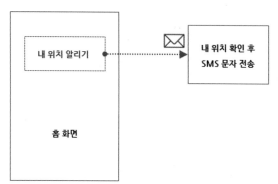

• **프로젝트 소스** DoitMission-28

❶ 앱 위젯을 만들고 앱 위젯에 보이는 화면에는 버튼이 하나 보이도록 합니다.

❷ 버튼을 클릭하면 내 위치를 확인합니다.

❸ 내 위치가 확인되면 토스트로 간단하게 보여주고 SMS로 다른 사람에게 알려줍니다.

❹ SMS 문자를 수신할 상대방의 전화번호는 임의의 전화번호로 설정하여 소스 코드에 설정합니다.

❺ SMS 문자의 내용으로 경위도 좌표가 들어가도록 합니다.

참고할 점

앱 위젯을 구성하는 방식은 일반적인 앱의 구성 방식과 다르므로 이번 장에서 설명한 앱 위젯 만드는 방법을 참조하세요.

15 푸시 서비스와 센서 및 단말 기능 사용하기

시계 앱에서 알람 시간을 맞춰놓으면 그 시간이 되었을 때 알람이 울리게 됩니다. 이때 진동이나 소리가 나죠. 그리고 어떤 앱에서 공지사항을 받았을 때는 화면 상단에 표시되는 알림으로 메시지를 보여주기도 합니다. 이런 기능은 어떻게 만들까요? 이번 장에서는 진동이나 소리를 내거나 상단 알림을 띄우는 방법을 살펴봅니다. 그리고 공지사항처럼 한 쪽에서 일방적으로 메시지를 보낼 때 사용할 수 있는 푸시(Push) 서비스에 대해서도 살펴봅니다. 푸시 서비스는 앱에 메시지를 보낼 때 사용하는 중요한 서비스이므로 잘 알아두는 것이 좋습니다. 푸시 서비스 외에도 기기의 센서나 단말의 기능을 활용하는 방법도 살펴보겠습니다.

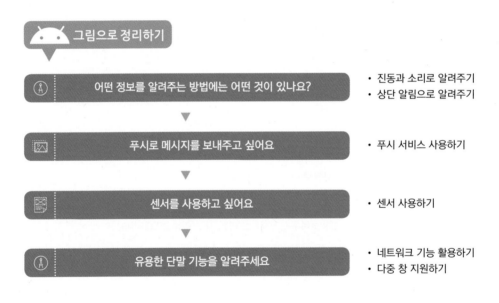

그림으로 정리하기

| 어떤 정보를 알려주는 방법에는 어떤 것이 있나요? | • 진동과 소리로 알려주기
• 상단 알림으로 알려주기 |

| 푸시로 메시지를 보내주고 싶어요 | • 푸시 서비스 사용하기 |

| 센서를 사용하고 싶어요 | • 센서 사용하기 |

| 유용한 단말 기능을 알려주세요 | • 네트워크 기능 활용하기
• 다중 창 지원하기 |

상단 알림으로 알려주기   푸시 서비스 사용하기

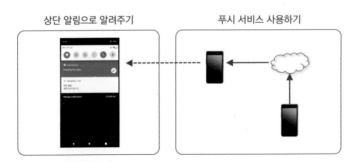

15-1
진동과 소리로 알려주기

사용자에게 무언가를 알려주는 가장 간단한 방법은 진동과 소리입니다. 안드로이드에서 진동은 얼마 동안 울리도록 할 것인지 지정할 수 있으며 Vibrator라는 시스템 서비스 객체를 사용합니다. Vibrator 에는 vibrate라는 이름의 메서드가 있어 진동이 울리는 패턴이나 시간을 지정할 수 있습니다.

[API]

public void vibrate (long milliseconds)
public void vibrate (VibrationEffect vibe)

vibrate 메서드의 파라미터로 long 자료형의 값이 전달됩니다. 이 값은 시간을 의미하며 진동을 얼마나 지속시킬 것인지를 지정합니다. 그런데 long 자료형의 값을 전달하는 vibrate 메서드는 안드로이드 버 전 26부터 VibrationEffect를 파라미터로 전달하는 메서드로 변경되었습니다. 따라서 이 변경된 내용 을 반영하기 위해서는 Build.VERSION.SDK_INT 상수를 이용해 현재 단말의 버전을 체크하는 과정이 필요합니다. 이 내용은 진동을 실습할 때 자세히 알아보겠습니다.

소리를 이용해 사용자에게 알려주고 싶다면 Ringtone 객체를 사용할 수 있습니다. Ringtone 객체는 API에서 제공하는 소리를 재생할 수 있도록 해줍니다.

[API]

public void play ()

Ringtone 객체의 play 메서드를 호출하면 소리가 울리게 됩니다. 만약 API에서 제공하는 소리가 마 음에 들지 않는다면 직접 음원 파일을 만들어 재생할 수도 있습니다. 음원 파일을 만들어 재생할 때는 미디어플레이어(MediaPlayer) 객체를 사용할 수 있습니다. 이미 멀티미디어를 다루는 챕터에서 미디 어플레이어를 다루는 방법에 대해 살펴보았으니 음원 파일을 재생하는 방법은 그리 어렵지 않을 것입 니다.

그러면 진동과 소리를 직접 다루어보기 위해 SampleVibrate라는 이름과 org.techtown.vibrate라는 패키지 이름으로 새로운 프로젝트를 만듭니다. 프로젝트 창이 열리면 activity_main.xml 파일을 열고 화면 레이아웃을 구성합니다. 최상위 레이아웃은 LinearLayout으로 변경하고 orientation 속성 값을 vertical로 설정합니다. 화면에는 세 개의 버튼을 차례로 추가하고 각각 '진동 울리기', '소리 울리기', '파일로 소리 울리기'라는 글자가 표시되도록 합니다.

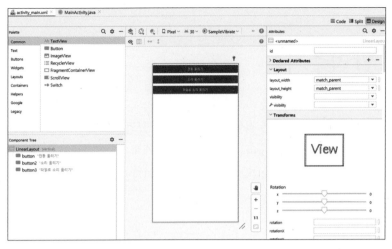

▲ 진동과 소리를 울리기 위한 화면 레이아웃

첫 번째 버튼을 클릭했을 때는 진동이 울리도록 하고, 두 번째 버튼을 클릭했을 때는 API에서 제공하는 기본 음원이 재생되도록 합니다. 그리고 세 번째 버튼을 클릭했을 때는 직접 프로젝트에 추가한 음원 파일이 재생되도록 합니다. MainActivity.java 파일을 열고 각각의 버튼이 클릭되었을 때 실행될 코드를 입력합니다.

참조파일 SampleVibrate>/app/java/org.techtown.vibrate/MainActivity.java

```java
public class MainActivity extends AppCompatActivity {

    @Override
    protected void onCreate(Bundle savedInstanceState) {
        super.onCreate(savedInstanceState);
        setContentView(R.layout.activity_main);


        Button button = findViewById(R.id.button);
        button.setOnClickListener(new View.OnClickListener() {
            @Override
            public void onClick(View v) {
                Vibrator vibrator = (Vibrator) getSystemService(Context.VIBRATOR_SERVICE);  ❶ 진동을 위해 Vibrator 객체 참조하기

                if (Build.VERSION.SDK_INT >= 26) {
                    vibrator.vibrate(VibrationEffect.createOneShot(1000,10));
                } else {
                    vibrator.vibrate(1000);
                }
            }
        });
```

```
    Button button2 = findViewById(R.id.button2);
    button2.setOnClickListener(new View.OnClickListener() {
      @Override
      public void onClick(View v) {
        Uri uri = RingtoneManager.getDefaultUri(RingtoneManager.TYPE_NOTIFICATION);
        Ringtone ringtone = RingtoneManager.getRingtone(getApplicationContext(), uri);
        ringtone.play();                        ❷ 소리를 울리기 위해 Ringtone 객체 참조하기
      }
    });

    Button button3 = findViewById(R.id.button3);
    button3.setOnClickListener(new View.OnClickListener() {
      @Override
      public void onClick(View v) {
        MediaPlayer player = MediaPlayer.create(getApplicationContext(), R.raw.beep);
        player.start();
      }
    });
  }
}
```

첫 번째 버튼을 클릭했을 때는 먼저 Vibrator 객체를 참조합니다. 이 객체에는 vibrate 메서드가 정의되어 있는데 안드로이드 버전 26부터 파라미터가 변경되었으므로 Build.VERSION.SDK_INT 상수의 값과 현재 단말의 OS 버전 값을 비교하도록 합니다. 만약 26 이상이라면 VibrationEffect.createOne-Shot 메서드를 호출하여 반환된 객체를 파라미터로 전달합니다. 이 메서드에 전달되는 1000, 10 값은 각각 지속시간과 음량을 나타냅니다. 만약 26 미만이라면 1000 값만 전달합니다. 이 값은 지속시간을 나타냅니다.

두 번째 버튼을 클릭했을 때는 API에서 제공하는 기본 음원을 재생하도록 합니다. Ringtone 객체는 RingtoneManager.getRingtone 메서드를 이용해 참조할 수 있으며 Uri 객체를 전달하면 지정한 음원을 Ringtone 객체를 참조합니다. 여기에서는 TYPE_NOTIFICATION 상수로 지정한 음원을 참조했습니다.

세 번째 버튼을 클릭했을 때는 직접 지정한 음원을 재생하도록 합니다. 여기에서는 raw 폴더 안에 들어 있는 beep.wav 파일을 지정했습니다.

진동을 울리기 위해서는 VIBRATE라는 권한이 필요합니다. AndroidManifest.xml 파일을 열고 VIBRATE 권한을 추가합니다.

```xml
<?xml version="1.0" encoding="utf-8"?>
<manifest xmlns:android="http://schemas.android.com/apk/res/android"
    package="org.techtown.vibrate">

<uses-permission android:name="android.permission.VIBRATE"/>

중략…
```

세 번째 버튼을 클릭했을 때 재생할 beep.wav 파일은 /app/res 폴더 안에 raw 폴더를 새로 생성한 후 그 안에 넣어줍니다. 이 파일은 이 책과 함께 제공되는 파일을 사용하거나 또는 여러분이 직접 만든 wav 또는 mp3 파일로 대체해도 됩니다. 앱을 실행하고 세 개의 버튼을 차례로 누르면 진동과 소리가 재생됩니다. 이때 재생 파일의 이름은 모두 소문자로 작성되어 있어야 합니다.

▲ 진동과 소리를 울리기 위한 앱을 실행했을 때의 화면

이제 아주 간단한 코드만으로도 사용자에게 진동이나 소리로 알려줄 수 있겠죠?

15-2
상단 알림으로 알려주기

알림(Notification)은 화면 상단에 정보를 표시하여 사용자가 알 수 있도록 합니다. 이 알림 기능은 주로 다른 사람에게서 메시지를 받았을 때나 단말의 상태를 표시할 때 사용합니다. 예를 들어 카카오톡 앱을 여러분들이 직접 만든다면 앱이 실행되지 않은 상태에서도 사용자에게 메시지가 왔다는 것을 알려주는 것이 필요합니다. 이때 백그라운드에서 동작하는 서비스에서 알림을 표시하면 사용자에게 알려줄 수 있습니다.

알림은 NotificationManager 시스템 서비스를 이용해 화면 상단에 띄울 수 있습니다. 알림을 띄우려면 Notification 객체를 만들어야 하는데 이 객체는 NotificationCompat.Builder 객체를 이용해서 만듭니다.

여기에서는 가장 간단한 알림을 만드는 방법에 대해 먼저 알아봅니다. SampleNoti라는 이름과 org.techtown.noti라는 패키지 이름을 가진 새로운 프로젝트를 만듭니다. 프로젝트 창이 열리면 activity_main.xml 파일을 열고 화면 가운데에 버튼을 하나 추가합니다. 버튼에는 '알림 띄우기'라는 글자가 표시되도록 합니다. 아주 간단한 작업이니 직접 해보기 바랍니다.

화면 레이아웃을 만들었다면 MainActivity.java 파일을 열고 버튼을 클릭했을 때 알림 객체를 만들어 띄우는 코드를 입력합니다.

참조파일 SampleNoti>/app/java/org.techtown.noti/MainActivity.java

```java
public class MainActivity extends AppCompatActivity {
  NotificationManager manager;

  private static String CHANNEL_ID = "channel1";
  private static String CHANNEL_NAME = "Channel1";


  @Override
  protected void onCreate(Bundle savedInstanceState) {
    super.onCreate(savedInstanceState);
    setContentView(R.layout.activity_main);

    Button button = findViewById(R.id.button);
    button.setOnClickListener(new View.OnClickListener() {
      @Override
      public void onClick(View v) {
        showNoti1();
```

```
      }
    });
  }


  public void showNoti1() {
    manager = (NotificationManager) getSystemService(NOTIFICATION_SERVICE);


    NotificationCompat.Builder builder = null;
    if (Build.VERSION.SDK_INT >= Build.VERSION_CODES.O) {
      manager.createNotificationChannel(new NotificationChannel(
        CHANNEL_ID, CHANNEL_NAME, NotificationManager.IMPORTANCE_DEFAULT
      ));


      builder = new NotificationCompat.Builder(this, CHANNEL_ID);
    } else {
      builder = new NotificationCompat.Builder(this);
    }


    builder.setContentTitle("간단 알림");
    builder.setContentText("알림 메시지입니다.");
    builder.setSmallIcon(android.R.drawable.ic_menu_view);
    Notification noti = builder.build();


    manager.notify(1, noti); ⟶ ❷ 상단 알림 띄우기
  }
}
```

❶ NotificationManager
객체 참조하기

버튼을 클릭하면 showNoti1 메서드를 호출합니다. 이 메서드 안에서는 NotificationManager 객체를 참조한 후 NotificationCompat.Builder 객체를 생성합니다. 그런데 안드로이드 오레오 버전 이전과 이후에 Builder 객체를 만드는 방법이 다르기 때문에 Build.VERSION.SDK_INT 상수의 값을 비교하여 단말의 OS 버전에 따라 다른 코드가 실행되도록 합니다. 오레오 이후 버전에서는 알림 채널이 지정되어야 하며, 채널은 createNotificationChannel 메서드를 이용해 생성할 수 있습니다. Builder 객체가 만들어지면 알림 정보를 설정할 수 있습니다. setContentTitle은 알림 제목, setContentText는 알림 메시지를 설정할 때 사용됩니다. 그리고 setSmallIcon 메서드는 아이콘 설정에 사용됩니다. Builder 객체의 build 메서드를 호출하면 Notification 객체가 생성됩니다. NotificationManager의 notify 메서드를 호출하면서 이 Notification 객체를 파라미터로 전달하면 알림을 띄우게 됩니다.

앱을 실행하고 버튼을 누르면 소리와 함께 상단에 알림이 표시됩니다. 상단의 알림을 끌어내리면 상세한 알림 정보를 확인할 수 있습니다.

▲ 버튼을 눌렀을 때 표시된 알림

그런데 표시된 알림을 눌러봐도 아무런 반응이 없습니다. 이 알림은 단순히 정보를 표시하도록 만들어졌기 때문인데 표시된 알림을 눌렀을 때 어떤 동작을 하도록 만들 수도 있습니다.

activity_main.xml 파일을 열고 버튼을 하나 더 추가합니다. 그리고 '알림 띄우고 클릭하기' 글자가 표시되도록 합니다. 이 버튼을 눌렀을 때는 PendingIntent를 만들어 Notification을 만들 때 설정할 것입니다. PendingIntent는 Intent와 유사하지만 시스템에서 대기하는 역할을 합니다. 그리고 원하는 상황이 만들어졌을 때 시스템에 의해 해석되고 처리됩니다. 예를 들어 액티비티를 띄우는 역할을 하는 메서드가 startActivity 또는 startActivityForResult인데 이 메서드를 호출하면 시스템에서는 즉시 해석하고 처리합니다. 하지만 PendingIntent는 지정된 상황이 될 때까지 보관하고 있게 됩니다.

MainActivity.java 파일을 열고 다음과 같이 두 번째 버튼을 눌렀을 때 실행될 코드를 추가합니다.

참조파일 SampleNoti>/app/java/org.techtown.noti/MainActivity.java

```java
public class MainActivity extends AppCompatActivity {
    NotificationManager manager;

    private static String CHANNEL_ID = "channel1";
    private static String CHANNEL_NAME = "Channel1";

    private static String CHANNEL_ID2 = "channel2";
    private static String CHANNEL_NAME2 = "Channel2";

    @Override
    protected void onCreate(Bundle savedInstanceState) {
```

중략…

```java
    Button button2 = findViewById(R.id.button2);
    button2.setOnClickListener(new View.OnClickListener() {
      @Override
      public void onClick(View v) {
        showNoti2();
      }
    });
  }
```

중략…

```java
  public void showNoti2() {
    manager = (NotificationManager) getSystemService(NOTIFICATION_SERVICE);

    NotificationCompat.Builder builder = null;
    if (Build.VERSION.SDK_INT >= Build.VERSION_CODES.O) {
      manager.createNotificationChannel(new NotificationChannel(
        CHANNEL_ID2, CHANNEL_NAME2, NotificationManager.IMPORTANCE_DEFAULT
      ));

      builder = new NotificationCompat.Builder(this, CHANNEL_ID2);
    } else {
      builder = new NotificationCompat.Builder(this);
    }

    Intent intent = new Intent(this, MainActivity.class);
    PendingIntent pendingIntent = PendingIntent.getActivity(this, 101, intent,
                        PendingIntent.FLAG_UPDATE_CURRENT);
```

❶ PendingIntent
객체 만들기

```java
    builder.setContentTitle("간단 알림");
    builder.setContentText("알림 메시지입니다.");
    builder.setSmallIcon(android.R.drawable.ic_menu_view);
    builder.setAutoCancel(true);
    builder.setContentIntent(pendingIntent);
```

⟶ ❷ 빌더에 PendingIntent 객체 설정하기

```java
    Notification noti = builder.build();

    manager.notify(2, noti);
  }
}
```

버튼을 누르면 showNoti2 메서드가 호출됩니다. 이 메서드 안에서 실행되는 코드는 showNoti1과 거의 동일하지만 채널을 지정하는 값이 다릅니다. 그리고 Builder를 사용할 때 setAutoCancel 메서드와 setContentIntent 메서드를 추가로 호출했습니다. setAutoCancel 메서드는 알림을 클릭했을 때 자동으로 알림 표시를 삭제하라는 설정입니다. 그리고 setContentIntent 메서드에는 PendingIntent 객체가 파라미터로 전달됩니다. 그리고 PendingIntent 객체에는 Intent 객체가 파라미터로 전달됩니다. 그러면 알림을 클릭했을 때 이 Intent 객체를 이용해 액티비티를 띄워줍니다. 액티비티는 MainActivity가 뜨도록 MainActivity.class 로 설정했습니다.

앱을 다시 실행하고 두 번째 버튼을 클릭하면 소리와 함께 알림이 표시됩니다. 알림을 클릭해 보세요. 그러면 알림은 없어지고 MainActivity 화면이 표시됩니다.

지금까지 알림을 간단하게 표시하는 방법에 대해 알아보았습니다. 알림을 표시하는 방법은 이것 이외에도 글자를 많이 표시하거나 이미지를 표시하거나 또는 목록을 표시하는 방법 등이 있습니다. 이것을 스타일 알림(Styled Notification)이라고 부릅니다. 예를 들어 글자를 많이 표시하는 스타일의 알림을 만들기 위해서는 NotificationCompat.BigTextStyle 객체를 만들고 Builder의 setStyle 메서드를 이용해 설정합니다. 글자를 많이 표시하는 스타일의 알림은 다음 샘플 코드를 참조하여 만들어 보세요.

[Code]
```
NotificationCompat.BigTextStyle style = new NotificationCompat.BigTextStyle();
style.bigText("많은 글자들입니다 많은 글자들입니다 많은 글자들입니다 많은 글자들입니다");
style.setBigContentTitle("제목입니다");
style.setSummaryText("요약 글입니다");

NotificationCompat.Builder builder2 = new NotificationCompat.Builder(this, "channel3")
    .setContentTitle("알림 제목")
    .setContentText("알림 내용")
    .setSmallIcon(android.R.drawable.ic_menu_send)
    .setStyle(style);
```

BigTextStyle로 만든 알림이 보이는 형태는 다음과 같습니다.

▲ BigTextStyle로 만든 알림

InboxStyle로 만든 알림은 여러 줄의 텍스트를 보여줍니다. 보통 이메일 목록을 보여주거나 할 때 사용됩니다.

▲ InboxStyle로 만든 알림

MessagingStyle로 만든 알림은 여러 줄의 메시지를 보여줍니다. 시간까지 함께 보여줄 수 있어 카카오톡과 같은 메시징 앱에서 사용합니다.

▲ MessagingStyle로 만든 알림

BigPictureStyle은 큰 이미지를 보여주고 싶을 때 사용됩니다.

▲ BigPictureStyle로 만든 알림

이렇게 다양한 스타일의 알림이 있으니 필요에 따라 사용하면 됩니다.

15-3
푸시 서비스 사용하기

푸시 메시지란?

안드로이드 스마트폰을 사용하다 보면 Play 스토어나 앱 마켓에서 설치한 앱의 업데이트가 있다는 메시지를 종종 보게 됩니다. 단말의 위쪽 부분에 보이는 상태바(Status Bar) 부분에 업데이트에 대한 메시지가 표시되면 사용자는 업데이트를 할 것인가의 여부를 결정하게 됩니다. 그런데 이 업데이트 메시지는 어떻게 표시되는 것일까요?

먼저 단말로 메시지를 보내는 기술적인 방법에는 다음 세 가지가 있습니다.

> - **단순 SMS를 이용한 알림**
> → 간단하지만 비용이 발생할 수 있습니다.
>
> - **앱에서 서버에 연결을 만들어 놓은 상태에서 알림**
> → 앱에서 서버와의 연결을 만들어 놓고 폴링하는 과정이 필요하며 백그라운드 서비스를 이용해 연결을 유지해야 하므로 간단하지만은 않습니다.
>
> - **구글의 푸시 서비스(FCM)를 사용하여 알림**
> → 구글의 클라우드 서버를 사용해 메시지 전송 방식을 최적화한 서비스입니다.
>   앱에서 서버로 직접 연결할 필요가 없으며 단말의 내부 연결을 공유하여 메시지를 수신하는 방식입니다.

이 세 가지 메시지 전송 방식 중에서 세 번째 방식인 푸시 서비스는 FCM(Firebase Cloud Messaging)이라는 이름으로 불립니다.

푸시 서비스란 '업데이트가 있습니다.'와 같은 메시지를 구글 클라우드 서버에서 구글 Play 스토어가 설치된 단말기로 보내주는 방식입니다. 그런데 이 푸시 서비스를 사용하는 각각의 앱은 구글 클라우드 서버에 직접 연결하지 않습니다. 단말에서 연결을 유지하고 있기 때문이죠.

만약 이 구글 서비스를 사용하지 않고 직접 구현하려면 단말에서 서버로 연결을 유지하면서 동시에 연결을 지속적으로 유지해야 합니다. 따라서 일정 시간 간격으로 연결이 끊어졌는지 검사하는 폴링(Polling) 메커니즘을 구현해야 합니다. 그런데 폴링 기능을 구현하게 되면 그 과정에서 단말의 하드웨어 리소스나 전원을 많이 소모하는 문제가 발생하게 됩니다. 결국 구글에서 제공하는 FCM을 사용하는 것이 효과적으로 푸시 메시지를 보내줄 수 있는 방법이 됩니다. 다음 그림은 안드로이드에서 제공하는 FCM 푸시 메시지 처리 과정을 순서대로 보여줍니다.

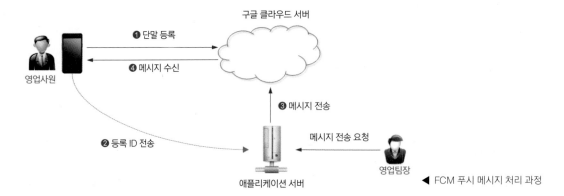

▲ FCM 푸시 메시지 처리 과정

밖에서 돌아다니는 시간이 많은 영업사원에게 공지사항을 알려주고 싶은 영업팀장이 있다고 한다면 가장 먼저 영업사원에게 자신의 단말로 메시지를 보내도 좋다는 허가를 받아야 합니다. 왜냐하면 이런 허가 과정이 없다면 아무나 영업사원의 단말로 메시지를 보낼 수 있기 때문입니다. 이 과정이 단말 등록 과정입니다. 기본적으로 푸시 메시지를 받으려면 클라우드 서버에 자신의 단말이 등록되어 있어야 하고 단말 등록 과정에서 등록 id를 받게 됩니다. 그리고 푸시 메시지를 보내는 쪽에서는 상대방의 등록 id를 사용해야 메시지를 보낼 수 있습니다. 결국 등록 id가 전송 허가서와 같은 역할을 합니다. 단말을 등록하는 과정부터 해당 단말에서 메시지를 수신하는 과정까지 단계별로 정리하면 다음과 같습니다.

❶ 단말은 자신을 클라우드 서버에 등록하고 서버로부터 등록 id를 받습니다.
❷ 등록 id는 메시지 전송을 담당할 애플리케이션 서버로 보낸 후 메시지를 기다립니다.
❸ 보내려는 메시지는 애플리케이션 서버에서 클라우드에 접속한 후 전송합니다.
❹ 클라우드 서버로 전송된 메시지는 대상 단말에 보내집니다.

정박사의
조 언   **애플리케이션 서버에서 여러 단말로 메시지를 보내고 싶은가요?**

안드로이드 단말을 위해 제공되는 구글의 푸시 메시지 방식을 살펴보면 주요 목적이 애플리케이션 서버에서 여러 단말로 메시지를 보내는 것임을 알 수 있습니다. 즉, 단말 간에 메시지를 보내고 받는 것보다는 많은 사람의 단말에 메시지를 동시 전송하여 보여주거나 단말에 알림을 제공하는 것이 주된 목적입니다. 이렇게 동시에 메시지를 보낼 수 있는 기능을 멀티캐스트(Multicast)라고 하며, 보내는 쪽에서는 한 번만 전송해도 클라우드 서버에서 여러 단말로 동시에 전송할 수 있습니다.

좀 더 간단하게 생각해 볼까요? 영업사원의 단말에서는 자신을 클라우드 서버에 등록한 후 메시지를 기다리고, 영업팀장은 애플리케이션 서버를 통해 메시지를 클라우드 서버로 보내줍니다. 그러면 클라우드 서버가 단말로 메시지를 보냅니다. 애플리케이션 서버란 단말에 푸시 메시지를 보내기 위해 여러분이 직접 만든 서버 모듈을 말하는 것으로, 메시지 입력창과 전송 버튼이 하나 있는 PC용 프로그램을 떠올리면 이해가 쉽습니다. 보통 웹 서버에 푸시 메시지를 전송하는 기능을 추가하여 구성하는 경우가 많습니다. 이 애플리케이션 서버는 직접 단말로 메시지를 보낼 수 없으므로 클라우드 서버를 통해 보내게 됩니다. 즉, '애플리케이션 서버 ➡ 클라우드 서버 ➡ 단말'의 형태를 띠게 됩니다.

이 과정에서 다음과 같은 두 가지 내용을 기억할 필요가 있습니다.

❶ 애플리케이션 서버에 저장된 단말의 등록 id
❷ 애플리케이션 서버에서 클라우드 서버로 접속하기 위한 인증 정보

첫 번째는 단말의 등록 id(Registration Id)입니다. 푸시 메시지를 보내기 위해서는 애플리케이션 서버가 어떤 단말로 메시지를 보내 줄 것인지에 대한 정보가 필요하게 됩니다. 이를 위해 단말이 클라우드 서버에 자신을 등록할 때 받게 되는 등록 id를 애플리케이션 서버에 알려주어야 합니다. 이 등록 id는 등록한 단말별로 고유한 값이 되므로 애플리케이션 서버에 저장되며, 클라우드 서버가 메시지를 보내주어야 할 단말을 구분하는데 사용됩니다.

두 번째는 클라우드 서버로 접속하기 위한 인증 정보입니다. 메시지를 전송할 때도 아무나 접속하여 단말로 메시지를 보내면 안 되므로 애플리케이션 서버가 API 키라는 고유한 값을 포함하여 메시지를 보내도록 합니다. 이 인증 정보는 어떤 사람이 어떤 서비스에 사용하는지 구별하기 위한 것이므로 개발자가 만드는 애플리케이션을 FCM 사이트에 등록해야 사용할 수 있습니다.

그러면 지금부터 푸시 서비스를 사용하는 앱을 만들어 보겠습니다. 앱은 보내는 쪽과 받는 쪽으로 구분하여 두 개로 만듭니다. 원래는 애플리케이션 서버에서 메시지를 보내야 하지만 애플리케이션 서버가 없는 실습 환경을 고려하여 보내는 쪽도 앱으로 만들 것입니다.

1단계: 푸시 서비스 수신을 위한 새로운 프로젝트 만들기

푸시 서비스를 수신하기 위한 앱을 먼저 만듭니다. SamplePush라는 이름과 org.techtown.push라는 패키지 이름으로 새로운 프로젝트를 만듭니다.

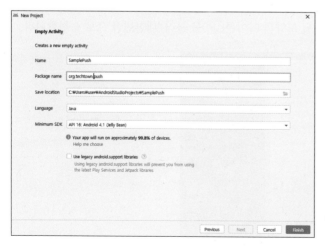

◀ 푸시 서비스 수신을 위한 새로운 프로젝트 이름 만들기

푸시 서비스를 만들기 전에 푸시 서비스를 사용하기 위한 몇 가지 설정을 하겠습니다.

2단계: FCM 설정 페이지에서 프로젝트 만들기

FCM을 사용하려면 FCM 설정 페이지에서 프로젝트를 새로 만들어야 합니다. FCM은 여러 구글 서비스 중 하나인 Firebase에 통합되어 있어 Firebase 개발자 콘솔(Console) 페이지에서 새로운 프로젝트를 만들거나 설정할 수 있습니다. Firebase 개발자 콘솔 페이지는 다음 사이트 주소로 접속할 수 있으며 필요한 정보를 등록하게 됩니다.

> Firebase 개발자 콘솔(Console) 페이지 → https://console.firebase.google.com

만약 구글 계정이 없다면 계정을 새로 만든 후 로그인하여 접속합니다. 첫 화면이 보이면 [프로젝트 추가] 버튼을 눌러 프로젝트를 추가할 수 있습니다.

▲ Firebase 콘솔 메인 화면

[프로젝트 추가] 버튼을 누르면 [프로젝트 추가] 대화상자가 나타납니다. '프로젝트 이름' 입력상자에 SamplePush를 입력하고 '국가/지역'은 연필 모양의 아이콘(✎)을 눌러 '대한민국'으로 수정합니다.

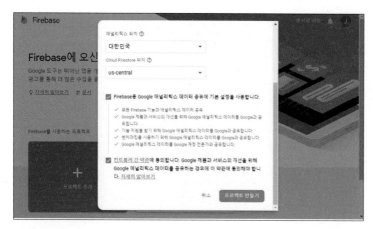

▲ '프로젝트 만들기' 대화상자

아래쪽에 있는 동의 체크박스를 체크한 후 [프로젝트 만들기] 버튼을 누르면 약간의 시간이 흐른 후 새
로운 프로젝트가 만들어집니다. 프로젝트가 만들어지면 [계속]을 눌러 팝업 창을 닫으세요. 그러면 설
정 창이 나타나고 왼쪽에 여러 메뉴들이 보입니다.

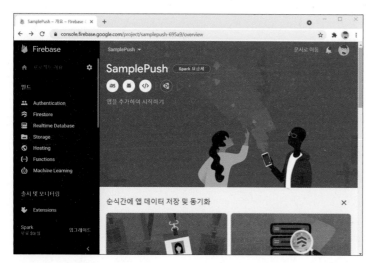

▲ 프로젝트 설정을 위한 화면

FCM으로 제공되는 푸시 서비스는 안드로이드, iOS, 웹앱에서 모두 사용할 수 있습니다. 여러분은 안드
로이드를 사용하고 있으므로 가운데 보이는 세 개의 버튼 중에서 [Android] 버튼을 클릭합니다.

새로운 페이지가 나타나면 첫 번째 단계로 '앱 등록'이 표시됩니다. 'Android 패키지 이름' 입력상자에
앞에서 만든 앱의 패키지 이름인 org.techtown.push를 입력합니다.

▲ 앱 등록 정보 입력 화면

아래쪽에 있는 [앱 등록] 버튼을 클릭하면 약간의 시간이 흐른 후 구성 파일 다운로드 단계로 넘어갑니다. [google-services.json 다운로드] 버튼을 누르면 'google-services.json' 파일이 다운로드됩니다.

▲ google-services.json 파일을 다운로드하는 페이지

이 파일을 여러분이 만든 안드로이드 프로젝트의 app 폴더 안에 저장해야 합니다. 다운로드한 파일을 app 폴더에 저장하세요. 프로젝트 창의 app 폴더에 파일이 보이지 않아도 제대로 저장된 것이니 걱정하지 않아도 됩니다. 아래쪽에 있는 [다음] 버튼을 눌러 다음 단계로 넘어갑니다. 그러면 설명글이 표시됩니다.

▲ 설명글이 표시된 페이지

이 설명글은 안드로이드 앱 프로젝트 안에서 설정이 추가로 필요하다는 내용입니다. 이 설명글을 따라 이제부터 앱 프로젝트 안에서 설정을 진행할 것입니다. 일단 아래쪽의 [다음] 버튼을 누르고 [이 단계 건너뛰기] 링크를 누르면 새로 만든 프로젝트가 추가되어 [앱 1개]로 표시됩니다.

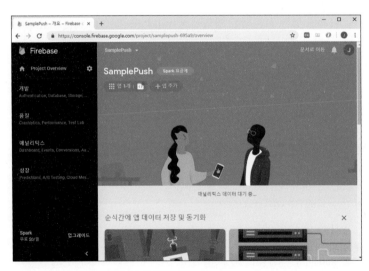

▲ 새로 만든 프로젝트의 정보가 표시된 화면

3단계: 앱에서 푸시 서비스 사용을 위한 설정하기

FCM 개발자 콘솔 페이지에서 새로운 프로젝트를 만들 때 google-services.json 파일을 다운로드한 다음 app 폴더에 저장했습니다. 이것 이외에도 안드로이드 앱 프로젝트에서 FCM을 사용하려면 추가 설정이 필요합니다.

먼저 안드로이드 스튜디오의 창 왼쪽에 있는 프로젝트 영역에서 build.gradle(Project:SamplePush) 파일을 더블클릭하여 엽니다. 그리고 dependencies 항목의 중괄호 안에 다음 한 줄을 추가합니다.

```
classpath 'com.google.gms:google-services:4.3.5'
```

▲ build.gradle(Project:SamplePush) 파일 안에 한 줄 추가하기

이번에는 안드로이드 스튜디오의 창 왼쪽에 있는 프로젝트 영역에서 build.gradle(Module: Sample-Push.app) 파일을 더블클릭하여 엽니다. 그리고 파일의 위쪽에 있는 plugins의 중괄호 안에 다음 한 줄을 추가합니다.

```
id 'com.google.gms.google-services'
```

그리고 dependencies 항목의 중괄호 안에 다음 두 줄을 추가합니다.

```
implementation platform('com.google.firebase:firebase-bom:26.8.0')
implementation 'com.google.firebase:firebase-analytics'
```

여기에서 마지막에 있는 26.8.0이라는 숫자는 여러분이 프로젝트를 언제 만드는지에 따라 달라질 수 있습니다. 따라서 Firebase 개발자 콘솔 페이지의 설명글에 들어 있는 버전을 확인하기 바랍니다.

마지막으로 작업 영역 상단에 노란색으로 표시된 부분의 오른쪽 끝에 있는 [Sync Now] 링크를 누릅니다. 그러면 지금까지 바꾼 설정이 반영됩니다.

[Sync Now] 버튼을 눌렀는데 오류가 나타나나요?

설정을 정상적으로 했는데도 [Sync Now] 버튼을 눌렀을 때 'Missing api_key'라는 이름의 오류가 발생하는 경우가 있습니다. 이것은 FCM 개발자 설정 페이지에서 다운로드했던 google-services.json 파일 안에 api_key 값이 정상적으로 들어 있지 않아 발생한 오류입니다. 이런 경우에는 FCM 개발자 설정 페이지에서 google-services.json 파일을 다시 다운로드해서 프로젝트 폴더 안에 있는 app 폴더의 파일을 업데이트해야 합니다. 그리고 프로젝트 폴더 안에 있는 build 폴더와 app 폴더 안에 있는 build 폴더를 삭제한 후 안드로이드 스튜디오 상단의 [Sync Project with Gradle Files] 아이콘을 클릭하여 수정 사항이 반영되도록 합니다.

FCM 개발자 설정 페이지에서 google-services.json 파일을 다시 다운로드하려면 Overview 페이지에서 왼쪽 메뉴의 Project Overview 글자 오른쪽에 있는 [Settings] 아이콘을 클릭합니다. 팝업 메뉴가 보이면 [프로젝트 설정] 메뉴를 클릭합니다. 그러면 설정 화면이 표시됩니다. 스크롤을 아래쪽으로 내리면 '최신 구성 파일 다운로드'라는 제목 옆에 google-services.json 파일을 다시 다운로드할 수 있는 버튼이 있습니다. 이 버튼을 눌러 다시 다운로드하면 됩니다.

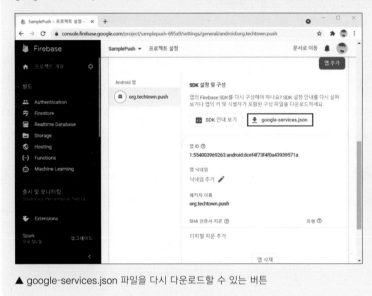

▲ google-services.json 파일을 다시 다운로드할 수 있는 버튼

이제 FCM를 사용할 때 필요한 기본적인 설정이 끝났습니다.

4단계: FCM을 사용할 수 있도록 서비스 만들어 등록하기

FCM을 사용하려면 앱 프로젝트 안에 두 개의 서비스를 만들어야 합니다. 먼저 첫 번째 서비스 파일을 만들어 봅니다. 프로젝트 창의 왼쪽 프로젝트 영역에서 app를 선택한 후 마우스 오른쪽 버튼을 누릅니다. 팝업 메뉴가 보이면 [New → Service → Service] 메뉴를 누릅니다. 대화상자가 표시되면 'Class Name' 입력상자에 MyFirebaseMessagingService를 입력합니다. 그리고 아래쪽에 있는 [Finish] 버튼을 클릭합니다.

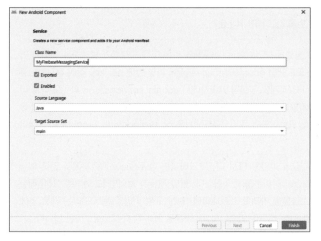

▲ MyFirebaseMessagingService 서비스를 추가하는 대화상자

그러면 MyFirebaseMessagingService라는 새로운 소스 파일이 만들어집니다. 새로운 파일의 내용을 보면 Service 클래스를 상속받도록 되어 있습니다. 상속받을 부모 클래스를 FirebaseMessagingService로 바꾸고 onBind 메서드를 삭제합니다. 그다음 onNewToken 메서드와 onMessageReceived 메서드를 추가합니다. TAG는 android.content를 선택하여 추가하세요.

참조파일 SamplePush>/app/java/org.techtown.push/MyFirebaseMessagingService.java

```java
public class MyFirebaseMessagingService extends FirebaseMessagingService {
  private static final String TAG = "FMS";

  public MyFirebaseMessagingService() {

  }

  @Override
  public void onNewToken(String token) {        ❶ 새로운 토큰을 확인했을 때 호출되는 메서드
    super.onNewToken(token);
    Log.e(TAG, "onNewToken 호출됨: " + token);
  }

  @Override
  public void onMessageReceived(RemoteMessage remoteMessage) {    ❷ 새로운 메시지를 받았을 때
    Log.d(TAG, "onMessageReceived() 호출됨.");                           호출되는 메서드
  }
}
```

Service 클래스를 상속받던 것을 FirebaseMessagingService 클래스를 상속받도록 수정했습니다. FirebaseMessagingService 클래스도 서비스 클래스이며 푸시 메시지를 전달 받는 역할을 담당합니

다. 구글 클라우드 서버에서 보내오는 메시지는 이 클래스에서 받을 수 있으며, 메시지가 도착하면 onMessageReceived 메서드가 자동으로 호출됩니다. 따라서 onMessageReceived 메서드를 재정의 하면 구글 클라우드 서버에서 보내오는 메시지를 받아서 처리할 수 있습니다. 여기에서는 단순히 로그 만 출력하도록 onMessageReceived 메서드 안에 한 줄만 입력했습니다.

onNewToken 메서드는 이 앱이 Firebase 서버에 등록되었을 때 호출됩니다. 파라미터로 전달받는 토 큰 정보는 이 앱의 등록 id를 의미합니다. 따라서 이 단말로 메시지를 전달하고 싶은 쪽에서 이 등록 id 를 사용할 수 있습니다.

AndroidManifest.xml 파일을 열어 보면 서비스가 자동으로 등록되어 있습니다. 이 서비스는 인텐트 필터를 갖도록 설정해야 합니다. 따라서 다음 코드로 수정합니다.

참조파일 SamplePush>/app/manifests/AndroidManifest.xml

```
중략...

<service
    android:name=".MyFirebaseMessagingService"
    android:enabled="true"
    android:exported="true"
    android:stopWithTask="false" >
    <intent-filter>
      <action android:name="com.google.firebase.MESSAGING_EVENT" />
    </intent-filter>
</service>

중략...
```

푸시 서비스는 인터넷을 사용하기 때문에 〈application〉 태그 위쪽에 INTERNET 권한도 추가합니다.

참조파일 SamplePush>/app/manifests/AndroidManifest.xml

```
중략...

    <uses-permission android:name="android.permission.INTERNET" />

중략...
```

지금까지 FCM을 사용하기 위해 필요한 서비스 클래스를 추가하고 매니페스트 파일도 수정했습니다. 이제 앱의 화면 레이아웃을 구성하고 메인 액티비티의 소스 코드를 수정할 차례입니다.

5단계: 화면 레이아웃 만들기

이 수신 앱에는 단말에서 클라우드 서버에 등록하여 등록 ID를 받는 기능과 함께 메시지를 받는 기능을 만들어주어야 합니다. activity_main.xml 파일을 열고 다음과 같은 화면 레이아웃을 구성합니다.

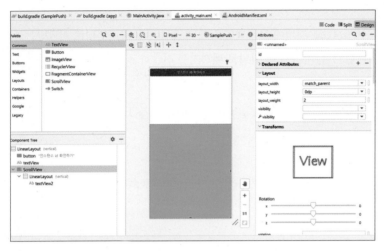

▲ 메시지 수신 앱의 화면 레이아웃

최상위 레이아웃을 LinearLayout으로 변경하고 orientation 속성 값은 vertical로 설정합니다. 화면에는 버튼 하나와 텍스트뷰 하나를 추가하고 버튼에는 '인스턴스 id 확인하기'라는 글자가 표시되도록 합니다. 그 아래에는 ScrollView를 추가하고 그 안에 TextView를 넣어줍니다. 스크롤뷰의 배경색은 밝은 파란색으로 바꾸어 영역이 구분되도록 하고 버튼 아래쪽에 있는 텍스트뷰와 그 아래의 스크롤뷰는 layout_weight 속성을 이용해 여유공간을 1:2 비율로 나누어 갖도록 만듭니다. 버튼 아래에 있는 텍스트뷰의 글자 크기는 30sp로 설정하고 스크롤뷰 안에 들어있는 글자 크기는 20sp로 설정합니다.

단말에서 메시지를 받으면 상단의 텍스트뷰에 보여주게 되며, 아래쪽에 있는 스크롤뷰 안에는 로그를 출력할 것입니다.

6단계: 소스 코드에 단말 등록 기능 추가하기

화면 레이아웃을 완성했으니 앱이 실행되었을 때 동작할 기능을 입력해야 합니다. MainActivity.java 파일을 열고 다음 코드를 입력합니다.

```java
public class MainActivity extends AppCompatActivity {
  TextView textView;
  TextView textView2;

  @Override
  protected void onCreate(Bundle savedInstanceState) {
    super.onCreate(savedInstanceState);
    setContentView(R.layout.activity_main);

    textView = findViewById(R.id.textView);
    textView2 = findViewById(R.id.textView2);

    FirebaseMessaging.getInstance().getToken()  ──→ ❶ 등록 id 확인을 위한 리스너 설정하기
      .addOnCompleteListener(new OnCompleteListener<String>() {
        @Override
        public void onComplete(@NonNull Task<String> task) {
          if (!task.isSuccessful()) {
            Log.w("Main", "토큰 가져오는 데 실패함", task.getException());
            return;
          }

          String newToken = task.getResult();
          println("등록id : " + newToken);
        }
    });

    Button button = findViewById(R.id.button);
    button.setOnClickListener(new View.OnClickListener() {
      @Override
      public void onClick(View v) {
        String instanceId = FirebaseInstanceId.getInstance().getId(); ──→ ❷ 등록 id 값 확인을 위한
                                                                              메서드 호출하기
        println("확인된 인스턴스 id : " + instanceId);
      }
    });
  }

  public void println(String data) {
    textView2.append(data + "₩n");
  }
}
```

등록 id가 확인되었을 때 그 값을 받아 처리하기를 원한다면 FirebaseMessaging 객체의 getInstance 메서드를 호출한 후 addOnCompleteListener 메서드를 이용해 리스너를 등록합니다. 그러면 등록 id

가 확인되었을 때 onSuccess 메서드가 자동으로 호출됩니다. 이 메서드 안에서 확인된 등록 id 값을 화면에 있는 텍스트뷰에 출력합니다. 화면에 있는 버튼을 눌렀을 때는 FirebaseinstanceId 객체의 getId 메서드를 호출하여 인스턴스 id를 확인합니다. 인스턴스 id는 등록 id와 달라서 등록 id의 일부분만 확인할 수 있습니다. 이 앱에서 메시지 전송을 담당하는 애플리케이션 서버나 앱으로 이 등록 id 값을 전달하려면 MyFirebaseMessagingService 클래스 안에 해당 코드를 넣는 것이 일반적입니다.

7단계: 소스 코드에 메시지 수신 기능 추가하기

애플리케이션 서버나 앱에서 메시지를 전송하면 클라우드 서버로 보낸 메시지는 이 수신 앱에서 받게 됩니다. 이 앱에서 푸시 메시지를 받으면 MyFirebaseMessagingService 안에 들어 있는 onMessageReceived 메서드가 호출됩니다. 이 메서드가 호출될 때 전달되는 RemoteMessage 객체의 정보를 확인하면 상대방이 클라우드 서버를 통해 보낸 푸시 메시지의 데이터를 확인할 수 있습니다. 푸시 메시지를 보낼 때 contents를 키(Key)로 하여 사용자가 입력한 글자를 넣은 후 보낼 것이므로 메시지를 받았을 때도 contents를 키로 확인할 수 있습니다. MyFirebaseMessagingService.java로 돌아와 onMessageReceived 메서드는 수정하고 sendToActivity 메서드는 추가하세요.

참조파일 SamplePush>/app/java/org.techtown.push/MyFirebaseMessagingService.java

```java
public class MyFirebaseMessagingService extends FirebaseMessagingService {

    중략…

    @Override          ❶ 푸시 메시지를 받았을 때 그 내용 확인한 후 액티비티 쪽으로 보내는 메서드 호출
    public void onMessageReceived(RemoteMessage remoteMessage) {
        Log.d(TAG, "onMessageReceived 호출됨.");

        String from = remoteMessage.getFrom();
        Map<String, String> data = remoteMessage.getData();
        String contents = data.get("contents");

        Log.d(TAG, "from : " + from + ", contents : " + contents);
        sendToActivity(getApplicationContext(), from, contents);
    }

    private void sendToActivity(Context context, String from, String contents) {
        Intent intent = new Intent(context, MainActivity.class);
        intent.putExtra("from", from);
        intent.putExtra("contents", contents);

        intent.addFlags(Intent.FLAG_ACTIVITY_NEW_TASK|
```

❷ 액티비티 쪽으로 데이터를 보내기 위해 인텐트 객체를 만들고 startActivity 메서드 호출

```
                    Intent.FLAG_ACTIVITY_SINGLE_TOP|
                    Intent.FLAG_ACTIVITY_CLEAR_TOP);

        context.startActivity(intent);
    }
}
```

푸시 메시지를 받았을 때 RemoteMessage 객체의 getFrom 메서드를 사용하면 어디에서 전송한 것
인지 발신자 코드를 확인할 수 있습니다. 그리고 getData 메서드를 사용하면 메시지를 전송할 때 넣었
던 데이터를 확인할 수 있습니다. getData 메서드를 호출했을 때 반환되는 것은 Map 객체이며 그 안
에 들어 있는 데이터를 contents 키로 꺼내면 사용자가 입력했던 발신 데이터를 확인할 수 있습니다.

서비스 클래스 안에서 푸시 메시지를 수신했으므로 이 데이터를 사용자에게 보여주려면 메인 액티비티
쪽으로 전달해야 합니다. 서비스에서 액티비티를 띄울 때는 인텐트에 플래그를 주어야 하며, 메인 액티
비티가 이미 메모리에 만들어져 있는 경우에는 메인 액티비티의 onNewIntent 메서드로 데이터가 전
달됩니다. 그러면 다음과 같이 전달 받은 데이터를 확인하여 메인 액티비티에 보여줍니다. MainActiv-
ity.java에서 다음 메서드를 추가하세요.

참조파일 SamplePush>/app/java/org.techtown.push/MainActivity.java

```
중략…


@Override ──→ ❶ 서비스로부터 인텐트를 받았을 때의 처리
protected void onNewIntent(Intent intent) {
    println("onNewIntent 호출됨");

    if (intent != null) {
        processIntent(intent);
    }

    super.onNewIntent(intent);
}


private void processIntent(Intent intent) {
    String from = intent.getStringExtra("from");
    if (from == null) {
        println("from is null.");
        return;
    }

    String contents = intent.getStringExtra("contents"); ──→ ❷ 보낸 데이터는 contents 키(Key)를
                                                                  사용해 확인
```

```
        println("DATA : " + from + ", " + contents);
        textView.setText("[" + from + "]로부터 수신한 데이터 : " + contents);
    }

    중략…
```

이제 푸시 메시지를 받는 앱의 기능이 완성되었습니다.

8단계: 메시지 전송 앱 만들기

이제 메시지를 전송하는 앱을 만듭니다. 안드로이드 스튜디오 상단 메뉴에서 [File → New → New Project] 메뉴를 누르고 SamplePushSend라는 이름과 org.techtown.push.send 패키지 이름을 가진 새로운 프로젝트를 만듭니다. 프로젝트 창이 열리면 activity_main.xml 파일을 열고 화면 레이아웃을 만듭니다. 최상위 레이아웃은 LinearLayout으로 변경하고 orientation 속성 값은 vertical로 설정합니다. 상단에는 '전송' 글자가 표시된 버튼과 입력상자 하나를 배치하고 아래쪽에는 ScrollView 안에 텍스트뷰가 하나 들어가도록 합니다. [전송] 버튼을 누르면 입력상자에 입력한 글자를 푸시 메시지로 전송하도록 할 것이고 로그는 아래쪽에 있는 텍스트뷰에 출력할 것입니다. 버튼, 입력상자 등을 추가하기 위한 레이아웃은 다음 사진을 참고하여 여러분이 직접 추가하세요.

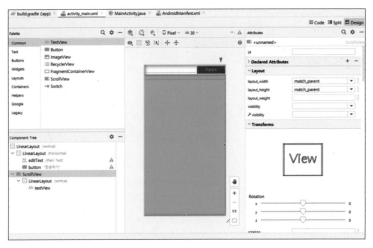

▲ 메시지 전송 앱의 화면 레이아웃

9단계: 메시지 전송 앱의 코드 입력하기

이제 화면에 있는 버튼을 눌렀을 때 메시지를 전송하는 기능을 추가합니다. 메시지 전송을 위해 Volley 라이브러리를 사용할 것이므로 build.gradle(Module: SamplePushSend.app) 파일을 열고 depen-dencies 중괄호 안에 다음 한 줄을 추가합니다.

```
implementation 'com.android.volley:volley:1.2.0'
```

상단에 보이는 [Sync Now] 링크를 클릭하여 변경사항을 반영합니다. 그리고 MainActivity.java 파일을 열어 아래 코드를 입력합니다.

```java
public class MainActivity extends AppCompatActivity {
  EditText editText;
  TextView textView;

  static RequestQueue requestQueue;
  static String regId;

  @Override
  protected void onCreate(Bundle savedInstanceState) {
    super.onCreate(savedInstanceState);
    setContentView(R.layout.activity_main);

    editText = findViewById(R.id.editText);
    textView = findViewById(R.id.textView);

    Button button = findViewById(R.id.button);
    button.setOnClickListener(new View.OnClickListener() {
      @Override
      public void onClick(View v) {
        String input = editText.getText().toString();
        send(input);
      }
    });

    if (requestQueue == null) {
      requestQueue = Volley.newRequestQueue(getApplicationContext());
    }
  }

  public void send(String input) { ⟶ 바로 다음에 완성합니다.

  }
  public void println(String data) {
    textView.append(data + "\n");
  }
}
```

메인 액티비티의 코드에서는 화면 레이아웃에 추가한 위젯들을 찾아 변수에 할당하는 것을 볼 수 있습니다. 그리고 [전송하기] 버튼을 클릭했을 때 메시지 전송을 위해 만든 메서드를 호출하는 코드도 들어 있습니다. 메시지 전송을 위해서 Volley 라이브러리가 사용되는데 이 라이브러리는 RequestQueue 객체에 요청 객체(Request Object)를 만들어 추가하면 자동으로 메시지를 전송하는 방식으로 되어 있습니다. 따라서 먼저 RequestQueue 객체를 만들어 두었습니다. 자! 그럼 이제 send 메서드 안에서 메시지를 전송하면 됩니다. 다음 코드를 참고하여 MainActivity.java에 send 메서드를 추가하세요. 이때 sendData 메서드에 오류 메시지가 표시될 것입니다. sendData 메서드는 바로 다음에 작성합니다.

참조파일 SamplePushSend>/app/java/org.techtown.push.send/MainActivity.java

```
중략…

public void send(String input) {
    JSONObject requestData = new JSONObject();  ─→ ❶ 전송 정보를 담아둘 JSONObject 객체 생성

    try {
        requestData.put("priority", "high");  ─→ ❷ 옵션 추가

        JSONObject dataObj = new JSONObject();
        dataObj.put("contents", input);         ❸ 전송할 데이터 추가
        requestData.put("data", dataObj);

        JSONArray idArray = new JSONArray();
        idArray.put(0, regId);                  ❹ 푸시 메시지를 수신할 단말의 등록 ID를
        requestData.put("registration_ids", idArray);   JSONArray에 추가한 후 requestData
    } catch(Exception e) {                           객체에 추가
        e.printStackTrace();
    }

    sendData(requestData, new SendResponseListener() {  ─→ ❺ 푸시 전송을 위해 정의한 메서드 호출
        @Override
        public void onRequestCompleted() {
            println("onRequestCompleted() 호출됨.");
        }

        @Override
        public void onRequestStarted() {
            println("onRequestStarted() 호출됨.");
        }

        @Override
        public void onRequestWithError(VolleyError error) {
            println("onRequestWithError() 호출됨.");
        }
```

```
        });
    }
중략...
```

메시지를 전송할 때는 sendData 메서드를 호출합니다. 이 메서드를 호출하면서 JSONObject 타입의
요청 객체와 리스너를 파라미터로 전달하면 메시지를 전송하면서 그 상태를 리스너로 알려줍니다. 이
메서드는 따로 정의해 놓은 메서드이므로 조금 후에 살펴봅니다.

앞에서 이야기했듯이 메시지를 전송하려면 먼저 JSONObject 타입의 객체를 요청 객체로 만들어야
합니다. 그 안에는 여러분이 원하는 만큼 데이터를 추가할 수 있습니다. 데이터를 추가할 때는 또 다
른 JSONObject 객체를 만든 후 그 안에 추가하면 됩니다. 그런데 요청 객체 안에 데이터를 추가하려
면 추가하는 데이터의 이름과 값이 어떤 것인지 잘 기억해 두어야 합니다. 왜냐하면 데이터를 받는 쪽
에서 어떤 이름으로 된 어떤 데이터가 전달되는지를 알아야 확인할 수 있기 때문입니다. 여기에서는
contents라는 이름으로 사용자가 입력한 데이터를 추가했습니다. 메시지를 전송할 때는 받는 단말의
등록 id도 추가되어야 합니다. 여기에서는 메시지를 받을 단말의 등록 id를 JSONArray 객체에 추가한
후 registration_ids라는 이름으로 요청 객체에 추가합니다.

이 등록 id는 메시지 수신 앱인 SamplePush에서 확인된 등록 id를 복사하여 넣어주어야 합니다. 원래
는 SamplePush에서 이 앱 쪽으로 등록 id 값을 전달해야 하지만 지금은 등록 id를 전달할 서버를 만들
지는 않기 때문에 여러분이 직접 복사하여 넣어주어야 합니다. 이제 sendData 메서드를 정의합니다.
sendData 메서드는 SendResponseListener 인터페이스에서 정의합니다.

참조파일 SamplePushSend>/app/java/org.techtown.push.send/MainActivity.java

```
중략...
public interface SendResponseListener {
    public void onRequestStarted();
    public void onRequestCompleted();
    public void onRequestWithError(VolleyError error);
}

public void sendData(JSONObject requestData, final SendResponseListener listener) {
    JsonObjectRequest request = new JsonObjectRequest(  →  ❶ Volley 요청 객체를 만들고 요청을 위한
            Request.Method.POST,                              데이터 설정
            "https://fcm.googleapis.com/fcm/send",
            requestData,
            new Response.Listener<JSONObject>() {
                @Override
                public void onResponse(JSONObject response) {
                    listener.onRequestCompleted();
```

```
                }
            }, new Response.ErrorListener() {
                @Override
                public void onErrorResponse(VolleyError error) {
                    listener.onRequestWithError(error);
                }
            }
        ) {

        @Override ——→ ❷ 요청을 위한 파라미터 설정
        protected Map<String, String> getParams() throws AuthFailureError {
            Map<String,String> params = new HashMap<String,String>();

            return params;
        }

        @Override ——→ ❸ 요청을 위한 헤더 설정
        public Map<String, String> getHeaders() throws AuthFailureError {
            Map<String,String> headers = new HashMap<String,String>();
            headers.put("Authorization",
                    "key=00000000000000000000000000000000");

            return headers;           ——→ 여기에 서버 키의 토큰 값을 넣으세요.
        }

        @Override
        public String getBodyContentType() {
            return "application/json";
        }
    };

    request.setShouldCache(false);
    listener.onRequestStarted();
    requestQueue.add(request);
}
중략…
```

클라우드 서버에 메시지를 전송할 때는 Volley 라이브러리나 okHttp 라이브러리 등을 사용할 수 있습니다. 물론 다른 HTTP 라이브러리를 사용할 수도 있습니다. 이 코드에서는 Volley 라이브러리를 사용하면서 JSON 객체를 요청 객체로 하여 서버에 전송하므로 JsonObjectRequest 객체를 사용합니다. 이 객체를 생성할 때는 여러 개의 파라미터가 전달됩니다. 첫 번째 파라미터는 요청 방식(메서드, Method)을 지정합니다. Request.Method.POST는 POST 방식으로 요청하겠다는 것을 의미합니다. 두 번째 파라미터는 클라우드 서버의 요청 주소입니다. 여기에서는 다음과 같은 요청 주소를 사용합니다.

세 번째 파라미터는 요청 데이터가 들어 있는 객체입니다. 앞에서 JSONObject 객체를 만들고 요청 데이터를 넣었으니 그 객체를 그대로 설정합니다. 그 다음에 전달하는 두 개의 파라미터는 각각 성공 응답을 받았을 때와 오류 응답을 받았을 때 호출되는 리스너 객체입니다. 성공 응답을 받았을 때는 onResponse 메서드가 호출되므로 그 안에서 다시 리스너의 메서드를 호출하도록 만들었습니다.

JsonObjectRequest 객체를 만들 때 메서드를 재정의하면 요청 파라미터와 헤더를 설정할 수 있습니다. getParams 메서드는 요청 파라미터를 설정하기 위한 메서드이며, 여기에서는 아무런 파라미터도 설정하지 않고 비어있는 HashMap 객체만 반환하도록 합니다.

헤더의 경우에는 getHeaders 메서드를 사용해 설정하는데 HashMap 객체에 값을 넣어 반환하면 HTTP 요청 시 헤더가 설정됩니다. 헤더는 하나만 설정되었는데 Authorization이라는 키를 사용하고 있습니다. 그리고 값을 보면 key= 뒤에 알 수 없는 알파벳 숫자들이 연속으로 입력되어 있습니다. 이것은 FCM을 사용해 클라우드 서버로 메시지를 보낼 때 사용되는 키입니다. 이 키는 FCM 개발자 콘솔 페이지에서 확인할 수 있습니다.

다시 FCM 개발자 콘솔 페이지에 접속하여 왼쪽 메뉴 상단의 프로젝트 이름 오른쪽에 있는 설정(*) 아이콘을 클릭한 다음 [프로젝트 설정]을 누르세요. 그러면 가운데 영역에 설정 화면이 나타납니다. 설정 화면 상단의 메뉴 중에서 [클라우드 메시징] 메뉴를 누릅니다. 그러면 그 안에 '프로젝트 사용자 인증 정보'라는 내용이 들어 있습니다.

▲ 키 값으로 사용되는 토큰

그중에 서버 키의 토큰 값을 복사한 후 키 값으로 입력하면 됩니다. 서버 키의 토큰 값에 마우스를 올리면 오른쪽에 복사 아이콘(□)이 나타납니다. 이 아이콘을 눌러서 토큰 값을 복사하세요. 이 값은 여러분

각자가 고유한 값으로 만든 후 복사해야 합니다. 코드의 마지막 부분에서는 Volley의 큐에 요청 객체를 추가합니다. 이렇게 하면 Volley 라이브러리에서 자동으로 요청을 전송합니다. 이 앱은 인터넷을 사용하므로 AndroidManifest.xml 파일 안에 INTERNET 권한을 추가합니다.

참조파일 SamplePush>/app/manifests/AndroidManifest.xml

```
중략…
    <uses-permission android:name="android.permission.INTERNET" />
중략…
```

이제 SamplePush 앱을 먼저 실행합니다. 그리고 등록 id 값이 확인되면 그 값을 복사하여 Sample-PushSend 앱의 등록 id가 들어갈 코드 부분에 해당 값을 붙여넣기합니다. 시뮬레이터에서는 id 값을 복사할 수 없으므로 Logcat에 출력된 값을 사용하세요. 그리고 SamplePushSend 앱은 다른 에뮬레이터를 하나 더 실행한 후 그 에뮬레이터로 실행합니다.

▲ 푸시 메시지를 보내고 받는 화면

SamplePushSend 앱에서 메시지를 전송하면 SamplePush 앱에서 메시지를 받아 표시하는 것을 확인할 수 있습니다. 에뮬레이터는 CPU와 메모리를 많이 소모하므로 두 개의 에뮬레이터를 실행하기 힘들다면 실제 단말을 연결하여 하나의 앱은 실제 단말 쪽으로 실행해보기 바랍니다.

> **정박사의 조언** **처음 실행했을 때 등록 ID 값이 null로 나오나요?**
>
> 등록 id는 앱을 실행했을 때 FCM 라이브러리에 의해 자동으로 확인됩니다. 다만 클라우드 서버에 요청하고 응답을 받을 때까지 시간이 소요될 수 있으므로 액티비티가 만들어지자마자 그 값을 확인하는 경우에는 null로 출력될 수 있습니다.

지금은 보내고 받는 데이터가 contents를 키(Key)로 하는 하나의 글자뿐이지만 어떤 사람이 보냈는지, 보낸 시간은 언제인지 등을 추가로 넣어 보내면 좀 더 다양한 유형의 데이터를 주고받을 수 있습니다.

지금까지 푸시 메시지를 보내고 받는 방법에 대해 살펴보았습니다. 어떤가요? FCM을 사용해 푸시 메시지를 보내기 위해서는 준비해야 할 내용들이 몇 가지 있어 조금은 복잡할 수도 있습니다. 하지만 이미 푸시 메시지가 광범위하게 사용되고 있으므로 FCM을 활용해 푸시 메시지를 보내고 받는 방법을 잘 익혀두는 것이 필요합니다.

15-4
센서 이해하기

센서는 앱의 핵심이라기보다는 부가적으로 사용성을 높이는데 큰 도움을 주는 요소입니다. 안드로이드에서는 다양한 표준 센서들을 지원합니다. 대표적인 센서 중 하나인 가속 센서(Accelerometer)는 다양한 기준 축(Axe)을 따라 기기가 얼마만큼의 속도로 움직이는지 측정할 수 있게 합니다. 또 자이로스코프 센서(Gyroscope)는 가속 센서보다 더 많은 축을 기준으로 시간에 따라 회전하는 정보까지 확인할 수 있도록 해줍니다. 이 외에도 다양한 센서들이 지원되는데 이 정보들은 센서 매니저(SensorManager)라는 시스템 서비스를 통해 모두 같은 방식으로 사용할 수 있습니다. 다음은 안드로이드에서 지원하는 대표적인 센서들입니다.

센서 이름	상수	설 명
가속 센서(Accelerometer)	TYPE_ACCELEROMETER	가속도 감지, 외부의 충격량과 방향 감지 (단위: m/s^2)(중력 + 선형가속)
자이로스코프 센서(Gyroscope)	TYPE_GYROSCOPE	회전 정보 감지, 다양한 축을 따른 회전각 감지
중력 센서(Gravity)	TYPE_GRAVITY	축의 방향과 중력 감지(단위: m/s^2)
조도 센서(Light)	TYPE_LIGHT	빛의 세기 감지(단위: lux)
선형 가속 센서(Linear Acceleration)	TYPE_LINEAR_ACCELERATION	각 축에 따른 가속도를 감지하는 3차원 벡터 (단위: m/s^2)
근접 센서(Proximity)	TYPE_PROXIMITY	근접한 물체와의 거리 감지(단위: cm) 단말에 따라 가깝거나 먼 정도만 표시할 수도 있음
온도 센서(Temperature)	TYPE_TEMPERATURE	온도 감지
방향 센서(Orientation)	TYPE_ORIENTATION	방향각 감지(단위: degree)

[표] 안드로이드에서 지원하는 대표적인 센서들

가속 센서와 방향 센서 이해하기

가속 센서의 경우에는 중력 정보와 선형 가속 정보가 같이 계산되므로 가장 자주 사용되는 센서 중의 하나입니다. 가속 센서를 이해하기 위해서는 가속 센서의 값을 계산할 줄 알아야 합니다. 단말을 테이블 위에 놓아두었을 경우에는 가속 센서의 값은 +9.81이 됩니다. 이 값은 단말의 선형 가속 값인 0m/s^2에서 중력 값인 -9.81m/s^2을 뺀 값입니다. 이 값을 기준으로 가속 값을 계산하면 됩니다. 예를 들어 단말을 테이블 위에 놓아둔 상태에서 한 방향으로 A만큼 밀면 가속 값은 A+9.81m/s^2 가 됩니다.

그러면 방향은 어떻게 정하면 될까요? 가속 센서와 같이 기준 축이 있는 경우에는 다음과 같은 좌표계를 사용합니다. X축으로는 오른쪽이 +값, Y축으로는 위쪽이 +값, 그리고 Z축으로는 화면 앞쪽이 +값이 됩니다. 이 축을 기준으로 방향 센서를 설명해 보겠습니다.

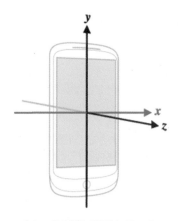

▲ 가속도 센서에서 사용하는 좌표계

방향 센서의 경우에는 세 개의 값을 전달받을 수 있는데 첫 번째 값은 Azimuth라 하고 Z축을 기준으로 북쪽 방향과 현재 감지되는 Y축과의 차이를 나타냅니다. 따라서 값의 범위는 0도부터 359도 사이가 되고 각각의 방위 값은 0=북쪽, 90=동쪽, 180=남쪽, 270=서쪽이 됩니다. 두 번째 값은 Pitch라 하고 X축을 기준으로 한 회전각을 나타냅니다. 따라서 값의 범위는 -180도부터 180도 사이가 되고 Z축이 Y축 방향으로 이동할 때 +값이 됩니다. 세 번째 값은 Roll이라 하고 Y축을 기준으로 한 회전각을 나타냅니다. 따라서 값의 범위는 -90도부터 90도까지가 되고 X축이 Z축 방향으로 이동할 때 +값이 됩니다.

센서를 사용하면서 볼 수 있는 대표적인 클래스들은 다음과 같습니다.

[Reference]

SensorManager
Sensor
SensorEvent

센서 매니저 객체는 센서를 다루기 위해 제공되는 시스템 서비스 객체이며, 센서 객체는 각 센서 정보를 포함하고 있습니다. 센서로부터 정보를 받을 때는 SensorEvent 객체로 전달되므로 이 객체를 처리하여 각 센서의 값을 바로바로 확인할 수 있습니다.

이제 단말의 센서 정보를 확인하고 센서로부터 값을 받아 확인해보는 프로젝트를 만들어 보겠습니다. SampleSensor라는 이름과 org.techtown.sensor라는 패키지 이름을 가진 새로운 프로젝트를 만듭니다. 새로운 프로젝트 창이 열리면 activity_main.xml 파일을 열고 화면 상단에 '센서 리스트'와 '첫번째 센서'라는 글자가 표시된 버튼을 추가합니다. 그 아래에는 ScrollView를 추가하고 화면을 꽉 채우도록 합니다. 스크롤뷰 안에는 텍스트뷰를 추가하여 로그를 출력할 수 있도록 합니다.

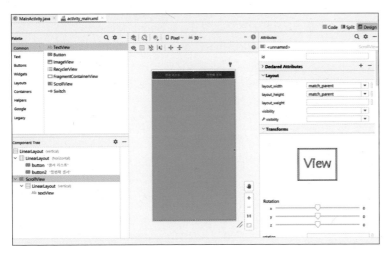

▲ 센서 확인을 위한 화면 레이아웃

이런 화면 레이아웃은 자주 만들어 보았으니 그리 어렵지 않을 것입니다. 화면 레이아웃을 만들었다면 MainActivity.java 파일을 열고 버튼을 눌렀을 때 동작할 코드를 입력합니다.

참조파일 SampleSensor>/app/java/org.techtown.sensor/MainActivity.java

```java
public class MainActivity extends AppCompatActivity {
  TextView textView;

  SensorManager manager;
  List<Sensor> sensors;

  @Override
  protected void onCreate(Bundle savedInstanceState) {
    super.onCreate(savedInstanceState);
    setContentView(R.layout.activity_main);
```

```
    textView = findViewById(R.id.textView);

    Button button = findViewById(R.id.button);
    button.setOnClickListener(new View.OnClickListener() {
      @Override
      public void onClick(View v) {
        getSensorList();
      }
    });
  }

  public void getSensorList() {
    manager = (SensorManager) getSystemService(SENSOR_SERVICE); ──→ SensorManager
    sensors = manager.getSensorList(Sensor.TYPE_ALL);                객체 참조하기

    int index = 0;
    for (Sensor sensor : sensors) {
      println("#" + index + " : " + sensor.getName());
    }
  }

  public void println(String data) {
    textView.append(data + "\n");
  }
}
```

첫 번째 버튼을 눌렀을 때는 센서 리스트를 확인하여 화면에 출력하도록 합니다. 그리고 두 번째 버튼을 눌렀을 때는 첫 번째 센서의 값을 확인하여 화면에 출력하도록 합니다.

센서를 사용할 때는 센서 매니저 객체를 시스템 서비스로 참조하는 것부터 시작합니다. getSystemService 메서드를 호출하여 시스템 서비스 객체를 참조할 때 사용하는 상수는 SENSOR_SERVICE입니다. 센서 매니저 객체를 참조한 후 단말에서 지원하는 모든 센서 리스트를 가져오려면 getSensorList 메서드를 호출합니다.

[Reference]

public List<Sensor> getSensorList (int type)

센서 유형을 상수로 전달하면서 호출하면 Sensor 객체를 담고 있는 List 객체가 리턴됩니다. 여기에서는 모든 센서 정보를 받기 위해 Sensor.TYPE_ALL 상수를 전달하였습니다. 이제 두 번째 버튼을 클릭했을 때 첫 번째 센서의 값을 확인하는 코드를 입력합니다.

```
public class MainActivity extends AppCompatActivity {
  TextView textView;
  SensorManager manager;
  List<Sensor> sensors;

  @Override
  protected void onCreate(Bundle savedInstanceState) {

중략...

    Button button2 = findViewById(R.id.button2);
    button2.setOnClickListener(new View.OnClickListener() {
      @Override
      public void onClick(View v) {
        registerFirstSensor();
      }
    });
  }

중략...

  public void registerFirstSensor() {
    manager.registerListener( ──→ 센서를 위한 리스너 설정하기
      new SensorEventListener() {
        @Override
        public void onSensorChanged(SensorEvent event) {
          String output = "Sensor Timestamp : " + event.timestamp + "\n\n";
          for(int index = 0; index < event.values.length; ++index) {
            output += ("Sensor Value #" + (index + 1) + " : " + event.values[index] + "\n");
          }
          println(output);
        }

        @Override
        public void onAccuracyChanged(Sensor sensor, int accuracy) {

        }
      },
      sensors.get(0),
      SensorManager.SENSOR_DELAY_UI);
  }
}
```

두 번째 버튼을 누르면 센서의 값이 변할 때마다 그 값을 화면에 보여주게 됩니다. 센서의 값들이 변하는 경우에는 SensorEvent 객체를 통해 전달받게 되는데, 이 액티비티가 SensorEventListener를 구현하여 사용하므로 다음과 같은 두 메서드를 통해 이벤트를 전달받을 수 있습니다.

[Reference]

abstract void onAccuracyChanged(Sensor sensor, int accuracy)
abstract void onSensorChanged(SensorEvent event)

onAccuraryChanged 메서드는 센서의 정확도 값이 변할 때마다 호출되고, onSensorChanged 메서드는 센서의 데이터 값이 변할 때마다 호출됩니다. 센서의 데이터 값을 확인할 때는 SensorEvent 클래스에 정의된 timestamp, accuracy, values 변수의 값을 사용합니다. timestamp는 센서에서 값을 확인한 시간을 알려주고, accuracy는 값을 확인할 때의 센서 정확도를 알려줍니다. values 변수는 float 타입의 배열로 되어 있는데 센서의 종류에 따라 여러 개의 값을 담고 있습니다. 센서의 정확도는 크게 세 가지로 나눌 수 있으며, 그 값이 변할 때마다 정수 값으로 확인할 수 있습니다. 다음은 센서 정확도를 나타내는 상수 값인데, 정확도가 높음, 중간, 낮음으로 구분되는 것을 알 수 있습니다.

[Reference]

SensorManager.SENSOR_STATUS_ACCURACY_HIGH
SensorManager.SENSOR_STATUS_ACCURACY_MEDIUM
SensorManager.SENSOR_STATUS_ACCURACY_LOW
SensorManager.SENSOR_STATUS_UNRELIABLE

이제 앱을 실행하고 [센서 리스트] 버튼을 누르면 센서 리스트를 확인할 수 있으며 [첫 번째 센서] 버튼을 누르면 첫 번째 센서의 값이 변하는 것도 확인할 수 있습니다. 센서 리스트에서 확인할 수 있듯이 첫 번째 센서는 #0번 센서인 가속도 센서입니다.

◀ 센서 확인 화면

[첫 번째 센서] 버튼을 눌렀을 때 나타나는 가속도 센서의 값을 보면, 단말기를 바닥에 놓았을 때는 첫 번째 값은 0에 가깝고 두 번째 값은 기본 중력 값에 가깝게 됩니다. 단말기를 바닥에 놓은 상태에서 옆으로 밀었을 때 확인되는 값들을 보면 센서의 세 개 값 중에서 첫 번째와 두 번째 값이 변하는 것을 알 수 있습니다. 방향 센서를 확인해 보면 북쪽 방향으로 거의 정확하게 놓인 상태에서 첫 번째 값은 0도에 가깝게 표시되는 것을 알 수 있습니다.

만약 온도 센서의 값을 확인하고 싶다면 [센서 리스트] 버튼을 눌렀을 때 온도 센서가 몇 번째인지 확인한 후 센서 인덱스 정보를 그 센서의 인덱스 정보로 바꿔주면 됩니다.

지금까지 센서에 대해 좀 더 자세하게 알아보고 앱에서 단말의 센서 정보와 실시간으로 변하는 값을 확인해 보았습니다. 센서를 사용하는 방법이 아주 간단하므로 앞으로 여러분들이 만들 앱에 손쉽게 적용할 수 있을 것입니다.

15-5
시스템 서비스 활용하기

시스템 서비스(System Service)는 단말이 켜졌을 때 자동으로 실행되어 백그라운드에서 동작합니다. 이런 시스템 서비스 중에 이미 인플레이션을 위한 시스템 서비스나 센서를 위한 시스템 서비스 등은 사용해 보았습니다. 안드로이드에서는 다양한 시스템 서비스가 제공되는데 그중에서 ActivityManager, PackageManager, AlarmManager에 대해 추가로 알아보도록 하겠습니다.

ActivityManager는 액티비티나 서비스를 관리하는 시스템 서비스로 앱의 실행 상태를 알 수 있도록 합니다. PackageManager는 앱의 설치에 대한 정보를 알 수 있도록 하며 AlarmManager는 일정 시간에 알림을 받을 수 있도록 시스템에 등록해주는 역할을 합니다.

이러한 시스템 서비스들을 간단하게 테스트해보기 위해 SampleManager라는 이름과 org.techtown. manager라는 패키지 이름을 가진 새로운 프로젝트를 만듭니다. 프로젝트 창이 열리면 activity_main. xml 파일을 열고 화면 레이아웃을 구성합니다.

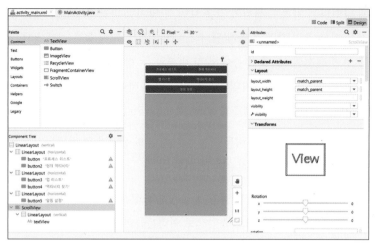

▲ 시스템 서비스 테스트를 위한 화면 레이아웃

화면에는 다섯 개의 버튼이 추가되어 있으며 아래쪽에는 스크롤뷰 안에 텍스트뷰 하나가 들어가 있습니다. 첫 번째 버튼을 누르면 ActivityManager가 관리하는 앱의 프로세스 리스트를 확인하여 출력하고 두 번째 버튼을 누르면 ActivityManager를 통해 현재 액티비티에 대한 정보를 출력합니다. 세 번째 버튼을 누르면 PackageManager가 관리하는 앱 리스트를 확인하도록 하고 네 번째 버튼을 누르면 지정한 액티비티가 설치되어 있는지 확인합니다. 다섯 번째 버튼을 누르면 AlarmManager를 이용해 1분 후에 알림을 받을 수 있도록 합니다. 화면 레이아웃에 들어있는 버튼을 눌렀을 때의 이벤트를 처리하는 코드는 생략했습니다. 이 부분은 직접 입력하기 바랍니다. 이제 MainActivity.java 파일을 열고 다음 코드를 입력하세요.

참조파일 SampleManager>/app/java/org.techtown.manager/MainActivity.java

```java
public class MainActivity extends AppCompatActivity {
    TextView textView;

    @Override
    protected void onCreate(Bundle savedInstanceState) {
        super.onCreate(savedInstanceState);
        setContentView(R.layout.activity_main);
        textView = findViewById(R.id.textView);
        중략…
    }
    public void getServiceList() {
        ActivityManager manager = (ActivityManager) getSystemService(Context.ACTIVITY_SERVICE);
        List<ActivityManager.RunningAppProcessInfo> processInfoList = manager.getRunningAppProcesses();

        for (int i = 0; i < processInfoList.size(); i++) {
            ActivityManager.RunningAppProcessInfo info = processInfoList.get(i);
```

❶ 실행 중인 프로세스 확인을 위한 메서드 호출하기

```java
        println("#" + i + " -> " + info.pid + ", " + info.processName);
    }
}

public void getCurrentActivity() {
    ActivityManager manager = (ActivityManager) getSystemService(Context.ACTIVITY_SERVICE);
    List<ActivityManager.RunningTaskInfo> taskList = manager.getRunningTasks(1);

    ActivityManager.RunningTaskInfo info = taskList.get(0);
    println("Running Task -> " + info.topActivity.toString());
}

public void getAppList() {
    PackageManager manager = getPackageManager();
    List<ApplicationInfo> appInfoList = manager.getInstalledApplications(PackageManager.GET_META_DATA);

    for (int i = 0; i < appInfoList.size(); i++) {
        ApplicationInfo info = appInfoList.get(i);
        println("#" + i + " -> " + info.loadLabel(manager).toString() + ", " + info.packageName);
    }
}

public void findActivity() {
    PackageManager manager = getPackageManager();

    Intent intent = new Intent(this, MainActivity.class);
    List<ResolveInfo> activityInfoList = manager.queryIntentActivities(intent, 0);

    for (int i = 0; i < activityInfoList.size(); i++) {
        ResolveInfo info = activityInfoList.get(i);
        println("#" + i + " -> " + info.activityInfo.applicationInfo.packageName);
    }
}

public void setAlarm() {
    AlarmManager manager = (AlarmManager) getSystemService(Context.ALARM_SERVICE);

    Intent intent = new Intent(this, MainActivity.class);
    PendingIntent pendingIntent = PendingIntent.getActivity(this, 101, intent,
                                    PendingIntent.FLAG_UPDATE_CURRENT);

    manager.set(AlarmManager.RTC, System.currentTimeMillis() + 60000, pendingIntent);
}
public void println(String data) { textView.append(data + "\n"); }
}
```

❷ AlarmManager에
알람 등록하기

첫 번째 버튼을 눌렀을 때는 getServiceList 메서드가 호출됩니다. 이 메서드 안에서는 ActivityManager 객체를 참조한 후 getRunningAppProcesses 메서드를 호출했습니다. 이 메서드를 호출하면 앱 프로세스 목록을 확인할 수 있으며 각각의 정보를 아래쪽에 출력합니다.

[API]

public List〈ActivityManager.RunningAppProcessInfo〉 getRunningAppProcesses ()

두 번째 버튼을 눌렀을 때는 getCurrentActivity 메서드가 호출됩니다. 이 메서드 안에서는 getRunningTasks 메서드를 호출합니다. 이 메서드를 호출했을 때 반환되는 RunningTaskInfo 객체를 확인하면 액티비티 스택에 들어있는 액티비티 정보 중에서 가장 최상위의 정보를 확인할 수 있습니다. 다만 이 메서드는 API 버전 21부터는 정상적으로 동작하지 않을 수 있다는 점에 주의합니다.

[API]

public List〈ActivityManager.RunningTaskInfo〉 getRunningTasks (int maxNum)

세 번째 버튼을 눌렀을 때는 getAppList 메서드가 호출됩니다. 이 메서드 안에서는 getInstalledApplications 메서드를 호출합니다. 이 메서드를 호출했을 때 반환되는 ApplicationInfo 객체를 확인하면 어떤 앱이 설치되어 있는지 확인할 수 있습니다.

[API]

public abstract List〈ApplicationInfo〉 getInstalledApplications (int flags)

네 번째 버튼을 눌렀을 때는 findActivity 메서드가 호출됩니다. 이 메서드 안에서는 지정한 인텐트 객체를 이용해 이 인텐트 객체로 실행할 액티비티가 있는지 확인합니다.

[API]

public abstract List〈ResolveInfo〉 queryIntentActivities (Intent intent, int flags)

다섯 번째 버튼을 눌렀을 때는 setAlarm 메서드가 호출됩니다. 이 메서드 안에서는 AlarmManager 객체를 이용해 알림을 설정합니다. 알림을 설정할 때는 set 메서드를 사용할 수 있으며 해당 알림이 발생했을 때는 PendingIntent로 설정한 인텐트가 실행됩니다.

이제 앱을 실행하고 각각의 버튼을 누르면 ActivityManager, PackageManager, AlarmManager를 이용한 기능이 실행됩니다.

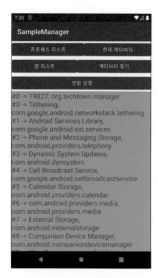

▲ 시스템 서비스를 사용한 결과

이와 같은 시스템 서비스는 필요에 따라 선택적으로 사용됩니다. 따라서 사용 방법을 간단하게 익혀두고 앱을 만들 때 필요한 경우 API에서 구체적인 기능을 찾아 구현하면 됩니다.

15-6
네트워크 기능 활용하기

단말의 인터넷 연결 상태는 어떻게 알 수 있을까요? 인터넷에 연결되어 있다면 일반망에 연결되어 있는지 무선랜(WiFi)에 연결되어 있는지는 어떻게 확인할 수 있을까요? 인터넷의 연결 상태에 따라 사용자에게 보여줄 결과물이 다르게 만들고 싶은 경우가 있으므로 인터넷 연결 상태를 알고 싶을 때가 있습니다. 안드로이드 단말에서는 인터넷 연결 상태를 확인할 수 있고 무선랜 연결 상태도 확인할 수 있습니다.

SampleNetwork라는 이름과 org.techtown.network라는 패키지 이름으로 새로운 프로젝트를 만듭니다. 프로젝트 창이 열리면 위쪽에 '연결상태 확인'이라는 글자가 표시된 버튼 하나를 추가하고 그 아래에는 ScrollView를 추가합니다. 스크롤뷰 안에는 텍스트뷰를 넣어 로그를 출력할 수 있도록 합니다.

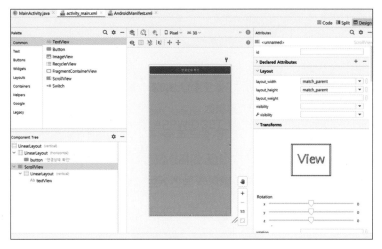

▲ 연결 상태 확인을 위해 만든 화면 레이아웃

화면 레이아웃을 만들었다면 MainActivity.java 파일을 열고 버튼을 클릭했을 때 연결 상태를 확인하는 코드를 입력합니다. 코드를 다 입력하면 manager.getActiveNetworkInfo 메서드 호출 부분에 빨간줄이 표시될 것입니다. 이 메서드는 바로 다음에 작성합니다.

참조파일 SampleNetwork>/app/java/org.techtown.network/MainActivity.java

```java
public class MainActivity extends AppCompatActivity {
  TextView textView;

  @Override
  protected void onCreate(Bundle savedInstanceState) {
    super.onCreate(savedInstanceState);
    setContentView(R.layout.activity_main);

    textView = findViewById(R.id.textView);

    Button button = findViewById(R.id.button);
    button.setOnClickListener(new View.OnClickListener() {
      @Override
      public void onClick(View v) {
        checkConnectivity();
      }
    });
  }

  public void checkConnectivity() {
    ConnectivityManager manager = ⟶ ❶ ConnectivityManager 객체 확인하기
                (ConnectivityManager) getSystemService(Context.CONNECTIVITY_SERVICE);
    NetworkInfo info = manager.getActiveNetworkInfo();
```

```
    if (info != null) {
      if (info.getType() == ConnectivityManager.TYPE_WIFI) {
        println("WiFi로 설정됨");
      } else if (info.getType() == ConnectivityManager.TYPE_MOBILE) {
        println("일반망으로 설정됨");
      }

      println("연결 여부: " + info.isConnected()); ──→ ❷ 연결 여부 확인하기
    } else {
      println("데이터통신 불가");
    }
  }

  public void println(String data) {
    textView.append(data + "\n");
  }
}
```

버튼을 누르면 checkConnectivity 메서드가 호출됩니다. 연결 상태 확인을 위해서는 Connectivity-Manager라는 시스템 서비스를 사용하면 됩니다. ConnectivityManager 객체에는 여러 메서드가 있는데 getActiveNetworkInfo 메서드를 호출하면 NetworkInfo 객체가 반환되고 이 객체에는 인터넷 연결 여부와 연결 방식에 대한 정보가 들어있습니다. getType 메서드를 호출하면 인터넷 연결 방식이 무선랜인지 아니면 일반망(3G/LTE)인지를 구분할 수 있습니다. 그리고 isConnected 메서드를 호출하면 연결되어 있는지 상태인지를 알 수 있습니다.

지금 작성한 코드는 버튼을 눌러야 인터넷 연결 상태를 확인할 수 있습니다. 하지만 이 방법 이외에도 브로드캐스트 수신자를 이용해 연결 상태가 바뀌는 시점에 인터넷 연결 상태를 바로 확인하여 인터넷을 다시 연결할 수 있도록 만들 수도 있습니다. 예를 들어, 인터넷 연결이 끊어지면 브로드캐스트 수신자로 인터넷이 끊어졌다는 메시지를 받아 인터넷을 다시 연결하게 만들 수도 있습니다.

다음은 무선랜이 끊어졌는지 아닌지에 대한 정보를 브로드캐스트 수신자를 받아 현재 인터넷 연결 상태를 출력하는 예제입니다. MainActivity.java 파일에 다음과 같이 무선랜 확인을 위한 코드를 추가합니다. onCreate 메서드에는 WiFiReceiver 객체 생성 코드를 추가하고 MainActivity 클래스에 onPause, onResume 메서드를 추가하세요. 그런 다음 MainActivity 클래스의 내부 클래스로 WiFiReceiver 클래스를 정의합니다.

```java
public class MainActivity extends AppCompatActivity {
  TextView textView;

  WiFiReceiver wifiReceiver;

  @Override
  protected void onCreate(Bundle savedInstanceState) {
중략…

    wifiReceiver = new WiFiReceiver();
  }

중략…

  @Override
  protected void onPause() {
    super.onPause();

    unregisterReceiver(wifiReceiver);
  }

  @Override
  protected void onResume() {
    super.onResume();

    IntentFilter filter = new IntentFilter(); ──→ ❶ 코드에서 수신자 등록하기
    filter.addAction(WifiManager.WIFI_STATE_CHANGED_ACTION);
    filter.addAction(WifiManager.NETWORK_STATE_CHANGED_ACTION);
    registerReceiver(wifiReceiver, filter);
  }

  class WiFiReceiver extends BroadcastReceiver {
    @Override
    public void onReceive(Context context, Intent intent) {
      String action = intent.getAction();
      if (action.equals(WifiManager.WIFI_STATE_CHANGED_ACTION)) { ──→ ❷ WiFi 상태 체크하기
        int state = intent.getIntExtra(WifiManager.EXTRA_WIFI_STATE, -1);
        if (state == WifiManager.WIFI_STATE_ENABLED) {
          println("WiFi enabled");
        } else if (state == WifiManager.WIFI_STATE_DISABLED) {
          println("WiFi disabled");
        }
      } else if (action.equals(WifiManager.NETWORK_STATE_CHANGED_ACTION)) {
        NetworkInfo info = intent.getParcelableExtra(WifiManager.EXTRA_NETWORK_INFO);
```

```
        WifiManager manager =
            (WifiManager) getApplicationContext().getSystemService(Context.WIFI_SERVICE);
        String ssid = manager.getConnectionInfo().getSSID();

        if (info.getState() == NetworkInfo.State.CONNECTED) {
          println("Connected : " + ssid);
        } else if (info.getState() == NetworkInfo.State.DISCONNECTED) {
          println("Disconnected : " + ssid);
        }
      }
    }
  }
}
```

onResume 안에서는 브로드캐스트 수신자를 등록하게 하고 onPause 안에서는 수신자를 등록 해제
하도록 합니다. 수신자가 받을 메시지를 지정하기 위해 IntentFilter 객체를 만들었으며 WIFI_STATE_
CHANGED_ACTION과 NETWORK_STATE_CHANGED_ACTION을 액션으로 추가합니다. 이렇게
하면 무선랜의 상태와 네트워크 상태를 전달받을 수 있습니다. 수신자 객체는 WiFiReceiver라는 이름
의 새로운 클래스로 정의한 후 그 클래스로부터 인스턴스 객체를 생성하여 변수에 할당해둡니다. 이 객
체의 onReceive 메서드로는 상태에 따른 메시지가 전달됩니다.

인터넷 연결 상태나 무선랜 연결 상태를 알아내려면 권한이 필요합니다. 매니페스트 파일을 열고 아래
권한을 추가합니다.

참조파일 SampleNetwork>/app/manifests/AndroidManifest.xml

```
<uses-permission android:name="android.permission.ACCESS_NETWORK_STATE"/>
<uses-permission android:name="android.permission.ACCESS_WIFI_STATE"/>
<uses-permission android:name="android.permission.CHANGE_WIFI_STATE"/>
```

앱을 실행하고 버튼을 누르면 연결 상태를 출력합니다. 그리고 무선랜
을 연결했다가 끊으면 그에 따른 상태 변경 메시지가 출력됩니다. 실
제 단말에서 테스트하면 단말의 상태를 좀 더 명확하게 확인할 수 있습
니다.

▲ 앱을 실행하여 연결 상태가 출력
된 화면

15-7
다중 창 지원하기

다중 창(Multi Window)은 단말 화면에 여러 개의 액티비티가 보이도록 지원하는 기능입니다. 이 기능은 API 24부터 지원되므로 예전 단말에서는 볼 수 없는 기능이었지만 최근 단말에서는 필요에 따라 사용할 수 있습니다. 사용자는 다중 창을 만들어 각각의 영역에 액티비티를 보여줄 수 있습니다. 시스템 메뉴 버튼을 누르면 단말에서 실행된 액티비티들을 볼 수 있는 오버뷰(Overview) 화면이 뜨게 되는데 이 화면에서 액티비티 상단의 아이콘 부분을 클릭하면 다중 창으로 만들 수 있는 메뉴가 표시됩니다. 이 메뉴를 눌러 화면을 분할한 후 다른 액티비티를 다른 창에 보이도록 선택하면 됩니다.

▲ 오버뷰 화면에서 다중 창을 띄우도록 한 경우

이 기능은 사용자가 필요에 따라 만드는 기능이지만 앱에서 별도의 처리를 해주어야 하는 경우도 있습니다. 예를 들어, 다중 창 모드로 들어갔을 때는 액티비티가 보이는 영역이 줄어들기 때문에 화면 레이아웃을 변경해야 할 수 있습니다. 이런 문제를 해결할 수 있도록 다음과 같은 메서드가 제공됩니다.

[API]

```
public boolean isInMultiWindowMode ()
public boolean isInPictureInPictureMode ()
public void onMultiWindowModeChanged (boolean isInMultiWindowMode, Configuration newConfig)
```

isInMultiWindowMode 메서드를 호출하면 현재 다중 창 모드에 들어가 있는지를 확인할 수 있습니다. isInPictureInPictureMode 메서드를 호출하면 PIP 모드(큰 화면에 작은 화면이 보이는 모드)에 들어가 있는지를 확인할 수 있습니다. 하지만 이 메서드들은 호출할 때만 알려주므로 다중 창 모드로 변경될 때마다 즉시 알아야 할 수도 있습니다. 이때 사용하는 것이 onMultiWindowModeChanged 메서드입니다. 이 메서드는 다중 창 모드로 변경될 때마다 자동 호출됩니다.

간단하게 다중 창 모드로 변경되는 상태를 확인해보기 위해 SampleMultiWindow라는 이름과 org.techtown.multiwindow라는 패키지 이름을 가진 새로운 프로젝트를 만듭니다. 프로젝트 창이 열리면 activity_main.xml 파일을 열고 화면 레이아웃을 만듭니다. 화면의 상단에는 '다중 창 모드 확인'과 'PIP 모드 확인'이라는 글자가 표시된 두 개의 버튼을 배치하고 그 아래에는 로그 출력을 위해 텍스트뷰가 들어있는 스크롤뷰를 추가합니다.

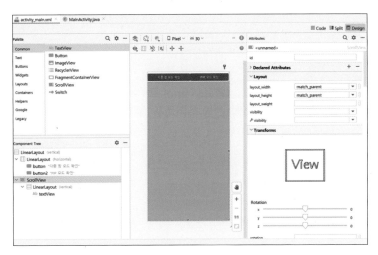

▲ 다중 창 모드 확인을 위한 화면 레이아웃

화면 레이아웃을 만들었다면 MainActivity.java 파일을 열고 버튼을 눌렀을 때 모드를 확인하는 코드를 입력합니다.

참조파일 SampleMultiWindow>/app/java/org.techtown.multiwindow/MainActivity.java

```java
public class MainActivity extends AppCompatActivity {
  TextView textView;

  @Override
  protected void onCreate(Bundle savedInstanceState) {
    super.onCreate(savedInstanceState);
    setContentView(R.layout.activity_main);

    textView = findViewById(R.id.textView);

    Button button = findViewById(R.id.button);
    button.setOnClickListener(new View.OnClickListener() {
```

```
      @Override
      public void onClick(View v) {
        if (Build.VERSION.SDK_INT >= 24) {
          boolean isIn = isInMultiWindowMode(); ──→ ❶ 다중 창 모드 여부 확인하기
          println("다중 창 모드 여부: " + isIn);
        }
      }
    });

    Button button2 = findViewById(R.id.button2);
    button2.setOnClickListener(new View.OnClickListener() {
      @Override
      public void onClick(View v) {
        if (Build.VERSION.SDK_INT >= 24) {
          boolean isIn = isInPictureInPictureMode();
          println("PIP 모드 여부: " + isIn);
        }
      }
    });
  }

  @Override ──→ ❷ 다중 창 모드가 변경되었을 때 자동으로 호출되는 메서드
  public void onMultiWindowModeChanged(boolean isInMultiWindowMode) {
    super.onMultiWindowModeChanged(isInMultiWindowMode);

    println("다중 창 모드 변경됨: " + isInMultiWindowMode);
  }

  public void println(String data) {
    textView.append(data + "\n");
  }
}
```

첫 번째 버튼과 두 번째 버튼을 눌렀을 때는 각각 isInMultiWindowMode 메서드와 isInPictureIn-PictureMode 메서드를 호출합니다. 이 두 개의 메서드는 API 24부터 지원되므로 Build.VERSION.SDK_INT 상수의 값을 비교하여 24보다 크면 코드를 실행하도록 합니다. 그리고 onMultiWindow-ModeChanged 메서드를 재정의하여 다중 창 모드가 변경되었을 때 메시지를 출력하도록 합니다.

이제 앱을 실행하고 다중 창 모드로 변경해봅니다.

▲ 다중 창 모드로 변경하고 그 안에 액티비티가 보이게 한 경우

버튼을 누르면 현재 다중 창 모드인지를 확인할 수 있습니다. 여기서 한 가지 주의할 점은 다중 창 모드로 변경되어 그 안에 액티비티가 표시될 때 액티비티가 없어졌다가 새로 만들어진다는 점입니다. 따라서 화면 레이아웃이 새로 인플레이션된다는 점을 고려하여 앱의 기능을 구성해야 합니다.

도전! 29
안드로이드 미션

공지 내용 전송 기능 만들기

두 명의 직원에게 공지 내용 전송하는 기능을 만들어 보세요. 화면에 보이는 두 명의 직원에게 공지 내용을 입력하고 전송하면 상대방에게 푸시로 공지가 보내지도록 합니다.

• **프로젝트 소스** DoitMission-29

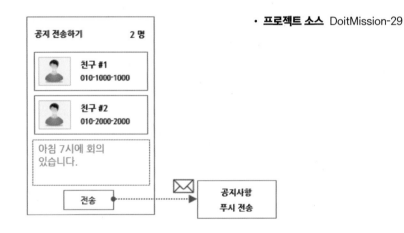

❶ 화면의 위쪽에는 리싸이클러뷰를 추가하고 친구 두 명을 아이템으로 미리 넣어줍니다.

❷ 화면의 아래쪽에는 공지 내용을 입력할 수 있는 입력상자와 버튼을 배치합니다.

❸ 푸시 전송에 필요한 상대방 단말 등록 ID는 미리 복사하여 넣어둡니다.

❹ 입력상자에 내용을 입력하고 [전송] 버튼을 누르면 푸시 기능을 이용해 상대방 단말로 메시지를 보냅니다.

참고할 점

공지 내용을 푸시로 전송하려면 상대방 단말의 등록 ID와 함께 FCM 사이트에서 등록했을 때 확인할 수 있는 정보들이 필요합니다.

도전! 30

안드로이드 미션

공지 사항 수신 팝업 만들기

푸시로 보내온 공지 사항을 받았을 때 화면에 팝업으로 보여주는 기능을 만들어 보세요. 팝업은 액티비티를 사용해 만든 후 서비스에서 띄울 수 있습니다.

• **프로젝트 소스** DoitMission-30

❶ 팝업 화면은 액티비티로 만들고 대화상자 모양으로 보이도록 테마를 설정합니다.

❷ 공지 사항을 푸시로 수신하면 서비스에서 팝업 화면을 띄워줍니다.

❸ 팝업 화면의 위쪽에는 수신 시각을 보여줍니다.

❹ 가운데 부분에는 수신한 공지 내용을 보여줍니다.

❺ 아래쪽 부분에 있는 [확인] 버튼을 누르면 팝업이 사라지도록 합니다.

참고할 점

푸시 메시지는 서비스에서 수신하게 됩니다. 따라서 사용자에게 보여주려면

액티비티를 만들어 띄우거나 WindowManager를 사용해 띄워줄 수 있는 플로팅 화면으로

보여주어야 합니다.

한 줄 일기장
실전 앱 만들어 보기

지금까지 안드로이드 스튜디오를 사용하는 방법과
안드로이드 앱을 만드는 데 필요한 여러 핵심 기능을
알아보았습니다. '구슬이 서 말이라도 꿰어야 보배'라는
말이 있죠. 지금까지 배운 내용을 종합하여 '한 줄 일기장
앱'을 만들어 보겠습니다. 한 줄 일기장 앱의 각 기능들이
어떻게 조합되어 완성되는지 이해할 수 있다면 다른 앱도
충분히 만들 수 있을 것입니다. 셋째 마당은 둘째 마당의
내용을 충분히 이해했다고 전제하므로 코드에 대한
설명은 비교적 짧게 이끌어 갑니다. 그래도 잘 이해되지
않는 부분이 있다면 책과 함께 제공하는 프로젝트 소스
코드를 참조해서 진행하길 바랍니다.

01 한 줄 일기장 앱 만들기

한 줄 일기장은 일기 쓰기가 귀찮거나 번거로운 사람들에게 메모처럼 간단하게 한 줄만 작성하면 되는 일기장이라고 생각하면 됩니다. 한 줄만 입력하면 되는 간단한 일기장이니 일기 쓰기를 권유하기 좋은 앱이 되겠네요. 일기를 작성하는 사용자가 한 줄짜리 문장만 입력하면 그날의 날씨나 위치 정보를 자동으로 가져와서 표시하도록 만들겠습니다. 그리고 슬라이더를 사용해서 그날의 기분을 매일매일 선택할 수 있도록 합니다. 이렇게 만들면 날마다 바뀌는 기분의 변화를 통계 그래프로 확인할 수도 있습니다. 마지막으로 매일 찍은 사진도 보관할 수 있게 사진 찍기 기능도 붙여서 완성하겠습니다.

그림으로 정리하기

한 줄 일기장은 어떤 기능들을 가지고 있는지 볼까요?	• 한 줄 일기장의 기능 구성
▼	
화면 레이아웃을 만들어볼까요?	• 화면 레이아웃 구성하기 • 기본 화면 코드 만들기
▼	
내 위치와 날짜를 가져오고 사진찍기 기능도 붙여볼까요?	• 내 위치와 날씨 확인하기 • 사진찍기 기능 붙이기
▼	
데이터베이스에 저장해볼까요?	• 데이터베이스에 저장하기
▼	
완성된 앱을 설치 파일로 만들어볼까요?	• 설치 파일 만들기

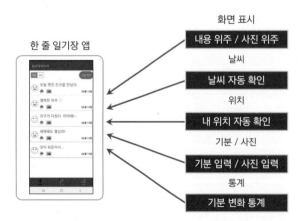

01-1
한 줄 일기장 앱 제작에 필요한 기획

한 줄 일기장 앱의 가장 기본적인 기능은 일기를 작성하는 입력 기능과 작성된 일기들을 볼 수 있는 리스트 기능입니다. 아주 단순한 기능처럼 보이지만 내 위치 정보와 날씨 정보를 자동으로 가져와야 하므로 앱을 만드는 개발자에게는 더 많은 작업을 요구합니다. 사용자가 입력하고 저장한 일기들은 잘 관리될 수 있도록 단말기 내부의 데이터베이스에 저장합니다. 데이터베이스에 일기를 저장되고 조회할 때는 다음과 같은 과정을 거칩니다.

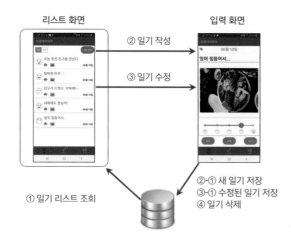

◀ 한 줄 일기장 앱에서 데이터베이스가 처리되는 과정

① 일기 리스트 조회

일기 앱이 처음 실행되면 저장되어 있는 일기들이 첫 화면에 보이게 만듭니다. 따라서 데이터베이스의 일기 테이블에서 전체 데이터를 조회할 수 있는 SQL을 만들어 실행합니다. 일기 리스트 화면에서 사용자는 새로운 일기를 추가하거나 수정, 삭제할 수 있는 입력 화면으로 이동할 수 있습니다.

② 일기 작성

새로운 일기를 작성하려면 입력 화면으로 전환되어야 합니다. 이 입력 화면은 새로운 일기를 추가할 때와 기존의 일기를 수정할 때 공통으로 사용됩니다. '②-① 새 일기 저장'의 입력 화면에서 새로운 내용을 입력한 후 [저장] 버튼을 누르면 데이터베이스에 일기 내용을 저장합니다.

③ 일기 수정

일기 리스트 화면에서 작성했던 일기 하나를 선택하면 입력 화면으로 전환되면서 선택한 일기의 내용이 입력 화면에 나타납니다. '③-① 수정된 일기 저장' 화면에서 일기 내용을 수정한 후에 [저장] 버튼을 누르면 데이터베이스에 저장됩니다.

④ 일기 삭제

일기 리스트 화면에서 삭제하려는 일기를 선택하면 입력 화면으로 전환됩니다. 이때 [삭제] 버튼을 누르면 데이터베이스에 저장되어 있는 일기를 삭제합니다.

일기장 앱 구성 과정 생각하기

한 줄 일기장 앱을 구성하는 과정은 여러분이 쉽게 이해할 수 있도록 4단계로 진행됩니다. 단계별 구성 내용은 다음과 같습니다.

1단계	2단계	3단계	4단계
▶ 화면 구성 - 리스트 화면 - 입력 화면 - 통계 화면	▶ 내 위치 확인 ▶ 날씨 연동 - Volley & Gson ▶ 사진 연동 - 사진 찍기 - 앨범에서 선택	▶ 데이터베이스 연동 - 리스트 조회 - 저장 - 수정 - 삭제 - 통계 조회	▶ 마무리 - 앱 이름 - 앱 아이콘 - 스플래시 화면

▲ 한 줄 일기장 앱의 단계별 구성

① 1단계

메인 화면의 하단에는 여러 개의 탭을 두고 탭의 각 항목을 누를 때 리스트 화면, 입력 화면, 통계 화면이 보이도록 만듭니다. 그리고 리스트 화면, 입력 화면, 통계 화면의 XML 레이아웃을 구성합니다. 리스트 화면에는 저장된 일기 리스트가 보이는데 이 리스트의 각 아이템에는 한 줄 내용, 기분, 날씨, 사진, 위치, 일자가 표시됩니다. 입력 화면에는 입력할 때 필요한 위젯들이 배치되고 통계 화면에는 기분 그래프가 표시됩니다.

② 2단계

내 위치를 자동으로 확인하고 주소로 변환하여 화면에 표시합니다. 그리고 내 위치의 지역 날씨를 자동으로 받아와 표시합니다. 날씨 정보는 기상청 데이터를 연동해야 하므로 네트워킹으로 기상청 서버로 요청하고 응답을 받아 처리합니다. 사진 연동을 위해 사진 찍기 기능과 앨범에서 사진을 선택하는 기능을 구현합니다.

③ 3단계

데이터베이스를 연동합니다. 데이터베이스와 테이블을 만들고 일기 리스트 조회, 일기 저장, 수정, 삭제 기능을 구현합니다. 통계 화면은 데이터베이스에서 통계 데이터를 조회할 수 있도록 합니다.

④ 4단계

앱을 마무리합니다. 앱의 이름을 설정하고 앱 아이콘도 설정합니다. 앱이 시작할 때 잠깐 표시되는 스플래시 화면도 붙여봅니다.

> **정박사의 조언**
>
> ## 샘플 소스 코드를 열어서 확인할 때 생기는 Gradle 오류를 바로 잡으세요!
>
> 제공된 샘플 소스 코드를 열어서 확인할 때 그래들(Gradle) 오류가 자주 발생합니다. 안드로이드 스튜디오가 지속적으로 업그레이드되기 때문에 발생하는 문제입니다. 그래들 오류를 바로 잡는 내용은 아래 URL에서 확인할 수 있습니다.
>
> ▶ 주요 업데이트 & 변경 사항 문서 링크: https://vo.la/3vBvg

01-2
1단계 – 화면 구성하기

이제 한 줄 일기장 앱을 구성하는 첫 단계부터 진행해 보겠습니다. 가장 처음 할 일은 화면 레이아웃을 만드는 것입니다. 앱이 실행되었을 때 보이는 첫 화면에는 저장된 일기 리스트가 보여야 하므로 리싸이클러뷰가 포함된 XML 레이아웃을 구성합니다. 리싸이클러뷰의 각 아이템에는 기분 아이콘, 날씨 아이콘, 사진 아이콘, 주소, 일기 내용 등이 표시되어야 하므로 레이아웃이 조금 복잡해 보일 수 있습니다. 다음은 일기 리스트 화면을 구성하기 전에 어떻게 만들 것인지 개략적으로 구상해 본 것입니다.

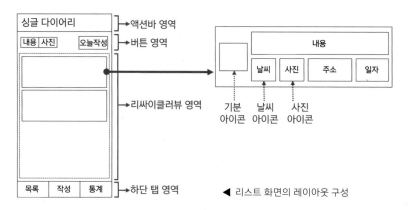

▲ 리스트 화면의 레이아웃 구성

저장된 메모들이 보일 리싸이클러뷰는 화면의 가운데에 배치하고 그 위에는 리싸이클러뷰가 보이는 모양을 바꿀 수 있는 라디오 버튼과 입력 화면으로 전환할 수 있는 [오늘 작성] 버튼을 배치합니다. 그림의 오른쪽에 작성한 것처럼 리싸이클러뷰의 아이템에는 여러 위젯들이 함께 보이는데 위쪽과 아래쪽 줄로 나뉘어 있습니다. 위쪽 줄에는 일기 내용이 보이고 아래쪽 줄에는 날씨, 사진 아이콘과 주소, 일자가 표시됩니다. 왼쪽에는 기분 아이콘을 나타내서 그날의 기분이 어땠는지를 쉽게 알 수 있게 합니다. 사진 아이콘은 사진이 있을 때는 보이고 없을 때는 보이지 않도록 합니다.

> **정박사의 조언 | 화면 단위로 앱을 구상해 보세요**
>
> 스마트폰 단말은 화면이 PC보다 작아서 하나의 화면이 하나의 액티비티로 만들어지는 경우가 많습니다. 그래서 화면 단위로 앱의 흐름을 구상하는 방법이 유용할 때가 많습니다. 프로그래밍을 진행하기 전에 화면을 어떻게 구성하면 좋을지 생각해보는 것은 큰 도움이 됩니다.

상단에 있는 라디오 버튼은 리싸이클러뷰의 각 아이템을 내용 중심으로 보이게 할지 아니면 사진 중심으로 보이게 할지를 선택할 수 있도록 합니다. 즉, [내용]을 선택했을 때는 내용 중심의 레이아웃으로 보이고 [사진]을 선택했을 때는 사진 중심의 레이아웃으로 보이게 만드는 것입니다.

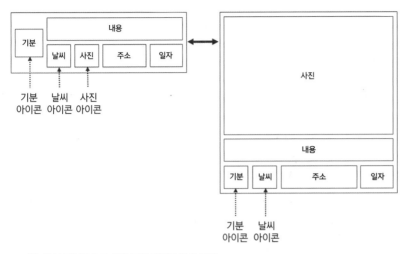

▲ 내용 중심 레이아웃과 사진 중심 레이아웃 간 전환

두 개의 레이아웃이 서로 전환될 수 있도록 만드는 이유는 사진 중심으로 리스트가 보이는 것이 더 직관적일 때가 많기 때문입니다. 특히 한 줄만 입력하는 일기장의 특성상 매일 사진을 찍어 그 사진을 중심으로 기록을 남길 경우, 사진 중심으로 리스트를 보는 것이 더 좋습니다. 다음 그림은 내용 중심의 리스트와 사진 중심의 리스트를 만든 결과 화면입니다. 결과 화면을 미리 확인하는 것도 앱을 만들어 나가는 데 도움이 됩니다. 꼼꼼하게 살펴보세요.

▲ 내용 중심과 사진 중심으로 보일 때의 결과물 앱

이제 1단계를 진행하기 위해 프로젝트의 이름은 SingleDiary, 패키지 이름은 org.techtown.diary로 입력하여 새로운 프로젝트를 만듭니다.

메인 화면 만들기

이제 메인 화면을 구성하기 위해 activity_main.xml 파일을 열고 프레임 레이아웃과 하단 탭을 추가합니다. 하단 탭의 각 탭 버튼을 누르면 프레임 레이아웃 안에 각 버튼에 맞는 프래그먼트가 보이도록할 것입니다.

최상위 레이아웃인 ConstraintLayout 안에 BottomNavigationView 위젯을 끌어다 놓고 아래쪽과 좌우 연결점을 부모 레이아웃에 연결합니다. 그리고 layout_width 속성 값은 0dp, layout_height 속성 값은 wrap_content로 설정합니다. 이렇게 하면 추가한 위젯이 화면 아래쪽에 붙게 됩니다. FrameLayout을 끌어다 놓고 위쪽과 좌우 연결점을 부모 레이아웃에 연결합니다. 그리고 layout_width와 layout_height 속성 값을 0dp로 설정합니다. 아래쪽 연결점은 BottomNavigationView 위젯의 위쪽 연결점과 연결합니다. 그러면 화면의 위쪽부터 BottomNavigationView 위쪽까지의 공간을 차지하게 됩니다. FrameLayout의 id 속성 값은 container로 설정하고 하단 탭의 id 속성 값은 bottom_navigation 으로 설정합니다. 하단 탭에 menu 속성 값은 @menu/menu_bottom으로 설정합니다. 이 속성은 하단 탭에 보일 탭 버튼을 메뉴 버튼으로 설정하기 위해 사용됩니다. /app/res 폴더 안에 menu 폴더를 만들고 그 안에 menu_bottom.xml 파일을 새로 추가합니다. 그리고 다음 코드를 입력합니다.

> 여기서 사용할 이미지와 item_color.xml은 복사해서 drawable 폴더에 미리 넣어 놓으세요. 깃허브 (https://github.com/mike-jung/DoItAndroid)에서 다운로드한 DoItAndroid-master 폴더의 drawable 폴더에서 확인할 수 있습니다.
>
> **경로 →** DoItAndroid-master/part3/SingleDiary/app/src/main/res/drawable

참조파일 SingleDiary>/app/res/menu/menu_bottom.xml

```xml
<?xml version="1.0" encoding="utf-8"?>
<menu xmlns:android="http://schemas.android.com/apk/res/android"
  xmlns:app="http://schemas.android.com/apk/res-auto">

  <item
    android:id="@+id/tab1"
    app:showAsAction="ifRoom"
    android:enabled="true"
    android:icon="@drawable/list_48"
    android:title="목록" />
  <item
    android:id="@+id/tab2"
    app:showAsAction="ifRoom"
    android:icon="@drawable/write_48"
    android:title="작성" />
  <item
    android:id="@+id/tab3"
    app:showAsAction="ifRoom"
    android:enabled="true"
```

```
        android:icon="@drawable/graph_48"
        android:title="통계" />
    </menu>
```

3개의 메뉴 아이템이 추가되었으며 각각 '목록', '작성', '통계'라는 글자가 버튼에 보이도록 했습니다. 이 메뉴 아이템들은 하단 탭의 버튼으로 나타나며, 각 버튼에는 아이콘도 보이도록 android:icon 속성을 설정했습니다.

> 아이콘은 제공한 이미지를 사용해도 되지만 여러분이 직접 /app/res/drawable에 이미지를 추가한 후 해당 이미지를 설정해도 됩니다.

디자인 화면에서 보이는 activity_main.xml 레이아웃의 모양은 다음과 같습니다.

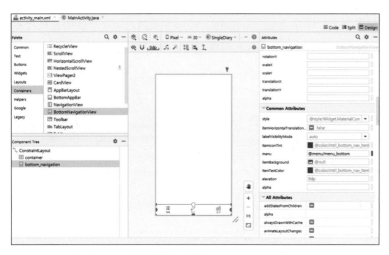

▲ 프레임 레이아웃과 하단 탭을 추가한 레이아웃

이제 /app/res/layout 폴더 안에 fragment1.xml, fragment2.xml, fragment3.xml 파일을 추가합니다. 추가한 3개의 파일은 하단 탭의 탭 버튼을 눌렀을 때 보이게 만들 것입니다.

세 개의 레이아웃 파일은 최상위 레이아웃을 LinearLayout으로 변경합니다. 프래그먼트를 위한 XML 레이아웃 파일을 추가했으므로 /app/java/org.techtown.diary 폴더 안에 Fragment1, Fragment2, Fragment3 클래스를 차례대로 만들고 onCreateView 메서드 안에서 조금 전에 만든 xml 파일들을 각각 인플레이션하도록 코드를 입력합니다. Fragment1 클래스의 코드는 다음과 같습니다.

참조파일 SingleDiary>/app/java/org.techtown.diary/Fragment1.java

```java
public class Fragment1 extends Fragment {

    @Override
    public View onCreateView(LayoutInflater inflater, ViewGroup container, Bundle savedInstanceState) {
        ViewGroup rootView = (ViewGroup) inflater.inflate(R.layout.fragment1, container, false);
```

```
    initUI(rootView);

    return rootView;
  }
  private void initUI(ViewGroup rootView) {

  }
}
```

onCreateView 메서드 안에서는 LayoutInflater 객체의 inflate 메서드를 호출하면서 첫 번째 파라미
터로 R.layout.fragment1을 전달하다는 것을 볼 수 있습니다. Fragment2.java와 Fragment3.java 파
일 안에서는 R.layout.fragment2와 R.layout.fragment3를 파라미터로 전달하도록 만듭니다. onCre-
ateView 메서드 안에서 호출하는 initUI 메서드는 인플레이션 후에 XML 레이아웃 안에 들어 있는 위
젯이나 레이아웃을 찾아 변수에 할당하는 코드들을 넣기 위해 만들어 둔 것입니다. 이 메서드 안에 들
어갈 코드는 조금 있다가 추가할 것입니다.

다시 MainActivity.java 파일을 열고 하단 탭을 눌렀을 때 동작할 코드를 다음처럼 입력합니다.

참조파일 SingleDiary>/app/java/org.techtown.diary/MainActivity.java

```java
public class MainActivity extends AppCompatActivity implements OnTabItemSelectedListener {

    Fragment1 fragment1;
    Fragment2 fragment2;
    Fragment3 fragment3;

    BottomNavigationView bottomNavigation;
    @Override
    protected void onCreate(Bundle savedInstanceState) {
        super.onCreate(savedInstanceState);
        setContentView(R.layout.activity_main);

        fragment1 = new Fragment1();
        fragment2 = new Fragment2();
        fragment3 = new Fragment3();

        getSupportFragmentManager().beginTransaction().replace(R.id.container, fragment1).commit();

        bottomNavigation = findViewById(R.id.bottom_navigation);
        bottomNavigation.setOnNavigationItemSelectedListener(
            new BottomNavigationView.OnNavigationItemSelectedListener() {
            @Override
            public boolean onNavigationItemSelected(@NonNull MenuItem item) {
                switch (item.getItemId()) {
```

```
                case R.id.tab1:
                    Toast.makeText(getApplicationContext(), "첫 번째 탭 선택됨", Toast.LENGTH_LONG).show();
                    getSupportFragmentManager().beginTransaction().replace(R.id.container, fragment1).commit();

                    return true;
                case R.id.tab2:
                    Toast.makeText(getApplicationContext(), "두 번째 탭 선택됨", Toast.LENGTH_LONG).show();
                    getSupportFragmentManager().beginTransaction().replace(R.id.container, fragment2).commit();

                    return true;
                case R.id.tab3:
                    Toast.makeText(getApplicationContext(), "세 번째 탭 선택됨", Toast.LENGTH_LONG).show();
                    getSupportFragmentManager().beginTransaction().replace(R.id.container, fragment3).commit();

                    return true;
            }
            return false;
        }
    });
}

public void onTabSelected(int position) {
    if (position == 0) {
        bottomNavigation.setSelectedItemId(R.id.tab1);
    } else if (position == 1) {
        bottomNavigation.setSelectedItemId(R.id.tab2);
    } else if (position == 2) {
        bottomNavigation.setSelectedItemId(R.id.tab3);
    }
}
}
```

MainActivity 클래스 안에 Fragment1, Fragment2, Fragment3 변수가 선언되었으며, onCreate 메서드 안에서 각각 객체로 만들어 변수에 할당되었습니다. 그리

새로운 자바 파일(.java)을 만들거나 레이아웃 파일(.xml)을 만들 때 대소문자를 꼭 다시 확인하길 바랍니다.

고 FragmentManager 객체를 이용해 첫 번째 프레임 레이아웃 안에 추가되도록 했습니다. 하단 탭에는 OnNavigationItemSelectedListener를 설정했습니다. 이 리스너는 하단 탭에 들어 있는 각각의 버튼을 눌렀을 때 onNavigationItemSelected 메서드가 자동으로 호출되므로 그 안에서 메뉴 아이템의 id 값으로 버튼을 구분한 후 토스트 메시지를 띄우도록 합니다. MainActivity 클래스가 구현하고 있는 OnTabItemSelectedListener 인터페이스는 하나의 프래그먼트에서 다른 프래그먼트로 전환하는 용도로 사용하기 위해 정의한 인터페이스입니다. /app/java/org.techtown.diary 폴더 안에 OnTabItemSelectedListener라는 이름으로 새로운 인터페이스를 만듭니다.

```java
public interface OnTabItemSelectedListener {
  public void onTabSelected(int position);
}
```

이 인터페이스 안에는 onTabSelected 메서드가 선언되어 있습니다. MainActivity 클래스는 이 인터페이스를 구현하고 있으므로 그 안에도 onTabSelected 메서드가 정의되었으며 이 메서드가 호출되면 하단 탭의 setSelected 메서드를 이용해 다른 탭 버튼이 선택되도록 합니다.

리스트 화면 만들기

첫 번째 탭 버튼을 눌렀을 때 보이는 화면은 리스트 화면입니다. 리스트 화면은 Fragment1 클래스로 정의되어 있습니다. 먼저 repositories 안에 url 정보를 명시합니다. 그리고 첫 번째 화면에 추가할 라디오 버튼과 두 번째 화면에 추가할 시크바 그리고 세 번째 화면에 추가할 그래프를 사용할 수 있도록 build.gradle (Module: SingleDiary.app) 파일에 3줄을 추가합니다.

```
중략…
repositories {
    maven { url 'https://jitpack.io' }
}
dependencies {
    중략…
    implementation 'lib.kingja.switchbutton:switchbutton:1.1.8'
    implementation 'com.github.channguyen:rsv:1.0.1'
    implementation 'com.github.PhilJay:MPAndroidChart:v3.1.0'
}
```

repositories 안에 명시한 url 정보는 라이브러리를 다운로드할 서버 주소를 추가한 것입니다. 이는 아래에 추가한 라이브러리들 중에 해당 서버로부터 다운로드해야 하는 것이 있기 때문입니다.

lib.kingja.switchbutton:switchbutton 라이브러리는 예쁜 라디오 버튼을 만들 수 있게 도와주고, com.github.channguyen:rsv 라이브러리는 시크바가 연속이 아닌 구간으로 선택될 수 있도록 만들어 줍니다. 그리고 com.github.PhilJay:MPAndroidChart 라이브러리는 그래프를 그리는 데 사용됩니다. 3줄을 추가했다면 안드로이드 스튜디오 상단에 있는 [Sync Project with Gradle Files] 아이콘을 눌러 수정 사항을 반영합니다.

첫 번째 프래그먼트에서는 추가한 라이브러리 중에서 첫 번째 것을 사용해 라디오 버튼을 추가할 것입니다. fragment1.xml 파일을 열고 다음과 같은 화면이 되도록 만들어 보겠습니다.

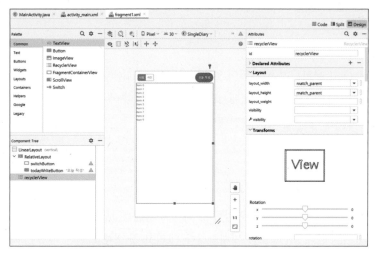

▲ 첫 번째 프래그먼트의 화면 레이아웃

'내용'과 '사진' 중에 선택할 수 있는 라디오 버튼을 왼쪽 상단에 만들고 '오늘 작성'이라는 버튼을 오른쪽에 배치합니다. 왼쪽의 라디오 버튼은 앞에서 추가한 lib.kingja.switchbutton:switchbutton 라이브러리를 사용해서 만든 것이며, 오른쪽 버튼은 버튼 배경에 드로어블을 적용한 것입니다. 참고로 fragment1.xml 파일의 화면 구성은 다음과 같은 구조를 가지고 있습니다.

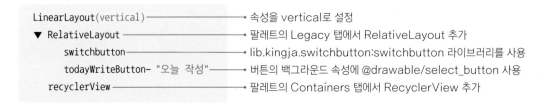

먼저 /app/res/drawable 폴더 안에 다음과 같이 select_button.xml 파일을 추가하고 코드를 수정해야 합니다.

참조파일 SingleDiary>/app/res/drawable/select_button.xml

```xml
<?xml version="1.0" encoding="utf-8"?>
<selector xmlns:android="http://schemas.android.com/apk/res/android" >
  <item android:state_pressed="true" >
    <shape android:shape="rectangle" >
      <corners android:radius="30dip" />
      <stroke android:width="1dip" android:color="#FFFF561D" />
      <gradient android:angle="-90" android:startColor="#FFFF561D" android:endColor="#FFFF561D" />
```

```xml
        </shape>
      </item>
      <item android:state_focused="true">
        <shape android:shape="rectangle" >
          <corners android:radius="30dip" />
          <stroke android:width="1dip" android:color="#FFFF561D" />
          <solid android:color="#FFFF561D"/>
        </shape>
      </item>
      <item >
        <shape android:shape="rectangle" >
          <corners android:radius="30dip" />
          <stroke android:width="1dip" android:color="#FFFF561D" />
          <gradient android:angle="-90" android:startColor="#FFFF561D" android:endColor="#FFFF561D" />
        </shape>
      </item>
    </selector>
```

selector 태그 안에 item 태그들을 넣어 버튼의 배경 모양이 만들어지게 정의했습니다. 첫 번째 프래그먼트를 위한 XML 레이아웃 파일인 fragment1.xml 파일을 열고 디자인 화면에서 화면 레이아웃을 구성한 후 XML 원본 코드를 다음과 같이 수정합니다.

참조파일 SingleDiary>/app/res/layout/fragment1.xml

```xml
<?xml version="1.0" encoding="utf-8"?>
<LinearLayout xmlns:android="http://schemas.android.com/apk/res/android"
  xmlns:tools=" http://schemas.android.com/tools "
  xmlns:app="http://schemas.android.com/apk/res-auto"
  android:layout_width="match_parent"
  android:layout_height="match_parent"
  android:layout_marginBottom="60dp"
  android:orientation="vertical"
  tools:context=".Fragment1">

  <RelativeLayout
    android:layout_width="match_parent"
    android:layout_height="wrap_content" >

    <lib.kingja.switchbutton.SwitchMultiButton
      android:id="@+id/switchButton"
      android:layout_width="wrap_content"
      android:layout_height="wrap_content"
      android:layout_alignParentLeft="true"
```

```
        android:layout_centerVertical="true"
        android:layout_marginLeft="10dp"
        android:padding="8dp"
        app:strokeRadius="5dp"
        app:strokeWidth="1dp"
        app:selectedTab="0"
        app:selectedColor="#eb7b00"
        app:switchTabs="@array/switch_tabs"
        app:textSize="14sp" />

    <Button
        android:id="@+id/todayWriteButton"
        android:layout_width="wrap_content"
        android:layout_height="wrap_content"
        android:layout_margin="5dp"
        android:layout_alignParentRight="true"
        android:background="@drawable/select_button"
        android:text="오늘 작성"
        android:textColor="@android:color/white"/>
    </RelativeLayout>

    <androidx.recyclerview.widget.RecyclerView
        android:id="@+id/recyclerView"
        android:layout_width="match_parent"
        android:layout_height="match_parent"
        android:layout_marginBottom="8dp"
        android:layout_marginLeft="4dp"
        android:layout_marginRight="4dp"/>
</LinearLayout>
```

SwitchMultiButton 위젯은 새로 추가한 라이브러리 안에 들어 있는 위젯이기 때문에 디자인 탭에서는 보이지 않습니다. 따라서 XML 원본 코드에서 추가하거나 수정해야 합니다.

그리고 SwitchMultiButton 위젯은 라디오 버튼을 예쁘게 만들기 위해 사용되었으며, /app/res/values 폴더 안에 arrays.xml을 만들어서 switch_tabs와 switch_days를 설정해야 합니다. 해당 내용은 책과 함께 제공되는 소스 코드를 참조해서 작성하길 바랍니다. [오늘 작성] 버튼의 배경으로는 @drawable/select_button이 설정되었습니다. 버튼 아래쪽에는 RecyclerView 태그가 추가되었습니다.

이제 리싸이클러뷰를 위한 XML 레이아웃과 클래스들을 정의합니다. 먼저 /app/res/layout 폴더 안에 note_item.xml이라는 이름의 레이아웃 파일을 만들고 리싸이클러뷰 안에 보일 아이템의 레이아웃을 만들어 보겠습니다. 다음은 여러분이 만들 리싸이클러뷰 안에 넣을 1개의 아이템입니다.

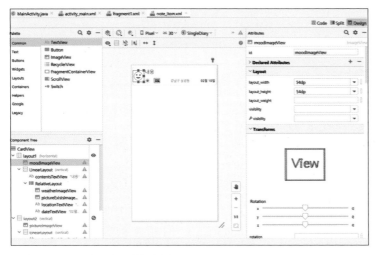

▲ 리싸이클러뷰의 아이템을 위한 레이아웃

왼쪽에는 그 날의 기분을 나타내는 아이콘이 보이고 오른쪽 영역은 두 줄로 구분합니다. 오른쪽 상단에는 그 날의 일기 내용이 텍스트뷰에 표시되고, 오른쪽 하단에는 날씨 아이콘과 사진이 있는지 여부를 알려주는 아이콘이 보이게 구성합니다. 그리고 주소와 날짜도 표시되도록 해 보겠습니다. 이 레이아웃의 XML 코드는 다음과 같습니다. 디자인 화면에서 기본적인 화면 모양을 만든 후 XML 원본 코드를 비교하면서 맞춰보세요.

참조파일 SingleDiary>/app/res/layout/note_item.xml

```xml
<?xml version="1.0" encoding="utf-8"?>
<androidx.cardview.widget.CardView xmlns:android="http://schemas.android.com/apk/res/android"
  xmlns:app="http://schemas.android.com/apk/res-auto"
  android:layout_width="match_parent"
  android:layout_height="wrap_content"
  android:layout_marginTop="8dp"
  android:layout_marginLeft="4dp"
  android:layout_marginRight="4dp"
  android:layout_marginBottom="4dp"
  app:cardBackgroundColor="#FFFFFFFF"
  app:cardCornerRadius="10dp"
  app:cardElevation="5dp">

  <LinearLayout
    android:id="@+id/layout1"
    android:layout_width="match_parent"
    android:layout_height="wrap_content"
    android:orientation="horizontal"
    android:visibility="visible">
```

```xml
<ImageView
    android:id="@+id/moodImageView"
    android:layout_width="54dp"
    android:layout_height="54dp"
    android:layout_gravity="center_vertical"
    android:padding="5dp"
    app:srcCompat="@drawable/smile5_48" />

<LinearLayout
    android:layout_width="match_parent"
    android:layout_height="wrap_content"
    android:layout_margin="5dp"
    android:layout_weight="1"
    android:orientation="vertical">

    <TextView
        android:id="@+id/contentsTextView"
        android:layout_width="match_parent"
        android:layout_height="wrap_content"
        android:text="내용"
        android:textSize="24sp" />

    <RelativeLayout
        android:layout_width="match_parent"
        android:layout_height="wrap_content"
        android:layout_marginTop="10dp">

        <ImageView
            android:id="@+id/weatherImageView"
            android:layout_width="32dp"
            android:layout_height="32dp"
            android:layout_alignParentLeft="true"
            android:src="@drawable/weather_icon_1"/>

        <ImageView
            android:id="@+id/pictureExistsImageView"
            android:layout_width="32dp"
            android:layout_height="32dp"
            android:layout_marginLeft="10dp"
            android:layout_toRightOf="@+id/weatherImageView"
            android:src="@drawable/picture_128"/>

        <TextView
            android:id="@+id/locationTextView"
            android:layout_width="wrap_content"
```

```xml
            android:layout_height="wrap_content"
            android:layout_centerHorizontal="true"
            android:layout_centerVertical="true"
            android:text="강남구 삼성동"
            android:textSize="16sp" />

        <TextView
            android:id="@+id/dateTextView"
            android:layout_width="wrap_content"
            android:layout_height="wrap_content"
            android:layout_alignParentRight="true"
            android:layout_centerVertical="true"
            android:text="02월10일"
            android:textColor="#FF0000FF"
            android:textSize="16sp" />
    </RelativeLayout>
  </LinearLayout>
</LinearLayout>

<LinearLayout
  android:id="@+id/layout2"
  android:layout_width="match_parent"
  android:layout_height="wrap_content"
  android:orientation="vertical"
  android:visibility="gone">

  <ImageView
    android:id="@+id/pictureImageView"
    android:layout_width="match_parent"
    android:layout_height="200dp"
    android:layout_margin="10dp"
    android:layout_gravity="center_vertical"
    android:padding="5dp"
    android:src="@drawable/picture1" />

  <LinearLayout
    android:layout_width="match_parent"
    android:layout_height="wrap_content"
    android:layout_marginLeft="10dp"
    android:layout_marginRight="10dp"
    android:layout_marginBottom="10dp"
    android:layout_weight="1"
    android:orientation="vertical">
```

```xml
<TextView
  android:id="@+id/contentsTextView2"
  android:layout_width="match_parent"
  android:layout_height="wrap_content"
  android:text="내용"
  android:textSize="24sp" />

<RelativeLayout
  android:layout_width="match_parent"
  android:layout_height="wrap_content"
  android:layout_marginTop="10dp">

  <ImageView
    android:id="@+id/moodImageView2"
    android:layout_width="32dp"
    android:layout_height="32dp"
    android:layout_alignParentLeft="true"
    android:padding="5dp"
    app:srcCompat="@drawable/smile5_48" />

  <ImageView
    android:id="@+id/weatherImageView2"
    android:layout_width="32dp"
    android:layout_height="32dp"
    android:layout_toRightOf="@+id/moodImageView2"
    android:layout_marginLeft="10dp"
    android:src="@drawable/weather_icon_1"/>

  <TextView
    android:id="@+id/locationTextView2"
    android:layout_width="wrap_content"
    android:layout_height="wrap_content"
    android:layout_centerHorizontal="true"
    android:layout_centerVertical="true"
    android:text="강남구 삼성동"
    android:textSize="16sp" />

  <TextView
    android:id="@+id/dateTextView2"
    android:layout_width="wrap_content"
    android:layout_height="wrap_content"
    android:layout_alignParentRight="true"
    android:layout_centerVertical="true"
```

```
            android:text="02월10일"
            android:textColor="#FF0000FF"
            android:textSize="16sp" />
    </RelativeLayout>
    </LinearLayout>
  </LinearLayout>
</androidx.cardview.widget.CardView>
```

최상위 레이아웃은 CardView로 변경했으며 그 안에 LinearLayout 두 개를 추가했습니다. LinearLay-out이 두 개 추가된 이유는 이 아이템이 보이는 모양이 '내용' 중심인 경우와 '사진' 중심인 경우로 나뉘기 때문입니다. 첫 번째 LinearLayout의 visibility 속성을 visible로 설정하고 두 번째 LinearLayout의 visibility 속성을 gone으로 설정합니다. 만약 이 속성 값을 반대로 설정하면 디자인 화면에는 다음과 같은 모양으로 보이게 됩니다.

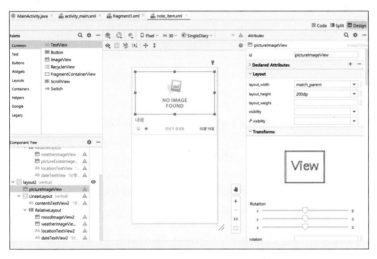

▲ 리싸이클러뷰의 아이템을 위한 레이아웃이 '사진' 중심으로 보인 경우

사진이 훨씬 더 크게 표시된 것을 확인할 수 있습니다. 리싸이클러뷰의 아이템을 표현하기 위해 레이아웃이 조금 복잡하게 만들어졌으므로 그 안에 들어 있는 위젯이나 레이아웃에 어떤 id가 설정되었는지 잘 확인해야 합니다. 그래야 소스 코드 안에서 해당 위젯이나 레이아웃을 찾아 사용할 수 있습니다.

여러 가지 아이템이 들어간 레이아웃을 만들었으니 각 아이템의 데이터를 담아둘 객체의 클래스를 정의합니다. /app/java/org.techtown.diary 폴더 안에 Note 클래스를 만들고 다음과 같이 코드를 추가합니다. 해당 코드는 책과 함께 제공되는 소스 코드를 참조해서 작성하세요.

```java
public class Note {
  int _id;  String weather;
  String address;
  String locationX;
  String locationY;
  String contents;
  String mood;  String picture;
  String createDateStr;

  public Note(int _id, String weather, String address, String locationX, String locationY,
            String contents, String mood, String picture, String createDateStr) {
    this._id = _id;
    this.weather = weather;
    this.address = address;
    this.locationX = locationX;
    this.locationY = locationY;
    this.contents = contents;
    this.mood = mood;
    this.picture = picture;
    this.createDateStr = createDateStr;
  }
  중략…⟶ 마우스 오른쪽 버튼 눌러서 [Generate → Setter and Getter] 메뉴 선택해서 메서드 추가할 예정
}
```

Note 클래스 안에는 _id 속성과 함께 weather, address 등의 속성이 정의되었습니다. _id 속성은 나중에 데이터베이스에서 조회한 _id 값을 넣어두기 위한 것입니다. weather는 날씨, address는 주소, contents는 내용, mood는 기분, picture는 사진 이미지의 경로, createDateStr은 일기 작성 일자를 넣어두기 위해 정의합니다. 변수들을 모두 정의하고 생성자를 만든 후에 각각의 변수들을 위한 set, get 메서드를 추가했습니다.

set, get 메서드는 소스 코드 파일 안에 커서를 두고 마우스 오른쪽 버튼을 눌렀을 때 보이는 메뉴에서 [Generate → Setter and Getter] 메뉴를 누르면 자동으로 생성할 수 있는 대화상자를 사용할 수 있습니다.

▲ get과 set 메서드를 자동으로 생성할 수 있는 대화상자

이제 리싸이클러뷰를 위한 NoteAdapter 클래스를 정의합니다. /app/java/org.techtown.diary 폴더 안에 NoteAdapter.java 파일을 만들고 다음 코드를 입력합니다.

참조파일 SingleDiary>/app/java/org.techtown.diary/NoteAdapter.java

```java
public class NoteAdapter extends RecyclerView.Adapter<NoteAdapter.ViewHolder>
                    implements OnNoteItemClickListener {
  ArrayList<Note> items = new ArrayList<Note>();

  OnNoteItemClickListener listener;

  int layoutType = 0;

  @NonNull
  @Override
  public ViewHolder onCreateViewHolder(@NonNull ViewGroup viewGroup, int viewType) {
    LayoutInflater inflater = LayoutInflater.from(viewGroup.getContext());
    View itemView = inflater.inflate(R.layout.note_item, viewGroup, false);

    return new ViewHolder(itemView, this, layoutType);
  }

  @Override
  public void onBindViewHolder(@NonNull ViewHolder viewHolder, int position) {
    Note item = items.get(position);
    viewHolder.setItem(item);
    viewHolder.setLayoutType(layoutType);
  }

  @Override
  public int getItemCount() {
    return items.size();
  }

  public void addItem(Note item) {
    items.add(item);
  }

  public void setItems(ArrayList<Note> items) {
    this.items = items;
  }

  public Note getItem(int position) {
    return items.get(position);
  }
```

```java
public void setOnItemClickListener(OnNoteItemClickListener listener) {
    this.listener = listener;
}


@Override
public void onItemClick(ViewHolder holder, View view, int position) {
    if (listener != null) {
        listener.onItemClick(holder, view, position);
    }
}


public void switchLayout(int position) {
    layoutType = position;
}


static class ViewHolder extends RecyclerView.ViewHolder {
    LinearLayout layout1;
    LinearLayout layout2;

    ImageView moodImageView;
    ImageView moodImageView2;

    ImageView pictureExistsImageView;
    ImageView pictureImageView;

    ImageView weatherImageView;
    ImageView weatherImageView2;

    TextView contentsTextView;
    TextView contentsTextView2;

    TextView locationTextView;
    TextView locationTextView2;

    TextView dateTextView;
    TextView dateTextView2;

    public ViewHolder(View itemView, final OnNoteItemClickListener listener, int layoutType) {
        super(itemView);

        layout1 = itemView.findViewById(R.id.layout1);
        layout2 = itemView.findViewById(R.id.layout2);

        moodImageView = itemView.findViewById(R.id.moodImageView);
        moodImageView2 = itemView.findViewById(R.id.moodImageView2);
```

```java
      pictureExistsImageView = itemView.findViewById(R.id.pictureExistsImageView);
      pictureImageView = itemView.findViewById(R.id.pictureImageView);

      weatherImageView = itemView.findViewById(R.id.weatherImageView);
      weatherImageView2 = itemView.findViewById(R.id.weatherImageView2);

      contentsTextView = itemView.findViewById(R.id.contentsTextView);
      contentsTextView2 = itemView.findViewById(R.id.contentsTextView2);

      locationTextView = itemView.findViewById(R.id.locationTextView);
      locationTextView2 = itemView.findViewById(R.id.locationTextView2);

      dateTextView = itemView.findViewById(R.id.dateTextView);
      dateTextView2 = itemView.findViewById(R.id.dateTextView2);

      itemView.setOnClickListener(new View.OnClickListener() {
        @Override
        public void onClick(View view) {
          int position = getAdapterPosition();

          if (listener != null) {
            listener.onItemClick(ViewHolder.this, view, position);
          }
        }
      });
      setLayoutType(layoutType);
    }

    public void setItem(Note item) {
      String mood = item.getMood();
      int moodIndex = Integer.parseInt(mood);
      setMoodImage(moodIndex);

      String picturePath = item.getPicture();
      if (picturePath != null && !picturePath.equals("")) {
        pictureExistsImageView.setVisibility(View.VISIBLE);
        pictureImageView.setVisibility(View.VISIBLE);
        pictureImageView.setImageURI(Uri.parse("file://" + picturePath));

      } else {
        pictureExistsImageView.setVisibility(View.GONE);
        pictureImageView.setVisibility(View.GONE);
        pictureImageView.setImageResource(R.drawable.noimagefound);
      }

      String weather = item.getWeather();
```

```java
    int weatherIndex = Integer.parseInt(weather);
    setWeatherImage(weatherIndex);

    contentsTextView.setText(item.getContents());
    contentsTextView2.setText(item.getContents());

    locationTextView.setText(item.getAddress());
    locationTextView2.setText(item.getAddress());

    dateTextView.setText(item.getCreateDateStr());
    dateTextView2.setText(item.getCreateDateStr());
}

public void setMoodImage(int moodIndex) {
    switch(moodIndex) {
        case 0:
            moodImageView.setImageResource(R.drawable.smile1_48);
            moodImageView2.setImageResource(R.drawable.smile1_48);
            break;
        case 1:
            moodImageView.setImageResource(R.drawable.smile2_48);
            moodImageView2.setImageResource(R.drawable.smile2_48);
            break;
        case 2:
            moodImageView.setImageResource(R.drawable.smile3_48);
            moodImageView2.setImageResource(R.drawable.smile3_48);
            break;
        case 3:
            moodImageView.setImageResource(R.drawable.smile4_48);
            moodImageView2.setImageResource(R.drawable.smile4_48);
            break;
        case 4:
            moodImageView.setImageResource(R.drawable.smile5_48);
            moodImageView2.setImageResource(R.drawable.smile5_48);
            break;
        default:
            moodImageView.setImageResource(R.drawable.smile3_48);
            moodImageView2.setImageResource(R.drawable.smile3_48);
            break;
    }
}

public void setWeatherImage(int weatherIndex) {
    switch(weatherIndex) {
        case 0:
```

```java
                weatherImageView.setImageResource(R.drawable.weather_icon_1);
                weatherImageView2.setImageResource(R.drawable.weather_icon_1);
                break;
            case 1:
                weatherImageView.setImageResource(R.drawable.weather_icon_2);
                weatherImageView2.setImageResource(R.drawable.weather_icon_2);
                break;
            case 2:
                weatherImageView.setImageResource(R.drawable.weather_icon_3);
                weatherImageView2.setImageResource(R.drawable.weather_icon_3);
                break;
            case 3:
                weatherImageView.setImageResource(R.drawable.weather_icon_4);
                weatherImageView2.setImageResource(R.drawable.weather_icon_4);
                break;
            case 4:
                weatherImageView.setImageResource(R.drawable.weather_icon_5);
                weatherImageView2.setImageResource(R.drawable.weather_icon_5);
                break;
            case 5:
                weatherImageView.setImageResource(R.drawable.weather_icon_6);
                weatherImageView2.setImageResource(R.drawable.weather_icon_6);
                break;
            case 6:
                weatherImageView.setImageResource(R.drawable.weather_icon_7);
                weatherImageView2.setImageResource(R.drawable.weather_icon_7);
                break;
            default:
                weatherImageView.setImageResource(R.drawable.weather_icon_1);
                weatherImageView2.setImageResource(R.drawable.weather_icon_1);
                break;
        }
    }

    public void setLayoutType(int layoutType) {
        if (layoutType == 0) {
            layout1.setVisibility(View.VISIBLE);
            layout2.setVisibility(View.GONE);
        } else if (layoutType == 1) {
            layout1.setVisibility(View.GONE);
            layout2.setVisibility(View.VISIBLE);
        }
    }
  }
}
```

리싸이클러뷰에 대해 잘 이해하지 못하면 코드의 양이 상당히 많기 때문에 어렵게 느껴질 수 있습니다. 만약 코드가 잘 이해되지 않는다면 둘째 마당에서 배웠던 리싸이클러뷰가 더 익숙해질 수 있도록 먼저 연습하기 바랍니다.

리싸이클러뷰를 위한 어댑터 안에는 onCreateViewHolder와 onBindViewHolder 메서드가 정의되어 있습니다. 이 두 메서드는 각 아이템을 위한 뷰 객체를 담고 있는 뷰홀더 객체가 만들어질 때와 바인딩될 때 자동으로 호출됩니다. 그리고 어댑터 안에 뷰홀더를 정의하는 부분이 있습니다. 각 아이템을 위한 뷰는 note_item.xml 파일에서 정의한 레이아웃을 이용해 뷰 객체로 만들어지고 이 객체가 뷰홀더에 담겨지기 때문에 뷰홀더를 정의하는 부분에서는 레이아웃 안에 들어 있는 위젯이나 레이아웃을 찾아 변수에 할당한 후 Note 객체가 설정될 때 그 객체에 들어 있는 데이터를 위젯에 설정하는 코드가 들어갑니다.

setMoodImage 메서드와 setWeatherImage 메서드는 그날의 기분과 날씨를 설정하는 역할을 하는데 데이터로 저장되는 값은 정수이기 때문에 각각의 값에 해당하는 아이콘이 이미지뷰에 설정되도록 합니다. setLayoutType 메서드는 아이템을 내용 중심으로 보이게 할지 아니면 사진 중심으로 할지에 따라 다른 레이아웃이 보이게 만듭니다. 각 아이템을 선택했을 때 이벤트를 처리하기 위해서는 OnNoteItemClickListener 인터페이스를 정의하여 사용합니다. /app/java/org.techtown.diary 폴더 안에 OnNoteItemClickListener 인터페이스를 추가하고 그 안에 다음 코드를 입력합니다.

참조파일 SingleDiary>/app/java/org.techtown.diary/OnNoteItemClickListener.java

```
public interface OnNoteItemClickListener {
  public void onItemClick(NoteAdapter.ViewHolder holder, View view, int position);
}
```

어댑터까지 만들었으니 이제 Fragment1 클래스 안에 어댑터로 리싸이클러뷰를 설정하는 코드를 입력합니다.

참조파일 SingleDiary>/app/java/org.techtown.diary/Fragment1.java

```
public class Fragment1 extends Fragment {

  RecyclerView recyclerView;
  NoteAdapter adapter;

  Context context;
  OnTabItemSelectedListener listener;

  @Override
```

```java
public void onAttach(Context context) {
  super.onAttach(context);

  this.context = context;

  if (context instanceof OnTabItemSelectedListener) {
    listener = (OnTabItemSelectedListener) context;
  }
}

@Override  public void onDetach() {
  super.onDetach();

  if (context != null) {
    context = null;
    listener = null;
  }
}

@Override
public View onCreateView(LayoutInflater inflater, ViewGroup container, Bundle savedInstanceState) {
  ViewGroup rootView = (ViewGroup) inflater.inflate(R.layout.fragment1, container, false);

  initUI(rootView);

  return rootView;
}

private void initUI(ViewGroup rootView) {

  Button todayWriteButton = rootView.findViewById(R.id.todayWriteButton);
  todayWriteButton.setOnClickListener(new View.OnClickListener() {
    @Override
    public void onClick(View v) {
      if (listener != null) {
        listener.onTabSelected(1);
      }
    }
  });

  SwitchMultiButton switchButton = rootView.findViewById(R.id.switchButton);
  switchButton.setOnSwitchListener(new SwitchMultiButton.OnSwitchListener() {
    @Override
    public void onSwitch(int position, String tabText) {
      Toast.makeText(getContext(), tabText, Toast.LENGTH_SHORT).show();
```

```
        adapter.switchLayout(position);
        adapter.notifyDataSetChanged();
      }
    });


    recyclerView = rootView.findViewById(R.id.recyclerView);


    LinearLayoutManager layoutManager = new LinearLayoutManager(getContext());
    recyclerView.setLayoutManager(layoutManager);


    adapter = new NoteAdapter();


    adapter.addItem(new Note(0, "0", "강남구 삼성동", "", "","오늘 너무 행복해!", "0",
                            "capture1.jpg", "2월10일"));
    adapter.addItem(new Note(1, "1", "강남구 삼성동", "", "","친구와 재미있게 놀았어", "0",
                            "capture1.jpg", "2월11일"));
    adapter.addItem(new Note(2, "0", "강남구 역삼동", "", "","집에 왔는데 너무 피곤해 ㅠㅠ", "0",
                            null, "2월13일"));


    recyclerView.setAdapter(adapter);


    adapter.setOnItemClickListener(new OnNoteItemClickListener() {
      @Override
      public void onItemClick(NoteAdapter.ViewHolder holder, View view, int position) {
        Note item = adapter.getItem(position);
        Toast.makeText(getContext(), "아이템 선택됨: " + item.getContents(), Toast.LENGTH_LONG).show();
      }
    });
  }
}
```

onAttach 메서드는 이 프래그먼트가 액티비티 위에 올라갈 때 호출되고 onDetach 메서드는 이 프래그먼트가 액티비티에서 내려올 때 호출됩니다. onAttach 메서드에서는 컨텍스트 객체나 리스너 객체를 참조하여 변수에 할당하는 역할을 합니다. initUI 메서드 안에서는 '내용'과 '사진' 중에서 선택했을 때 어댑터의 switchLayout 메서드를 호출하여 아이템의 레이아웃을 바꿔줍니다. 그리고 [오늘 작성] 버튼을 누르면 두 번째 프래그먼트를 띄워줍니다. 리싸이클러뷰에는 샘플로 아이템을 3개 보여줄 것입니다. 이를 위해 어댑터의 addItem 메서드를 호출하여 Note 객체를 추가합니다. 이 객체는 테스트를 위해 넣어준 가상 데이터를 담고 있습니다.

드디어 첫 번째 화면의 XML 레이아웃과 소스 코드가 만들어졌습니다.

입력 화면 만들기

이제 두 번째 화면으로 진행해 보겠습니다. 두 번째 화면에서는 일기를 입력할 것이므로 내용을 입력할 수 있는 위젯들을 배치합니다. fragment2.xml 파일을 열고 다음과 같이 화면을 구성해 보겠습니다.

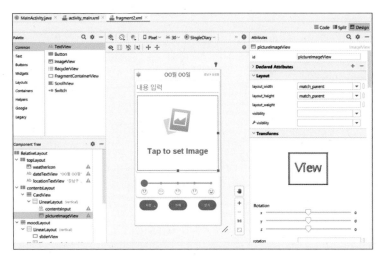

▲ 입력 화면을 위한 화면 레이아웃

왼쪽 상단에는 날씨 아이콘, 가운데는 일자, 오른쪽에는 주소가 표시됩니다. 이중에서 날씨와 주소는 자동으로 확인하여 표시할 것입니다. 그 아래에는 한 줄 내용을 입력할 수 있는 입력상자와 사진을 표시할 수 있는 이미지뷰가 보입니다. 화면의 아래쪽에는 [저장], [삭제], [닫기] 버튼이 나란히 있고 그 위에 그날의 기분을 선택할 수 있는 시크바가 표시됩니다. 시크바는 다섯 개 모양으로 구별되는 기분 중에 선택할 수 있도록 구간으로 구분된 시크바를 사용합니다. 구간으로 구분된 시크바는 라이브러리를 사용해서 표시할 수 있습니다.

이 화면 레이아웃을 위한 XML 코드는 다음과 같습니다. 디자인 화면에서 기본적인 화면 모양을 만든 후 원본 XML 코드를 열고 다음과 같이 수정하세요.

참조파일 SingleDiary>/app/res/layout/fragment2.xml

```xml
<?xml version="1.0" encoding="utf-8"?>
<RelativeLayout xmlns:android="http://schemas.android.com/apk/res/android"
  xmlns:tools="http://schemas.android.com/tools"
  android:layout_width="match_parent"
  android:layout_height="match_parent"
  tools:context=".Fragment1">

  <RelativeLayout
    android:id="@+id/topLayout"
    android:layout_width="match_parent"
    android:layout_height="wrap_content"
```

```xml
      android:layout_alignParentTop="true"
      android:padding="4dp">


    <ImageView
        android:id="@+id/weatherIcon"
        android:layout_width="28dp"
        android:layout_height="28dp"
        android:layout_alignParentLeft="true"
        android:layout_centerVertical="true"
        android:src="@drawable/weather_1" />


    <TextView
        android:id="@+id/dateTextView"
        android:layout_width="wrap_content"
        android:layout_height="wrap_content"
        android:layout_centerInParent="true"
        android:textSize="26sp"
        android:text="00월00일"/>


    <TextView
        android:id="@+id/locationTextView"
        android:layout_width="wrap_content"
        android:layout_height="wrap_content"
        android:layout_alignParentRight="true"
        android:layout_centerVertical="true"
        android:textSize="13sp"
        android:text="강남구 삼성동"/>
</RelativeLayout>


<RelativeLayout
    android:id="@+id/contentsLayout"
    android:layout_width="match_parent"
    android:layout_height="match_parent"
    android:layout_below="@+id/topLayout"
    android:layout_above="@+id/moodLayout" >


    <androidx.cardview.widget.CardView
        android:layout_width="match_parent"
        android:layout_height="match_parent"
        android:layout_marginTop="8dp"
        android:layout_marginLeft="4dp"
        android:layout_marginRight="4dp"
        android:layout_marginBottom="4dp"
        android:layout_alignParentTop="true"
        app:cardBackgroundColor="#FFFFFFFF"
        app:cardCornerRadius="10dp"
```

```
        app:cardElevation="5dp" >

    <LinearLayout
        android:layout_width="match_parent"
        android:layout_height="match_parent"
        android:orientation="vertical">

        <EditText
            android:id="@+id/contentsInput"
            android:layout_width="match_parent"
            android:layout_height="wrap_content"
            android:maxLines="1"
            android:textSize="32sp"
            android:hint="내용 입력" />

        <ImageView
            android:id="@+id/pictureImageView"
            android:layout_width="match_parent"
            android:layout_height="match_parent"
            android:layout_margin="8dp"
            android:src="@drawable/imagetoset" />
    </LinearLayout>
  </androidx.cardview.widget.CardView>
</RelativeLayout>

<androidx.cardview.widget.CardView
    android:id="@+id/moodLayout"
    android:layout_width="match_parent"
    android:layout_height="wrap_content"
    android:layout_marginTop="8dp"
    android:layout_marginLeft="4dp"
    android:layout_marginRight="4dp"
    android:layout_marginBottom="4dp"
    android:layout_above="@+id/bottomLayout"
    app:cardBackgroundColor="#FFFFFFFF"
    app:cardCornerRadius="10dp"
    app:cardElevation="5dp" >

    <LinearLayout
        android:layout_width="match_parent"
        android:layout_height="match_parent"
        android:orientation="vertical">

        <com.github.channguyen.rsv.RangeSliderView ──→ 시크바 추가 부분
            android:id="@+id/sliderView"
            android:layout_width="match_parent"
```

```xml
        android:layout_height="40dp"
        android:layout_marginTop="20dp"
        app:filledColor="#FF6600"
        app:emptyColor="#a8aeb8"
        app:rangeCount="5"
        app:sliderRadiusPercent="0.4"
        app:barHeightPercent="0.1" />

    <LinearLayout
        android:layout_width="match_parent"
        android:layout_height="wrap_content"
        android:layout_marginTop="5dp"
        android:layout_marginBottom="10dp"
        android:orientation="horizontal">

        <ImageView
            android:layout_width="0dp"
            android:layout_height="30dp"
            android:layout_weight="1"
            android:src="@drawable/smile1_48"/>

        <ImageView
            android:layout_width="0dp"
            android:layout_height="30dp"
            android:layout_weight="1"
            android:src="@drawable/smile2_48"/>

        <ImageView
            android:layout_width="0dp"
            android:layout_height="30dp"
            android:layout_weight="1"
            android:src="@drawable/smile3_48"/>

        <ImageView
            android:layout_width="0dp"
            android:layout_height="30dp"
            android:layout_weight="1"
            android:src="@drawable/smile4_48"/>

        <ImageView
            android:layout_width="0dp"
            android:layout_height="30dp"
            android:layout_weight="1"
            android:src="@drawable/smile5_48"/>
    </LinearLayout>
```

```
        </LinearLayout>
    </androidx.cardview.widget.CardView>

    <RelativeLayout
        android:id="@+id/bottomLayout"
        android:layout_width="match_parent"
        android:layout_height="wrap_content"
        android:layout_alignParentBottom="true"
        android:layout_marginBottom="60dp"
        android:paddingTop="10dp"
        android:paddingBottom="10dp">

        <Button
            android:id="@+id/saveButton"
            android:layout_width="wrap_content"
            android:layout_height="wrap_content"
            android:layout_alignParentLeft="true"
            android:layout_marginLeft="20dp"
            android:background="@drawable/select_button"
            android:text="저장"
            android:textColor="@android:color/white"/>

        <Button
            android:id="@+id/deleteButton"
            android:layout_width="wrap_content"
            android:layout_height="wrap_content"
            android:layout_centerInParent="true"
            android:background="@drawable/select_button"
            android:text="삭제"
            android:textColor="@android:color/white"/>

        <Button
            android:id="@+id/closeButton"
            android:layout_width="wrap_content"
            android:layout_height="wrap_content"
            android:layout_alignParentRight="true"
            android:layout_marginRight="20dp"
            android:background="@drawable/select_button"
            android:text="닫기"
            android:textColor="@android:color/white"/>
    </RelativeLayout>
</RelativeLayout>
```

내용을 입력할 수 있는 입력상자와 사진을 보여줄 수 있는 이미지뷰는 카드뷰 안에 들어 있습니다. 그리고 그 아래에는 기분을 선택할 수 있는 RangeSliderView가 있으며 이것 역시 카드뷰 안에 있습니다.

RangeSliderView 아래쪽에는 현재 어떤 기분인지 보여주는 다섯 개의 기분 아이콘이 이미지뷰에 설정되어 화면에 표시됩니다. 다섯 개의 기분 중에서 하나를 선택할 수 있습니다. 두 번째 화면을 구성하는 XML 레이아웃을 만들었으니 Fragment2.java 파일을 열고 다음 코드를 입력합니다.

참조파일 SingleDiary>/app/java/org.techtown.diary/Fragment2.java

```java
public class Fragment2 extends Fragment {

  Context context;
  OnTabItemSelectedListener listener;

  @Override
  public void onAttach(Context context) {
    super.onAttach(context);

    this.context = context;

    if (context instanceof OnTabItemSelectedListener) {
      listener = (OnTabItemSelectedListener) context;
    }
  }

  @Override
  public void onDetach() {
    super.onDetach();

    if (context != null) {
      context = null;
      listener = null;
    }
  }

  @Override
  public View onCreateView(LayoutInflater inflater, ViewGroup container, Bundle savedInstanceState) {
    ViewGroup rootView = (ViewGroup) inflater.inflate(R.layout.fragment2, container, false);

    initUI(rootView);

    return rootView;
  }

  private void initUI(ViewGroup rootView) {

    Button saveButton = rootView.findViewById(R.id.saveButton);
    saveButton.setOnClickListener(new View.OnClickListener() {
```

```
      @Override
      public void onClick(View v) {
        if (listener != null) {
          listener.onTabSelected(0);
        }
      }
    });


    Button deleteButton = rootView.findViewById(R.id.deleteButton);
    deleteButton.setOnClickListener(new View.OnClickListener() {
      @Override
      public void onClick(View v) {
        if (listener != null) {
          listener.onTabSelected(0);
        }
      }
    });


    Button closeButton = rootView.findViewById(R.id.closeButton);
    closeButton.setOnClickListener(new View.OnClickListener() {
      @Override
      public void onClick(View v) {
        if (listener != null) {
          listener.onTabSelected(0);
        }
      }
    });


    RangeSliderView sliderView = rootView.findViewById(R.id.sliderView);
    sliderView.setOnSlideListener(new RangeSliderView.OnSlideListener() {
      @Override
      public void onSlide(int index) {
        Toast.makeText(context, "moodIndex changed to " + index, Toast.LENGTH_LONG).show();
      }
    });


    sliderView.setInitialIndex(2);
  }
}
```

initUI 메서드의 세 개의 버튼을 눌렀을 때 리스트 화면으로 이동하도록 합니다. 그리고 RangeSlider-View에서 사용자가 값을 조정하면 기분 인덱스 값이 바뀌도록 리스너를 설정합니다. OnSlideListener 객체를 설정하면 값이 바뀔 때마다 onSlide 메서드가 자동으로 호출됩니다. RangeSliderView의 기본 값은 setInitialIndex 메서드를 사용해서 2로 설정할 수 있는데 2로 설정하면 다섯 개의 기분 중에서 가운데 값으로 설정합니다.

드디어 두 번째 화면의 XML 레이아웃과 소스 코드까지 만들었습니다.

통계 화면 만들기

이제 통계를 확인할 수 있는 세 번째 화면으로 넘어갑니다. 세 번째 화면에서는 매일매일 입력했던 기분의 통계를 그래프로 보여줄 것이므로 그래프를 카드뷰 안에 배치합니다. fragment3.xml 파일을 열고 다음과 같이 화면을 구성해 보겠습니다.

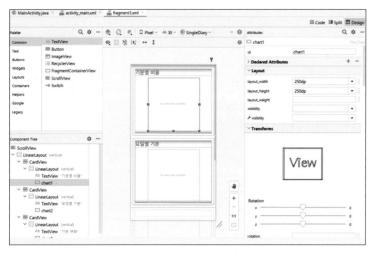

▲ 통계 화면을 위한 화면 레이아웃

세 개의 그래프가 카드뷰 안에 들어 있으며 각각 기분별 비율, 요일별 기분, 기분 변화를 나타냅니다. 기분별 비율은 원형으로 표시하고 요일별 기분은 막대 그래프, 그리고 기분 변화는 선 그래프로 표시합니다. 이 그래프들은 라이브러리를 사용해서 표시할 수 있습니다.

세 번째 화면 레이아웃인 fragment3.xml 파일의 원본 XML 코드는 다음과 같습니다.

참조파일 SingleDiary〉/app/res/layout/fragment3.xml

```xml
<?xml version="1.0" encoding="utf-8"?>
<ScrollView xmlns:android="http://schemas.android.com/apk/res/android"
  xmlns:app="http://schemas.android.com/apk/res-auto"
  android:layout_width="match_parent"
  android:layout_height="match_parent"
  android:layout_marginBottom="60dp"
  android:orientation="vertical">
```

```xml
<LinearLayout
  android:layout_width="match_parent"
  android:layout_height="match_parent"
  android:orientation="vertical">

  <androidx.cardview.widget.CardView
    android:layout_width="match_parent"
    android:layout_height="wrap_content"
    android:layout_marginTop="10dp"
    android:layout_marginLeft="10dp"
    android:layout_marginRight="10dp"
    android:layout_marginBottom="5dp"
    app:cardBackgroundColor="#FFFFFFFF"
    app:cardCornerRadius="10dp"
    app:cardElevation="5dp" >

    <LinearLayout
      android:layout_width="match_parent"
      android:layout_height="match_parent"
      android:layout_margin="10dp"
      android:orientation="vertical">

      <TextView
        android:layout_width="match_parent"
        android:layout_height="wrap_content"
        android:textSize="24sp"
        android:textStyle="bold"
        android:text="기분별 비율" />

      <com.github.mikephil.charting.charts.PieChart
        android:id="@+id/chart1"
        android:layout_width="250dp"
        android:layout_height="250dp"
        android:layout_marginTop="10dp"
        android:layout_marginBottom="10dp"
        android:layout_gravity="center_horizontal"/>
    </LinearLayout>
  </androidx.cardview.widget.CardView>

  <androidx.cardview.widget.CardView
    android:layout_width="match_parent"
    android:layout_height="wrap_content"
    android:layout_marginTop="10dp"
    android:layout_marginLeft="10dp"
    android:layout_marginRight="10dp"
```

```xml
    android:layout_marginBottom="5dp"
    app:cardBackgroundColor="#FFFFFFFF"
    app:cardCornerRadius="10dp"
    app:cardElevation="5dp" >

    <LinearLayout
        android:layout_width="match_parent"
        android:layout_height="match_parent"
        android:layout_margin="10dp"
        android:orientation="vertical">

        <TextView
            android:layout_width="match_parent"
            android:layout_height="wrap_content"
            android:textSize="24sp"
            android:textStyle="bold"
            android:text="요일별 기분" />

        <com.github.mikephil.charting.charts.BarChart
            android:id="@+id/chart2"
            android:layout_width="250dp"
            android:layout_height="250dp"
            android:layout_marginTop="10dp"
            android:layout_gravity="center_horizontal"/>
    </LinearLayout>
</androidx.cardview.widget.CardView>

<androidx.cardview.widget.CardView
    android:layout_width="match_parent"
    android:layout_height="wrap_content"
    android:layout_marginTop="10dp"
    android:layout_marginLeft="10dp"
    android:layout_marginRight="10dp"
    android:layout_marginBottom="5dp"
    app:cardBackgroundColor="#FFFFFFFF"
    app:cardCornerRadius="10dp"
    app:cardElevation="5dp" >

    <LinearLayout
        android:layout_width="match_parent"
        android:layout_height="match_parent"
        android:layout_margin="10dp"
        android:orientation="vertical">

        <TextView
            android:layout_width="match_parent"
```

```
        android:layout_height="wrap_content"
        android:textSize="24sp"
        android:textStyle="bold"
        android:text="기분 변화" />

    <com.github.mikephil.charting.charts.LineChart
        android:id="@+id/chart3"
        android:layout_width="250dp"
        android:layout_height="250dp"
        android:layout_marginTop="10dp"
        android:layout_marginBottom="10dp"
        android:layout_gravity="center_horizontal"/>

    </LinearLayout>
  </androidx.cardview.widget.CardView>
  </LinearLayout>
</ScrollView>
```

세 개의 카드뷰 안에는 각각 텍스트뷰와 함께 PieChart, BarChart, LineChart가 들어 있습니다. Fragment3.java 파일 안에는 다음 코드를 입력합니다. 소스 코드 마지막에 생략된 setData2, setData3 메서드는 책과 함께 제공되는 소스 코드를 참조해서 작성하세요. 이때 setData3 메서드에 있는 Entry 는 4개의 Entry 클래스 중에서 com.github.mikephil.charting.data.Entry를 선택하여 임포트하세요.

참조파일 SingleDiary>/app/java/org.techtown.diary/Fragment3.java

```java
public class Fragment3 extends Fragment {
    PieChart chart;
    BarChart chart2;
    LineChart chart3;

    @Override
    public View onCreateView(LayoutInflater inflater, ViewGroup container, Bundle savedInstanceState) {
        ViewGroup rootView = (ViewGroup) inflater.inflate(R.layout.fragment3, container, false);

        initUI(rootView);

        return rootView;
    }

    private void initUI(ViewGroup rootView) {
        chart = rootView.findViewById(R.id.chart1);
        chart.setUsePercentValues(true);
        chart.getDescription().setEnabled(false);
```

```
chart.setCenterText("기분별 비율");

chart.setTransparentCircleColor(Color.WHITE);
chart.setTransparentCircleAlpha(110);

chart.setHoleRadius(58f);
chart.setTransparentCircleRadius(61f);

chart.setDrawCenterText(true);

chart.setHighlightPerTapEnabled(true);

Legend legend1 = chart.getLegend();
legend1.setEnabled(false);

chart.setEntryLabelColor(Color.WHITE);
chart.setEntryLabelTextSize(12f);

setData1();

chart2 = rootView.findViewById(R.id.chart2);
chart2.setDrawValueAboveBar(true);

chart2.getDescription().setEnabled(false);
chart2.setDrawGridBackground(false);

XAxis xAxis = chart2.getXAxis();
xAxis.setEnabled(false);

YAxis leftAxis = chart2.getAxisLeft();
leftAxis.setLabelCount(6, false);
leftAxis.setAxisMinimum(0.0f);
leftAxis.setGranularityEnabled(true);
leftAxis.setGranularity(1f);

YAxis rightAxis = chart2.getAxisRight();
rightAxis.setEnabled(false);

Legend legend2 = chart2.getLegend();
legend2.setEnabled(false);

chart2.animateXY(1500, 1500);

setData2();
```

```
chart3 = rootView.findViewById(R.id.chart3);

chart3.getDescription().setEnabled(false);
chart3.setDrawGridBackground(false);

chart3.setBackgroundColor(Color.WHITE);
chart3.setViewPortOffsets(0, 0, 0, 0);

Legend legend3 = chart3.getLegend();
legend3.setEnabled(false);

XAxis xAxis3 = chart3.getXAxis();
xAxis3.setPosition(XAxis.XAxisPosition.BOTTOM_INSIDE);
xAxis3.setTextSize(10f);
xAxis3.setTextColor(Color.WHITE);
xAxis3.setDrawAxisLine(false);
xAxis3.setDrawGridLines(true);
xAxis3.setTextColor(Color.rgb(255, 192, 56));
xAxis3.setCenterAxisLabels(true);
xAxis3.setGranularity(1f);
xAxis3.setValueFormatter(new ValueFormatter() {

    private final SimpleDateFormat mFormat = new SimpleDateFormat("MM-DD", Locale.KOREA);

    @Override
    public String getFormattedValue(float value) {
        long millis = TimeUnit.HOURS.toMillis((long) value);
        return mFormat.format(new Date(millis));
    }
});

YAxis leftAxis3 = chart3.getAxisLeft();
leftAxis3.setPosition(YAxis.YAxisLabelPosition.INSIDE_CHART);
leftAxis3.setTextColor(ColorTemplate.getHoloBlue());
leftAxis3.setDrawGridLines(true);
leftAxis3.setGranularityEnabled(true);
leftAxis3.setAxisMinimum(0f);
leftAxis3.setAxisMaximum(170f);
leftAxis3.setYOffset(-9f);
leftAxis3.setTextColor(Color.rgb(255, 192, 56));

YAxis rightAxis3 = chart3.getAxisRight();
rightAxis3.setEnabled(false);

setData3();
```

```
    }

    private void setData1() {
      ArrayList<PieEntry> entries = new ArrayList<>();

      entries.add(new PieEntry(20.0f, "", getResources().getDrawable(R.drawable.smile1_24)));
      entries.add(new PieEntry(20.0f, "", getResources().getDrawable(R.drawable.smile2_24)));
      entries.add(new PieEntry(20.0f, "", getResources().getDrawable(R.drawable.smile3_24)));
      entries.add(new PieEntry(20.0f, "", getResources().getDrawable(R.drawable.smile4_24)));
      entries.add(new PieEntry(20.0f, "", getResources().getDrawable(R.drawable.smile5_24)));

      PieDataSet dataSet = new PieDataSet(entries, "기분별 비율");

      dataSet.setDrawIcons(true);
      dataSet.setSliceSpace(3f);
      dataSet.setIconsOffset(new MPPointF(0, -40));
      dataSet.setSelectionShift(5f);

      ArrayList<Integer> colors = new ArrayList<>();
      for (int c : ColorTemplate.JOYFUL_COLORS) {
        colors.add(c);
      }
      dataSet.setColors(colors);

      PieData data = new PieData(dataSet);
      data.setValueTextSize(22.0f);
      data.setValueTextColor(Color.WHITE);

      chart.setData(data);
      chart.invalidate();
    }
    중략...
```

initUI 메서드 안에서는 세 개의 그래프를 초기화하고 setData1, setData2, setData3 메서드를 호출하면서 샘플 데이터를 추가합니다. 각각의 그래프 유형

> 입력한 소스 코드에서 사용하는 ValueFormatter 클래스를 찾을 수 없다는 에러 메시지가 보이면 제공되는 소스 파일에서 ValueFormatter.java 파일을 프로젝트에 추가하도록 합니다. ValueFormatter는 라이브러리에 들어 있는 클래스인데 해당 클래스를 찾지 못하는 경우가 있어 오류가 생기지 않도록 라이브러리의 소스를 빼서 패키지에 포함시킨 것입니다.

마다 설정이 조금씩 다르므로 설정에 사용하는 메서드에 대해 확인해보기 바랍니다. 여기서는 설정할 코드가 많으므로 그래프가 보이는 결과를 확인하는 것이 그래프를 이해하는 데 도움이 될 것입니다.

이제 세 개의 화면을 모두 만들었으니 에뮬레이터로 앱을 실행하면 다음과 같은 화면이 보입니다. 첫 화면에는 리스트가 보이고 아래쪽에 있는 탭의 두 번째 탭 버튼을 누르면 입력 화면이 표시됩니다. 그

리고 세 번째 탭 버튼을 누르면 그래프가 표시됩니다.

▲ 앱을 실행한 결과 화면

앱의 화면과 기본 기능이 모두 만들어졌습니다. 앱을 만들 때는 화면을 만드는 데 상당히 많은 시간이
필요합니다. 벌써 앱의 절반 정도는 작업한 것이라 할 수 있지만 아직 끝나지 않았습니다. 지금부터는
내 위치와 날씨 등을 자동으로 가져오는 내용을 학습해 보겠습니다.

01-3
2단계 - 내 위치와 날씨 확인하고
사진 찍기 기능 연동하기

2단계에서는 입력 화면에서 내 위치를 확인하고 현재 위치의 날씨를 자동으로 가져오도록 만듭니다. 그
리고 사진 찍기 기능을 연동하여 일기를 입력할 때 사진을 넣을 수 있게 만들겠습니다. 먼저 파일 탐색
기에서 SingleDiary 프로젝트를 복사해서 SingleDiary2 프로젝트로 이름을 변경합니다. 그런 다음 시
작 화면의 [Open an existing Android Studio project]를 눌러서 SingleDiary2 프로젝트를 불러옵니
다. 지금부터 생략된 소스 코드는 책과 함께 제공되는 소스 코드를 참조하기 바랍니다. 특히 중략된 부
분의 내용은 나중에 설명할 내용도 포함되어 있으니 실습 진행에 참고하길 바랍니다. 다음은 내 위치를
확인하는 기능을 MainActivity.java 파일에 추가한 것입니다.

```java
public class MainActivity extends AppCompatActivity
                       implements OnTabItemSelectedListener, OnRequestListener {
  private static final String TAG = "MainActivity";

  Fragment1 fragment1;
  Fragment2 fragment2;
  Fragment3 fragment3;

  BottomNavigationView bottomNavigation;

  Location currentLocation;
  GPSListener gpsListener;

  int locationCount = 0;
중략...

  public void onRequest(String command) {
    if (command != null) {
      if (command.equals("getCurrentLocation")) {
        getCurrentLocation();
      }
    }
  }

  public void getCurrentLocation() {
    currentDate = new Date();
    currentDateString = AppConstants.dateFormat3.format(currentDate);
    if (fragment2 != null) {
      fragment2.setDateString(currentDateString);
    }

    LocationManager manager = (LocationManager) getSystemService(Context.LOCATION_SERVICE);

    try {
      currentLocation = manager.getLastKnownLocation(LocationManager.GPS_PROVIDER);
      if (currentLocation != null) {
        double latitude = currentLocation.getLatitude();
        double longitude = currentLocation.getLongitude();
        String message = "Last Location -> Latitude : " + latitude + "\nLongitude:" + longitude;
        println(message);

        getCurrentWeather();
        getCurrentAddress();
      }
```

```java
        gpsListener = new GPSListener();
        long minTime = 10000;
        float minDistance = 0;

        manager.requestLocationUpdates(LocationManager.GPS_PROVIDER, minTime, minDistance, gpsListener);
        println("Current location requested.");

    } catch(SecurityException e) {
        e.printStackTrace();
    }
}

public void stopLocationService() {
    LocationManager manager = (LocationManager) getSystemService(Context.LOCATION_SERVICE);

    try {
        manager.removeUpdates(gpsListener);
        println("Current location requested.");

    } catch(SecurityException e) {
        e.printStackTrace();
    }
}

class GPSListener implements LocationListener {
    public void onLocationChanged(Location location) {
        currentLocation = location;

        locationCount++;

        Double latitude = location.getLatitude();
        Double longitude = location.getLongitude();

        String message = "Current Location -> Latitude : "+ latitude + "\nLongitude:"+ longitude;
        println(message);

        getCurrentWeather();
        getCurrentAddress();
    }

    public void onProviderDisabled(String provider) { }

    public void onProviderEnabled(String provider) { }

    public void onStatusChanged(String provider, int status, Bundle extras) { }
```

```
    }
  중략…
```

MainActivity 클래스 안에 현재 위치를 담고 있을 Location 변수와 위치 정보를 수신할 GPSListener 변수를 선언합니다. 그리고 위치를 한 번 확인한 후에는 위치 요청을 취소할 수 있도록 위치 정보를 확인한 횟수를 담고 있을 locationCount 변수를 선언합니다. onCreate 메서드 아래에는 onRequest 메서드를 추가합니다. 이 메서드는 두 번째 프래그먼트인 Fragment2 클래스에서 호출할 것입니다. 이 메서드가 호출되면 위치 확인이 시작될 수 있도록 getCurrentLocation 메서드를 호출합니다. getCurrentLocation 메서드 안에서는 현재 일자를 확인하여 두 번째 프래그먼트에 설정한 후 LocationManager 객체에게 현재 위치를 요청합니다. GPSListener 객체는 요청된 위치를 수신하려고 만든 것이며, 그 안에서 위치가 확인되면 getCurrentWeather와 getCurrentAddress 메서드를 호출합니다. getCurrentWeather는 현재 위치를 이용해서 날씨를 확인하기 위해 만든 메서드이며, getCurrentAddress 메서드는 현재 위치를 이용해서 주소를 확인하려고 만든 메서드입니다.

onRequest 메서드가 들어 있는 인터페이스를 /app/java/org.techtown.diary 폴더 안에 추가하겠습니다. OnRequestListener.java 파일을 새로 만들고 다음 코드를 입력합니다.

참조파일 SingleDiary2>/app/java/org.techtown.diary/OnRequestListener.java

```java
public interface OnRequestListener {
  public void onRequest(String command);
}
```

입력 화면에 해당하는 Fragment2 클래스에서는 액티비티에 정의된 onRequest 메서드를 호출할 수 있도록 해야 합니다. Fragment2.java 파일에 다음 코드를 추가합니다.

참조파일 SingleDiary2>/app/java/org.techtown.diary/Fragment2.java

```java
public class Fragment2 extends Fragment {
  private static final String TAG = "Fragment2";

  Context context;
  OnTabItemSelectedListener listener;
  OnRequestListener requestListener;

  @Override
  public void onAttach(Context context) {
    super.onAttach(context);

    this.context = context;
```

```
    if (context instanceof OnTabItemSelectedListener) {
      listener = (OnTabItemSelectedListener) context;
    }

    if (context instanceof OnRequestListener) {
      requestListener = (OnRequestListener) context;
    }
  }

  @Override
  public void onDetach() {
    super.onDetach();

    if (context != null) {
      context = null;
      listener = null;
      requestListener = null;
    }
  }

  @Override
  public View onCreateView(LayoutInflater inflater, ViewGroup container, Bundle savedInstanceS-
tate) {
    ViewGroup rootView = (ViewGroup) inflater.inflate(R.layout.fragment2, container, false);

    initUI(rootView);

    if (requestListener != null) {
      requestListener.onRequest("getCurrentLocation");
    }

    return rootView;
  }
중략…
```

onAttach 메서드 안에서는 전달받은 액티비티 객체가 OnRequestListener 인터페이스를 구현하고 있는 경우 requestListener 변수에 할당하도록 합니다. 그리고 onCreateView 메서드 안에서 OnRequestListener 객체의 onRequest 메서드를 호출하도록 합니다. 이렇게 하면 입력 화면이 보일 때마다 현재 위치를 확인할 수 있도록 MainActivity 클래스의 onRequest 메서드가 호출됩니다.

이제 MainActivity.java 파일로 돌아가서 getCurrentWeather 메서드를 구현합니다. 그런데 기상청 날씨를 가져오려면 기상청에서 제공하는 날씨 데이터의 포맷에 대해 이해해야 합니다. 기상청의 날씨 데이터는 다음과 같은 사이트 주소를 사용하면 가져올 수 있습니다.

http://www.kma.go.kr/wid/queryDFS.jsp?gridx=61&gridy=126

▲ 웹브라우저에서 기상청 데이터를 가져온 결과

이 주소 안에 포함된 gridx와 gridy 파라미터는 날씨 정보를 확인하고 싶은 지역을 나타냅니다. 그런데 지역을 나타내는 값이 경위도 좌표가 아닌 격자의 번호로 표시되어 있습니다. 결국 여러분이 확인한 내 위치는 경위도 좌표로 보이므로 경위도 좌표를 격자 번호로 변환하는 과정이 필요합니다. 이 변환 과정을 위해 /app/java/org.techtown.diary 폴더 안에 GridUtil 클래스를 추가하고 그 안에 getGrid 메서드를 추가합니다. 이 클래스는 제공된 소스를 확인하여 추가하세요.

GridUtil 클래스를 추가했다면 기상청 날씨 데이터를 인터넷으로 요청한 후 그 응답을 받아 처리하는 코드를 추가합니다. 그런데 인터넷으로 기상청 날씨 데이터를 요청하고 응답을 받아 처리하려면 Volley와 Gson 라이브러리를 사용할 수 있도록 build.gradle 파일을 수정해야 합니다. build.gradle (Module: SingleDiary.app) 파일을 열고 dependencies 다음 4줄을 추가합니다.

참조파일 SingleDiary2>/Gradle Scripts/build.gradle (Module: SingleDiary.app)

```
중략...
repositories {
  maven { url 'https://jitpack.io' }
}

dependencies {

중략...
  implementation 'com.android.volley:volley:1.2.0'
  implementation 'com.google.code.gson:gson:2.8.6'
  implementation 'com.stanfy:gson-xml-java:0.1.7'
  implementation 'com.github.pedroSG94:AutoPermissions:2.0.3'
}
```

com.android.volley:volley 라이브러리는 인터넷으로 필요한 정보를 요청하기 위한 라이브러리이며, com.google.code.gson:gson 라이브러리는 응답을 받았을 때 JSON 포맷으로 된 데이터를 자바 객체로 변환하기 위한 라이브러리입니다. 이런 두 개의 라이브러리를 사용하는 방법은 둘째 마당을 참조하기 바랍니다.

com.stanfy:gson-xml-java 라이브러리는 XML 포맷으로 된 데이터를 자바 객체로 변환하는 라이브러리이며, 기상청 데이터의 응답이 XML 포맷으로 되어 있기 때문에 사용하는 것입니다. Permissions 라이브러리는 위험 권한을 자동으로 추가하기 위한 것으로 위치 확인 등에 사용되는 위험 권한을 사용자에게 요청해야 하기 때문에 사용합니다.

Volley 라이브러리를 이용해 인터넷으로 날씨 데이터를 요청할 때는 RequestQueue 객체를 사용합니다. 이 객체를 사용하는 코드를 좀 더 단순화하려면 Application 클래스를 상속하는 새로운 클래스를 만들고 그 안에서 요청을 처리하도록 할 수 있습니다. /app/java/org.techtown.diary 폴더 안에 MyApplication 클래스를 만듭니다.

참조파일 SingleDiary2>/app/java/org.techtown.diary/MyApplication.java

```java
public class MyApplication extends Application {
  private static final String TAG = "MyApplication";
  public static RequestQueue requestQueue;

  @Override
  public void onCreate() {
    super.onCreate();

    if (requestQueue == null) {
      requestQueue = Volley.newRequestQueue(getApplicationContext(), new HurlStack() {
        @Override
        protected HttpURLConnection createConnection(URL url) throws IOException {
          HttpURLConnection connection = super.createConnection(url);
          connection.setInstanceFollowRedirects(false);

          return connection;
        }
      });
    }
  }

  @Override
  public void onTerminate() {
    super.onTerminate();
  }
```

```java
public static interface OnResponseListener {
    public void processResponse(int requestCode, int responseCode, String response);
}

public static void send(final int requestCode, final int requestMethod, final String url,
                        final Map<String,String> params,
                        final OnResponseListener listener) {

    StringRequest request = new StringRequest(
        requestMethod,
        url,
        new Response.Listener<String>() {
            @Override
            public void onResponse(String response) {
                Log.d(TAG, "Response for " + requestCode + " -> " + response);

                if (listener != null) {
                    listener.processResponse(requestCode, 200, response);
                }
            }
        },
        new Response.ErrorListener() {
            @Override
            public void onErrorResponse(VolleyError error) {
                Log.d(TAG, "Error for " + requestCode + " -> " + error.getMessage());

                if (listener != null) {
                    listener.processResponse(requestCode, 400, error.getMessage());
                }
            }
        }
    ) {
        @Override
        protected Map<String, String> getParams() throws AuthFailureError {
            return params;
        }
    };

    request.setShouldCache(false);
    request.setRetryPolicy(new DefaultRetryPolicy(10 * 1000, 0,
        DefaultRetryPolicy.DEFAULT_BACKOFF_MULT));
    MyApplication.requestQueue.add(request);
    Log.d(TAG, "Request sent : " + requestCode);
    Log.d(TAG, "Request url : " + url);
}
}
```

이렇게 만든 MyApplication 클래스는 매니페스트 파일에서 Application 태그의 속성 값으로 설정합니다.

참조파일 SingleDiary2>/app/manifests/AndroidManifest.xml

```xml
<?xml version="1.0" encoding="utf-8"?>
<manifest xmlns:android="http://schemas.android.com/apk/res/android"
    package="org.techtown.diary">

    <uses-permission android:name="android.permission.INTERNET"/>
    <uses-permission android:name="android.permission.ACCESS_FINE_LOCATION"/>

    <uses-permission android:name="android.permission.READ_EXTERNAL_STORAGE" />
    <uses-permission android:name="android.permission.WRITE_EXTERNAL_STORAGE" />

    <uses-feature android:name="android.hardware.camera"
                android:required="true" />

    <application
        android:name=".MyApplication"
        android:usesCleartextTraffic="true"
중략…
```

인터넷을 사용하므로 INTERNET 권한을 추가하고 위치 정보 확인을 위한 ACCESS_FINE_LOCA-TION 권한도 추가합니다. 이 단락에서 사진 찍기 기능도 추가할 것이므로 사진 찍기 기능을 위해 필요한 SD 카드 접근 권한(READ_EXTERNAL_STORAGE)과 〈uses-feature〉 태그도 추가합니다. 〈application〉 태그의 속성으로 name 속성과 usesCleartextTraffic 속성을 추가하고 각각 .MyApplication 과 true 값을 설정합니다.

다시 MyApplication 클래스의 코드를 살펴보면, onCreate 메서드 안에서는 RequestQueue 객체를 만들어 변수에 할당합니다. 그리고 send 메서드 안에서는 요청 객체를 만들어 요청을 처리하고 있습니다. Volley에서 응답을 받는 경우에는 OnResponseListener 인터페이스 안에 정의된 processResponse 메서드를 호출합니다. 이것은 send 메서드를 호출한 쪽에서 응답 결과를 처리할 수 있도록 만든 것입니다.

날씨 정보를 요청하는 클래스가 MainActivity 이므로 MainActivity.java 파일을 연 후 MainActivity 클래스가 OnResponseListener 인터페이스를 구현하도록 하고 그 안에 getCurrentWeather, sendLocalWeatherReq, processResponse 메서드를 차례대로 정의합니다.

```java
public class MainActivity extends AppCompatActivity
                implements OnTabItemSelectedListener, OnRequestListener,
                        MyApplication.OnResponseListener {
    private static final String TAG = "MainActivity";
    중략…

    public void getCurrentWeather() {

        Map<String, Double> gridMap = GridUtil.getGrid(currentLocation.getLatitude(),
                                            currentLocation.getLongitude());
        double gridX = gridMap.get("x");
        double gridY = gridMap.get("y");
        println("x -> " + gridX + ", y -> " + gridY);

        sendLocalWeatherReq(gridX, gridY);
    }


    public void sendLocalWeatherReq(double gridX, double gridY) {
        String url = "http://www.kma.go.kr/wid/queryDFS.jsp";
        url += "?gridx=" + Math.round(gridX);
        url += "&gridy=" + Math.round(gridY);

        Map<String,String> params = new HashMap<String,String>();

        MyApplication.send(AppConstants.REQ_WEATHER_BY_GRID, Request.Method.GET, url, params, this);
    }

    public void processResponse(int requestCode, int responseCode, String response) {
        if (responseCode == 200) {
            if (requestCode == AppConstants.REQ_WEATHER_BY_GRID) {
                XmlParserCreator parserCreator = new XmlParserCreator() {
                    @Override
                    public XmlPullParser createParser() {
                        try {
                            return XmlPullParserFactory.newInstance().newPullParser();
                        } catch (Exception e) {
                            throw new RuntimeException(e);
                        }
                    }
                };

                GsonXml gsonXml = new GsonXmlBuilder()
                .setXmlParserCreator(parserCreator)
                .setSameNameLists(true)
```

```java
        .create();

    WeatherResult weather = gsonXml.fromXml(response, WeatherResult.class);

    try {
        Date tmDate = AppConstants.dateFormat.parse(weather.header.tm);
        String tmDateText = AppConstants.dateFormat2.format(tmDate);
        println("기준 시간: " + tmDateText);

        for (int i = 0; i < weather.body.datas.size(); i++) {
            WeatherItem item = weather.body.datas.get(i);
            println("#" + i + " 시간: " + item.hour + "시, " + item.day + "일째");
            println("   날씨: " + item.wfKor);
            println("   기온: " + item.temp + " C");
            println("   강수확률: " + item.pop + "%");

            println("debug 1 : " + (int)Math.round(item.ws * 10));
            float ws = Float.valueOf(String.valueOf((int)Math.round(item.ws * 10))) / 10.0f;
            println("   풍속: " + ws + " m/s");
        }

        WeatherItem item = weather.body.datas.get(0);
        currentWeather = item.wfKor;
        if (fragment2 != null) {
            fragment2.setWeather(item.wfKor);
        }

        if (locationCount > 0) {
            stopLocationService();
        }

    } catch(Exception e) {
        e.printStackTrace();
    }

    } else {
        println("Unknown request code : " + requestCode);
    }

    } else {
        println("Failure response code : " + responseCode);
    }
}

private void println(String data) {
```

```
    Log.d(TAG, data);
  }
}
```

getCurrentWeather 메서드 안에서는 GridUtil 객체의 getGrid 메서드를 이용해 격자 번호를 확인합니다. 그리고 sendLocationWeatherReq 메서드를 호출하여 기상청 날씨 서버로 요청을 전송합니다. 응답을 받으면 processResponse 메서드가 호출되므로 그 메서드 안에서 XML 응답 데이터를 자바 객체로 만들어줍니다. 자바 객체는 WeatherResult라는 객체로 만들어지도록 정의했으며, 이 클래스와 함께 날씨 데이터를 파싱하기 위한 클래스들은 org.techtown.diary.data 패키지 안에 들어 있습니다. 제공되는 소스를 참조하여 org.techtown.diary.data 폴더를 새로 만든 후 소스 파일들을 추가하기 바랍니다.

응답받은 날씨 데이터는 로그로 출력해서 확인할 수 있도록 하고 입력 화면에 현재 날씨를 설정합니다. 그리고 LocationManager에게 위치를 요청했던 것은 stopLocationService 메서드를 호출하여 취소합니다.

getCurrentAddress 메서드는 현재 위치를 이용해 주소를 확인하기 위한 메서드입니다. 이 메서드는 다음과 같이 getCurrentWeather 메서드 위에 추가합니다.

참조파일 SingleDiary2>/app/java/org.techtown.diary/MainActivity.java

```
중략…
public void getCurrentAddress() {
  Geocoder geocoder = new Geocoder(this, Locale.getDefault());
  List<Address> addresses = null;

  try {
      addresses = geocoder.getFromLocation(currentLocation.getLatitude(), currentLocation.
getLongitude(),1);
  } catch (Exception e) {
    e.printStackTrace();
  }

  if (addresses != null && addresses.size() > 0) {
    currentAddress = null;

    Address address = addresses.get(0);
    if (address.getLocality() != null) {
      currentAddress = address.getLocality();
    }
```

```
    if (address.getSubLocality() != null) {
      if (currentAddress != null) {
        currentAddress += " " + address.getSubLocality();
      } else {
        currentAddress = address.getSubLocality();
      }
    }

    String adminArea = address.getAdminArea();
    String country = address.getCountryName();
    println("Address : " + country + " " + adminArea + " " + currentAddress);

    if (fragment2 != null) {
      fragment2.setAddress(currentAddress);
    }
  }
}

public void getCurrentWeather() {
중략…
```

Geocoder 클래스를 이용해 현재 위치를 주소로 변환하는 것을 확인할 수 있습니다. MainActivity 클래스에서 확인한 날씨와 주소 등을 입력 화면에 보여줄 수 있도록 Fragment2 클래스에 setWeather, setAddress, setDateString 메서드를 추가합니다.

참조파일 SingleDiary2〉/app/java/org.techtown.diary/Fragment2.java

```
중략…
public void setWeather(String data) {
  if (data != null) {
    if (data.equals("맑음")) {
      weatherIcon.setImageResource(R.drawable.weather_1);
    } else if (data.equals("구름 조금")) {
      weatherIcon.setImageResource(R.drawable.weather_2);
    } else if (data.equals("구름 많음")) {
      weatherIcon.setImageResource(R.drawable.weather_3);
    } else if (data.equals("흐림")) {
      weatherIcon.setImageResource(R.drawable.weather_4);
    } else if (data.equals("비")) {
      weatherIcon.setImageResource(R.drawable.weather_5);
    } else if (data.equals("눈/비")) {
      weatherIcon.setImageResource(R.drawable.weather_6);
    } else if (data.equals("눈")) {
```

```
      weatherIcon.setImageResource(R.drawable.weather_7);
    } else {
      Log.d("Fragment2", "Unknown weather string : " + data);
    }
  }
}


public void setAddress(String data) {
  locationTextView.setText(data);
}


public void setDateString(String dateString) {
  dateTextView.setText(dateString);
}
중략…
```

setWeather 메서드는 기상청의 현재 날씨 문자열을 받아 아이콘을 설정하는 역할을 하며, setAddress 메서드는 주소 문자열을 받아 텍스트뷰에 보여주는 역할을 합니다. setDateString 메서드는 현재 일자를 표시합니다.

내 위치를 확인하고 현재 위치의 날씨와 주소를 알아내는 것까지 했으니 이제 사진 찍기 기능을 연동해 보겠습니다. 사진 찍기 기능은 입력 화면의 이미지뷰를 클릭했을 때 대화상자를 띄우는 것부터 시작합니다. 기존에 있던 initUI 메서드를 모두 수정합니다. 다음과 같이 수정하세요.

참조파일 SingleDiary2>/app/java/org.techtown.diary/Fragment2.java

```
중략…
  private void initUI(ViewGroup rootView) {
    weatherIcon = rootView.findViewById(R.id.weatherIcon);
    dateTextView = rootView.findViewById(R.id.dateTextView);
    locationTextView = rootView.findViewById(R.id.locationTextView);

    contentsInput = rootView.findViewById(R.id.contentsInput);
    pictureImageView = rootView.findViewById(R.id.pictureImageView);
    pictureImageView.setOnClickListener(new View.OnClickListener() {
      @Override
      public void onClick(View v) {
        if(isPhotoCaptured || isPhotoFileSaved) {
          showDialog(AppConstants.CONTENT_PHOTO_EX);
        } else {
          showDialog(AppConstants.CONTENT_PHOTO);
        }
      }
    }
```

```
  });
```

중략… ⟶ 앞에서 추가했던 setWeather 메서드 앞뒤에 소스 코드를 추가합니다.

```java
public void showDialog(int id) {
  AlertDialog.Builder builder = null;

  switch(id) {

    case AppConstants.CONTENT_PHOTO:
      builder = new AlertDialog.Builder(context);

      builder.setTitle("사진 메뉴 선택");
      builder.setSingleChoiceItems(R.array.array_photo, 0, new DialogInterface.OnClickListener() {
        public void onClick(DialogInterface dialog, int whichButton) {
          selectedPhotoMenu = whichButton;
        }
      });
      builder.setPositiveButton("선택", new DialogInterface.OnClickListener() {
        public void onClick(DialogInterface dialog, int whichButton) {
          if(selectedPhotoMenu == 0 ) {
            showPhotoCaptureActivity();
          } else if(selectedPhotoMenu == 1) {
            showPhotoSelectionActivity();
          }
        }
      });
      builder.setNegativeButton("취소", new DialogInterface.OnClickListener() {
        public void onClick(DialogInterface dialog, int whichButton) {
        }
      });

      break;

    case AppConstants.CONTENT_PHOTO_EX:
      builder = new AlertDialog.Builder(context);

      builder.setTitle("사진 메뉴 선택");
      builder.setSingleChoiceItems(R.array.array_photo_ex, 0, new DialogInterface.OnClickListener() {
        public void onClick(DialogInterface dialog, int whichButton) {
          selectedPhotoMenu = whichButton;
        }
      });
      builder.setPositiveButton("선택", new DialogInterface.OnClickListener() {
        public void onClick(DialogInterface dialog, int whichButton) {
          if(selectedPhotoMenu == 0) {
```

```java
                showPhotoCaptureActivity();
            } else if(selectedPhotoMenu == 1) {
                showPhotoSelectionActivity();
            } else if(selectedPhotoMenu == 2) {
                isPhotoCanceled = true;
                isPhotoCaptured = false;

                pictureImageView.setImageResource(R.drawable.picture1);
            }
        }
    });
    builder.setNegativeButton("취소", new DialogInterface.OnClickListener() {
        public void onClick(DialogInterface dialog, int whichButton) {


        }
    });


    break;

  default:
    break;
}

AlertDialog dialog = builder.create();
dialog.show();
}


public void showPhotoCaptureActivity() {
  try {
    file = createFile();
    if (file.exists()) {
      file.delete();
    }

    file.createNewFile();
  } catch(Exception e) {
    e.printStackTrace();
  }

  if(Build.VERSION.SDK_INT >= 24) {
    uri = FileProvider.getUriForFile(context, BuildConfig.APPLICATION_ID, file);
  } else {
    uri = Uri.fromFile(file);
  }
```

```java
    Intent intent = new Intent(MediaStore.ACTION_IMAGE_CAPTURE);
    intent.addFlags(Intent.FLAG_GRANT_READ_URI_PERMISSION);
    intent.putExtra(MediaStore.EXTRA_OUTPUT, uri);

    startActivityForResult(intent, AppConstants.REQ_PHOTO_CAPTURE);

}


private File createFile() {
    String filename = createFilename();
    File outFile = new File(context.getFilesDir(), filename);
    Log.d("Main", "File path : " + outFile.getAbsolutePath());

    return outFile;
}


public void showPhotoSelectionActivity() {
    Intent intent = new Intent();
    intent.setType("image/*");
    intent.setAction(Intent.ACTION_GET_CONTENT);

    startActivityForResult(intent, AppConstants.REQ_PHOTO_SELECTION);
}


public void onActivityResult(int requestCode, int resultCode, Intent intent) {
    super.onActivityResult(requestCode, resultCode, intent);

    if (intent != null) {
        switch (requestCode) {
        case AppConstants.REQ_PHOTO_CAPTURE:
            Log.d(TAG, "onActivityResult() for REQ_PHOTO_CAPTURE.");

            Log.d(TAG, "resultCode : " + resultCode);

            resultPhotoBitmap = decodeSampledBitmapFromResource(file,
                                    pictureImageView.getWidth(), pictureImageView.getHeight());
            pictureImageView.setImageBitmap(resultPhotoBitmap);

            break;

        case AppConstants.REQ_PHOTO_SELECTION:  // 사진을 앨범에서 선택하는 경우
            Log.d(TAG, "onActivityResult() for REQ_PHOTO_SELECTION.");

            Uri fileUri = intent.getData();
```

```
        ContentResolver resolver = context.getContentResolver();

        try {
          InputStream instream = resolver.openInputStream(fileUri);
          resultPhotoBitmap = BitmapFactory.decodeStream(instream);
          pictureImageView.setImageBitmap(resultPhotoBitmap);

          instream.close();

          isPhotoCaptured = true;
        } catch(Exception e) {
          e.printStackTrace();
        }

        break;

    }
  }
}

public static Bitmap decodeSampledBitmapFromResource(File res, int reqWidth, int reqHeight) {
  final BitmapFactory.Options options = new BitmapFactory.Options();
  options.inJustDecodeBounds = true;
  BitmapFactory.decodeFile(res.getAbsolutePath(),options);

  options.inSampleSize = calculateInSampleSize(options, reqWidth, reqHeight);
  options.inJustDecodeBounds = false;

  return BitmapFactory.decodeFile(res.getAbsolutePath(),options);
}

public static int calculateInSampleSize(BitmapFactory.Options options, int reqWidth, int reqHeight) {
  final int height = options.outHeight;
  final int width = options.outWidth;
  int inSampleSize = 1;

  if (height > reqHeight || width > reqWidth) {
    final int halfHeight = height;
    final int halfWidth = width;

    while ((halfHeight / inSampleSize) >= reqHeight && (halfWidth / inSampleSize) >= reqWidth) {
      inSampleSize *= 2;
    }
  }
```

```
    return inSampleSize;
  }

  private String createFilename() {
    Date curDate = new Date();
    String curDateStr = String.valueOf(curDate.getTime());

    return curDateStr;
  }
}
```

입력 화면의 이미지뷰를 클릭하면 두 개의 메뉴 중 하나를 선택할 수 있는 대화상자가 표시됩니다. 이 대화상자에서 사용하는 문자열은 /app/res/values/arrays.xml 파일의 것을 참조하도록 되어 있습니다. 이 파일에 다음 태그들을 추가합니다.

참조파일 SingleDiary2>/app/res/values/arrays.xml

```
중략…
  <string-array name="array_photo">
    <item>사진 찍기</item>
    <item>앨범에서 선택하기</item>
  </string-array>
  <string-array name="array_photo_ex">
    <item>사진 찍기</item>
    <item>앨범에서 선택하기</item>
    <item>사진 삭제하기</item>
  </string-array>
</resources>
```

소스 코드에서 사용하는 주요 상수들은 AppConstants 클래스에 클래스 변수로 선언되어 있습니다. AppConstants 클래스를 만들고 다음 내용을 추가합니다.

참조파일 SingleDiary2>/app/java/org.techtown.diary/AppConstants.java

```
public class AppConstants {
  public static final int REQ_LOCATION_BY_ADDRESS = 101;
  public static final int REQ_WEATHER_BY_GRID = 102;

  public static final int REQ_PHOTO_CAPTURE = 103;
  public static final int REQ_PHOTO_SELECTION = 104;

  public static final int CONTENT_PHOTO = 105;
  public static final int CONTENT_PHOTO_EX = 106;
```

```
public static String FOLDER_PHOTO;
public static String DATABASE_NAME = "note.db";

public static final int MODE_INSERT = 1;
public static final int MODE_MODIFY = 2;

public static SimpleDateFormat dateFormat = new SimpleDateFormat("yyyyMMddHHmm");
public static SimpleDateFormat dateFormat2 = new SimpleDateFormat("yyyy-MM-dd HH시");
public static SimpleDateFormat dateFormat3 = new SimpleDateFormat("MM월dd일");
public static SimpleDateFormat dateFormat4 = new SimpleDateFormat("yyyy-MM-dd HH:mm:ss");
public static SimpleDateFormat dateFormat5 = new SimpleDateFormat("yyyy-MM-dd");

private static Handler handler = new Handler();
private static final String TAG = "AppConstants";
public static void println(final String data) {
  handler.post(new Runnable() {
    @Override
    public void run() {
      Log.d(TAG, data);
    }
  });
}
}
```

첫 번째 메뉴를 선택하면 단말의 카메라 앱으로 사진을 찍을 수 있도록 카메라 앱의 촬영 화면이 뜨게 됩니다. 두 번째 메뉴를 선택하면 단말의 앨범 앱에서 저장된 사진을 선택할 수 있도록 합니다. 각각의 화면에서 보내오는 응답은 onActivityResult 메서드로 받습니다. 이 메서드가 호출되면 사진 찍기 또는 앨범에서 선택한 사진을 비트맵 객체로 만든 후 이미지뷰에 설정합니다.

사진 찍기 기능까지 연동했으니 앱을 실행하여 내 위치 확인, 날씨 확인, 주소 확인 그리고 사진 찍기 기능이 잘 동작하는지 확인해보세요.

날씨 확인과 사진 찍기 기능을 동작시킨 입력 화면 ▶

상단 왼쪽에 있는 날씨 아이콘은 기상청에서 받아온 날씨 정보를 이용해 표시된 것입니다. 그리고 상단의 오른쪽에 표시되는 주소는 내 위치를 GPS로 받아온 후 주소로 변환하여 보여준 것입니다. 여기에서 주소는 시군구와 읍면동 단위까지만 보여줍니다. 에뮬레이터에서 내 위치를 확인하기 위해서는 에뮬레이터 쪽으로 내 위치를 가상으로 전송해야 한다는 것도 잊지 말아야 합니다. 화면의 가운데 있는 이미지뷰를 클릭한 후 보이는 사진 앱의 화면에서 사진을 찍고 돌아오면 이미지뷰에 사진이 표시됩니다. 여기까지 2단계 과정을 끝냈습니다.

01-4
3단계 - 데이터베이스 연동하기

3단계는 사용자가 입력하거나 자동으로 확인된 데이터를 저장하는 작업들을 진행합니다. 먼저 데이터베이스를 만들고 리스트 화면, 입력 화면 그리고 통계 화면에서 데이터를 조회하거나 저장할 수 있도록 합니다.

데이터베이스 만들기

앞 단락까지는 샘플 데이터를 코드에서 추가하여 화면에 보여주었습니다. 그러나 실제 앱에서는 샘플이 아닌 실제 데이터를 다루므로 데이터베이스가 필요합니다. 이번 앱에는 둘째 마당에서 다루었던 데이터베이스 내용 중에서 SQLiteOpenHelper를 상속하여 사용하는 방식을 적용할 것입니다. 먼저 파일 탐색기에서 SingleDiary2 프로젝트를 복사해서 SingleDiary3으로 프로젝트의 이름을 변경합니다. 그런 다음 시작 화면의 [Open an existing Android Studio project]를 눌러서 SingleDiary3 프로젝트를 불러옵니다.

앱에서 데이터베이스를 만들고 그 안에 메모 데이터를 저장하거나 조회하게 하려면 먼저 테이블 구조를 정의해야 합니다. 일기 리스트의 각 아이템을 위해 NOTE라는 이름의 테이블을 정의합니다. /app/java/org.techtown.diary 폴더 안에 NoteDatabase 클래스를 만들고 다음과 같이 입력합니다. 중략된 내용은 책과 함께 제공되는 SingleDiary3 프로젝트의 소스를 참고하여 입력하세요.

```java
public class NoteDatabase {
  private static final String TAG = "NoteDatabase";

  private static NoteDatabase database;
  public static String TABLE_NOTE = "NOTE";
  public static int DATABASE_VERSION = 1;

  private DatabaseHelper dbHelper;
  private SQLiteDatabase db;
  private Context context;

  private NoteDatabase(Context context) {
    this.context = context;
  }

  public static NoteDatabase getInstance(Context context) {
    if (database == null) {
      database = new NoteDatabase(context);
    }

    return database;
  }

  public boolean open() {
    println("opening database [" + AppConstants.DATABASE_NAME + "].");

    dbHelper = new DatabaseHelper(context);
    db = dbHelper.getWritableDatabase();

    return true;
  }

  public void close() {
    println("closing database [" + AppConstants.DATABASE_NAME + "].");
    db.close();

    database = null;
  }

  public Cursor rawQuery(String SQL) {
    println("\nexecuteQuery called.\n");

    Cursor cursor = null;
    try {
```

```java
      cursor = db.rawQuery(SQL, null);
      println("cursor count : " + cursor.getCount());
  } catch(Exception ex) {
      Log.e(TAG, "Exception in executeQuery", ex);
  }

  return cursor;
}

public boolean execSQL(String SQL) {
  println("\nexecute called.\n");

  try {
      Log.d(TAG, "SQL : " + SQL);
      db.execSQL(SQL);
  } catch(Exception ex) {
      Log.e(TAG, "Exception in executeQuery", ex);
      return false;
  }

  return true;
}

private class DatabaseHelper extends SQLiteOpenHelper {

  public DatabaseHelper(Context context) {
      super(context, AppConstants.DATABASE_NAME, null, DATABASE_VERSION);
  }

  public void onCreate(SQLiteDatabase db) {
      println("creating database [" + AppConstants.DATABASE_NAME + "].");

      println("creating table [" + TABLE_NOTE + "].");

      String DROP_SQL = "drop table if exists " + TABLE_NOTE;
      try {
          db.execSQL(DROP_SQL);
      } catch(Exception ex) {
          Log.e(TAG, "Exception in DROP_SQL", ex);
      }

      String CREATE_SQL = "create table " + TABLE_NOTE + "("
              + " _id INTEGER  NOT NULL PRIMARY KEY AUTOINCREMENT, "
              + " WEATHER TEXT DEFAULT '', "
              + " ADDRESS TEXT DEFAULT '', "
              + " LOCATION_X TEXT DEFAULT '', "
```

```
                  + "  LOCATION_Y TEXT DEFAULT '', "
                  + "  CONTENTS TEXT DEFAULT '', "
                  + "  MOOD TEXT, "
                  + "  PICTURE TEXT DEFAULT '', "
                  + "  CREATE_DATE TIMESTAMP DEFAULT CURRENT_TIMESTAMP, "
                  + "  MODIFY_DATE TIMESTAMP DEFAULT CURRENT_TIMESTAMP "
                  + ")";
        try {
            db.execSQL(CREATE_SQL);
        } catch(Exception ex) {
            Log.e(TAG, "Exception in CREATE_SQL", ex);
        }

        String CREATE_INDEX_SQL = "create index " + TABLE_NOTE + "_IDX ON " + TABLE_NOTE + "("
                  + "CREATE_DATE"
                  + ")";
        try {
            db.execSQL(CREATE_INDEX_SQL);
        } catch(Exception ex) {
            Log.e(TAG, "Exception in CREATE_INDEX_SQL", ex);
        }
    }

    public void onOpen(SQLiteDatabase db) {
        println("opened database [" + AppConstants.DATABASE_NAME + "].");
    }

    public void onUpgrade(SQLiteDatabase db, int oldVersion, int newVersion) {
        println("Upgrading database from version " + oldVersion + " to " + newVersion + ".");
    }
  }

  private void println(String msg) {
    Log.d(TAG, msg);
  }
}
```

NoteDatabase 클래스 안에는 NoteDatabaseHelper 클래스가 정의되어 있습니다. 이 클래스는 SQLiteOpenHelper 클래스를 상속받기 때문에 새로 데이터베이스가 만들어져야 하는 상태에서는 onCreate 메서드가 자동으로 호출됩니다. onCreate 메서드 안에서는 NOTE 테이블을 만들고 CRE-ATE_DATE 칼럼에 인덱스를 생성합니다. AppConstants.java 파일에는 DATABASE_NAME이라는 클래스 변수를 추가하고 note.db라는 데이터베이스 이름을 값으로 설정합니다.

```
중략…

private static String DATABASE_NAME = "note.db";

중략…
```

리스트 화면에 보여주기

데이터베이스의 테이블을 만들었으니 이제 테이블에 저장된 데이터를 조회하여 리스트 화면의 리싸이클러뷰에 보여줄 수 있습니다. Fragment1.java 파일을 열고 다음과 같이 코드를 추가합니다.

```java
public class Fragment1 extends Fragment {
  private static final String TAG = "Fragment1";
  중략…

  @Override
  public View onCreateView(LayoutInflater inflater, ViewGroup container, Bundle savedInstanceState) {
    ViewGroup rootView = (ViewGroup) inflater.inflate(R.layout.fragment1, container, false);

    initUI(rootView);

    loadNoteListData();

    return rootView;
  }
  중략…

  public int loadNoteListData() {
    AppConstants.println("loadNoteListData called.");
    String sql = "select _id, WEATHER, ADDRESS, LOCATION_X, LOCATION_Y, CONTENTS, MOOD, PICTURE,
                    CREATE_DATE, MODIFY_DATE from " + NoteDatabase.TABLE_NOTE +
                    " order by CREATE_DATE desc";

    int recordCount = -1;
    NoteDatabase database = NoteDatabase.getInstance(context);
    if (database != null) {
      Cursor outCursor = database.rawQuery(sql);
```

```java
      recordCount = outCursor.getCount();
      AppConstants.println("record count : " + recordCount + "\n");

      ArrayList<Note> items = new ArrayList<Note>();

      for (int i = 0; i < recordCount; i++) {
        outCursor.moveToNext();

        int _id = outCursor.getInt(0);
        String weather = outCursor.getString(1);
        String address = outCursor.getString(2);
        String locationX = outCursor.getString(3);
        String locationY = outCursor.getString(4);
        String contents = outCursor.getString(5);
        String mood = outCursor.getString(6);
        String picture = outCursor.getString(7);
        String dateStr = outCursor.getString(8);
        String createDateStr = null;
        if (dateStr != null && dateStr.length() > 10) {
          try {
            Date inDate = AppConstants.dateFormat4.parse(dateStr);
            createDateStr = AppConstants.dateFormat3.format(inDate);
          } catch(Exception e) {
            e.printStackTrace();
          }
        } else {
          createDateStr = "";
        }

        AppConstants.println("#" + i + " -> " + _id + ", " + weather + ", " +
                address + ", " + locationX + ", " + locationY + ", " + contents + ", " +
                mood + ", " + picture + ", " + createDateStr);
        items.add(new Note(_id, weather, address, locationX, locationY, contents, mood,
                picture, createDateStr));
      }

      outCursor.close();

      adapter.setItems(items);
      adapter.notifyDataSetChanged();

    }
    return recordCount;
  }
}
```

onCreateView 메서드 안에서 loadNoteListData 메서드를 호출합니다. 이 메서드를 호출하면 데이터 베이스에 저장된 일기 데이터를 조회합니다. 일기 데이터를 조회하기 위해 SELECT 문을 만들고 데이터베이스 객체의 rawQuery 메서드로 실행합니다. 조회한 일기 데이터는 Note 객체로 만든 후 어댑터에 추가합니다. 이렇게 하면 리스트 화면에는 데이터베이스 저장되어 있던 일기 데이터가 표시됩니다.

입력 화면에서 저장하기

이제 입력 화면의 [저장] 버튼을 눌러 메모가 데이터베이스에 저장될 수 있다면 리스트 화면으로 돌아 갔을 때 리싸이클러뷰에 새로 추가한 일기까지 보이게 됩니다. Fragment2.java 파일을 열고 저장을 위한 코드를 추가합니다.

참조파일 SingleDiary3>/app/java/org.techtown.diary/Fragment2.java

```java
public class Fragment2 extends Fragment {
  private static final String TAG = "Fragment2";
  중략…
  int mMode = AppConstants.MODE_INSERT;
  int _id = -1;
  int weatherIndex = 0;

  RangeSliderView moodSlider;
  int moodIndex = 2;

  Note item;
  중략…

  private void initUI(ViewGroup rootView) {
  중략…
    Button saveButton = rootView.findViewById(R.id.saveButton);
    saveButton.setOnClickListener(new View.OnClickListener() {
      @Override
      public void onClick(View v) {
        if(mMode == AppConstants.MODE_INSERT) {
          saveNote();
        } else if(mMode == AppConstants.MODE_MODIFY) {
          modifyNote();
        }

        if (listener != null) {
          listener.onTabSelected(0);
        }
      }
    }
```

```java
    });

    Button deleteButton = rootView.findViewById(R.id.deleteButton);
    deleteButton.setOnClickListener(new View.OnClickListener() {
      @Override
      public void onClick(View v) {
        deleteNote();

        if (listener != null) {
          listener.onTabSelected(0);
        }
      }
    });
중략…
}


private void saveNote() {
  String address = locationTextView.getText().toString();
  String contents = contentsInput.getText().toString();

  String picturePath = savePicture();

  String sql = "insert into " + NoteDatabase.TABLE_NOTE +
    "(WEATHER, ADDRESS, LOCATION_X, LOCATION_Y, CONTENTS, MOOD, PICTURE) values(" +
    "'"+ weatherIndex + "', " +
    "'"+ address + "', " +
    "'"+ "" + "', " +
    "'"+ "" + "', " +
    "'"+ contents + "', " +
    "'"+ moodIndex + "', " +
    "'"+ picturePath + "')";

  Log.d(TAG, "sql : " + sql);
  NoteDatabase database = NoteDatabase.getInstance(context);
  database.execSQL(sql);

}

private void modifyNote() {
  if (item != null) {
    String address = locationTextView.getText().toString();
    String contents = contentsInput.getText().toString();

    String picturePath = savePicture();

    String sql = "update " + NoteDatabase.TABLE_NOTE +
```

```
              " set " +
          "    WEATHER = .'" + weatherIndex + "'" +
          "    ,ADDRESS = '" + address + "'" +
          "    ,LOCATION_X = '" + "" + "'" +
          "    ,LOCATION_Y = '" + "" + "'" +
          "    ,CONTENTS = '" + contents + "'" +
          "    ,MOOD = '" + moodIndex + "'" +
          "    ,PICTURE = '" + picturePath + "'" +
          " where " +
          "    _id = " + item._id;

      Log.d(TAG, "sql : " + sql);
      NoteDatabase database = NoteDatabase.getInstance(context);
      database.execSQL(sql);
    }
  }


  private void deleteNote() {
    AppConstants.println("deleteNote called.");

    if (item != null) {
      String sql = "delete from " + NoteDatabase.TABLE_NOTE +
          " where " +
          "    _id = " + item._id;

      Log.d(TAG, "sql : " + sql);
      NoteDatabase database = NoteDatabase.getInstance(context);
      database.execSQL(sql);
    }
  }


  private String savePicture() {
    if (resultPhotoBitmap == null) {
      AppConstants.println("No picture to be saved.");
      return "";
    }

    File photoFolder = new File(AppConstants.FOLDER_PHOTO);

    if(!photoFolder.isDirectory()) {
      Log.d(TAG, "creating photo folder : " + photoFolder);
      photoFolder.mkdirs();
    }

    String photoFilename = createFilename();
```

```
        String picturePath = photoFolder + File.separator + photoFilename;

        try {
            FileOutputStream outstream = new FileOutputStream(picturePath);
            resultPhotoBitmap.compress(Bitmap.CompressFormat.PNG, 100, outstream);
            outstream.close();
        } catch(Exception e) {
            e.printStackTrace();
        }


        return picturePath;
    }

    중략…
}
```

mMode 변수는 일기를 새로 만드는지 아니면 기존 일기를 수정하는지를 구분하기 위한 구분자 값을
담고 있습니다. 그리고 기존 일기가 있는 경우에는 이 화면으로 전환되면서 item 변수의 값이 설정되
고 화면에는 item 변수에 들어 있는 데이터를 보여줍니다. [저장] 버튼을 눌렀을 때 새로 일기를 만드는
경우라면 saveNote 메서드가 호출되고, 기존 일기를 수정하는 경우라면 modifyNote 메서드가 호출
됩니다. saveNote 메서드 안에서는 일기를 데이터베이스에 추가하기 위한 INSERT 문이 실행됩니다.
modifyNote 메서드 안에서는 기존 일기를 수정하기 위한 UPDATE 문이 실행되며 [삭제] 버튼을 눌렀
을 때는 DELETE 문이 실행됩니다. SQL 문이 실행될 때 WHERE 조건에 들어가는 키는 _id 값입니다.
이렇게 하면 입력 화면의 [저장], [삭제] 버튼을 눌렀을 때 데이터베이스에 추가, 수정, 삭제하는 기능이
완성됩니다. 그리고 savePicture 메서드는 이미지 파일을 저장합니다.

통계 화면에서 조회하기

통계 화면에는 그래프로 기분이 변화한 정보를 보여줍니다. Fragment3.java 파일을 열고 데이터를 조
회하여 보여주기 위한 코드를 추가합니다. 이때 setData1, setData2, setData3은 파라미터를 수정해야
합니다. 중략으로 표시해 두었으니 책과 함께 제공되는 소스를 참고하세요.

```java
public class Fragment3 extends Fragment {
  private static final String TAG = "Fragment3";
  Context context;

  @Override
  public void onAttach(Context context) {
    super.onAttach(context);

    this.context = context;
  }

  @Override
  public void onDetach() {
    super.onDetach();

    if (context != null) {
      context = null;
    }
  }
```
중략…
```java
  @Override
  public View onCreateView(LayoutInflater inflater, ViewGroup container, Bundle savedInstanceState) {
    ViewGroup rootView = (ViewGroup) inflater.inflate(R.layout.fragment3, container, false);

    initUI(rootView);

    loadStatData();

    return rootView;
  }
```
중략…
```java
  public void loadStatData() {
    NoteDatabase database = NoteDatabase.getInstance(context);

    // 기분별 비율
    String sql = "select mood " +
                 "  , count(mood) " +
                 "from " + NoteDatabase.TABLE_NOTE + " " +
                 "where create_date >= '2019-02-01' " +
                 "  and create_date < '2019-03-01' " +
                 "group by mood";
```

```java
Cursor cursor = database.rawQuery(sql);
int recordCount = cursor.getCount();
AppConstants.println("recordCount : " + recordCount);

HashMap<String,Integer> dataHash1 = new HashMap<String,Integer>();
for (int i = 0; i < recordCount; i++) {
  cursor.moveToNext();

  String moodName = cursor.getString(0);
  int moodCount = cursor.getInt(1);

  AppConstants.println("#" + i + " -> " + moodName + ", " + moodCount);
  dataHash1.put(moodName, moodCount);
}

setData1(dataHash1);

// 요일별 기분
sql = "select strftime('%w', create_date) " +
        "  , avg(mood) " +
        "from " + NoteDatabase.TABLE_NOTE + " " +
        "where create_date >= '2019-02-01' " +
        "  and create_date < '2019-03-01' " +
        "group by strftime('%w', create_date)";

cursor = database.rawQuery(sql);
recordCount = cursor.getCount();
AppConstants.println("recordCount : " + recordCount);

HashMap<String,Integer> dataHash2 = new HashMap<String,Integer>();
for (int i = 0; i < recordCount; i++) {
  cursor.moveToNext();

  String weekDay = cursor.getString(0);
  int moodCount = cursor.getInt(1);

  AppConstants.println("#" + i + " -> " + weekDay + ", " + moodCount);
  dataHash2.put(weekDay, moodCount);
}

setData2(dataHash2);

// 기분 변화
sql = "select strftime('%Y-%m-%d', create_date) " +
```

```
                " , avg(cast(mood as real)) " +
            "from " + NoteDatabase.TABLE_NOTE + " " +
            "where create_date >= '2019-02-11' " +
            " and create_date < '2019-02-15' " +
            "group by strftime('%Y-%m-%d', create_date)";

  cursor = database.rawQuery(sql);
  recordCount = cursor.getCount();
  AppConstants.println("recordCount : " + recordCount);

  HashMap<String,Integer> recordsHash = new HashMap<String,Integer>();
  for (int i = 0; i < recordCount; i++) {
    cursor.moveToNext();

    String monthDate = cursor.getString(0);
    int moodCount = cursor.getInt(1);

    AppConstants.println("#" + i + " -> " + monthDate + ", " + moodCount);
    recordsHash.put(monthDate, moodCount);
  }

  ArrayList<Float> dataKeys3 = new ArrayList<Float>();
  ArrayList<Integer> dataValues3 = new ArrayList<Integer>();

  Date todayDate = new Date();
  Calendar cal = Calendar.getInstance();
  cal.setTime(todayDate);
  cal.add(java.util.Calendar.DAY_OF_MONTH, -7);

  for (int i = 0; i < 7; i++) {
    cal.add(java.util.Calendar.DAY_OF_MONTH, 1);
    String monthDate = AppConstants.dateFormat5.format(cal.getTime());
    Object moodCount = recordsHash.get(monthDate);

    dataKeys3.add((i-6) * 24.0f);
    if (moodCount == null) {
      dataValues3.add(0);
    } else {
      dataValues3.add((Integer)moodCount);
    }
    AppConstants.println("#" + i + " -> " + monthDate + ", " + moodCount);
  }
  setData3(dataKeys3, dataValues3);
}
```

```
중략…
    }
```

onCreateView 메서드 안에서 loadStatData 메서드가 호출됩니다. loadStatData 메서드 안에서는 세 개의 그래프를 위해 데이터베이스로부터 기본 데이터를 조회합니다.

첫 번째 그래프는 기분별 비율을 표시하므로 일정 기간 동안에 mood 칼럼에 들어 있는 각각의 기분 값이 몇 개씩인지를 조회합니다. 위의 코드에서 기간은 임의의 기간으로 설정했습니다. 나중에 앱을 완성할 때는 오늘부터 한 달 전까지의 기간 등으로 설정할 수 있을 것입니다. 이렇게 조회한 기분 값은 setData1 메서드를 이용해 그래프에 설정됩니다. 데이터를 그래프에 설정할 때는 라이브러리에서 정의된 방식대로 설정해야 하며, 책에서 제공하는 소스 코드에서 setData1, setData2, setData3 메서드를 참조하여 이전에 입력했던 코드를 수정합니다.

두 번째 그래프는 요일별 기분을 표시하므로 일정 기간 동안에 요일별로 기분 값의 평균이 어땠는지를 조회한 후 setData2 메서드를 이용해 그래프에 설정합니다.

세 번째 그래프는 시간에 따른 기분 변화를 표시하므로 일정 기간 동안에 변화하는 기분 값을 조회한 후 setData3 메서드를 이용해 그래프에 설정합니다. 이렇게 세 가지 유형의 그래프에 맞게 SQL 문을 만들어 실행하면 통계 화면의 기능이 완성됩니다. 마지막으로 MainActivity.java 파일을 열어서 Note-Database 객체를 만들고 데이터베이스를 오픈하는 코드를 추가합니다.

참조파일 SingleDiary3>/app/java/org.techtown.diary/MainActivity.java

```
중략…

  @Override
  protected void onCreate(Bundle savedInstanceState) {
   중략…

    // 데이터베이스 열기
    openDatabase();

  }

  @Override
  protected void onDestroy() {
    super.onDestroy();

    if (mDatabase != null) {
      mDatabase.close();
      mDatabase = null;
```

```
      }
    }

    public void openDatabase() {
      if (mDatabase != null) {
        mDatabase.close();
        mDatabase = null;
      }

      mDatabase = NoteDatabase.getInstance(this);
      boolean isOpen = mDatabase.open();
      if (isOpen) {
        Log.d(TAG, "Note database is open.");
      } else {
        Log.d(TAG, "Note database is not open.");
      }
    }
}

중략...
```

데이터베이스 기능까지 붙였으니 앱을 실행하여 정상 동작하는지 여부를 확인합니다. 이번 단계까지 진행하고 나니 필요한 기능은 거의 다 구현되었습니다.

 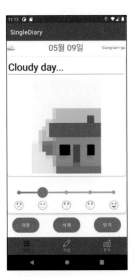 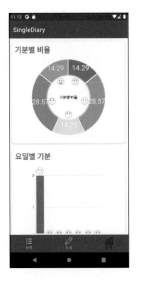

▲ 3단계 진행 후의 리스트 화면, 입력 화면, 통계 화면

01-5
4단계 – 마무리하기

이제 앱을 마무리하는 마지막 단계만 남았습니다. 앱 이름과 앱 아이콘을 설정하고 화면에 표시한 글자들의 다국어 설정을 진행합니다. 통계 데이터를 조회할 때 기간 설정은 오늘을 기준으로 일정 기간 동안 나타내도록 수정하고 앱을 실행할 때 잠깐 보였다 사라지는 스플래시 화면도 추가합니다. 이렇게 앱을 마무리하면 apk 파일을 만들어 배포할 수 있습니다. 그래서 이번에는 apk 파일을 만드는 과정까지 진행합니다.

먼저 파일 탐색기에서 SingleDiary3 프로젝트를 복사해서 프로젝트의 이름을 SingleDiary4로 변경합니다. 그런 다음 시작 화면의 [Open an existing Android Studio project]를 눌러서 SingleDiary4 프로젝트를 불러옵니다. 먼저 앱 이름을 설정하겠습니다. /app/res/values/strings.xml 파일을 열고 name 속성이 app_name인 〈string〉 태그의 값을 '싱글 다이어리'로 수정합니다.

참조파일 SingleDiary4〉/app/res/values/strings.xml

```xml
<resources>
  <string name="app_name">싱글 다이어리</string>
</resources>
```

〈string〉 태그의 값은 AndroidManifest.xml 파일에서 참조하여 앱 이름으로 설정됩니다. Android-Manifest.xml 파일을 열고 앱 아이콘을 설정합니다. 앱 아이콘은 /app/res/drawable 폴더에 appi-con.png 파일을 미리 넣은 후 다음 코드처럼 icon과 label을 수정합니다. 이미지 파일은 직접 만들어도 되며, 책에서 제공한 파일을 사용해도 됩니다.

참조파일 SingleDiary4〉/app/manifests/AndroidManifest.xml

```xml
<?xml version="1.0" encoding="utf-8"?>
<manifest xmlns:android="http://schemas.android.com/apk/res/android"
          package="org.techtown.diary">
  중략…
  <application
    android:name=".MyApplication"
    android:usesCleartextTraffic="true"
    android:allowBackup="true"
    android:icon="@drawable/appicon"
    android:label="@string/app_name"
  중략…
```

앱 이름은 〈application〉 태그의 label 속성으로 설정하며 앱 아이콘은 icon 속성으로 설정합니다. /app/res/drawable 폴더 안에 이미지 파일(appicon.png)을 넣어두었으므로 icon 속성의 값을 @drawable/appicon으로 수정합니다.

다국어 설정을 하기 위해 파일 탐색기에서 /app/res 폴더 안에 values-en 폴더와 values-ko 폴더를 새로 만듭니다. values-en 폴더에는 영문 단말을 위한 파일들을 넣고 values-ko 폴더에는 한글 단말을 위한 파일들을 넣어야 합니다. 텍스트뷰나 버튼의 글자가 들어 있는 파일로는 하단 탭의 탭 버튼들을 위한 menu_bottom.xml 파일과 각각의 프래그먼트들을 위한 fragment1.xml, fragment2.xml, fragment3.xml 파일이 있습니다. 이 안에 들어 있는 글자를 설정하기 위해서 /app/res/values/strings.xml, /app/res/values-en/strings.xml, /app/res/values-ko/strings.xml 파일에 태그를 정의합니다. 디폴트 파일인 /app/res/values/strings.xml에는 한글 단말을 위한 파일인 /app/res/values-ko/strings.xml 파일의 내용과 동일하게 넣어줍니다. /app/res/values-ko/strings.xml 파일의 내용은 다음과 같습니다.

참조파일 SingleDiary4〉/app/res/values-ko/strings.xml

```xml
<resources>
    <string name="app_name">싱글 다이어리</string>

    <string name="tab_title1">목록</string>
    <string name="tab_title2">작성</string>
    <string name="tab_title3">통계</string>

    <string name="write_today">오늘 작성</string>

    <string name="today_date_string">0월 0일</string>
    <string name="address_string">00구 00동</string>
    <string name="input_contents_hint">내용 입력</string>
    <string name="save_button">저장</string>
    <string name="delete_button">삭제</string>
    <string name="close_button">닫기</string>

    <string name="graph1_title">기분별 비율</string>
    <string name="graph2_title">요일별 기분</string>
    <string name="graph3_title">기분 변화</string>
</resources>
```

/app/res/values-en/strings.xml은 여러분이 직접 만들어 보세요. 다음은 01-2에서 만든 arrays.xml을 참고하여 영문 파일을 만든 것입니다.

```xml
<?xml version="1.0" encoding="utf-8"?>
<resources>
  <string-array name="switch_tabs">
    <item>Contents</item>
    <item>Picture</item>
  </string-array>
  <string-array name="switch_days">
    <item>Monday</item>
    <item>Tuesday</item>
    <item>Wednesday</item>
    <item>Thursday</item>
    <item>Friday</item>
    <item>Saturday</item>
    <item>Sunday</item>
  </string-array>
  <string-array name="array_photo">
    <item>Take photo</item>
    <item>Select from album</item>
  </string-array>
  <string-array name="array_photo_ex">
    <item>Take photo</item>
    <item>Select from album</item>
    <item>Delete photo</item>
  </string-array>
</resources>
```

strings.xml 파일에서 〈string〉 태그의 구분자인 name 속성 값을 확인한 후 필요한 부분에 적용합니다.
menu_bottom.xml 파일에 적용한 결과는 다음과 같습니다.

```xml
<?xml version="1.0" encoding="utf-8"?>
<menu xmlns:android="http://schemas.android.com/apk/res/android"
      xmlns:app="http://schemas.android.com/apk/res-auto">

  <item
    android:id="@+id/tab1"
    app:showAsAction="ifRoom"
    android:enabled="true"
    android:icon="@drawable/list_48"
    android:title="@string/tab_title1" />
  <item
    android:id="@+id/tab2"
```

```
      app:showAsAction="ifRoom"
      android:icon="@drawable/write_48"
      android:title="@string/tab_title2" />
  <item
      android:id="@+id/tab3"
      app:showAsAction="ifRoom"
      android:enabled="true"
      android:icon="@drawable/graph_48"
      android:title="@string/tab_title3" />

</menu>
```

/app/res/layout 폴더 안에 있는 fragment1.xml, fragment2.xml, fragment3.xml 파일을 수정합니다. 그리고 Fragment3.java 파일은 소스 코드에서 그래프의 글자를 설정하는 부분이 있으므로 해당 부분도 수정합니다. 소스 코드에서 글자를 설정하기 위해서는 getResources().getString 메서드를 사용합니다. 그중 일부분 코드는 다음과 같습니다.

참조파일 SingleDiary4>/app/java/org.techtown.diary/Fragment3.java

```
중략…
  private void initUI(ViewGroup rootView) {
    chart = rootView.findViewById(R.id.chart1);
    chart.setUsePercentValues(true);
    chart.getDescription().setEnabled(false);

    chart.setCenterText(getResources().getString(R.string.graph1_title));
중략…
```

다국어 설정이 끝났다면 그래프를 조회하는 SQL 문에서 날짜 정보를 수정합니다. 기존에는 일자를 코드에서 직접 입력했었지만 이제는 오늘 날짜를 기준으로 1개월 전이나 5일 전의 일자를 계산하여 설정합니다. Fragment3.java 파일에 다음과 같은 메서드를 추가합니다.

참조파일 SingleDiary4>/app/java/org.techtown.diary/Fragment3.java

```
중략…
  public String getToday() {
    Date todayDate = new Date();

    return AppConstants.dateFormat5.format(todayDate);
  }
```

```
  public String getDayBefore(int amount) {
    Date todayDate = new Date();
    Calendar cal = Calendar.getInstance();
    cal.setTime(todayDate);
    cal.add(java.util.Calendar.DAY_OF_MONTH, (amount * -1));

    return AppConstants.dateFormat5.format(cal.getTime());
  }

  public String getMonthBefore(int amount) {
    Date todayDate = new Date();
    Calendar cal = Calendar.getInstance();
    cal.setTime(todayDate);
    cal.add(java.util.Calendar.MONTH, (amount * -1));

    return AppConstants.dateFormat5.format(cal.getTime());
  }
}
```

getToday 메서드는 오늘 날짜를 문자열로 반환하고 getDayBefore와 getMonthBefore는 각각 오늘 일자를 기준으로 며칠 전 또는 몇 달 전의 날짜를 문자열로 반환합니다. 이렇게 만든 메서드를 SQL 문에 적용합니다. 세 개의 그래프를 나타내기 위한 SQL 문은 다음과 같이 변경됩니다.

참조파일 SingleDiary4>/app/java/org.techtown.diary/Fragment3.java

```
중략...
  String sql = "select mood " +
              "  , count(mood) " +
              "from " + NoteDatabase.TABLE_NOTE + " " +
              "where create_date >= '" + getMonthBefore(1) + "' " +
              "  and create_date < '" + getToday() + "' " +
              "group by mood";
중략...
  sql = "select strftime('%w', create_date) " +
              "  , avg(mood) " +
              "from " + NoteDatabase.TABLE_NOTE + " " +
              "where create_date >= '" + getMonthBefore(1) + "' " +
              "  and create_date < '" + getToday() + "' " +
              "group by strftime('%w', create_date)";
중략...
  sql = "select strftime('%Y-%m-%d', create_date) " +
              "  , avg(cast(mood as real)) " +
              "from " + NoteDatabase.TABLE_NOTE + " " +
```

```
                "where create_date >= '" + getDayBefore(4) + "' " +
                "  and create_date < '" + getToday() + "' " +
                "group by strftime('%Y-%m-%d', create_date)";
    중략…
```

WHERE 조건에 들어가는 날짜 정보가 getToday, getDayBefore, getMonthBefore 메서드를 사용해서 계산하는 방식으로 바뀌었습니다.

마지막으로 스플래시 화면을 붙여보겠습니다. 앱이 실행되기 전에 잠깐 보였다가 사라지는 화면을 스플래시 화면이라고 합니다. 이 화면은 앱이 어떤 것인지를 알려주는 역할도 하고 메인 화면이 초기화될 때까지의 지루한 시간을 없애주는 역할도 합니다. 스플래시 화면은 화면 단위이므로 액티비티로 만들 수 있습니다. 앱이 실행되었을 때 이 화면이 가장 먼저 보이도록 매니페스트 파일에서 설정합니다. AndroidManifest.xml 파일을 열고 처음 보일 액티비티를 스플래시를 위한 액티비티로 설정합니다.

참조파일 SingleDiary4⟩/app/manifests/AndroidManifest.xml

```
    중략…
<application
    중략…
    <activity android:name=".SplashActivity"
            android:theme="@style/SplashTheme">
        <intent-filter>
            <action android:name="android.intent.action.MAIN" />
            <category android:name="android.intent.category.LAUNCHER" />
        </intent-filter>
    </activity>

    <activity android:name=".MainActivity"
            android:windowSoftInputMode="adjustPan">
    </activity>
    중략…
```

⟨application⟩ 태그 안에 추가되어 있는 ⟨activity⟩ 태그를 보면 메인 액티비티의 태그 안에 있던 ⟨intent-filter⟩ 태그를 스플래시 화면의 태그 안으로 옮긴 것을 알 수 있습니다. 이렇게 하면 새로 만든 SplashActivity가 처음 띄울 액티비티로 설정됩니다. 스플래시 화면도 액티비티이니 소스 코드와 XML 레이아웃으로 구성할 수도 있습니다. 하지만 좀 더 가볍게 구성하기 위해 XML 레이아웃을 만들어 인플레이션하는 방식이 아니라 매니페스트에서 theme 속성으로 스타일을 지정하는 방식을 사용할 것입니다.

SplashActivity를 위한 클래스는 /app/java/org.techtown.diary 폴더 안에 새로 만듭니다. 이 때문에 /res/values 폴더 안에 있는 styles.xml 파일에 SplashTheme이라는 이름의 스타일을 만들어줍니다.

참조파일 SingleDiary4>/app/java/org.techtown.diary/SplashActivity.java

```java
public class SplashActivity extends AppCompatActivity {

  Handler handler = new Handler();

  @Override
  protected void onCreate(@Nullable Bundle savedInstanceState) {
    super.onCreate(savedInstanceState);

    handler.postDelayed(new Runnable() {
      public void run() {
        Intent intent = new Intent(getApplicationContext(), MainActivity.class);
        startActivity(intent);

        finish();
      }
    }, 1000);
  }
}
```

onCreate 메서드 안에 setContentView 메서드가 없다는 점에 유의해야 합니다. 다시 말해, 이 소스 코드에서는 XML 레이아웃에 대한 인플레이션을 진행하지 않습니다. 단지 액티비티가 메모리에 만들어지면 1초 후에 메인 화면으로 전환되도록 핸들러를 이용합니다. 핸들러로 전달되는 Runnable 객체 안에서는 1초 뒤에 MainActivity를 띄워주도록 합니다.

스플래시 화면의 모양은 스타일로 결정됩니다. 이 스타일은 /res/values 폴더 안에 들어 있는 themes. xml에 정의합니다.

참조파일 SingleDiary4>/app/res/values/themes.xml

```xml
중략…
  <style name="SplashTheme" parent="Theme.AppCompat.NoActionBar">
    <item name="android:windowBackground">@drawable/splash_background</item>
  </style>
</resources>
```

SplashTheme을 보면 NoActionBar를 상속하여 액션바 부분이 보이지 않도록 했으며, window-Background 속성에 드로어블을 지정하여 배경으로 보이도록 했습니다. 배경으로 보일 드로어블은 drawable 폴더 안에 XML 파일(splash_background.xml)로 만들어줍니다.

참조파일 SingleDiary4>/app/res/drawable/splash_background.xml

```xml
<?xml version="1.0" encoding="utf-8"?>
<layer-list xmlns:android="http://schemas.android.com/apk/res/android">
  <item android:drawable="@drawable/splash_base" />
  <item android:top="210dp"
      android:gravity="center_horizontal">
    <bitmap android:src="@drawable/applogo" android:gravity="top" />
  </item>
</layer-list>
```

드로어블 XML을 보면 두 개의 ⟨item⟩ 태그가 들어 있습니다. 하나는 화면 전체를 채울 splash_base 라는 이름의 드로어블을 설정하는 태그이며, 다른 하나는 applogo.png 파일을 특정 위치에 설정하는 태그입니다. applogo.png 파일은 미리 만들어 둔 아이콘 이미지이므로 비트맵으로 보이도록 하면 되고 drawable 폴더 안에 넣어두면 됩니다. splash_base.xml에는 그러데이션으로 보이도록 XML 파일 (splash_base.xml)로 새로 만들어줍니다.

참조파일 SingleDiary4>/app/res/drawable/splash_base.xml

```xml
<?xml version="1.0" encoding="utf-8"?>
<shape xmlns:android="http://schemas.android.com/apk/res/android">
  <gradient
    android:startColor="#FF3E50B4"
    android:centerColor="#FF7288DB"
    android:endColor="#FF7288DB"
    android:angle="90"
    android:centerY="0.5" />
  <corners android:radius="0dp" />
</shape>
```

이제 스플래시 화면 설정까지 끝났습니다. 앱을 실행하면 스플래시 화면이 잠깐 보이고 나서 메인 화면으로 전환됩니다.

◀ 앱을 실행했을 때 보이는 스플래시 화면

단말이나 에뮬레이터의 설정에서 언어를 영문으로 바꾸면 앱에 표시된 글자들이 영문으로 표시되고 한글로 바꾸면 한글로 표시됩니다.

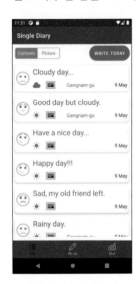

◀ 화면에 영문으로 표시된 글자들

이 외에도 글자의 색상 등을 여러분이 좋아하는 형태로 바꿔서 앱을 마무리할 수 있습니다. 마무리가 끝났다면 안드로이드 스튜디오 상단의 메뉴 중에서 [Build → Generate Signed Build / APK ...] 메뉴를 눌러 apk 파일을 생성한 후 Play 스토어에 올리면 됩니다.

지금까지 내 위치 확인을 위한 위치기반 서비스 기능, 날씨 확인을 위한 네트워킹 기능, 사진 찍기를 위한 멀티미디어 기능을 통합한 한 줄 일기장 앱을 만들어 보았습니다. 여러분도 여러분만의 앱으로 수정하거나 새로운 일기장을 기획하여 만든 후 Play 스토어에 올려보면 실제 앱을 만들었다는 만족감을 느낄 수 있을 것입니다. 고생하셨습니다.

Web Programming Course
웹 프로그래밍 코스

웹 기술의 기본은 HTML, CSS, 자바스크립트!
기초 단계를 독파한 후 응용 단계로 넘어가세요!

기초
단계

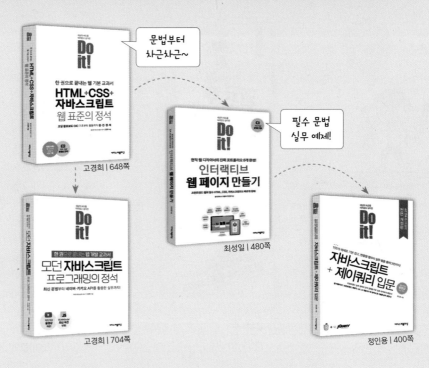

문법부터
차근차근~

필수 문법
실무 예제!

고경희 | 648쪽

최성일 | 480쪽

고경희 | 704쪽

정인용 | 400쪽

응용
단계

김운아 | 344쪽

니꼴라스, 강윤호 | 296쪽

니꼴라스, 김형태 | 248쪽

니꼴라스, 김준혁 | 256쪽

나는 어떤
코스가
적합할까?

A 웹 퍼블리셔가 되고 싶은 사람

- Do it! HTML+CSS+자바스크립트 웹 표준의 정석
- Do it! 인터랙티브 웹 페이지 만들기
- Do it! 자바스크립트+제이쿼리 입문
- Do it! 반응형 웹 페이지 만들기
- Do it! 웹 사이트 기획 입문
- Do it! 프런트앤드 UI 개발

B 웹 개발자가 되고 싶은 사람

- Do it! HTML+CSS+자바스크립트 웹 표준의 정석
- Do it! 모던 자바스크립트 프로그래밍의 정석
- Do it! 클론코딩 줌
- Do it! 클론 코딩 영화 평점 웹서비스 만들기
- Do it! 클론 코딩 트위터
- Do it! Node.js 프로그래밍 입문

Basic Programming Course
기초 프로그래밍 코스
| 파이썬, C 언어, 자바로 시작하는 프로그래밍!
기초 단계를 독파한 후 응용 단계로 넘어가세요!

기초 단계

박응용 | 432쪽

김성엽 | 576쪽

김동형 | 856쪽

시바타 보요, 강민 역 | 408쪽

시바타 보요, 강민 역 | 452쪽

시바타 보요, 강민 역 | 424쪽

응용 단계

김창현 | 296쪽

강성윤 | 720쪽

김종관 | 564쪽

나는 어떤 코스가 적합할까?

A 파이썬 개발자가 되고 싶은 사람

- Do it! 점프 투 파이썬
- Do it! 점프 투 파이썬 — 라이브러리 예제 편
- Do it! 파이썬 생활 프로그래밍
- Do it! 점프 투 장고
- Do it! 점프 투 플라스크
- Do it! 장고+부트스트랩 파이썬 웹 개발의 정석

B 자바·코틀린 개발자가 되고 싶은 사람

- Do it! 점프 투 자바
- Do it! 자바 완전 정복
- Do it! 자바 프로그래밍 입문
- Do it! 코틀린 프로그래밍
- Do it! 안드로이드 앱 프로그래밍
- Do it! 깡샘의 안드로이드 앱 프로그래밍 with 코틀린

인공
지능

박해선 | 328쪽

이론을
더 깊게~

윤성진 | 432쪽

딥러닝
실전!

이기창 | 256쪽

데이터
분석

김영우 | 376쪽

김영우 | 344쪽

김영우 | 472쪽

김철민 | 248쪽

나는 어떤
코스가
적합할까?

A 인공지능 개발자가 되고 싶은 사람

- Do it! 점프 투 파이썬
- Do it! 정직하게 코딩하며 배우는
  딥러닝 입문
- Do it! 딥러닝 교과서
- Do it! BERT와 GPT로 배우는
  자연어 처리

B 데이터 분석가가 되고 싶은 사람

- Do it! 쉽게 배우는 파이썬 데이터 분석
- Do it! 쉽게 배우는 R 데이터 분석
- Do it! 쉽게 배우는 R 텍스트 마이닝
- Do it! 데이터 분석을 위한 판다스 입문
- Do it! R 데이터 분석 with 샤이니
- Do it! 첫 통계 with 베이즈

기초 단계

김동형 | 856쪽

황영덕 | 680쪽

정재곤 | 800쪽

강성윤 | 720쪽

송호정, 이범근 | 696쪽

응용 단계

강성윤 | 712쪽

전예홍 | 856쪽

김응석 | 576쪽

나는 어떤 코스가 적합할까?

A 빠르게 앱을 만들고 싶은 사람

- Do it! 안드로이드 앱 프로그래밍 — 개정 8판
- Do it! 깡샘의 안드로이드 앱 프로그래밍 with 코틀린 — 개정 2판
- Do it! 스위프트로 아이폰 앱 만들기 입문 — 개정 7판
- Do it! 플러터 앱 프로그래밍 — 개정판
- Do it! 깡샘의 플러터&다트 프로그래밍

B 앱 개발 실력을 더 키우고 싶은 사람

- Do it! 자바 완전 정복
- Do it! 코틀린 프로그래밍
- Do it! 리액트 네이티브 앱 프로그래밍
- Do it! 프로그레시브 웹앱 만들기